법무사 | 법원행정고시

김기찬 부동산등기법

김기찬 편저

2차 | 논술강의 제3판

10년간 9회

★ 전체 수석 ★

합격자 배출

박문각 법무사

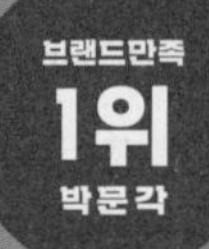

부동산등기법은 법무사 시험에 있어서 제1차 시험과 제2차 시험의 공통과목으로 특히 중요한 과목입니다. 제1차 시험은 객관식 형태로, 제2차 시험은 주관식 논술 형태로 출제됩니다.

또한 제2차 시험에서는 부동산등기법 논술(70점)과 등기신청서류의 작성(30)으로 과목이 나누어져 있으며, 전자는 준 사례형 문제 또는 약술형 문제로 출제되며, 후자는 "사례형 문제"로 실제 등기신청서의 작성과 첨부서면의 해설에 대한 것을 묻고 있습니다.

이처럼 논술형으로 출제되는 시험의 특성 때문에 제1차 시험을 합격하였음에도 제2차 시험이 새롭게 느껴지기도 합니다. 이러한 수험생들의 고충을 반영하여 더욱 효율적이고 입체적으로 접근할 수 있도록 아래와 같은 특성을 살린 보기 좋은 수험서를 만들기 위해 노력하였습니다.

이 책의 특징

1. 전 범위 활용 가능한 획일화된 목차

개별적인 지문의 오답을 골라내는 객관식 시험과는 달리 제2차 논술형 시험의 특징은 해당 문제에 대한 쟁점을 파악하여 수험생 본인의 지식을 목차에 맞게 서술하여야 한다는 것입니다. 아무리 아는 지식이 많더라도 목차가 제대로 잡혀 있지 않다면 어디서부터 어떻게 글을 시작해야 하는지 감이 잡히지 않습니다. 그렇다고 수많은 목차를 개별적으로 암기한다는 것은 수험생분들에게는 부담이 됩니다.

따라서 수험생분들의 암기량을 줄이고 답안 작성에 자신감을 가질 수 있도록 하기 위하여 중요 쟁점별 특성에 맞는 4개의 획일화된 목차를 만들어 본서에 수록하였으며, 해당 목차를 기초로 하여 내용을 구성하였습니다.

이와 같은 목차로 연습을 한다면 시험장에서 준비되지 않은 주제가 나와도 당황하지 않고 답안 작성을 할 수 있을 것입니다.

2. 파트별 주요 조문 수록

부동산등기는 법령에 근거하여야만 할 수 있습니다. 따라서 부동산등기에 대한 근거법령을 기재하여야만 실제 시험에서 원하는 고득점을 할 수가 있습니다. 근거법령을 답안지에 현출하기 위해서는 해당 조문이 존재한다는 사실을 우선적으로 인지하고 있어야 합니다. 그래야만 시험용 법전에서 찾아 답안지에 기술할 수 있기 때문입니다.

따라서 근거법령에 조금 더 친숙하게 하기 위하여 각 파트 초입 부분에 부동산등기법과 부동산등기규칙뿐만 아니라 관련된 그 상위 법률도 함께 수록하였으며, 조문과 규칙의 연결성을 나타내기 위하여 조문과 규칙의 제목을 표로 나타내어 가독성이 좋게 하였습니다.

또한 본서에서 조문을 표기할 때 「법 제○조」를 「법 ○」로 축약 표기하였습니다. 조문 숫자를 보다 가시적으로 하여 무의식적으로 암기가 될 수 있도록 하였습니다.

3. 파트별 기출문제 수록(법무사시험 & 법원행정고시시험)

객관식 시험뿐만 아니라 주관식 시험에 있어서도 기출문제의 중요성은 절대로 무시할 수 없는 부분입니다. 기출문제는 다시 반복될 가능성이 높을 뿐만 아니라 기출문제를 자세히 분석하면 출제자의 출제 의도를 알 수 있기 때문입니다. 따라서 본서에서는 지금까지의 기출문제를 해당 파트 초입 부분에 표시하여 내용의 중요도를 파악할 수 있도록 하였습니다.

이를 해당 파트의 학습 전에 활용한다면 중요도를 스스로 체크하여 학습의 집중도가 보다 향상될 것이며, 해당 파트의 학습 후에 활용한다면 복습의 효과와 실전 문제풀이의 효과를 볼 수 있을 것입니다.

4. 도표 형식의 편제

주관식 논술형 시험은 사례를 파악하여 암기되어 있는 내용을 논리적 구성에 맞게 서술하여 답안을 작성하여야 합니다. 따라서 답안 작성을 위해서는 관련 내용의 이해와 더불어 암기가 필수적입니다. 단순히 글로만 학습할 때보다 그림이나 도표를 활용하여 시각적으로 학습하는 것이 장기기억에 도움이 됩니다.

수험생분들의 암기를 돕기 위하여 교재를 도표 형식으로 편제하여 보다 쉽고 오래 기억될 수 있도록 만들었습니다.

일러두기

① 본서는 법원행정처에서 발간한「법원실무제요 부동산등기실무」Ⅰ권 ~ Ⅲ권을 반영하였습니다.

② 공포일 기준 2025년 3월까지의 부동산등기예규 및 부동산등기선례를 반영하였습니다. 본서가 출간된 이후 변경되는 예규 및 선례는 시험 전 추가 자료로 배포하여 시험에 착오가 없도록 하겠습니다.

③ 본서에서 부동산등기법은 "법"으로, 부동산등기규칙은 "규칙"으로 표기하였으며, 그 외 법령명은 그대로 사용하거나 법원실무제요의 약칭을 사용하였습니다.

④ 본서에서 조문을 표기할 때「법 제○조」를「법 ○」로 축약 표기하였습니다.

감사인사

본서가 나오기까지 많은 분들의 도움이 있었습니다. 책을 만드는 과정에서 여러 조언을 아끼지 않으신 서울법학원의 이혁준 교수님, 김승호 부장님, 박남수 부장님께 감사드리며, 출간을 위해 애써주신 박문각 출판팀과 노일구 부장님께 감사드립니다.

마지막으로 항상 격려와 관심을 가지고 힘이 되어주는 가족과 누구보다 사랑하는 아내에게 감사의 인사를 드립니다.

편저자 김기찬 드림

응시자격

당해 시험의 제2차 시험일을 기준으로 법무사법 제6조 각 호의 1에 해당하는 결격사유가 없어야 하며, 법무사규칙 제15조의 규정에 의하여 응시자격을 정지당한 자는 응시할 수 없다.

시험방법

가. 제1차 시험 : 객관식 필기시험

나. 제2차 시험 : 주관식 필기시험(제1차 시험 합격자 및 면제자에 한함)

시험과목

구분	제1차 시험	제2차 시험
제1과목	헌법(40), 상법(60)	민법(100)
제2과목	민법(80), 가족관계의 등록 등에 관한 법률(20)	형법(50), 형사소송법(50)
제3과목	민사집행법(70), 상업등기법 및 비송사건절차법(30)	민사소송법(70), 민사사건관련서류의 작성(30)
제4과목	부동산등기법(60), 공탁법(40)	부동산등기법(70), 등기신청서류의 작성(30)

※ 괄호 안의 숫자는 각 과목별 배점비율임.

응시원서 접수

1 접수방법 등

가. 「대한민국 법원 시험정보」 인터넷 홈페이지(http://exam.scourt.go.kr)에 접속하여 접수할 수 있음.

나. 구체적인 방법은 접수기간 중에 시험정보 인터넷 홈페이지에서 처리단계별로 안내함.

다. 원서접수 시에는 미리 3.5㎝×4.5㎝(140×180 pixel) 크기의 모자를 쓰지 않은 상반신 사진을 스캔하여 jpg(jpeg) 형식의 파일로 준비하여야 하고, 응시수수료 10,000원 외에 별도의 처리비용(카드결제, 실시간 계좌이체, 휴대폰결제)이 소요됨.

2 원서접수 시 유의사항

가. 제1차 시험은 응시자의 주소지에 관계없이 응시지역(시험장소)을 선택할 수 있고(서울, 대전, 대구, 부산, 광주 중에서 택일), 본인이 선택한 응시지역(시험장소)에서만 응시할 수 있으며 접수기간이 종료한 후에는 선택한 응시지역(시험장소)을 변경할 수 없음.

나. 신체상의 장애로 인하여 객관식 답안지(O.M.R.용지) 작성이 현저히 불편한 응시자에 대하여 법무사자격심의위원회의 의결로 시험시간 연장 등 조치의 필요성 유무를 결정하므로 이에 해당하는 응시자는 응시원서 접수기간 내에 장애인임을 증명하는 종합병원의 진단서, 장애인등록증 사본 등의 소명자료를 첨부한 신청서를 법원행정처 인사 운영심의관실로 제출하여야 하며, 의결내용에 대하여는 추후 개별적으로 통지함.

시험의 일부면제

가. 법무사법 제5조의2 제1항에 의한 경력이 있는 자는 제1차 시험을 면제함.

나. 법무사법 제5조의2 제2항에 의한 경력이 있는 자는 제1차 시험의 전과목과 제2차 시험과목 중 제1과목 및 제2과목을 면제함.

다. 제1차 시험에 합격한 자에 대하여는 다음 회의 시험에 한하여 제1차 시험을 면제함.

라. 시험의 일부('가항 내지 다항'에 해당하는 자)를 면제받고자 하는 자는 당해 시험의 응시자격 요건을 갖추어야 하며, 응시원서 접수기간 내에 면제사항을 기재한 응시원서를 반드시 제출하여야 함.

마. '가 및 나'항의 경력산정은 당해 시험의 제2차 시험일(시험을 수일간 실시하는 경우 첫 일자)을 기준으로 함.

바. '가 및 나'항에 의하여 시험의 일부 면제를 받고자 하는 자는 해당 근무경력사항이 포함된 경력증명서를 응시원서 접수기간 내에 법원행정처 인사운영심의관실로 제출하여야 함.

합격자 결정

법무사규칙 제13조에 의함.

※ 기타사항은 법무사시험 공고문 참조

★ 차례 ★

CONTENTS | PREFACE | GUIDE

PART 01 총론

Chapter 01 서설

Chapter 02 개시

Chapter 03 신청절차

Chapter 04 실행절차

Chapter 05 등기관의 처분에 대한 이의

PART 02 각론

Chapter 01 등기의 종류

Chapter 02 표제부

Chapter 03 갑구 · 을구

Chapter 04 기타등기

기본 목차		
조문	법	규칙
기출		
Ⅰ. 의의		
Ⅱ. 요건		
Ⅲ. 범위		
Ⅳ. 효과		
Ⅴ.관련 문제		

<table>
<tr><th colspan="5">첨부서면 목차</th></tr>
<tr><td rowspan="2">조문</td><td colspan="3">법</td><td>규칙</td></tr>
<tr><td colspan="3"></td><td></td></tr>
<tr><td>기출</td><td colspan="4"></td></tr>
<tr><td rowspan="5">Ⅰ. 서설</td><td>1. 의의</td><td>(1) 의의
(2) 취지</td><td colspan="2">
등기제도 - 실체관계 부합 공시
1) 등기의무자 관련 : 진정성 담보(등기필정보, 인감증명, 법무사의 자필서명)
2) 등기권리자 관련 : 허무인 기입 방지(주소증명, 번호증명)</td></tr>
<tr><td>2. 요건</td><td colspan="3"></td></tr>
<tr><td>3. 범위</td><td colspan="3">(1) 주체

(2) 객체

(3) 행위</td></tr>
<tr><td>4. 효과</td><td colspan="3"></td></tr>
<tr><td>5. 관련문제</td><td colspan="3"></td></tr>
<tr><td rowspan="2">Ⅱ. 제공 여부
(등기종류별)</td><td>1. 제공하는 경우</td><td>(1)
(2)
(3)</td><td colspan="2" rowspan="2">┌ 표시 ┌ 토지 : 표시변경 합필 분필 멸실
│(표제부) └ 건물 : 표시변경 합병 분할 멸실 구분
│
└ 권리 ┌ 소유권 ┐ ┌ 보존/설정 ┐
(갑구 · 을구) ├ 지상권 ┤ ├ 이전 ┤
├ 지역권 ┤ × ├ 변경/경정 ┤
├ 전세권 ┤ ├ 말소 ┤
├ 임차권 ┤ ├ 회복 ┤
├ (근)저당권 ┤ ├ 가등기 ┤
├ 권리질권 ┤ └ 처분제한 ┘
└ 채권담보권 ┘</td></tr>
<tr><td>2. 제공하지 않는 경우</td><td>(1)
(2)
(3)</td></tr>
<tr><td rowspan="4">Ⅲ. 제공 절차</td><td>1. 제공서류
(주체별)
or</td><td>(공문서)</td><td>┌ ① 인감증명 ┐
├ ② 주소증명 ──→
└ ③ 번호증명 ┘</td><td>┌ ① 내국인
├ ② 재외국민
├ ③ 외국인
├ ④ 법인
├ ⑤ 비법인
├ ⑥ 관공서
├ ⑦ 법정대리
└ ⑧ 임의대리 등</td></tr>
<tr><td>1-1.작성방법</td><td>(사문서) - 법무사 작성</td><td colspan="2">┌ ① 확인서면
└ ② 자격자대리인의 등기의무자확인 및 자필서명</td></tr>
<tr><td>2. 제공방법</td><td colspan="3">① 일련번호 or 비밀번호 → 신청서에 기재
② 서면으로 제공
③ 전건첨부원용(규칙 47②)
④ 행정정보 공동이용 연계요청
⑤ 전자신청 - 스캐닝 송신</td></tr>
<tr><td>3. 유효기간
(규칙 62)</td><td colspan="3">3개월 (초일산입×/ 기간말일 공휴일 - 다음 날 기간만료)</td></tr>
<tr><td>Ⅳ. 심사
(간과등기)</td><td colspan="4">각하(법 29.9) → 직권말소</td></tr>
</table>

<table>
<tr><th colspan="5">등기절차 목차 (신청인 / 각론)</th></tr>
<tr><th rowspan="2">조문</th><th colspan="2">법</th><th colspan="2">규칙</th></tr>
<tr><td colspan="2"></td><td colspan="2"></td></tr>
<tr><th>기출</th><td colspan="4"></td></tr>
<tr><td rowspan="5">Ⅰ. 서설</td><td>1. 의의</td><td>(1) 의의
(2) 취지
(3) 구별개념
(4) 종류</td><td colspan="2">→ 민법지식 (186 : 성립요건주의 → 등기 有 : 물권변동효력)

→ (대리 vs 대위) / (변경 vs 경정) / (말소 vs 회복) / (임대차 vs 주임법)
→ (포괄유증 특정유증)</td></tr>
<tr><td>2. 요건</td><td colspan="3">→ 소유권보존 및 변경 · 경정 · 말소 · 회복 등 요건이 필요한 경우</td></tr>
<tr><td>3. 범위</td><td colspan="3">(1) 물리적 일부
(2) 지분
(3) 중복
(4) 농지</td></tr>
<tr><td>4. 효과</td><td colspan="3"></td></tr>
<tr><td>5. 관련문제</td><td colspan="3"></td></tr>
<tr><td rowspan="2">Ⅱ. 개시
(법 22)</td><td>1. 모습</td><td colspan="3">┌ 신청 ┌ 공동 (법 23①)
│ ├ 단독 ┌ 판결 (법 23④) → 과락방지!! (무조건 건드려줄 수 있음)
│ │ └ 기타 → (ex 가등기 신청 / 가등기 말소)
│
│ ├ 일괄 (법 25但)
│ └ 동시
├ 촉탁 ex. 가압류 / 가처분 / 매각 / 수용 등
├ 직권 ex. 처분제한 – 직권보존 / 변경 · 경정 · 말소 · 회복 등
└ 명령</td></tr>
<tr><td>2. 전자
(법 24①2)
(규칙 67)</td><td colspan="3">→ 모든 경우 한번씩 검토해줄 수 있음</td></tr>
<tr><td rowspan="14">Ⅲ. 신청 절차</td><td>1. 신청인
(법 23)</td><td colspan="3">┌ 당사자 ┌ 개인 ┌ 내국인
│ │ ├ 재외국민
│ │ └ 외국인
│ ├ 단체 ┌ 법인
│ │ └ 비법인 (법 26, 규칙 48)
│ └ 포괄승계인 (법 27, 규칙 49)
└ 제3자 ┌ 대리
└ 대위 (법 28, 규칙 50)</td></tr>
<tr><td rowspan="13">2. 신청 정보
(규칙 43)</td><td colspan="3">규칙 제43조에서 규정한 일반적인 사항을 신청정보의 내용으로 제공한다.
규칙 제43조에서 규정한 일반적인 사항과 규칙 제○○조에서 규정한 개별적인 사항을 신청정보의 내용으로 제공한다.</td></tr>
<tr><td rowspan="4">일반적
(규칙 43)</td><td>┌ 신청서 표제</td><td>소유권이전등기신청(○○)</td></tr>
<tr><td>├ 부동산 표시</td><td>서울특별시 서초구 서초동 100 대 100m²</td></tr>
<tr><td>├ 등기원인 (연월일)</td><td>○년 ○월 ○일 매매</td></tr>
<tr><td>├ 등기목적</td><td>소유권이전</td></tr>
<tr><td rowspan="7">개별적</td><td>├ 이전할 지분</td><td>"○분의 ○"</td></tr>
<tr><td>├ 변경(경정)할 사항
│
│</td><td>○년 ○월 ○일 접수 제○○○호로 등기된 갑구 ○번 등기명의인 ○○○의 주소 "서울특별시 서초구 강남대로 21(서초동)"을 "서울특별시 마포구 마포대로 25 (공덕동)"으로 변경함.</td></tr>
<tr><td>├ 말소(회복)할 사항</td><td>○년 ○월 ○일 접수 제○○○호로 등기된 순위 ○번 전세권설정등기</td></tr>
<tr><td>├ 종전 등기 표시사항
│ (규칙 134)</td><td></td></tr>
<tr><td>├ 대위원인
│ (규칙 50.4)</td><td></td></tr>
<tr><td>└ 신청인</td><td></td></tr>
</table>

<table>
<tr><td rowspan="11">Ⅲ. 신청 절차</td><td rowspan="11">3. 첨부 정보
(규칙 46)</td><td colspan="3">규칙 제46조에서 규정한 일반적인 사항을 첨부정보로 제공한다.
규칙 제46조에서 규정한 일반적인 사항과 규칙 제ㅇㅇ조에서 규정한 개별적인 사항을 첨부정보로 제공한다.</td></tr>
<tr><td rowspan="5">일반적
(규칙 43)</td><td>┌ 등기원인 관련</td><td>┌ 1. 등기원인증명(규칙 46①1)
└ 2. 등기원인 – ㉻㉦㉧ 등(규칙 46①2, 규칙 46③)
┌ (1) 검인(계약서 · 판결서) △ (계약→유상 무상) 소이등
├ (2) 거래계약신고필증 △ (계약→매매계약서) 소이등
├ (3) 토지거래계약허가 △ (계약→유상) 소이등 · 지상권
└ (4) 농지취득자격증명 △ (他人→本人) 소이등
┌ (5) 재단법인 – 주무관청 허가서 △ (기본재산 처분) 소이등
├ (6) 공익법인 – 주무관청 허가서 △ (기본재산 처분) 소이등 · 제한물권 등
├ (7) 학교법인 – 관할청 허가서 △ (수익용재산 처분) 소이등 · 제한물권 등
└ (8) 비법인 처분 – 사원총회 결의 △ (민법 276, 규칙 48.3) 소이등 · 제한물권 등</td></tr>
<tr><td>├ 의무자 관련</td><td>┌ 1. 등기필정보(법 50②, 규칙 43①7) – △
├ 2. 인감증명(규칙 60, 규칙 61①) – △
└ 3. 주소증명(규칙 46①6) – △</td></tr>
<tr><td>├ 권리자 관련</td><td>┌ 1. 세금영수증(법 29.10) – △
├ 2. 주소증명(규칙 46①6) – △
└ 3. 번호증명(규칙 46①6, 법 49) – △</td></tr>
<tr><td>├ 부동산 관련</td><td>┌ 1. 대장, 그 밖의 정보(규칙 46①7)
└ 2. 지적도 · 도면</td></tr>
<tr><td>└ 신청인자격 관련</td><td></td></tr>
<tr><td rowspan="5">개별적</td><td>┌ 구분건물 보존</td><td>(규칙 46②) 규약 · 공정증서</td></tr>
<tr><td>├ 외국인 · 재외국민</td><td>(규칙 46⑧⑨) 번역문 아포스티유</td></tr>
<tr><td>├ 법인 · 비법인</td><td>(규칙 48) 사원총회결의서 등</td></tr>
<tr><td>└ 대리 · 대위</td><td>(규칙 50) 대위원인증명</td></tr>
<tr><td>등기상 이해관계인 승낙서</td><td>┌ 변경(경정) (법 52.5, 규칙 46①3, 규칙 60①7)
├ 말소 (법 57 , 규칙 46①3, 규칙 60①7)
└ 회복 (법 59 , 규칙 46①3, 규칙 60①7)</td></tr>
<tr><td rowspan="13">Ⅳ. 실행 절차</td><td>1. 접수 · 배당</td><td colspan="3"></td></tr>
<tr><td>2. 조사</td><td colspan="3"></td></tr>
<tr><td>3. 문제○</td><td colspan="3">취하 · 보정 · 각하</td></tr>
<tr><td rowspan="6">4. 문제×
(법 48)</td><td colspan="3">법 제48조에서 규정한 일반적인 사항을 등기사항으로 기록한다.
법 제48조에서 규정한 일반적인 사항과 법 제ㅇㅇ조에서 규정한 개별적인 사항을 등기사항으로 기록한다.</td></tr>
<tr><td rowspan="4">일반적
(법 48)</td><td>┌ 표제부(법 15②)</td><td></td></tr>
<tr><td>├ 갑구 (법 15②)</td><td></td></tr>
<tr><td>├ 을구 (법 15②)</td><td></td></tr>
<tr><td>└ 등기형식</td><td>① 변경(경정)(법 52, 규칙 112)
② 말소 (법 57, 규칙 116)
③ 회복 (법 59, 규칙 118)</td></tr>
<tr><td colspan="2">개별적</td><td></td></tr>
<tr><td rowspan="4">5. 완료 후</td><td colspan="2">┌ 등기완료</td><td>통지 법 30 (규칙 53)</td></tr>
<tr><td colspan="2">├ 등기필정보</td><td>통지 법 50 (규칙 106~110)</td></tr>
<tr><td colspan="2">├ 대장(소유변경)</td><td>통지 법 62 (규칙 120)</td></tr>
<tr><td colspan="2">└ 세무서(과세자료)</td><td>통지 법 63 (규칙 120)</td></tr>
<tr><td>Ⅴ. 처분 이의</td><td colspan="4">법 제100조 등</td></tr>
</table>

<table>
<tr><th colspan="3">부수절차 목차</th></tr>
<tr><td rowspan="2">조문</td><td>법</td><td>규칙</td></tr>
<tr><td></td><td></td></tr>
<tr><td>기출</td><td colspan="2"></td></tr>
<tr><td rowspan="4">Ⅰ. 서설</td><td>1. 의의</td><td></td></tr>
<tr><td>2. 요건</td><td></td></tr>
<tr><td>3. 범위</td><td></td></tr>
<tr><td>4. 효과</td><td></td></tr>
<tr><td rowspan="8">Ⅱ. 절차</td><td>1. 주체</td><td></td></tr>
<tr><td>2. 객체
(대상)</td><td></td></tr>
<tr><td>3. 상대방</td><td></td></tr>
<tr><td>4. 방법</td><td></td></tr>
<tr><td>5. 시기</td><td></td></tr>
<tr><td>6. 범위</td><td></td></tr>
<tr><td>7. 효력</td><td></td></tr>
<tr><td>8. 업무
처리</td><td></td></tr>
</table>

접 수	년 월 일	처 리 인	등기관 확인	각종 통지
	제 호			

부동산의 표시		
등 기 원 인 과 그 연 월 일	년 월 일	
등 기 목 적		

구분	성 명 (상호 · 명칭)	주민등록번호 (등기용등록번호)	주 소 (소 재 지)	지 분 (개인별)
등 기 의 무 자				
등 기 권 리 자				

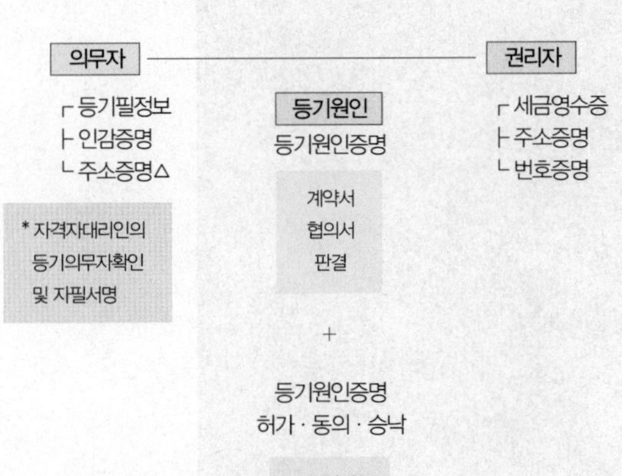

신청인 자격

┌ 법인 : 대표자증명
├ 비법인 : 대표자증명
├ 대리 : 위임받음증명(임의/법정)
└ 대위 : 대위원인증명

기타

┌ [변경 · 경정 · 말소 · 회복] 승낙서
├ [구분건물] 규약 · 공정증서
├ [외국인 · 재외국민] 번역문 · 아포스티유
└ [비법인] 사원총회결의서 등

PART

01

총론

chapter

01 서설

01 절 부기등기

	법	규칙
조문	법 4 (권리의 순위) 법 5 (부기등기의 순위) 법 52 (부기로 하는 등기) 법 53 (환매특약의 등기) 법 54 (권리소멸약정의 등기)	규칙 2 (부기등기의 번호 기록) 규칙 112 (권리의 변경 등의 등기)
기출	1. [20 행시] 근저당권이전의 부기가 등기된 후 근저당권설정등기를 말소하기 위한 절차에 대하여 설명하시오. 10점 2. [21 법무] 부기등기에 대하여 설명하시오. 20점	
Ⅰ. 의의 [규칙 2]	**1. 의의** ① 부기등기란 독립한 순위번호를 갖지 않는 등기로서 등기관이 부기등기를 할 때에는 그 부기등기가 어느 등기에 기초한 것인지 알 수 있도록 주등기 또는 부기등기의 순위번호에 가지번호를 붙여서 하는 것을 말한다[법 5, 규칙 2]. ② 부기등기는 주등기에 대비되는 개념이다. **2. 취지** 부기등기는 주등기에 종속되어 주등기와 일체성을 이루는 등기로서 주등기와 별개의 등기는 아니다. ① 어떤 등기로 하여금 기존등기(주등기)의 순위나 효력을 그대로 보유시킬 필요가 있는 경우(예 권리의 변경·경정등기) ② 기존등기(주등기)와 동일성을 가진 등기임을 표시하기 위한 경우(예 등기명의인표시변경·경정등기) ③ 특별법에서 처분제한등기를 부기등기로 할 것을 요구하는 경우(예 주택법에 따른 금지사항 부기등기 등)에 하게 된다.	
Ⅱ. 요건	**1. 법령에 근거규정이 있을 것**[법 52 등] ① 부기등기는 법령에 근거규정이 있는 경우에만 허용이 된다. ② 부동산등기법 제52조, 주택법 등의 법률에 따라 부기등기를 하는 경우가 있다. **2. 갑구 또는 을구에 관한 것일 것** 부기등기의 취지에 비추어 볼 때 권리의 순위와 관계 없는 표제부에는 성질상 부기등기를 할 수 없고, 등기의 순위가 문제되는 갑구 또는 을구에 대하여만 허용된다. **3. 권리의 변경·경정등기신청 시 등기상 이해관계인의 승낙을 받을 것** ① 어떠한 등기의 권리의 변경·경정등기로 인하여 등기기록의 형식상 손해를 받을 염려가 있는 후순위 권리자가 있는 경우 그 등기상 이해관계 있는 제3자의 승낙을 받아 부기등기로 할 수 있다[법 52.5]. ② 그러나 **일부말소 의미의 경정등기** 또는 **전세권부근저당권이 있는 경우에서 전세금 감액할 경우**의 등기상 이해관계인의 승낙은 수리요건이므로 승낙이 없다면 주등기로도 등기를 할 수 없다.	

Ⅲ. 범위 [법 52]	**법 제52조(부기로 하는 등기)** 등기관이 다음 각 호의 등기를 할 때에는 부기로 하여야 한다. 다만, 제5호의 등기는 등기상 이해관계 있는 제3자의 승낙이 없는 경우에는 그러하지 아니하다. ① 등기명의인표시의 변경이나 경정의 등기 ② 소유권 외의 권리의 이전등기 ③ 소유권 외의 권리를 목적으로 하는 권리에 관한 등기 ④ 소유권 외의 권리에 대한 처분제한 등기 ⑤ 등기상 이해관계인이 없거나 있더라도 그 자의 승낙을 받은 경우의 권리의 변경이나 경정의 등기 ⑥ 제53조의 환매특약등기 ⑦ 제54조의 권리소멸약정등기 ⑧ 제67조 제1항 후단의 공유물 분할금지의 약정등기 ⑨ 그 밖에 대법원규칙으로 정하는 등기
Ⅳ. 효과 [법 5]	**1. 부기등기의 순위** ① 부기등기는 주등기에 종속되어 주등기와 일체성을 이루는 등기로서 주등기와 별개의 등기는 아니다. 따라서 부기등기의 순위는 주등기의 순위에 따른다[법 5 전단]. ② 즉, 1-1번과 2번이 있는 경우에는 1-1번이 우선한다. ③ **'부기등기의 순위는 주등기의 순위에 따른다.'라는 규정**은 부기등기가 그 순위번호뿐만 아니라 접수번호에 있어서도 그 기초가 되는 주등기에 따른다는 뜻으로 새겨야 한다. **2. 부기등기 상호 간의 순위** ① 같은 주등기에 관한 부기등기 상호 간의 순위는 그 등기순서에 따른다[법 5 후단]. ② 즉, 1-1번과 1-2번이 있는 경우에는 1-1번이 우선한다.
Ⅴ. 부기 등기 말소	**1. 원칙(주등기의 말소신청으로 인한 부기등기의 직권말소 또는 직권주말)** ① **부기등기**는 주등기에 종속되어 주등기와 일체성을 이루는 등기로서 주등기를 말소하면 부기등기는 직권말소 또는 직권주말한다. ② 예컨대 근저당권이전의 부기등기가 된 경우 주등기인 근저당권설정등기의 말소신청이 있으면 부기등기인 근저당권이전등기는 직권으로 주말하며, 이때에 **말소할 사항의 대상**을 주등기인 '근저당권설정등기'를 기재하며, **등기의무자**를 근저당권의 양수인으로 표시하고, **등기필정보**는 근저당권이전 등기필정보를 제공한다. **2. 예외(부기등기만의 말소신청)** ① 다만 예외적으로 부기등기의 원인만이 무효·취소·해제된 경우에는 부기등기만의 말소신청도 가능하다. ② 예컨대 근저당권의 주등기 자체는 유효한데 근저당권이전의 부기등기에 한하여 무효사유가 있다는 이유로 부기등기만의 효력을 다투는 경우에는 그 부기등기의 말소를 소구할 필요가 있고, 이에 따른 등기도 가능하다. 이 경우 등기관은 이전에 따른 부기등기만을 말소하고 동시에 종전 권리자를 직권으로 회복하여야 한다.

02 절 등기의 효력 - 종국등기

	법	규칙
조문	민법 186 (부동산물권변동의 효력) 민법 187 (등기를 요하지 아니하는 부동산물권취득) 민법 200 (권리의 적법의 추정) 법 4 (권리의 순위) 법 5 (부기등기의 순위) 법 6 (등기신청의 접수시기 및 등기의 효력발생시기) 법 91 (가등기에 의한 본등기의 순위) 법 92 (가등기에 의하여 보전되는 권리를 침해하는 가등기 이후 등기의 직권말소)	규칙 146 (가등기에 의한 본등기)
기출	1. [10 법무] 등기의 **추정력**을 약술하시오. 20점 2. [12 행시] 등기의 **효력**에 관하여 설명하시오. 50점 3. [18 행시] 등기의 효력 중 **추정력**에 대하여 설명하시오. 10점 4. [22 법무] 을구에 존속기간이 만료된 토지 전부에 대한 지상권설정등기가 마쳐진 상태에서 토지 전부에 대한 제3자의 지상권설정등기신청을 한 경우 등기의 효력과 관련하여 이러한 등기신청의 가부 및 이유와 등기관의 조치를 간략히 설명하시오. 10점 5. [23 행시] X토지에 관하여 甲으로부터 乙 명의로 2020.10.1.자 매매를 원인으로 한 소유권이전등기가 마쳐져 있다(서울중앙지방법원 등기국 2020.10.15. 접수 제12357호). 2022.3. 甲이 乙을 상대로 하여 乙 명의의 소유권이전등기가 원인무효임을 이유로 하는 소유권이전등기말소등기절차의 이행을 구하는 소를 제기하였다. 乙 명의의 소유권이전등기의 효력에 대해 설명하시오. 20점 6. [23 행시] 甲소유 X토지에 대하여 乙을 가등기권리자로 하는 소유권이전청구권보전을 위한 가등기와 丙을 채권자로 하는 가압류등기가 순차로 마쳐졌다. 이후 乙의 가등기에 기한 본등기신청으로 丙의 가압류 등기가 직권말소되었는데, 乙의 가등기에 기한 본등기 신청이 위조된 서류로 인한 원인무효의 등기임이 밝혀져 乙의 소유권이전등기는 말소되었다. 그 후 다시 甲에서 丁으로의 소유권이전등기가 마쳐졌다. 丙의 가압류등기가 직권말소된 상태에서 가압류의 효력에 대해 설명하시오. 5점	

	일반론	등기의 효력에는 일반적으로 ① 물권변동의 효력, ② 순위확정의 효력, ③ 대항력, ④ 후등기저지력, ⑤ 추정력, ⑥ 점유적 효력 등이 인정되나, ⑦ 공신력은 인정되지 않는다. 아래에서 구체적으로 살펴보도록 한다.
Ⅰ. 종국등기	1. 물권변동효	**(1) 의의**(민법 186, 민법 187) ① **물권변동효력이란** 우리나라는 물권변동에 있어서 형식주의(성립요건주의)를 취하고 있으므로 부동산에 관한 물권변동은 물권행위(법률행위)가 있고 등기를 하여야 효력이 발생한다는 원칙이다. 등기의 가장 중요한 효력이다. ② 다만, 법률규정에 의한 물권변동은 등기 없이도 효력이 발생한다. 따라서 협의분할에 의한 상속을 등기원인으로 하여 소유권이전등기를 한 경우 그 소유권의 등기명의인이 소유권을 취득한 시기는 등기를 한 때가 아니고 상속이 개시된 때이다.

	(2) 효력[법 6] 등기를 마친 경우 그 등기는 접수한 때부터 효력이 발생한다.
2. **순위 확정효**	**(1) 의의**[법 4, 5] ① **순위확정의 효력은** 동일 부동산 위에 수 개의 권리가 설정되면 그 순위는 원칙적으로 등기의 선후에 의하여 정하여진다는 것을 말한다. ② 같은 부동산에 관하여 등기된 **권리의 순위**는 법률에 다른 규정이 없으면 등기된 순서에 따른다. **(2) 구체적 내용(범위)** **1) 원칙**[법 4, 5] ① 권리의 순위는 법률에 다른 규정이 없으면 등기된 순서에 따르며, 같은 구 상호 간에는 순위번호, 다른 구 상호 간에는 접수번호에 따른다. ② 부기등기의 순위는 주등기의 순위에 따르며, 부기등기 상호 간의 순위는 그 등기된 순서에 따른다. **2) 예외**[법 91, 규칙 118] ① 가등기는 청구권을 보전하기 위한 경우에 하는 예비등기이므로 가등기에 의한 본등기를 한 경우 그 본등기의 순위는 가등기의 순위에 따르게 된다[법 91]. ② 말소된 등기에 대한 회복 신청을 받아 등기관이 등기를 회복할 때에는 회복의 등기를 한 후 다시 말소된 등기와 같은 등기를 하여야 한다. 즉 말소 당시의 종전등기와 동일한 효력을 가진다.
3. **대항력**	**(1) 의의** **대항력**은 어떤 사항이 등기된 경우에 그 내용을 제3자에게 주장할 수 있는 힘을 말한다. 어떤 사항은 등기하지 않으면 당사자 사이에서 채권적 효력이 있을 뿐이지만 등기된 때에는 제3자에 대하여 그 등기된 사항을 가지고 대항할 수 있는 힘을 가지게 된다. **(2) 구체적 내용(범위)** ① 신탁[신탁법 4, 법 81] ② 환매특약[민법 592, 법 53] ③ 임차권[민법 621, 법 74] ④ 임의적 기재사항[특약]
4. **후등기 저지력**	**(1) 의의** ① **후등기저지력**이란 어떤 등기가 존재하는 이상 그것이 비록 실체법상 무효라고 하더라도 형식상의 효력은 있는 것이므로 법정의 요건과 절차에 따라 그 등기를 말소하지 않고서는 그것과 양립할 수 없는 등기는 할 수 없다는 것을 말한다. ② 이러한 후등기저지력은 용익물권의 배타성과도 관련이 있으므로 함께 검토한다. **(2) 구체적 내용(용익물권의 배타성과 후등기저지력)** ① **용익물권**은 부동산을 직접 사용·수익하는 배타성이 있다. 즉 **지상권**은 타인의 토지를 배타적으로 사용하는 용익물권이므로 **범위가 중첩되는 부분**에 대하여 이중의 지상권설정등기는 허용되지 않는다[선례 6-439]. 그러나 **범위가 중첩되지 않는 부분**에는 이중으로 지상권설정등기를 할 수 있다. ② **지상권의 존속기간이 만료되어 실체법상 소멸되었다 하더라도** 지상권등기의 후등기저지력으로 인하여 그 지상권설정등기를 말소하지 않는 한 **동일한 부분**에 대하여 후순위로 중복하여 지상권설정등기를 할 수 없다[선례 7-268]. 이를 허용하면 등기의 형식상 용익물권이 중복되어 등기기록상의 권리관계가 불분명하게 되기 때문이다.

③ 다만 새로이 설정하려는 지상권과 먼저 설정된 지상권의 **범위가 중첩되지 않는다면** 후등기저지력이 문제되지 않고 새로운 지상권설정등기를 신청할 수 있다.

④ 또한 **범위가 중복되더라도** 물권변동의 효력이 없는 가등기는 가능하다 할 것이므로, 이미 지상권설정등기가 경료되어 있는 상태에서 기존 지상권설정등기의 말소를 조건으로 하는 정지조건부 지상권설정등기청구권보전의 가등기는 신청할 수 있다(선례 6-439).

(3) 후등기저지력에 위반된 등기신청

후등기저지력에 위반된 등기신청이 있는 경우 **등기관**은 해당 등기신청이 사건이 등기할 것이 아닌 경우에 해당함을 이유로 법 제29조 제2호에 따라 각하하여야 한다(법 29.2).

5. 추정력

(1) 의의(명문×)

① **추정력은** 등기가 형식상 존재하면 그에 대응하는 실체적 권리관계가 존재하는 것으로 법률상 추정되는 것을 말한다.

② (민법 제200조의 점유의 추정력과는 달리) **등기의 추정력**은 명문의 규정은 없으나, 학설과 **판례상 인정**된다.

③ 등기의 추정력은 **권리의 등기**에만 인정되며, 부동산 표시를 나타내는 표제부에는 추정력이 미치지 아니한다. 마찬가지로 부동산의 표시(사실관계)를 나타내는 대장 등에는 인정되지 않는다.

(2) 요건

(3) 범위

1) 인정되는 경우

① **권리**의 이전 · 변경 · 경정 · 말소 · 회복등기에 대하여 추정력이 인정된다.

② 소유권보존등기의 경우에는 소유권이 진실하게 보존되어 있다는 사실에 관하여 추정력이 인정된다.

③ 말소등기는 그 권리가 실체법상 소멸되어 그 권리가 존재하지 않는 것으로 추정되지만, 원인 없이 부적법하게 말소된 등기에는 권리의 소멸 또는 부존재의 추정력이 인정되지 아니한다.

왜냐하면, **등기는** 물권의 효력발생요건이고, 그 존속요건은 아니므로 물권에 관한 **등기가 원인 없이 말소된 경우라도** 그 물권의 효력에는 아무런 변동이 없고(대판 87다카2431), **그 부적법한 말소등기가** 실체관계에 부합하지 않는 것이어서 무효이기 때문이다.

따라서 **불법 말소된 등기의 등기명의인은** 회복등기가 마쳐지기 전이라도 적법한 권리자로 추정되므로 원인 없이 말소된 등기의 효력을 다투는 쪽에서 그 무효 사유를 주장 · 입증하여야 한다(대판 95다39526).

이 경우 말소된 등기의 권리자는 회복등기를 함으로써 부적법한 등기를 시정할 수 있다.

2) 인정되지 않는 경우

① 표제부등기　　② 허무인등기

③ 사자명의등기　　④ 가등기

⑤ 예고등기 등

	3) **인적범위** 부동산에 관하여 소유권이전등기가 마쳐져 있는 경우에는 그 등기명의자는 제3자에 대하여 뿐 아니라 그 전 소유자에 대하여서도 적법한 등기원인에 의하여 소유권을 취득한 것으로 추정되는 것이므로 이를 다투는 측에서 그 무효사유를 주장・입증하여야 한다(대판 94다10160). 따라서 전 소유자가 추정력을 복멸시켜야 한다. 즉 권리변동의 당사자 간에도 추정력이 인정된다. 4) **물적범위** **가. 등기절차의 적법추정** 전 등기명의인이 미성년자이고 당해 부동산을 친권자에게 증여하는 행위가 이해상반행위라 하더라도 일단 친권자에게 이전등기가 등기된 이상, 특별한 사정이 없는 한, 그 이전등기에 관하여 필요한 절차(예컨대, 특별대리인 선임절차 등)를 적법하게 거친 것으로 추정된다. **나. 대리권존재의 적법추정** 소유권이전등기가 전 등기명의인의 직접적인 처분행위에 의한 것이 아니라 제3자가 그 처분행위에 개입된 경우 현 등기명의인이 그 제3자가 전 등기명의인의 대리인이라고 주장하더라도 현 소유명의인의 등기가 적법히 이루어진 것으로 추정된다. **다. 등기권리의 적법(존재)추정** 저당권과 같은 **담보물권의 등기**로부터 담보물권의 존재뿐만 아니라 피담보채권의 존재도 추정된다고 하였다. **라. 등기원인의 적법추정** 부동산등기는 현재의 진실한 권리상태를 공시하면 그에 이른 과정이나 태양을 그대로 반영하지 아니하였어도 유효한 것이므로, 등기명의자가 전 소유자로부터 부동산을 취득함에 있어 등기부상 기재된 등기원인(예 매매)에 의하지 아니하고 다른 원인(예 증여)으로 적법하게 취득하였다고 하면서 등기원인행위의 태양이나 과정을 다소 다르게 주장한다고 하여 이러한 주장만 가지고 그 등기의 추정력이 깨어진다고 할 수 없다. (4) **효과** ① **증명책임의 전환** : 어떠한 권리가 등기된 때에는 등기된 내용의 권리가 존재하는 것으로 추정되므로 그러한 실체관계가 존재하지 않는다고 주장하거나 또는 **실제와 다르다고 주장하는 자가 그에 관한 증명책임**을 지게 된다. ② **등기를 신뢰한 자에 대한 무과실 추정** : 예컨대 등기부상의 명의인을 소유자로 믿고서 그 부동산을 매수하여 점유하는 자는 특별한 사정이 없는 한 과실 없는 점유자에 해당한다. ③ **상대방에 대한 악의 추정** : 부동산물권을 취득하려는 자는 등기기록을 조사하는 것이 보통이므로 반증이 없는 한 등기내용을 알고 있었던 것으로(즉 악의로) 추정된다.
6. 점유적효력	점유로 인한 부동산의 시효취득기간은 20년이지만(민법 245①), 등기로 인한 부동산의 시효취득기간은 10년이므로(민법 245②) 취득시효기간을 단축하는 효력이 있다.
7. 공신력	① **공신력이란** 등기부에 공시된 권리내용이 진정한 권리관계와 다르다 하더라도 그 공시를 신뢰하여 거래한 당사자를 보호하기 위하여 공시된 대로의 권리가 존재하는 것으로

		보는 원칙인바, 형식적 심사주의를 채택하고 있는 현행 부동산등기법에서는 공신력이 인정되지 않는다. ② 따라서 공신력이 부정되므로 무효인 등기에 터잡아 권리를 취득한 자의 등기는 무효의 등기가 된다. 따라서 진정한 소유자는 방해를 제거하기 위하여 무효인등기의 말소를 청구할 수 있다(민법 214). 이는 해당 소송절차에서 입증책임과 관련하여 등기의 추정력이 문제된다.

03 절 등기의 효력 - 예비등기

	법	규칙
조문	법 91 (가등기에 의한 본등기의 순위) 법 92 (가등기에 의하여 보전되는 권리를 침해하는 가등기 이후 등기의 직권말소)	규칙 146 (가등기에 의한 본등기) 규칙 147 (본등기와 직권말소) 규칙 148 (본등기와 직권말소)
기출	~~1. [01 법무] 예고등기를 논하시오. 50점~~ ~~2. [05 행시] 예고등기에 대하여 설명하시오. 50점~~ 3. [20 법무] 가압류등기의 효력에 대해 약술하시오. 10점	

II. 예비등기

1. 가등기

(1) 의의[법 91]

가등기는 청구권을 보전하기 위한 가등기와 담보가등기로 구별되며, 강학상 종국등기에 대비되는 예비등기의 일종이다.

(2) 효력

1) 청구권보전의 가등기[법 91]

① 부동산소유권이나 그 밖에 법 제3조에 규정된 권리의 변동을 목적으로 하는 청구권을 보전하려는 경우에 하는 등기로서 강학상 종국등기에 대비되는 예비등기의 일종이다.

② 이러한 가등기는 장차 본등기를 할 수 있을 때에 그 본등기의 순위를 미리 확보해두도록 함으로써 채권자를 보호하는 데 그 목적이 있다.

가. 추정력 - ×

소유권이전청구권 보전을 위한 가등기가 있다 하여, 소유권이전등기를 청구할 어떤 법률관계가 있다고 추정되지 아니한다.

나. 물권변동효 - ×

가등기만으로는 아무런 실체법상 효력을 갖지 아니하므로 가등기권자는 물권을 취득할 수 없다.

따라서 중복된 소유권보존등기가 무효이더라도 소유권이전등기청구권의 가등기권리자는 아직 소유권자가 아니므로 그 말소를 청구할 권리가 없다.

다만 본등기가 이루어진 경우 물권변동의 효력이 발생한다.

다. 처분금지효 - ×

가등기만으로는 청구권의 상대방이 가진 물권의 처분을 금지하는 효력은 인정되지 아니한다.

따라서 갑 소유의 부동산에 A 명의로 소유권이전청구권보전의 가등기가 되어 있다 하더라도, 갑은 제3자인 병에게 소유권을 양도하거나 저당권 등 제한물권을 설정하는 등의 처분행위를 할 수 있다.

라. 순위보전효 - O

일반적인 권리의 순위는 그 등기된 순서에 따르지만, 가등기에 의한 본등기를 한 경우 그 본등기의 순위는 가등기의 순위에 따르게 된다[법 91]. 따라서 가등기에 의한 본등기를 하게 되면 가등기 후에 마쳐진 제3자의 권리에 관한 등기 즉 중간처분의 등기는 본등기의 내용과 저촉되는 범위 내에서 실효되거나

<table>
<tr><td></td><td></td><td>
후순위로 된다. 따라서 등기관은 본등기를 한 후에 대법원규칙으로 정하는 바에 따라 가등기 이후에 된 등기로서 가등기에 의하여 보전되는 권리를 침해하는 등기를 직권으로 말소하여야 한다(법 92, 규칙 147, 148). 등기관이 가등기 이후의 등기를 말소하였을 때에는 지체 없이 그 사실을 말소된 권리의 등기명의인에게 통지하여야 한다(법 92②).

마. 청구권보전효 – O
소유권이전등기청구권의 가등기가 등기된 이후 부동산의 소유권이 갑에서 을에게로 이전된 경우라도 가등기에 기한 본등기를 할 때의 본등기의무자는 을이 아니라 갑이 된다. 이와 같은 효력을 청구권보전의 효력이라고 한다.

바. 재산성(이익) – O
가등기는 원래 장차 하게 될 본등기의 순위를 확보하는 데에 그 목적이 있으나, 순위보전의 대상이 되는 물권변동의 청구권은 그 성질상 양도될 수 있는 재산권일 뿐만 아니라 가등기로 인하여 그 권리가 공시되어 결과적으로 공시방법까지 마련된 셈이므로, 가등기상 권리를 제3자에게 양도한 경우에 양도인과 양수인은 공동신청으로 그 가등기상 권리의 이전등기를 신청할 수 있고, 그 이전등기는 가등기에 대한 부기등기의 형식으로 한다(법 52.2).
가등기에 처분제한효는 인정되지 아니하지만, 가등기상 권리는 재산성이 있으므로 가등기에 대한 처분제한등기(예컨대 압류・가압류)는 가능하다.

2) 담보가등기 – 경매청구권・우선변제권
담보가등기란 「가등기담보 등에 관한 법률」에 의하여 대물반환예약을 체결하고 가등기를 한 경우에 그 가등기를 말하는데 담보가등기가 등기된 경우 일정한 사항에 대하여 저당권의 설정등기가 행하여진 것으로 본다(가등기담보법 13). ① 우선변제청구권, ② 경매청구권 등 일정한 실체법적인 효력이 인정된다.
</td></tr>
<tr><td></td><td>2. 예고등기</td><td>예고등기는 등기원인의 무효 또는 취소로 인한 말소등기소송이나 회복소송이 제기된 경우에 이러한 사실을 등기부상으로 제3자에게 알림으로써 그 부동산에 관하여 거래를 하려고 하는 자에게 소송의 결과에 따라서는 손해를 볼지도 모른다는 것을 경고하기 위하여 하는 등기로써 소장을 접수받은 법원에서 등기소에 예고등기를 촉탁하는 절차로 등기부에 기록이 되었다. 예고등기는 개정법에서는 이를 폐지하였고 등기관이 발견한 경우 직권으로 말소하는 것으로 변경되었다.</td></tr>
<tr><td>III. 기타</td><td>1. 가압류</td><td>
(1) 처분금지적 효력
① 가압류가 등기되면 부동산에 대하여 채무자가 매매・증여・근저당권설정, 그 밖에 일체의 처분행위를 금지하는 효력이 생긴다.
② 따라서 가압류 후의 권리를 취득한 자는 매각에 있어서 말소촉탁의 대상이 된다.

(2) 상대적 무효
① 가압류의 효력은 상대적 효력에 그치는데, 채무자가 가압류등기 후에 처분행위를 하였더라도 그 처분행위가 절대적으로 무효가 되는 것이 아니다. 처분행위의 당사자, 즉 채무자와 제3취득자(소유권 또는 담보권 등을 취득한 자) 사이에서는 그들 사이의 거래행위가 여전히 유효하고, 단지 그것을 가압류채권자에 대하여
</td></tr>
</table>

	집행보전의 목적을 달성하는 데 필요한 범위 안에서 주장할 수 없음에 그친다(대판 86다카2570). ② 가압류의 목적이 장차 목적물을 현금화하여 그로부터 금전적 만족을 얻자는 데 있는 것이므로, 그러한 목적달성에 필요한 범위를 넘어서까지 채무자의 처분행위를 막을 필요는 없기 때문이다. ③ 위와 같이 부동산에 대한 가압류는 상대적 효력을 가질 뿐이므로 채무자의 처분행위로 부동산을 취득한 자가 이에 따른 등기를 신청하면 등기관은 가압류집행 중임을 이유로 이를 거부할 수 없고, 취득자가 그 등기를 마치면 가압류채권자 외의 자에 대해서는 그 취득의 효과를 주장할 수 있다. ④ **가압류등기가 근저당권설정등기보다 먼저 마쳐진 경우** 가압류권자는 경매절차에서 근저당권자와 동순위로 배당을 받을 수 있다. ⑤ 가압류등기 후 목적물이 제3자에게 양도되고 그 후에 경매절차가 진행되어 부동산이 매각된 경우 가압류채권자는 매각대금에서 제3취득자에 우선하여 배당을 받게 되고 잉여가 있으면 제3취득자에게 교부된다(대판 91누5228). ⑥ 가등기 전에 이루어진 가압류등기와 그 가압류에 의한 강제경매개시결정등기는 가등기에 의한 본등기 시 직권말소의 대상이 아니다.
2. 가처분	**(1) 처분금지적 효력** ① **가처분이 등기**되면 가처분의 내용에 위배하여 양도, 담보권설정 등의 처분행위를 금지하는 효력이 생긴다. 이는 채권자가 그 처분행위의 효력을 부정할 수 있는 것이며 무효로 할 수 있다는 것이다. ② 따라서 가처분채권자는 위 처분행위의 효력을 부정하여 판결을 받아 말소신청할 수 있다. **(2) 상대적 무효** ① 가처분의 효력은 상대적 효력에 그치는데, 그 처분행위가 절대적으로 무효가 된다는 것이 아니라 채무자와 제3자 사이에서는 거래행위가 여전히 유효하고, 단지 그것을 가처분채권자에게 대항할 수 없을 뿐이다. ② **가처분**결정에 의하여 매매 기타의 처분행위가 금지된 **부동산을 그 소유자로부터 매수**한 제3자는 그 소유권취득의 효력을 가처분채권자에게 대항할 수 없으나 그 후 그 **가처분의 등기가 적법하게 말소**된 경우에는 그 후 그 소유권취득의 효력을 대항할 수 있다(대판 68다117).
3. 중복등기	**(1) 의의**(법 15① → 법 29, 규칙 52.9 → 법 21, 규칙 33 이하) ① 중복등기기록이란 하나의 부동산에 관하여 둘 이상의 등기기록이 개설되어 있는 것을 말한다. ② 우리나라 부동산등기법은 "등기부를 편성할 때에는 1필의 토지 또는 1개의 건물에 대하여 1개의 등기기록을 둔다(법 15①)."고 하여 1부동산 1등기기록주의를 취하고 있는데, 이러한 원칙 아래에서 중복등기는 허용되지 않는다. **(2) 효력** 1) **등기명의인이 같은 경우** – 선등기가 유효하며, 후등기는 무효이다(실체관계 부합여부 불문). 2) **등기명의인이 다른 경우** – 선등기가 원인무효가 아닌 한 후등기는 무효이다.

4. 폐쇄 등기부	(1) 의의 ① **폐쇄등기부는** 일정한 사유에 의해서 현재 유효한 권리관계를 공시할 필요가 없는 경우에 폐쇄한다는 문구를 기록하고 부동산의 표시를 주말한 등기부를 말한다. ② 폐쇄등기부는 별도로 관리하여 등기사무를 간소화한다. (2) 효력 ① 등기기록이 폐쇄되면 갑구나 을구에 기재된 등기사항은 모두 효력을 잃는다. ② 변경 · 경정 · 말소등기는 할 수 없지만 말소회복등기는 할 수 있다. ③ 폐쇄된 등기기록 내용에 다툼이 있거나 다시 공시할 필요가 있을 때에는 중요한 자료가 된다. ④ 폐쇄등기기록은 발급 및 열람의 대상이 된다. ⑤ 폐쇄등기기록은 영구히 보존한다(법 20).

04 절 유효요건

	법	규칙
조문	법 15 (물적 편성주의) 법 21 (중복등기기록의 정리) 법 27 (포괄승계인에 의한 등기신청) 법 29 (신청의 각하) 법 58 (직권에 의한 등기의 말소) 법 60 (대지사용권의 취득) 법 100 (이의신청과 그 관할)	
기출	1. [06 법무] 무효등기의 유용(流用)에 관하여 약술하시오. 20점 2. [08 행시] 등기의 유효요건과 관련하여 논의되는 사항 중 다음에 대하여 간단히 설명하시오. ① 등기가 불법하게 말소된 경우의 효력 10점 ② 중복등기의 효력에 관한 학설과 판례 20점 ③ 명의신탁의 유형 및 부동산 실권리자명의 등기에 관한 법률상의 명의신탁의 효력 20점 3. [23 행시] (사실관계 전제) 가압류등기가 부적법하게 직권말소된 상태에서 가압류의 효력에 대해 설명하시오. 5점	

Ⅰ. 실체적 유효요건

1. 등기에 부합하는 실체관계의 존재

등기에 부합하는 실체관계가 존재하기 위해서는 ① 우선 등기에 부합하는 부동산이 현실적으로 존재하여야 하고(객체) ② 등기명의인이 존재하여야 하며(주체), ③ 등기에 부합하는 실체적 권리변동 내지 물권행위가 존재하여야 한다(행위).

2. 부합의 정도

(1) 부동산표시의 부합

1) 판단기준

부동산의 표시와 등기가 부합하는지의 판단기준은 사회통념상의 동일성으로 판단한다. 따라서 사회통념상 동일성 내지 유사성이 인정되면 그 등기는 유효하다고 할 수 있다.

2) 토지

토지에 있어서의 판단은 토지의 지번 · 지목 · 면적 등(법 34)에 기초로 판단하며 가장 중요한 자료가 되는 것은 지번이다.

3) 건물

건물에 있어서의 판단은 건물의 소재 · 지번 · 종류 · 구조 · 면적 등(법 40)에 기초로 판단하며 종합적으로 고려하여 등기가 해당 건물을 표시하고 있다고 인정되면 유효한 등기로 보고 있다.

(2) 권리의 부합

1) 질적 불일치

① 권리의 객체(X 건물에 하여야 할 등기를 Y 건물에 등기된 경우)

② 권리의 주체(권리자가 甲인데 乙로 잘못 등기된 경우)

③ 권리의 종류(전세권설정계약을 체결하였는데 근저당권을 등기된 경우)가 잘못된 경우에는 그 등기는 무효이다.

2) 양적 불일치

물권행위와 등기가 질적으로(권리의 주체, 객체, 종류)는 부합하나 그 내용에 양적인 차이가 있는 경우에는 불일치의 정도에 따라 등기의 효력이 달라진다.

등기된 권리내용의 양이 물권행위의 양보다 클 때에는 물권행위의 한도에서 효력이 있고, 반대로 물권행위의 양이 등기된 권리내용의 양보다 클 때에는 법률행위의 일부무효법리(민법 137)에 의하여 판단하여야 한다.

(3) 권리변동(과정 내지 태양)의 부합

등기기록이 실제의 권리변동 과정과 일치하지 않더라도 등기된 결과가 현재의 진실한 권리상태를 공시(실체관계에 부합)하면 그 등기는 유효한 것으로 보고 있다.

1) 모두생략등기

가. 의의

① 모두생략등기란 양수인이 직접 소유권보존등기를 신청하여 경료되는 경우를 말한다.

② 본래 등기는 소유권을 기초로 하여 그에 터잡아 이루어지므로, 어떠한 등기를 하기 위해서는 반드시 소유권보존등기를 선행한 후에 그에 터잡아 이전, 설정 등의 등기를 하여야 한다(등기연속의 원칙).

③ 그러나 이러한 모두생략등기가 경료된 경우의 효력이 문제된다.

나. 효력

이러한 모두생략등기에 대하여 양수인이 직접 소유권보존등기를 신청하면 이는 법 제29조 제8호의 각하사유에 해당하지만, 등기관의 실수 등의 사유로 양수인 명의로 보존등기가 되어 있는 경우가 있었다. 그러한 등기는 실체관계에 부합하면 유효하다고 보는 것이 판례의 입장이다.

2) 중간생략등기

가. 의의

① **중간생략등기**란 등기부에는 물권변동의 과정이 순차적으로 공시되어야 함에도 불구하고 중간자의 등기를 생략하여 하는 등기를 말한다. 예컨대 **소유권이 甲, 乙, 丙의 순차로 이전되어야 할 것**임에도 乙의 등기를 생략하고 甲에서 바로 丙명의로 등기를 하는 것을 말한다.

② 원칙적으로 중간생략등기는 금지된다. 부동산등기특별조치법은 중간생략등기를 함으로써 동법을 위반한 경우에는 징역・벌금(동법 제8조), 과태료(동법 제11조)를 부과하도록 하고 있다.

③ 판례는 이러한 금지규정을 단속규정으로 해석하면서 중간생략등기의 유효성을 인정하고 있다.

④ 다만, 「부동산 거래신고 등에 관한 법률」상의 허가를 받지 아니하고 체결한 토지거래계약은 그 효력이 발생하지 아니한다(법 제11조 제6항). 즉 토지거래허가구역 내의 토지에 관하여 허가를 받지 아니하고 매매계약을 체결한 경우 허가를 받기까지는 유동적 무효의 상태에 있다고 보는 입장이다. 또한 토지거래허가구역의 토지는 거래단계마다 관할청의 허가를 얻어야 하므로, 최초 매도인(甲)과 최종 매수인(丙)이 허가를 받아 등기한 경우에는 무효이다.

나. 효력

① 중간생략등기가 유효하기 위해서는 최종소유자가 소유자로서의 실체법상의 요건은 모두 갖추고 있어야 한다.

② 당사자 사이에 적법한 원인행위가 성립되어 일단 중간생략등기가 이루어진 이상 중간생략등기에 관한 합의가 없었다는 이유만으로는 중간생략등기가 무효라고 할 수는 없다.

3) 실제와 다른 등기원인에 의한 등기

가. 의의

① 실제와 다른 등기원인에 의한 등기란 물권행위와 등기는 부합하나 그 등기원인만 다른 경우 즉 권리취득의 경위나 방법 등이 사실과 다르더라도 일정한 경우를 말한다.

② 예컨대 **실질적**으로는 증여에 의한 소유권이전등기이나 **등기기록**에는 매매를 원인으로 한 소유권이전등기가 기록되어 있는 경우가 이에 해당한다.

나. 효력

판례에 따르면 이러한 등기도 등기목적은 소유권이전등기로써 당사자 사이의 실체관계에는 부합(소유권취득이라는 물권행위의 합의)하기 때문에 유효하다.

4) 무효등기의 유용

가. 의의

① 어떠한 등기가 처음에는 그에 부합하는 실체관계와 부합하지 않아 무효였으나 사후에 그 등기에 부합하는 실체관계를 갖춘 경우에는 그 등기를 유효한 등기로서 그대로 유용할 수 있다.

② 인정하는 **취지**는 원칙적으로 무효인 등기를 말소하고 실체관계와 부합하는 등기를 신청하여야 하나 당사자의 의사가 합치하는 경우에도 불필요한 절차를 거칠 필요가 없기 때문이다.

나. 요건

무효등기의 유용이 인정되기 위해서는 ① 물권변동의 요건이 충족되고, ② 유용에 관한 합의(명시적 또는 묵시적)가 있으며, ③ 등기상 이해관계 있는 제3자가 없어야 한다.

다. 적용범위

(가) 적용되는 경우(갑구 또는 을구)

무효등기의 유용은 권리와 관련한 사항에만 인정된다.

가) 소유권 - 소유권의 유용은 인정된다.

예컨대 갑으로부터 을에게로의 소유권이전등기가 등기원인 없이 된 후 갑과 을 사이에 적법한 매매를 한 경우 그 등기는 유효하다.

나) 저당권 - 저당권의 유용도 이해관계인이 없는 한 유효하다.

유효하게 등기된 저당권의 피담보채권이 변제 등으로 인하여 소멸하여 저당권이 소멸하고 저당권설정등기가 무효로 된 후에 동일한 내용의 채권이 새로 성립된 경우에는 그 저당권설정등기의 유용합의 이전에 등기기록상 새로 이해관계를 갖게 된 제3자가 없는 때에 한하여 무효인 저당권설정등기를 새로운 채권을 담보하는 저당권설정등기로 유용할 수 있다(대판 1994.1.28, 93다31702).

채권자가 채무자와 사이에 근저당권설정계약을 체결하였으나 그 계약에 기한 근저당권설정등기가 채권자가 아닌 제3자의 명의로 경료되고 그 후 다시 채권자가 위 근저당권설정등기에 대한 부기등기의 방법으로 위 근저당권을 이전 받았다면 특별한 사정이 없는 한 그때부터 위 근저당권설정등기는 실체관계에 부합하는 유효한 등기로 볼 수 있다(대판 2007.1.11, 2006다50055).

다) 가등기－가등기의 유용도 인정된다.

당사자가 실체적 권리의 소멸로 인하여 무효로 된 가등기를 이용하여 거래를 하기로 하였다면 그 구등기에 부합하는 가등기설정계약의 합의가 있어 구등기를 유용하기로 하고 거래를 계속하기로 한 취지라고 해석함이 타당하여 위 등기유용합의 이전에 등기상 이해관계 있는 제3자가 나타나지 않는 한 위 가등기는 원래의 담보채무소멸 후에도 유효하게 존속한다(대판 1986.12.9, 86다카716).

(나) 적용되지 않는 경우(표제부)

표제부의 유용은 인정되지 않는다.

기존의 건물이 멸실된 후 새로이 건물이 신축된 경우에도 양 건물이 동일한 건물이라고 할 수는 없으므로 새로이 건축한 건물의 물권변동에 관한 등기를 멸실된 건물의 등기부에 하여도 이는 진실에 부합하지 아니하는 것이므로 그러한 등기는 무효이다.

라. 효과(장래효)

등기의 유용이 인정되면 그 요건을 갖춘 때에 비로소 물권발생의 효과가 나타나며, 무효등기가 처음 등기부에 기재된 때로 물권발생의 효과가 소급하는 것은 아니다.

II. 절차적 유효요건

1. 등기의 존재

(1) 등기관에 의해 기록될 것

① 등기가 형식적으로 유효하기 위해서는 등기관에 의하여 등기기록에 기록되어야 그 존재가 인정되며 효력이 발생한다.

② **등기부가 위조**된 경우 즉, 등기관이 아닌 자가 기록한 등기는 사건이 등기할 것이 아닌 경우에 해당하므로 직권 말소하여야 한다(법 29.2).

③ 등기신청이 수리되어 등기필정보가 교부된 경우라 하더라도 등기관의 잘못으로 인하여 등기기록에 일정사항이 기록되어 있지 않은 경우에는 등기가 있다고 할 수 없다(대결 71마105 참조).

④ 등기의 완성은 등기부에 등기사항을 기입하고 등기공무원이 날인함으로서 완성되는 것이지만 등기기재의 적정여부를 확인하는 등기관의 교합인이 누락되었다 하여 그것만으로 그 등기가 부존재한다고 할 수 없다(대결 77마262).

(2) 등기가 부적법 말소된 경우

① 말소등기는 그 권리가 실체법상 소멸되어 그 권리가 존재하지 않는 것으로 추정되지만, 원인 없이 부적법하게 말소된 등기에는 권리의 소멸 또는 부존재의 추정력이 인정되지 아니한다.

② 왜냐하면, **등기는** 물권의 효력발생요건이고, 그 존속요건은 아니므로 물권에 관한 **등기가 원인 없이 말소된 경우라도** 그 물권의 효력에는 아무런 변동이 없고(대판 87다카2431), **그 부적법한 말소등기가** 실체관계에 부합하지 않는 것이어서 무효이기 때문이다.

③ 따라서 **불법 말소된 등기의 등기명의인은** 회복등기가 마쳐지기 전이라도 적법한 권리자로 추정되므로 원인 없이 말소된 등기의 효력을 다투는 쪽에서 그 무효 사유를 주장・입증하여야 한다(대판 95다39526).

④ 이 경우 말소된 등기의 권리자는 회복등기를 함으로써 부적법한 등기를 시정할 수 있다.

2. 적법한 절차

(1) 법 제29조 제1호, 제2호의 하자를 간과하고 등기가 실행된 경우

① 법 제29조 제1호(관할위반의 등기신청)와 제2호(사건이 등기할 것이 아닌 경우의 등기신청)의 각하사유에 해당하는 등기신청이 있는 경우에는 등기관은 각하하여야 하며 이를 간과한 등기는 실체관계에 부합하는지 여부를 불문하고 당연무효이다.

② 이러한 당연무효등기를 그대로 둔다면 불필요한 혼란과 사고의 원인이 되기 때문에 등기관이 이러한 등기기록을 발견하면 법 제58조의 절차를 통해 직권말소를 하여야 한다.

③ 만약 등기관이 이를 직권으로 말소하지 않고 있다면 등기신청인과 등기상 이해관계 있는 제3자는 무효인 등기의 말소등기를 실행하라는 취지의 이의신청을 할 수 있다(법 100 이하).

(2) 법 제29조 제3호 이하의 하자를 간과하고 등기가 실행된 경우

① 법 제29조 제3호 내지 제11호의 각하사유가 있는 등기신청이 있는 경우에는 등기관은 각하하여야 하며, 이를 간과한 등기는 실체관계에 부합하는 한 유효하다고 볼 여지가 있으므로 당연무효라고 볼 수는 없다.

② 따라서 이러한 등기기록을 발견한 등기관은 그 등기를 직권말소할 수는 없다.
왜냐하면 형식적 심사권밖에 없는 등기관으로서는 법 제29조 제3호 이하의 사유를 간과한 등기에 대하여 실체법상 유효한지 여부를 판단할 수 없기 때문이다.

③ 따라서 이러한 등기기록을 발견한 등기관은 실체관계를 판단할 수 없으므로 그 등기를 직권말소할 수 없고 등기신청인 등도 소송으로 그 등기의 효력을 다투는 것은 별론으로 하고, 법 제100조에 의한 이의신청의 방법으로는 말소를 구할 수 없다(대결 1988.2.24, 87마469).

05 절 중복등기

	법	규칙
조문	법 15 (물적 편성주의) 법 29 (신청의 각하) - 신청 시 법 21 (중복등기기록의 정리) - 등기 후	규칙 52 (사건이 등기할 것이 아닌 경우) 규칙 33 (중복등기기록의 정리) 규칙 34 (소유권의 등기명의인이 같은 경우의 정리) 규칙 35 (소유권의 등기명의인이 다른 경우의 정리) 규칙 36 (소유권의 등기명의인이 다른 경우의 정리) 규칙 37 (소유권의 등기명의인이 다른 경우의 정리) 규칙 38 (지방법원장의 허가가 필요한 중복등기기록 정리) 규칙 39 (당사자의 신청에 의한 정리) 규칙 40 (중복등기기록의 해소를 위한 직권분필) 규칙 41 (폐쇄된 등기기록의 부활)
기출	1. [98 법무] 중복등기의 효력에 대하여 논술하라. 10점 2. [08 행시] 중복등기의 효력에 관한 학설과 판례에 대하여 간단히 설명하시오. 20점	

Ⅰ. 서설

1. 의의

① 중복등기기록이란 하나의 부동산에 관하여 둘 이상의 등기기록이 개설되어 있는 것을 말한다.

② 우리나라 부동산등기법은 "등기부를 편성할 때에는 1필의 토지 또는 1개의 건물에 대하여 1개의 등기기록을 둔다(법 15①)."고 하여 1부동산 1등기기록주의를 취하고 있는데, 이러한 원칙 아래에서 중복등기는 허용되지 않는다.

③ 중복등기를 **신청 시 발견**한 경우에는 그 등기신청을 각하하여야 하며(법 29.2, 규칙 52.9)

④ 중복등기를 **등기 후 발견**한 경우에는 중복등기의 정리절차로 해결하여야 한다(법 21, 규칙 33 이하).

2. 요건

3. 적용범위

(1) 토지 중복등기

중복등기로 인정되기 위해서는 원칙적으로 동일한 지번으로 여러 개의 등기기록이 존재하여야 하며, 같은 토지를 표상하는 것이어야 한다.

(2) 건물 중복등기

① **건물의 동일성**은 지번 및 도로명주소, 종류, 구조, 면적과 도면에 나타난 건물의 길이, 위치 등을 종합하여 판단하여야 한다.

② **두 개의 등기기록**상 건물이 건물의 종류와 구조, 면적 등 일부가 일치하지 않더라도 건축물대장의 변동사항 등에 의하여 동일건물로 봄이 상당하다고 인정되는 경우에는 동일건물로 보아야 한다. 따라서 그 두 개의 등기기록은 중복등기에 해당한다고 할 수 있다.

③ 각각 **일반건물**과 **구분건물**로 **보존**등기가 경료되어 있는 경우라도 그 지번 및 도로명주소, 종류, 구조, 면적이 동일하고 도면에 나타난 건물의 길이, 위치 등이 동일하다면 동일건물로 볼 수 있다.

(3) 외관상 중복등기

등기기재의 착오 등으로 인하여 외관상 지번이 동일한 등기기록이 존재하게 되었더라도 그 등기기록상의 등기를 중복등기로 처리하여서는 아니 된다.

4. 효력

(1) 등기명의인이 동일한 경우

등기명의인이 동일한 경우 후등기는 무효이고 이 무효인 등기에 터잡아 타인명의로 소유권이전등기가 경료되었다고 하더라도 실체관계에 부합하는 여부를 가릴 것 없이 이 등기 역시 무효이다(대판 83다카743).

(2) 등기명의인이 다른 경우

등기명의인이 다른 경우 먼저 이루어진 보존등기가 원인무효가 아닌 한 뒤에 된 소유권보존등기는 무효이다.

II. 특색

1. 근거규정

법과 규칙은 토지 중복등기에만 적용이 있고, 건물의 중복등기에는 적용이 없다. 그 성격이 다르다고 보기 때문이다.

2. 정리방법

① 중복등기의 정리는 실체관계에 부합할 가능성이 큰 등기를 기준으로 하여 등기용지 중 하나는 남겨두고 나머지는 쓰지 못하게 하는 방법에 의한다.

② **토지는** 후등기기록 또는 선등기기록을 폐쇄하지만, **건물은** 후등기기록을 말소하거나 직권말소할 수 없다.

③ 다만 당사자의 신청이 있는 경우에는 그 신청에 따라 정리한다.

3. 정리효과

① 중복등기의 정리는 실체의 권리관계에 영향을 미치지 아니한다(규칙 33②).

② 중복등기라는 이유로 폐쇄된 등기기록의 등기명의인이 진정한 소유자임이 확인된 경우에는 그 등기기록이 부활하고 다른 등기기록이 중복등기로 인정되어 폐쇄된다.

③ 판결에 의한 중복등기 말소등기신청의 경우 위와 같은 폐쇄방법에 의할 수는 없다.

III. 토지 중복등기 정리 [조문]

1. 직권에 의한 정리

(1) 최종 소유권의 등기명의인이 동일한 경우(규칙 34)

원칙적으로 후등기기록을 폐쇄하는 이유는 후등기기록이 1부동산 1등기기록의 원칙에 반하기 때문이다.

(2) 최종 소유권의 등기명의인이 다른 경우

1) 제1유형(규칙 35)

규칙 제35조의 취지는 당사자들 사이에 권리변동이 있었던 것으로 추정되는 한 그 권리변동을 그대로 공시하는 내용의 등기기록이 실체관계에 부합하는 것으로 판단되므로 이를 존치시켜야 한다는 것이다.

2) 제2유형(규칙 36)

원시취득이나 분배농지의 상환완료 등을 원인으로 한 물권변동은 법률의 규정에 의하여 행해지는 것이므로 그러한 사유를 원인으로 하여 등기가 마쳐진 경우에는, 그 이전의 다른 등기기록상 등기는 현재의 권리관계에 부합하지 아니하는 것이 명백하므로 이를 폐쇄하도록 한 것이다. 원시취득의 등기로 볼 수 있는 것은 수용을 원인으로 한 소유권보존등기(또는 소유권이전등기) 등을 들 수 있다.

3) 제3유형(규칙 37)

2. 당사자의 신청에 의한 정리(규칙 39)

이는 등기기록상 최종 소유권의 등기명의인이 스스로 자기명의의 등기기록이 잘못 편제되어 있거나 효력이 없음을 인정하여 정리하도록 신청을 하여 이에 따라 정리를 하는 것이 가장 실체관계에 부합하는 결과가 된다고 볼 수 있기 때문이다.

3. 중복등기 중 어느 일방의 등기를 기초로 하여 새로운 등기신청이 있는 경우

① 그 중복등기가 규칙 제34조와 제35조의 규정에 의하여 정리되어야 할 등기인 경우에는 규칙에 따라 정리한 다음 등기신청의 수리여부를 결정하여야 한다.

② 그 중복등기가 규칙 제36조와 제37조에 의하여 정리되어야 할 등기인 경우에는 어느 일방의 등기를 기초로 하는 새로운 등기신청도 이를 수리하여 기록한다.

4. 폐쇄된 등기기록의 부활(규칙 41)

5. 중복등기가 된 토지의 등기사항증명서의 교부방법

중복등기가 된 토지의 등기기록에는 중복등기라는 뜻을 부전하고, 등기사항증명서의 발급신청이 있는 때에는 중복등기기록 전부를 출력하여 보존등기 순서대로 합철한 후 그 말미에 인증문을 부기해 발급한다.

Ⅳ. 건물 중복 등기 정리 (예규)

1. 직권에 의한 정리

(1) 건물의 보존등기명의인이 동일한 경우

1) 후행 보존등기를 기초로 한 새로운 등기가 없는 경우 – ○

건물의 보존등기명의인이 같은 중복등기의 경우 후행 보존등기를 기초로 한 새로운 등기가 없는 때에는 「부동산등기법」 제58조의 절차에 의하여 후행 보존등기를 직권으로 말소한다.

2) 선행 보존등기를 기초로 한 새로운 등기는 없으나 후행 보존등기를 기초로 한 새로운 등기가 있는 경우 – ○

등기관은 「부동산등기법」 제58조의 절차에 따라 후행 등기기록에 등기된 일체의 등기를 직권말소하여 등기기록을 폐쇄함과 동시에 그 등기기록에 기재된 소유권보존등기 외의 다른 등기를 선행 등기기록에 이기(미처리된 등기의 실행방법의 의미로서)하여야 한다.

3) 선행 보존등기 및 후행 보존등기를 기초로 한 새로운 등기가 모두 있는 경우 – ×

건물의 보존등기명의인이 동일한 경우라도 선행 보존등기 및 후행 보존등기를 기초로 한 새로운 등기가 모두 있는 경우에는 등기관은 이를 직권으로 정리할 수 없다.

(2) 건물의 보존등기명의인이 서로 다른 경우 – ×

건물의 보존등기명의인이 서로 다른 경우에는 실질적 심사권이 없는 등기관으로서는 등기관이 직권으로 건물의 중복등기를 정리할 수 없다.

2. 등기명의인의 신청에 의한 중복등기의 해소

건물의 **보존등기명의인이 서로 다른 경우**에 어느 한 쪽의 등기명의인이 스스로 그 소유권보존등기의 말소등기를 신청할 수 있다. 말소되는 등기에 대해 이해관계 있는 제3자가 있는 경우에는 신청서에 그 승낙서 또는 이에 대항할 수 있는 재판의 등본을 첨부하여야 한다.

3. 중복등기 중 어느 일방의 등기를 기초로 하여 새로운 등기신청이 있는 경우

① **보존등기명의인**이 **동일한 경우**로서 중복등기의 존속 중에 새로운 등기신청이 있는 경우에는 **선행 등기기록상의 등기를 기초로 한 새로운 등기신청**은 이를 수리하고, **후행 등기기록상의 등기를 기초로 한 새로운 등기신청**은 이를 각하한다.

② **보존등기명의인**이 서로 **다른 경우** 중복등기기록의 존속 중에 **어느 일방의 등기기록상의 등기를 기초로 하는 새로운 등기신청**은 이를 수리한다.

06 절 등기소

	법	규칙
조문	법 7조 (관할 등기소) 법 7조의2(관련 사건의 관할에 관한 특례) 법 7조의3(상속·유증 사건의 관할에 관한 특례)	163조 (관련 신청사건의 범위) 163조의2(관련 신청사건의 신청정보 제공 방법 등) 163조의3(관련 처리 사건의 범위) 163조의4(관련 사건이라는 뜻의 기록) 163조의5(관련 사건의 보정 및 취하) 163조의6(관련 사건에 관한 등기의 경정) 164조 (상속·유증 사건의 범위) 164조의2(상속·유증 사건의 신청정보) 164조의3(관련 사건에 관한 규정의 준용)
기출	1. [24 법무] 甲이 사망하였다. 甲의 상속인으로는 자녀인 乙과 丙이 있고(모두 성년임), 상속부동산으로는 A 등기소의 관할에 속한 X 부동산과 B 등기소의 관할에 속한 Y 부동산이 있다. 乙과 丙의 상속등기의무 및 등기신청의 관할에 관하여 설명하시오. 10점	
Ⅰ. 서설	① 등기소는 등기사무에 관한 권한을 가지고 등기사무를 담당하는 국가기관을 말한다. ② 따라서 등기소라는 명칭을 가진 관서뿐만 아니라 등기사무를 담당하는 지방법원의 등기국·등기과와 지원의 등기과·등기계도 하나의 등기소가 된다(법 7 참조). 그러나 법원행정처 부동산등기과는 등기소에 해당하지 않는다.	
Ⅱ. 관할	1. 원칙	① 등기사무는 부동산의 소재지를 관할하는 지방법원, 그 지원(支院) 또는 등기소(이하 "등기소"라 한다)에서 담당한다. ② 지방법원 관내에 설치할 등기소와 그 관할구역은 「등기소의 설치와 관할구역에 관한 규칙」에서 정하고 있다. 등기소의 관할은 대체로 행정구역인 시·군·구를 기준으로 정해져 있다.
	2. 예외	**(1) 관련 사건의 관할에 관한 특례**(법 7의2) 개정 법률에서는 등기신청인의 시간적·경제적 부담을 완화하기 위하여 관할 등기소가 다른 여러 개의 부동산과 관련하여 등기목적과 등기원인이 동일한 등기신청 등이 있는 경우에는 그중 하나의 관할 등기소에서 해당 신청에 따른 등기사무를 담당할 수 있도록 하기 위하여 아래의 규정이 신설되었다. [본조신설 2024.9.20, 시행일: 2025.1.31.] ① 관할 등기소가 다른 여러 개의 부동산과 관련하여 등기목적과 등기원인이 동일하거나 그 밖에 대법원규칙으로 정하는 등기신청이 있는 경우에는 그중 하나의 관할 등기소에서 해당 신청에 따른 등기사무를 담당할 수 있다. ② 등기관이 당사자의 신청이나 직권에 의한 등기를 하고 다음 각 호에서 정하는 바에 따라 다른 부동산에 대하여 등기를 하여야 하는 경우에는 그 부동산의 관할 등기소가 다른 때에도 해당 등기를 할 수 있다. 1. 등기관이 승역지에 지역권설정의 등기를 하였을 때에는 직권으로 요역지의 등기기록에 다음 각 호의 사항을 기록하여야 한다(법 71). 2. 등기관이 1개 또는 여러 개의 부동산에 관한 권리를 목적으로 하는 저당권설정의

등기를 한 후 동일한 채권에 대하여 다른 1개 또는 여러 개의 부동산에 관한 권리를 목적으로 하는 저당권설정의 등기를 할 때에는 그 등기와 종전의 등기에 각 부동산에 관한 권리가 함께 저당권의 목적으로 제공된 뜻을 기록하여야 한다(법 78④).

3. 여러 개의 부동산에 관한 권리를 목적으로 하는 전세권설정의 등기를 하는 경우에도 위 2.를 준용한다(법 72②).
4. 기타 대법원규칙으로 정하는 바에 따라 다른 부동산에 대하여 등기를 하여야 하는 경우

③ 제1항의 등기를 신청하는 경우의 신청정보 제공방법과 같은 항 및 제2항에 따른 등기사무의 처리 절차 및 방법 등에 관하여 필요한 사항은 대법원규칙으로 정한다.

(2) 상속 · 유증 사건의 관할에 관한 특례(법 7의3)

등기신청인의 시간적 · 경제적 부담을 완화하기 위하여 상속 · 유증으로 인한 등기신청의 경우에는 부동산의 관할 등기소가 아닌 등기소에서도 그 신청에 따른 등기사무를 담당할 수 있도록 하기 위하여 아래의 규정이 신설되었다. [본조신설 2024.9.20, 시행일: 2025.1.31.]

① 상속 또는 유증으로 인한 등기신청의 경우에는 부동산의 관할 등기소가 아닌 등기소도 그 신청에 따른 등기사무를 담당할 수 있다.

② 제1항에 따른 등기신청의 유형과 등기사무의 처리 절차 및 방법 등에 관하여 필요한 사항은 대법원규칙으로 정한다.

(3) 관할 등기소의 지정(법 7②)

부동산이 여러 등기소의 관할구역에 걸쳐 있는 경우 그 부동산에 대한 최초의 등기신청을 하고자 하는 자는 각 등기소를 관할하는 상급법원의 장에게 관할등기소의 지정을 신청하여야 한다(법 7②, 규칙 5). 왜냐하면, 이러한 경우 관할의 지정을 받은 등기소만이 관할권을 가지기 때문이다.

① 부동산이 여러 등기소의 관할구역에 걸쳐 있는 경우 그 부동산에 대한 최초의 등기신청을 하고자 하는 자는 각 등기소를 관할하는 상급법원의 장에게 관할등기소의 지정을 신청하여야 한다(규칙 5①).

② 관할등기소의 지정 신청은 해당 부동산의 소재지를 관할하는 등기소 중 어느 한 등기소에 신청서를 제출하는 방법으로 하며, 그 등기소에서는 신청서 및 첨부서면의 적정 여부를 심사한 후 즉시 상급법원의 장에게 송부하여야 한다(규칙 5②). 지정신청서를 지방법원에 제출하지 않음에 주의한다.

③ 상급법원의 장은 부동산의 소재지를 관할하는 등기소 중 어느 한 등기소를 관할등기소로 지정하여야 한다(규칙 5③). 이 경우 건축물대장을 관리하는 소관청의 소재지 등기소를 관할등기소로 지정하는 것이 신청인의 편의와 등기소의 업무처리상 적정할 것이다.

④ 상급법원의 장은 관할등기소를 지정한 즉시 관할등기소 지정서를 신청인에게 우편으로 송부하여야 한다.

⑤ 관할등기소의 지정을 신청한 자가 관할등기소에 등기 신청을 할 때에는 관할등기소의 지정이 있었음을 증명하는 정보를 첨부정보로서 등기소에 제공하여야 한다.

(4) 관할의 위임(법 8)

대법원장은 천재지변, 등기업무량, 교통사정 등 등기사무 처리의 편의를 고려하여 어느 등기소의 관할에 속하는 사무를 다른 등기소에 위임하게 할 수 있다. 이 경우에는 관할의 위임을 받은 등기소만이 관할권을 갖게 된다.

	(5) 관할의 변경(법 9, 예규 1433) 관할의 변경이란 행정구역의 변경이나 등기소의 신설·폐지 등으로 인하여 어느 부동산의 소재지가 다른 등기소의 관할로 바뀌는 것을 말한다. 이렇게 어느 부동산의 소재지가 다른 등기소의 관할로 바뀌었을 때에는 종전의 관할 등기소는 전산정보처리조직을 이용하여 그 부동산에 관한 등기기록의 처리권한을 다른 등기소로 넘겨주는 조치를 하여야 한다. **(6) 관할 위반의 등기** ① 법 제29조 제1호(관할위반의 등기신청)와 제2호(사건이 등기할 것이 아닌 경우의 등기신청)의 각하사유에 해당하는 등기신청이 있는 경우에는 등기관은 각하하여야 하며 이를 간과한 등기는 실체관계에 부합하는지 여부를 불문하고 당연무효이다. ② 이러한 당연무효등기를 그대로 둔다면 불필요한 혼란과 사고의 원인이 되기 때문에 등기관이 이러한 등기기록을 발견하면 법 제58조의 절차를 통해 직권말소를 하여야 한다. ③ 만약 등기관이 이를 직권으로 말소하지 않고 있다면 등기신청인과 등기상 이해관계 있는 제3자는 무효인 등기의 말소등기를 실행하라는 취지의 이의신청을 할 수 있다(법 100 이하).
Ⅲ. 정지 (법 10) (규칙 6-2) (규칙 6-3)	**[등기사무의 정지]** ① 대법원장은 다음 각 호의 어느 하나에 해당하는 경우로서 등기소에서 정상적인 등기사무의 처리가 어려운 경우에는 기간을 정하여 등기사무의 정지를 명령하거나 대법원규칙으로 정하는 바에 따라 등기사무의 처리를 위하여 필요한 처분을 명령할 수 있고, 대법원규칙으로 정하는 바에 따라 정지명령에 관한 권한을 법원행정처장에게, 처분명령에 관한 권한을 법원행정처장 또는 지방법원장에게 위임할 수 있다(법 10). [전문개정 2024.9.20, 시행일: 2025.1.31.] 1. 「재난 및 안전관리 기본법」 제3조 제1호의 재난이 발생한 경우 2. 정전 또는 정보통신망의 장애가 발생한 경우 3. 그 밖에 제1호 또는 제2호에 준하는 사유가 발생한 경우 ② 등기소가 화재나 수해를 입었거나 또는 사변 등으로 실제 등기사무의 처리가 불가능하게 되었을 경우에 등기사무의 정지를 명령할 수 있는 것이다. ③ 정지기간 중에 한 등기는 무효이며, 이는 법 제29조 제2호의 사건이 등기할 것이 아닌 경우에 해당하므로, 이를 간과하고 경료된 등기는 당연무효로서 직권말소 및 이의신청의 대상이 된다.

07 절 관련 사건의 신청 및 처리에 관한 업무처리지침

<table>
<tr><th></th><th>법</th><th>규칙</th></tr>
<tr><td>조문</td><td>법 7조 (관할 등기소)
법 7조의2 (관련 사건의 관할에 관한 특례)</td><td>163조 (관련 신청사건의 범위)
163조의2 (관련 신청사건의 신청정보 제공 방법 등)
163조의3 (관련 처리 사건의 범위)
163조의4 (관련 사건이라는 뜻의 기록)
163조의5 (관련 사건의 보정 및 취하)
163조의6 (관련 사건에 관한 등기의 경정)</td></tr>
<tr><td>기출</td><td colspan="2"></td></tr>
</table>

<table>
<tr><td rowspan="2">Ⅰ. 서설</td><td>1. 의의
[법 7의2]
[규칙 163 이하]</td><td>① 등기사무는 부동산의 소재지를 관할하는 지방법원, 그 지원(支院) 또는 등기소에서 담당하며, 등기소는 등기사무에 관한 권한을 가지고 등기사무를 담당하는 국가기관을 말한다.
② 등기신청은 부동산의 소재지를 관할하는 등기소에 신청하여야 하며, 관할위반의 등기신청이 있는 경우에는 등기관은 각하[법 29.1]하여야 하며, 이를 간과한 등기는 실체관계에 부합하는지 여부를 불문하고 당연무효이다. 등기관은 직권말소를 하여야 하며[법 58], 등기신청인과 등기상 이해관계 있는 제3자는 이의신청을 할 수 있다[법 100 이하].
③ 위와 같은 관할의 규정에도 불구하고 개정 법률에서는 등기신청인의 시간적 · 경제적 부담을 완화하기 위하여 관할 등기소가 다른 여러 개의 부동산과 관련하여 일정한 요건을 충족한 경우 그중 하나의 관할 등기소에서 해당 신청에 따른 등기사무를 담당할 수 있도록 하기 위하여 법 제7조의2가 신설되었다. [본조신설 2024.9.20, 시행일: 2025.1.31.]
④ 그 종류로는 "관련 신청사건"[법 7의2①]과 "관련 처리사건"[법 7의2②]이 있다.</td></tr>
<tr><td>2. 관련 신청 사건
[법 7의2①]</td><td>(1) 의의
관련 신청사건이라 함은 법 제7조의2 제1항에 따라 관할 등기소가 다른 여러 개의 부동산에 대하여 등기목적과 등기원인이 동일하거나 대법원규칙으로 정하는 등기신청이 있는 경우에 그중 하나의 관할 등기소에 해당 등기를 신청할 수 있는 사건을 말한다.
(2) 요건
1) 등기목적의 동일
등기목적의 동일은 등기할 사항이 동일한 경우를 말한다.
예컨대, 소유권이전, 근저당권설정 등 신청하는 등기의 내용 내지 유형이 같다는 것을 말하며, 여러 부동산에 대한 등기목적이 일부라도 동일하지 않은 경우 관련 사건으로 신청할 수 없다.
2) 등기원인의 동일
등기원인의 동일은 법률행위(법률사실)의 내용 · 원인일자 · 당사자가 모두 동일한 경우를 말하며, 여러 부동산에 대한 등기원인과 원인일자가 일부라도 동일하지 않은 경우 관련 사건으로 신청할 수 없다.</td></tr>
</table>

(3) 적용범위

1) 등기목적의 동일

① 소유권보존등기 – ×

② A부동산은 '근저당권 설정', B부동산은 '근저당권 말소'인 경우 – ×

③ A부동산은 '청구권가등기'로 B부동산은 '담보가등기'인 경우 – ×

④ A부동산과 B부동산 모두 '소유권이전청구권가등기'인 경우 – ○

⑤ A 부동산은 전부, B 부동산은 일부 1/2을 '소유권 이전'인 경우 – ○

2) 등기원인의 동일

가. 법률행위(법률사실)의 내용 및 원인일자의 동일

① A부동산은 '매매', B부동산은 '증여'인 경우 – ×

② 계약서나 판결문의 등기원인일자가 동일하지 않은 경우 – ×

(2025.01.01. vs 2025.03.03.)

③ A부동산은 제3자의 허가를 요하고, B부동산은 허가를 요하지 않는 경우 – ○

④ 각각 매매계약서를 작성하였으나 당사자와 원인일자가 동일한 경우 – ○

나. 당사자의 동일

① 등기의무자의 성명(개명) 또는 주민등록번호(주민등록번호 변경)가 불일치한 경우(선행 ⊜표시변경 · 경정 要) – ×

② 비법인의 대표자가 불일치한 경우(선행 ⊜표시변경 · 경정 要) – ×

③ 등기의무자의 주소가 불일치 하더라도 주소증명정보에 의하여 동일성을 확인한 경우(선행 ⊜표시변경 不要) – ○

(외국인 · 국내에 영업소 등기를 하지 아니한 외국법인 · 법인 아닌 사단이나 재단의 경우 제외)

④ 피상속인명의 부동산과 상속인명의 부동산(선행 상속등기 要) – ×

⑤ A부동산은 '갑이 등기의무자 · 을이 등기권리자',
B 부동산은 '을이 등기의무자 · 갑이 등기권리자' – ×

⑥ 여러 동일한 등기의무자로부터 여러 동일한 등기권리자에게 이전 – ○

: 甲(1/2)과 乙(1/2)이 공동소유하는 인천A, 김포B 부동산에 대하여 丙(1/2)과 丁(1/2)에게 소유권을 이전하면서 인천에 관련 신청사건으로 등기를 신청할 수 있음

⑦ 소유자가 다른 여러 부동산을 한 사람에게 매도하는 경우 – ×

: 인천 甲, 김포 乙 소유 부동산을 丙이 매수한 후 인천에 신청할 수 없음

⑧ 동일 소유자의 여러 부동산을 여러 사람에게 매도하는 경우 – ×

: 인천, 김포의 甲 소유 부동산에 대하여 인천은 乙, 김포는 丙이 매수하면서 인천에 신청할 수 없음

3) 단독신청

① 여러 부동산에 대하여 등기명의인이 개명, 주민등록번호변경, 주소변경 또는 착오 등을 등기원인으로 하여 원인일자가 동일한 등기명의인표시의 변경(경정)등기를 신청하는 경우

② 여러 부동산에 대하여 민간임대주택등록(말소)을 등기원인으로 하여 원인일자가 동일한 민간임대주택 부기등기(또는 말소등기)를 신청하는 경우

③ 여러 부동산에 대하여 동일한 피고를 상대로 승소한 등기권리자(또는 등기의무자)가 판결에 따라 단독으로 등기신청하는 경우(법 제23조 제4항)

<table>
<tr><td></td><td></td><td>

4) 대위신청

채권자는 등기목적과 등기원인이 동일한 사건에 대하여 채무자를 대위하여 관련 사건으로 신청할 수 있다.

5) 촉탁

관공서는 동일한 등기원인을 증명하는 정보에 따라 등기목적과 등기원인이 동일한 다음 각 호의 유형에 대해 관련 사건으로 촉탁할 수 있다.

① 관공서의 압류, 압류 말소, 납세담보를 위한 근저당권설정 촉탁등기 등

② 법원의 가압류·가처분 촉탁등기 등

6) 기타(법 제7조의3의 관계)

① 상속 또는 유증으로 인한 등기는 법 제7조의2에 따라 등기신청을 할 수 없다. (등기목적과 등기원인이 동일한 경우에도)

① 법인의 합병·사인증여·규칙 제42조에 따른 등기는 법 제7조의3에 따라 등기신청을 할 수 없고 법 제7조의2에 따라 등기신청을 할 수 있다. (등기목적과 등기원인이 동일한 경우라면)

</td></tr>
<tr><td></td><td>

3. 관련 처리 사건

(법 7의2②)
(규칙 163의3)

</td><td>

(1) 의의

관련 처리사건이라 함은 법 제7조의2 제2항에 따라 등기관이 당사자의 신청이나 직권에 따른 등기를 마친 후에 법 또는 규칙에 따라 관할 등기소가 다른 부동산에 대한 등기사무를 처리하여야 하는 사건을 말한다.

(2) 요건/범위

제7조에도 불구하고 **등기관이** 당사자의 신청이나 직권에 의한 **등기를 하고 제71조, 제78조 제4항**(**제72조 제2항**에서 준용하는 경우를 포함한다) 또는 **대법원규칙**으로 정하는 바에 따라 다른 부동산에 대하여 등기를 하여야 하는 경우에는 그 부동산의 관할 등기소가 다른 때에도 해당 등기를 직권으로 할 수 있다.

1. 법 제71조 제1항, 제4항에 따른 **승역지**와 다른 등기소의 관할에 속하는 **요역지**에 대한 등기
2. 법 제72조 제2항 또는 제78조 제4항에 따라 **다른 등기소의 관할**에 속하는 **종전 부동산**에 대한 등기
3. **멸실한 토지**와 다른 등기소의 관할에 속하는 부동산이 **함께 소유권 외의 권리의 목적**인 경우로서 규칙 제84조 제2항 또는 제3항에 따른 등기
4. **대지권의 목적인 토지**가 다른 등기소의 관할에 속하는 경우로서 **규칙 제89조 제1항, 제93조에 따른 등기**
5. **공동담보의 일부 소멸** 또는 **변경**의 등기를 하는 부동산과 다른 등기소의 관할에 속하는 **종전 부동산에 대한 규칙 제136조 제1항에 따른 등기**
6. **그 밖**에 신청 또는 직권에 의한 등기를 하고 다른 등기소의 관할에 속하는 부동산에 대하여도 **등기를 하여야 하는 경우**

</td></tr>
<tr><td rowspan="2">

II. 개시

(법 22)

</td><td>

1. 모습

</td><td></td></tr>
<tr><td>

2. 전자

(법 24①2)
(규칙 67)

</td><td>

① 서면신청 : ○

② 전자신청 : ○ – 관련 신청사건은 전자신청으로 할 수 있다. 다만, 전자신청이 허용되지 않는 등기유형인 경우에는 할 수 없다.

</td></tr>
</table>

		③ 일괄신청 : ○ - 여러개의 부동산의 신청정보를 일괄하여 제공하여야 한다. ④ 동시신청 : ○ 1) 등기절차상 **하나의 신청서로 작성이 어려운 경우**에는 여러 건의 등기신청을 동시에 제출하는 방식으로 신청하여야 한다. 【예시1】 등기권리자와 등기의무자가 다수인 등기신청 등 2) **선행 관련 신청사건**과 **후행 관련 신청사건**이 그 등기소에 각각 관련 신청사건으로 관할이 인정되어야 동시에 등기를 신청할 수 있다. 【예시1】 인천A, 김포B, 부천C 부동산에 대한 소유권이전등기와 김포B, 부천C에 대한 근저당권설정등기의 신청은 김포와 부천에 관련 신청사건으로 동시신청이 가능함. 인천에는 후행 근저당권설정등기를 관련 신청사건으로 동시신청 할 수 없음 【예시2】 인천A, 김포B, 부천C 부동산에 대한 근저당권설정등기와 함께 담보가치를 확보하기 위해 김포B, 부천C 부동산에 지상권설정등기를 하는 경우 김포와 부천에 동시신청으로 등기신청이 가능 ⑤ **공동저당** 및 **공동전세**의 등기를 관련 신청사건으로 신청하기 위해서는 여러 개의 부동산 전부에 대하여 등기를 신청하여야 한다.
Ⅲ. 신청 절차	1. 신청인 (법 23)	
	2. 신청정보 (규칙 43)	등기신청인은 신청정보를 작성할 때 "법 제7조의2에 의한 신청"임을 표시하여 작성하여야 한다.
	3. 첨부정보 (규칙 46)	① 첨부정보 제공과 관련하여 등기신청에 필요한 첨부정보 전부를 등기를 신청하는 등기소에 제공하여야 한다. ② 첨부정보의 내용에 같은 것이 있을 때에는 먼저 접수되는 신청에만 그 첨부정보를 제공하고, 다른 신청에는 먼저 접수된 신청에 그 첨부정보를 제공하였다는 뜻을 신청정보의 내용으로 등기소에 제공하는 것으로 그 첨부정보의 제공을 갈음할 수 있다.
Ⅳ. 실행 절차	1. 접수 · 배당	
	2. 조사	등기관은 접수된 관련 신청사건 전부에 대하여 심사하고 처리하여야 한다.
	3. 문제 ○	① [보정] : 그 등기를 신청한 등기소에 하여야 한다. ② [취하] : 그 등기를 신청한 등기소에 하여야 한다. 관련 신청사건 중 일부 부동산에 대하여 등기신청을 취하할 수 있다. 다만, **일부 취하에 의해 그 등기소의 관할에 속하는 부동산에 대한 등기신청이 존재하지 아니하게 되는 경우**에는 일부 취하를 할 수 없으며 신청 전부를 취하하여야 한다. ③ [각하] : **일부 부동산에 대해 요건을 갖추지 아니한 경우** 등기신청인의 의사에 명백히 반한다는 사정이 없는 이상 그 일부 신청을 각하할 수 있다. **해당 등기신청을 제외하면 그 등기소의 관할에 속하는 부동산에 대한 등기신청이 존재하지 아니하는 경우**에는 관련 신청사건 전부에 대하여 각하하고, 해당 등기신청에 대한 각하이유와 함께 다른 관할 부동산에 대하여는 법 제29조 제1호에 의해 각하하는 것으로 각하결정에 기록하여야 한다.

		공동저당(또는 공동전세)에 따라 등기를 신청한 경우에는 관련 신청사건 전부에 대하여 각하하여야 한다.
	4. 문제× (법 48)	① **부동산 소재지 관할 등기소에서 등기한 부동산**은 처리한 등기소를 기록하지 아니하고, **타관할 등기소에서 등기한 부동산**은 법 제7조의2에 따라 사건을 접수받은 등기소에서 그 등기를 하였다는 뜻을 기록하여야 한다. ② **공동담보목록(공동전세목록)의 번호**는 전산정보처리조직에 의해 전국 모든 등기소를 통합하여 부여하되, 매년 새로 부여하여야 한다. (예시: 공동담보목록 제2025-1300호)
V. 경정 등기	① 관련 신청사건으로 마쳐진 등기에 대한 **경정**등기의 신청은 그 등기를 처리한 등기소에 하여야 한다(법 32). ② 등기의 착오나 빠진 부분이 등기를 마친 **등기관의 잘못**으로 인한 경우에는 그 등기소의 등기관이 **직권**으로 그 등기를 경정하여야 한다. ③ 제2항에도 불구하고 등기기록에 **오기나 빠진 부분이 명백**한 경우에는 부동산 소재지 관할 등기소의 등기관도 **직권**으로 경정할 수 있다.	

[등기신청서]

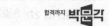

근저당권설정등기신청 (부동산등기법 제7조의2에 의한 신청)				
접 수	년 월 일	처리인	등기관 확인	각종 통지
	제 호			

부동산의 표시(거래신고관리번호/거래가액)
1. 서울특별시 서초구 원지동 240627-11 대 100㎡ (설정할지분 또는 담보할권리) 2. (특례관할) 대전광역시 서구 둔산동 240704-01 대 100㎡ (설정할지분 또는 담보할권리) 이 상

등기원인과 그 연월일	2025년 1월 31일 설정계약
등기의 목적	근저당권설정
채권최고액	금 100,000,000원
채무자	이대백 서울특별시 서초구 서초대로88길 10(서초동)

구분	성명 (상호·명칭)	주민등록번호 (등기용등록번호)	주소 (소재지)	지분
등기의무자	이대백	700101-1234567	서울특별시 서초구 서초대로88길 10(서초동)	
등기권리자	김갑동	801231-1234567	서울특별시 중구 다동길 96(다동)	

[등기기록례]

【 갑 구 】		(소유권에 관한 사항)		
순위번호	등기목적	접 수	등기원인	권리자 및 기타사항
1	근저당권 설정	2025년 3월 18일 제2350호	2025년 1월 31일 설정계약	채권최고액 금 100,000,000원 채무자 이대백 서울특별시 서초구 서초대로88길 10(서초동) 근저당권자 김갑동 801231-1234567 서울특별시 중구 다동길 96(다동) 공동담보 토지 서울특별시 원지동 240627-11 부동산등기법 제7조의2에 따라 서울중앙지방법원 등기국에서 등기

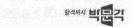

08 절 상속 · 유증 사건의 신청 및 처리에 관한 업무처리지침

	법	규칙
조문	법 7조 (관할 등기소) 법 7조의2 (관련 사건의 관할에 관한 특례)	163조 (관련 신청사건의 범위) 163조의2 (관련 신청사건의 신청정보 제공 방법 등) 163조의3 (관련 처리 사건의 범위) 163조의4 (관련 사건이라는 뜻의 기록) 163조의5 (관련 사건의 보정 및 취하) 163조의6 (관련 사건에 관한 등기의 경정)
기출		

Ⅰ. 서설 (법 7의3) (규칙 164 이하)	1. 의의	① 등기사무는 부동산의 소재지를 관할하는 지방법원, 그 지원(支院) 또는 등기소에서 담당하며, 등기소는 등기사무에 관한 권한을 가지고 등기사무를 담당하는 국가기관을 말한다. ② 등기신청은 부동산의 소재지를 관할하는 등기소에 신청하여야 하며, 관할위반의 등기신청이 있는 경우에는 등기관은 각하(법 29.1)하여야 하며, 이를 간과한 등기는 실체관계에 부합하는지 여부를 불문하고 당연무효이다. 등기관은 직권말소를 하여야 하며(법 58), 등기신청인과 등기상 이해관계 있는 제3자는 이의신청을 할 수 있다(법 100 이하). ③ 위와 같은 관할의 규정에도 불구하고 개정 법률에서는 등기신청인의 시간적 · 경제적 부담을 완화하기 위하여 상속 · 유증으로 인한 등기신청의 경우에는 부동산의 관할 등기소가 아닌 등기소에서도 그 신청에 따른 등기사무를 담당할 수 있도록 하기 위하여 법 제7조의3가 신설되었다. [본조신설 2024.9.20, 시행일: 2025.1.31.]
	2. 요건	
	3. 범위	① 상속으로 인한 소유권이전등기를 신청하는 경우에는 부동산의 관할 등기소가 아닌 등기소에도 그 신청을 할 수 있다. ② 상속으로 인한 소유권이전등기가 마쳐진 후 다음 각 호에 해당하는 경우에는 법 제7조의3 제1항 및 규칙 제164조에 따라 부동산의 관할 등기소가 아닌 등기소에도 각 호의 사유를 원인으로 상속등기의 경정 · 말소등기를 신청할 수 있다. 1. 법정상속분에 따라 상속등기를 마친 후에 상속재산 협의분할(조정분할 · 심판분할을 포함한다)등이 있어 이를 원인으로 상속등기의 경정등기를 신청하는 경우 2. 상속재산 협의분할에 따라 상속등기를 마친 후에 그 협의를 해제하고 이를 원인으로 상속등기의 경정등기를 신청하는 경우(다시 새로운 협의분할을 한 경우를 포함한다) 3. 상속포기신고를 수리하는 심판 또는 상속재산 협의분할계약을 취소하는 재판 등이 있어 상속등기의 경정등기를 신청하는 경우 4. 상속등기를 마친 후 위 제1호부터 제3호까지의 어느 하나의 원인으로 상속인 전부가 교체될 때에는 상속등기의 경정등기를 신청할 수 없으므로 해당 부동산을 취득한 상속인이 단독으로 상속등기를 신청하기 위하여 기존 상속등기의 말소등기를 공동으로 신청하는 경우 ③ 포괄유증 또는 특정유증으로 인한 소유권이전등기를 신청하는 경우에는 다음 각 호의 방법으로 부동산의 관할 등기소가 아닌 등기소에도 그 신청을 할 수 있다.

<table>
<tr><td></td><td></td><td>1. 유증을 원인으로 한 소유권이전등기는 포괄유증이든 특정유증이든 모두 상속등기를 거치지 않고 유증자로부터 직접 수증자 명의로 등기를 신청하여야 한다.
2. 제1호에도 불구하고 유증을 원인으로 한 소유권이전등기 전에 상속등기가 이미 마쳐진 경우에는 상속등기를 말소하지 않고 상속인으로부터 수증자에게로 유증을 원인으로 한 소유권이전등기를 신청할 수 있다.
④ 채권자가 법 제28조에 따라 제1항부터 제3항까지의 등기를 대위신청하는 경우에는 부동산의 관할 등기소가 아닌 등기소에도 그 신청을 할 수 있다.
⑤ 관공서가 체납처분으로 인한 압류등기를 촉탁하거나 수용으로 인한 소유권이전등기를 촉탁하면서 상속인을 갈음(대위)하여 상속으로 인한 소유권이전등기 또는 상속재산 협의분할 등을 원인으로 한 상속등기의 경정·말소등기를 함께 촉탁하는 경우에는 법 제7조의3 제1항을 적용하지 아니한다. (→ 부동산소재지 신청 要 / 우편가능)
⑥ 소유권보존등기, 소유권 이외의 권리이전의 등기, 법 제27조에 따른 등기, 그 밖의 등기를 신청하는 경우에는 법 제7조의3 제1항을 적용하지 아니한다.</td></tr>
<tr><td rowspan="2">II. 개시
(법 22)</td><td>1. 모습</td><td></td></tr>
<tr><td>2. 전자</td><td></td></tr>
<tr><td rowspan="3">III. 신청 절차</td><td>1. 신청인
(법 23)</td><td></td></tr>
<tr><td>2. 신청 정보
(규칙 43)</td><td>등기신청인은 신청정보를 작성할 때 "법 제7조의3에 의한 신청"임을 표시하여 작성하여야 한다.</td></tr>
<tr><td>3. 첨부 정보
(규칙 46)</td><td>① 첨부정보 제공과 관련하여 등기신청에 필요한 첨부정보 전부를 등기를 신청하는 등기소에 제공하여야 한다.
② 첨부정보의 내용에 같은 것이 있을 때에는 먼저 접수되는 신청에만 그 첨부정보를 제공하고, 다른 신청에는 먼저 접수된 신청에 그 첨부정보를 제공하였다는 뜻을 신청정보의 내용으로 등기소에 제공하는 것으로 그 첨부정보의 제공을 갈음할 수 있다.</td></tr>
<tr><td rowspan="4">IV. 실행 절차</td><td>1. 접수·배당</td><td></td></tr>
<tr><td>2. 조사</td><td></td></tr>
<tr><td>3. 문제○</td><td>① [보정] : 그 등기를 신청한 등기소에 하여야 한다.
② [취하] : 그 등기를 신청한 등기소에 하여야 한다.
신청사건 중 일부 부동산에 대하여 등기신청을 취하할 수 있다.
③ [각하] : 일부 부동산에 대해 요건을 갖추지 아니한 경우 등기신청인의 의사에 명백히 반한다는 사정이 없는 이상 그 일부 신청을 각하할 수 있다.</td></tr>
<tr><td>4. 문제×
(법 48)</td><td>부동산 소재지 관할 등기소에서 등기한 부동산은 처리한 등기소를 기록하지 아니하고, 타관할 등기소에서 등기한 부동산은 법 제7조의3에 따라 사건을 접수받은 등기소에서 그 등기를 하였다는 뜻을 기록하여야 한다.</td></tr>
</table>

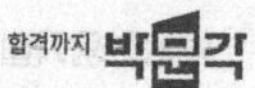

V. 경정 등기	① 상속·유증 특례 신청사건으로 마쳐진 등기에 대한 **경정**등기의 신청은 그 등기를 처리한 등기소에 하여야 한다(법 32).
	② 등기의 착오나 빠진 부분이 등기를 마친 **등기관의 잘못**으로 인한 경우에는 그 등기소의 등기관이 직권으로 그 등기를 경정하여야 한다.
	③ 제2항에도 불구하고 등기기록에 **오기나 빠진 부분이 명백**한 경우에는 부동산 소재지 관할 등기소의 등기관도 직권으로 경정할 수 있다.

[등기신청서]

소유권이전등기신청(상속)
(부동산등기법 제7조의3에 의한 신청)

접 수	년 월 일	처리인	등기관 확인	각종 통지
	제 호			

부동산의 표시(거래신고관리번호/거래가액)
1. 서울특별시 서초구 서초동 100 대 300m^2 2. 서울특별시 서초구 서초동 100 [도로명주소] 서울특별시 서초구 서초대로 88길 10 시멘트 벽돌조 슬래브지붕 2층 주택 1층 100㎡ 2층 100㎡ 3. (특례관할) 대전광역시 서구 둔산동 100 대 100m^2 이 상

등기원인과 그 연월일	2017년 4월 3일 (협의분할에 의한) 상속
등기의 목적	소유권이전
이전할 지분	

구분	성명 (상호·명칭)	주민등록번호 (등기용등록번호)	주소 (소재지)	지분
등기의무자	망 이도령	300101-1234567	서울특별시 중구 마장로길 88 (황학동)	
등기권리자	김복순	300101-2345678	서울특별시 중구 다동길 96 (다동)	3/7
	이대영	550101-1234567	서울특별시 중구 다동길 96 (다동)	2/7
	이갑돌	600101-1234567	서울특별시 중구 다동길 96 (다동)	2/7

[등기기록례]

【 갑 구 】		(소유권에 관한 사항)		
순위번호	등기목적	접 수	등기원인	권리자 및 기타사항
2	소유권 이전	2025년 2월 3일 제4000호	2017년 4월 3일 (협의분할에 의한) 상속	공유자 지분 7분의 3 김복순 300101-2345678 서울특별시 중구 다동길 96 (다동) 지분 7분의 2 이대영 550101-1234567 서울특별시 중구 다동길 96 (다동) 지분 7분의 2 이갑돌 600101-1234567 서울특별시 중구 다동길 96 (다동) 부동산등기법 제7조의3에 따라 서울중앙지방법원 등기국에서 등기

09 절 등기사항

	법	규칙
조문	민법 99 (부동산, 동산) 법 3 (등기할 수 있는 권리 등) 법 14 (등기부의 종류 등) 법 88 (가등기의 대상)	
기출	1. [00 법무] 등기사항에 대하여 약술하시오. 20점 2. [04 행시] 등기할 사항에 관하여 설명하시오. 50점 3. [21 행시] 등기할 수 있는 건물에 대하여 설명하시오. 10점	

Ⅰ. 서설

① **등기사항**이란 부동산등기법과 그 밖의 법률에 의하여 등기하는 것이 허용되는 사항을 말한다. 등기사항을 등기능력이 있는 사항이라고도 한다.

② 등기부는 물권변동의 공시를 목적으로 하므로 등기부에 기록할 필요가 있다고 해서 무조건 등기할 수 있는 것이 아니고, 법률에 의하여 등기할 수 있는 사항으로 규정된 사항만 등기할 수 있다. 이러한 원칙을 등기사항 법정주의라고 한다.

③ 등기할 사항을 규정하고 있는 법률이란 형식적 의미의 부동산등기법에 한정되지 않고 등기절차를 규정한 모든 법률, 즉 실질적 의미의 부동산등기법을 의미한다(예 축사의 부동산등기에 관한 특례법).

④ 부동산등기는 부동산의 물권변동을 공시하기 위한 제도이므로 원칙적으로 부동산 물권의 발생, 변경, 소멸에 관한 사항이 등기사항이 되나 반드시 이에 한정되는 것은 아니다. 예컨대 부동산의 표시에 관한 사항과 등기명의인 표시에 관한 사항은 물권변동과 무관하지만 물권의 현황을 정확하게 공시하기 위하여 등기능력이 인정된다. 또한 임차권과 같이 물권은 아니지만 실체법에서 등기능력을 인정하고 있어[민법 592, 621] 등기사항이 되는 경우도 있다.

⑤ 아래에서는 법률이 규정하고 있는 등기사항을 등기의 대상인 물건(부동산), 등기되어야 할 권리, 등기되어야 할 권리변동의 세 가지 측면에서 설명하기로 한다.

Ⅱ. 부동산 [물건]

1. 원칙

① 등기할 수 있는 물건은 부동산을 말하고, **민법상 부동산**은 토지 및 그 정착물을 말한다[민법 99].

② 그러나 부동산등기법상 **등기의 대상이 되는 부동산**은 토지와 정착물 중에서도 건물뿐이다[법 14①].

2. 토지

① 토지란 일정 범위의 지면과 정당한 이익이 있는 범위 내에서 그 공중과 지하를 의미한다[민법 212].

② 일반적으로 우리나라 영토 내의 육지부분은 모두 등기능력이 있는 토지라고 할 수 있다.

우리나라 영토 內 ↓
- ~~군사분계선 이북지역~~
- ~~공해상~~
- ~~(수중암초 · 구조물)~~ [∵ 대한민국의 영해가 아님]

육지 ↓
- ~~공유수면 아래 토지~~
- 도로 / 방조제 [단, 방조제 부대시설물]
- **[하천]**
  - 소유권 / 담보권 / 신탁 / 가등기 / 부동산표시변경 / 등기명의인표시변경
  - 용익권

3. 건물	(1) 의의

3. 건물

(1) 의의

① 우리 법제상 건물은 그 대지인 토지와는 별개의 독립한 부동산으로 취급하고 있으나, 구체적으로 무엇을 등기할 수 있는 건물로 볼 것인가에 대하여는 명문의 규정이 없다.

② 판례는 등기능력 있는 건물에 대하여 "독립된 건물로 보기 위해서는 그 설치된 장소에서 손쉽게 이동시킬 수 있는 구조물이 아니고 그 토지에 견고하게 부착시켜 그 상태로 계속 사용할 목적으로 축조된 것으로 비바람 등 자연력으로부터 보호하기 위하여 벽면과 지붕을 갖추고 있어야 한다."는 기준을 제시하였다.

③ 예규는 보다 구체적으로 "건축법상 건축물에 관하여 건물로서 소유권보존등기를 신청한 경우, 등기관은 그 건축물이 토지에 견고하게 정착되어 있는지(**정착성**), 지붕 및 주벽 또는 그에 유사한 설비를 갖추고 있는지(**외기분단성**), 일정한 용도로 계속 사용할 수 있는 것인지(**용도성**) 여부를 당사자가 신청서에 첨부한 건축물대장등본 등에 의하여 종합적으로 심사하여야 한다."고 하고 있다.

④ 등기관은 건축물대장등본 등에 의하여 건물로서의 요건을 갖추었는지 여부를 알 수 없는 경우, 소명자료로 건축물에 대한 사진이나 도면을 제출하게 하여 판단할 수 있다.

(2) 요건

1) 정착성

건물은 토지의 정착물이어야 한다. 정착이라고 하기 위해서는 어느 정도 계속해서 토지에 부착되어 이용되지 않으면 안 된다.

2) 외기분단성

① 건물은 지붕 및 주벽 또는 그에 유사한 설비를 갖추고 있어야 한다.

② 따라서 원칙적으로 지붕과 기둥만으로는 건물로 인정될 수 없다.

③ 다만 예외적으로 개방형축사는 소(우)의 질병을 예방하고 통기성을 확보할 수 있도록 둘레에 벽을 갖추지 아니하고 지붕과 기둥만으로도 건물로서 등기를 할 수 있다.

④ 개방형 축사가 예외적으로 등기능력을 갖추기 위해서는 ① 토지에 견고하게 정착되어 있을 것, ② 지붕과 견고한 구조를 갖출 것, ③ 연면적이 100제곱미터를 초과할 것, ④ 소를 사육할 용도로 계속 사용할 수 있을 것, ⑤ 건축물대장에 축사로 등록되어 있을 것의 요건을 충족하여야 한다.

3) 용도성

건물은 그 목적으로 하는 용도에 제공될 수 있는 상태에 있어야 한다. 따라서 건물로서 어느 정도로 완성되어야 하는지는 건물의 용도에 따라 달라진다. 예컨대 여관으로 사용할 경우에는 마루나 천장이 없다면 그 목적하는 영업의 용도에 제공할 수 있는 단계에 이르렀다고 할 수 없다.

(3) 범위

1) 등기능력이 인정되는 경우

① 농업용 고정식 (유리·비닐)온실

② 개방형 축사

③ 지붕이 있는 사일로

[방조제-토지]

④ 집합건물의 규약상 공용부분
⑤ 비각
⑥ 유류저장탱크
⑦ 캐빈하우스

1. 두 동의 건물 사이에 증축된 '연결통로'의 등기능력 유무 – × (선례 202002-2)

두 동의 건물 사이에 연결통로로 사용하기 위하여 증축된 부분이 단지 두 동 건물 간의 이동원활이라는 기존 건물의 사용편의에 제공된 것일 뿐 분리하여서는 독립된 건물로서의 가치와 기능이 없는 것으로서 부합으로 인하여 기존 건물의 구성부분이 되었다면 증축된 연결통로를 독립된 건물로서 소유권보존등기를 신청할 수 없을 것인바, 구체적인 사건에서 건축물대장에 등록된 건축물인 연결통로가 건물로서 등기능력이 있는지 여부는 담당 등기관이 판단할 사항이다.

2. 가설건축물대장에 등록된 "농업용 고정식 비닐온실"의 소유권보존등기가 가능한지 여부 – ○ (선례 202111-1)

가설건축물대장에 등록된 "농업용 고정식 비닐온실"이 철근콘크리트 기초 위에 설치됨으로써 토지에 견고하게 정착되어 있고, 경량철골구조 및 **내구성 10년 이상의 내재해형 장기성 필름(비닐)**에 의하여 벽면과 지붕을 구성하고 있다면 독립된 건물로 볼 수 있으므로 이 건축물에 대하여 소유권보존등기를 신청할 수 있을 것이나(선례 9-6), **"내구성 10년 이상"**의 기준은 예시적인 것이므로, 비록 "내구성 10년 이상"의 기준을 충족하지 않더라도 담당 등기관은 가설건축물축조 신고필증에 기재된 존치기간, 구조, 용도 및 존치기간의 연장에 관한 법령 등을 종합적으로 심사하여 당해 건축물이 등기능력 있는 물건에 해당하는지 여부를 판단할 수 있을 것이다(선례 202111-1).

3. '버섯재배사'의 등기능력 유무 – △ (선례 202003-1)

1) 건축물대장에 "경량철골구조 패널지붕 1층 동 · 식물관련시설(버섯재배사)"로 기재되어 있는 건축물이 콘크리트 기초 위에 설치되어 토지에 견고하게 정착되어 있고, 둘레에 패널로 벽을 설치하여 외부와 차단되어 있다면 이를 독립한 건물로 볼 수 있으므로 이 건축물에 대하여 소유권보존등기를 신청할 수 있을 것이나, 그 동 · 식물관련시설(버섯재배사)이 콘크리트 기초 위에 설치되어 토지에 견고하게 정착되어 있더라도 둘레에 벽이 없어 외부와 차단되어 있지 않다면 이를 독립한 건물로 볼 수 없으므로 이 건축물에 대하여는 소유권보존등기를 신청할 수 없을 것인바, 구체적인 사건에서 해당 건축물이 소유권보존등기를 신청할 수 있는 건물에 해당하는지 여부는 담당 등기관이 판단할 사항이다.

2) 한편 「**축사의 부동산등기에 관한 특례법**」은 둘레에 벽이 없는 건축물로서 "소"를 사육할 용도로 계속 사용할 수 있는 건축물에 대하여만 적용되는 것이므로(같은 법 제3조 제2호), 이 외의 둘레에 벽이 없는 건축물(예 버섯재배사)은 이 특례법에 따라 소유권보존등기를 신청할 수 없다.

4. '전기차충전소'의 등기능력 유무 – △ (선례 202410-3)

건축물대장의 주용도란에 '제1종근린생활시설**(전기차충전소)**'로 기재된 건축물대장만을 첨부한 소유권보존등기신청이 있는 경우 등기관은 건축물대장만으로는 건물로서의 요건을 갖추었는지 여부를 알 수 없을 것이므로, 신청인으로 하여금 당해 건축물에 대한 사진이나 도면을 제출하게 함으로써 지붕과 주벽 또는 그에 유사한 설비를 갖췄는지 등을 심사하여 외기분단성이 없는 건축물에 대한 소유권보존등기신청이 수리되지 않도록 하여야 한다.

5. '실내 테니스장'의 등기능력 유무 – O (선례 202402-1)

일반건축물대장에 등록된 제2종근린생활시설(**실내 테니스장**)이 철근콘크리트 기초 위에 설치됨으로써 토지에 견고하게 부착되어 있고, 내진설계, 하수처리시설, 일반철골조(H빔) 기둥 및 판넬 지붕을 갖추고 있으며, 네 면 중 두 면(북쪽 및 남쪽) 및 나머지 두 면 중 1/3 가량에 두께 100㎜의 판넬이 설치되어 있고 나머지 2/3 가량은 개·폐가 가능하도록 인장강도 250kgf/5㎝ 및 200kgf/5㎝의 천막이 설치되어 운동 시에만 위 천막을 개방하고 야간이나 휴일 등에는 폐쇄하는 경우, 재료의 내구성 및 건축물의 이용 목적 등을 고려하였을 때 위 건축물이 자연력으로부터 보호를 다하였다고 인정될 수 있으므로 주벽이 갖추어진 건축물로서 등기능력 있는 건물로 인정될 수 있다. 다만 구체적인 사건에서 등기능력 있는 건물인지 여부는 담당 등기관이 판단할 사항이다.

2) 등기능력이 인정되지 않는 경우

① 비닐하우스
② 주벽이 없는 버섯재배사
③ 지붕이 없는 사일로
④ 집합건물의 구조상 공용부분
⑤ 지붕과 기둥만 있는 유희시설
⑥ 급수탱크
⑦ 주유소 캐노피
⑧ 해저지면에 고정한 선박(다수의 H빔 형식의 기둥에 고정시켰다 하더라도)
⑨ 폐유조선 및 플로팅 도크(해저지면에 있는 암반에 앵커로 고정하였다 하더라도)

(4) 효과

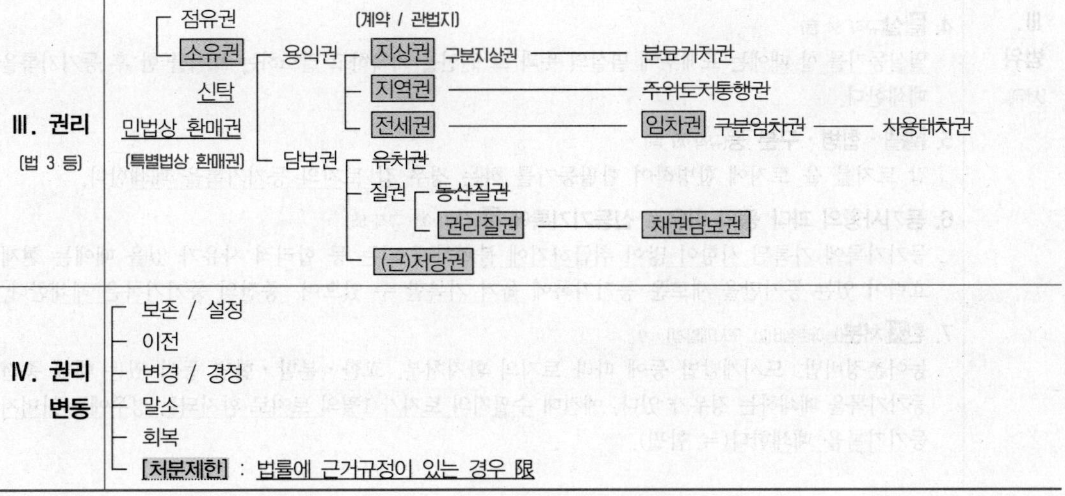

10 절 폐쇄등기부

	법	규칙
조문	법 14 (등기부의 종류 등) 법 20 (등기기록의 폐쇄) 법 21 (중복등기기록의 정리) 법 33 (새 등기기록에의 이기)	규칙 55 (새 등기기록에의 이기) 규칙 79 (토지합필등기) 규칙 84 (토지멸실등기) 규칙 100 (건물합병등기) 규칙 103 (건물멸실등기)
기출		

Ⅰ. 서설

1. 의의

폐쇄등기부는 일정한 사유에 의해서 현재 유효한 권리관계를 공시할 필요가 없는 경우에 폐쇄한다는 문구를 기록하고 부동산의 표시를 주말한 등기부를 말한다.

2. 취지

별도로 관리하여 등기사무를 간소화한다.

Ⅱ. 요건

Ⅲ. 범위 (사유)

1. 등기부의 전환과정에서의 폐쇄

① **등기부의 전환은** 전체 등기부의 모든 기록내용을 새로운 등기부에 그대로 이기하는 것을 말하는데, 주로 등기부의 형태를 완전히 바꿀 때에 일어난다.

② 즉, 카드식 등기부를 전산등기부로 전환하는 과정에서 카드식 등기부는 폐쇄된다.

2. 중복등기의 정리(법 15① → 법 29, 규칙 52.9 → 법 21, 규칙 33 이하)

등기관이 같은 토지에 관하여 중복하여 마쳐진 등기기록을 발견한 경우에는 규칙의 방법에 따라 중복등기기록 중 어느 하나의 토지등기기록을 폐쇄하여야 한다.

3. 소유권보존등기의 말소

원칙적으로 표제부만을 두는 등기는 허용되지 않으므로, 소유권보존등기를 말소한 경우에는 그 등기기록을 폐쇄한다.

4. 멸실(규칙 84 등)

멸실등기를 할 때에는 표제부에 멸실의 뜻과 그 원인을 기록하고 말소하는 표시를 한 후 등기기록을 폐쇄한다.

5. 합필 · 합병 · 구분 등(규칙 79 등)

갑 토지를 을 토지에 합병하여 합필등기를 하는 경우 갑 토지의 등기기록을 폐쇄한다.

6. 등기사항의 과다 등의 이유로 신등기기록에 이기(법 33, 규칙 55)

등기기록에 기록된 사항이 많이 취급하기에 불편하게 되는 등 합리적 사유가 있을 때에는 현재 효력이 있는 등기만을 새로운 등기기록에 옮겨 기록할 수 있으며, 종전의 등기기록은 폐쇄한다.

7. 환지처분(농어촌정비법, 도시개발법)

농어촌정비법, 도시개발법 등에 따라 토지의 환지처분, 교환 · 분할 · 합병 등이 있는 때에 종전 등기기록을 폐쇄하는 경우가 있다. 예컨대 수필지의 토지가 1필의 토지로 환지되는 경우에는 나머지 등기기록을 폐쇄한다(≒ 합필).

	8. 도시 및 주거환경정비법(도시 및 주거환경정비법) 도시정비법상의 사업시행자가 이전고시에 따라 정비사업시행으로 축조된 건물과 조성된 대지에 관한 소유권보존등기를 신청하는 경우 종전 토지에 관한 등기의 말소등기도 함께 신청하여야 한다. 그러면 등기관은 종전 토지의 등기기록 중 표제부에 정비사업시행으로 인하여 말소한 뜻을 기록하고 부동산의 표시를 말소하는 표시를 한 후 그 등기기록을 폐쇄하여야 한다.
Ⅳ. 효과	① 등기기록이 폐쇄되면 갑구나 을구에 기재된 등기사항은 모두 효력을 잃는다. ② 변경·경정·말소등기는 할 수 없지만 말소회복등기는 할 수 있다. ③ 폐쇄된 등기기록 내용에 다툼이 있거나 다시 공시할 필요가 있을 때에는 중요한 자료가 된다. ④ 폐쇄등기기록은 발급 및 열람의 대상이 된다. ⑤ 폐쇄등기기록은 영구히 보존한다(법 20).
Ⅴ. 이기	1. 의의 소유권에 관하여 현재 효력 있는 등기가 **원인무효 등을 이유로 말소**된 경우 **부활하게 되는 전 등기가 폐쇄등기기록상에 있다면 폐쇄등기기록으로부터 이를 이기하여야** 하는데 그 절차에 관하여 예규는 다음과 같이 정하고 있다(「폐쇄된 등기기록상 등기사항을 현재의 등기기록에 이기하는 경우 및 그 절차에 관한 업무처리지침」 예규 1595). 이 예규는 폐쇄된 등기기록(폐쇄된 종이등기부를 포함한다. 이하 같다)상의 등기사항을 현재의 등기기록에 이기하는 경우 및 그 절차에 관하여 규정함을 목적으로 한다. 2. 이기요건 1) 등기관은 다음 각 호의 어느 하나에 해당하는 경우에는 폐쇄된 등기기록상 등기사항을 현재의 등기기록에 이기한다. 다만 등기상 이해관계 있는 제3자가 있는 경우에는 제3자의 승낙이 있어야 한다. ① 등기기록을 폐쇄할 당시 현재의 등기기록에 이기되어 기록되었어야 할 등기사항이 누락된 경우 ② 폐쇄된 등기기록상 등기사항이 부적법하게 말소되지 아니하였더라면 현재의 등기기록에 이기되었어야 할 경우 ③ 현재의 등기기록에서 등기의 말소(일부말소 의미의 경정등기 포함)로 인하여 폐쇄된 등기기록에서 등기사항을 이기하여야 하는 경우 2) 현재의 등기기록에 이기의 목적인 등기사항과 양립할 수 없는 등기가 있는 때에는 양립할 수 없는 등기에 대한 말소등기신청에 의해 선행적으로 그 등기의 말소등기가 이루어져야 한다. 3. 이기범위 등기관은 이기할 경우에 이기의 목적인 폐쇄된 등기기록상 등기사항과 그 등기의 실행을 위하여 필요한 등기사항만을 현재의 등기기록에 이기한다. 4. 이기방법 ① 순위번호는 전산정보처리조직에 의하여 자동으로 부여하고 종전 순위번호는 새로 부여된 순위번호 밑에 "전"자를 붙여 괄호 내서한다. ② 전의 폐쇄된 등기기록에서 이기하는 경우에는 이기의 취지와 어느 부동산에서 이기하였는지를 권리자 및 기타사항란에 기록한다(예 1번 소유권이전등기말소로 인하여 순위 제3번 등기를 서울특별시 종로구 청운동 2로부터 이기). ③ 직전의 폐쇄된 등기기록이 아닌 그 전에 폐쇄된 등기기록에서 이기하는 경우에도 현재의 등기기록으로 바로 이기하고 어느 등기기록에서 이기하였는지도 권리자 및 기타사항란에 기록한다(예 3번 소유권이전등기말소로 인하여 순위 제5번 등기를 서울특별시 종로구 청운동 2의 2000년 9월 19일 전산이기로 인하여 폐쇄된 등기기록으로부터 이기).

11 절 등기기록의 부속서류(신청정보 및 첨부정보)의 열람

	법	규칙
조문	법 19 (등기사항의 열람과 증명)	규칙 26 (등기사항증명 등의 신청) 규칙 27 (무인발급기에 의한 등기사항증명) 규칙 28 (인터넷에 의한 등기사항증명 등) 규칙 29 (등기사항증명서의 종류) 규칙 30 (등기사항증명서의 발급방법) 규칙 31 (열람의 방법) 규칙 32 (등기사항 등의 공시제한)
기출	1. [22 법무] 대여금 채권을 가지고 있던 丙과 2순위 근저당권자인 丁이 등기신청정보 및 첨부정보에 대한 열람을 하려고 한다. 이러한 열람에 관하여 약술하고, 丙과 丁의 열람신청 가부에 대해 설명하시오. **20점**	

Ⅰ. 서설 (법 19)

① 누구든지 수수료를 내고 대법원규칙으로 정하는 바에 따라 등기기록에 기록되어 있는 사항의 전부 또는 일부의 열람과 이를 증명하는 등기사항증명서의 발급을 청구할 수 있다. 다만, 등기기록의 부속서류에 대하여는 이해관계 있는 부분만 열람을 청구할 수 있다(법 19).

② **등기기록의 부속서류란** 등기신청서(등기신청정보)와 첨부서면(첨부정보)을 말하고, 등기기록의 일부인 공동담보목록, 신탁원부 등은 이에 해당하지 않는다.

③ **등기기록의 부속서류는 이해관계 있는 부분만 열람을 청구**할 수 있으므로, 등기기록의 부속서류의 열람신청인은 **이해관계 있음을 소명**하여야 한다(법 19 해석).

Ⅱ. 열람 절차

1. 주체 (열람 신청인)

(1) 등기소를 방문하여 신청정보 및 첨부정보 열람을 신청할 수 있는 열람신청인은 다음 각 호와 같다.

1. 해당 등기신청의 당사자 및 그 포괄승계인
2. 해당 등기신청에 따른 등기가 실행됨으로써 직접 법률상 이해관계를 가지게 되었거나 그 등기를 기초로 하여 법률상의 이해관계에 영향을 받게 되었음을 소명한 자
3. 다른 법률에서 허용하는 자

(2) 인터넷등기소를 이용하여 열람을 신청할 수 있는 열람신청인은 다음 각 호와 같다.

1. 등기기록에 주민등록번호가 기록되어 있는 해당 등기신청의 당사자
(국가기관 및 지방자치단체, 전자증명서를 발급받지 않은 법인과 법인 아닌 사단·재단은 제외한다)
2. 제1호의 등기신청의 당사자로부터 열람을 위임받은 자격자대리인

(3) 몇 가지의 예

① **매도인의 상속인**은 매매를 원인으로 하는 소유권이전등기의 신청정보 및 첨부정보를 열람할 수 있다.

② **유증자의 상속인**은 그 유증을 원인으로 유언집행자와 수증자가 공동으로 신청한 소유권이전등기의 신청정보 및 첨부정보를 열람할 수 있다.

③ 장래 가등기에 의한 본등기를 할 때 **직권말소의 대상이 되는 등기의 명의인**은 해당 가등기의 신청정보 및 첨부정보를 열람할 수 있다.

④ **(근)저당권자는** 그보다 **앞선 순위에 있는 (근)저당권설정등기**의 신청정보 및 첨부정보를 열람할 수 **있으나**, 그보다 나중의 순위에 있는 (근)저당권설정등기의 신청정보 및 첨부정보는 열람할 수 없다.

	⑤ **(근)저당권설정자는** 그 (근)저당권을 이전하는 등기의 신청정보 및 첨부정보를 열람할 수 있다. ⑥ **위탁자**나 **수익자**는 수탁자로부터 제3자에게 신탁부동산의 소유권을 이전하는 등기의 신청정보 및 첨부정보를 열람할 수 있다. ⑦ 가등기에 대한 사해행위취소를 원인으로 하는 말소등기청구권을 피보전권리로 하는 **가처분권자**는 그 가등기의 신청정보 및 첨부정보를 열람할 수 있다. ⑧ 종원명부, 결의서, 회의록, 판결 및 족보 등에 의하여 종중원임을 확인할 수 있는 자는 종중이 당사자인 등기신청사건의 신청정보 및 첨부정보를 열람할 수 있다. 따라서 종중이 당사자인 등기사건에서 그 종중의 **종원**은 종원명부, 결의서, 회의록, 판결문, 족보 등을 이해관계를 소명하는 자료로 제출할 수 있는데, 이 자료에는 종원의 성명과 주소 등이 기재되어 있어서 열람신청인이 해당 종중의 종원임을 특정할 수 있어야 한다. ⑨ 자격자대리인이 등기신청사건을 위임받아 등기를 마친 후에 그 등기의 신청정보 및 첨부정보에 대하여 열람을 신청한 경우, 열람에 대한 별도의 위임이 없다면 신청정보와 위임장 및 확인정보를 제외한 다른 첨부정보는 열람할 수 없다. ⑩ **수사기관**이 수사의 목적을 달성하기 위하여 필요한 경우라도 법관이 발부한 영장을 제시하지 않는 한 신청정보 및 첨부정보를 열람할 수 없다. ⑪ **단순히 부동산을 매수하고자 하는 자**나 소유권이전(보존)등기의 명의인에 대하여 **금전채권을 가지고 있음에 불과한 자**는 그 소유권이전(보존)등기의 신청정보 및 첨부정보를 열람할 수 **없다**.
2. 객체 (대상등기)	**보존기간이 만료된 신청정보 및 첨부정보**에 대하여도 지방법원장의 폐기인가 또는 법원행정처장의 삭제인가를 받기 전까지는 열람을 신청할 수 있다.
3. 상대방 (등기소)	[서면으로 작성된 경우] : 이를 보존하고 있는 등기소에서 열람을 신청할 수 있다. [전자문서로 작성된 경우] : 관할등기소가 아닌 다른 등기소에서도 열람을 신청할 수 있다.
4. 방법 (열람신청 방법)	① 등기소를 방문하여 등기기록 또는 신청서나 그 밖의 부속서류를 열람하고자 하는 사람은 신청서를 제출하여야 한다(규칙 26①). 열람신청인은 수수료를 납부하고, 열람하고자 하는 신청정보 및 첨부정보와의 이해관계를 소명하여야 한다. ② **대리인**이 신청서나 그 밖의 부속서류의 열람을 신청할 때에는 신청서에 그 권한을 증명하는 서면을 첨부하여야 한다(규칙 26②). 위임장을 제출할 때에는 위임인의 인감증명서 또는 신분증 사본을 같이 첨부하여야 한다. ③ 교도소 등 교정시설 수용자의 대리인이 등기신청서의 열람을 신청할 때에 대리권한을 증명하는 서면으로서 본인의 의사에 따라 작성되었음을 수용기관이 확인한 위임장 및 수용증명서를 제출할 수 있다(선례 201903-1).
5. 시기	등기신청이 접수된 후 등기가 완료되기 전의 신청정보 및 첨부정보에 대하여는 열람을 신청할 수 없다.
6. 범위	① 열람업무담당자는 이해관계 있는 부분만을 열람하게 하여야 한다. ② 또한 제공하는 신청정보 및 첨부정보에 주민등록번호 뒷부분 7자리의 정보가 포함된 때에는 이를 가리고 열람하게 하여야 한다. 다만 열람신청인이 이를 알고 있다는 사실을 소명한 경우에는 가리지 않고 열람하게 할 수 있다.
7. 효과	

8. 업무 처리 (열람방법)	[서면으로 작성된 경우] : 인증 없는 사본을 교부하거나 서면으로 내용을 보게 하거나 사진촬영의 방법으로 열람하게 한다(규칙 31② 참조). [전자문서로 작성된 경우] : 출력한 서면을 교부하거나 모니터로 내용을 보게 하거나 사진촬영의 방법으로 열람하게 한다(규칙 31② 참조).

12 절 공시제한

	법	규칙
조문		규칙 32 (등기사항 등의 공시제한)
기출		

Ⅰ. 의의

개인정보보호를 위하여 등기사항증명서를 발급하거나 등기기록을 열람하게 할 때에는 등기명의인의 표시에 관한 사항 중 주민등록번호 또는 부동산등기용등록번호의 일부를 공시하지 아니할 수 있으며, 그 범위와 방법 및 절차는 대법원예규로 정한다[규칙 32①].

Ⅱ. 요건

Ⅲ. 범위

1. 공시제한의 대상 등기기록 및 제한방법

① 등기명의인의 주민등록번호 등이 기록되는 모든 등기(소유권보존・이전등기, 저당권설정등기, 가등기 등) 중 그 등기명의인이 개인(내국인, 재외국민, 외국인)인 경우 및 등기명의인이 법인 아닌 사단・재단인 경우에 한해서 그 개인 및 대표자의 주민등록번호 등의 일부는 공시 제한의 대상이 된다.

② 위의 경우에 해당되지 않는 (법인, 법인 아닌 사단이나 재단, 국가, 지방자치단체 등)단체의 등록번호는 공시를 제한하지 아니한다.

③ 등기명의인의 표시에 관한 사항 중 주민등록번호 등의 뒷부분 7자리 숫자를 가리는 방식으로 한다.

2. 공시제한의 적용 배제

다음 각 호에 해당하는 경우에는 대상 등기명의인의 주민등록번호 등은 공시를 제한하지 아니한다.

① 대상 등기명의인(말소사항 포함)의 주민등록번호 등을 입력하고, 등기기록에 그와 일치하는 주민등록번호 등이 존재하는 경우에 그 등기명의인의 등록번호는 공시를 제한하지 않는다. 따라서 그 대상 명의인의 주민등록번호 등만 공시된다.

② 공용목적(수용, 토지대장정리 등)으로 국가, 지방자치단체, 공익사업을 위한 토지 등 취득 및 보상에 관한 법률 제8조에 의한 사업시행자 등이 그 신청과 이해관계가 있음을 소명한 경우 공시제한하지 않는다.

③ 재판상 목적으로 신청인이 그 신청목적과 이해관계가 있음을 소명한 경우 그 대상등기명의인의 등록번호는 공시제한하지 않는다.

④ 수사기관이 범죄의 수사에 필요함을 소명한 경우에는 주민등록번호 등의 공시를 제한하지 않는다.

3. 주민등록번호 등 입력 절차 등

① 신청인이 주민등록번호 등이 기재된 등기사항증명서를 발급받고자 하거나, 주민등록번호 등이 가려지지 않은 등기기록을 열람하고자 할 경우, 담당직원은 신청인으로 하여금 해당 등기기록상 등기명의인의 주민등록번호 등을 등기사항증명서 교부신청서에 기재하게 하거나 또는 구두나 메모형식 등으로 이를 확인하여 입력하여야 한다. 이때 담당직원은 주민등록번호 등이 기재된 교부신청서 등을 즉시 폐기하는 등 주민등록번호 등이 유출되지 않도록 세심한 주의를 기울여야 한다.

② 공용목적・재판상 목적・수사목적으로 이해관계 등을 소명한 경우에는 신청인의 성명, 주민등록번호 및 주민등록번호 등의 공시를 제한하지 아니하는 사유(부동산관련 소송절차에서 필요한

	주소보정용 발급의 경우 관할지방법원, 사건번호, 원·피고 등)를 구체적으로 입력하여야 한다. 이때 담당직원은 주민등록번호 등의 공시를 제한하지 아니하는 사유를 소명하는 서면(신청기관의 공문 및 신청인의 신분증, 소송 수행상 필요한 경우에는 이를 입증할 수 있는 자료)을 확인하여야 하며, 그 소명서면은 전산 입력 후 신청인에게 즉시 반환한다. 아울러 담당직원은 주민등록번호 등의 공시를 제한하지 아니하는 사유가 없음에도 주민등록번호 등의 공시를 제한하지 아니하는 등기사항증명서를 교부하거나, 이를 열람에 제공하지 않도록 주의하여야 한다.
Ⅳ. 효과	
Ⅴ. 관련문제	① **수작업폐쇄등기부 및 이미지폐쇄등기부**의 경우에도 원칙적으로 주민등록번호 등의 뒷부분 7자리 숫자를 가리고 발급하여야 한다. ② 그러나 신청사건 수·발급면수·등기명의인 수 등이 과다하거나 등기부의 상태상 등기명의인의 주민등록번호 등의 식별이 용이하지 않아 주민등록번호 등의 공시를 제한하기 어려운 사정이 있는 경우에는 주민등록번호 등의 전부 또는 일부의 공시를 제한하지 아니할 수 있다.

chapter

02 개시

01 절 공동신청주의 원칙

	법	규칙
조문	법 22 (신청주의) 법 23 (등기신청인)	
기출	1. [96 법무] 공동신청주의를 논하라. 50점 2. [02 행시] 등기청구권에 대하여 설명하시오. 50점 3. [03 행시] ① 실체법상의 등기청구권자와 그 상대방, 등기법상의 등기권리자와 등기의무자의 개념을 간략히 비교·설명하시오. 15점 ② 甲 소유로 등기되어 있던 부동산에 관하여 乙을 근저당권자로 하는 근저당권설정등기가 마쳐진 후, 丙 앞으로 소유권이전등기가 마쳐지고, 위 근저당권에 관하여 丁 앞으로 근저당권 이전의 부기등기가 마쳐졌을 때, 위 근저당권을 말소하는 관계에서 누가 실체법상의 등기청구권자와 그 상대방, 등기법상의 등기권리자와 등기의무자가 되는지를 아래 두 가지 경우로 나누어 설명하시오. 35점 (1) 근저당권설정등기가 원인무효인 경우 (2) 근저당권의 피담보채무가 변제되어 소멸한 경우 4. [18 행시] 공동신청주의에 대하여 설명하시오(등기권리자, 등기의무자 중심). 30점 5. [22 행시] 소유권이전등기가 甲→乙→丙 명의 순으로 기록되어 있고, 근저당권설정등기가 乙을 근저당권설정자로 하여 근저당권자 丁의 명의로 기록되어 있다. 甲은 乙 명의의 소유권이전등기가 위조서류에 의한 원인무효임을 이유로 피고 乙과 피고 丙을 상대로는 소유권이전등기의 각 말소등기절차를 이행하라는 확정판결을, 피고 丁을 상대로는 위 말소등기에 대한 승낙의 의사표시를 하라는 확정판결을 받았다. 이 경우 乙과 丙 간의 소유권이전등기말소 및 甲과 乙 간의 소유권이전등기말소에 대해 각각 실체법상 등기권리자와 등기의무자, 절차법상 등기권리자와 등기의무자에 대해 설명하시오. 10점	
Ⅰ. 공동신청의 원칙 [법 23①]	1. **의의**[법 23] ① **공동신청주의**는 권리에 관한 등기는 법률에 다른 규정이 없는 경우에는 어떤 등기로 인하여 불이익을 받는 자(등기의무자)와 이익을 받는 자(등기권리자)가 공동으로 등기를 신청하도록 하는 입법주의로서, **등기의 진정성을 담보**하기 위하여 **등기의무자를 신청인에 포함**하는 제도이다. ② 판결에 따른 등기처럼 공동신청에 의하지 않더라도 등기의 **진정성을 보장**할 수 있거나, 소유권보존등기의 신청과 같이 등기의 **성질상 등기의무자의 존재를 상정할 수 없는 경우**에는 **단독신청**이 인정된다. ③ 단독신청을 하기 위해서는 반드시 광의의 「**부동산등기법」에 근거규정이 있어야** 하며 그러한 규정이 없다면 법률행위 또는 법률규정에 따른 물권변동이든지 막론하고 공동신청의 원칙에 따라야 한다.	

2. 취지

① 부실등기 방지

② 등기의 진정성 담보

II. 등기권리자 등기의무자의 개념

1. 개념정리

(1) 실체법상 등기권리자와 등기의무자(실체법상 등기청구권자와 그 상대방)

① 등기청구권이란 타방당사자가 등기신청에 협력하지 않을 경우 상대방의 협력(등기신청의 의사표시)을 청구할 수 있는 권리를 말한다. 즉, 등기신청의 의사표시를 갈음하는 이행판결을 구할 수 있는 권리이다.

② **실체법상 등기권리자**는 등기청구권을 가진 자이며, **실체법상 등기의무자**는 그 상대방이 된다.

(2) 절차법상 등기권리자와 등기의무자

① **등기권리자**란 등기기록의 기록형식상 권리를 취득하거나 이익을 받는 자로 표시되는 자를 말한다.

② **등기의무자**란 등기기록의 기록형식상 권리를 상실하거나 불이익을 받는 자로 표시되는 자를 말한다.

③ **판단기준**은 반드시 등기기록상 형식적으로 판단하여야 하고 실체법상 권리 유무를 고려하여서는 아니 된다.

(3) 양자가 불일치한 경우

실체법상 등기권리자 및 등기의무자는 절차법상의 등기권리자 및 등기의무자와 일치하는 경우가 대부분이지만, 반드시 일치하는 것은 아니다. 만약 **실체법상 등기권리자**와 **절차법상의 등기권리자**가 **불일치**한 경우에는 대위에 의한 등기신청을 하게 된다(법 28, 규칙 50). 예컨대 채권자대위에 의한 등기와 채권자취소에 의한 등기가 이에 해당한다.

2. 사안별 검토

III. 관련문제

1. 소유권이전

① 시효취득을 원인으로 한 소유권이전등기 - 공동신청

② 진정명의회복을 원인으로 한 소유권이전등기 - 공동신청

2. 지상권

① 법정지상권 - 공동신청

② 구분지상권 - 공동신청

1) 그러나 도로법・도시철도법・전기사업법・전원개발촉진법・하수도법 등 특별법에 따라 수용 또는 사용재결을 받은 경우에는 단독신청이 가능하다.

2) 위 특별법에 해당하지 않는 한 공동신청을 하여야 한다. 따라서 사회기반시설에 대하여 사업시행자가 「사회기반시설에 대한 민간투자법」 및 「공익사업을 위한 토지 등의 취득 및 보상에 관한 법률」에 따라 중앙수용위원회의 사용재결을 받았다고 하더라도 「사회기반시설에 대한 민간투자법」에 "사업시행자가 사용재결을 받으면 **단독**으로 구분지상권설정등기를 신청할 수 있다"는 **취지의 규정이 없는 이상** 그 사용재결에 의해서는 단독으로 구분지상권설정등기를 신청할 수 **없다**(선례 202104-4).

3. 저당권

① 대위변제에 따른 근저당권이전등기 - 공동신청

② 공동저당대위등기 - 공동신청

<table>
<tr><td rowspan="3">소유권</td><td>보존</td><td>

1. 일반적인 경우

소유권보존등기는 법 제65조에 규정된 신청권자가 단독신청하는 등기이므로[법 23②, 법 65], 공동신청을 전제로 하는 절차법상 등기권리자 · 등기의무자가 문제되지 않는다.

2. 소유권보존등기의 대위신청

① **미등기 건물의 소유자 甲이 건물을 乙에게 매도**하였으나 **甲이 소유권보존등기신청을 하지 않아 乙이 소유권이전을 받을 수 없는 경우**에도 그 건물의 소유권보존등기신청은 甲만이 할 수 있고[법 23②], 甲과 乙이 공동으로 신청하거나 乙이 甲의 등기신청 의사표시를 갈음하는 판결을 구할 수도 없다.

② 이 경우 乙은 甲을 상대로 소유권이전등기절차를 명하는 이행판결을 얻은 후, 甲에 대한 소유권이전등기청구권을 보전하기 위하여 甲을 대위하여 甲 명의의 소유권보존등기를 한 다음에 위 이행판결에 기하여 자기 명의(乙)의 이전등기신청을 단독으로 할 수 있다.

</td></tr>
<tr><td>이전</td><td>

1. 일반적인 경우

일반적인 소유권이전의 경우 매수인이 등기청구권자이면서 등기권리자이고, 매도인이 등기청구권의 상대방이면서 등기의무자로서 양자가 완전히 일치한다.

2. 순차이전된 경우(전매)

甲−乙 간의 매매계약이 있은 후 등기를 하지 않던 중 乙−丙 간의 매매계약이 있는 경우, 丙이 乙에게 가지는 소유권이전등기청구권을 보전하기 위하여 乙이 甲에게 가지는 소유권이전등기청구권을 재판상으로 대위행사하여 이행판결을 받았다면,

① **실체법상 등기권리자는** 민법 제568조의 소유권이전등기청구권을 가지는 丙이며, **실체법상 등기의무자는** 위 청구권의 상대방으로 소유권이전등기의무를 부담하는 甲이 된다.

② 그런데 절차법적으로 보면 먼저 乙 명의의 소유권이전등기를 신청하여야 하기 때문에, **절차법상 등기권리자는** 등기기록의 형식상 권리(소유권)를 취득하는 乙이며, **절차법상 등기의무자는** 등기기록의 형식상 권리(소유권)를 상실하는 甲이다.

③ 실체법상 등기권리자인 丙과 절차법상 등기권리자인 乙이 다르므로, 丙은 민법 제404조의 채권자대위권에 기한 대위등기신청의 방식으로 乙을 대위하여 乙명의로의 소유권이전등기를 먼저 마친 후 자신의 명의(丙)로 소유권이전등기를 신청하여야 하며, 양자의 등기는 동시에 할 필요는 없다.

</td></tr>
<tr><td>말소</td><td>

1. 소유권보존등기의 말소

(1) 일반적인 경우

소유권보존등기의 말소신청 역시 등기명의인이 단독신청하는 등기이므로[법 23②] 절차법상 등기권리자 · 등기의무자의 개념이 개입할 여지가 없다.

(2) 소유권보존등기의 말소등기 대위신청

乙이 甲 소유의 부동산에 관하여 무효인 소유권보존등기를 한 경우 진정한 소유자인 甲은 乙명의 소유권보존등기를 먼저 말소한 후 자신의 명의로 소유권보존등기를 신청하여야 하며, 이 경우 甲이 乙명의 소유권보존등기의 말소를 명하는 판결을 받은 경우

① **실체법상 등기권리자는** 민법 제214조의 소유권말소등기청구권을 가지는 甲이며, **실체법상 등기의무자는** 위 청구권의 상대방으로 소유권말소등기의무를 부담하는 乙이 된다.

② 그런데 절차법적으로 보면 乙명의의 소유권보존등기의 말소신청은 乙이 단독으로만 할 수 있기 때문에, 甲은 乙에 대해 실체법상 말소등기청구권을 갖고 있는 자이지만 등기절차상 등기권리자(등기신청인)는 아니다.

</td></tr>
</table>

③ 당해 부동산이 보존등기 신청인의 소유임을 이유로 소유권보존등기의 말소를 명한 판결을 얻은 경우 그 판결에 신청인의 소유임을 확인하는 내용이 들어있다면 그 판결에 의해 대위로 보존등기를 말소한 후 자기 명의로 새로이 보존등기를 신청할 수 있으므로(예규 제1483호, 3-다-(1)), 乙이 임의로 소유권보존등기를 말소하지 않는다면 甲은 乙을 상대로 소유권보존등기의 말소를 명하는 판결을 얻어 乙 명의의 등기를 말소할 수 있는데, 이때에도 甲은 자신의 소유권보존등기신청권을 보전하기 위하여 乙을 대위하여 乙명의의 소유권보존등기를 말소할 수 있다.

2. 소유권이전등기의 말소

(1) 일반적인 경우

원인무효로 인한 소유권이전등기가 등기된 후 말소하는 경우 종전 소유자가 말소등기의 등기청구권자이면서 등기권리자이고, 현재의 소유자가 등기청구권의 상대방이면서 등기의무자이다.

(2) 순차이전 후 말소(甲→乙→丙 명의 등기 후 원인무효를 이유로 乙, 丙 명의 등기를 말소하는 경우)

甲–乙–丙에게 순차로 소유권이전등기가 이루어졌으나 甲–乙 사이의 소유권이전등기가 원인무효인 경우, 甲이 乙 및 丙을 상대로 소유권에 기한 물권적 청구권(방해배제청구권)을 행사하여 그 소유권이전등기말소등기절차의 이행판결을 받았다면, 甲은 실체법상 등기권리자이고 乙 및 丙은 그 상대방인 실체법상 등기의무자에 해당한다. 그런데 절차법적으로 보면 먼저 丙 명의의 소유권이전등기의 말소등기를 신청하여야 하며, 이 경우 등기의무자는 丙이지만 등기권리자는 乙이 된다. 왜냐하면 丙 명의의 등기가 말소되면 등기기록 형식상 소유명의인은 乙이 되기 때문이다.

1) 乙과 丙 간의 소유권이전등기말소의 경우

① **실체법상 등기권리자는** 민법 제214조의 말소등기청구권을 가지는 甲이며, **실체법상 등기의무자는** 위 청구권의 상대방으로 말소의무를 부담하는 丙이다.

② **절차법상 등기권리자는** 丙 등기의 말소로 인하여 등기기록의 형식상 권리(소유권)를 취득하는 乙이며, **절차법상 등기의무자는** 등기기록의 형식상 권리(소유권)를 상실하는 丙이다.

③ 실체법상 등기권리자인 甲과 절차법상 등기권리자인 乙이 다르므로, 甲은 민법 제404조의 채권자대위권에 기한 대위등기신청의 방식으로 乙을 대위하여 丙 명의의 등기를 말소할 수 있다.

2) 甲과 乙 간의 소유권이전등기말소의 경우

① 실체법상 등기권리자는 민법 제214조의 말소등기청구권을 가지는 甲이며, 실체법상 등기의무자는 위 청구권의 상대방으로 말소의무를 부담하는 乙이다.

② **절차법상 등기권리자는** 乙등기의 말소로 인하여 등기기록의 형식상 권리(소유권)를 취득하는 甲이며, **절차법상 등기의무자는** 등기기록의 형식상 권리(소유권)를 상실하는 乙이다.

③ 이 경우 실체법상 등기권리자와 절차법상의 등기권리자가 일치하므로, 각 등기권리자・등기의무자가 되어 등기를 신청할 수 있다.

3) 甲이 바로 乙 명의 등기를 직접 말소신청하는 경우 丙의 지위

① 말소대상인 권리를 그대로 승계한 자는 등기연속의 원칙상 그 말소등기신청등기에 앞서 먼저 말소되어야 할 것이지 등기상 이해관계인으로서 승낙서를 첨부하여 직권말소할 수 있는 것이 아니다.

		② 즉, 말소대상인 등기를 그대로 승계한 자는 이해관계인에 포함되지 않는다. ③ 예컨대 甲－乙－丙 순으로 소유권이전등기가 된 경우 乙의 등기를 말소할 때에 丙은 등기상 이해관계 있는 제3자가 아니다. ④ 왜냐하면 말소의 대상이 되는 등기는 현재 효력이 있는 등기라야 하므로, 뒤의 등기인 丙 명의의 소유권이전등기를 먼저 말소하지 않고는 乙 명의의 소유권이전등기를 말소할 수 없고, 따라서 丙의 승낙 또는 이에 대항할 수 있는 재판이 있음을 증명하는 정보를 제공하더라도 甲과 乙이 공동으로(또는 甲이 乙에 대하여만 말소판결을 얻어) 乙 명의의 등기의 말소신청을 할 수 없기 때문이다. ⑤ 최신 선례에 따르면, 甲이 丙의 승낙 또는 병에게 대항할 수 있는 재판이 있음을 증명하는 정보를 첨부정보로서 등기소에 제공하여 乙 명의의 이전등기의 말소등기를 신청한 경우, 등기관은 사건이 등기할 것이 아닌 경우(법 29.2)에 해당하는 것으로 보아 각하하여야 한다(선례 202311-3). ⑥ 이는 소유권뿐만 아니라 가등기나 제한물권이 이전된 경우에도 마찬가지이다(「부동산등기실무Ⅱ」 p.66).
	회복	소유권이전등기가 부적법하게 말소되어 말소회복등기를 신청하는 경우 회복되는 등기의 명의인이 등기청구권자이면서 등기권리자이고, 현재의 소유자가 등기청구권의 상대방이면서 등기의무자이다.
근저당권	설정	일반적인 근저당권설정의 경우 근저당권자가 등기청구권자이면서 등기권리자이고, 근저당권설정자가 등기청구권의 상대방이면서 등기의무자이다.
	이전	근저당권이전등기의 경우 근저당권의 양수인이 등기청구권자이면서 등기권리자이고, 근저당권의 양도인이 근저당권을 상실하므로 등기청구권의 상대방이면서 등기의무자이다.
	변경	① **채권최고액**을 **증액**하는 근저당권변경등기를 신청하는 경우에는 변경등기로 인해 이익을 얻는 자인 근저당권자가 등기청구권자이면서 등기권리자이고, 불이익을 받는 근저당권설정자가 등기청구권의 상대방이면서 등기의무자이다. ② **채권최고액**을 **감액**하는 근저당권변경등기를 신청하는 경우에는 이와 반대이다. ③ **채무자를 변경**하는 저당권변경등기를 신청하는 경우에는 불이익을 받는 자와 이익을 얻는 자의 구별이 명확하지는 않지만 실무상 최초의 설정등기할 때와 마찬가지로 근저당권자가 등기청구권자이면서 등기권리자이고, 근저당권설정자가 등기청구권의 상대방이면서 등기의무자이다.
	말소	**1. 일반적인 경우** 일반적인 근저당권설정의 경우 근저당권설정자가 등기청구권자이면서 등기권리자이고, 근저당권자가 등기청구권자의 상대방이면서 등기의무자이다. **2. 근저당권이전 후 말소** ① 근저당권 이전의 부기등기는 주등기에 종속되는 것으로 별개의 새로운 등기는 아니다. ② 근저당권설정자가 등기청구권자이면서 등기권리자이고, 근저당권의 양수인만이 등기청구권자의 상대방이면서 등기의무자이다. ③ 예규에 따르면 근저당권이 이전된 후 근저당권설정등기의 말소등기를 신청하는 경우에는 근저당권의 양수인이 근저당권설정자(소유권이 제3자에게 이전된 경우에는 제3취득자)와 공동으로 그 말소등기를 신청할 수 있다.

		3. 소유권이전 후 말소 **(1) 피담보채권이 소멸한 경우** ① **종전 소유자**는 근저당권설정계약상의 당사자지위에서 근저당권설정등기의 말소를 청구할 수 있다(민법 369). ② **현재 소유자**는 소유권에 기하여 근저당권설정등기의 말소를 청구할 수 있다(민법 214). ③ 근저당권이 설정된 후에 그 부동산의 **소유권이 제3자에게 이전**된 경우에는 **현재의 소유자**가 **자신의 소유권에 기하여** 피담보채무의 소멸을 원인으로 그 근저당권설정등기의 말소를 청구할 수 있음은 물론이지만, 근저당권설정자인 **종전의 소유자**도 근저당권설정계약의 당사자로서 근저당권소멸에 따른 원상회복으로 근저당권자에게 근저당권설정등기의 말소를 구할 수 있는 계약상 권리가 있으므로 이러한 **계약상 권리**에 터잡아 근저당권자에게 피담보채무의 소멸을 이유로 하여 그 근저당권설정등기의 말소를 청구할 수 있다고 봄이 상당하고, 목적물의 소유권을 상실하였다는 이유만으로 그러한 권리를 행사할 수 없다고 볼 것은 아니다(대판 93다16338). ④ 예규에 따르면 근저당권설정등기의 말소등기를 함에 있어 근저당권 설정 후 소유권이 제3자에게 이전된 경우에는 근저당권설정자 또는 제3취득자가 근저당권자와 공동으로 그 말소등기를 신청할 수 있다(예규 1656). **(2) 근저당권설정등기가 원인무효인 경우** ① 종전 소유자는 말소청구할 수 없다. 계약이 종료된 것도 아니기 때문이다. ② 현재 소유자는 소유권에 기하여 근저당권설정등기의 말소를 청구할 수 있다.
	회복	① 근저당권등기가 부적법하게 말소되어 말소회복등기를 신청하는 경우 근저당권자가 등기청구권자이면서 등기권리자이고, 말소 당시의 소유자가 등기청구권자의 상대방이면서 등기의무자이다. ② 제3취득자는 등기상 이해관계인에 불과하며, 등기가 원인무효로 말소되어 회복되는 경우 제3취득자는 승낙의무가 있다.
가등기에 기한 본등기		가등기는 장차 본등기를 하기 전 순위를 확보하기 위하여 하는 등기가 일반적인데, 소유권이전등기청구권의 가등기가 경료된 이후 부동산의 소유권이 甲에서 乙에게로 이전된 경우라도 가등기에 기한 본등기를 할 때의 본등기의무자는 乙이 아니라 甲이 된다(청구권보전효).

02 절 공동신청주의 예외 - 단독신청

	법	법
조문	법 22 (신청주의) 법 23 (등기신청인) 법 87 (신탁등기의 말소) 법 55 (사망 등으로 인한 권리의 소멸과 말소등기) 법 89 (가등기의 신청방법) 법 93 (가등기의 말소)	법 94 (가처분등기 이후의 등기 등의 말소) 법 98 (관공서의 촉탁에 따른 등기) 법 99 (수용으로 인한 등기) 법 47 (규약상 공용부분의 등기와 규약폐지에 따른 등기) 법 56 (등기의무자의 소재불명과 말소등기)
기출		
Ⅰ. 공동 신청의 원칙	**1. 의의**(법 23) ① **공동신청주의**는 권리에 관한 등기는 법률에 다른 규정이 없는 경우에는 어떤 등기로 인하여 불이익을 받는 자(등기의무자)와 이익을 받는 자(등기권리자)가 공동으로 등기를 신청하도록 하는 입법주의로서, **등기의 진정성을 담보**하기 위하여 **등기의무자를 신청인에 포함**하는 제도이다. ② 판결에 따른 등기처럼 공동신청에 의하지 않더라도 등기의 **진정성을 보장**할 수 있거나, 소유권 보존등기의 신청과 같이 등기의 **성질상 등기의무자의 존재를 상정할 수 없는 경우**에는 **단독신청**이 인정된다. ③ 단독신청을 하기 위해서는 반드시 광의의 **「부동산등기법」에 근거규정이 있어야** 하며 그러한 규정이 없다면 법률행위 또는 법률규정에 따른 물권변동이든지 막론하고 공동신청의 원칙에 따라야 한다.	
Ⅱ. 단독 신청의 특칙	**1. 진정성이 담보되는 경우** ① 판결(법 23④) ② 신탁 · 신탁 말소(법 23⑦⑧ · 법 87③) ③ 권리소멸약정(법 55) ④ 가등기 · 가등기 말소(법 89 · 법 93) ⑤ 가처분 침해등기 말소(법 94) ⑥ 촉탁(법 98) ⑦ 수용(법 99) ⑧ 혼동(민법 191 · 예규) **2. 성질상 공동신청이 불가능한 경우** ① 소유권보존 · 소유권보존 말소(법 23②) ② 상속 등 포괄승계에 따른 등기(법 23③ → 규칙 42) ③ 부동산 표시(법 23⑤) ④ 등기명의인 표시(법 23⑥) ⑤ 규약상공용부분의 등기 · 폐지(보존)(법 47①②) ⑥ 소재불명(법 56)	
Ⅲ. 관련 문제	**1. 소유권이전** **2. 지상권** **3. 저당권**	

03 절 공동신청주의 예외 - 판결

	법	규칙
조문	민사집행법 263 (의사표시의무의 집행) 민사소송법 218 (기판력의 주관적 범위) 법 23 (등기신청인)	
기출	1. [02 법무] 판결에 의한 등기신청을 설명하라. 50점 2. [08 법무] 판결 등 집행권원에 의한 등기신청을 설명하시오. 50점 3. [16 행시] 말소 판결 - 승계집행문(변종 후 가압류) 등기절차 25점 4. [16 행시] 진등명판결 - 승계집행문(변종 후 소이등) 등기절차 25점 5. [11 행시] 공유물분할판결 - 승계집행문 등기절차 20점 6. [11 행시] 공유물분할판결 - 등기원인 및 연월일 10점 7. [17 행시] 판결 - 등기원인에 대한 허가·동의·승낙정보 제공여부 15점 8. [21 법무] ① 가처분 채권자(피보전권리 : 소유권이전등기청구권)가 본안소송을 제기하여 "피고는 원고로부터 금 1억원을 지급받음과 동시에 원고에게 별지 기재 부동산에 관하여 소유권이전등기절차를 이행하라."는 주문의 판결을 받아 등기를 신청하는 경우 신청인, 신청방식, 신청정보 및 첨부정보 등 등기신청 절차에 관하여 설명하시오. 30점 ② 판결에 의한 등기 신청에 따른 등기관의 심사범위를 설명하시오. 10점	

Ⅰ. 서설	1. 의의	**(1) 의의**	① 등기청구권을 실행하는 방법으로 등기신청의사의 진술을 갈음하는 재판을 청구할 수 있고, 그 판결이 확정된 때에는 상대방(등기협력의무자)이 등기신청을 한 것으로 의제되므로(민사집행법 263), 판결에 의한 등기를 단독으로 신청할 수 있다. ② **등기절차의 이행 또는 인수를 명하는 판결**에 의한 등기는 승소한 등기권리자 또는 등기의무자가 단독으로 신청하고, **공유물을 분할하는 판결**에 의한 등기는 등기권리자 또는 등기의무자가 단독으로 신청한다(법 23④).
		(2) 취지	등기상대방이 등기의무에 협조하지 않는 경우 법원을 통해 등기의 진정성을 확보하여 단독신청을 하도록 하여 채권자의 이익을 보호하기 위한 제도이다.
	2. 요건	**(1) 원칙적 이행판결**	**1) 원칙적 이행판결** ① 판결에 의한 등기는 원칙적으로 이행판결이어야 한다. ② 주문의 형태는 "○○○ 등기절차를 이행하라."와 같이 등기신청 의사를 진술하는 것이어야 한다. ③ 따라서 "돈을 지급하라.", "지위를 양도하라.", "지분을 양도한다.", "서류를 교부한다." 같은 내용의 주문은 위 판결에 해당하지 않는다. ④ 판결의 내용으로는 등기의 종류, 내용, 등기원인과 그 연월일 등이 명시되어 있어야 하므로 필요적 기재사항도 주문에 명시되어 있어야 한다. 따라서 필요적 기재사항이 주문에 명시되지 않는 경우에는 그 판결문에 따른 등기를 할 수 없다. 예컨대 근저당권설정등기의 경우 채권최고액과 채무자(법 75), 전세권설

정등기의 경우 전세금과 범위(법 72)가 반드시 주문에 기재되어 있어야 하고 존속기간과 같은 임의적 기재사항은 주문에 명시되지 않더라도 등기는 가능하다.

⑤ 집행권원에 반대급부와 상환으로 일정한 급부를 할 것을 표시한 경우 반대 급부는 급부의무의 태양에 불과하여 집행력이 생기지 아니하므로, "**피고는** 원고로부터 △△부동산에 관한 소유권이전등기 절차를 이행 받음과 동시에 원고에게 ○○○원을 지급하라"는 취지의 판결이 확정된 경우, **피고는** 위 판결문에 집행문을 부여받아 단독으로 △△부동산에 관한 소유권이전등기를 신청할 수 없다(선례 8-95).

2) 예외적 형성판결(공유물분할판결)

① 형성판결은 원칙적으로 법 제23조 제4항의 판결에 해당하지 않지만 공유물분할판결은 예외이다. 공유물분할판결의 주문에는 특정한 등기절차의 이행을 명하는 내용이 없지만 단독신청을 할 수 있는 특례를 인정한다.

② 예컨대 "○○부동산 중 선내 ㉮ 부분은 원고의 소유로, 선내 ㉯ 부분은 피고의 소유로 각 분할한다"라고 한 판결이 이에 해당한다.

③ 실종선고취소심판은 「부동산등기법」 제23조 제4항 전단의 '판결'에 해당하지 아니한다. 따라서 실종선고를 받은 자에 대한 실종선고취소심판이 있었다고 하더라도 실종선고를 받은 자가 실종선고취소심판서를 첨부하여 단독으로 실종의 선고를 직접원인으로 하여 재산을 취득한 자 명의로 마쳐진 등기의 말소등기를 신청할 수는 없다(선례 202405-2).

④ 실종선고취소심판에 따라 가족관계등록부가 정리되어 있을 경우에는 그 실종선고취소에 따른 등기(실종선고를 받은 자가 실종의 선고를 직접원인으로 하여 재산을 취득한 자와 공동으로 그 명의로 마쳐진 등기의 말소등기를 신청하는 경우 등) 시 당해 실종선고취소심판정본을 첨부할 필요는 없다(선례 202405-3).

3) 판결에 준하는 집행권원

① ~조서 – ○ (화해 · 조정 · 인낙)
② ~결정 – ○ (화해권고 · 조정에 갈음하는)
③ **공정증서** – × (등기신청의무를 이행하기로 한 조항이 기재되어 있더라도)
④ **가처분** – × (등기절차의 이행을 명하는 조항이 있어도 불가능)
⑤ **중재판정** – 집행결정
⑥ **외국판결** – 집행판결

(2) 확정판결 [민집법 263①]

① 의사진술을 명하는 판결은 그 판결이 확정된 때에 의사를 진술한 것으로 보므로 확정판결만을 의미한다.
② **가집행선고부 판결** – ×
③ **판결 확정 후 10년이 경과** – ○ (소멸시효 중단여부 등은 형식적 심사권 외의 사항)

(3) 집행문

1) 일반적인 집행문

① 원칙 – ×

② 예외 – ○ (예 선이행판결 · 상환이행판결 · 조건부이행판결)
③ 예외의 예외 – × (등기절차의 이행과 반대급부의 이행을 독립적으로 명한 판결의 경우)
④ 예외의 예외의 예외– ○ (별도의 항에서 위 두 이행에 대해 동시이행을 명한 경우)

2) 승계집행문

가. 의의(민사소송법 제218조)

판결의 효력(기판력)은 변론종결 후의 승계인에게도 미치므로(민사소송법 218), **승계인을 위하여**(권리자 승계) 또는 **승계인에 대하여**(의무자 승계) **판결에 따른 등기를 신청**할 때에는 승계집행문을 첨부하여야 한다.

나. 이행판결

(가) 채권적 청구권 (예 매매로 인한 소유권이전등기청구권)

① 채권적 청구권은 대인적 효력밖에 없기 때문에 피고로부터 권리를 취득한 자는 변론종결 후의 승계인에 해당하지 아니한다. 따라서 별도의 소송을 제기하여 받은 판결로 등기를 신청하여야 한다.

② 예컨대, 전소의 소송물이 채권적 청구권의 성질을 가지는 소유권이전등기청구권인 경우에는 전소의 변론종결 후에 그 목적물에 관하여 소유권등기를 이전받은 사람은 전소의 기판력이 미치는 '변론종결 후의 승계인'에 해당하지 아니한다. 이러한 법리는 화해권고결정이 확정된 후 그 목적물에 관하여 소유권등기를 이전받은 사람에 관하여도 다를 바 없다고 할 것이다(대판 2010다2558).

③ 다만, 채권적 청구권이라 하더라도 변론종결 후에 피고가 사망한 경우에는 포괄승계인의 등기신청(법 27)에 따라 포괄승계를 증명하는 서면을 첨부하여 상속인을 상대로 판결에 따른 등기를 신청할 수 있다.

(註 상속등기를 거치지 않고 승계집행문을 첨부할 필요도 없음)

(나) 물권적 청구권 (예 원인무효로 인한 말소등기청구권 / 진등명 소유권이전등기청구권)

가) 원칙

물권적 청구권은 대세적 효력이 인정되므로 피고로부터 권리를 취득한 자는 변론종결 후의 승계인에 해당한다. 따라서 승계집행문을 부여받아 판결에 따른 등기를 할 수 있으며, 별도의 소송을 제기할 필요가 없다.

예컨대 소유권에 기한 방해해제청구로서 소유권말소등기청구권은 물권적 청구권에 해당한다.

나) 소유권에 기한 말소등기청구권

등기절차의 이행을 명하는 확정판결의 변론종결 후 그 판결에 따른 등기신청 전에 등기의무자인 피고 명의의 등기를 기초로 한 **제3자 명의의 새로운 등기(채권자 C의 가압류등기)**가 등기된 경우 **원고가** 위 제3자에 대한 승계집행문을 부여받은 경우에는, 원고는 **그 제3자 명의의 등기(채권자 C의 가압류등기)의 말소등기**와 **판결에서 명한 말소등기(피고 B명의의 소유권이전등기의 말소등기)**를 단독으로 신청할 수 있으며, 위 각 등기는 **동시에 신청**하여야 한다.

다) 진정명의회복을 원인으로 한 소유권이전등기청구권

① 진정한 등기명의의 회복을 위한 소유권이전등기청구는 이미 자기 앞으로 소유권을 표상하는 등기가 되어 있었거나 법률에 의하여 소유권을 취득한 자가 진정한 등기명의를 회복하기 위한 방법으로 현재의 등기명의인을 상대로 그 등기의 말소를 구하는 것에 갈음하여 허용되는 것인데, 말소등기에 갈음하여 허용되는 **진정명의회복을 원인으로 한 소유권이전등기청구권**과 **무효등기의 말소청구권은** 어느 것이나 진정한 소유자의 등기명의를 회복하기 위한 것으로서 실질적으로 그 **(소송)목적이 동일**하고 두 청구권 모두 소유권에 기한 방해배제청구권으로서 그 **법적 근거와 성질이 동일**하므로 그 **소송물은 실질상 동일**한 것으로 보아야 한다(대판 2000다24856).

② 따라서 진정명의회복을 원인으로 한 소유권이전등기청구권도 물권적청구권에 해당하며 대세적 효력이 인정되므로 피고로부터 권리를 취득한 자는 변론종결 후의 승계인에 해당한다. 따라서 승계집행문을 부여받아 판결에 따른 등기를 할 수 있다.

③ 진정명의회복을 원인으로 하는 소유권이전등기절차를 이행하라는 확정판결의 변론종결 후 그 판결에 따른 등기신청 전에 그 권리에 대한 **제3자 명의의 이전등기(F 명의의 소유권이전등기)**가 등기된 경우로서 **원고가** 위 제3자에 대한 승계집행문을 부여받은 경우에는, 원고는 **그 제3자(F)를 등기의무자로**(제3자등기 말소×) 하여 **곧바로 판결에 따른 권리이전등기**를 단독으로 신청할 수 있다.

다. 형성판결(예 공유물분할등기)

(가) 공유물분할판결

가) 소유권취득시기

공유물분할의 판결이 확정되면 공유자는 분할 후의 각 토지에 대해서 **지분이전등기를 하지 않아도** 각자 분할된 부분에 대한 단독소유권을 취득된다.

나) 일부 공유자의 지분을 기초로 한 제3자 명의의 새로운 등기가 등기된 경우(단, 공유지분이전등기를 제외한다)

다른 공유자(甲)가 자신이 취득한 분할부분에 관하여 위 제3자(丙)에 대한 승계집행문을 부여받은 경우에는, 그 공유자는

제3자 명의의 등기의 말소등기와 **판결에 따른 지분이전등기**를 단독으로 신청할 수 있으며, 위 각 등기는 동시에 신청하여야 한다.

다) 일부 공유자의 지분이 제3자에게 이전된 경우

(a) 등기의무자의 승계

일부 공유자(乙)의 지분이 제3자(丙)에게 이전된 경우 **다른 공유자(甲)**가 자신이 취득한 분할부분에 관하여 위 **제3자(丙)에 대한 승계집행문을 부여**받은 경우에는, 그 공유자는 제3자 명의의 지분에 대하여 그 **제3자(丙)를 등기의무자로** 하여 **곧바로 판결에 따른 이전등기**를 단독으로 신청할 수 있다.

(b) 등기권리자의 승계

일부 공유자의 지분(甲)이 제3자(丙)에게 이전된 경우 **제3자(丙)가** 종전 공유자가 취득한 분할부분에 관하여 **자신(丙)을 위한 승계집행문**을 부여받은 경우에는, 그 제3자는 다른 공유자 명의의 지분에 대하여 **자신(丙) 앞으로 곧바로 판결에 따른 이전등기**를 단독으로 신청할 수 있다.

(나) 공유물분할의 조정조서 또는 화해권고결정

가) 소유권취득시기

공유물분할의 소송절차 또는 조정절차에서 공유자 사이에 공유토지에 관한 현물분할의 협의가 성립하여 그 합의사항을 조서에 기재함으로써 조정이 성립하였다고 하더라도, 그와 같은 사정만으로 재판에 의한 공유물분할의 경우와 마찬가지로 그 즉시 공유관계가 소멸하고 각 공유자에게 그 협의에 따른 새로운 법률관계가 창설되는 것은 아니고, 공유자들이 협의한 바에 따라 토지의 분필절차를 마친 후 각 단독소유로 하기로 한 부분에 관하여 다른 공유자의 공유지분을 이전받아 **등기를 마침으로써** 비로소 그 부분에 대한 대세적 권리로서의 소유권을 취득하게 된다고 보아야 한다(대판(전) 2011두1917).

나) 공유물분할화해권고결정에 승계집행문을 부여받아 소유권이전등기를 단독으로 신청할 수 있는지 여부

현물분할을 내용으로 하는 공유물분할에 관한 판결이 확정된 후 그 판결에 따른 등기신청 전에 일부 공유자의 지분이 제3자에게 이전된 경우, 다른 공유자는 자신이 취득한 분할부분에 관하여 위 제3자에 대한 승계집행문을 부여받아 제3자 명의의 지분에 대하여 자신 앞으로의 이전등기를 단독으로 신청할 수 있으나, **현물분할을 내용으로 하는 공유물분할에 관하여 화해권고결정이 확정**된 후 그 **결정에 따른 등기신청 전에 일부 공유자의 지분이 제3자에게 이전**된 경우에는 위와 달리 다른 공유자는 자신이 취득하는 것으로 정해진 분할부분에

		관하여 위 제3자에 대한 승계집행문을 부여받아 제3자 명의의 지분에 대하여 자신 앞으로의 이전등기를 단독으로 신청할 수는 없다(선례 201906-4). **라. 선정당사자가 받은 판결로 선정자가 소유권이전등기 신청 시 승계집행문을 첨부하여야 하는지 여부** 선정당사자가 받은 판결주문에 "피고는 **선정자 ○○○에게** 소유권이전등기절차를 이행하라."는 내용의 기재가 있는 경우, **선정자 ○○○**은 이 판결문을 첨부정보로서 제공하여 자신을 등기권리자로 하는 소유권이전등기를 단독으로 신청할 수 있으며, 이때에 승계집행문은 첨부정보로서 제공할 필요가 없다(선례 201709-2).
	3. 범위	**(1) 물리적 일부에 대한 판결의 경우 - 선분필** ① 물리적 일부에 대한 소유권이전등기 또는 소유권이전등기의 말소등기를 신청하는 경우 먼저 분필등기를 하여야 하며, 특정부분을 표시하면서 도면을 첨부하거나 특정부분의 면적을 지분으로 표시하여 등기신청할 수는 없다. ② 또한, 판결 주문에 분할의 내용이 없다고 하더라도 대위하여 분필등기를 할 수 있으니 집행불능의 판결은 아니다. **(2) 지분에 대한 말소판결의 경우** ① 부동산의 일부 지분에 대한 말소판결을 받은 경우에는 일부말소 의미의 경정등기를 실행하여야 한다. ② 상속재산협의분할을 원인으로 甲 단독소유로 소유권이전등기가 된 후 공동상속인 중 1인인 乙이 자기의 상속지분에 대한 소유권일부말소를 명하는 확정판결을 받은 경우에는 일부말소 의미의 경정등기를 신청할 수 있다. **(3) 승소판결의 내용 중 일부만에 대한 등기신청 - 가능** ① **토지전부에 대하여 소유권이전등기를 명**하는 경우 지분일부만의 등기신청도 가능하다. ② **수 개의 부동산에 대하여 소유권이전등기를 명**하는 경우 그중 일부의 부동산만의 등기신청도 가능하다. ③ **소유권이전등기의 말소와 근저당권등기의 말소를 명**한 경우에도 근저당권등기만의 말소등기신청도 가능하다.
	4. 효과	
II. 개시 (법 22)	**단독신청**(법 23④)	
III. 신청절차	**1. 신청인** (법 23)	**(1) 이행판결 - 등기절차의 이행 또는 인수를 명하는 판결** ① 승소한 등기권리자 또는 승소한 등기의무자가 단독으로 신청할 수 있다. ② 승소한 등기권리자의 상속인은 상속증명서면을 첨부하여 직접 자기명의로 등기신청할 수 있다(법 27, 상속등기×). ③ 패소한 등기의무자는 직접 등기를 신청할 수도 없고, 승소한 등기권리자를 대위할 수도 없다. 다만 별도의 채권이 있는 경우에는 대위등기법리에 따라 등기를 신청할 수 있다. ④ 소송의 당사자가 아닌 소외인은 판결의 효력이 미치지 아니하므로 그 판결에 따른 등기를 할 수 없다.

(2) 형성판결 – 공유물을 분할하는 판결

원고·피고·승소·패소 불문하고 등기의무자 또는 등기권리자가 단독으로 신청할 수 있다.

(3) 채권자대위

채권자가 채권자대위권을 행사하여 제3채무자를 상대로 승소판결을 받은 경우 채권자는 판결에 따른 등기를 할 때에 채무자를 대위하여 신청할 수 있으며, **채무자가 대위소송이 제기된 사실을 알았을 경우**에는 채무자에게도 기판력이 미치므로 채무자 또는 제3의 채권자도 그 판결에 따른 등기를 신청할 수 있다.

그러나 패소한 제3채무자가 위 판결을 사용하여 등기를 신청할 수는 없다.

(4) 채권자취소

채권자가 채권자취소권을 행사하여 수익자를 상대로 승소판결을 받은 경우 채권자는 판결에 따른 등기를 할 때에 채무자를 대위하여 신청할 수 있지만, 채무자나 패소한 수익자가 위 판결을 사용하여 등기를 신청할 수는 없다.

2. 신청정보 (규칙 43)

일반적 (규칙 43)

- 신청서 표제
- 부동산 표시
- 등기원인 (연월일)

	형성판결	이행판결	~결정	~조서
주문에 명시 O	"형성처분" "판결확정일"	주문에 기재된 등기원인 및 등기원인일	결정·조서에 기재된 등기원인 및 등기원인일	
주문에 명시 ×		"확정판결" "판결선고일"	"화해권고 결정" 등 "결정확정일"	"화해" 등 "조서기재일"
확정증명서	O			×
송달증명서	×			

(1) 이행판결

1) 원칙

등기절차의 이행을 명하는 **판결주문에 등기원인과 그 연월일이 명시되어 있는 경우** 그 판결주문에 명시된 등기원인과 그 연월일을 등기신청서에 기재한다.

2) 예외

등기절차의 이행을 명하는 **판결주문에 등기원인과 그 연월일이 명시되어 있지 아니한 경우** 등기신청서에는 등기원인은 '확정판결'로, 그 연월일은 '판결선고일'을 기재한다.

(2) 형성판결

① 권리변경의 원인이 판결 자체, 즉 형성판결인 경우 등기신청서에는 등기원인은 "판결에서 행한 형성처분"을 기재하고, 그 연월일은 "판결확정일"을 기재한다(예규 제1692호).

② 공유물분할판결의 경우 등기원인은 "공유물분할"로, 그 연월일은 "판결확정일"을 기재한다.

③ 사해행위취소판결의 경우 등기원인은 "사해행위취소"로, 그 연월일은 "판결확정일"을 기재한다.

④ 재산분할심판의 경우 등기원인은 "재산분할"로, 그 연월일은 "심판확정일"을 기재한다.

(3) 관련 선례

사해행위취소판결의 주문에 원상회복의 방법으로 소유권이전등기의 말소등기절차의 이행을 명하는 대신 소유권이전등기절차의 이행을 명하면서 그 등기원인을 "사해행위취소" 외에 "사해행위취소로 인한 원상회복" 또는 "진정명의회복" 등으로 기재하였더라도 어느 경우에나 사해행위취소판결 자체가 그 등기의 원인이 되는 것은 마찬가지이므로, 이러한 판결에 의하여 소유권이전등기를 신청하는 경우에 신청정보의 내용 중 등기원인은 "**사해행위취소**"로, 그 연월일은 "**판결확정일**"로 하여 이를 제공하여야 한다.

├ 등기목적
└ 신청인

┌ 등기원인 관련

(1) 등기원인증명(규칙 46①1)

① 판결정본 등 + 확정증명서 - △ (송달증명서×)

② 집행문 - △

③ 승계집행문 - △

(2) 등기원인 - ㉬㉣㉦ 등(규칙 46①2, 규칙 46③)

┌ 1) 검인(계약서·판결서)	○	(∵ 판결서○)
├ 2) ㊀거래계약신고필증	×	(∵ only 매매계약서)
├ 3) 토지거래계약허가	○	(∵ 소이등 + 행정관청 허가)
└ 4) 농지취득자격증명	○	(∵ 소이등 + 행정관청 허가)
┌ 5) 재단법인 - 주무관청 허가서	○	(∵ 소이등 + 행정관청 허가)
└ 6) 공익법인 - 주무관청 허가서	○	(∵ 소이등 + 행정관청 허가)

[판결과 등기원인을 증명하는 정보에 대한 제3자의 허가·동의 또는 승낙]

1) 일반적인 경우 - 면제

2) **행정관청**의 경우

① 소유권이전등기 外 - 현존사실이 판결서에 기재된 경우에만 면제

② **소유권이전등기** - 현존사실이 판결서에 기재된 경우라도 **반드시 제출**

(농지취득자격증명, 토지거래계약허가서, 공익법인의 기본재산 소유권이전등기 시 주무관청 허가서 등)

3. 첨부정보 (규칙 46)

일반적 (규칙 46)

부동산등기규칙 제46조(첨부정보)

① 등기를 신청하는 경우에는 다음 각 호의 정보를 그 신청정보와 함께 첨부정보로서 등기소에 제공하여야 한다.
1. 등기원인을 증명하는 정보
2. 등기원인에 대하여 제3자의 허가, 동의 또는 승낙이 필요한 경우에는 이를 증명하는 정보

③ 등기원인을 증명하는 정보가 집행력 있는 판결인 경우에는 제1항 제2호의 정보를 제공할 필요가 없다. (재판절차에서 이미 확인되었다고 보기 때문) 다만 등기원인에 대하여 행정관청의 허가, 동의 또는 승낙을 받을 것이 요구되는 때에는 그러하지 아니하다. (판결절차를 탈법 수단으로 악용하는 것을 막기 위하여)

이에 대하여 예규에서는 보다 구체적으로 규정하고 있다(예규 제1383호).

행정관청의 **허가서 등의 현존사실이 집행력 있는 판결서에 기재**되어 있는 경우

1) 소유권이전등기신청 외의 경우에는 허가 등을 증명하는 정보를 제공할 필요가 없지만,
2) **소유권이전등기신청**의 경우에는 허가 등을 증명하는 정보를 **반드시 제공**하여야 한다.

따라서, 판결에 의한 소유권이전등기를 하는 경우라도 **농지취득자격증명**, **토지거래계약허가**, **공익법인의 기본재산 소유권이전등기 시에 대한 주무관청의 허가**서는 반드시 제공하여야 한다(선례 제201205-5호 등).

의무자 관련

(1) **등기필정보**(법 50② → 규칙 43①7)

	법 50② ㊀ 제공	법 50① ㊁ 작성 · 통지
승소 ㊁ 신청	×	○
승소 ㊀ 신청	○	×

(㊀ = 의, ㊁ = 권)

(2) **인감증명 – ×**

(3) **주소증명**

① 원칙 – ×

판결에 의하여 등기권리자가 단독으로 소유권이전등기를 신청할 때는 등기권리자의 주소를 증명하는 서면만을 제출하면 된다.

② 예외 – ○

판결문상의 피고의 주소가 등기부상의 등기의무자의 주소와 다른 경우에는 동일성을 증명하기 위해 제공한다.

			그러나 주민등록번호가 일치하여 동일성이 인정되는 경우에는 그러하지 아니하다.
		├ 권리자 관련	**(1) 세금영수증**(법 29.10) − O **(2) 주소증명**(규칙 46①6) − O **1) 소유권이전** ① 등기권리자의 주소증명서면만 제출한다. ② 갑은 을에게, 을은 병에게 각 소유권이전등기절차를 순차로 이행하라는 판결에 의하여 병이 을을 대위하여 갑으로부터 을로의 소유권이전등기를 신청할 때에는 을의 주소를 증명하는 서면을 첨부정보로 제공하여야 한다. **2) 대위보존** 원고가 피고를 대위하여 소유권보존등기를 신청하는 경우에는 그 보존등기명의인인 피고의 주소를 증명하는 서면을 제출하여야 한다. **(3) 번호증명**(규칙 46①6) − O
		├ 부동산 관련	**(1) 대장, 그 밖의 정보**(규칙 46①7) − O **(2) 지적도 · 도면**
		└ 신청인자격 관련	
	1. 접수 · 배당		
Ⅳ. 실행 절차	2. 조사	**(1) 원칙 − 주문** 판결에 의한 등기를 하는 경우 등기관은 원칙적으로 판결 주문에 나타난 등기권리자와 등기의무자 및 이행의 대상인 등기의 내용이 등기신청서와 부합하는지를 심사하는 것으로 족하다. **(2) 예외 − 이유** ① 소유권이전등기가 가등기에 기한 본등기인지를 가리기 위하여 판결이유를 보는 경우 ② 명의신탁해지를 원인으로 소유권이전등기절차를 명한 판결의 경우 그 명의신탁이 예외적으로 유효하다고 보는 상호명의신탁, 배우자 또는 종중에 의한 명의신탁인지 여부를 가리기 위한 경우 ③ 소유권보존등기말소를 명하는 판결을 첨부하여 소유권보존등기를 신청하는 경우에는 그 판결이유에서 원고의 소유임을 인정하였는가를 확인하기 위한 경우 ④ 매도인인 피상속인이 매매계약 체결 후 사망하고 매수인이 상속인들을 상대로 하여 소유권이전등기절차의 이행을 명하는 판결을 받은 경우 판결이유에 상속관계에 관한 설시가 있는지 여부를 확인하기 위한 경우(그러한 설시가 없다면 피고들이 상속인 전원임을 증명할 수 있는 서류를 제출하여야 한다.) **(3) 관련예규 · 선례** ① 판결 **확정 후 10년이 경과** − ○	

<table>
<tr><td></td><td></td><td colspan="2">② 등기부와 판결문상의 등기의무자가 다른 경우 – ×
갑 소유명의의 토지에 대하여 원고 을이 "피고 병은 피고 갑이 원고로부터 ○○○원을 지급받음과 동시에 원고에게 △△토지에 대하여 ○년○월○일 매매를 원인으로 하는 소유권이전등기절차를 이행하라"는 판결을 받은 경우, 판결문상의 소유권이전등기절차 이행 의무를 부담하는 피고(병)와 등기기록상의 등기의무자인 소유명의인(갑)이 다르므로, 원고 을은 이 판결에 의하여 단독으로 소유권이전등기를 신청할 수 없다.</td></tr>
<tr><td></td><td colspan="3">3. 문제○</td></tr>
<tr><td></td><td>4. 문제×
(법 48)</td><td>일반적
(법 48)</td><td>┌ 표제부
├ 갑구
├ 을구
└ 등기형식</td></tr>
<tr><td></td><td>5. 완료 후</td><td colspan="2">┌ 등기완료 통지 법 30 (규칙 53)
├ 등기필정보 통지 법 50 (규칙 106~110)

	법 50② ㉦ 제공	법 50① ㉠ 작성·통지
승소 ㉠ 신청	×	○
승소 ㉦ 신청	○	×

├ 소유변경 통지 법 62 (규칙 120)
└ 과세자료 제공 법 63 (규칙 120)</td></tr>
<tr><td>V. 처분 이의</td><td colspan="3">법 100 등</td></tr>
</table>

04 절 일괄신청과 동시신청

	법	규칙
조문	법 22 (신청주의) 법 25 (신청정보의 제공방법) 법 29 (신청의 각하) 법 53 (환매특약의 등기) 법 82 (신탁등기의 신청방법)	규칙 47 (일괄신청과 동시신청) 규칙 45 (여러 개의 부동산에 관한 등록면허세 등의 납부) 규칙 113 (환매특약등기의 신청) 규칙 139 (신탁등기)

기출

1. [19 행시] ① 법 제25조 단서의 **일괄신청**에 관하여 설명하시오. **20점**
   ② **신탁등기**와 **환매특약등기**의 **신청정보 제공방법**과 **실행방법**을 각각 설명하시오. **15점**
2. [22 법무] (甲이 동일한 등기소 관할의 X토지, Y건물, W건물을 소유하고 있는 것을 전제로) 甲은 자신의 손자인 A, B를 위하여 乙을 수탁자로 하여 신탁계약(Y건물의 수익은 A에게 귀속, W건물의 수익은 B에게 각 귀속함)을 체결하였다. 이후 甲과 乙은 Y, W 부동산을 1건으로 하여 소유권이전등기 및 신탁등기를 신청하였다. 신청정보의 제공방법에 대하여 약술하고 위 등기신청의 적법여부와 그 이유를 설명하시오. **20점**
3. [22 행시] 등기의무자가 공유자 甲, 乙이고 등기권리자도 丙, 丁 2인인 경우(丙, 丁 공유로 취득하려고 함) 등기신청방법을 설명하시오. **10점**

I. 서설

1. 의의

(1) 1건 1신청주의의 원칙

등기의 신청은 1건당 1개의 부동산에 관한 신청정보를 제공하는 방법으로 하여야 한다(법 25本). 따라서 여러 개의 부동산이라면 각 부동산별로 등기신청서를 작성하는 것이 원칙이다.

(2) 1건 1신청주의의 예외(일괄신청)(법 25, 규칙 47)

① **등기목적과 등기원인이 동일**하거나 **그 밖에 대법원규칙**으로 정하는 경우에는 여러 개의 부동산에 관한 신청정보를 일괄하여 제공하는 방법으로 할 수 있다(법 25但).

② **일괄신청은 일반적**으로 여러 개의 부동산에 관한 신청정보를 일괄하여 제공하는 방법으로 하는 등기신청을 말한다. 그런데 **등기실무상**으로는 1개의 신청서로 1개의 부동산에 관한 여러 개의 등기를 신청하는 경우도 일괄신청의 개념에 포함시키고 있다.

(3) 취지

신청인의 편의와 하나의 거래행위를 한 경우 그 등기도 일괄하여 하는 것이 거래관념에 부합하기 때문이다. 예컨대, 토지와 그 지상건물을 하나의 매매계약을 체결한 경우를 들 수 있다.

(4) 구별개념

① **일괄신청**은 여러 개의 부동산 또는 여러 개의 등기목적에 관한 등기신청을 하나의 등기신청서로 하는 것이며, 소유권이전 및 신탁등기가 대표적인 예이다.

② **동시신청**은 여러 개의 등기신청서를 동시에 제출하는 것을 말하며, 소유권이전등기와 환매특약등기가 대표적인 예이다.

2. 요건 [법 25但]	**(1) 등기목적의 동일** 등기목적[법 48]이 동일하다는 것은 등기할 사항[법 3]이 동일한 것을 말한다. 즉 신청하려는 등기의 내용 또는 종류(소유권보존, 소유권이전, 근저당권설정 등)가 동일하다는 것을 말한다. 예컨대 수 개의 부동산에 대하여 모두 소유권이전등기신청을 하는 경우라면 등기목적이 동일한 경우라고 할 수 있다. [소유권이전 vs 저당권설정 : × / 전세권설정 vs 근저당권설정 : ×] **(2) 등기원인의 동일** **등기원인이 동일하다는 것은** 법률행위(법률사실)의 내용 및 성립일자, 당사자가 동일한 것을 말한다. 예컨대 수 개의 부동산에 대하여 하나의 매매계약서를 작성한 경우라면 등기원인이 동일한 경우라고 할 수 있다. [매매 vs 증여 : ×] [2021.1.1. vs 2021.2.1. : ×] [갑 · 을 vs 병 · 정 : ×]
3. 범위	**(1) 조문** **1) 규칙 제47조** **「부동산등기규칙」 제47조(일괄신청과 동시신청)** ① 법 제25조 단서에 따라 다음 각 호의 경우에는 1건의 신청정보로 일괄하여 신청하거나 촉탁할 수 있다. 1. 같은 채권의 담보를 위하여 소유자가 다른 여러 개의 부동산에 대한 저당권설정등기를 신청하는 경우 2. 법 제97조 각 호의 등기를 촉탁하는 경우(공매) 3. 「민사집행법」 제144조 제1항 각 호의 등기를 촉탁하는 경우(경매) **2) 신탁등기**[규칙 139①, 144①] ① 신탁등기의 신청은 해당 신탁으로 인한 권리의 이전 또는 보존이나 설정등기의 신청과 함께 1건의 신청정보로 일괄하여 하여야 한다[규칙 139①]. ② 신탁등기의 말소등기신청은 권리의 이전 또는 말소등기나 수탁자의 고유재산으로 된 뜻의 등기신청과 함께 1건의 신청정보로 일괄하여 하여야 한다[규칙 144①]. **(2) 예규(수인의 공유자가 수인에게 지분의 전부 또는 일부를 이전하는 경우)** ① **수인**의 공유자가 **수인**에게 지분의 전부 또는 일부를 이전하려고 하는 경우 **등기권리자별로 신청서를 작성**하여 제출하거나 또는 등기의무자별로 신청서를 작성하여 제출하여야 하며, 한 장의 신청서로 **일괄**신청한 경우 수리해서는 **아니** 된다. ② **거래가액 등기의 대상이 되는 소유권이전등기를 신청**할 때에 신고필증상 거래부동산이 2개 이상인 경우 또는 거래부동산이 1개라 하더라도 **여러 명**의 매도인과 **여러 명**의 매수인 사이의 매매계약인 경우에는 **매매목록**도 첨부정보로서 등기소에 제공하여야 한다[규칙 124②]. ③ **매매**를 원인으로 한 소유권이전등기신청의 경우에는 부동산매수자란에 매수인의 성명(법인은 법인명) · 주민등록번호 및 주소가 기재되어 있는 인감증명서(이하 **"부동산매도용 인감증명서"**라 함)를 첨부하여야 한다. **증여 · 교환 등 매매 이외**의 원인으로 인한 소유권이전등기신청의 경우에는 부동산매도용 인감증명서를 첨부할 필요가 없다. ④ 같은 등기소에 동시에 여러 건의 등기신청을 하는 경우에 첨부정보의 내용이 같은 것이 있을 때에는 **먼저 접수되는 신청에만 그 첨부정보를 제공**하고, **다른 신청에는**

<table>
<tr><td></td><td>먼저 접수된 신청에 그 첨부정보를 제공하였다는 뜻을 신청정보의 내용으로 등기소에 제공하는 것으로 그 첨부정보의 제공을 갈음할 수 있다(규칙 47②).
1. 위 각 이전등기를 동시에 신청할 때도 각 신청서마다 등기원인증서를 첨부하여야 한다. 다만 등기원인증서가 한 장으로 작성되어 있는 경우에는 먼저 접수되는 신청서에만 등기원인증서를 첨부하고, 다른 신청서에는 먼저 접수된 신청서에 그 등기원인증서를 첨부하였다는 뜻을 기재하여야 한다(규칙 47②).
2. 3명의 매도인과 2명의 매수인이 매매계약을 체결하고 이를 원인으로 등기권리자별로 신청정보를 작성하여 소유권이전등기를 신청하는 경우에 각 등기의무자의 부동산매도용인감증명서에 2명의 매수인이 모두 기재되어 있다면 먼저 접수되는 신청에만 그 인감증명서를 제공하고, 다른 신청에는 인감증명서를 제공하는 대신 먼저 접수된 신청에 그 첨부정보를 제공하였다는 뜻을 신청정보의 내용으로 제공할 수 있다(선례 202005-1).

(3) 선례
① 촉탁에 따른 등기절차는 원칙적으로 신청에 따른 등기절차에 관한 규정을 준용하므로 일괄촉탁도 법령이 정한 예외적인 경우에만 허용된다(법 22②).
② 1개의 부동산처분금지가처분 결정이 있더라도 그 목적물인 부동산이 여러 개이고 부동산별로 피보전권리의 채권자가 다르다면 가처분등기의 등기목적은 같으나 등기원인이 동일한 경우에 해당하지 아니하므로 일괄촉탁을 할 수 없고 부동산마다 각각 별건으로 촉탁을 하여야 한다(선례 201906-14).</td></tr>
<tr><td>4. 효과
(등기관 심사)</td><td>(1) 신청서의 작성방법 및 등록면허세 등의 납부
일괄신청의 경우 등기신청서의 부동산표시란에 2개 이상의 부동산을 기재할 때 그 부동산의 일련번호도 기재하여야 한다(예규 681). 일괄신청은 여러 등기의 신청을 1개의 신청서로 하는 것에 불과하므로 등록면허세, 취득세, 등기신청수수료, 국민주택채권 등은 원칙적으로 부동산별 또는 신청별로 계산하여야 한다.

(2) 법령상 일괄신청이 요구되는 경우
① 권리이전등기 등과 신탁등기(규칙 139①)
② 환지등기, 재개발・재건축 등기(농어촌정비법, 도시 및 주거환경정비법)

(3) 법령상 일괄신청이 요구되나 일괄신청을 하지 않은 경우
① 신청정보의 제공이 대법원규칙으로 정한 방식에 맞지 아니한 경우이므로 각하하여야 한다(법 29.5).
(예컨대, 신탁행위에 의하여 소유권을 이전하는 경우에는 신탁등기의 신청은 신탁을 원인으로 하는 소유권이전등기의 신청과 함께 1건의 신청정보로 일괄하여 하여야 한다. 등기원인이 신탁임에도 신탁등기만을 신청하거나 소유권이전등기만을 신청하는 경우에는 법 제29조 제5호에 의하여 신청을 각하한다.)
② 간과하여 마쳐진 등기는 직권말소할 수 없다(법 58). 따라서 이의신청의 방법으로 그 말소를 구할 수는 없다(법 100).

(4) 일부취하 및 일부각하
① 일괄신청한 사건에 대해서 일부 부동산에만 일부취하할 수 있다.
② 일괄신청한 사건에 대해서 일부 부동산에만 각하사유가 있는 경우 일부각하를 함이 타당하다.</td></tr>
</table>

05 절 전자신청

조문	법	규칙
	법 24 (등기신청의 방법)	규칙 67 (전자신청의 방법) 규칙 67조의2(전자신청이 가능한 등기유형의 기준) 규칙 67조의3(정보주체 본인에 관한 행정정보의 제공요구 절차 등) 규칙 67조의4(신청인이 다른 여러 건의 신청정보의 송신) 규칙 68 (사용자등록) 규칙 69 (사용자등록의 유효기간) 규칙 70 (사용자등록의 효력정지 등) 규칙 71 (사용자등록정보 변경 등)
기출	1. [11 법무] 전자신청을 할 수 있는 자에 대하여 설명하시오. 20점	

Ⅰ. 서설

1. 의의

(1) 의의[법 24①2, 규칙 67~71]

전자신청은 일정한 등기신청에 관하여 전산정보처리조직을 이용[이동통신단말장치에서 사용되는 애플리케이션(Application)을 통하여 이용하는 경우를 포함한다]하여 신청정보 및 첨부정보를 보내는 것(송신), 즉 신청서 및 첨부서면을 전자적으로 제출하는 것이다. [본조개정 2024.9.20, 시행일: 2025.1.31.]

(2) 취지 – ① 시간과 비용 절감
② 등기업무처리의 효율성, 편리성

2. 요건 [사용자등록]

(1) 사용자등록의 신청(규칙 68)

① 전자신청을 하기 위해서는 당사자 또는 자격자대리인 최초의 등기신청 전에 사용자등록을 하여야 한다.

② 반드시 본인이 출석하여야 하며, 자격자대리인인 경우에 출입사무원이 사용자등록을 대신할 수는 없다.

③ 전국 어느 등기소에서나 사용자등록신청을 할 수 있다.

(2) 유효기간(규칙 69)

(3) 효력정지 등(규칙 70)

(4) 사용자등록정보의 변경 등(규칙 71)

3. 범위

(1) 주체 [규칙 67]

- **당사자**
  - **개인**
    - 내국인 – ○
    - 재외국민 – ○
    - **외국인** – △ [외국인등록 or 국내거소신고]
  - **단체**
    - **법인** – ○ [전자증명서 이용등록을 한 경우에는 사용자 등록을 한 것으로 본다]
    - 비법인 – ×
- **제3자**
  - **일반인** – ×
  - 자격자 대리인 限 (외국인 → ㉦㉢)

(2) 객체 ① 법원행정처장이 지정·고시한 등기유형에 대해서만 할 수 있다.

		[법 24①2] [규칙 67-2]	② 전자신청이 가능한 등기유형은 제46조 및 그 밖의 법령에 따른 첨부정보를 다음 각 호에 규정된 전자문서로 등기소에 제공할 수 있는 경우로 한다. [본조신설 2024.11.29, 시행일: 2025.1.31.] 1. 컴퓨터 등 정보처리능력을 가진 장치에 의하여 전자적인 형태로 작성되어 송신·수신 또는 저장되는 정보 2. 전자적 형태로 작성되지 아니한 문서를 정보처리능력을 가진 장치가 처리할 수 있는 형태로 변환한 정보. 다만, 행정기관의 적법한 발급 여부를 확인할 필요가 있거나 진위 여부에 대하여 확인할 필요가 있는 문서의 경우에는 그러하지 아니하다.
		(3) 상대방 [법 24①2]	현재 거의 모든 등기유형과 전국의 모든 등기소에서 전자신청이 가능하게 되었다.
	4. 효과		
II. 개시			
III. 신청절차	**1. 신청인**		
	2. 신청정보 [규칙 43] [규칙 67②④]	① **신청정보**를 전자문서로 등기소에 송신하여야 한다[규칙 67②]. ② 사용자등록번호도 함께 송신하여야 한다[규칙 67②]. ③ 신청인 또는 문서작성자의 전자서명정보(인증서 등)를 함께 송신하여야 한다[규칙 67④]. ④ 사용자등록번호 및 제43조 제1항 제7호의 등기필정보를 제공하지 아니한 때에는 신청정보를 송신할 수 없다[규칙 67②]. [본조개정 2024.11.29, 시행일: 2025.1.31.] 개정 예규에 따르면, 등기필정보의 일련번호 및 비밀번호를 입력하지 아니하거나, 입력한 정보가 유효하지 않은 경우에는 신청정보를 송신할 수 없다(註 전자신청불가).	
	3. 첨부정보 [규칙 46] [규칙 67③④]	① **첨부정보**를 전자문서로 등기소에 송신하여야 한다[규칙 67③]. ② 신청인 또는 문서작성자의 전자서명정보(인증서 등)를 함께 송신하여야 한다[규칙 67④]. ③ **특례규정** ㉠ [생략] **등기소에서 직접 확인**할 수 있는 법인등기부정보 및 부동산등기부정보는 신청서에 표시만 하고 첨부를 생략한다. ㉡ [연계] **행정기관에서 관리**하는 거래계약신고필정보, 토지거래계약허가정보, 주민등록정보, 대장정보, 취득세납부확인정보는 전자신청시스템과 연동되어 있으므로 행정기관정보 연계 요청을 하여 제공할 수 있다. ㉢ [스캐닝] **자격자 대리인**은 일정한 서면을 스캐닝하여 제공할 수 있다. (다만, 인감증명서와 인감을 날인한 서면 등은 스캐닝하여 제공할 수 없다.) ④ 정보주체 본인에 관한 행정정보의 제공요구는 규칙 제67조의 3에 의한다. [본조신설 2024.11.29, 시행일: 2025.1.31.]	
IV. 실행절차	**1. 접수·배당**	① 전자신청의 접수는 전산정보처리조직에 의해 자동적으로 처리되므로 접수담당자는 별도의 접수절차를 하지 않는다. ② 전자신청의 접수번호는 전산정보처리조직에 의해서 자동적으로 생성된 접수번호를 부여한다.	

2. 조사	등기관은 조사한 후 접수번호의 순서대로 교합처리하여야 하며, 지연처리 사건이나 보정을 명한 사건 이외에는 24시간 이내에 등기필정보의 송신 및 등기완료사실의 통지를 하여야 한다.
3. 문제○ (법 29)	① 전자신청의 **취하나 보정의 이행**은 전산정보처리조직으로 하여야 한다. (사용자인증 필요) ② 전자신청의 **각하나 보정의 통지**는 서면신청과 동일한 방법으로 한다. 보정사항이 있는 경우 등기관은 보정사유를 등록한 후 전자우편, 문자서비스, 구두, 전화 기타 모사전송의 방법에 의하여 그 사유를 신청인에게 통지하여야 한다.
4. 문제×	
5. 완료 후	┌ **등기완료 통지** 법 30 (규칙 53) ├ **등기필정보 통지** 법 50 (규칙 106~110) ├ **소유변경 통지** 법 62 (규칙 120) └ **과세자료 제공** 법 63 (규칙 120) 전산정보처리조직에 의하여 등기필정보의 송신 및 등기완료사실의 통지를 하여야 한다.

chapter

03 신청절차

01 절 외국인 및 재외국민

<table>
<tr><th></th><th>법</th><th>규칙</th></tr>
<tr><td>조문</td><td></td><td></td></tr>
<tr><td>기출</td><td colspan="2">1. [15 행시] 인감증명을 제출하여야 하는 자가 재외국민 또는 외국인인 경우에 대해 설명하시오. 20점
2. [19 법무] 재외국민 및 외국인이 국내에 입국하지 않고 처분하는 경우의 첨부서면에 대하여 설명하시오.
3. [22 행시] 매매를 원인으로 하는 소유권이전등기신청과 관련하여, 등기신청인이 외국인과 재외국민일 경우 첨부정보로 제공하는 인감증명과 주소증명정보에 대해 각 설명하시오. 30점
4. [24 법무] 미국에 거주하는 乙과 한국에 거주하는 丙은 상속 부동산 전부에 대하여 丙이 단독으로 상속하기로 약속하였다. 乙은 丙 앞으로 상속등기를 마치기 위하여 필요한 서류를 한국으로 송부할 예정이다. 상속등기신청 시 등기소에 제공하여야 하는 첨부정보에 관하여 乙이 미국 시민권자인 경우와 한국인인 경우를 구분하여 설명하시오. 20점</td></tr>
<tr><th></th><th>외국인</th><th>재외국민</th></tr>
<tr><td>Ⅰ. 서설</td><td>1. 의의(헌법 6)
① 외국인이란 대한민국의 국적을 보유하지 않은 자를 말한다. 이 경우 가족관계등록부의 폐쇄여부는 불문한다. 따라서 대한민국 국적을 상실하였으나 아직 가족관계등록부가 폐쇄되지 않은 자도 외국인으로 본다.
② 외국국적 동포는 외국인으로 처우한다.
③ 무국적자도 외국인으로 본다(귀화허가로 대한민국 국적을 취득한 자가 귀화허가 취소로 무국적자가 된 경우).
④ 외국인의 성명을 표시할 때에는 국적도 함께 기재한다(예 미합중국인 메이플강).
⑤ 외국인등록 또는 국내거소신고를 한 경우에는 국내법의 일반적인 법리가 적용된다. (예컨대, 전자신청도 할 수 있으며, 「인감증명법」상의 인감증명도 발급이 가능하고, 외국인등록 또는 국내거소신고를</td><td>1. 의의(헌법 6)
① 재외국민이란 대한민국의 국적을 가진 국민으로서 외국의 영주권을 취득한 자 또는 영주할 목적으로 외국에 거주하는 자를 말한다. 일시적인 해외여행자는 재외국민에 포함되지 않는다.
② 左同
③ 재외국민은 대한민국의 국민으로서 국내법의 일반적인 법리가 적용된다. (예컨대, 전자신청을 할 수 있으며, 인감증명을 제공할 때에는 「인감증명법」상의 인감증명을 제공하여야 하며, 번호증명하기 위해서 원칙적으로 주민등록번호를 사용하여야 한다.)</td></tr>
</table>

<table>
<tr><td colspan="3"></td><td>한 경우 이에 따라 주소 또는 번호를 증명 할 수 있다.)
2. 등기신청방법
(1) 부동산의 처분
재외국민 또는 외국인은 ㉠ 처분행위 및 등기신청행위를 본인이 직접 할 수도 있고, ㉡ 처분행위는 본인이 하고 등기신청행위만을 자격자대리인에게 위임할 수도 있으며, ㉢ 처분권한을 제3자에게 수여할 수도 있다.
(2) 협의분할 상속등기
재외국민 또는 외국인은 ㉠ 상속재산분할협의 및 등기신청행위를 본인이 직접 할 수도 있고, ㉡ 상속재산분할협의는 본인이 하고 등기신청행위만을 자격자대리인에게 위임할 수도 있으며, ㉢ 상속재산분할협의권한을 제3자에게 수여할 수도 있다.
분할협의의 위임은 본인이 미성년자가 아닌 한 공동상속인 중 한사람에게 할 수도 있다(선례 4-26).</td><td>**2. 등기신청방법**
(1) 부동산의 처분(左同)

(2) 협의분할 상속등기(左同)</td></tr>
<tr><td colspan="3">Ⅱ. 개시</td><td>**외국인**이 **전자신청**을 하기 위해서는 다음 각 호의 어느 하나에 해당하는 요건을 갖추어야 한다(규칙 67①). 이는 자격자대리인이 외국인인 경우에도 마찬가지이다.
1. 「출입국관리법」에 따른 외국인등록
2. 「재외동포의 출입국과 법적 지위에 관한 법률」에 따른 국내거소신고</td><td>재외국민도 전자신청을 할 수 있다.</td></tr>
<tr><td rowspan="3">Ⅲ. 신청 절차</td><td colspan="2">신청인</td><td></td><td></td></tr>
<tr><td colspan="2">신청 정보</td><td>① **규칙 제43조**의 일반적인 사항을 신청정보의 내용으로 제공한다.
② 외국인의 경우 국적도 함께 신청정보의 내용으로 제공한다.</td><td>**규칙 제43조**의 일반적인 사항을 신청정보의 내용으로 제공한다.</td></tr>
<tr><td>첨부정보</td><td>등기원인</td><td>**1. 등기원인증명**(규칙 46①1)
(1) 처분위임장과 등기원인증서(매매계약서 등)
1) 처분위임장
① 외국인이 국내에 입국하지 않거나, 국내에 입국을 하였더라도 처분위임을 한 경우에는 처분위임장을 첨부정보로 제공하여야 한다.</td><td>**1. 등기원인증명**(규칙 46①1)
(1) 처분위임장과 등기원인증서(매매계약서 등)
1) 처분위임장
① 재외국민이---.</td></tr>
</table>

외국인	재외국민
② 처분위임장은 ⓐ 처분대상 부동산, ⓑ 처분목적의 권리, ⓒ 대리인의 인적사항을 특정하여 작성하여야 한다.	② 左同
③ 진정성 담보 [규칙 60①1~3]의 등기에 해당하는 처분권한을 위임한 경우에는 처분위임장에 등기명의인(외국인)의 인감을 날인하고 인감증명을 제공하여야 한다. 다만, 외국인의 경우 인감증명에 대신하여 1) 본국 관공서의 증명 2) 본국 공증인의 인증 3) 대한민국 공증인의 인증으로 갈음할 수 있다[규칙 61④]. **(대한민국 재외공관의 인증○)**	③ 진정성 담보 --------------------- --------------------- ------등기명의인(재외국민) --------------------- ------------. 다만, 재외국민의 경우 인감증명에 대신하여 대한민국 재외공관의 인증으로 갈음할 수 있다[규칙 61③].
2) 등기원인증서(매매계약서 등) ① 등기원인증명정보를 첨부정보로 제공하여야 하며, 본인의 대리인임을 현명하고 대리인의 자격으로 작성한다. ② 규칙 제60조에 해당하지 않는 원인증서에는 인감을 날인할 필요가 없다[선례 201907-2, 규칙 60 적용×].	**2) 등기원인증서(매매계약서 등) (左同)**
3) 등기신청서 또는 등기신청위임장 ① [규칙 60①1~3]의 등기에 해당하는 등기신청서 또는 등기신청위임장에 대리인의 인감을 날인하고 인감증명을 제공한다[규칙 60②]. ② 대리인의 부동산을 처분하는 것이 아니므로, 등기원인이 매매라 하더라도 대리인의 인감증명은 매도용인감일 필요가 없다.	**3) 등기신청서 또는 등기신청위임장 (左同)**
(2) 상속재산분할협의위임장과 상속재산분할협의서 **1) 상속재산분할협의위임장** ① 부동산의 상속재산분할협의권한을 대리인에게 수여한 경우에는	**(2) 상속재산분할협의위임장과 상속재산분할협의서** **1) 상속재산분할협의위임장** ① 左同

상속재산분할협의위임장을 첨부정보로 제공하여야 하며, ⓐ 분할대상 부동산과 ⓑ 대리인의 인적사항을 특정하여 작성하여야 한다.	
② 진정성 담보 상속재산분할협의위임장에 상속인(외국인)의 인감을 날인하고 인감증명을 제공하여야 한다. 다만, 외국인의 경우 인감증명에 대신하여 1) 본국 관공서의 증명 2) 본국 공증인의 인증 3) 대한민국 공증인의 인증으로 갈음할 수 있다(규칙 61④). **(대한민국 재외공관의 인증○)**	② 진정성 담보 ----------상속인(재외국민) --------------------- ------------------. 다만, 재외국민의 경우 인감증명에 대신하여 대한민국 재외공관의 인증으로 갈음할 수 있다(규칙 61③).
2) 상속재산분할협의서 ① 상속재산분할협의서를 첨부정보로 제공하여야 하며, 본인의 대리인임을 현명하고 대리인의 자격으로 작성한다. ② 상속재산분할협의서에는 대리인의 인감을 날인하고 인감증명을 제공한다(규칙 60①6). 다만, 공증으로 갈음할 수 있다(규칙 60④).	**2) 상속재산분할협의서 (左同)**
3) 등기신청서 또는 등기신청위임장 등기신청서 또는 등기신청위임장에는 인감을 날인할 필요가 없다.	**3) 등기신청서 또는 등기신청위임장 (左同)**

1. 내국인(대한민국 국민으로서 재외국민이 아닌 자를 말한다. 이하 같다)이 부동산의 처분을 위임하여 **「부동산등기규칙」 제60조 제1항 제1호에 해당하는 등기를 신청**하는 경우 그 **처분위임장**에는 위임인인 내국인이 「인감증명법」에 따라 신고한 인감을 날인하고 그 인감증명을 첨부해야 하며, 위 처분위임장이 공정증서이거나 당사자가 서명 또는 날인하였다는 뜻의 공증인의 인증을 받은 서면인 경우에도 같다.
2. 위와 달리 상속인인 내국인이 **상속재산분할협의에 관한 권한을 대리인에게 수여**하는 경우에는 분할의 대상이 되는 부동산과 대리인의 인적사항을 구체적으로 특정하여 작성한 **상속재산분할협의 위임장**을 등기소에 첨부정보로서 제공하여야 하며, 이러한 상속재산분할협의 위임장이 공정증서이거나 당사자가 서명 또는 날인하였다는 뜻의 공증인 인증을 받은 서면인 경우에는 「인감증명법」에 따라 신고한 인감을 날인하거나 그 인감증명을 첨부할 필요가 없다.

	외국인	재외국민
	2. 등기원인 – (허)(동)(승) 등(규칙 46①2, 규칙 46③) **[외국인 토지취득 허가증] – ○** ① 외국인이 ┌ 군사기지 및 군사시설 보호법 ├ 문화유산보존법 ├ 자연유산보존법 ├ 자연환경보전법 └ 야생생물 보호 및 관리에 관한 법률 지정하는 지역의 토지를 취득할 때에는 계약을 체결하기 전에 허가를 받고 토지취득허가증을 제공하여야 한다. ② **위 토지에 해당하지 않는 경우**에는 그 사실을 증명하기 위해 토지이용계획확인원을 제공하여야 한다. ③ **토지거래계약 허가증**을 첨부한 경우에는 외국인 토지취득 허가증을 제공할 필요가 없다.	**2. 등기원인 – (허)(동)(승) 등**(규칙 46①2, 규칙 46③) **[외국인 토지취득 허가증] – ×**
의무자	**1. 등기필정보**(법 50②, 규칙 43①7) ① 원칙적으로 등기의무자의 등기필정보를 제공하여야 하나, **등기필정보를 제공할 수 없을 때**에는 확인조서, 확인서면, 공증의 절차를 거쳐 등기의무자 본인임을 확인받아야 한다(법 51). ② **법 제51조 단서의 공증**은 **외국인**의 경우 1) 본국 관공서의 증명 2) 본국 공증인의 공증 3) 대한민국 공증인의 공증을 말한다. ③ **처분위임장**의 경우에는 그 서면에 "등기필정보가 없다"는 뜻을 기재하여 공증을 받는다. **2. 인감증명** (규칙 60, 규칙 61④) **(1) (외)(국)한 경우** : **「인감증명법」에 따른 인감증명** **(2) (외)(국)하지 않는 경우** ⓐ **본국에 인감증명제도가 있는 경우** (규칙 61④本) : **본국 관공서에서 발행한 인감증명** (외국인본국 관공서 발행의 인감증명은 인감증명법이 적용되지 않으므로, 매매 – 매도용 : ×)	**1. 등기필정보**(법 50②, 규칙 43①7) ① 左同 ② **법 제51조 단서의 공증**은 **재외국민**의 경우 대한민국 공증인의 공증을 말한다. ③ 左同 **2. 인감증명** (규칙 60, 규칙 61③) ① **「인감증명법」에 따른 인감증명** ② **체류국을 관할하는 대한민국 재외공관의 공증**(규칙 61③) 1) 여기에서 **"체류국"**이란 **계속적으로 거주하는 국가**뿐만 아니라 출장 등으로 **일시 체류하는 국가**도 포함되므로, 공동상속인 중 1인이 영주자격을 얻어 일본에 거주하고 있는데 출장으로 미국에 일시 체류 중에 있다면 이 상속인은 **상속재산분할협의서**에 그가 일시

<table>
<tr>
<td></td>
<td>ⓑ 본국에 인감증명제도가 없는 경우 [규칙 61④但]
: 해당 서면이 본인의 의사에 따라 작성되었음을 확인하는 뜻의
1) 본국 관공서의 증명
2) 본국 공증인의 인증
3) 대한민국 공증인의 인증으로 갈음할 수 있다.
(대한민국 재외공관의 인증○)
3. 부동산양도신고확인서
① 재외국민 또는 외국인이 등기의무자로서 부동산에 관한 유상계약(부담부증여 포함)을 원인으로 소유권이전등기를 신청할 때에는 「소득세법」 제108조에 따라 세무서장으로부터 발급받은 '부동산양도신고확인서'를 첨부정보로서 제공하여야 한다.
② 다만, 재외국민이 「인감증명법 시행령」 제13조 제3항 단서에 따라 발급받은 부동산매도용 인감증명서를 첨부정보로서 제공한 경우에는 그러하지 아니하다.</td>
<td>체류하고 있는 미국에 설치된 대한민국 재외공관에서 공증을 받을 수도 있다[선례 201907-12].
2) 그러나 거주국 공증인의 인증을 받음으로써 인감증명의 제출을 갈음할 수는 없다[선례 202004-1].
3) 재외공관 공증의 촉탁은 본인이 직접 재외공관에 출석하지 않고 대리인을 통하여 할 수 있으므로(「재외공관 공증법」 제17조), 재외공관을 방문하는 것이 불가능하거나 현저히 곤란한 재외국민 등은 (註 인감증명 갈음하여 받는 인증에 대하여) 대리인을 통하여 공증사무를 처리할 수 있다[선례 202004-1].
③ [규칙 60①1~3]의 등기신청 시 재외국민등록부등본
3. 부동산양도신고확인서 (左同)</td>
</tr>
<tr>
<td>권리자</td>
<td>1. 세금영수증[법 29.10]
2. 주소증명[규칙 46①6]
(1) 외국한 경우
: 외국인등록 사실증명, 국내거소신고 사실증명
(2) 외국하지 않는 경우
ⓐ 본국에 주소증명제도가 있는 경우
: 본국 관공서에서 발행한 주소증명정보
ⓑ 본국에 주소증명제도가 없는 경우
: 1) 본국 공증인이 주소를 공증한 서면(원칙적 대한민국 공증인×)
2) 주소가 기재되어 있는 신분증의 주소확인
① 등기관의 확인[규칙 59]
② 본국 관공서의 증명
③ 본국 공증인의 공증
④ 대한민국 공증인의 공증
3) 기타 신뢰할 만한 자료
(예 주한미군에서 발행한 거주사실증명서)</td>
<td>1. 세금영수증[법 29.10]
2. 주소증명[규칙 46①6]
① 주민등록표등본·초본
② 재외국민등록부등본
③ 체류국에서 체류국 법령에 따라 외국인등록 등을 한 경우
: 체류국 관공서에서 발행한 주소증명정보 (예 일본국의 주민표)
④ 위 1항, 2항, 3항에 의하여 불가능한 경우
: 체류국 공증인이 주소를 공증한 서면
+ 체류할 자격증명정보</td>
</tr>
</table>

(3) 제3국에 체류하는 경우

ⓐ 체류국에 주소증명제도가 있는 경우
: 체류국 관공서에서 발행한 주소증명정보
(예 스페인에 체류하는 독일인이 스페인 법령에 따라 주민등록을 하였다면 스페인 정부가 발행하는 주민등록정보)

ⓑ 체류국에 주소증명제도가 없는 경우
: 체류국 공증인이 주소를 공증한 서면 + 체류자격을 증명하는 정보
(예 영주권확인증명, 장기체류 비자증명)

3. 번호증명(규칙 46①6, 법 49) ㉦㉧㉭㉥	3. 번호증명(규칙 46①6, 법 49) ㉦㉧㉭㉥
(1) ㉦㉧한 경우 : 외국인등록번호증명정보 국내거소신고번호증명정보 (2) ㉦㉧하지 않는 경우 : 부동산등기용등록번호증명서면	(1) 주민등록번호를 부여받은 적이 있는 경우 : 주민등록번호증명정보(주민등록이 말소된 경우에도 동일) ↳ 예 국외이주 (시·군·구청장이 부여) (2) 주민등록번호를 부여받은 적이 없는 경우 : 부동산등기용등록번호증명정보 (서울중앙지방법원 등기국 등기관이 부여)

기타

1. 번역문(규칙 46⑧)

① 첨부서면이 외국어로 작성된 경우에는 번역문을 제공한다.

② 번역인의 자격에는 제한이 없으나, 번역의 정확성을 보장하기 위하여 번역인이 원문과 다름이 없다는 뜻과 번역인의 성명 및 주소를 기재하고 날인 또는 서명하여야 한다. 그러나 등기신청인의 날인 또는 서명할 필요는 없다(선례 5-44).

③ 번역인의 신분증 사본을 제공하여야 한다. 다만, 번역문을 인증받아 제출하는 경우에는 신분증 사본을 제출할 필요 없다.

④ 이러한 번역문은 사서증서여도 무방하므로, 반드시 공증인으로부터 인증을 받을 필요는 없다.

2. 아포스티유 등(규칙 46⑨)

① 첨부정보가 외국 공문서이거나 외국 공증인이 공증한 문서인 경우 다음 각 호의 구분에 따른 확인을 받아 등기소에 제공하여야 한다.

1) 아포스티유 협약에 가입된 경우에는 아포스티유의 확인을 받아야 한다.
(협약 가입국 : 미국, 중국, 일본, 호주, 러시아, 홍콩, 캐나다, 싱가포르 등)

2) 아포스티유 협약에 가입되지 않는 경우에는 해당 국가에 주재하는 대한민국 공증담당영사의 확인을 받아야 한다.

관련 사례

1. 협약을 체결한 미국에서 발행한 공문서를 첨부하여 등기를 신청하는 경우에는 아포스티유 확인의 대상이 되고, 미국에 주재하는 대한민국 공증담당영사로부터 문서의 확인을 받을 것은 아니다.

2. 일본인 甲이 상속재산분할협의의 권한을 乙에게 수여하고 상속재산분할협의 위임장에 인감을 날인하고 **일본의 인감증명**을 첨부하였다면 이 인감증명은 **아포스티유 확인의 대상이 된다**.
3. 미국인 甲이 상속재산분할협의의 권한을 乙에게 수여하고 상속재산분할협의 위임장에 **미국 공증사무실**에서 본인이 작성하였다는 뜻의 인증을 받은 경우 이는 **아포스티유 확인의 대상이 된다**.
4. 미국인 甲이 상속재산분할협의의 권한을 乙에게 수여하고 상속재산분할협의 위임장에 **미국에 주재하는 한국 공관**에서 본인이 작성하였다는 뜻의 인증을 받은 경우 이는 **아포스티유 확인의 대상이 아니다**.

② 다만, 외국 공문서 등의 발행국이 대한민국과 수교하지 아니한 국가이면서 위 협약의 가입국이 아닌 경우와 같이 부득이한 사유로 문서의 확인을 받거나 아포스티유를 붙이는 것이 곤란한 경우에는 그러하지 아니하다.

③ 등기관은 협약가입국 현황(www.0404.go.kr)을 참조하여 제1항에 따른 확인이 없는 경우에는 보정을 명하여야 한다. 다만, 다음 각 호의 어느 하나에 해당하는 경우에는 보정하지 아니하고 수리한다.

1) 첨부정보가 외국의 외교・영사기관이 작성 또는 공증한 문서인 경우
(예: 주한 미국대사관에서 공증받은 문서)
2) 대한민국과 수교를 맺지 않고 또한 위 협약에도 가입하지 않은 국가(예: 시리아)에서 발행된 공문서인 경우
3) 신분증 원본

관련 선례

상속인인 외국인이 상속재산분할협의 권한을 대리인에게 수여하고 상속재산분할협의 위임장에 대한민국 재외공관의 인증을 받은 경우 위 위임장에 추가로 아포스티유 확인을 받아야 하는지 여부(선례 제202303-02호)

1. **상속인**인 **외국인**이 상속재산분할협의에 관한 권한을 대리인에게 수여한 경우 **상속재산분할협의 위임장**을 등기소에 첨부정보로 제공하여야 하고, 위 위임장에는 **상속인 본인**의 **인감**을 날인하고 그 **인감증명**을 제출하여야 하며(등기예규 제1686호 제6조 제1항, 제3항 본문),
외국인등록이나 국내거소신고를 하지 않아 「인감증명법」에 따른 인감증명을 발급받을 수 없고 또한 본국에 인감증명제도가 없는 외국인은
① 인감을 날인해야 하는 서면이 본인의 의사에 따라 작성되었음을 확인하는 뜻의 **본국 관공서의 증명**이나
② 같은 뜻의 **본국 공증인의 인증** 또는
③ 같은 뜻의 **대한민국 공증인의 인증**으로 인감증명의 제출을 갈음할 수 있다. **대한민국 재외공관의 인증**은 위 ③의 대한민국 공증인의 인증에 해당한다
(같은 예규 제6조 제3항 단서, 제12조 제2항 본문).
2. 한편, **아포스티유(Apostille) 확인**은 「외국공문서에 대한 인증의 요구를 폐지하는 협약」에 따라 첨부정보가 **외국에서 발행된 공문서(외국 공증인이 공증한 문서**를

		포함)인 경우에「재외공관 공증법」제30조 제1항 본문에 따라 해당 국가에 주재하는 **대한민국 공증담당영사의 확인을 갈음하는 것**이므로(같은 예규 제3조 제1항), **본국 관공서의 증명**(위 ①)이나 **본국 공증인의 인증**(위 ②)으로 인감증명을 갈음한 경우 그 증명이나 인증은 **아포스티유 확인 대상**이라 할 것이나, **대한민국 재외공관의 인증과 같이 대한민국 공증인의 인증**(위 ③)으로 인감증명을 갈음하는 경우 그 인증은 외국에서 발행된 공문서가 아니므로 **아포스티유 확인의 대상이 아니다**. 3. 따라서 **미국 시민권자**가 **상속재산분할협의 위임장**을 작성하고 그 위임장이 본인의 의사에 따라 작성되었음을 확인하는 뜻의 **미국 주로스앤젤레스 대한민국 총영사관의 인증**을 받은 경우 등기관은 그 인증에 **아포스티유 확인이 없음**을 이유로 등기신청을 **각하할 수는 없다**.	
실행 절차	**기록**	① **법 제48조**의 일반적인 사항을 등기부에 기록한다. ② 외국인의 경우 국적도 함께 병기한다.	**법 제48조**의 일반적인 사항을 등기부에 기록한다.
	통지	통상적인 경우와 같다.	
Ⅳ. 기타		**[내국인의 국적이 외국인으로 변경된 경우 등기명의인표시변경등기 등]** **1. 서설** 내국인의 지위에서 부동산을 취득한 자가 외국인이 된 후 그 부동산을 처분하는 경우 등기의무자로 등기를 신청할 때에 국적 변경으로 인한 등기명의인표시변경등기 등을 선행하여야 하는지가 문제된다. 이에 대한 예규를 검토한다. **2. 국적이 변경된 경우** 등기명의인의 국적이 변경되어 국적을 변경하는 내용의 등기명의인표시변경등기를 신청하는 경우에는 국적변경을 증명하는 정보(예 시민권증서, 귀화증서, 국적취득사실증명서, 폐쇄된 기본증명서 등)를 첨부정보로서 제공하고, 신청정보의 내용 중 등기원인은 "**국적변경**"으로, 그 연월일은 "**새로운 국적을 취득한 날**"로 제공하여야 한다. **3. 국적과 성명이 변경된 경우** 국적변경과 동시에 성명이 변경되어 국적변경을 증명하는 정보에 변경된 성명이 기재되어 있는 경우에는 '2.'의 등기신청과 함께 성명을 변경하는 내용의 등기명의인표시변경등기를 1건의 신청정보로 일괄하여 신청할 수 있다. 이와 달리 국적을 변경한 이후에 별도의 개명절차를 통하여 성명이 변경된 경우에는 개명을 원인으로 하는 등기명의인표시변경등기를 '2.'의 등기신청과 별개의 신청정보로 신청하여야 하며, 개명을 증명하는 정보(예 기본증명서, 법원의 개명허가기록)를 첨부정보로서 제공하여야 한다. **4. 등록번호를 부여받은 적이 없는 경우** 내국인으로서 등기명의인이 되었던 자가 외국국적을 취득한 후 등기의무자로서 등기를 신청하는 경우에 국내거소신고나 외국인등록을 하지 않아 국내거소신고번호나 외국인등록번호를 부여받은 바가 없다면 등록번호를 변경하는 등기명의인표시변경등기를 선행하여 신청할 필요가 없다.	

02 절 법인

	법	규칙
조문	민법 33 (법인설립의 등기)	
기출		

구분	항목	세부	내용
Ⅰ. 서설	1. 의의		법인은 대표자 등의 업무집행기관과 정관이나 규칙이 존재하여 사단의 실체를 갖추고 법정 요건에 따라 법인등기를 한 단체이다(민법 33).
	2. 허용여부		① 법인은 정관으로 정한 목적의 범위 내에서 권리·의무의 주체가 되므로, 등기당사자능력을 인정한다(민법 34). ② 다만, 그 등기신청행위는 대표자가 한다.
Ⅱ. 개시 (법 22)	1. 모습		(1) **공동신청**(법 23①) (2) **단독신청**(법 23④ 등)
	2. 전자 (법 24①2) (규칙 67)		① 법인도 전자신청을 할 수 있다(규칙 67). ② 법인이 전자증명서의 이용등록을 한 경우에는 사용자등록을 한 것으로 본다(규칙 68⑤). ③ 따라서 별도의 사용자등록절차를 거칠 필요가 없다.
Ⅲ. 신청절차	1. 신청인 (법 23)		① 법인의 명의로 대표이사가 신청한다. ② 각자대표의 경우는 대표이사 갑이 작성한 근저당권설정계약서로 대표이사 을이 근저당권설정등기신청을 할 수 있다. ③ 공동대표의 경우는 등기신청행위도 공동으로 하여야 한다. ④ 등기된 지배인도 등기신청을 할 수 있다.
	2. 신청정보 (규칙 43)	일반적 (규칙 43)	┌ 신청서 표제 ├ 부동산 표시 ├ 등기원인(연월일) ├ 등기목적 └ 신청인 ┌ ① **단체** : 명칭·사무소·번호(규칙 43①2) → 부동산의 등기기록○ └ ② **대표자** : 성명·주소 (규칙 43①3) → 부동산의 등기기록× → 상업 등기기록○
	3. 첨부정보 (규칙 46)	일반적 (규칙 46)	┌ 등기원인 관련 (1) **등기원인증명**(규칙 46①1) (2) **등기원인 – ㉾㉿㊎ 등**(규칙 46①2, 규칙 46③) ├ 의무자 관련 (1) **등기필정보**(법 50②, 규칙 43①7) – [멸실] ① 대표이사 확인 ② 공동대표이사 모두 확인 ③ 지배인 확인 (2) **인감증명**(규칙 60, 규칙 61①) – 대표자의 법인 인감증명을 제공한다.

		├ 권리자 관련	(1) 세금영수증(법 29.10) (2) 주소증명(규칙 46①6) – 법인등기사항증명서 (3) 번호증명(규칙 46①6, 법 49) – 법인등기사항증명서
		├ 부동산 관련	(1) 대장, 그 밖의 정보(규칙 46①7) (2) 지적도 · 도면
		└ 신청인자격 관련	(1) 대표자 자격증명(규칙 46①4) – 법인등기사항증명서
Ⅳ. 실행 절차	1. 접수 · 배당		
	2. 조사		
	3. 문제○		
	4. 문제× (법 48)	일반적 (법 48)	┌ 표제부 ├ 갑구 ├ 을구 └ 등기형식 — ① 단체 : 명칭 · 사무소 · 번호 → 부동산의 등기기록○ ② 대표자 : 성명 · 주소 → 부동산의 등기기록× → 상업 등기기록○
	5. 완료 후	┌ 등기완료 통지 법 30 (규칙 53) ├ 등기필정보 통지 법 50 (규칙 06~110) ├ 소유변경 통지 법 62 (규칙 120) └ 과세자료 제공 법 63 (규칙 120)	① 법정대리인이 등기를 신청한 경우에는 그 법정대리인에게, ② 법인의 대표자나 지배인이 신청한 경우에는 그 대표자나 지배인에게, ③ 법인 아닌 사단이나 재단의 대표자나 관리인이 신청한 경우에는 그 대표자나 관리인에게 등기필정보를 통지한다(규칙 108②).
Ⅴ. 처분 이의	법 100 등		

03 절 청산법인

	법	규칙
조문		
기출		

Ⅰ. 청산법인

1. 청산법인의 의의

① 청산법인이란 존립기간의 만료나 기타 사유로 법인이 해산된 후 청산절차가 진행 중인 법인을 말하며, 청산종결등기가 된 경우라 하더라도 청산사무가 아직 종결되지 아니한 경우에는 청산법인에 해당한다.

② 이러한 청산법인도 등기당사자능력이 있으며 청산법인의 등기는 청산인(대표자)이 신청한다.

③ 회사가 해산한 때에는 합병・분할・분할합병 또는 파산의 경우 외에는 이사가 청산인이 된다. 다만, 정관에 다른 정함이 있거나 주주총회에서 타인을 선임한 때에는 그러하지 아니하다. 이에 따른 청산인이 없는 때에는 법원은 이해관계인의 청구에 의하여 청산인을 선임한다[상법 531].

2. 첨부서면

(1) 폐쇄되지 않은 경우

① 청산인 등기가 마쳐진 법인등기사항증명서

② 청산인의 법인인감

(2) 폐쇄된 경우

1) 의무자

가. 청산인 선임등기가 된 경우 (∵ 대표자 알 수 ○)

① 부활

② 청산인 등기가 마쳐진 (**폐쇄된**) 법인등기사항증명서

③ 청산인의 **개인**인감

나. 청산인 선임등기가 되지 않은 경우 (∵ 대표자 알 수 ×)

① 부활

② 청산인 등기가 마쳐진 법인등기사항증명서

③ 청산인의 법인인감

2) 권리자

① 부활

② 청산인 등기가 마쳐지고 청산인의 주민등록번호가 공시된 법인등기사항증명서

③ ~~인감증명~~

04 절 비법인

	법	규칙
조문	민법 40 (사단법인의 정관) 민법 275 (물건의 총유) 민법 276 (총유물의 관리, 처분과 사용, 수익) 법 26 (법인 아닌 사단 등의 등기신청) 법 48 (등기사항)	규칙 43 (신청정보의 내용) 규칙 48 (법인 아닌 사단이나 재단의 등기신청) 규칙 67 (전자신청의 방법)
기출	1. [11 법무] 법인 아닌 사단의 등기신청에 관하여 설명하시오. 50점 2. [18 행시] 종중 종합문제 ① 종중의 당사자능력 및 등기신청에 관하여 설명하시오. 10점 ② 이 경우 제공할 첨부정보를 구체적으로 적시하고, 그 근거를 설명하시오. 25점 ③ 토지거래 대상토지인 ㉠ 임야, ㉡ 전 토지에 대하여 종중명의로 소유권이전등기가 가능하다면 방법을, 가능하지 않다면 그 이유를 각 설명하시오. 15점 3. [19 법무] 소유명의인 갑(甲)이 교회인 경우 갑(甲)과 을(乙)이 등기소에 방문하여 가등기에 기한 본등기 신청 시 제공하여야 할 첨부정보에 관하여 설명하시오. 15점	

Ⅰ. 서설

1. 의의

(1) 의의[법 26, 규칙 48]

법인 아닌 사단은 대표자 등의 업무집행기관과 정관이나 규칙이 존재하여 사단의 실체를 갖추고 있으나 법인등기를 하지 않은 단체이다.

(2) 허용여부

① 부동산등기법은 법인 아닌 사단의 등기당사자능력을 인정한다[법 26①].
② 다만, 그 등기신청행위는 대표자가 한다[법 26②].

(3) 구별개념

	법인	비법인
1. 설립등기	○	×
2. 상업등기부 대표자 기록	○	×
3. 부동산등기부 대표자 기록	×	○

2. 요건 (判例)

판례에 의하면,
① 정관 기타 규약에 근거하여 의사결정기관과 집행기관 등의 조직을 갖추고 있고,
② 기관의 의결이나 업무집행방법이 다수결의 원칙에 의하여 행하여지며,
③ 구성원의 가입·탈퇴 등으로 인한 변경에 관계없이 단체 그 자체가 존속된다면 법인 아닌 사단이라고 볼 수 있다.

3. 범위

① 종중·교회·사찰
② 아파트입주자대표회의[선례 4-24]
③ 주무관청으로부터 조합인가가 취소된 주택조합[선례 3-39]

4. 효과

① 임시이사 규정은 유추적용된다[민법 61].
② 따라서 이사가 없거나 결원으로 인해 손해가 생길 우려가 있을 때에는 법원은 이해관계인이나 검사의 청구에 의하여 임시이사를 선임하여야 한다.

<table>
<tr><td rowspan="2">II.
개시
[법 22]</td><td>1. 모습</td><td colspan="2">(1) 공동신청[법 23①]
(2) 단독신청[법 23④ 등]</td></tr>
<tr><td>2. 전자
[법 24①2]
[규칙 67]</td><td colspan="2">① 법인 아닌 사단은 전자신청을 직접 할 수 없다[규칙 67].
② 다만, 자격자대리인에게 위임하는 방법으로는 할 수 있다.</td></tr>
<tr><td rowspan="3">III.
신청
절차</td><td>1. 신청인
[법 23]</td><td colspan="2">① 대표자나 관리인이 그 사단이나 재단의 명의로 신청한다[법 26②].
② 전통사찰의 소유에 속하는 부동산에 관하여는 주지가 그 사찰을 대표하여 등기를 신청한다. 주지란 전통사찰의 대표자로서 사찰의 운영 및 재산을 관리하고 전통사찰의 보존·발전·계승을 관장하는 승려를 말한다.</td></tr>
<tr><td>2. 신청
정보
[규칙 43]</td><td>일반적
[규칙 43]</td><td>┌ 신청서 표제
├ 부동산 표시
├ 등기원인(연월일)
├ 등기목적
└ 신청인
① 단체 : 명칭·사무소·번호[규칙 43①2] → 부동산의 등기기록○
② 대표자 : 성명·주소·번호[규칙 43②] → 부동산의 등기기록○</td></tr>
<tr><td>3. 첨부
정보
[규칙 46]</td><td>일반적
[규칙 46]</td><td>┌ 등기원인 관련
(1) 등기원인증명[규칙 46①1]
(2) 등기원인 – ㊅㊍㊎ 등[규칙 46①2, 규칙 46③]
<table>
<tr><td>┌ (1) 검인(계약서·판결서)</td><td>○</td><td>[계약 → 유상·무상]</td></tr>
<tr><td>├ (2) ㊇거래계약신고필증</td><td>○</td><td>[계약 → 매매계약서]</td></tr>
<tr><td>├ (3) 토지거래계약허가</td><td>○</td><td>[계약 → 유상]</td></tr>
<tr><td>└ (4) 농지취득자격증명</td><td>△</td><td>[他人 → 本人]</td></tr>
</table>
① 종중은 원칙적으로 농지를 취득할 수 없다. 종중은 농업인도 아니고 농업법인도 아니기 때문이다. 이는 종중이 판결을 받은 경우에도 마찬가지이다.
따라서 농지에 대하여 종중이 소유명의인인 종원 갑을 상대로 명의신탁해지를 원인으로 한 소유권이전등기절차를 이행하라는 소를 제기하여 승소판결을 받았다고 하더라도 이를 첨부정보로 제공하여 종중 명의로의 소유권이전등기를 신청할 수는 없다[선례 201810-7].
② 도시지역(녹지지역 안의 농지에 대하여는 도시·군계획시설사업에 필요한 농지에 한함)의 농지는 농지취득자격증명의 첨부가 면제되므로, 종중 명의로 소유권이전등기가 가능하며, 소유권이전등기신청서에 농지취득자격증명도 첨부할 필요가 없다[선례 201202-6].
③ 대장상 지목이 농지인 토지라 하더라도 그 현상이 농지법상 농작물 경작지 또는 다년생식물 재배지로 이용되고 있지 않음이 관할관청이 발급하는 서면('신청대상 토지가 「농지법」에 의한 농지에 해당되지 아니함'이라는 사유가 기재된 농지취득자격증명신청 미발급사유 통보서)에 의하여 증명되는 경우에는 종중도 농지를 취득할 수 있으</td></tr>
</table>

므로, 이를 첨부정보로 제공하여 해당 토지에 대한 종중 명의로의 소유권이전등기를 신청할 수 있다(선례 201810-7).

④ 농지전용허가・농지전용신고를 한 경우 및 농지전용협의를 마친 경우에는 농업인 또는 농업법인이 아닌 자가 농지를 취득할 수 있으므로, 종중도 해당 농지를 취득할 수 있다.

⑤ 농지개혁 당시 위토대장에 등재된 기존 위토인 농지에 한하여 해당 농지가 위토대장에 종중 명의로 등재되어 있음을 확인하는 내용의 위토대장 소관청 발급의 증명서를 첨부정보로 제공하는 경우에는 종중 명의로의 소유권이전등기를 신청할 수 있다(선례 201810-7). 그러나 종중이 기존 위토를 처분하고 새로 위토용으로 농지를 매수하더라도, 소유권이전등기를 신청할 수 없다(선례 5-757).

⑥ 또한 가등기는 물권변동의 효력이 발생하지 않아 농지법상의 취득이라고 볼 수 없으므로 농지의 매매예약에 의한 소유권이전청구권 보전 가등기신청의 경우에는 농지취득자격증명을 첨부할 필요가 없고, 종중도 가등기를 할 수 있다.

⑦ 종중이 토지거래허가를 받은 경우 농지취득자격증명을 제공할 필요가 없다.

├ 의무자
(1) **등기필정보**(법 50②, 규칙 43①7)
(2) **인감증명**(규칙 60, 규칙 61①) – 대표자의 **개인**인감증명을 제공한다.

├ 권리자 관련
(1) **세금영수증**(법 29.10)
(2) **주소증명**(규칙 46①6) – **정관이나 그 밖의 규약** 또는 **사원총회 결의서 등**
(3) **번호증명**(규칙 46①6, 법 49) – **시장・군수・구청장이 부여**하는 **부동산등기용등록번호증명서**

├ 부동산 관련
(1) **대장, 그 밖의 정보**(규칙 46①7)
(2) **지적도・도면**

└ 신청인자격 관련

개별적
(규칙 48)

(1) **정관이나 그 밖의 규약**(규칙 48.1) **【반드시 제출○】**
① 법인 아닌 사단은 법인등기부가 존재하지 않는다.
② 따라서 단체의 실체를 증명하기 위하여 정관이나 그 밖의 규약을 제공하여야 한다.
③ 이러한 서면에는 단체의 명칭, 사무소의 소재지, 대표자 또는 관리인의 임면에 관한 규정, 사원자격의 득실에 관한 규정 등이 기재되어 있어야 한다(민법 40 등).

(2) **대표자를 증명하는 정보**(규칙 48.2) **【반드시 제출×】**
① 원칙적으로 대표자를 증명하는 정보를 제공하여야 한다.
② 다만, 등기되어 있는 대표자가 신청하는 경우에는 제공할 필요가 없다.
③ 부동산등기용등록번호대장이나 기타 단체등록증명서는 여기에 해당되지 않는다.

(3) 사원총회의 결의가 있음을 증명하는 정보(규칙 48.3) **【반드시 제출×】**

① 법인이 아닌 사단의 사원이 집합체로서 물건을 소유할 때에는 총유로 한다. 총유에 관하여는 사단의 정관 기타 계약에 의하는 외에 다음 제2조의 규정에 의한다(민법 275). 총유물의 관리 및 처분은 사원총회의 결의에 의한다(민법 276①).

② 그러므로 법인 아닌 사단이 등기의무자인 경우에 총유물의 처분에 대한 결의서를 제공한다. 따라서 법인 아닌 사단이 매수하여 등기권리자가 되거나 보존등기의 경우에는 제공할 필요가 없다.

③ 또한, 「민법」 제276조 제1항은 정관 기타 규약으로 정한 바가 없는 경우에만 적용되는 임의규정이므로 정관에서 총유물의 처분행위에 대하여 사원총회의 결의서를 첨부할 필요가 없다고 정한 경우에는 제공하지 않는다(민법 275②).

④ 법인 아닌 사단이 등기의무자로서 전세권설정등기의 말소등기 등을 신청하는 경우에는 정관이나 그 밖의 규약으로 달리 정하지 않는 한 민법 제276조 제1항의 결의가 있음을 증명하는 정보를 첨부정보로서 등기소에 제공하여야 한다(선례 202206-3).

(4) 대표자의 주소 및 번호를 증명하는 정보(규칙 48.4) **【반드시 제출○】**

① 대표자의 주소 및 번호를 증명하기 위하여 주민등록표등본·초본을 제공하여야 한다.

② 위 서면의 유효기간은 3개월이다(규칙 62).

(5) 대표자증명서면과 사원총회결의서에 대한 인감증명 등(규칙 60①8)

① **대표자증명서면**과 **사원총회결의서**의 진정성을 담보하기 위해 그 사실을 확인하는 데 상당하다고 인정되는 **2인 이상의 성년자**가 사실과 상위 없다는 취지와 성명을 기재하고 인감을 날인하여야 하고 인감증명을 제공하여야 한다. 다만, 자격자대리인이 등기신청을 대리하는 경우에는 기명날인함으로써 갈음할 수 있다.

② 법인 아닌 사단이 등기를 신청하는 경우 그 대표자 또는 관리인을 증명하는 서면 등에 **성년자 2인 이상의 인감을 날인하도록 한 취지**는, 그 서면에 기재된 내용이 사실이며 등기신청을 하는 현재 시점에도 여전히 유효하다는 점을 보증하도록 하고자 하는 것인 바, 비록 그 서면이 결의서로써 **결의서 작성 당시 인감이 날인되어 있다고 하더라도** 이는 그 결의 당시의 사실을 확인하는 의미만 있을 뿐, 그러한 사실이 현재 등기신청하는 시점까지 유효하다는 의미까지 포함될 수는 없는 것이다.

③ 따라서 비록 대표자 또는 관리인을 증명하는 서면 등이 결의서로써 그 결의서 작성 당시에 인감이 날인되어 있다고 하더라도, 이와는 별도로 2인 이상의 성년자가 사실과 상위함이 없다는 취지와 성명을 기재하고 인감을 날인하여야 할 것이다(선례 200709-3).

④ 또한, 여기서의 2인 이상의 성년자는 결의서 작성 당시에 날인한 자와 동일인이더라도 무방하며(선례 200709-3), 반드시 결의서 작성 당시에 날인한 자와 동일할 필요는 없다(선례 202108-3). 다만, 2인 이상의 성년자는 위 각 서면이나 결의서의 사실을 확인하는 데 상당하다고 인정되는 사람에 해당하여야 한다.

			⑤ 만약, 2인을 초과하는 자가 위와 같은 기재를 하고 인감을 날인하였다면, 그중 2인의 인감증명을 제출하면 족하고, 2인을 초과하는 자의 인감증명을 제출할 필요는 없다(선례 202405-4). ⑥ 최신선례에 따르면, 대표자자임을 증명하는 서면 외에 '등기신청을 당해 대표자에게 위임하는 결의가 있었음을 증명하는 정보'를 별도로 제공할 필요는 없다(선례 202405-4).
	1. 접수 · 배당		
	2. 조사	① 등기관은 형식적 심사권 범위 내에서 정관이나 그 밖의 규약을 검토하여 실체가 단체로서의 성격을 갖춘 경우에는 그 등기신청을 수리하여야 하나, 단체로서의 성격을 갖추지 못한 경우에는 각하하여야 한다. ② 따라서 '수리계 · 어촌계' 명의의 등기신청은 실제 사단의 성격을 갖춘 경우에 한하여 수리한다.	
	3. 문제○		
Ⅳ. 실행절차	4. 문제× (법 48)	일반적 (법 48)	┌ 표제부 ├ 갑구 ① 단체 : 명칭 · 사무소 · 번호 (법 48②) ② 대표자 : 성명 · 주소 · 번호 (법 48③) ├ 을구 ③ [근저당권 - 채무자] : 성명 · 주소 · ~~번호~~ ④ [근저당권 - 채무자 - 비법인] ┌ 단체 : 명칭 · 사무소 · ~~번호~~ └ ~~대표자~~ └ 등기형식
	5. 완료 후	┌ 등기완료 통지 법 30 (규칙 53) ├ 등기필정보 통지 법 50 (규칙 106~110) ├ 소유변경 통지 법 62 (규칙 120) └ 과세자료 제공 법 63 (규칙 120)	등기필정보를 작성하여 대표자에게 통지한다(규칙 108②).
Ⅴ. 처분 이의	법 100 등		
Ⅵ.기타	1. 부동산등기용등록번호의 추가(예규 1672) (1) 서설 현재 효력 있는 권리(소유권 · 근저당권 등)에 관한 등기의 등기명의인(자연인 · 외국인 · 법인 등)의 주민등록번호 등이 등기기록에 기록되어 있지 않는 경우, 그 등기명의인은 주민등록번호 등을 추가로 기록하는 내용의 등기명의인표시변경등기를 신청할 수 있다. (2) 개시(법 23⑥) (3) 신청절차 1) 신청인(법 23⑥) 등기명의인표시의 변경이나 경정의 등기는 해당 권리의 등기명의인이 단독으로 신청한다.		

2) **신청정보**(규칙 43)

① 등기 원인 : **'주민등록번호 또는 부동산등기용등록번호 추가'**

② 등기연월일 : **'등기신청일'**

③ 등기 목적 : **'등기명의인표시변경'**

3) **첨부정보**(규칙 46)

주민등록표 등본 · 초본 또는 부동산등기용등록번호증명서 등

(4) 실행절차(법 48)

1) **접수 · 배당**

2) **조사(형식적 심사)**(법 29)

등기관은 위 증명에 대한 심사를 엄격히 한 후에 그 수리여부를 결정하여야 한다.

3) **문제O**

4) **문제×(등기실행)**

부기등기로 실행한다(법 52.1).

5) **완료 후 절차**(법 30, 규칙 53, 법 50)

① 등기완료의 통지를 한다.

② 등기필정보를 작성 · 통지하지 않는다.

2. 비법인의 대표자 추가(예규 1621)

(1) 서설

① **법인 아닌 사단이나 재단**의 등기기록은 단체의 명칭 · 사무소 · 번호뿐만 아니라, 대표자의 성명 · 주소 · 번호도 기록하여야 하므로 위 항목의 어느 하나라도 변경사항이 있는 경우에는 등기명의인표시변경등기를 한다.

② 법인 아닌 사단은 등기당사자능력이 인정되므로, 해당 권리는 종중에게 귀속된다. 따라서 종중의 대표자가 변경된 경우에는 등기명의인 표시변경등기를 하는 것이지 이전등기를 하지 않는다.

③ 이러한 예규의 규정은 대표자에 관한 사항이 등기사항으로 추가된 부동산등기법(1991.12.14.)이 시행되기 전인 1992.2.1. 전에 甲 종중이 부동산의 소유권을 취득하여 현재까지 甲 종중의 소유명의로 등기되어 있는 경우에도 적용되므로, 그 대표자를 추가하기 위한 등기명의인표시변경등기는 허용된다.

(2) 개시(법 23⑥)

(3) 신청절차

1) **신청인**(법 23⑥)

등기명의인표시의 변경이나 경정의 등기는 해당 권리의 등기명의인이 단독으로 신청한다.

2) **신청정보**(규칙 43)

① 등기 원인 : **'대표자 또는 관리인 추가'**

② 등기연월일 : **'등기신청일'**

③ 등기 목적 : **'등기명의인표시변경'**

3) **첨부정보**(규칙 46)

① 대표자 또는 관리인의 주민등록표 등(초)본

③ 정관 기타의 규약
③ 대표자 또는 관리인을 증명하는 서면 등

(4) 실행절차(법 48)

1) 접수 · 배당

2) 조사(형식적 심사)(법 29)

등기관은 첨부된 서면을 종합적으로 고려하여 신청인이 적법한 대표자나 관리인인지에 대한 심사를 엄격히 한 후에 그 수리 여부를 결정하여야 한다.

3) 문제○

4) 문제×(등기실행)

부기등기로 실행한다(법 52.1).

5) 완료 후 절차(법 30, 규칙 53, 법 50)

① 등기완료의 통지를 한다.
② 등기필정보를 작성 · 통지하지 않는다.

【 갑구 】		(소유권에 관한 사항)		
순위번호	등기목적	접수	등기원인	권리자 및 기타사항
1	소유권보존	1977년 8월 25일 제5001호		소유자 최민국 서울시 종로구 종로1가 1
2	소유권이전	1978년 7월 25일 제5005호	1978년 7월 20일 매매	소유자 정다운 서울시 중구 명동1가 2
2-1	2번 등기명의인표시변경	2019년 1월 10일 제100호	2019년 1월 10일 주민등록번호 추가 (또는 부동산등기용 등록번호 추가)	정다운의 등록번호 480909-1089541

05 절 비법인 - 전통사찰

<table>
<tr><th></th><th colspan="3">법</th><th colspan="2">규칙</th></tr>
<tr><td>조문</td><td colspan="3">민법 275 (물건의 총유)
민법 276 (총유물의 관리, 처분과 사용, 수익)
법 26 (법인 아닌 사단 등의 등기신청)
법 48 (등기사항)</td><td colspan="2">규칙 43 (신청정보의 내용)
규칙 48 (법인 아닌 사단이나 재단의 등기신청)
규칙 67 (전자신청의 방법)</td></tr>
<tr><td>기출</td><td colspan="5"></td></tr>
<tr><td>Ⅰ. 서설
[법 26]
[규칙 48]</td><td colspan="5">① 전통사찰이란 불교 신앙의 대상으로서의 형상을 봉안하고 승려가 수행하며 신도를 교화하기 위한 시설 및 공간으로서 제4조에 따라 등록된 것을 말한다.
② 이러한 전통사찰도 법인 아닌 사단에 해당하므로 부동산을 취득할 수도 있고 처분할 수도 있다. 아래에서는 전통사찰 소유의 부동산을 처분하는 경우의 등기절차를 검토한다.</td></tr>
<tr><td rowspan="2">Ⅱ. 개시
[법 22]</td><td>1. 모습</td><td colspan="4">(1) 공동신청[법 23①]
(2) 단독신청[법 23④ 등]</td></tr>
<tr><td>2. 전자
[법 24①2]
[규칙 67]</td><td colspan="4">① 법인 아닌 사단은 전자신청을 직접 할 수 없다[규칙 67].
② 따라서 전통사찰도 전자신청을 직접 할 수는 없다.
③ 다만, 자격자대리인에게 위임하는 방법으로는 할 수 있다.</td></tr>
<tr><td rowspan="8">Ⅲ. 신청절차</td><td>1. 신청인
[법 23]</td><td colspan="4">① 대표자나 관리인이 그 사단이나 재단의 명의로 신청한다[법 26②].
② 전통사찰의 소유에 속하는 부동산에 관하여는 주지가 그 사찰을 대표하여 등기를 신청한다. 주지란 전통사찰의 대표자로서 사찰의 운영 및 재산을 관리하고 전통사찰의 보존·발전·계승을 관장하는 승려를 말한다.</td></tr>
<tr><td rowspan="4">2. 신청정보
[규칙 43]</td><td rowspan="4">일반적
[규칙 43]</td><td colspan="3">┌ 신청서 표제
├ 부동산 표시</td></tr>
<tr><td colspan="3">├ 등기원인 (연월일)</td></tr>
<tr><td colspan="3">├ 등기목적</td></tr>
<tr><td>└ 신청인</td><td colspan="2">① 단체 : 명칭·사무소·번호[규칙 43①2] → 부동산의 등기기록○
② 대표자 : 성명·주소·번호[규칙 43②] → 부동산의 등기기록○</td></tr>
<tr><td rowspan="3">3. 첨부정보
[규칙 46]</td><td rowspan="3">일반적
[규칙 46]</td><td>┌ 등기원인 관련</td><td colspan="2">(1) 등기원인증명[규칙 46①1]
(2) 등기원인 - ㉦㉢㉧ 등[규칙 46①2, 규칙 46③]</td></tr>
<tr><td>├ 의무자 관련</td><td colspan="2">(1) 등기필정보[법 50②, 규칙 43①7]
(2) 인감증명[규칙 60, 규칙 61①] - 주지의 개인인감증명을 제공한다.</td></tr>
<tr><td>├ 권리자 관련</td><td colspan="2">(1) 세금영수증[법 29.10]
(2) 주소증명[규칙 46①6] - 정관이나 그 밖의 규약 또는 사원총회 결의서 등</td></tr>
</table>

	│ │ ├ 부동산 관련 │ │ └ 신청인자격 관련	**(3) 번호증명**(규칙 46①6, 법 49) – **시장 · 군수 · 구청장이 부여**하는 부동산 등기용등록번호증명서를 제공한다. **(1) 대장, 그 밖의 정보**(규칙 46①7) **(2) 지적도 · 도면**
	개별적 (규칙 48)	**1. 정관이나 그 밖의 규약**(규칙 48.1) **【반드시 제출○】** ①②③ ④ 전통사찰의 정관이나 규약을 제공하며, 전통사찰이 특정종단에 소속되어 그 종단(이하 "소속종단"이라고 한다)의 구성원인 경우에는 소속종단의 정관이나 규약도 함께 첨부정보로 제공한다. **2. 대표자를 증명하는 정보**(규칙 48.2) **【반드시 제출×】** ①② ③ 소속종단의 정관이나 규약에 **소속종단의 대표자가 주지를 임면할 권한이 있는 것으로 정한 경우**에는 그 종단 대표자 명의의 주지재직증명정보 및 종단 대표자의 직인 인영정보를 첨부정보로 제공한다(예컨대 해당 전통사찰이 대한불교○○종 소속인 경우에 대한불교○○종 대표자가 발행한 주지재직증명서 및 그 대표자의 직인증명서). ④ 다만 **위와 같은 정함이 없는 경우**에는 그 소속종단의 정관이나 규약에서 정한 방법에 따라 주지로 선임되어 재직하고 있음을 증명하는 정보를 첨부정보로 제공한다. ⑤ **소속종단이 없는 경우**에는 전통사찰의 정관이나 규약에서 정한 방법에 의하여 주지로 선임되어 재직하고 있음을 증명하는 정보를 첨부정보로 제공한다. **3. 사원총회의 결의가 있음을 증명하는 정보**(규칙 48.3) **【반드시 제출×】** ①②③④ **4. 대표자의 주소 및 번호를 증명하는 정보**(규칙 48.4) **【반드시 제출○】** ① 주지의 주소 및 번호를 증명하기 위하여 주민등록표등본 · 초본을 제공하여야 한다. ② **5. 대표자증명서면과 사원총회결의서에 대한 인감증명 등**(규칙 60①8) ①②③ **6. 처분행위를 하는 경우의 ㊅㊂㊃**(규칙 46①2) ① 전통사찰 소유의 전통사찰보존지 등을 매매, 증여, 그 밖의 원인으로 양도하여 소유권이전등기를 신청하는 경우에는 문화체육관광부장관의 허가를 증명하는 정보를 첨부정보로 제공하여야 한다. 그러나 시효취득을 원인으로 한 소유권이전등기를 신청하거나 민사집행법에 따른 매각을 원인으로 한 소유권이전등기를 촉탁하는 경우에는 등기소에 제공할 필요가 없다.

<table>
<tr><td></td><td colspan="2"></td><td colspan="2">② 전통사찰 소유의 전통사찰보존지 등에 근저당권 등의 제한물권 또는 임차권의 설정등기를 신청하는 경우에는 법 제9조 제2항에 따른 시·도지사의 허가를 증명하는 정보를 첨부정보로 제공하여야 한다.</td></tr>
<tr><td rowspan="5">Ⅳ. 실행 절차</td><td>1. 접수·배당</td><td colspan="3"></td></tr>
<tr><td>2. 조사</td><td colspan="3"></td></tr>
<tr><td>3. 문제○ (법 29)</td><td colspan="3"></td></tr>
<tr><td>4. 문제× (법 48)</td><td>일반적 (법 48)</td><td>┌ 표제부
├ 갑구
├ 을구
│
└ 등기형식</td><td>① 단체 : 명칭·사무소·번호 (법 48②)
② 대표자 : 성명 · 주소 · 번호 (법 48③)
③ [근저당권 - 채무자] : 성명 · 주소 · 번호
④ [근저당권 - 채무자 - 비법인] ┌ 단체 : 명칭 · 사무소 · 번호
└ 대표자</td></tr>
<tr><td>5. 완료 후</td><td colspan="3">┌ 등기완료 통지 법 30 (규칙 53)
├ 등기필정보 통지 법 50 (규칙 106~110)
├ 소유변경 통지 법 62 (규칙 120)
└ 과세자료 제공 법 63 (규칙 120)</td></tr>
<tr><td>Ⅴ. 처분 이의</td><td colspan="4">법 100 등</td></tr>
</table>

06 절 포괄승계인

	법	규칙
조문	민법 1005 (상속과 포괄적 권리의무의 승계) 법 22 (신청주의) 법 23 (등기신청인) 법 27 (포괄승계인에 의한 등기신청) 법 29 (신청의 각하)	규칙 42 (포괄승계에 따른 등기) 규칙 49 (포괄승계인에 의한 등기신청)
기출	1. [07 법무] 甲과 乙은 甲의 소유인 부동산에 대하여 매매계약을 체결하였다. 그러나 소유권이전등기를 신청하기 전에 甲 또는 乙이 사망한 경우 소유권이전등기신청의 신청인 및 첨부서면에 대하여 약술하시오. 20점 2. [15 법무] 포괄승계인에 의한 등기신청에 대하여 설명하시오. 20점 3. [18 행시] 甲이 乙로부터 토지를 매수하고 대금을 완납한 후 등기신청을 하지 않고 있던 중 매도인 乙이 사망하였다. 사안에서 甲과 乙의 상속인 丙에 대한 등기신청절차에 대하여 설명하시오. 20점 4. [24 법무] 甲은 사망 전에 丁에게 X 부동산을 매도하는 계약을 체결하였다. 이 계약에 따른 소유권이전 등기신청의 신청인 및 첨부정보에 관하여 설명하시오. 20점	

Ⅰ. 서설

1. 의의

(1) 의의[법 27, 규칙 49]

① **등기원인**이 **발생한 후**에 **등기권리자 또는 등기의무자**에 대하여 상속이나 그 밖의 **포괄승계**가 있는 경우에는 상속인이나 그 밖의 포괄승계인이 그 등기를 신청할 수 있다.

② 등기당사자에게 상속 등의 포괄승계가 있는 경우 포괄승계인에게 모든 재산상 지위는 승계되므로 등기권리자 또는 등기의무자의 지위도 승계하게 된다. 따라서 채무의 이행에 준하는 등기신청행위도 포괄승계인이 이행하여야 하며 그에 따른 등기가 포괄승계인에 의한 등기이다.

(2) 구별개념

① **포괄승계에 따른 등기**는 법률규정에 의한 물권변동을 공시하는 것이며, 단독신청이다[법 23③].

② **포괄승계인에 의한 등기**는 법률행위이든 법률규정이든 불문하고 등기원인이 발생한 후 포괄승계인 경우에 적용되는 것이며, 상대방과 공동으로 신청한다[법 27].

2. 요건

(1) "등기원인"이 발생할 것

① 매매 · 증여 · 등기이행판결 등 등기를 발생시키는 원인이라면 모두 적용된다.

② 소비대차계약과 같이 등기를 발생시키는 원인이 아니라면 적용되지 않는다.

(2) "등기원인이 발생한 후"에 포괄승계가 발생할 것

① 피상속인과의 원인행위에 따라서 등기원인이 발생하면 적용된다.

② 상속인과의 원인행위에 따라서 등기원인이 발생한 경우라면 적용되지 않는다.

(3) "등기권리자 또는 등기의무자"에 포괄승계가 발생할 것

(4) "포괄승계"가 발생할 것

개인이라면 상속, 법인이라면 합병 등의 경우 적용된다.

	3. 범위	① 부동산을 갑이 을에게 매도(증여)하였으나 소유권이전등기를 하기 전에 갑이 사망한 경우 - ○ ② 소유권이전등기청구사건에서 원고가 판결확정 후에 사망한 경우 - ○ ③ 가등기권자가 사망한 후에 본등기를 신청하는 경우 - ○ ④ 가처분 ⓐ 피상속인과의 원인행위에 따라서 상속인을 상대로 가처분을 신청하는 경우 - ○ ⓑ 상속인과의 원인행위에 따라서 상속인을 상대로 가처분을 신청하는 경우 - × (先 대위 상속등기) ⑤ 가압류 : 원인행위를 불문하고 상속인을 상대로 가압류를 하는 경우 - × (先 대위 상속등기)
	4. 효과	① **포괄승계인에 의한 등기에 해당하면** 별도의 상속등기를 거치지 아니하고 상속인이 직접 상대방과 공동으로 등기신청한다. ② **포괄승계인에 의한 등기에 해당하지 않으면** 상속등기를 먼저 거쳐야 한다.
II. 개시 (법 22)	1. 모습	**(1) 공동신청**(법 23①) **(2) 단독신청**(법 23④ 등)
	2. 전자 (법 24①2) (규칙 67)	
III. 신청 절차	1. 신청인 (법 23)	① 상속인은 자기의 등기신청권에 의해서 신청한다. ② "망 ○○○의 상속인 ○○○"이라고 기재한다.
	2. 신청 정보 (규칙 43)	일반적 (규칙 43) ┌ 신청서 표제 ├ 부동산 표시 ├ 등기원인(연월일) 생전에 형성된 등기원인과 등기원인일자를 기재한다. ├ 등기목적 └ 신청인
	3. 첨부 정보 (규칙 46)	일반적 (규칙 46) ┌ 등기원인 관련 **(1) 등기원인증명**(규칙 46①1) ① 피상속인이 생전에 작성한 원인증서를 제공하여야 한다. (상속인이 새로 작성할 필요 없음) ② 가족관계등록에 관한 정보 또는 법인등기사항에 관한 정보 등 상속 그 밖의 포괄승계가 있었다는 사실을 증명하는 정보를 제공하여야 한다(규칙 49). 1) 가족관계등록사항별증명서 2) 합병사실이 기재된 법인등기사항증명서 **(2) 등기원인 - ㉮㉯㉰ 등**(규칙 46①2, 규칙 46③) **1) 검인(계약서 · 판결서) - ○** **2) ㉱거래계약신고필증 - ○** **3) 토지거래계약허가 - ○ (상속인 : 새로 발급×)** 매도인 명의의 허가신청서를 제출하여 그 허가를 받기

전에 매도인이 사망하여 매도인 명의의 토지거래허가증을 교부받은 경우, 상속인은 매도인을 포괄승계한 것이므로 실질적인 계약내용의 변경이 없다면, 상속인은 망자인 매도인 명의의 토지거래허가증에 상속사실을 증명하는 서면을 첨부하여 등기신청을 할 수 있다(선례 5-69).

4) 농지취득자격증명 – O (상속인 : 새로 발급○)

농지에 대한 소유권이전등기 청구사건에서 원고가 변론종결 후 사망한 다음 원고승소판결이 있었다면 등기권리자(원고)의 지위를 승계한 상속인은 그 신분을 증명하는 서면을 첨부하여 그 농지에 대하여 직접 상속인 명의로의 소유권이전등기 신청을 할 수 있을 것이나 이 경우 상속인 명의의 농지취득자격증명을 제출하여야 한다(선례 4-257).

├ 의무자 관련
(1) **등기필정보**(법 50②, 규칙 43①7) – 공동신청인 경우 제공한다.
(2) **인감증명**(규칙 60, 규칙 61①) – 규칙 제60조에 해당하는 경우 제공한다.

├ 권리자 관련
(1) **세금영수증**(법 29.10)
(2) **주소증명**(규칙 46①6)
(3) **번호증명**(규칙 46①6, 법 49)

├ 부동산 관련
(1) **대장, 그 밖의 정보**(규칙 46①7)
(2) **지적도 · 도면**

└ 신청인자격 관련

Ⅳ. 실행절차	1. 접수 · 배당	
	2. 조사	
	3. 문제O (법 29)	(1) 각하(법 29.7) ① 원칙적으로 신청정보의 등기의무자의 표시가 등기기록과 일치하지 아니한 경우는 각하사유에 해당하지만, ② 법이 인정하는 제27조에 따라 포괄승계인이 등기신청을 하는 경우는 각하하지 않는다.
	4. 문제× (법 48)	일반적 (법 48) ┌ 표제부 ├ 갑구 ├ 을구 └ 등기형식 ① **의무자**의 경우 상속인 명의의 등기를 거치지 아니하고 바로 상대방 명의로 등기한다. ② **권리자**의 경우 피상속인 명의로 등기를 하지 아니하고 바로 상속인 명의로 등기한다.

<table>
<tr><td rowspan="4"></td><td rowspan="4">5. 완료 후</td><td>┌ 등기완료 통지 법 30 (규칙 53)</td></tr>
<tr><td>├ 등기필정보 통지 법 50 (규칙 106~110)</td></tr>
<tr><td>├ 소유변경 통지 법 62 (규칙 120)</td></tr>
<tr><td>└ 과세자료 제공 법 63 (규칙 120)</td></tr>
<tr><td>V. 처분 이의</td><td colspan="2">법 100 등</td></tr>
</table>

07 절 대리

	법	규칙
조문	민법 59 (이사의 대표권) 민법 60 (이사의 대표권에 대한 제한의 대항요건) 민법 114 (대리행위의 효력) 민법 117 (대리인의 행위능력) 민법 120 (임의대리인의 복임권) 민법 124 (자기계약, 쌍방대리) 민법 689 (위임의 상호해지의 자유) 법 22 (신청주의) 법 23 (등기신청인) 법 24 (등기신청의 방법)	규칙 43 (신청정보의 내용) 규칙 46 (첨부정보)
기출	1. [20 행시] ① 등기권리자와 등기의무자가 법무사에게 등기신청을 위임한 경우 **위임계약의 효력**과 **일방이 위임계약을 해제한 경우 그 효력**에 대해 설명하시오. 10점 ② (乙과 丙 공동소유의 부동산을 전제로) 乙은 丙의 母이고 丙은 16세의 子로서, **乙의 채무담보**를 위해 채권자 丁과 근저당권설정등기를 신청하는 경우 丙의 **등기신청절차**에 대해 설명하시오. 10점	

Ⅰ. 서설

1. 의의

(1) 의의[법 24①1]

① 등기는 신청인 또는 그 대리인이 등기소에 출석하여 신청정보 및 첨부정보를 적은 서면을 제출하는 방법으로 등기를 신청한다.

② 대리인은 임의대리와 법정대리로 구별된다.

(2) 구별개념

① **대리는** 당사자의 위임을 받아 대리인의 이름으로 등기를 신청하는 것을 말하며

② **대위는** 당사자의 위임이 없이 법률에 따라 자신의 이름으로 등기를 신청하는 것을 말한다.

2. 종류

(1) 임의대리인

1) 능력[민법 117]

① 본인의 의사에 따라 대리권을 부여한다.

② 대리인은 행위능력자가 아니어도 무방하므로 누구나 대리인이 될 수 있다.

③ 따라서 **상대방대리** 또는 **쌍방대리**도 허용된다(다만, **전자신청의 대리**는 자격자대리인에 한한다).

④ 일반인의 상대방대리는 원칙적으로 허용되지만 전자신청의 경우 거래의 상대방이라도 대리할 수 없다.

2) 자격[법무사법 3]

① 법무사가 아닌 경우 등기신청행위를 업으로 할 수 없다.

② '업'의 판단은 수수료의 유무에 관계없이 계속적・반복적으로 하는 경우에 인정된다.

③ 등기관은 등기신청행위가 업으로 하는 것으로 판단된다면 본인과의 관계소명을 요구할 수 있다.

3) 범위

① **처분권한 위임** : 계약서 작성, 계약서 수정, 대금 수령, 부동산등기신청 행위 – 포함○

② **등기신청 위임** : 신청서 작성, 신청서 정정, 등기필정보 수령 행위 – 포함○

③ 다만, 등기신청의 **취하** 또는 **복대리인 선임**은 특별수권이 필요하다.

④ 따라서 등기신청위임장에 특별수권사항이 명시되지 않았다면 별도로 본인의 승낙이 있음을 증명하여야 한다.

⑤ 이사는 법인의 사무에 관하여 각자 법인을 대표한다. 법인의 대표에 관하여는 대리에 관한 규정을 준용한다(민법 59). 이사의 대표권에 대한 제한(공동대표)은 등기하지 아니하면 제삼자에게 대항하지 못한다(민법 60).

⑥ **합동사무소를 구성하는 법무사 전원이 등기신청을 위임**받은 경우로서 등기신청위임장에 대리인으로 그 법무사 전원이 기재되어 있고 특별히 해당 등기신청을 대리인 전원이 함께 하여야 한다는 내용의 기재가 없다면 그중 어느 한 법무사만이 등기소에 출석하여 등기신청서를 제출할 수 있는바, 이 경우 등기신청서에는 등기소에 출석한 법무사의 기명날인만이 있어야 한다(선례 202001-2).

⑦ 한편 위의 경우 등기신청서를 제출한 법무사뿐만 아니라 위임장에 기재된 다른 법무사도 해당 등기신청에 대한 보정 및 취하를 할 수 있다. 다만, **취하**의 경우에는 등기신청위임장에 취하에 관한 행위도 위임한다는 내용의 기재가 있어야 한다(선례 202001-2).

4) 종료

가. 존속시기

① 대리권은 신청행위의 종료 시까지(신청서를 접수할 때까지) 있으면 족하므로 등기신청이 접수된 후 본인이나 대리인이 사망한 경우라도 등기는 유효하다.

② 법인의 **종전 대표이사 甲이 법무사에게 등기신청을 위임한 경우** 그 효과는 법인에 귀속되므로 등기신청 전에 **대표이사가 乙로 변경이 된 경우에도** 법무사의 대리권한은 소멸하지 아니한다. 따라서 종전에 甲명의로 작성된 위임장이나, 甲이 대표이사로 등재되어 있는 등기사항증명서와, 甲의 법인인감증명서로 등기를 신청할 수 있다.

나. 위임계약의 효력과 일방이 위임계약을 해제한 경우의 효력

(가) 위임계약의 효력

① 위임은 당사자 일방이 상대방에 대하여 사무의 처리를 위탁하고 상대방이 이를 승낙함으로써 그 효력이 생기며(민법 680), 수임인은 위임의 본지에 따라 선량한 관리자의 주의로써 위임사무를 처리하여야 하며(민법 681), 위임인의 승낙이나 부득이한 사유 없이 제3자로 하여금 자기에 갈음하여 위임사무를 처리하게 하지 못한다(민법 682).

② **등기신청권한**을 **위임**한 경우에는 **등기신청서의 작성 및 제출, 등기신청서의 보정, 등기필정보의 수령권한**이 당연히 포함된다.

③ 그러나 **등기신청의 취하, 복대리인의 선임**과 같은 특별수권 사항은 위임장에 그 권한이 위임된 경우에 한하여 대리행위를 할 수 있다.

(나) 일방이 위임계약을 해제한 경우의 효력

① **위임계약**은 각 당사자가 언제든지 해지할 수 있다(민법 689).

② 다만, 등기권리자, 등기의무자 **쌍방으로부터 위임**을 받은 **등기신청절차에 관한 위임계약**은 그 **성질상** 등기권리자의 동의 등 특별한 사정이 없는 한 **「민법」 제689조 제1항의 규정에 관계없이** 등기의무자 **일방**에 의한 **해제**는 할 수 **없다**고 보아야 할 것이다(대판 1987.6.23, 85다카2239 참조).

③ 따라서 등기권리자와 등기의무자 **쌍방으로부터 위임을 받은 법무사**는 절차가 끝나기 전에 **일방으로부터 등기신청을 보류해 달라는 요청**이 있더라도 **다른 일방의 동의가 없는 한** 그 **요청을 거부**해야 할 **위임계약상의 의무**가 있다(선례 제4-30호).

④ 마찬가지로, 등기가 접수된 후 등기관에게 신청인 중 일방이 등기신청 철회의 의사표시를 한 경우에도 **등기관**은 이를 고려할 필요가 없다.

(다) 쌍방으로부터 위임받은 법무사의 위임계약상 의무의 범위

① 법무사의 성실의무 등에 비추어 위와 같이 등기권리자와 등기의무자 **쌍방으로부터 위임받은 등기절차가 마쳐지기 전에 등기의무자로부터 동일한 등기목적 부동산에 관하여 기존의 등기권리자가 아닌 제3자에게로의 등기절차를 경료하여 달라는 요청을 받은 경우, 법무사**는 등기권리자의 수임자로서 그 요청을 거부하거나 최소한 그 사실을 위임인인 등기권리자에게 알려주어 등기권리자가 권리보호를 위하여 적당한 조치를 취할 기회를 가지게 할 위임계약상의 의무가 있다고 할 것이다(대판 2011.4.28, 2010다98771).

② **구분건물의 수분양자로부터 소유권이전등기신청절차를 위임**받은 **법무사**가 그 절차를 경료하기 전에 **건축주로부터** 구분건물의 소유권보존등기절차를 이행하고 **보관 중이던 등기권리증의 반환을 요구받은 경우**, 수분양자가 매수인으로서의 의무이행을 완료한 사실을 알고 있었고 건축주가 등기권리증을 이용하여 구분건물을 담보로 제공하고 금원을 차용하려 한다는 것을 예상할 수 있었다면, 건축주의 요청을 거부하거나 그 취지를 수분양자에게 통지하여 권리보호를 위한 적당한 조치를 취할 기회를 부여할 의무가 있다(대판 2001.2.27, 2000다39629).

(2) 법정대리인(미성년자의 법정대리)

1) 친권자의 등기신청

① 미성년자는 원칙적으로 혼자서 유효하게 법률행위를 할 수 없으므로 법정대리인이 법률행위를 대리한다.

② 부모가 혼인 중인 경우에는 부모가 공동으로 대리함이 원칙이다. 양자라면 양부모가 대리한다.

이 경우 미성년자인 자의 기본증명서와 가족관계증명서를 제공한다.

③ 다만, 부모의 일방이 법률상(친권행사금지가처분결정 등) 또는 사실상(중병, 해외이주 등)의 사유로 친권을 행사할 수 없을 때에는 다른 친권자가 그 사유를 증명하는 서면을 첨부하여 단독으로 대리한다.

④ 단독친권자로 정하여진 부모의 일방이 사망한 경우 다음 각 호에 따른 자가 미성년자를 대리하여 등기신청을 할 수 있다.

1. 「민법」 제909조의2 제1항에 따라 친권자로 지정된 생존하는 부 또는 모
2. 「민법」 제909조의2 제3항 또는 제4항에 따라 가정법원이 직권으로 선임한 미성년후견인
3. 「민법」 제909조의2 제5항에 따라 임시로 법정대리인의 임무를 대행할 사람으로 선임된 자(이하 "임무대행자"라 한다). 이 경우 임무대행자가 미성년자의 재산에 대한 처분행위를 원인으로 한 등기신청을 할 경우에는 그에 관한 가정법원의 허가 또는 명령을 증명하는 정보(심판서 등본 등)을 첨부하여야 한다.

2) 특별대리인의 등기신청(민법 921)

가. 의의

① 법정대리인은 미성년자의 승낙을 받을 필요 없이 법률행위를 하므로 미성년자의 이익을 보호하기 위한 법적제도가 필요하다(민법 921).

② 친권자와 그 친권에 따르는 미성년자인 자 사이 또는 동일한 친권에 따르는 수인의 미성년자 사이에 이해상반되는 행위를 하는 경우에는 특별대리인을 선임하여야 한다.

③ **이해상반행위란** 친권자에 대해서는 이익(↑)이 되고, 미성년인 자에 대해서는 불이익(↓)이 되는 행위 또는 친권에 복종하는 자의 일방에 대해서는 이익(↑)이 되고 다른 일방에 대해서는 불이익(↓)이 되는 행위를 말한다. 판례는 **이해상반행위**란 행위의 객관적 성질상 이해대립이 생길 우려가 있는 행위를 말하는 것이지 친권자의 의도나 실제 이해대립이 생겼는지 여부는 불문한다(대판 94다6680).

④ 이 경우 특별대리인선임심판서를 제공한다.

나. 범위

① **친권자가 수인**인 경우 **공동친권자 중 한사람만 이해상반**에 해당한다면 특별대리인이 이해상반되지 않는 다른 일방의 친권자와 공동하여 미성년자를 대리하여야 한다.

② **미성년자가 수인**인 경우 **미성년자**와 **친권자와 이해상반**되는 경우에는 미성년자 각자마다 특별대리인을 선임하여야 한다. 다만 **미성년자 상호간에 이해상반**되는 경우에는 일방의 특별대리인을 선임하여야 한다.

다. 이해상반행위에 해당하는지 여부

(가) 소유권이전(특정승계)

① 미성년자 소유 부동산을 친권자에게 증여하는 경우 – ○
② 미성년자 소유 부동산을 제3자에게 증여하는 경우 – ×
친권자 소유 부동산을 미성년자에게 증여하는 경우 – ×

(나) 공동상속인인 친권자와 미성년자가 상속재산분할협의를 하는 경우(포괄승계)

공동상속인인 친권자와 미성년자가 상속재산분할협의서를 작성하는 경우 상속재산에 대하여 그 소유의 범위를 정하는 내용의 **상속재산협의분할은** 그 행위의 객관적 성질상 상속인 상호 간의 이해의 대립이 생길 우려가 있는 민법 제921조 소정의 이해상반되는 행위에 해당한

다. 따라서 공동상속인인 친권자와 미성년 사이에 상속재산 협의분할을 하게 되는 경우에는 특별대리인을 선임하여 상속재산의 협의분할을 하여야 한다.

① 원칙 – **친권자가 권리를 취득하지 않는 경우 포함** – ○

② 예외 – 친권자가 상속포기하거나 이혼하여 상속권이 없는 경우 – ×

(다) 공유물분할(공동소유)

① **친권자와 미성년자 2인**의 공유부동산에 대해서 **공유물분할계약**을 체결하는 경우 – ○ (未 각 특별대리인)

② **미성년자 2인**의 공유부동산에 대해서 **공유물분할계약**을 체결하는 경우 – ○ (未 1인 특별대리인)

(라) 채무담보 제공 or 근저당권 말소

① 친와 미 공유 부동산을 **친권자의 채무에 대한 담보로 제공**하고 근저당권설정등기를 신청하는 경우 – ○

② 친와 미 공유 부동산을 **친권자만을 채무자**로 하는 담보신탁계약을 체결하고 이에 따라 소유권이전등기를 신청하는 경우 – ○

③ 친와 미 공유 부동산을 미성년자만을 채무자 또는 공동채무자로하여 담보로 제공하는 경우 – ×

④ 미성년자 소유 부동산을 채무자인 미성년자를 위하여 담보로 제공하는 경우 – ×

⑤ 친와 미 준공유 근저당권을 말소하는 경우 – ×

> **관련 선례**
>
> 친권자가 미성년자인 자와 공유하고 있는 부동산에 대하여 **자신이 금융기관으로부터 대출받기 위하여 담보신탁계약**을 체결하는 행위는 미성년자인 자의 소유부동산에 저당권을 설정하는 행위와 같이 **친권자**를 위해서는 **이익**이 되고 **미성년자인 자**를 위해서는 **불이익**이 되는 「민법」 제921조 제1항 소정의 이해상반행위에 해당하므로, 친권자만을 채무자로 하는 담보신탁계약을 체결하고 이에 따라 소유권이전등기를 신청하기 위해서는 미성년자인 자에 대한 특별대리인의 선임이 필요할 것이다(선례 202410-2).

3) 미성년후견인에 의한 등기신청

가. 후견의 개시

미성년자에게 친권자가 없거나 친권자가 친권의 전부 또는 일부를 행사할 수 없는 경우 「민법」 제931조 제1항 및 제932조 에 따라 지정된 미성년후견인은 미성년자인 자를 대리하여 등기신청을 할 수 있다.

나. 미성년후견감독인이 있는 경우

「민법」 제940조의2 및 제940조의3에 의해 선임된 미성년후견감독인이 있는 경우 후견인은 후견감독인의 동의를 받아서 등기신청을 할 수 있다(「민법」 제950조 제1항).

<table>
<tr><td></td><td></td><td>다. 친권자에 의한 등기신청 규정의 준용
특별대리인을 선임해야 하는 경우 미성년후견감독인이 있으면 그 미성년자 또는 그 미성년자 일방의 대리는 미성년후견감독인이 하여야 한다.
라. 제공할 첨부정보
이 경우 미성년자의 기본증명서를 제공한다.</td></tr>
<tr><td rowspan="2">II. 개시
(법 22)</td><td>1. 모습</td><td>(1) 공동신청(법 23①)
(2) 단독신청(법 23④ 등)</td></tr>
<tr><td>2. 전자
(법 24①2)
(규칙 67)</td><td>① 전자신청의 대리는 자격자대리인에 한한다.
② 일반인의 상대방대리는 원칙적으로 허용되지만 전자신청의 경우 거래의 상대방이라도 대리할 수 없다.</td></tr>
<tr><td rowspan="3">III. 신청 절차</td><td>1. 신청인
(법 23)</td><td>① 등기는 신청인 또는 그 대리인이 신청할 수 있으며,
② 자격자 대리인의 경우에는 대법원규칙으로 정하는 출입사무원을 등기소에 출석하게 하여 그 서면을 제출할 수 있다(법 24①1).</td></tr>
<tr><td>2. 신청 정보
(규칙 43)</td><td>일반적 (규칙 43)
┌ 신청서 표제
├ 부동산 표시
├ 등기원인(연월일)
├ 등기목적
└ 신청인
① 본인 : 성명·주소·번호(규칙 43①2) → 부동산의 등기기록○
② 대리인 : 성명·주소(규칙 43①4) → 부동산의 등기기록×</td></tr>
<tr><td>3. 첨부 정보
(규칙 46)</td><td>일반적 (규칙 46)
┌ 등기원인 관련
(1) 등기원인증명(규칙 46①1)
(2) 등기원인 – ㉾㉧㉦ 등(규칙 46①2, 규칙 46③)
├ 의무자 관련
(1) 등기필정보(법 50②, 규칙 43①7)
(2) 인감증명(규칙 60, 규칙 61②)
① 임의대리인 : 본인의 인감증명
② 법정대리인 : 법정대리인의 인감증명
├ 권리자 관련
(1) 세금영수증(법 29.10)
(2) 주소증명(규칙 46①6)
(3) 번호증명(규칙 46①6, 법 49)
├ 부동산 관련
(1) 대장, 그 밖의 정보(규칙 46①7)
(2) 지적도·도면
개별적 (규칙 46①5)
└ 신청인자격 관련
(1) 대리인의 권한을 증명하는 정보(규칙 46①5)
1) 임의대리인
① 처분위임장 또는 등기신청위임장을 첨부정보로 제공한다.
② 위임장에는 위임인이 날인하는 것이 원칙이며, 그 위임인이 규칙 제60조 제1항에 의하여 인감증명을 제</td></tr>
</table>

		공하여야 하는 경우에는 위임장에 인감을 날인하고 인감증명을 제공하여야 한다. **2) 법정대리인** ① 미성년자의 친권자는 미성년자 기준의 기본증명서와 가족관계증명서를 제공하여야 한다. ② 미성년자와 친권자의 이해관계가 상반하여 특별대리인을 선임한 경우에는 법원의 특별대리인 선임심판서를 제공하여야 한다. ③ 법인의 경우에는 대표권을 가진 자가 공시된 법인등기사항증명서를 제공하여야 하며, 청산법인의 경우 대표자인 청산인이 등기되어 있는 법인등기사항증명서를 제공하여야 한다. ④ 비법인의 경우에는 대표자 또는 관리인을 증명하는 서면으로 사원총회결의서 등을 제출하고, 그러한 서면에는 진정성을 담보하기 위해 그 사실을 확인하는 데 상당하다고 인정되는 2인 이상의 성년자가 사실과 상위 없다는 취지와 성명을 기재하고 인감을 날인하여야 하고 인감증명을 제공하여야 한다. 다만, 자격자대리인이 등기신청을 대리하는 경우에는 기명날인함으로써 갈음할 수 있다.
Ⅳ. 실행 절차	**1. 접수 · 배당**	
	2. 조사	
	3. 문제○ (법 29)	**(1) 각하**(법 29.3, 9) ① 대리권한 증명정보를 첨부하지 않은 경우에는 법 제29조 제9호로 각하하여야 하나, ② 위 증명정보를 첨부하였지만 결과적으로 대리권이 없는 자가 신청한 경우에는 법 제29조 제3호로 각하하여야 한다. ③ 다만, 간과하고 마쳐진 등기는 실체관계에 부합하는 한 유효하므로 직권말소할 수는 없다.
	4. 문제× (법 48)	**일반적** (법 48): ┌ **표제부** ├ **갑구** ├ **을구** └ **등기형식** **개별적**
	5. 완료 후	┌ **등기완료 통지** 법 30 (규칙 53) ├ **등기필정보 통지** 법 50 (규칙 106~110) ① 법정대리인이 등기를 신청한 경우에는 그 법정대리인에게, ② **법인**의 대표자나 지배인이 신청한 경우에는 그 대표자나 지배인에게,

	│ │ │ ├ **소유변경 통지** 법 62 (규칙 120) └ **과세자료 제공** 법 63 (규칙 120)	③ 법인 아닌 사단이나 재단의 대표자나 관리인이 신청한 경우에는 그 대표자나 관리인에게 등기필정보를 통지한다(규칙 108②).
V. 처분 이의	법 100 등	

08 절 자격자대리인 case

1. 서설

등기는 신청인 또는 그 대리인이 등기소에 출석하여 신청정보 및 첨부정보를 적은 서면을 제출하는 방법으로 등기를 신청한다. 따라서 자격자대리인도 당사자의 위임을 받아 등기신청을 할 수 있다.

2. 개시

① 변호사나 법무사[법무법인·법무법인(유한)·법무사법인·법무사법인(유한)을 포함한다. 이하 "**자격자대리인**"이라 한다]는 다른 사람을 대리하여 전자신청을 할 수 있다.

② 자격자대리인이 아닌 사람(**일반인**)은 다른 사람을 대리하여 전자신청을 할 수 없다. 따라서 자격자대리인이 아닌 경우에는 자기 사건이라 하더라도 상대방을 대리하여 전자신청을 할 수 없다.

3. 신청절차

(1) 신청인

등기는 신청인 또는 그 대리인이 등기소에 출석하여 신청정보 및 첨부정보를 적은 서면을 제출하는 방법으로 등기를 신청한다.

(2) 신청정보(규칙 43①2,4)

① **본인** : 성명·주소·번호(규칙 43①2) → 부동산의 등기기록○

② **대리인** : 성명·주소(규칙 43①4) → 부동산의 등기기록×

(3) 첨부정보(규칙 46①5)

대리인에 의하여 등기를 신청하는 경우에는 그 대리권한을 증명하는 정보(등기신청위임장)를 첨부정보로서 등기소에 제공하여야 한다.

4. 실행절차

(1) 접수·배당

① 등기신청은 신청인 또는 그 대리인이 등기소에 출석하여 신청정보 및 첨부정보를 적은 서면을 제출하는 방법이 있는데, 이때 대리인이 변호사나 **법무사**인 경우에는 대법원규칙으로 정하는 사무원을 등기소에 출석하게 하여 그 서면을 제출할 수 있다(법 24, 규칙 43, 46). 구술신청은 허용되지 않는다.

② 등기신청서를 제출할 수 있는 자격자대리인의 사무원은 자격자대리인의 사무소 소재지를 관할하는 지방법원장이 허가하는 1명으로 한다. 다만 법무법인·법무법인(유한)·법무조합 또는 법무사법인·법무사법인(유한)의 경우에는 그 구성원 및 구성원이 아닌 변호사나 법무사 수만큼의 사무원을 허가할 수 있다(규칙 58①).

③ 지방법원장이 등기소에 출석하여 등기신청서를 제출할 수 있는 자격자대리인의 사무원의 출입허가를 하였을 때에는 자격자대리인에게 등기소 출입증을 발급하여야 한다.

④ **합동사무소를 구성하는 법무사 전원이 등기신청을 위임**받은 경우로서 등기신청위임장에 대리인으로 그 법무사 전원이 기재되어 있고 특별히 해당 등기신청을 대리인 전원이 함께 하여야 한다는 내용의 기재가 없다면 그중 어느 한 법무사만이 등기소에 출석하여 등기신청서를 제출할 수 있는바, 이 경우 등기신청서에는 등기소에 출석한 법무사의 기명날인만이 있어야 한다(선례 202001-2).

(2) 조사

(3) 문제○ (취하 · 보정 · 각하)

1) 취하

① **등기신청인 또는 그 대리인**은 등기신청을 취하할 수 있다. 다만 **등기신청대리인**이 등기신청을 취하하는 경우에는 취하에 대한 특별수권이 있어야 한다. 왜냐하면 임의대리권의 범위는 본인의 수권행위에 의하여 정해지나 등기신청의 취하, 복대리인의 선임(민법 120)과 같은 특별수권 사항은 위임장에 그 권한이 위임된 경우에 한하여 대리행위를 할 수 있기 때문이다(민법 118 참조).

② 등기신청이 등기권리자와 등기의무자의 공동신청에 의하거나 등기권리자 및 등기의무자 쌍방으로부터 위임받은 대리인에 의한 경우에는 그 등기신청의 취하도 등기권리자와 등기의무자가 공동으로 하거나 등기권리자 및 등기의무자 쌍방으로부터 취하에 대한 특별수권을 받은 대리인이 이를 할 수 있고, 등기권리자 또는 등기의무자 어느 일방만에 의하여 그 등기신청을 취하할 수는 없다.

③ **합동사무소를 구성하는 법무사 전원이 등기신청을 위임**받은 경우 등기신청서를 제출한 법무사뿐만 아니라 위임장에 기재된 다른 법무사도 해당 등기신청에 대한 보정 및 취하를 할 수 있다. 다만, **취하**의 경우에는 등기신청위임장에 취하에 관한 행위도 위임한다는 내용의 기재가 있어야 한다(선례 202001-2).

④ 서면에 의한 등기신청 **취하**와 관련하여 「부동산등기규칙」 제51조 제2항 제1호의 "대리인"에 같은 규칙 제58조의 자격자대리인의 사무원이 포함된다는 「부동산등기법」이나 「부동산등기규칙」 등 명문의 규정은 없으나, ① 「부동산등기법」 제24조 제1항 제1호 및 「부동산등기규칙」 제58조 제1항의 해석상 제출 사무원은 등기신청서 제출 및 보정, 취하서 제출, 등기필정보 수령 등에 관한 모든 행위를 할 수 있다고 해석하는 것이 상당하다는 점, ② 지방법원장의 허가를 받은 사무원은 그 신분이 보장된 사람이라는 점, ③ 원고 소송대리인으로부터 소송대리인 사임신고서 제출을 지시받은 사무원은 원고 소송대리인의 표시기관에 해당된다고 하는 점(대판 1997.10.24, 95다11740 참조) 등을 고려할 때 '지방법원장의 허가를 받은 자격자대리인의 사무원'도 등기신청 취하서를 제출할 수 있다(선례 제202202-4호).

2) 보정

등기신청의 흠에 대한 **보정**은 당사자 또는 그 대리인 본인 또는 규칙 제58조에 의하여 등기신청서를 제출할 수 있도록 허가받은 변호사나 법무사의 사무원이 등기소에 직접 출석하여 할 수 있다(예규 1718).

3) 각하

(4) 문제× (등기실행)

(5) 완료 후 절차 (등기필정보 작성 · 통지)

① **등기신청 대리권한**에는 등기필정보 수령권한이 포함된다고 볼 것이고, 한편 등기를 신청함에 있어서 임의대리인이 될 수 있는 자격에는 제한이 없으므로, **등기의무자**라고 하더라도 등기권리자로부터 등기신청에 대한 대리권을 수여받아 등기를 신청한 경우나 등기권리자로부터 등기필정보 수령행위에 대한 위임을 받은 경우에는 등기필정보를 교부받을 수 있다. 다만, **등기필정보 수령행위만을 위임**받은 경우에는 그 위임사실을 증명하기 위하여 위임인의 **인감증명 또는 신분증 사본**을 첨부한 위임장을 제출하여야 하고, 가족관계증명서는 위임사실을 증명하는 서면이라고 볼 수 없다(선례 201705-2).

② **등기신청을 위임받은 법무사**는 복대리인 선임에 관한 본인의 허락이 있는 경우에 한하여 다른 사람에게 그 등기신청을 다시 위임할 수 있으나, 등기신청 대리 권한에 포함되어 있는 등기필정보 수령 권한만을 다른 사람에게 위임할 때에는 복대리인 선임에 관한 본인의 명시적인 허락이 있어야 할 필요는 없다. 따라서 **등기신청을 위임받은 법무사**는 그가 속한 법무사합동사무소의 대표 법무사 또는

다른 구성원 법무사에게 등기필정보 수령 권한만을 다시 위임할 수 있고, 이렇게 등기필정보 수령 권한만을 위임받은 자가 등기소에 출석하여 **등기필정보를 수령**할 때에는 그 위임사실을 증명하는 위임장과 위임인의 인감증명서 또는 신분증 사본을 제시하여야 하지만, 본인(등기권리자)의 허락이 있음을 증명하는 서면은 제시할 필요가 없다. 법무사 **사무원**은 법무사의 업무를 보조하는 자에 불과하므로 **등기신청을 위임받은 법무사**가 다른 법무사의 사무원에게 직접 등기필정보 수령 권한을 다시 위임할 수는 없다. 한편 **등기필정보 수령 권한을 위임받은 법무사**는 자신이 직접 등기소에 출석하여 등기필정보를 수령하거나 그 소속 사무원을 등기소에 출석하게 하여 등기필정보를 수령할 수도 있다(선례 201808-1).

③ **법무사법인이 등기신청을 대리**할 때에는 그 업무를 담당할 법무사를 지정하여야 하며, 이렇게 지정받은 법무사만이 그 업무에 관하여 법인을 대표하게 되므로(「법무사법」 제41조), 그 법인 소속 법무사라 하더라도 지정받은 법무사가 아닌 **다른 법무사**는 해당 등기신청에 관한 행위(신청서 제출, 신청의 보정 및 등기필정보의 수령 등)를 할 수 없다. 다만, 해당 등기신청 업무에 관하여 지정받은 법무사가 등기신청서를 제출한 후에 등기신청서를 제출하지 아니한 그 법인 소속 다른 법무사가 **등기필정보의 수령 업무만에 관하여 별도로 지정**을 받았다면 그 법무사는 이를 소명하는 자료(지정서)를 제시하고 등기필정보를 수령할 수 있다. 한편 법무사법인이 대리인인 경우에 등기신청서에 기재된 담당 법무사가 누구인지 관계없이 「부동산등기규칙」 제58조 제1항에 따라 그 법무사**법인 소속으로 허가받은 사무원**은 누구나 등기신청서의 제출・등기신청의 보정 및 등기필정보의 수령을 할 수 있다(선례 202001-6).

09 절 대위

	법	규칙
조문	민법 404 (채권자대위권) 법 22 (신청주의) 법 23 (등기신청인) 법 28 (채권자대위권에 의한 등기신청) 법 41 (변경등기의 신청) 법 43 (멸실등기의 신청) 법 46 (구분건물의 표시에 관한 등기) 법 96 (관공서가 등기명의인 등을 갈음하여 촉탁할 수 있는 등기) 법 99 (수용으로 인한 등기)	규칙 50 (대위에 의한 등기신청) 규칙 53 (등기완료통지) 규칙 109 (등기필정보를 작성 또는 통지할 필요가 없는 경우)
기출	1. [00 법무] 대위에 의한 등기에 관하여 설명하시오. 50점 2. [14 행시] ① 채권자대위권에 의한 대위등기에 관하여 설명하시오. 40점 ② 甲에서 乙로, 乙에서 丙으로 원인 없이 순차적으로 소유권이전등기가 마쳐진 후 甲이 乙과 丙을 상대로 각 말소소송을 제기하여 판결을 받은 경우. 甲이 위 판결에 기하여 丙 명의의 소유권이전등기를 말소하는 경우, 그 신청방법을 약술하시오. 10점 3. [20 법무] 가압류채권자 甲은 A부동산에 대하여 **채무자를 丙으로 하여 가압류결정**을 받았다. 그런데 A부동산의 **등기기록상 소유자는 丙의 피상속인인 乙 명의로** 되어 있다(**아직 乙의 상속인인 丙 앞으로 상속등기가 경료되지 않음**) 이때 **가압류등기를 하기 위한 절차**에 대하여 설명하시오. 10점 4. [22 행시] 소유권이전등기가 甲→乙→丙 명의 순으로 기록되어 있고, 근저당권설정등기가 乙을 근저당권설정자로 하여 근저당권자 丁의 명의로 기록되어 있다. 甲은 乙 명의의 소유권이전등기가 위조서류에 의한 원인무효임을 이유로 피고 乙과 피고 丙을 상대로는 소유권이전등기의 각 말소등기절차를 이행하라는 확정판결을, 피고 丁을 상대로는 위 말소등기에 대한 승낙의 의사표시를 하라는 확정판결을 받았다. 甲이 丙 명의의 소유권이전등기를 단독으로 말소신청할 수 있는 근거에 대해 설명하시오. 10점	

Ⅰ. 서설	1. 의의	**(1) 의의**[법 28, 규칙 50 등] ① **대위등기는** 법률에 의하여 등기신청권자를 대위하여 자기의 이름으로 피대위자 명의의 등기를 신청하는 것을 말하며, 통상적으로 실체법적인 등기청구권자와 절차법적인 등기권리자가 다른 경우에 한다. ② 민법상 채권자대위권[민법 404, 법 28]에 기한 대위등기와 광의의 부동산등기법의 대위등기가 있다. ③ 아래에서는 채권자대위에 의한 등기신청을 기준으로 설명한다. **(2) 취지** 채권자대위등기는 채무자가 스스로 권리를 행사하지 않는 경우에 채권자의 권리실현을 위해 마련된 절차이다.

	(3) 구별개념 ① **대리는** 당사자의 위임을 받아 대리인의 이름으로 등기를 신청하는 것을 말하며 ② **대위는** 당사자의 위임이 없이 법률에 따라 자신의 이름으로 등기를 신청하는 것을 말한다.
2. 요건	**(1) 피보전권리의 존재(대위의 기초가 되는 채권)** 금전채권, 특정채권, 물권적 청구권, 채권적 청구권인지 불문한다. **(2) 변제기의 도래** **(3) 보전의 필요성이 있을 것(통상 무자력)** ① 실체법적으로는 피보전채권이 금전채권인 경우에는 채권자대위의 일반원칙에 따라 채무자의 무자력이 요구된다. ② 그러나 등기실무에서는 금전채권·특정채권 불문하고 채무자의 무자력을 요건으로 하지 아니한다. ③ 따라서 등기관은 무자력 여부를 심사하지 않고 등기신청을 수리하며, 신청인은 채무자가 무자력 상태에 있음을 증명하지 않고서도 채권자는 채권자대위에 의한 등기신청을 할 수 있다. **(4) 채무자의 권리불행사** **(5) 피대위권리의 존재** **1) 채무자에게 등기신청권이 있을 것** ① 채무자의 권리를 행사하는 것이므로 채무자는 등기신청권이 있어야 된다. 예컨대 부동산에 대하여 소유권이전등기절차를 명하는 승소의 확정판결을 받은 甲이 그 판결에 따른 소유권이전등기절차를 취하지 않는 경우, 그 甲에 대한 금전채권이 있는 채권자는 대위원인을 증명하는 서면인 소비대차계약서 등을 첨부하여 위 판결에 의한 甲명의의 소유권이전등기를 甲을 대위하여 신청을 할 수 있다(선례 6-160). 등기신청권은 공법상 권리이므로 피대위권리성이 인정되며, 중복대위등기도 가능하다. ② 채무자에게 등기신청권이 없으면 당연히 대위등기신청도 생각할 수 없다. 상속포기를 한 경우에는 대위상속등기를 신청할 수 없다(채무자의 등기신청권이 없으므로). 한정승인을 한 경우에는 대위상속등기를 신청할 수 있다. ③ 상속포기나 한정승인이 가능한 기간 내에도 대위상속등기를 신청할 수 있다. ④ **대위등기신청**은 채권자가 채무자의 **등기신청권을 대위 행사하는 것**이지, 채무자의 실체법상 등기청구권을 대위행사하는 것은 아니다. **등기청구권**은 실체법상의 권리로서 상대방에게 등기신청의 의사표시를 갈음하는 이행판결을 구할 수 있는 권리이며, 사법상의 권리로 소송의 방법으로 실현된다(「부동산등기실무 Ⅰ」 p.135). **등기신청권**은, 이는 다른 등기권리자 또는 등기의무자와 공동으로 권리의 등기를 신청하거나 단독으로 사실의 등기를 신청할 수 있는 공법상의 권리를 말한다. 채권자가 채무자를 **대위하여 소송을 제기하는 행위**는 채무자의 실체법상 등기

<table>
<tr><td></td><td></td><td>청구권을 행사한다고 볼 수 있으나, 채권자가 채무자를 대위하여 등기를 신청하는 행위는 채무자의 등기신청권을 행사하는 것으로 구별된다.
2) 채무자에게 불리한 등기가 아닐 것
① 채권자대위등기는 채무자의 관여 없이 행해지므로 채무자에게 유리하거나 적어도 불리한 등기여서는 안 된다.
② 따라서 채무자가 의무자의 지위에 있는 등기신청은 대위할 수 없다.
③ 채무자에게 불리하지 않은 부동산표시나 등기명의인표시의 변경(경정)등기는 대위할 수 있다.</td></tr>
<tr><td></td><td>3. 범위</td><td></td></tr>
<tr><td></td><td>4. 효과</td><td></td></tr>
<tr><td rowspan="2">II. 개시
[법 22]</td><td>1. 모습</td><td>1. 공동신청[법 23①]
2. 단독신청[법 23④ 등]</td></tr>
<tr><td>2. 전자
[법 24①2]
[규칙 67]</td><td></td></tr>
<tr><td>III. 신청 절차</td><td>1. 신청인
[법 23]</td><td>① 대위채권자 자신이 등기신청인이 된다.
② 등기상대방을 대위하는 것은 공동신청주의상 허용되지 않는다. 그러나 등기상대방에 대한 별도의 채권을 가지고 있는 경우에는 예외적으로 상대방을 대위해서 등기신청을 할 수 있다.
예컨대 원고가 피고들을 상대로 제기한 소송에서 "원고는 피고들에게 명의신탁해지를 원인으로 한 소유권이전등기절차를 이행하라"는 화해권고결정을 받은 경우, 이 판결에 의한 등기는 승소한 등기권리자인 피고들만이 신청할 수 있으므로 등기의무자인 원고는 피고들이 등기신청을 하지 않고 있더라도 이 판결에 기하여 직접 피고들 명의의 등기신청을 하거나 피고들을 대위하여 등기신청을 할 수는 없고 피고들을 상대로 등기를 인수받아 갈 것을 구하는 별도의 소송을 제기하여 그 승소판결에 기해 등기를 신청할 수 있다. 다만, 원고가 피고들에 대하여 별도의 채권(금전채권 또는 등기청구권과 같은 특정채권)을 가지고 있다면 원고는 자기채권의 실현을 위하여 피고들이 가지고 있는 등기신청권을 자기의 이름으로 행사하여 피고들 명의의 등기를 신청할 수 있고, 이와 같이 대위등기를 신청하는 경우에는 원고가 피고들을 대신하여 취득세를 납부하여야 한다[선례 201105-2].
③ 채권자대위등기와 채권자 자신으로의 등기를 반드시 동시에 신청할 필요는 없다.
④ 판결에 의한 등기에서 채권자가 채권자대위권을 행사하여 제3채무자를 상대로 승소판결을 받은 경우 채권자는 판결에 따른 등기를 할 때에 채무자를 대위하여 신청할 수 있으며, 채무자가 대위소송이 제기된 사실을 알았을 경우에는 채무자에게도 기판력이 미치므로 채무자 또는 제3의 채권자도 그 판결에 따른 등기를 신청할 수 있다. 그러나 패소한 제3채무자가 위 판결을 사용하여 등기를 신청할 수는 없다.
⑤ 채권자가 채권자취소권을 행사하여 수익자를 상대로 승소판결을 받은 경우 채권자는 판결에 따른 등기를 할 때에 채무자를 대위하여 신청할 수 있지만, 채무자나 패소한 수익자가 위 판결을 사용하여 등기를 신청할 수는 없다.</td></tr>
</table>

	2. 신청 정보 (규칙 43)	일반적 (규칙 43)	신청서 표제 부동산 표시 등기원인(연월일) 등기목적	
		개별적 (규칙 50)	대위원인	"○○년 ○○월 ○○일 매매에 의한 소유권이전등기청구권" "○○년 ○○월 ○○일 소비대차의 대여금반환 청구권" 등
			신청인	① **피대위자(채무자)** : 성명 · 주소 · 번호(규칙 50.1) → 등기기록○ ② **대위자(채권자)** : 성명 · 주소(규칙 50.3) → 등기기록○ ③ **신청인이 대위채권자라는 뜻**(규칙 50.2) (예 ○○○ 대위신청인 ○○○) * 대위자의 주민등록번호는 제공하지 않는 점에 주의한다.
	3. 첨부 정보 (규칙 46)	일반적 (규칙 46)	등기원인 관련	(1) **등기원인증명**(규칙 46①1) 등기신청 시에는 원본을 등기원인을 증명하는 정보로 제공하여야 하고, 채권자대위권에 의한 등기신청은 채무자의 등기신청권을 채권자가 대위행사하는 것일 뿐이므로, 채권자대위권에 의한 등기신청 시에도 원본을 등기원인을 증명하는 정보로 제공하여야 한다(선례 제202302-02호). (2) **등기원인 – ㉦㉧㉪ 등**(규칙 46①2, 규칙 46③)
			의무자 관련	(1) **등기필정보**(법 50②, 규칙 43①7) (2) **인감증명**(규칙 60, 규칙 61①)
			권리자 관련	(1) **세금영수증**(법 29.10) 채권자가 채무자를 대위하여 등기신청하는 경우도 본래의 등기신청인인 채무자가 등기신청하는 경우와 다를 바 없기 때문에 취득세, 국민주택채권, 등기신청수수료 등 제반의무를 이행하여야 한다. (2) **주소증명**(규칙 46①6) (3) **번호증명**(규칙 46①6, 법 49)
			부동산 관련	(1) **대장, 그 밖의 정보**(규칙 46①7) (2) **지적도 · 도면**
		개별적 (규칙 50)	신청인자격 관련	(1) **대위원인을 증명하는 정보**(규칙 50) ① 공문서 · 사문서 불문 ② 판결정본 · 가압류결정정본 ③ 매매계약서 · 금전채권증서 – ○ ④ 다만, 단순한 소제기증명서– ×
Ⅳ. 실행 절차	1. 접수 · 배당			
	2. 조사			

<table>
<tr><td rowspan="2"></td><td>3. 문제○
(법 29)</td><td colspan="2">(1) 각하(법 29.3, 9)
① 대위권한증명정보를 첨부하지 않은 경우에는 법 제29조 제9호로 각하하여야 하나,
② 위 증명정보를 첨부하였지만 결과적으로 대위권이 없는 자가 신청한 경우에는 법 제29조 제3호로 각하하여야 한다.
③ 다만, 간과하고 마쳐진 등기는 실체관계에 부합하는 한 유효하므로 직권말소할 수는 없다.</td></tr>
<tr><td rowspan="2">4. 문제×
(법 48)</td><td>일반적
(법 48)</td><td>┌ 표제부
├ 갑구
├ 을구
└ 등기형식</td></tr>
<tr><td></td><td>개별적
(법 28)</td><td>① 채무자(피대위자) : 성명 · 주소 · 번호 (법 48②)
② 채권자(대위자) : 성명 · 주소 (법 28②)
③ <del>신청인이 대위채권자라는 뜻</del>
④ 대위원인 (법 28②)</td></tr>
<tr><td></td><td>5. 완료 후</td><td colspan="2">┌ 등기완료 통지 법 30 (규칙 53) 등기신청인 등에게 등기완료통지를 한다.
├ 등기필정보 통지 법 50 (규칙 106~110) 등기필정보를 작성 · 통지하지 아니한다(규칙 109②4).
├ 소유변경 통지 법 62 (규칙 120)
└ 과세자료 제공 법 63 (규칙 120)</td></tr>
<tr><td>V.
처분
이의</td><td colspan="3">법 100 등</td></tr>
<tr><td>VI.
기타</td><td colspan="3">1. 부동산등기법상 대위등기
(1) 건물멸실등기(법 43, 법 44)
① 건물이 멸실된 경우에는 그 건물 소유권의 등기명의인은 그 사실이 있는 때부터 1개월 이내에 그 등기를 (註 단독으로) 신청하여야 한다. 다만 이러한 등기를 해태한 경우라도 부동산등기법상 과태료는 부과되지 않는다. 이 경우 건물 소유권의 등기명의인이 1개월 이내에 멸실등기를 신청하지 아니하면 그 건물대지의 소유자가 건물 소유권의 등기명의인을 대위하여 그 등기(註 멸실등기)를 신청할 수 있다.
② 존재하지 아니하는 건물에 대한 등기가 있을 때에는 그 소유권의 등기명의인은 지체 없이 그 건물의 멸실등기를 신청하여야 한다. 이 경우 건물 소유권의 등기명의인이 멸실등기를 신청하지 아니하는 경우에는 그 건물대지의 소유자가 건물 소유권의 등기명의인을 대위하여 그 등기(註 멸실등기)를 신청할 수 있다.
(2) 구분건물 중 일부 구분건물만의 소유권보존등기(법 46)
① 1동의 건물에 속하는 구분건물 중 일부만에 관하여 소유권보존등기를 신청하는 경우에는 나머지 구분건물의 표시에 관한 등기를 동시에 신청하여야 한다.
② 구분건물의 소유자는 1동에 속하는 다른 구분건물의 소유자를 대위하여 그 건물의 표시에 관한 등기를 신청할 수 있다.
(3) 신탁등기에 있어서 위탁자와 수익자의 대위등기(법 82②)
① 신탁등기의 신청은 해당 부동산에 관한 권리의 설정등기, 보존등기, 이전등기 또는 변경등기</td></tr>
</table>

의 신청과 동시에 하되, 1건의 신청정보로 일괄하여 신청하여야 한다.

② 수익자나 위탁자는 수탁자를 대위하여 신탁등기를 신청할 수 있다.

(4) 수용에 따른 소유권이전등기와 대위등기(법 99③)

① 수용으로 인한 소유권이전등기는 제23조 제1항에도 불구하고 등기권리자가 단독으로 신청할 수 있다.

② 등기권리자는 제1항의 신청을 하는 경우에 등기명의인이나 상속인, 그 밖의 포괄승계인을 갈음하여 부동산의 표시 또는 등기명의인의 표시의 변경, 경정 또는 상속, 그 밖의 포괄승계로 인한 소유권이전의 등기를 신청할 수 있다.

(5) 관공서의 체납처분에 의한 압류와 대위등기(법 96)

관공서가 체납처분(滯納處分)으로 인한 압류등기(押留登記)를 촉탁하는 경우에는 등기명의인 또는 상속인, 그 밖의 포괄승계인을 갈음하여 부동산의 표시, 등기명의인의 표시의 변경, 경정 또는 상속, 그 밖의 포괄승계로 인한 권리이전(權利移轉)의 등기를 함께 촉탁할 수 있다.

2. 채권자의 대위에 의한 상속등기

(1) 경매신청 등을 위한 일반 채권자의 대위 상속등기 − O

① 상속등기를 하지 아니한 부동산에 대하여 가압류결정이 있을 때 가압류채권자는 그 기입등기촉탁 이전에 먼저 대위에 의하여 상속등기를 함으로써 등기의무자의 표시가 등기기록과 부합하도록 하여야 한다(법 29.7).

② 대위원인 : "○년 ○월 ○일 ○○지방법원의 가압류 결정"이라고 기재한다.

③ 대위원인증서 : 가압류결정의 정본 또는 그 등본을 첨부한다.

④ 가압류, 가처분, 경매개시결정 등의 처분제한등기를 촉탁하는 경우에는 체납처분에 의한 압류등기의 촉탁과는 달리 집행법원이 대위촉탁할 수 있는 법적 근거가 없다. 따라서 신청채권자(등기권리자)로 하여금 대위신청하도록 한 후 처분제한의 등기를 촉탁하고 있다.

(2) 경매신청 등을 위한 근저당권자의 대위 상속등기 − O

① 근저당권설정자가 사망한 경우에 근저당권자가 임의경매신청을 하기 위하여 근저당권의 목적인 부동산에 대하여 대위에 의한 상속등기를 신청할 수 있다(법 29.7).

② 대위원인 : "○년 ○월 ○일 설정된 근저당권의 실행을 위한 경매에 필요함"이라고 기재한다.

③ 대위원인증서 : 당해 부동산의 등기사항증명서를 첨부한다.

다만, 등기신청서 첨부서류란에 "대위원인을 증명하는 서면은 ○년 ○월 ○일 접수번호 제○○호로 본 부동산에 근저당권설정등기가 경료되었기에 생략"이라고 기재하고 첨부하지 않아도 된다.

10 절 등기원인증명정보에 대한 ㉸㉧㉭ 등

	법	규칙
조문	법 29 (신청의 각하) 법 68 (거래가액의 등기)	규칙 46 (첨부정보) 규칙 124 (거래가액과 매매목록) 규칙 125 (거래가액의 등기방법)
기출	1. [01 법무] 등기원인을 증명하는 서면을 설명하시오. 20점 2. [05 법무] 등기신청서의 첨부서면 중 등기원인에 대한 제3자의 허가, 동의 또는 승낙을 증명하는 서면에 대하여 설명하시오. 50점 3. [17 행시] 판결과 허가동의승낙서 첨부여부 15점	

1. 서설(규칙 46①1, 46①2)

(1) 의의 – 등기원인에 대하여 제3자의 허가·동의·승낙이 필요한 경우에는 이를 증명하는 정보를 첨부정보로 제공하여야 한다.

(2) 취지 – 제3자의 허가 등이 없으면 원인행위의 효력이 없는 등의 사유가 있는 경우 이를 증명하여 원인무효인 등기를 방지하고 거래의 안전을 보호하기 위한 것이다.

2. 종류(예규 1638호)

① **농지**의 취득에 대한 농지소재지 관할 시장, 구청장, 읍장, 면장의 **농지취득자격증명**

② **허가구역 안에 있는 토지**에 관한 소유권·지상권(소유권·지상권의 취득을 목적으로 하는 권리를 포함한다)을 이전 또는 설정(대가를 받고 이전 또는 설정하는 경우에 한한다)하는 계약(예약을 포함한다)의 체결에 대한 시장·군수 또는 구청장의 허가 또는 그 허가받은 사항을 변경하고자 하는 경우의 시장·군수 또는 구청장의 허가(註 토지거래계약허가)

③ **재단법인**의 부동산에 관하여 처분행위를 원인으로 한 소유권이전등기신청에 대한 **주무관청의 허가**

④ **공익법인**의 기본재산의 매도, 증여, 임대, 교환 또는 담보제공에 대한 **주무관청의 허가**

⑤ **학교법인**의 기본재산의 매도, 증여, 교환, 담보제공 또는 권리포기에 대한 **관할청의 허가**

⑥ **전통사찰**의 부동산의 양도에 대한 **문화체육관광부장관의 허가**, 부동산의 대여 또는 담보제공에 대한 **시·도지사의 허가**

		검인계약서	부동산거래계약 신고필증	토지거래계약허가서	농지취득자격증명서
Ⅰ. 서설	1. 의의	① 1990.9.9. 이후 ② 계약 : 유상·무상 ③ 소이등 ④ 가등기	① 2006.1.1. 이후 ② 계약 : 매매계약서 ③ 소이등 ④ 가등기	① 허가구역 토지 ② 계약 : 유상·무상 ③ 소이등·지상권 ④ 가등기·본등기[中 1번]	① 농지 ② 계약 불문 : 유상·무상 ③ 소이등 ④ 가등기
	2. 요건				
	3. 범위	(1) 주체 ④ 관공서(권·의) – ×	(1) 주체	(1) 주체	(1) 주체 ① 농업인○·농업법인○ ② 비법인×·영리법인× ③ 종중× (판결받았더라도) ④ 관공서(권) – ×

		(2) 객체 ① 토지·건물 – ○ 미등기·무허가 – ○	**(2) 객체** ① 계약당사자 지위이전계약 – 모두	**(2) 객체** ① 면적요건 有 ② 계약 체결시기 ┌ 허가구역 지정 전 : × └ 지정해제 : × ③ 분할거래 : 각 토지의 최초 등기 시에 각 허가서 제공	**(2) 객체 (현황주의)** ① 면적요건 無 ② 도시지역 – × ③ 농지취득자격증명 미발급사유통보서 – × ④ 농지전용협의 – × ⑤ 농지전용허가·신고 – ○
		(3) 행위 ① 소유권이전 – ○ ③ 가등기 – × ④ 소유권말소 – ×	**(3) 행위** ① 소유권이전 – ○ ③ 가등기 – × ④ 소유권말소 – ×	**(3) 행위** ① 소유권 이전 – ○ ② 지상권설정·이전 – ○ ③ 가등기 – ○ ④ 소유권말소 – ×	**(3) 행위** ① 소유권이전 – ○ ③ 가등기 – × ④ 소유권말소 – ×
	4. 효과	[검인계약서 vs 신청서] : 동일성 o → 수리 o	[신고필증 vs 신청서] ┌ 동일성 o : 수리 o └ 동일성 x : 수리 x	유동적 무효	농지취득 자격요건 o
	5. 판결	●	×	●	●
II. 제공 여부	**1. 제공 O**	┌ 유 매매·교환·현물출자 ├ 중 공유물분할 (지분초과 불문) └ 무 증여·신탁·신탁해지	매매	┌ 유 매매·교환·현물출자 ├ 중 공유물분할 (지분초과 限) └ 무 증여·신탁·신탁해지·지료無	┌ 유 매매·교환 ├ 중 공유물분할 (지분초과 불문) └ 무 증여·신탁·신탁해지
		┌ 재산분할협의 (∵ 협의 성질)		┌ 재산분할협의 (∵ 유상×)	④ 재산분할협의 (∵ 실질승계취득×)
		└ 유류분반환		└ 유류분반환 (∵ 유상×)	⑤ 유류분반환 (∵ 실질승계취득×)
	2. 제공 ×	**상속, 수용, 시효취득, 진정명의회복, 경매** (단, 농취증 : 공매는 첨부 要)			
		┌ 토지거래계약허가 받은 경우 └ 부동산거래계약신고필증 받은 경우			토지거래계약허가 받은 경우
III. 제공 절차		계약서 or 판결서 자체에 검인	별도의 서면 제출		
IV. 심사 (간과등기)		각하(법 29.9) → 당연무효 → 직권말소 → 이의신청			

11절 검인

	법	규칙
조문	법 29 (신청의 각하)	규칙 46 (첨부정보)
기출		

1. 서설(규칙 46①1)

(1) 의의 – 「부동산등기 특별조치법」에 따르면 부동산에 관한 계약을 등기원인으로 하여 1990.9.2. 이후 소유권이전등기를 신청할 때에는 계약의 일자 및 종류를 불문하고 검인을 받은 계약서 원본(검인계약서) 또는 검인을 받은 판결서정본(화해·인낙·조정조서를 포함한다)을 등기원인증서로 제출하여야 한다(「부동산등기 특별조치법」 제3조 제1항).

(2) 취지 – 이는 부동산거래에 대한 실체적 권리관계에 부합하는 등기를 신청하도록 하여 건전한 부동산거래질서를 확립함을 목적으로 한다(동법 제1조).

구분		검인대상○	검인대상×
주체		–	계약의 일방당사자가 국가 또는 지방자치단체인 경우
객체	부동산	토지, 건물 (무허가, 미등기○)	선박, 입목, 재단등기
행위	계약 (유상·무상)	매매, 교환, 현물출자, 공유물분할 증여, 신탁 및 신탁해지 등	상속, 수용, 시효취득, 진정명의회복, 경매 (다만, 공공용지 협의취득 – 검인을 요함) 공유자 중 일부가 그 지분을 포기함으로써 남은 공유자에게 권리귀속으로 인한 소유권이전등기를 신청
	소유권 이전등기 (본등기 포함)	소유권이전등기	소유권이전청구권보전의 가등기 소유권이전등기말소등기
간주 규정		–	① 토지거래허가구역 안의 토지에 대하여 토지거래계약허가증을 교부받은 경우 토지거래허가구역 안의 토지 및 건물에 대한 소유권이전등기 신청 시 토지에 대하여 허가증을 받은 경우에 건물(토지의 허가신청서에 건물도 같이 기재되므로 건물에 대하여도 검인이 있는 것으로 본다.) ② 부동산거래신고를 한 경우
판결		판결정본에 검인○	

12 절 부동산거래신고필증 & 매매목록

	법	규칙
조문	법 29 (신청의 각하) 법 68 (거래가액의 등기)	규칙 46 (첨부정보) 규칙 124 (거래가액과 매매목록) 규칙 125 (거래가액의 등기방법)
기출		

1. 서설(규칙 124, 125)

(1) 부동산거래계약신고필증

① 등기관이 「부동산 거래신고 등에 관한 법률」 제3조 제1항에서 정하는 계약을 등기원인으로 한 소유권이전등기를 하는 경우에는 대법원규칙으로 정하는 바에 따라 거래가액을 기록한다(법 68).

② 법 제68조의 거래가액이란 「부동산 거래신고 등에 관한 법률」 제3조에 따라 신고한 금액을 말한다(규칙 124①).

③ 따라서 「부동산 거래신고 등에 관한 법률」 제3조 제1항에서 정하는 계약(예 매매계약)을 등기원인으로 하는 소유권이전등기를 신청하는 경우에는

1) 거래가액을 등기하기 위하여 등기신청서에 거래신고관리번호 및 거래가액을 기재하고,

2) 시장・군수 또는 구청장으로부터 제공받은 거래계약신고필증정보를 첨부정보로서 등기소에 제공하여야 한다(규칙 124).

④ 신고필증정보에는 거래신고관리번호, 거래가액, 거래당사자, 목적부동산이 표시되어 있어야 한다.

⑤ 거래신고 제도의 취지는 실제 거래가액에 기초하여 과세가 이루어지도록 하고 투명하고 공정한 부동산 거래질서를 확립하여, 부동산에 대한 투기적 수요를 억제함에 있다. 거래신고의 취지를 실현시키기 위하여 실제 거래가액을 등기기록으로 공시한다.

⑥ 예규에 따르면, 거래가액은 2006.1.1. 이후 작성된 매매계약서를 등기원인증명정보로 제공하여 소유권이전등기를 신청하는 경우에만 등기하므로, 이 경우에만 거래신고관리번호 및 거래가액을 부동산표시란의 하단에 기재한다.

⑦ 매매를 원인으로 소유권이전등기 신청 시에는 매매계약서를 등기원인을 증명하는 정보로 제공하여야 하고, 이 계약서에는 대금 및 그 지급일자에 관한 사항이 기재되어 있어야 하므로, 부동산 매매계약서를 작성하고 부동산거래신고필증을 발급받은 후 잔금지급일을 변경한 경우, 원칙적으로는 변경된 잔금지급일이 기재된 계약서 및 그에 대한 부동산거래신고필증을 첨부정보로 제공하여야 한다. 한편, 매매계약서상의 잔금지급일 전에 매매를 원인으로 소유권이전등기를 신청한 경우, 매도인은 기한의 이익 또는 동시이행의 항변권을 포기하고 소유권이전등기의무를 이행할 수 있으므로, 등기관은 다른 각하사유가 존재하지 아니하는 한 그 신청을 수리하여야 한다(선례 제202302-03호).

구분	제공○	제공×
주체	–	–
객체	–	–
행위	2006.1.1. 이후	2006.1.1. 이전
	매매계약서	판결정본(판결에 준하는 집행권원 포함)
	본등기	가등기

(2) 매매목록

① 매매목록은 거래가액 등기의 대상이 되는 소유권이전등기를 신청할 때에 신고필증상 거래부동산이 2개 이상인 경우 또는 거래부동산이 1개라 하더라도 여러 명의 매도인과 여러 명의 매수인 사이의 매매계약인 경우에는 매매목록을 첨부정보로서 제공하여야 한다. 이 경우 각 부동산별로 거래액을 등기하지 않고 매매목록을 작성한다. 다만 1개의 계약서에 의해 2개 이상의 부동산을 거래한 경우라 하더라도 관할 관청이 달라 개개의 부동산에 관하여 각각 신고한 경우에는 매매목록을 제공할 필요가 없다.

② 신고필증상 거래부동산이 2개 이상인 경우에 매매목록을 제공하는 이유는 각 1억원에 해당하는 2개의 부동산을 1개의 매매계약서에 의하여 2억원에 매매한 경우 그 매매금액을 각각의 부동산에 나누어 각 1억씩 등기할 수는 없다. 그렇다고 각 등기기록에 전체금액인 2억원을 기록하게 되면 각 부동산의 실제의 거래가액이 2억원이 아님에도 2억원으로 등기되는 문제가 발생하기 때문에 매매목록을 제공하여야 하는 것이다.

③ 부동산이 1개라 하더라도 수인과 수인 사이의 매매인 경우에도 마찬가지이다.

13 절 토지거래계약허가

	법	규칙
조문	법 29 (신청의 각하)	규칙 46 (첨부정보)
기출		

1. 서설(규칙 46①1, 46①2)

① 토지거래계약허가구역에 있는 토지에 관한 소유권·지상권(소유권·지상권의 취득을 목적으로 하는 권리를 포함한다)을 이전하거나 설정(대가를 받고 이전하거나 설정하는 경우만 해당한다)하는 계약(예약을 포함한다. 이하 '토지거래계약'이라 한다)을 체결하려는 당사자는 공동으로 대통령령으로 정하는 바에 따라 시장·군수 또는 구청장의 허가를 받아야 한다. 허가받은 사항을 변경하려는 경우에도 또한 같다(동법 11①).

② 따라서 토지거래계약허가구역으로 지정된 일정면적 이상의 토지에 대하여 대가를 받고 소유권, 지상권을 이전(또는 설정)하는 계약(또는 예약)을 체결하여 그에 따른 등기신청을 하기 위해서는 신청서에 시장, 군수 또는 구청장이 발행한 토지거래계약허가증을 첨부하여야 한다(예규 1634).

2. 제공여부

구분		제공○	제공×
주체		–	–
객체	허가구역으로 지정된 토지	① 면적요건○ ② 계약의 체결시기 1) 허가구역지정 전 : × 2) 지정해제 : × (이후 재지정되더라도)	건물
	분할거래	각 토지의 최초 등기 시에 각 허가서 제공	
행위	유상계약	매매, 교환, 현물출자, 대물변제, 부담부 증여	증여, 지료의 지급이 없는 지상권계약, 공유지분의 포기, 신탁 및 신탁해지, 명의신탁 해지, 상속, 수용, 시효취득, 진정명의회복, 경매 등
	소유권 지상권	소유권이전 지상권설정·이전	전세권·임차권·근저당권의 설정·이전 등
	예약 포함○	위 등기의 가등기 ① ~ 등기청구권 가등기○ ② 담보가등기○ ③ 가등기가처분명령에 의한 가등기○	가등기 시 허가를 받은 경우 본등기 시
판결	판결정본에 토지거래계약허가를 받은 사실이 기재되어 있는 경우라도 소유권이전등기신청 시에는 토지거래계약허가서를 제공하여야 한다.		

계약내용의 변경	① 허가받은 사항과 계약의 내용이 다른 경우에는 허가받은 사항을 변경하여야 하며, 허가받은 사항을 변경하려는 경우에도 토지거래계약허가를 받아야 한다(동법 11①). ② 토지거래허가구역 내의 토지거래허가대상인 A, B 두 필지의 토지를 합산하여 토지거래계약허가를 받은 후 A필지에 대해서만 매매계약을 체결한 경우에는 토지거래계약허가내용과 계약체결의 내용이 다르므로, 그 토지거래계약허가서에 의하여는 A필지에 대한 소유권이전등기를 신청할 수 없다(선례 5-62). ③ 마찬가지로 토지거래허가구역 내의 토지에 대하여 토지거래계약허가를 받아 매매를 원인으로 한 소유권이전등기를 경료한 후 그 매매계약의 일부를 해제하는 것은 당초에 허가받은 토지거래계약을 변경하고자 하는 경우에 해당한다 할 것이므로, 그 해제를 원인으로 한 소유권일부말소의미의 소유권경정등기를 신청하기 위해서는 토지거래계약허가증을 첨부하여야 한다(선례 7-47).
포괄승계인에 의한 등기신청	**[매도인 사망]** 매도인 명의의 허가신청서를 제출하여 그 허가를 받기 전에 매도인이 사망하여 매도인 명의의 토지거래허가증을 교부받은 경우, 상속인은 매도인을 포괄승계한 것이므로 실질적인 계약내용의 변경이 없다면, 상속인은 매도인 명의의 토지거래허가증에 상속사실을 증명하는 서면을 첨부하여 등기신청을 할 수 있다(선례 5-69).

3. 제공절차

① 서면으로 제공한다.

② 등기신청서에 첨부하는 토지거래계약허가서의 유효기간에 대한 규정은 없으므로 그 발행일로부터 3개월이 경과한 경우에도 이를 등기신청서에 첨부할 수 있을 것이나, 다만 경과일수가 오래되어 그 증명력이 의심스러울 때에는 등기관은 최근에 발행된 토지거래계약허가서의 제출을 요구할 수 있을 것이다(선례 8-65).

4. 심사(각하사유_ 간과등기 효력_ 이의신청 여부)

허가구역 내의 토지에 대하여 토지거래계약허가증을 첨부하지 않고 소유권이전등기 등을 신청한 경우 그 등기신청은 법 제29조 제9호(등기에 필요한 첨부정보를 제공하지 아니한 경우)에 의하여 각하하여야 한다. 허가증 없이 등기가 된 경우 그 등기는 실체법상 무효이지만 법 제29조 제2호의 사건이 등기할 것이 아닌 경우에 해당하지는 않으므로 등기관이 직권으로 말소할 수는 없다(선례 6-81, 201012-6).

14 절 농지취득자격증명

	법	규칙
조문	법 29 (신청의 각하)	규칙 46 (첨부정보)
기출		

1. 서설(규칙 46①1, 46①2)

① 농지를 취득하려는 자는 농지 소재지를 관할하는 시・구・읍・면의 장에게서 농지취득자격증명을 발급받아, 소유권이전등기신청서에 첨부하여야 한다(「농지법」 제3조, 예규 1635).

② 농지취득자격증명은 농지를 취득하는 자에게 농지취득의 자격이 있다는 것을 증명하는 것으로, 농지를 취득하려는 자가 농지에 대하여 소유권이전등기를 마쳤다 하더라도 농지취득자격증명을 발급받지 못한 이상 그 소유권을 취득하지 못한다(대판 2012.11.29, 2010다68060).

③ 이는 공매절차에 의한 매각의 경우에도 마찬가지이므로 공매 부동산이 농지법이 정한 농지인 경우에는 매각결정과 대금납부가 이루어졌다고 하더라도 농지취득자격증명을 발급받지 못한 이상 소유권을 취득할 수 없고, 설령 매수인 앞으로 소유권이전등기가 되었다고 하더라도 달라지지 않으며, 다만 매각결정과 대금납부 후에 농지취득자격증명을 추완할 수 있을 뿐이다.

2. 제공여부

구분		제공○	제공×
주체		농업인・농업법인 국가나 지방자치단체로부터 농지를 매수 동일 가구(세대) 내 친족 간의 매매 등	국가나 지방자치단체가 농지를 취득
객체	농지	① 면적요건× ② 현황주의 전・답, 과수원 그 밖에 법적 지목을 불문하고 실제로 농작물 경작지 또는 대통령령으로 정하는 다년생식물 재배지로 이용되는 토지	도시지역 내의 농지 ① 주거지역 ② 상업지역 ③ 공업지역 ④ 녹지지역 (도시계획시설사업에 필요한 농지 限)
	농지전용	농지전용허가 농지전용신고	농지전용협의 완료 (단 협의가 완료되었다는 사실은 증명 要)
행위	계약불문 취득 (실질적 승계취득)	매매, 증여, 교환, 양도담보 상속인㉮에 대한 특정적 유증 명의신탁해지, 신탁법상의 신탁 or 신탁해지 (신탁목적과 관계없이) 사인증여, 계약해제, 공매	상속(포괄유증), 수용, 시효취득, 진정명의회복, 경매 상속인에 대한 특정적 유증, 공유물분할, 재산분할, 유류분반환, 농업법인의 합병 등 상속등기 후 상속재산의 협의분할을 원인으로 등기신청하는 경우도 마찬가지로 농지취득자격증명 不要

<table>
<tr><td rowspan="2">소유권 이전등기 (실질 판단)</td><td>① 소유권이전등기○
② 공유지분이전등기○
③ 합유명의인변경등기○</td><td>소유권말소×</td></tr>
<tr><td colspan="2">1. 농지에 대하여 매매로 인한 소유권이전등기가 마쳐진 후 매매계약의 합의해제를 등기원인으로 하여 소유권이전등기의 말소등기를 신청하는 경우에는 농지취득자격증명을 첨부정보로서 등기소에 제공할 필요가 없다(선례 제202204-1호).
2. 합유자의 교체 · 추가 · 임의탈퇴 등에 따라 농지에 대한 합유명의인 변경등기를 신청하는 경우 합유지분을 취득하는 새로운 합유자나 종전 합유자라도 변경원인에 따라 합유지분이 증가하는 경우에는 농지취득자격증명을 첨부정보로서 등기소에 제공하여야 한다(선례 제202204-1호).</td></tr>
<tr><td>예약 포함×</td><td>본등기</td><td>가등기(→ 종중도 농지에 대한 가등기 가능)</td></tr>
<tr><td>간주규정</td><td></td><td>토지거래허가구역 안의 농지에 대하여 토지거래계약허가증을 교부받은 경우</td></tr>
<tr><td>판결</td><td colspan="2">판결정본에 농지취득자격증명을 받은 사실이 기재되어 있는 경우라도 소유권이전등기신청 시에는 농지취득자격증명을 제공하여야 한다.</td></tr>
<tr><td>포괄승계인에 의한 등기신청</td><td colspan="2">[매수인 사망]
농지의 매수인이 사망한 후에 그에 대하여 발급된 농지취득자격증명은 무효이므로 그 상속인이 피상속인 명의의 증명서를 첨부하여 소유권이전등기를 신청할 수는 없다. 즉 피상속인이 매수한 농지에 관하여 공동상속인들은 매도인인 현재의 등기부상 소유자와 공동으로 상속지분에 따른 소유권이전등기를 신청할 수 있으며, 이 경우 농지취득자격증명을 첨부하여야 한다(선례 제5-714호).</td></tr>
</table>

3. 제공절차

① 서면으로 제공한다.

② 등기신청서에 첨부하는 농지취득자격증명의 유효기간에 대한 규정은 없으므로 발행일부터 3개월이 경과한 경우에도 등기신청서에 첨부할 수 있다. 다만 경과일수가 오래되어 그 증명력이 의심스러울 때에는 등기관은 최근에 발행된 농지취득자격증명의 제출을 요구할 수 있을 것이다(선례 7-49).

4. 심사(각하사유_ 간과등기 효력_ 이의신청 여부)

농지에 대하여 농지취득자격증명의 첨부 없이 소유권이전등기를 신청한 경우 그 등기신청은 법 제29조 제9호(등기에 필요한 첨부정보를 제공하지 아니한 경우)에 의하여 각하하여야 한다. 그러나 법 제29조 제2호의 사건이 등기할 것이 아닌 경우에 해당하지는 않으므로 등기관이 직권으로 말소할 수는 없다(법 58).

15 절 외국인의 토지취득 허가 · 신고

	법	규칙
조문	법 29 (신청의 각하)	규칙 46 (첨부정보)
기출		

1. 서설(규칙 46①1, 46①2)

외국인 등이 대한민국 안의 부동산 등을 취득하는 계약을 체결한 경우에는 허가 또는 신고를 하고 일정한 경우에는 이를 증명하는 정보를 제공하여야 한다.

2. 토지취득계약의 신고(등기신청 시 신고필증 첨부하지 않음)

「부동산 거래신고 등에 관한 법률」 제8조(외국인 등의 부동산 취득 · 보유 신고)

① 외국인 등이 대한민국 안의 부동산 등을 취득하는 계약(제3조 제1항 각 호에 따른 계약은 제외한다)을 체결하였을 때에는 계약체결일부터 60일 이내에 대통령령으로 정하는 바에 따라 신고관청에 신고하여야 한다.

② 외국인 등이 상속 · 경매, 그 밖에 대통령령으로 정하는 계약 외의 원인으로 대한민국 안의 부동산 등을 취득한 때에는 부동산 등을 취득한 날부터 6개월 이내에 대통령령으로 정하는 바에 따라 신고관청에 신고하여야 한다.

③ 대한민국 안의 부동산 등을 가지고 있는 대한민국 국민이나 대한민국의 법령에 따라 설립된 법인 또는 단체가 외국인 등으로 변경된 경우 그 외국인 등이 해당 부동산 등을 계속 보유하려는 경우에는 외국인 등으로 변경된 날부터 6개월 이내에 대통령령으로 정하는 바에 따라 신고관청에 신고하여야 한다.

3. 토지취득계약의 허가

「부동산 거래신고 등에 관한 법률」 제9조(외국인 등의 토지거래 허가)

① 제3조 및 제8조에도 불구하고 외국인 등이 취득하려는 토지가 다음 각 호의 어느 하나에 해당하는 구역 · 지역 등에 있으면 토지를 취득하는 계약(이하 "토지취득계약"이라 한다)을 체결하기 전에 대통령령으로 정하는 바에 따라 신고관청으로부터 토지취득의 허가를 받아야 한다. 다만, 제11조에 따라 토지거래계약에 관한 허가를 받은 경우에는 그러하지 아니하다. <개정 2024.2.6.>

1. 「군사기지 및 군사시설 보호법」 제2조 제6호에 따른 군사기지 및 군사시설 보호구역, 그 밖에 국방목적을 위하여 외국인 등의 토지취득을 특별히 제한할 필요가 있는 지역으로서 대통령령으로 정하는 지역
2. 「문화유산의 보존 및 활용에 관한 법률」 제2조 제3항에 따른 지정문화유산과 이를 위한 보호물 또는 보호구역

2의2. 「자연유산의 보존 및 활용에 관한 법률」에 따라 지정된 천연기념물 등과 이를 위한 보호물 또는 보호구역

3. 「자연환경보전법」 제2조 제12호에 따른 생태 · 경관보전지역
4. 「야생생물 보호 및 관리에 관한 법률」 제27조에 따른 야생생물 특별보호구역

② 신고관청은 관계 행정기관의 장과 협의를 거쳐 외국인 등이 제1항 각 호의 어느 하나에 해당하는 구역 · 지역 등의 토지를 취득하는 것이 해당 구역 · 지역 등의 지정목적 달성에 지장을 주지 아니한다고 인정하는 경우에는 제1항에 따른 허가를 하여야 한다.

4. 기타

① 법 제9조의 지역(구역)에 해당하더라도 토지거래계약에 관한 허가를 받은 경우에는 외국인 토지취득허가를 받을 필요가 없다.

② 위 각 호의 지역(구역)에 해당하지 않을 때에는 이를 소명하기 위하여 토지이용계획확인서를 첨부한다.

16 절 민법상 재단법인의 기본재산 처분 시 주무관청의 허가

	법	규칙
조문	법 29 (신청의 각하)	규칙 46 (첨부정보)
기출		

1. 서설(규칙 46①1, 46①2)

① 재단법인의 기본재산은 법인의 실체인 동시에 재단법인의 목적을 달성하기 위한 기본적 수단으로서 정관의 필요적 기재사항이다(「민법」 제43조, 제40조 제4호).

② 재단법인의 기본재산 처분은 필연적으로 정관변경을 초래하며, 법인의 정관변경은 주무관청의 허가를 얻어야 효력이 있다.

③ 따라서 재단법인의 기본재산을 처분하고 그에 따른 등기를 신청하는 경우에는 주무관청의 허가를 증명하는 서면을 첨부하여야 한다.

2. 제공여부

구분		제공○	제공×
주체		민법상 재단법인	민법상 사단법인
객체		기본재산	보통재산 (단, 보통재산임을 증명하기 위해 정관첨부 要)
행위	처분	매매, 증여, 교환, 신탁해지, 공유물분할 등	취득 상속(포괄유증), 수용, 시효취득, 진정명의회복, 경매
	소유권	소유권이전(+ 본등기 포함) 소유권말소	가등기 제한물권설정 임차권설정
	자유의사	소유권말소 ① 합의해제	소유권말소 ① 원인무효 ② 취소 ③ 법정해제
판결		반드시 제공○	

3. 제공절차

서면으로 제공한다.

4. 심사(각하사유_ 간과등기 효력_ 이의신청 여부)

위 주무관청의 허가서를 제공하지 않은 등기신청은 법 제29조 제9호(등기에 필요한 첨부정보를 제공하지 아니한 경우)에 의하여 각하하여야 한다. 그러나 법 제29조 제2호의 사건이 등기할 것이 아닌 경우에 해당하지는 않으므로 등기관이 직권으로 말소할 수는 없다(법 58).

17 절 공익법인의 기본재산 처분 시 주무관청의 허가

	법	규칙
조문	법 29 (신청의 각하)	규칙 46 (첨부정보)
기출		

1. 서설(규칙 46①1, 46①2)

① 공익법인이란 재단법인 또는 사단법인으로서 사회 일반의 이익에 이바지하기 위하여 학자금, 장학금 또는 연구비의 보조나 지급, 학술, 자선에 관한 사업을 목적으로 하는 법인을 말한다. 사단법인과 재단법인 중 일정한 목적을 가진 법인이 공익법인으로서, 공익법인은 민법의 특별법인 공익법인법의 규율을 받는다.

② 주의할 것은 공익법인은 그 공익성의 유지를 위하여 기본재산의 관리에 있어 민법보다 더 엄격한 제한을 두고 있다는 점이다. 즉 민법상 재단법인은 기본재산의 소유권을 양도하는 경우에만 주무관청의 허가를 받도록 되어 있으나, 공익법인의 재산에 대한 처분에는 소유권을 양도하는 경우뿐만 아니라 제한물권의 설정, 담보제공, 임차권의 설정과 용도변경까지 포함되므로 그 제한의 범위가 넓다.

2. 제공여부

구분		제공○	제공×
주체		공익법인(사단법인 · 재단법인)	
객체		기본재산	보통재산
행위	처분	매매, 증여, 교환, 신탁해지, 공유물분할 등	취득 상속(포괄유증), 수용, 시효취득, 진정명의회복, 경매
	소유권 제한물권 임차권	소유권이전(+ 본등기 포함) 전세권 · 근저당권설정 임차권설정	가등기
	자유의사	소유권말소 ① 합의해제	소유권말소 ① 원인무효 ② 취소 ③ 법정해제
판결		소유권이전등기라면 반드시 제공○	

3. 제공절차

서면으로 제공한다.

4. 심사(각하사유_ 간과등기 효력_ 이의신청 여부)

위 주무관청의 허가서를 제공하지 않은 등기신청은 법 제29조 제9호(등기에 필요한 첨부정보를 제공하지 아니한 경우)에 의하여 각하하여야 한다. 그러나 법 제29조 제2호의 사건이 등기할 것이 아닌 경우에 해당하지는 않으므로 등기관이 직권으로 말소할 수는 없다(법 58).

18 절 학교법인의 수익용 재산 처분 시 관할청의 허가

	법	규칙
조문	법 29 (신청의 각하)	규칙 46 (첨부정보)
기출		

1. 서설규칙 46①1, 46①2

① 학교법인이 그 기본재산을 매도·증여·교환 또는 용도변경하거나 담보에 제공하고자 할 때 또는 의무의 부담이나 권리의 포기를 하고자 할 때에는 관할청의 허가를 받아야 한다.

② 따라서 학교법인이 그 소유 명의의 부동산에 관하여 매매, 증여, 교환, 그 밖의 처분행위를 원인으로 한 소유권이전등기를 신청하거나 근저당권 등의 제한물권 또는 임차권의 설정등기를 신청하는 경우에는 그 등기신청서에 관할청의 허가를 증명하는 서면을 첨부하여야 한다. 다만, 사립학교법 시행령 제11조 제5항 제1호부터 제3호, 제6호, 제7호의 신고사항에 해당하는 경우에는 이를 소명할 수 있는 서면(관할청의 신고수리공문 등)을 첨부하여야 한다(예규 제1255호).

③ 그러나 학교교육에 직접 사용되는 학교법인의 재산 중 교지, 교사(강당을 포함한다), 체육장(실내체육장을 포함한다), 실습 또는 연구시설, 그 밖에 교육에 직접 사용되는 시설·설비 및 교재·교구 등을 매도 또는 담보로 제공하는 행위는 관할청의 허가여부에 관계없이 할 수 없다(「사립학교법」 제28조, 동법 시행령 제12조).

④ 즉 학교법인의 교육용 기본재산은 관할청의 허가 여부와 관계없이 처분행위가 금지되지만 수익용 기본재산은 관할청의 허가를 받은 경우에는 처분행위가 인정된다.

2. 제공여부

구분		제공○	제공×
주체		학교법인	
객체	기본재산	교육용 : 허가불문 不可 수익용 : 허가받은 경우 可	보통재산
행위	처분	매매, 증여, 교환, 그 밖의 처분행위 공유물분할 신탁해지	취득 상속(포괄유증), 수용, 시효취득, 진정명의회복, 경매 * 담보제공 당시에 관할청의 허가를 받은 경우 저당권의 실행으로 매각이 될 때 별도의 허가 不要
	소유권 제한물권 임차권	소유권이전등기 제한물권설정등기 임차권설정등기	가등기
	자유의사	소유권말소 1) 합의해제	소유권말소 1) 원인무효 2) 취소 3) 법정해제

기타	① 학교법인에게 신탁한 부동산이라 하더라도 그 신탁해지로 인한 소유권이전등기를 신청하는 경우에는 관할청의 허가를 증명하는 서면을 첨부하여야 한다. ② 학교법인이 공유자 중 1인인 부동산에 관하여 공유물분할등기를 신청하는 경우에도 관할청의 허가를 증명하는 서면을 첨부하여야 한다. 이는 학교법인이 종전의 공유지분보다 더 많은 공유지분을 취득하게 되는 경우에도 마찬가지이다.
판결	소유권이전등기라면 반드시 제공○

3. 제공절차

서면으로 제공한다.

4. 심사(각하사유_ 간과등기 효력_ 이의신청 여부)

위 관할청의 허가를 제공하지 않은 등기신청은 법 제29조 제9호(등기에 필요한 첨부정보를 제공하지 아니한 경우)에 의하여 각하하여야 한다. 그러나 법 제29조 제2호의 사건이 등기할 것이 아닌 경우에 해당하지는 않으므로 등기관이 직권으로 말소할 수는 없다(법 58).

19 절 등기필정보 - ⓐ 제공

	법	규칙
조문	법 50 (등기필정보) 법 51 (등기필정보가 없는 경우) 법 부칙 2 (등기필증에 관한 경과조치)	규칙 43 (신청정보의 내용) 규칙 111 (등기필정보를 제공할 수 없는 경우)
기출	1. [14 법무] 등기필정보와 관련하여 다음의 물음에 답하시오. ① 등기필정보의 **의의**와 **기능**에 관하여 설명하시오. 5점 ② 등기필정보를 **제공**하여야 하는 경우와 제공할 필요가 없는 경우에 관하여 설명하시오. 10점 ③ 등기필정보를 **작성·통지**하여야 하는 경우와 통지할 필요가 없는 경우에 관하여 설명하시오. 15점 ④ **등기필정보가 없는 경우**의 등기신청절차에 관하여 설명하시오. 20점 2. [20 법무] **등기필정보의 기재가 누락**됨을 이유로 보정명령을 받았지만 등기필정보통지서를 분실한 경우 법무사 A가 취할 수 있는 방법에 대해 설명하시오. 10점 3. [22 행시] 등기의무자가 등기필정보를 분실하여 등기필정보를 제공할 수 없는 경우(등기필정보를 제공해야 하는 등기신청임) 이에 갈음할 수 있는 방법을 설명하시오. 10점	

Ⅰ. 서설

(1) 의의(법 2.4, 법 50)

① **등기필정보란** 등기부에 새로운 권리자가 기록되는 경우에 그 권리자를 확인하기 위하여 등기관이 작성한 정보를 말한다.

② 새로운 권리에 관한 등기를 마쳤을 때에는 등기권리자에게 등기필정보를 작성하여 통지하여야 한다.

③ 통지받은 등기권리자는 등기필정보를 소지하고 있다가 사후에 등기의무자로 등기신청 시 그 등기필정보를 제공하여야 한다.

④ 등기필정보를 제공하는 이유는 등기의무자 본인 여부를 확인하여 등기의 진정성을 담보하기 위함이다. 등기필정보는 어떠한 사유로도 재교부가 되지 않기 때문에 등기필정보를 소지한 자는 정당한 권리자로 인정되기 때문이다.

⑤ 종전에 발급된 등기필증(서)를 소지하고 있는 경우에는 이를 제출할 수 있다(법 부칙 2).

> **관련 선례**
>
> 등기권리자에게 교부된 등기필증을 추가로 정정하는 것이 가능한지 여부(소극)(선례 202408-2)
> 등기필증은 등기관이 등기를 완료하였을 때에 등기원인을 증명하는 서면 또는 신청서의 부본에 신청서의 접수연월일, 접수번호, 순위번호와 등기필의 취지를 기재하고 등기소인을 압날하여 등기권리자에게 교부하는 등기완료의 사실을 증명하는 서면으로, 「부동산등기법」에 등기권리자에게 교부된 등기필증을 추가로 정정하는 제도가 마련되어 있지 않을 뿐만 아니라 사실상 이와 같은 추가정정은 등기필증의 재발급에 준하는 것이므로, 일단 등기권리자에게 **등기필증이 교부된 이후**에는 **재교부**뿐만 아니라 **추가로 정정**하는 것도 허용될 수 **없다**.

(2) 취지

① 등기의무자 본인확인을 통해 허위등기를 예방하고 등기의 **진정성** 담보

② 등기의 진정성을 담보하는 제도로는 ㉠ 공동신청주의, ㉡ 등기필정보, ㉢ 인감증명, ㉣ 자격자대리인의 자필서명정보 등이 있다.

II. 제공 여부 [등기 종류별]

1. 제공 O [법 50②] [규칙 43①7]

(1) 공동으로 신청하는 권리에 관한 등기

1) 공동으로 신청하는 등기

권리에 관한 등기를 공동신청하는 경우 등기의무자를 확인하여 진정성을 담보하기 위하여 등기필정보를 제공하여야 한다.

2) 권리에 관한 등기

① **제한물권 설정** : 그 바탕이 되는 권리(소유권의 보존·이전, 전세권이나 지상권의 설정·이전 등)를 등기하였을 때 수령한 등기필정보

② **권리 이전** : 이전하려는 권리의 보존이나 이전, 설정 등기 등을 하였을 때에 수령한 등기필정보

③ **권리 변경(경정)** : 해당 변경이나 경정등기로 인하여 불이익을 받는 자의 등기필정보

④ **권리 말소** : 해당 말소등기로 인하여 불이익을 받는 자의 등기필정보

(2) 승소한 등기의무자가 단독으로 신청하는 권리에 관한 등기

① 권리에 관한 등기에 있어 승소한 등기의무자가 단독으로 신청하는 경우에도 등기필정보를 제공하여야 한다. 다만, 승소한 등기권리자가 단독으로 신청하는 경우에는 그러하지 아니하다.

② 마찬가지로, 가등기명의인이 단독으로 가등기의 말소등기를 신청하는 경우에도 등기필정보를 제공하여야 한다.

2. 제공 ×

(1) 단독으로 신청하거나 권리에 관한 등기가 아닌 등기

1) 권리에 관한 등기가 아닌 등기

등기명의인표시변경(경정)등기 · 부동산표시(경정)등기 · 채무자표시변경등기

2) 단독으로 신청하는 등기(진정성이 인정되는 경우 / 성질상 공동신청이 불가능한 경우)

① 승소한 등기권리자의 신청(단, 승소한 등기의무자의 신청 – ○)

② 소유권보존등기·상속 등 포괄승계로 인한 등기, 수용을 원인으로 한 소유권이전등기 등(단, 포괄승계인에 의한 등기, 유증의 경우 – ○)

(2) 승소한 등기권리자가 단독으로 신청하는 권리에 관한 등기

권리에 관한 등기에 있어 승소한 등기의무자가 단독으로 신청하는 경우에도 등기필정보를 제공하여야 한다. 다만, 승소한 등기권리자가 단독으로 신청하는 경우에는 그러하지 아니하다.

(3) 진정성이 담보되는 경우

① **관공서의 등기신청**

관공서가 등기의무자이거나 등기권리자로서 등기를 신청하는 경우에는 등기필정보를 제공할 필요가 없으며, 이는 법무사에게 위임하는 경우에도 마찬가지로 등기필정보를 제공할 필요가 없다.

② **대지사용권에 관한 이전등기를 신청하는 경우**(법 60)

(4) 등기필정보가 존재하지 않은 경우(둘 이상의 권리에 관한 등기를 동시에 신청하는 경우)

① 같은 부동산에 대하여 둘 이상의 권리에 관한 등기를 동시에 신청하는 경우로서(등기신청의 대리인이 서로 다른 경우를 포함한다), 먼저 접수된 신청에 의하여 새로 등기명의

<table>
<tr><td></td><td></td><td>인이 되는 자가 나중에 접수된 신청에서 등기의무자가 되는 경우에 나중에 접수된 등기신청에는 등기필정보를 제공하지 않아도 된다.
② 같은 부동산에 대하여 소유권이전등기신청과 근저당권설정등기신청을 동시에 하는 경우, 근저당권설정등기신청에 대하여는 등기필정보를 제공하지 않아도 된다.
③ 소유권이전등기신청과 동시에 환매특약의 등기신청을 동시에 하는 경우, 환매특약의 등기신청에 대하여는 등기필정보를 제공하지 않아도 된다.

관련 선례
같은 부동산에 대하여 소유권이전등기(전건) 및 근저당권설정등기(후건)를 이시(異時)신청하는 경우 후건에 제공하여야 하는 등기필정보를 전건의 접수증으로 갈음할 수 있는지 여부(선례 제202304-01호)
1. 등기권리자와 등기의무자가 공동으로 권리에 관한 등기를 신청하는 경우에는 등기의무자의 등기필정보를 신청정보로 등기소에 제공하여야 하는 것이 원칙이고, 다만, 같은 부동산에 대하여 둘 이상의 권리에 관한 등기를 '동시'에 신청하는 경우로서(등기신청의 대리인이 서로 다른 경우를 포함) 먼저 접수된 신청에 의하여 새로 등기명의인이 되는 자가 나중에 접수된 신청에서 등기의무자가 되는 경우에는 나중에 접수된 등기신청에 등기필정보를 제공하지 않을 수 있을 뿐이다.
2. 따라서 매수인 명의로의 소유권이전등기(전건)와 매수인을 근저당권설정자로 하는 근저당권설정등기(후건)를 신청하고자 하는 경우, 전건과 후건이 동시에 신청된 경우에는 후건에 매수인의 등기필정보를 제공할 필요는 없으나, 전건과 후건이 이시에 신청된 경우에는 전건에서 통지받은 매수인의 등기필정보를 제공하여야 하고, 전건의 접수증 등으로 이를 갈음할 수는 없다(선례 제202304-01호).</td></tr>
<tr><td rowspan="3">Ⅲ. 제공 절차</td><td>1. 제공 서류
[주세별]</td><td></td></tr>
<tr><td>2. 제공 방법</td><td>① 등기필정보는 아라비아 숫자와 그 밖의 부호의 조합으로 이루어진 일련번호와 비밀번호로 구성한다(규칙 106①).
② 현행 등기필정보의 경우에는 일련번호와 비밀번호를 신청정보의 을지에 기재하는 방식으로 제공한다. 따라서 등기필정보통지서를 첨부하는 것은 아니다(규칙 43①7, 예규 1639호).
③ 종래 등기필증(서)의 경우에는 그 서면 자체를 제공한다(법 부칙 2).
「부동산등기법」 부칙 제2조에서 등기필정보의 제공에 갈음하여 첨부할 수 있는 등기필증은 '원본'을 의미한다(선례 제202307-3호).
따라서 등기의무자가 공인전자문서센터에 등기필이 날인된 근저당권설정계약서를 정보처리시스템이 처리할 수 있는 형태로 변환한 전자문서로 보관하고, 이를 출력한 서면 및 공인전자문서센터가 발급한 '증명서'를 등기신청서에 첨부한 경우, 다른 특별한 사정이 없는 한, 이를 「부동산등기법」 부칙 제2조에 따라 등기필정보의 제공에 갈음하여 첨부할 수 있는 등기필증을 첨부한 것으로 볼 수는 없다(선례 제202307-3호).</td></tr>
<tr><td>3. 유효 기간</td><td>유효기간의 제한이 없다.</td></tr>
</table>

Ⅳ. 심사 (간과등기)	각하(법 29.9) → 당연무효 → 직권말소 → 이의신청

Ⅴ. 멸실 등

1. 의의(법 51, 규칙 111)

① 등기필정보는 진정성을 담보하기 위해 등기의무자인 본인을 확인하기 위한 수단인바, 등기필정보를 멸실 등 분실하였다면 다른 방법으로 본인임을 확인하여야 한다.

② 그 방법으로는 각 본인을 확인하고 등기관이 확인조서를 작성하거나, 자격자대리인이 확인서면을 작성하거나, 공증을 받는 방법이 있다.

③ 이러한 제도는 등기필정보가 타인이 소지하고 있어 사실상 돌려받기 어려운 경우에까지 적용되는 것은 아니다.

2. 내용

	(1) 등기관 - 확인조서 (법 51本, 규칙 111)	(2) 자격자대리인 - 확인서면 (법 51但, 규칙 111)	(3) 공증인 - 공증서면 (법 51但)
1) 확인 대상	右同 (등기신청 없이 확인조서만 작성 不可)	① 등기의무자 본인(법무사 스스로×) ② 법정대리인(대표이사 · 지배인) ③ 공동대표 - 각각 작성	左同 (위임대리인 - ×)
2) 확인 방법	① [본인확인정보]란 ② [필적기재]란 ③ [비고]란	① [본인확인정보]란 • 신분증으로 본인확인 (주민등록증 또는 모바일주민등록증) (운전면허증 또는 모바일운전면허증) (외국인등록증 또는 모바일외국인등록증) (국내거소신고증 또는 모바일국내거소신고증) (여권 또는 여권정보증명서) • 신분증 종류 기재 및 신분증 사본 첨부 • 신분증이 이동통신단말장치에 암호화된 형태로 설치되는 등 사본화가 적합하지 않은 경우에는 신분확인서를 첨부하여야 한다. ② [필적기재]란 • 예시문 등 본인 필적으로 기재 • 필적기재 못할 사정 기재(양팔 없음 등) ③ [특기사항]란 • 면담한 일시, 장소, 당시의 상황 등(~~신체적 특징~~)	① 등기신청서 ② 등기신청위임장 ③ 처분위임장 (처분위임장에는 "등기필정보가 없다"는 뜻 기재 필요) ~~매매계약서~~

		• ○.○.○. 오후 세 시경 강남구 일원동 소재 ○○병원 ○○호실로 찾아가 입원 중인 등기의무자를 면담하고 본인임을 확인함. 환자복을 입고 있었고 부인과 군복을 입은 아들이 함께 있었음 ④ **[우무인]란** • 우무인 · 좌무인 • 모두 불가 → 특기사항란에 그 사유 기재	
3) 진정성 담보 [인감증명]	● [규칙 60①3]	● [규칙 60①3]	● [규칙 60①3]
4) 환부 여부		자격자대리인의 확인서면(확인정보)은 원본환부신청의 대상이 되지 아니한다. [규칙 59]	

20 절 등기필정보 - ⑨ 제공 (구체적 예시)

구분		내용
일반론		1) **제한물권 설정** – 그 바탕이 되는 권리(소유권의 보존·이전, 전세권이나 지상권의 설정·이전 등)를 등기하였을 때 수령한 등기필정보 2) **권리 이전** – 이전하려는 권리의 보존이나 이전, 설정 등기 등을 하였을 때에 수령한 등기필정보 3) **권리 변경(경정)** – 해당 변경이나 경정등기로 인하여 불이익을 받는 자의 등기필정보 4) **권리 말소** – 해당 말소등기로 인하여 불이익을 받는 자의 등기필정보
소유권	보존	×
	이전	양도인이 소유권 보존이나 이전등기를 한 후 수령한 등기필정보
근저당권	설정	근저당권의 바탕이 되는 권리(소유권·지상권·전세권)에 관한 등기필정보
	이전	양도인이 근저당권설정기나 이전등기를 한 후 수령한 등기필정보
	변경	**증액** : ㉠설정자의 등기필정보 / **감액** : ㉠권자의 등기필정보 **채무자 변경** : ㉠설정자의 등기필정보 / **채무자 표시 변경** : ×
	말소	**일반적** – 근저당권**설정** 등기필정보 **㉠이전 후 말소** – 근저당권이전 등기필정보(양수인)
	추가적 공담	~~기존 부동산의 등기필정보~~ (~~소유권의 등기필정보~~ / ~~기존 근저당권의 등기필정보~~) 추가되는 부동산의 등기필정보
가등기	설정	가등기의무자의 등기필정보
	본등기	가등기의무자의 등기필정보 ~~가등기권자의 가등기필정보~~
[부동산의 변경 초래]	합필 후 등기신청	甲토지 : × (∵ 폐쇄○) 乙토지 : ○
	분필 후 등기신청	분필 前 토지에 관한 등기필정보
	공유물분할 후 등기신청	종전 (공유물분할 이전에 공유자로서 지분을 취득할 당시 수령한 등기필정보) 신규 (공유물분할을 원인으로 한 지분이전등기를 마친 후 수령한 등기필정보)
경매 후 등기신청		일반적 : 신규 경매개시결정 前 제3취득자가 매수인 : 종전 (∵ 기존 등기 말소× → 매각 소이등×) 경매개시결정 後 제3취득자가 매수인 : 신규 (∵ 기존 등기 말소○ → 매각 소이등○) **공유부동산 경매 시 일부 공유자가 매수인** : 종전 + 신규

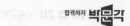

├ 환지 후 등기신청 │	┌ 일반적 : 종전 (∵ 종전 등기기록 그대로 사용) └ 창설환지 등 : 신규
└ 대지권등기O - 구분건물	┌ 구분건물에 대한 등기필정보 └ ~~대지에 대한 등기필정보~~

21 절 자격자대리인의 등기의무자 확인 및 자필서명정보

<table>
<tr><th></th><th colspan="2">법</th><th>규칙</th></tr>
<tr><td>조문</td><td colspan="2"></td><td>규칙 46 (첨부정보)
규칙 59 (첨부서면의 원본 환부의 청구)</td></tr>
<tr><td>기출</td><td colspan="3"></td></tr>
<tr><td>Ⅰ. 서설</td><td colspan="3">(1) 의의(규칙 46①8)
자격자대리인이 권리에 관한 등기를 신청하는 경우에는 위임인이 등기의무자인지 여부를 확인하고 자필서명한 정보를 첨부정보로서 등기소에 제공하여야 한다(규칙 48①8). 또한 자격자대리인의 자필서명정보는 원본 환부를 청구할 수 없다(법 59.1).
(2) 취지
이는 등기신청의 진정성을 자격자대리인을 통하여 강화하기 위함이다.</td></tr>
<tr><td rowspan="2">Ⅱ. 제공 여부
(등기종류별)</td><td>1. 제공○
(법 50②)
(규칙 43①7)</td><td colspan="2">(1) 공동으로 신청하는 권리에 관한 등기
1) 권리에 관한 등기
2) 공동으로 신청하는 등기
① 공동으로 신청하는 권리에 관한 등기는 등기의무자의 진정한 의사를 확인하여야 하므로 자격자대리인의 자필서명정보를 제공한다.
② 예컨대, 매매・증여・공유물분할 등을 원인으로 한 소유권이전등기, 근저당권설정등기, 근저당권이전등기, 근저당권변경등기, 근저당권말소등기, 근저당권회복등기 등이 있다.
(2) 승소한 등기의무자가 단독으로 신청하는 권리에 관한 등기
승소한 등기의무자가 단독으로 신청하는 경우에도 자격자대리인의 자필서명정보를 제공한다.</td></tr>
<tr><td>2. 제공×</td><td colspan="2">(1) 단독으로 신청하거나 권리에 관한 등기가 아닌 등기
1) 권리에 관한 등기가 아닌 등기
등기명의인표시변경(경정)등기・부동산표시(경정)등기・채무자표시변경등기
2) 단독으로 신청하는 등기(진정성이 인정되는 경우 / 성질상 공동신청이 불가능한 경우)
① 단독으로 신청하는 권리에 관한 등기는 등기의무자가 존재하지 않거나 등기의무자의 의사를 확인할 필요가 없으므로 자격자대리인의 자필서명정보를 제공하지 않는다.
② 승소한 등기권리자의 신청 (단, 승소한 등기의무자의 신청 – ○)
③ 소유권보존등기・상속 등 포괄승계로 인한 등기, 수용을 원인으로 한 소유권이전등기 등 (단, 포괄승계인에 의한 등기, 유증의 경우 – ○)
(2) 승소한 등기권리자가 단독으로 신청하는 권리에 관한 등기
승소한 등기권리자가 단독으로 신청하는 권리에 관한 등기는 등기의무자의 진정한 의사가 법원에서 확인되었으므로(註 판결이 등기의무자의 등기신청의사의 진술을 갈음하므로) 자격자대리인의 자필서명정보를 제공하지 않는다.</td></tr>
</table>

<table>
<tr><td></td><td colspan="2">3. 제공 여부가 문제되는 경우</td><td>① 관공서가 등기의무자 또는 등기권리자인 경우에도 자필서명 정보를 제공하여야 한다.
② 등기권리자가 등기의무자인 자격자대리인에게 등기신청을 위임하는 경우 자격자대리인은 별도로 자기에 대한 자필서명 정보를 제공할 필요가 없다.</td></tr>
<tr><td rowspan="5">Ⅲ. 제공 절차</td><td rowspan="3">1. 작성 방법</td><td>(1) 부동산표시의 기재</td><td>① 자필서명 정보의 부동산표시가 신청정보와 엄격히 일치하지 아니하더라도 양자 사이에 동일성을 인정할 수 있으면 그 등기신청을 수리하여도 무방하다.
② 구분건물과 대지권이 함께 등기신청의 목적인 경우에는 그 자필서명 정보에 대지권의 구체적인 표시가 없더라도 대지권이 포함된 취지의 표시는 되어 있어야 한다.</td></tr>
<tr><td>(2) 등기 의무자의 기재</td><td>등기의무자란에는 등기가 실행되면 등기기록의 기록 형식상 권리를 상실하거나 그 밖의 불이익을 받는 자를 기재하여야 한다.
① 미성년자의 법정대리인이 등기신청을 위임한 경우에는 등기기록상 명의인인 미성년자를 기재
② 외국인으로부터 처분위임을 받은 자가 등기신청을 위임한 경우에는 등기기록상 명의인인 외국인을 기재
③ 법인의 지배인이 등기신청을 위임한 경우에는 등기기록상 명의인인 법인을 기재</td></tr>
<tr><td>(3) 자필서명 방법 등</td><td>① 자필서명은 자격자대리인이 본인 고유의 필체로 직접 기재하는 방법으로 하여야 하고, 자필서명 이미지를 복사하여 제공하는 방식은 허용되지 아니한다.
② 자필서명 정보가 2장 이상일 때에는 자격자대리인이 앞장의 뒷면과 뒷장의 앞면을 만나게 하여 그 사이에 자필서명을 하거나 자필서명 정보에 페이지를 표시하고 각 장마다 자필서명을 하여야 한다.</td></tr>
<tr><td rowspan="2">2. 제공 방법</td><td>(1) 서면신청</td><td>① 하나의 등기신청에서 등기의무자가 수인인 경우(예 공유의 부동산을 처분하는 경우)에는 등기의무자란에 등기의무자를 추가하여 한 개의 첨부정보로 제공할 수 있다.
② 같은 등기소에 등기의무자와 등기의 목적이 동일한 여러 건의 등기신청을 동시에 하는 경우에는 먼저 접수되는 신청에만 자필서명 정보(이 경우 별지 제1호 양식의 등기할 부동산의 표시란에는 신청하는 부동산 전부를 기재하여야 한다)를 첨부정보로 제공하고, 다른 신청에서는 먼저 접수된 신청에 자필서명 정보를 제공하였다는 뜻을 신청정보의 내용으로 등기소에 제공함으로써 자필서명 정보의 제공을 갈음할 수 있다(규칙 47②).</td></tr>
<tr><td>(2) 전자신청</td><td>① 전자신청의 경우 부동산표시 및 등기의무자의 정보를 전산정보처리조직을 이용하여 자동으로 생성할 수 있다.
② 전자신청의 자필서명의 경우 인터넷등기소에서 제공하는 양식에 자격자대리인이 전자적 형태로 직접 기재(이하 '전자자필서명 정보'라 함)하는 방법으로 할 수 있다.
(PC에 연결된 서명전자패드에 전자펜을 이용하여 서명하는 방식 또는 이동통신단말장치에서 전자펜, 손가락 등을 이용하여 서명하는 방식 등)</td></tr>
</table>

		③ 작성한 서면을 전자적 이미지 정보로 변환(스캐닝)하여 원본과 상위 없다는 취지의 부가정보와 자격자대리인의 개인인증서 정보를 덧붙여 등기소에 송신하여야 한다. ④ 전자자필서명 정보는 **자격자대리인의 전자서명정보**를 **덧붙여** 등기소에 송신하여야 한다.
3. ~~유효~~ 기간		
Ⅳ. 심사 (간과등기)	각하(법 29.9) → 당연무효 → 직권말소 → 이의신청	

[별지 제1호] 자필서명 정보 양식

<table>
<tr><th colspan="3">자격자대리인의 등기의무자 확인 및 자필서명 정보</th></tr>
<tr><th colspan="3">등기사건의 표시</th></tr>
<tr><td>등기할 부동산의 표시</td><td colspan="2">
(빈칸이 부족할 경우, 별지를 사용하여 주십시오)</td></tr>
<tr><td rowspan="2">등기의무자</td><td>성 명
(상호 또는 명칭)</td><td></td></tr>
<tr><td>(주민)등록번호</td><td></td></tr>
<tr><td>등기의 목적</td><td colspan="2"></td></tr>
<tr><th colspan="3">자격자대리인 자필서명 정보</th></tr>
<tr><td colspan="3">주민등록증·인감증명서·본인서명사실확인서 등 법령에 따라 작성된 증명서의 제출이나 제시, 그 밖에 이에 준하는 확실한 방법으로 위임인이 등기의무자인지 여부를 확인*하고 자필서명합니다.
「부동산등기규칙」 제46조 제1항 제8호에 따라 이를 제출합니다.

년 월 일

변호사·법무사 (자필서명)</td></tr>
<tr><td colspan="3">*확인의 구체적 내용을 자유롭게 기재할 수 있습니다.</td></tr>
</table>

22 절 인감증명

<table>
<tr><th></th><th>법</th><th colspan="2">규칙</th></tr>
<tr><td>조문</td><td>법 29 (신청의 각하)</td><td colspan="2">규칙 46 (첨부정보)
규칙 59 (첨부서면의 원본 환부의 청구))
규칙 60 (인감증명의 제출)
규칙 61 (법인 등의 인감증명의 제출)
규칙 62 (인감증명 등의 유효기간)</td></tr>
<tr><td>기출</td><td colspan="3">1. [15 행시] 인감증명을 제출하여야 하는 경우에 대해 설명하시오. 30점
2. [15 행시] 인감증명을 제출하여야 하는 자가 재외국민 또는 외국인인 경우에 대해 설명하시오. 20점
3. [19 법무] 재외국민 및 외국인이 국내에 입국하지 않고 처분하는 경우의 첨부서면에 대하여 설명하시오. 20점
4. [22 행시] 매매를 원인으로 하는 소유권이전등기신청과 관련하여, 등기신청인이 외국인과 재외국민일 경우 첨부정보로 제공하는 인감증명과 주소증명정보에 대해 각 설명하시오. 30점</td></tr>
<tr><td>Ⅰ. 서설</td><td colspan="3">(1) 의의(규칙 60, 규칙 61)
인감증명제도는 중요한 문서에 인감도장을 찍고 날인된 인영을 증명하기 위하여 인감증명을 첨부하는 것을 말한다.
(2) 취지
① 신청인의 진정한 의사에 기해 작성된 문서인지 확인을 통해 허위등기를 예방하고 등기의 진정성을 담보하기 위함이다.
② 등기의 진정성을 담보하는 제도로는 ㉠ 공동신청주의, ㉡ 등기필정보, ㉢ 인감증명, ㉣ 자격자대리인의 자필서명정보 등이 있다.</td></tr>
<tr><td>Ⅱ. 제공여부
(등기종류별)</td><td>1. 제공 O</td><td colspan="2">(1) 규칙 제60조 제1항의 경우
1) 소유권의 명의인이 등기의무자인 경우 – 등기의무자의 인감증명
① 소유권이전・소유권변경(경정)・저당권설정 : O (+ 소유권보존×)
② 전세권이전・전세권변경(경정)・전세권부저당권설정 : × (단, 등기필정보 멸실 시에는 인감 필요)
2) 소유권의 가등기명의인이 등기의무자인 경우 – 가등기명의인의 인감증명
3) 등기필정보가 없어 별도의 확인을 받는 경우 – 등기의무자의 인감증명 (3가지 경우 모두 필요)
4) 합필등기 – 토지소유자들의 인감증명
5) 분필등기 – 권리자들의 인감증명
6) 협의분할상속등기 시의 분할협의서 – 상속인 전원의 인감증명
가. 작성방법
① 반드시 전원의 인감을 받아야 하지만, 반드시 한 장일 필요는 없다.
② 상속포기한 자까지 참여할 필요는 없다.
③ 간인은 전원이 하여야 한다.</td></tr>
</table>

④ 진정성을 담보하는 방법으로 공증을 받은 경우에는 인감증명을 제공할 필요가 없다(규칙 60④).

나. 대리

① 분할협의를 위임할 수도 있으며 본인이 미성년자가 아닌 한 다른 공동상속인에게 위임할 수 있다.

② 미성년자와 친권자가 공동상속인인 경우 친권자가 상속재산을 취득하지 않는다고 하더라도 특별대리인을 선임하여야 한다.

③ 미성년자와 친권자가 공동상속인인 경우 친권자가 상속포기하거나 이혼하여 상속권이 없는 경우라면 특별대리인을 선임할 필요가 없다.

7) 제3자의 동의 · 승낙 증명 – 제3자의 인감증명

① 권리의 변경 · 경정(법 52)
② 권리의 말소(법 57)
③ 권리의 회복(법 59)
④ 중복등기 시 폐쇄신청(규칙 39)
⑤ 규약상 공용부분의 등기(법 47)

8) 비법인의 대표자증명서면 · 사원총회결의서의 진정성 담보(규칙 48.2~3)

① 일반인 : 성년자 2인↑ – 인감증명
② 법무사 : 기명날인 (~~인감증명~~)

대표자 또는 관리인을 증명하는 서면 및 **사원총회의 결의서**에는 그 사실을 확인하는 데 상당하다고 인정되는 2인 이상의 성년자가 사실과 상위 없다는 취지와 성명을 기재하고 인감을 날인하여야 하며, 날인한 인감에 관한 인감증명을 제출하여야 한다. 다만 변호사 또는 법무사가 등기신청을 대리하는 경우에는 변호사 또는 법무사가 위 각 서면에 사실과 상위 없다는 취지를 기재하고 기명날인함으로써 이에 갈음할 수 있다(예규 1621).

(2) 규칙 제60조 제2항의 경우 – 처분권한을 수여한 경우 : 대리인의 인감증명(매도용×)

(3) 기타 해석상

1) 실제지분을 증명하는 경우

① **소유권보존**

원칙적으로 인감증명을 제공할 필요가 없지만, **대장상 공유로 등재되어 있으나 지분비율이 기재되어 있지 않은 경우** 실제 지분이 균등하지 않다면 ① 공유자 전원이 작성한 실제지분비율 증명서면과 ② 균등하게 산정된 지분보다 적은 자의 인감증명을 첨부한다. 다만, **대장상 지분이 기재된 경우에는 이와 같이 등기할 수는 없다.**

② **전세권**

전세권을 준공유하는 경우에 지분을 기록하여야 하며, **착오로 지분을 누락하였다면 지분을 추가 기록하는 경정등기**를 신청할 수 있다. 만일 실제 지분이 균등하지 않다면 ① 공동전세권자 전원이 작성한 실제지분비율 증명서면과 ② 균등하게 산정된 지분보다 적은 자의 인감증명을 첨부한다. 이는 **전세권의 존속기간이 만료된 경우라도 신청할 수 있다.**

③ **가등기이전**

여러 사람의 이름으로 가등기가 되어있으나 각자의 지분이 기재되지 아니한 경우 균등하게 산정한 지분과 다른 가등기지분만큼 가등기이전등기를 신청하고자 할 경우에는 **먼저 가등기지분을 기록하는 의미의 경정등기**를 신청하여야 하며, ① 공동가등기권자 전원이 작성한 실제지분비율 증명서면과 ② 균등하게 산정된 지분보다 적은 자의 인감증명을 첨부한다.

2) 동일인 보증서

동일인 보증서를 첨부하는 경우에는 동일인임을 보증하는 자의 인감증명과 공무원 재직증명, 법무사 인가증 사본 등 보증인의 자격을 인정할 만한 서면을 함께 제출하여야 한다.

2. 제공 ×

(1) 규칙 제60조에 해당하지 않는 경우

① 등기명의인표시 변경(경정)등기 · 부동산표시 변경(경정)등기

② 법정상속 · 합병 등 포괄승계로 인한 등기(단, 포괄승계인에 의한 등기, 유증의 경우에는 필요함)

③ 승소한 권리자의 등기신청의 경우

(2) 진정성이 담보되는 경우

① 관공서의 등기신청[규칙 60③]

② 공정증서의 경우[규칙 60④] - 규칙60①4~7]

Ⅲ. 제공 절차

1. 제공 서류 [주체별]

주체	근거
① 내국인	
② 재외국민	[규칙 61③]
③ 외국인	[규칙 61④]
④ 법인	[규칙 61①]
⑤ 비법인	[규칙 61①]
⑥ 법정대리인	[규칙 61②]
⑦ 임의대리인	[규칙 60②] - 매도용×
⑧ 기타	교도소에 재감 중인 자라 하여 그의 인감증명서를 발급받을 수 없는 것은 아니므로 그가 인감 제출을 요하는 등기신청을 함에 있어서는 인감증명서를 제출하여야 하고 재감자가 무인한 등기신청의 위임장이 틀림없다는 취지를 교도관이 확인함으로써 인감증명서의 제출을 생략할 수는 없을 것이다[예규 423호].

2. 제공 방법

(1) 용도

① **매매**의 경우 - 부동산매도용 인감증명을 첨부정보로 제공하여야 한다.

매도용으로 인감증명서를 발급받으려는 자는 부동산 매수자의 성명 · 주소 및 주민등록번호를 관계공무원에게 구술이나 서면으로 제공하고 인감증명서의 매수자란에 기재된 내용이 본인이 제공한 위 정보와 일치하는지 확인한 후 발급신청자 서명란에 반드시 서명하여야 한다[인감증명법 시행령 13③].

② 매매가 아닌 경우 - 용도의 제한이 없다.

따라서 **증여 · 교환 등** 매매 이외의 원인으로 인한 소유권이전등기신청의 경우에는

		부동산매도용 인감증명서를 첨부할 필요가 없으며, 인감증명서에 가등기용으로 임의적으로 기재하였더라도 저당권설정등기신청서에 첨부정보로 제공할 수 있다. ③ 따라서 증여를 원인으로 한 소유권이전등기나 (근)저당권설정등기 등 매매를 원인으로 한 소유권이전등기 외의 등기신청 시 발급신청자의 서명이 누락된 부동산매도용 인감증명서가 제출되었다고 하더라도 등기관은 그 등기신청을 수리하여야 한다(선례 202404-2). **(2) 상대방** ① **매매**의 경우 – 부동산매도용 인감증명을 첨부정보로 제공하여야 한다. 여기에는 매수인(거래 상대방)의 인적사항이 기재되어 있어야 한다. 만약 매수인이 수인인 경우에는 전원이 기재되어야 하며, 앞장에 'ㅇㅇㅇ외 ㅇ인'이라고 기재된 경우 별지에 다른 매수인이 모두 기재되어 있으면 족하다. ② 매매가 아닌 경우 – 거래상대방이 있을 필요가 없다. **(3) 수임인 – ×** **(4) 심사** ① **매도인과 신청서상의 등기의무자** 또는 **매수인과 신청서상의 등기권리자**가 다소 상이하더라도 주민등록표등본(초본) 등을 통하여 동일성이 인정되면 수리한다. ② 매수인이 수인인 경우 별지까지 포함하여 모두 기재되어 있다면 수리한다.
	3. 유효기간 (규칙 62)	3개월(초일산입× / 기간말일 공휴일 – 다음 날 기간만료)
Ⅳ. 심사 (간과등기)		각하(법 29.9) → 당연무효 → 직권말소 → 이의신청

23 절 본인서명사실확인서 등

<table>
<tr><th></th><th colspan="3">법</th><th colspan="2">규칙</th></tr>
<tr><td>조문</td><td colspan="3">법 29 (신청의 각하)</td><td colspan="2">규칙 60 (인감증명의 제출)
규칙 60조의2 (본인서명사실확인서 또는 전자본인서명확인서 발급증의 제출)
규칙 62 (인감증명 등의 유효기간)</td></tr>
<tr><td>기출</td><td colspan="5"></td></tr>
<tr><td>Ⅰ. 서설</td><td colspan="5">(1) 의의(규칙 60, 서명확인법 2.3)
① 인감증명제도는 중요한 문서에 인감도장을 찍고 날인된 인영을 증명하기 위하여 인감증명을 첨부하는 것을 말한다.
② 본인서명사실확인서는 본인이 직접 서명한 사실을 발급기관이 확인한 종이문서로서, 「인감증명법」에 따른 인감증명을 갈음하여 사용할 수 있다(서명확인법 2.3).
(2) 취지
① 인감증명과 마찬가지로 본인서명사실확인서도 신청인의 진정한 의사에 기해 작성된 문서인지 확인을 통해 허위등기를 예방하고 등기의 진정성을 담보하기 위함이다.
② 이는 인감의 제작·관리에 따른 일반 국민의 비용 부담과 인감증명서의 위·변조 등에 따른 경제적 피해 문제를 해소하고, 본인 서명에 의한 경제활동 인구 증가 추세에 부응하기 위하여 인감증명서를 대체할 수 있도록 함으로써 국민의 생활편의를 증진하고 행정의 효율성을 높이려는 것이다.
③ 최근 개정내용에 따르면, 본인서명사실확인서의 이용을 활성화하기 위하여 본인서명사실확인서 발급 수수료를 2028년 12월 31일까지 면제하고, 본인서명사실확인서에 포함해야 하는 발급 용도를 인감증명서의 경우와 동일하게 매도 용도와 일반 용도로 구분하는 등 국민의 사용편의에 노력을 기울이고 있다.</td></tr>
<tr><td rowspan="2">Ⅱ. 제공 여부
(등기종류별)</td><td>1. 제공 ○</td><td colspan="4" rowspan="2">① 본인서명사실확인서는 「인감증명법」에 따라 신고한 인감을 날인하고 인감증명서를 첨부하여야 한다고 정한 경우, 이에 갈음하여 신청서 등에 서명을 하고 본인서명사실확인서를 첨부하거나 발급증을 첨부할 수 있다.
② 인감증명을 제공할 필요가 없는 경우에는 본인서명사실확인서도 제공할 필요가 없다.
(구체적인 내용은 인감증명서와 동일하므로 실제 답안에서는 인감증명에 대한 내용을 차용하여서 기재)</td></tr>
<tr><td>2. 제공 ×</td></tr>
<tr><td rowspan="6">Ⅲ. 제공 절차</td><td rowspan="6">1. 제공 서류
(주체별)</td><td>① 내국인</td><td>○</td><td colspan="2" rowspan="6">① 「인감증명법」에 따른 인감증명을 제공할 수 있는 사람이면 모두 가능하므로, 내국인, 재외국민, 외국인등록 또는 국내거소신고를 한 외국인도 본인서명사실확인서를 발급받아 제공할 수 있다.
② 법인이 인감을 제공하는 경우 「상업등기법」 및 「상업등기규칙」에 따른 등기소의 증명을 얻은 그 대표자의 인감증명을 제공하여야 하므로 본인서명사실확인서로 대체할 수 없다.
③ 법인 아닌 사단 또는 재단이 인감을 제공하는 경우 그 「인감증명법」에 의한 대표자나 관리인의 인감증명을 제공하므로 본인서명사실확인서를 발급받아 제공할 수 있다.</td></tr>
<tr><td>② 재외국민</td><td>○</td></tr>
<tr><td>③ 외국인</td><td>△</td></tr>
<tr><td>④ 법인</td><td>×</td></tr>
<tr><td>⑤ 비법인</td><td>○</td></tr>
<tr><td>⑥ 법정대리인</td><td>○</td></tr>
</table>

2. 제공 방법	**(1) 서명방법** ① 본인서명사실확인서와 신청서 등의 서명은 본인 고유의 필체로 자신의 성명을 기재하는 방법으로 하여야 하며, 등기관이 알아볼 수 있도록 명확히 기재하여야 한다. ② 신청서 등의 서명은 본인서명사실확인서의 서명이 한글로 기재되어 있으면 한글로, 한자로 기재되어 있으면 한자로, 영문으로 기재되어 있으면 영문으로 각각 기재하여야 한다. ③ 본인서명사실확인서의 서명이 한글이 아닌 문자로 기재되어 있다 하더라도 등기신청서의 성명은 반드시 한글로 기재하여야 한다. ④ 등기관은 본인서명사실확인서와 신청서 등에 다음 각 호의 어느 하나에 해당하는 방법으로 서명이 된 경우에는 해당 등기신청을 수리하여서는 아니된다. 1. 제2항에 위반하여 서명 문자가 서로 다른 경우 2. 본인의 성명을 전부 기재하지 아니하거나 서명이 본인의 성명과 다른 경우 3. 본인의 성명임을 인식할 수 없을 정도로 흘려 쓰거나 작게 쓰거나 겹쳐 쓴 경우 4. 성명 외의 글자 또는 문양이 포함된 경우 5. 그 밖에 등기관이 알아볼 수 없도록 기재된 경우 **(2) 용도** **1) 매도용도** **매매**를 원인으로 하는 소유권이전등기신청의 경우 부동산매도용 본인서명사실확인서를 첨부정보로 제공하여야 하고, 매수자의 성명·주소 및 주민등록번호가 모두 기재되어 있어야 하며, 위 기재사항이 누락된 경우 해당 등기신청을 수리하여서는 아니된다. **2) 일반용도** **매매**를 원인으로 하는 **외**의 등기신청을 할 경우에는 본인서명사실확인서 또는 전자본인서명확인서의 일반 용도란에 신청할 등기유형이 기재되어 있지 아니한 경우 그 등기신청을 수리하여서는 아니된다. (예 : ○○ 주식회사 이사 취임등기용, 근저당권 설정용) **(3) 수임인**(위임받은 사람란) ① 대리인이 본인서명사실확인서 또는 발급증을 첨부하여 등기신청을 대리하는 경우에는 본인서명사실확인서 또는 전자본인서명확인서의 위임받은 사람란에 대리인의 성명과 주소가 기재되어 있어야 한다. ② 다만, 대리인이 변호사[법무법인·법무법인(유한) 및 법무조합을 포함한다]나 법무사[법무사법인·법무사법인(유한)을 포함한다]인 자격자대리인인 경우에는 성명란에 "변호사○○○" 또는 "법무사○○○"와 같이 자격자대리인의 자격명과 성명이 기재되어 있으면 자격자대리인의 주소는 기재되어 있지 않아도 된다. ③ 본인서명사실확인서 또는 전자본인서명확인서의 위임받은 사람란에 기재된 사람과 위임장의 수임인은 같은 사람이어야 하며, 용도란의 기재와 위임장의 위임취지는 서로 부합하여야 한다. **(4) 심사** ① **매도인과 신청서상의 등기의무자** 또는 **매수인과 신청서상의 등기권리자**가 다소 상이하더라도 동일성이 인정되면 수리한다. ② 매수인이 수인인 경우 별지까지 포함하여 모두 기재되어 있다면 수리한다.

	3. 유효 기간 (규칙 62)	3개월(초일산입× / 기간말일 공휴일－다음 날 기간만료)
Ⅳ. 심사 (간과등기)		각하(법 29.9) → ~~당연무효~~ → ~~직권말소~~ → ~~이의신청~~

■ 본인서명사실 확인 등에 관한 법률 시행령 [별지 제2호서식] 〈개정 2024.4.2.〉

문서확인번호　　　　※ 이 용지는 위조식별표시가 되어 있음

본인서명사실확인서

※ 인감증명서와 동일한 효력을 가지고 있습니다.

<table>
<tr><td colspan="2">성명
(한자)</td><td colspan="2">(　　　　　)</td><td rowspan="2">서
명</td><td></td></tr>
<tr><td colspan="2">주민등록번호</td><td colspan="2"></td><td></td></tr>
<tr><td colspan="2">주소</td><td colspan="4"></td></tr>
<tr><td rowspan="4">용도</td><td rowspan="3">매도 용도</td><td colspan="4">[ ] 부동산 매수자, [ ] 자동차 매수자</td></tr>
<tr><td colspan="2">성명(법인인 경우에는 법인명)</td><td colspan="2">주민등록번호(법인인 경우에는 법인등록번호)</td></tr>
<tr><td colspan="4">주소(법인인 경우에는 주된 사무소의 소재지)</td></tr>
<tr><td>일반 용도
(그 외의
용도)</td><td colspan="4"></td></tr>
<tr><td colspan="2" rowspan="2">위임받은 사람</td><td colspan="4">성명</td></tr>
<tr><td colspan="4">주소(자격증 소지자 외의 사람에게 위임하는 경우만 작성)</td></tr>
<tr><td colspan="6">위의 기재사항에 이상이 없음을 확인합니다.
발급 신청자　　　　　(서명)</td></tr>
<tr><td colspan="2">비 고</td><td colspan="4"></td></tr>
<tr><td colspan="2">발급번호</td><td colspan="2"></td><td>수수료</td><td>600원</td></tr>
<tr><td colspan="6">위 본인의 서명사실을 확인합니다.
20　　년　　월　　일
시장 · 군수 · 구청장 또는
읍장 · 면장 · 동장 및 출장소장　　직인</td></tr>
<tr><td colspan="6">작성방법 및 유의사항</td></tr>
<tr><td colspan="6">210mm×297mm[특수용지(80g/m²)]</td></tr>
</table>

24 절 주소증명

<table>
<tr><th></th><th>법</th><th colspan="3">규칙</th></tr>
<tr><td>조문</td><td>법 29 (신청의 각하)</td><td colspan="3">규칙 46 (첨부정보)
규칙 62 (인감증명 등의 유효기간)</td></tr>
<tr><td>기출</td><td colspan="4">1. [03 법무] 주소를 증명하는 서면에 관하여 약술하시오. 20점
2. [19 법무] 재외국민 및 외국인이 국내에 입국하지 않고 처분하는 경우의 첨부서면에 대하여 설명하시오. 20점
3. [22 행시] 매매를 원인으로 하는 소유권이전등기신청과 관련하여, 등기신청인이 외국인과 재외국민일 경우 첨부정보로 제공하는 인감증명과 주소증명정보에 대해 각각 설명하시오. 30점</td></tr>
<tr><td>Ⅰ. 서설</td><td colspan="4">1. 의의[규칙 46①6]
등기를 신청하는 경우에는 새로 등기명의인이 되는 등기권리자(소유권보존등기의 경우 등기신청인)의 주소증명정보를 제공하여야 한다.
다만, 소유권이전등기를 신청하는 경우 또는 제52조의2 제1항에 따라 등기의무자의 동일성 확인이 필요한 경우에는 등기의무자의 주소(또는 사무소 소재지)를 증명하는 정보도 제공하여야 한다. [본조개정 2024.11.29, 시행일: 2025.1.31.]
2. 취지
실무상 주소증명정보는 ㉠ 주소를 기입하는 목적(등기권리자)과 ㉡ 동일성을 소명하기 위한 목적(등기의무자 및 등기권리자)으로 제공한다.

일반론
① 등기부 기입 목적 : 권 (새로이 등기명의인이 되는 경우)
② 동일성 소명 목적 : 의권 (예 소유권이전등기 시 등기의무자)
1) 등기의무자 : 등기기록(계약서) vs 신청정보 → 다른 경우
2) 등기권리자 : 계약서 vs 신청정보 → 다른 경우
3) 피상속인 : 실무상 제출
4) 유증자 : 실무상 제출</td></tr>
<tr><td rowspan="2">Ⅱ. 제공 여부
[등기종류별]</td><td colspan="2">1. 표제부</td><td>×</td><td>(1) ~~토지 표시변경(분필, 합필 포함)~~
(2) ~~토지 멸실~~
(3) ~~건물 표시변경(분할, 합병 포함)~~
(4) ~~건물 멸실~~</td></tr>
<tr><td>2. 갑구 · 을구</td><td>(1) 보존</td><td>O</td><td>소유권보존등기의 경우 - 신 주소증명
1) 신청보존(신청인의 주소 · 번호증명정보)
소유권보존등기의 경우 소유명의인이 새로 등기되므로 소유자(신청인)의 주소증명정보가 제공되어야 한다.
2) 직권보존(채무자의 주소 · 번호증명정보)
등기관이 미등기 부동산에 대하여 법원의 촉탁에 따라 소유권의 처분제한 등기를 할 때에는 직권으로 소유권보존등기를 하는데(법 66①), 이 경우에도 소유자의 주소증명정보가 제공되어야 한다.</td></tr>
</table>

(2) 설정	O	소유권(外)의 설정등기의 경우 - (외)(권) 주소증명 ① 소유권(外) 설정등기의 경우 원칙적으로 등기권리자의 주소를 증명하는 정보만 제공하면 된다. ② 종래에는 신청정보의 등기의무자의 표시가 등기기록과 일치하지 아니한 경우에는 각하사유이므로 먼저 등기명의인표시변경등기 등을 마친 이후에 설정등기를 신청할 수 있었다. ③ 그러나 개정법에서 등기의무자의 주소를 증명하는 정보에 의하여 동일성이 인정되는 경우에는 각하하지 않는 것으로 변경되었으므로 이를 증명하기 위하여 등기의무자의 주소를 증명하는 정보를 제공한다(규칙 52-2). [본조신설 2024.11.29, 시행일: 2025.1.31.]
(3) 이전	O	**1) 소유권 이전등기의 경우 – (의)(권) 주소증명** ① 소유권이전등기를 공동으로 신청하는 경우에는 등기권리자뿐만 아니라 등기의무자의 주소를 증명하는 정보도 제공하여야 한다. ② 등기관이 소유권이전등기를 할 때 등기명의인의 주소변경으로 신청정보상의 등기의무자의 표시가 등기기록과 일치하지 아니하는 경우라도 첨부정보로서 제공된 주소를 증명하는 정보에 등기의무자의 등기기록상의 주소가 신청정보상의 주소로 변경된 사실이 명백히 나타나면 직권으로 등기명의인표시의 변경등기를 하여야 한다(규칙 122). **2) 소유권(外) 이전등기의 경우 – (외)(권) 주소증명** ① 소유권(外) 이전등기의 경우 원칙적으로 등기권리자의 주소를 증명하는 정보만 제공하면 된다. ② 종래에는 신청정보의 등기의무자의 표시가 등기기록과 일치하지 아니한 경우에는 각하사유이므로 먼저 등기명의인표시변경등기 등을 마친 이후에 설정등기를 신청할 수 있었다. ③ 그러나 개정법에서 등기의무자의 주소를 증명하는 정보에 의하여 동일성이 인정되는 경우에는 각하하지 않는 것으로 변경되었으므로 이를 증명하기 위하여 등기의무자의 주소를 증명하는 정보를 제공한다(규칙 52-2). [본조신설 2024.11.29, 시행일: 2025.1.31.]
(4) 변경 (경정) — (부) 표시	×	上同
(4) 변경 (경정) — (등) 표시	△	주소변경 또는 본점이전을 원인으로 하여 등기명의인표시변경등기를 신청하는 경우에 이를 증명하는 주소증명정보를 첨부정보로 제공하여야 한다.
(4) 변경 (경정) — 권리	△	① 권리의 변경(경정)등기를 함에 있어서 권리자가 추가되는 경우 그 추가되는 자를 등기기록에 새롭게 기입하기 위하여 주소를 증명하는 정보를 첨부정보로 제공하여야 한다.

				② 예컨대 甲 단독소유인 부동산에 대하여 甲과 乙의 공유로 하는 일부 말소의미의 경정등기를 하는 경우 乙의 주소증명정보를 첨부정보로 제공하여야 한다.
		(5) 말소	×	소유권이전등기가 아닌 소유권이전등기의 말소등기 신청의 경우에는 등기권리자 또는 등기의무자의 주소증명정보를 제공할 필요가 없다[선례 1-106].
		(6) 회복	O	권리의 말소회복등기를 신청할 때에는 회복대상등기의 명의인의 주소증명정보를 첨부정보로 제공한다.
Ⅲ. 제공 절차	**1. 제공 서류** [주체별]	**(1) 내국인**		주민등록표등본 · 초본
		(2) 재외 국민		① 재외국민등록부등본(외국주재 한국대사관 有) ② 주민등록표등본 · 초본(주민등록신고 한 경우) ③ 체류국 관공서 발행 주소증명정보 ④ 체류국 공증인의 주소공증서면(+ 체류할 자격증명정보)
		(3) 외국인		① 외국인등록사실증명 ② 국내거소신고사실증명 ③ 본국 관공서 발행 주소증명정보 ④ 본국 공증인의 주소공증서면 ⑤ 주소가 기재되어 있는 신분증의 주소확인 · 공증(대한민국 공증인의 공증 가능) ⑥ 체류국 관공서에서 발행한 주소증명정보 ⑦ 체류국 공증인의 주소공증서면(+ 체류할 자격증명정보)
		(4) 법인		법인등기사항증명서
		(5) 비법인		정관 or 결의서 등
	2. 제공 방법	**(1) 원칙** ① 원칙적으로 주소를 증명하는 정보로서 현재 유효한 주민등록표등본 · 초본을 제공한다. ② 인감증명은 등기의무자의 인감을 증명하기 위한 것이지 본인의 주소를 증명하는 서면이라고 볼 수는 없으므로, 인감증명서에 주민등록표 초본의 내용과 동일한 인적사항이 기재되어 있는 경우에도 주소증명정보의 제공을 생략할 수 없다. ③ 또한 매도인의 인감증명이나 매수인의 주민등록증 대조로써 위 주소를 증명하는 서면의 제출에 갈음할 수는 없다[선례 6-76, 2-91]. **(2) 예외** ① **현재 유효한 주민등록표등본 · 초본을 제공할 수 없는 등의 사정**으로 인해 주민등록상의 주소가 불명한 경우에 **어떠한 정보를 주소증명정보로 볼 것인지가 문제된다.** 이러한 경우에는 예외적으로 말소된 주민등록표등본 · 초본이나 가족관계등록사항별증명서 및 제적부 등본 · 초본 등이 주소증명정보가 되는 경우가 있다. ② 공동상속인 중 일부가 행방불명되어 주민등록이 말소된 경우에는 그 주민등록표등본을 첨부하여 그 최후 주소를 주소지로 하고, 위 주민등록표등본을 제출할			

		수 없을 때는 이를 소명하여 기본증명서상 등록기준지를 그 주소지로 하여 상속등기의 신청을 할 수 있다(예규 1218). ③ 공유자 중 1인이 행방불명되어 주소를 증명하는 서면을 발급받을 수 없다 하더라도 동인의 주소가 토지대장에 기재된 경우에는 주소를 증명하는 서면을 제출할 수 없는 사유를 소명하고 그 대장상의 주소를 행방불명된 자의 주소지로 하여 소유권보존등기를 신청할 수 있다(선례 4-795). ④ 공동상속인 중 1인이 미수복지구에 호적을 가진 자와 혼인한 사유로 제적된 사실만 나타날 뿐 혼가의 본적지 이외의 주소지나 최후 주소지를 알 수 없을 때에는 제적사유에 기재된 혼가의 본적지를 주소지로 하고, 그 제적 또는 호적등본을 상속을 증명하는 서면과 주소를 증명하는 서면으로 하여 상속등기를 신청할 수 있다(예규 577).
	3. 유효 기간 (규칙 62)	3개월 (초일산입× / 기간말일 공휴일 - 다음 날 기간만료)
Ⅳ. 심사 (간과등기)	각하(법 29.9) → 당연무효 → 직권말소 → 이의신청	

V. 관련 문제

상속		판결	
피상속인	상속인	등기의무자	등기권리자
(1) 등기부 기입 목적 상속으로 인한 소유권이전등기를 신청하는 경우 피상속인의 주소증명정보는 법령에서 요구되는 첨부정보는 아니다.	(1) 등기부 기입 목적 ① 상속인 중 등기권리자가 되는 자만 주소증명정보를 제공한다. ② 협의분할에서 상속을 받지 않는 자 또는 상속포기자는 제공할 필요가 없다.	(1) 등기부 기입 목적 승소한 등기권리자에 의한 등기신청의 경우 등기의무자의 주소를 증명하는 정보는 원칙적으로 제공할 필요가 없다.	(1) 등기부 기입 목적 등기권리자의 주소증명서면만 제출한다. **1) 순차이전** 갑은 을에게, 을은 병에게 각 소유권이전등기절차를 순차로 이행하라는 판결에 의하여 병이 을을 대위하여 갑으로부터 을로의 소유권이전등기를 신청할 때에는 을의 주소를 증명하는 서면을 첨부정보로 제공하여야 한다. 이 경우 을에 대한 소송서류의 송달이 공시송달에 의하여 이루어진 때에는 그 판결에 기재된 을의 최후 주소를 증명하는 서면을 첨부하여야 한다. **2) 대위보존** 원고가 미등기 부동산에 관하여 그 소유자를 피고로 하여 소유권이전등기절차의 이행을 명하는 판결을 받은 후 피고를 대위하여 소유권보존등기를 신청하는 경우에는 그 보존등기명의인인 피고의 주소를 증명하는 서면을 제출하여야 한다. 피고에 대한 소송서류의 송달이 공시송달에 의하여 이루어진 경우에도 같다.
(2) 동일인 소명 목적 상속을 증명하는 정보에 나타난 피상속인과 등기기록상의 등기명의인의 주소 등이 다른 경우 양자의 동일성을 증명하기 위하여 피상속인의 주민등록표등본·초본을 제출하는 것이 현행 실무이다(선례 7-169).	(2) 동일인 소명 목적 상속재산분할협의서에 기재한 상속인의 주소와 인감증명서의 주소가 부합하지 않는 경우에는 양자의 동일성을 증명하는 정보로서 주민등록표등본·초본을 제출하여야 한다.	(2) 동일인 소명 목적 등기부상의 등기의무자의 주소와 판결문상의 피고의 주소가 다른 경우(등기부상 주소가 판결에 병기된 경우 포함)에는 동일성을 증명하기 위해 제공한다. 다만, 이러한 경우라도 등기부와 판결문상의 주민등록번호가 일치하여 동일성이 인정되는 경우에는 주소를 증명하는 정보를 제공할 필요가 없다.	–

25 절 번호증명

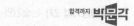

	법	규칙
조문	법 29 (신청의 각하)	규칙 46 (첨부정보) 규칙 62 (인감증명 등의 유효기간)
기출		

Ⅰ. 서설

1. **의의**(규칙 46①6)

   등기를 신청하는 경우에는 등기권리자(새로 등기명의인이 되는 경우로 한정한다)의 주민등록번호(또는 부동산등기용등록번호)를 증명하는 정보를 제공하여야 한다(규칙 46①6).

2. **취지** – 번호는 등기사항인바(법 48), 정확한 번호를 등기기록에 기입하여 허무인 명의의 등기를 막기 위한 것이다.

일반론	등기부 기입 목적 : (권) (새로이 등기명의인이 되는 경우)

Ⅱ. 제공 여부 (등기종류별)

구분			여부	내용
1. 표제부			×	(1) ~~토지 표시변경(분필, 합필 포함)~~ (2) ~~토지 멸실~~ (3) ~~건물 표시변경(분할, 합병 포함)~~ (4) ~~건물 멸실~~
2. 갑구·을구	(1) 보존		○	소유권보존등기의 경우 – (신) 번호증명 ① 신청보존 ② 직권보존(채무자의 주소·번호증명정보)
	(2) 설정		○	근저당권 등의 설정등기의 경우 – (권) 번호증명
	(3) 이전		○	소유권 이전등기의 경우 – (권) 번호증명 소유권(外)이전등기의 경우 – (권) 번호증명
	(4) 변경(경정)	(부) 표서	×	上同
		(등) 표시	△	① 현재 효력 있는 권리에 관한 등기의 등기명의인의 주민등록번호 등이 등기기록에 기록되어 있지 않는 경우, 그 등기명의인은 주민등록번호 등을 추가로 기록하는 내용의 등기명의인표시변경등기를 신청할 수 있다. ② 이 경우 주민등록번호 등을 증명하기 위하여 주민등록표등본·초본을 제공한다.
		권리	△	권리자가 추가되는 경우 ((예) 甲 단독소유 → 甲·乙 공동소유)
	(5) 말소		×	소유권이전등기의 말소등기 신청의 경우에는 등기권리자 또는 등기의무자의 번호증명정보를 제공할 필요가 없다(선례 1-106).

		(6) 회복	O	권리의 말소회복등기를 신청할 때에는 회복대상등기의 명의인의 번호증명정보를 첨부정보로 제공한다.
Ⅲ. 제공 절차	1. 제공 서류 (주체별) (법 49)	(1) 내국인		① 주민등록번호는 주민등록법에 따라 시장·군수 또는 구청장이 부여한다. ② 주민등록표등본·초본을 첨부정보로 제공한다.
		(2) 재외 국민		**1) 주민등록번호를 부여받은 적이 있는 경우** ① 주민등록번호가 있는 재외국민의 주민등록번호는 시장·군수 또는 구청장이 부여한다. ② 주민등록표등본·초본을 첨부정보로 제공한다. **2) 주민등록번호를 부여받은 적이 없는 경우** ① 주민등록번호가 없는 재외국민의 등록번호는 대법원 소재지 관할 등기소의 등기관이 부여한다(법 49①2). ② 부동산등기용등록번호증명정보를 첨부정보로 제공한다. ③ 재외국민의 등록번호의 부여, 등록번호증명사항의 변경 및 등록번호증명서의 발급 신청은 관할등기소 이외의 어느 등기소에도 할 수 있다.
		(3) 외국인		① 외국인의 등록번호는 체류지(국내에 체류지가 없는 경우에는 대법원 소재지에 체류지가 있는 것으로 본다)를 관할하는 지방출입국·외국인관서의 장이 부여한다(법 49①4). ② 외국인의 번호를 증명하는 정보로 제공하여야 하는 첨부정보는 아래와 같다. 1) 「출입국 관리법」에 따라 체류지를 관할하는 지방출입국·외국인관서의 장이 부여한 외국인등록번호증명정보 2) 「재외동포의 출입국과 법적 지위에 관한 법률」에 따라 거소를 관할하는 지방출입국·외국인관서의 장이 외국국적동포에게 부여한 국내거소신고번호증명정보 3) 국내에 체류지가 없는 경우에는 대법원 소재지를 관할하는 서울출입국·외국인관서의 장이 부여한 부동산등기용등록번호증명정보
		(4) 법인		**1) 국내법인 및 국내에 영업소 등의 설치등기를 한 외국법인** ① 국내법인 및 국내에 영업소나 사무소의 설치 등기를 한 외국법인의 등록번호는 주된 사무소의 소재지 관할등기소의 등기관이 부여한다(법 49①2). ② 법인등기사항증명서를 첨부정보로 제공한다. **2) 국내에 영업소 등의 설치등기를 하지 아니한 외국법인** ① 국내에 영업소나 사무소의 설치 등기를 하지 아니한 외국법인의 등록번호는 시장·군수 또는 구청장이 부여한다(법 49①3). ② 부동산등기용등록번호를 첨부정보로 제공한다. **3) 생략가능한 경우** 이러한 법인의 등기사항정보는 그 등기를 관할하는 등기소와 부동산 소재지를 관할하는 등기소가 동일한 경우에는 그 제공을 생략할 수 있다(규칙 46⑤).

	(5) 비법인	① 법인 아닌 사단이나 재단의 부동산등기용등록번호는 시장, 군수 또는 구청장(자치구가 아닌 구의 구청장을 포함한다)이 부여한다(법 49①3). ② 부동산등기용등록번호증명정보를 첨부정보로 제공한다.
	(6) 국가 등	① 국가 · 지방자치단체 · 국제기관 및 외국정부의 등록번호는 국토교통부장관이 지정 · 고시한다(법 49①③). ② 등기관은 관보 등을 참조하여 업무처리를 하며 신청인으로서는 그 증명정보를 제공할 필요가 없다.
	(7) 북한 주민	법무부장관이 발급한 북한주민의 부동산등기용등록번호 및 주소를 확인하는 정보를 제공한다.
	2. 제공 방법	① 서면으로 제공 ② 행정정보 공동이용 요청(행정정보 공동이용 사전동의서 要)
	3. 유효 기간 (규칙 62)	3개월(초일산입× / 기간말일 공휴일 - 다음 날 기간만료)
Ⅳ. 심사 (간과등기)		각하(법 29.9) → 당연무효 → 직권말소 → 이의신청

26 절 대장 그 밖의 부동산의 표시를 증명하는 정보

	법	규칙
조문	법 29 (신청의 각하)	규칙 46 (첨부정보) 규칙 62 (인감증명 등의 유효기간) 규칙 72 (토지표시변경등기의 신청) 규칙 83 (토지멸실등기의 신청) 규칙 86 (건물표시변경등기의 신청) 규칙 102 (건물멸실등기의 신청) 규칙 121 (소유권보존등기의 신청)
기출	1. [17 행시] 토지대장·임야대장·건축물대장 정보나 그 밖에 부동산의 표시를 증명하는 정보는 어떠한 등기를 신청하는 경우에 첨부정보로서 제공하여야 하는가? 15점	

Ⅰ. 서설

(1) 의의(규칙 46①7 등)

소유권이전등기신청 등 일정한 경우에 부동산의 표시를 증명하는 서면으로 토지대장 등을 첨부하여야 한다.

(2) 취지

① 첨부정보로서 토지대장, 임야대장, 건축물대장 정보나 그 밖에 부동산의 표시를 증명하는 정보를 제공하도록 한 것은 등기기록과 대장의 부동산 표시를 일치시키기 위한 것이다.

② 신청정보 또는 등기기록의 부동산의 표시가 토지대장·임야대장 또는 건축물대장과 일치하지 아니한 경우에는 각하사유로 규정되어 있다(법 29.11).

Ⅱ. 제공 여부 (등기종류별)

1. 표제부 ○

(1) **토지 표시변경**(규칙 72) – ○
(2) **토지 멸실**(규칙 83) – ○
(3) **건물 표시변경**(규칙 86) – ○
(4) **건물 멸실**(규칙 102) – ○

2. 갑구·을구 — **(1) 보존** ○

1) **신청보존**(규칙 121)

① 소유권보존등기를 신청하는 경우에 토지의 표시를 증명하는 토지대장 정보나 임야대장 정보 또는 건물의 표시를 증명하는 건축물대장 정보나 그 밖의 정보를 첨부정보로서 등기소에 제공하여야 한다(규칙 121②).

② "그 밖의 정보"로는 판결에서 건물의 표시가 증명된다면 그 판결도 이에 해당한다(선례 4-174).

2) **직권보존**(민사집행법 81)

표제부에 부동산의 표시를 기록하여야 하므로, 미등기건물에 대하여 집행법원이 처분제한의 등기를 촉탁할 때에는 법원에서 인정한 건물의 소재와 지번·구조·면적을 증명하는 정보를 첨부정보로서 제공하여야 한다.

1) **건축물대장정보**나 **특별자치시장, 특별자치도지사, 시장, 군수 또는 구청장(자치구의 구청장을 말한다)이 발급한 확인서**와 「민사집행법」

			제81조 제4항에 따라 작성된 집행관의 조사서면은 이에 해당한다. 2) 건축사, 측량기술자, 감정평가사가 작성한 서면은 이에 해당되지 아니한다.
(2) 설정		×	
(3) 이전		△	소유권 이전등기의 경우 - ○ 소유권㉮이전등기의 경우 - × ① 소유권이전등기를 신청하는 경우에는 토지대장·임야대장·건축물대장 정보나 그 밖에 부동산의 표시를 증명하는 정보를 제공하여야 한다(규칙 46①7). ② 대장 정보를 제공하게 하는 것은 등기부와 대장의 일치 여부의 확인을 위한 것이다.
(4) 변경(경정)	㉯ 표시	○	上同
	㉰ 표시	×	
	권리	×	
(5) 말소		×	
(6) 회복		×	

Ⅲ. 제공 절차	1. 제공 서류	
	2. 제공 방법	서면으로 제공하거나 전자신청의 경우 행정기관정보 연계요청을 통하여 제공에 갈음할 수 있다.
	3. 유효 기간 (규칙 62)	3개월(초일산입× / 기간말일 공휴일 - 다음 날 기간만료)
Ⅳ. 심사 (간과등기)		┌ 첨부× - 각하(법 29.9) → 직권말소 → 이의신청 └ 첨부○ - but 부동산 표시 상이 → 각하(법 29.11) → 직권말소 → 이의신청

27 절 원인증서 반환 및 원본환부 청구

	법	규칙
조문		규칙 59 (첨부서면의 원본 환부의 청구) 규칙 66 (등기원인증서의 반환)
기출	1. [17 행시] 첨부서면의 원본 환부와 등기원인증서의 반환의 같은 점과 다른 점은 무엇인가? 20점	

		등기원인증서의 반환(규칙 66)	첨부서면의 원본환부 청구(규칙 59)
Ⅰ. 서설	1. 서설	등기원인증서의 반환이란 일정한 서면의 경우 등기관이 등기를 마친 후에 당사자의 청구가 없더라도 신청인에게 돌려주어야 하는 것을 말한다(규칙 66).	첨부서면의 원본환부 청구란 일정한 사유로 신청인이 재입수하기 어려운 서면에 대하여 신청인이 원본환부를 청구하는 것을 말한다(규칙 59).
		① 등기원인증서의 반환은 등기관의 의무사항이지만, ② 첨부서면의 원본환부청구는 신청인의 청구가 있는 경우에만 가능하다.	
	2. 요건		
	3. 범위	**(1) 법률행위의 성립을 증명하는 서면** [소유권 이전] : (매매 · 증여 · 공유물 분할 등)계약서 [권리] [설정] : (전세권 · 근저당권 등)설정계약서 [변경] : 권리변경계약서 [말소] : 해지(해제)증서 등 [가등기] : 매매예약서, 매매계약서 **(2) 법률사실을 증명하는 서면** [수용] : 협의성립확인서 or 재결서 [판결] : 집행력 있는 판결정본 등 **(3) 그 밖에 등기원인증서로 볼 수 있는 서면** [규약상 공용부분] : 규약 or 공정증서 [이혼] : 재산분할협의서	**(1) 원본환부의 대상이 되는 것** ① 상속재산분할협의서 ② 유언증서 ③ 농지취득자격증명 ④ [외국인 · 재외국민] : 처분위임장 + 인감증명 **상속재산분할협의서**는 「부동산등기규칙」 제66조 제1항에 따라 등기관이 등기를 마친 후에 신청인에게 돌려주어야 하는 서면에 해당하지 않는다. 다만, 신청인은 이 서면에 대하여 같은 규칙 제59조에 따라 원본 환부의 청구를 할 수 있으며, 이 경우에는 그 원본과 같다는 뜻을 적은 사본을 제출하여야 한다(선례 제201912-2호). 즉, 신청인이 원본환부의 **청구를 하지 않는 이상 반환하여야 할 필요는 없다.**
			(2) 원본환부의 대상이 되지 않는 것(규칙 59) **1) 해당 등기신청만을 위하여 작성한 서류** ① 등기신청위임장 ② 법무사의 자필서명정보(규칙 46①8) ③ 법무사의 확인서면(규칙 111) **2) 별도의 방법으로 다시 취득할 수 있는 서류**(규칙 62) ① 인감증명

			② 주민등록표등본 · 초본 ③ 가족관계등록사항별증명서 ④ 법인등기사항증명서 ⑤ 건축물대장 · 토지대장 · 임야대장 등본 등

비교 선례

1. 신청인으로부터 등기신청서의 첨부서면 중 **재외국민**이 작성한 **처분위임장**과 처분위임장에 날인된 인영을 확인하기 위해 제출한 등기명의인의 **인감증명**에 대한 환부신청이 있다면 등기관은 제출받은 등본에 환부의 취지를 기재하고 **원본을 환부하여야 할 것**이나, 신청인이 당사자가 아닌 대리인(법무사 등)이 신청할 경우에는 당사자로부터 원본환부신청에 대해서 **별도의 수권**(註 특별수권)이 있어야 할 것이다(선례 8-108).
2. 대리인이 위탁받은 사무 중 일부에 대해서만 대리권을 행사하는 것은 대리권의 범위 내라고 할 수 있으므로, **등기신청위임장**에 여러 개의 부동산에 대한 등기신청을 동시에 하도록 하는 등으로 대리권의 행사방법을 제한하는 특별한 사정이 없이 '부동산 등기신청에 관한 **모든 권한을 위임하는 취지'만 기재**된 경우 **대리인**은 **그중 일부**에 대해서만 등기를 **신청할 수 있고**, 등기관은 다른 각하사유가 없는 한 해당 신청에 따른 등기를 수리할 수 있을 것이다. 다만, 등기신청을 위해 작성된 위임장은 원본 환부의 대상이 아니므로, 위임받은 다른 부동산에 대해 등기를 신청하기 위해서는 새로운 위임장을 작성하여 제출하여야 한다(선례 제202410-4호).

II. 반환 여부	**1. 반환 O**		
	2. 반환 ×		
III. 반환(환부) 절차		**(1) 등기원인증서의 반환의 경우** 등기관이 등기를 마친 후에 등기필정보통지서와 함께 등기원인서면을 신청인에게 돌려주어야 한다. **(2) 수령인의 전자서명을 받고 반환하는 방법** ① **등기필정보통지서와 함께 등기원인증서를 반환**할 때에는 등기필정보통지서의 바코드를 읽음으로써 반환되는 등기원인증서를 함께 특정하고, 등기원인증서 반환을 위한 전자서명은 등기필정보통지서의 교부를 위한 전자서명으로 갈음할 수 있다. ② **등기필정보통지의 대상이 되지 않는 신청사건의 등기원인증서를**	**첨부서면의 원본환부청구의 경우** 신청인이 그 원본과 같다는 뜻을 적은 사본을 첨부하여야 하고, 등기관이 서류의 원본을 환부할 때에는 그 사본에 원본 환부의 뜻을 적고 기명날인하여야 한다(규칙 59).

	반환할 때에는 등기완료통지서 우측상단에 바코드를 생성・출력하고, 바코드를 읽음으로써 반환되는 등기원인증서를 특정하여 등기완료통지서와 함께 반환한다.	
Ⅳ. 미수령 시 조치	**등기원인증서의 반환의 경우** 신청인이 매매계약서 등의 서면을 등기를 마친 때부터 3개월 이내에 수령하지 아니할 경우에는 이를 폐기할 수 있다(규칙 66②).	**첨부서면의 원본환부청구의 경우** 환부를 청구하지 않는 경우에는 신청서 기타 부속서류 편철장에 편철하여야 하며(규칙 23), 해당 장부는 5년 동안 보관된다(규칙 25①6). 해당 기간 동안에 이해관계 있는 자는 해당 첨부서류(등기기록의 부속서류)의 열람을 신청할 수 있다(규칙 26).

chapter

04 실행절차

01 절 형식적 심사권

<table>
<tr><td rowspan="2">조문</td><td>법</td><td>규칙</td></tr>
<tr><td>법 29 (신청의 각하)</td><td>규칙 52 (사건이 등기할 것이 아닌 경우)</td></tr>
<tr><td>기출</td><td colspan="2">1. [02 법무] 등기관의 심사권에 관하여 약술하시오. 20점
2. [06 행시] 등기관의 심사권에 대하여 설명하시오. 50점
3. [21 법무] 판결에 의한 등기 신청에 따른 등기관의 심사범위를 설명하시오. 10점</td></tr>
</table>

Ⅰ. 의의

(1) 의의[법 29]

① 우리나라는 실질적 심사주의와 형식적 심사주의 중에 형식적 심사주의를 채택하였다.

② 등기관은 등기신청에 대하여 그 등기신청이 실체법상의 권리관계와 일치하는지 여부를 심사할 실질적인 심사 권한은 없으나, 오직 제출된 서면 자체(신청서 및 그 첨부서류)를 검토하거나 이를 등기부와 대조하는 등의 방법으로 등기신청의 적법 여부(신청서 및 첨부서면이 부동산등기법 등 제반 법령에 부합되는지의 여부 및 제출된 서면이 형식적으로 진정한 것인지 여부 등)를 심사하여 등기요건에 합당하는지 여부를 심사하는 것을 말한다.

③ 심사 결과 형식적으로 부진정한, 즉 위조된 서면에 의한 등기신청이라고 인정될 경우 이를 각하하여야 할 직무상의 의무가 있다.

(2) 취지 – 거래의 신속과 원활

Ⅱ. 요건

Ⅲ. 범위

1. 심사가 가능한 범위

① 법(규칙) 소정의 신청정보 및 첨부정보의 제공 여부

② 제출된 첨부정보가 작성명의인에 의하여 작성된 것인지 여부

③ 신청정보의 기재가 등기기록 및 다른 첨부정보와 부합하는지 여부

④ 등기관은 첨부서면의 진위 여부를 신중히 판단하여 위조문서 등에 터잡은 등기가 경료되는 일이 없도록 한다.

⑤ 등기신청서의 조사 시 첨부서면이 위조 문서로 의심이 가는 경우에는 신청인 또는 대리인에 알려 그 진위 여부를 확인하여 처리하고 위조문서임이 확실한 경우에는 수사기관에 고발조치하고 보고한다.

2. 심사가 불가능한 범위

① 실체법상의 권리관계와 일치하는지 여부

② 신청서 및 첨부서면이 작성자의 진의에 의하여 작성된 것인지 여부

③ 실제 그러한 법률관계가 존재하는지 여부

④ 실체법상 유효한지 여부

3. 심사의 기준시점

심사의 기준 시는 바로 등기부에 기재(등기의 실행)하려고 하는 때인 것이지 등기신청서류의 제출시가 아니다.

4. 등기선례 및 등기예규

(1) 판결에 따른 등기와 심사범위

1) 원칙 - 주문 (등기권리자 · 등기의무자 · 등기의 내용)

판결에 의한 등기를 하는 경우 등기관은 **원칙**적으로 판결 주문에 나타난 등기권리자와 등기의무자 및 이행의 대상인 등기의 내용이 등기신청서와 부합하는지를 심사하는 것으로 족하다.

2) 예외 - 이유

① 소유권이전등기가 가등기에 기한 본등기인지를 가리기 위하여 판결이유를 보는 경우

② 명의신탁해지를 원인으로 소유권이전등기절차를 명한 판결의 경우 그 명의신탁이 「부동산 실권리자명의 등기에 관한 법률」에서 예외적으로 유효하다고 보는 상호명의신탁, 배우자 또는 종중에 의한 명의신탁인지 여부를 가리기 위한 경우

③ 소유권보존등기말소를 명하는 판결을 첨부하여 소유권보존등기를 신청하는 경우에는 그 판결이유에서 원고의 소유임을 인정하였는가를 확인하기 위한 경우

④ 매도인인 피상속인이 매매계약 체결 후 사망하고 매수인이 상속인들을 상대로 하여 소유권이전등기절차의 이행을 명하는 판결을 받은 경우 판결이유에 상속관계에 관한 설시가 있는지 여부를 확인하기 위한 경우(그러한 설시가 없다면 피고들이 상속인 전원임을 증명할 수 있는 서류를 제출하여야 한다.)

3) 등기절차의 이행판결 확정 후 10년 경과 - 수리

판결이 확정된 후 10년이 경과하여 소멸시효 완성(「민법」 제165조)의 의심이 있다 하더라도 형식적 심사권만 있는 등기관으로서는 시효의 중단 여부 등을 알 수 없으므로 판결에 의한 등기를 수리해 등기하여야 한다.

4) 판결문상 당사자와의 불일치 - 심사○

판결문상의 당사자 표시(성명, 주소, 주민등록번호)는 신청정보 및 등기기록상 기록과 일치하여야 함이 원칙이다.

따라서 甲 소유명의의 토지에 대하여 원고 乙이 "피고 丙은 피고 甲이 원고로부터 ○○○원을 지급받음과 동시에 원고에게 △△토지에 대하여 ○년 ○월 ○일 매매를 원인으로 하는 소유권이전등기절차를 이행하라"는 판결을 받은 경우, 판결문상의 소유권이전등기절차 이행 의무를 부담하는 피고(丙)와 등기기록상의 등기의무자인 소유명의인(甲)이 다르므로, 원고 乙은 이 판결에 의하여 단독으로 소유권이전등기를 신청할 수 없다(선례 201908-1).

5) 촉탁서의 기재내용과 촉탁서에 첨부된 판결의 기재내용이 일치하는지 여부 - 심사○

등기관은 등기신청절차의 형식적 요건만 심사할 수 있는 것이고, 그 등기원인이 되는 법률관계의 유 · 무효와 같은 실질적인 심사권은 없다고 할 것이나, 법원의 촉탁에 의한 등기를 실행하는 경우 촉탁서의 기재내용과 촉탁서에 첨부된 판결의 기재내용이 일치하는지 여부는 심사할 수 있다(예규 623).

6) 상속등기과 등기관의 조사범위(대결 94마2116)

① 등기신청인이 산정한 상속분이 그 상속재산을 둘러싼 소송에서도 받아들여져 판결로써 확정된 바 있다고 하더라도 상속등기신청에 대하여 등기공무원이 부동산등기법 소정의 서면만에 의하여 형식적 심사를 함에 있어서는 위 확정판결의 기판력이 미칠 여지가 없다.

② 상속을 증명하는 시, 구, 읍, 면의 장의 서면 또는 이를 증명함에 족한 서면과 관계법령에 기한 상속인의 범위 및 상속지분의 인정은 등기공무원의 형식적 심사권한의 범위

내라고 할 것이므로, 위와 같은 서면과 관계법령에 의하여 인정되는 정당한 상속인의 범위 및 상속지분과 다른 내용으로 상속등기를 신청하였을 경우 등기공무원으로서는 신청 내용이 확정된 판결의 내용과 동일하다고 하더라도 위 등기신청을 각하하여야 한다.

(2) 협의이혼 당시 재산분할약정을 한 후 15년이 경과 - 수리

「민법」 제839조의2에서 "재산분할청구권은 이혼한 날로부터 2년을 경과한 때에는 소멸한다."라고 규정하고 있으나 재산분할협의결과 발생한 소유권이전등기를 반드시 위 기간 내에 신청하도록 제한하는 것은 아니므로 협의이혼 당시 재산분할약정을 한 후 15년이 경과하더라도 재산분할협의서에 검인을 받고 혼인관계증명서와 일반적인 소유권이전등기신청에 필요한 서면 등을 첨부하여 재산분할을 원인으로 소유권이전등기신청을 할 수 있다(선례 200901-2).

(3) 소유권보존 및 유증을 원인으로 한 소유권이전등기가 유류분 침해 - 수리

유류분반환청구가 있는지 여부는 등기관이 알 수 없으므로 포괄적 수증자의 소유권보존등기 및 유증으로 인한 소유권이전등기 신청이 상속인의 **유류분을 침해**하는 내용이라 하더라도 등기관은 이를 수리하여야 한다(예규 1512).

(4) 채권자대위 등기신청에서의 피보전채권이 금전채권인 경우의 무자력여부 - 심사× → 소명× → 수리

등기신청의 대위에 있어서는 특정의 등기청구권(특정채권)에 의한 대위이거나 금전채권에 의한 대위이거나를 막론하고 채무자의 무자력을 요건으로 하지 아니한다. 따라서 등기관은 **무자력** 여부를 심사하지 않고 등기신청을 수리하며, 신청인은 채무자가 무자력 상태에 있음을 증명하지 않고서도 채권자는 채권자대위에 의한 등기신청을 할 수 있다.

(5) 등기관의 과오로 인한 직권경정등기 시의 경정 전·후의 동일성 여부(법 32) - 심사× → 수리

등기관이 등기의 착오나 빠진 부분이 등기관의 잘못으로 인한 것임을 발견한 경우에는 지체 없이 그 등기를 직권으로 경정하여야 한다. 다만 등기상 이해관계 있는 제3자가 있는 경우에는 제3자의 승낙이 있어야 한다(법 32②). 또한 이 경우 **경정 전·후의 동일성**은 별도로 심사하지 않는다.

Ⅳ. 효과	형식적 심사주의의 장점으로는 등기사무의 신속한 처리가 가능하지만 단점으로는 부실등기의 발생 가능성이 상대적으로 크므로 등기의 공신력을 인정하기 어렵다는 점이 있다.

02 절 취하

	법	규칙
조문		규칙 51 (등기신청의 취하)
기출	1. [99 법무] 등기신청의 취하절차 20점	

I. 서설

(1) 의의 (규칙 51)

① **등기신청의 취하란** 그 신청에 따른 등기가 완료되기 전에 등기신청의 의사표시를 철회하는 것을 말한다.

② 등기신청을 취하하게 되면 등기신청은 소급하여 없었던 것으로 된다.

(2) 의무인지 여부 – ×

등기신청의 내용에 흠결이 있는 경우 신청인에게 취하할 의무는 없으며, 취하하지 않는 경우 등기관은 보정명령 또는 각하처분을 하게 된다.

(3) 구별개념

① **취하는** 신청인이 철회하는 것이며, 등기신청서・등기신청수수료・첨부서면을 모두 반환(환급)하나,

② **각하는** 등기관의 처분인 것이며, 등기신청서・등기신청수수료는 반환(환급)하지 않고 첨부서면만 반환한다.

II. 절차

1. 주체

(1) 등기신청인

① 등기신청인은 원칙적으로 취하를 할 수 있다.

② 다만, **공동으로 등기를 신청**한 경우에는 취하도 공동으로 하여야 하고 어느 일방만에 의한 취하는 할 수 없다.

(2) 대리인(자격자대리인 포함)

1) 일반론 – 취하에 관한 특별수권이 필요함

① **등기신청인 또는 그 대리인**은 등기신청을 취하할 수 있다. 다만 **등기신청대리인**이 등기신청을 취하하는 경우에는 취하에 대한 특별수권이 있어야 한다. 왜냐하면 임의대리권의 범위는 본인의 수권행위에 의하여 정해지나 등기신청의 취하, 복대리인의 선임(「민법」 제120조)과 같은 특별수권 사항은 위임장에 그 권한이 위임된 경우에 한하여 대리행위를 할 수 있기 때문이다(「민법」 제118조 참조).

② 등기신청이 등기권리자와 등기의무자의 공동신청에 의하거나 등기권리자 및 등기의무자 쌍방으로부터 위임받은 대리인에 의한 경우에는 그 등기신청의 취하도 등기권리자와 등기의무자가 공동으로 하거나 등기권리자 및 등기의무자 쌍방으로부터 취하에 대한 특별수권을 받은 대리인이 이를 할 수 있고, 등기권리자 또는 등기의무자 어느 일방만에 의하여 그 등기신청을 취하할 수는 없다.

2) 합동사무소

합동사무소를 구성하는 법무사 전원이 등기신청을 위임받은 경우 등기신청서를 제출한 법무사뿐만 아니라 위임장에 기재된 다른 법무사도 해당 등기신청에 대한 보정 및 취하를 할 수 있다. 다만, **취하**의 경우에는 등기신청위임장에 취하에 관한 행위도 위임한다는 내용의 기재가 있어야 한다(선례 202001-2).

	(3) 자격자대리인의 출입사무원 **서면에 의한 등기신청 취하**와 관련하여 「부동산등기규칙」 제51조 제2항 제1호의 "대리인"에 같은 규칙 제58조의 **자격자대리인의 사무원이 포함된다**는 「부동산등기법」이나 「부동산등기규칙」 등 **명문의 규정은 없으나,** 1. 「부동산등기법」 제24조 제1항 제1호 및 「부동산등기**규칙」 제58조 제1항의 해석상 제출 사무원**은 **등기신청서 제출** 및 **보정, 취하서 제출, 등기필정보 수령 등**에 관한 모든 행위를 할 수 있다고 해석하는 것이 상당하다는 점 2. 지방법원장의 허가를 받은 사무원은 그 신분이 보장된 사람이라는 점 3. 원고 소송대리인으로부터 소송대리인 사임신고서 제출을 지시받은 사무원은 원고 소송대리인의 표시기관에 해당된다고 하는 점 등을 고려할 때 **'지방법원장의 허가를 받은 자격자대리인의 사무원'**도 등기신청 취하서를 제출할 수 있다(선례 제202202-4호).
2. **객체**	신청한 등기
3. **상대방**	등기관
4. **방법**	① 서면신청의 취하(규칙 51②1) - 신청인 또는 그 대리인이 등기소에 출석하여 취하서를 제출하는 방법(구두× / 우편×) ② 전자신청의 취하(규칙 51②2) - 전산정보처리조직을 이용하여 취하정보를 전자문서로 등기소에 송신하는 방법
5. **시기**	등기신청의 취하는 등기관이 등기를 마치기 전 또는 등기신청을 각하하기 전까지 할 수 있다(규칙 51①).
6. **범위**	수 개의 부동산에 관하여 일괄신청한 후 일부 부동산에 대하여만 등기신청을 취하하는 것도 가능하다(법 25但).
7. **효과**	등기신청을 취하하게 되면 등기신청은 소급하여 없었던 것으로 된다.
8. **업무 처리**	① 부동산등기신청서접수장의 비고란에 취하의 뜻을 기록한 후, **등기신청서에 부착된 접수번호표**에 취하라고 주서하여 그 **등기신청서**와 그 **부속서류**를 신청인 또는 그 대리인에게 **환부**하며, 이 경우 **납부된 등기신청수수료**는 환급한다. ② **취하서**는 신청서기타부속서류편철장의 취하된 등기신청서를 편철하였어야 할 곳에 편철한다.

03 절 보정

	법	규칙
조문	법 29 (신청의 각하)	
기출	1. [09 행시] 등기신청의 보정과 관련된 다음 물음에 답하시오. ① 보정의 시간직 한계를 설명하시오. 10점 ② 전산정보처리조직에 의한 등기신청에 있어서의 보정사무특례를 설명하시오. 10점	

		보정통지	보정이행
Ⅰ. 서설		1. **서설**(법 29) (1) **의의** **보정통지란** 등기관이 신청서 및 첨부정보의 흠결을 발견한 경우 신청인에게 흠결을 보충하고 고치라는 내용의 통지를 하는 것이다. (2) **의무인지 여부 – × (권장 바람직)** (3) **구별개념**	1. **서설**(법 29) (1) **의의** **보정이행이란** 등기신청을 한 신청인 등이 등기관으로부터 지적을 받은 신청정보 및 첨부정보의 흠을 보충하고 고치는 것을 말한다. (2) **의무인지 여부 – × (각하 불이익)** (3) **구별개념**
Ⅱ. 절차	1. **주**체	등기관 (등기소장은 보정명령의 적정 여부에 관하여 감독하여야 하므로 보정명령에 의문이 있으면 소장과 협의하는 게 바람직)	신청인・대리인 출입사무원・일반사무원
			합동법무사(선례 202001-2호) **합동사무소를 구성하는 법무사 전원이 등기신청을 위임**받은 경우 등기신청서를 제출한 법무사뿐만 아니라 위임장에 기재된 다른 법무사도 해당 등기신청에 대한 보정 및 취하를 할 수 있다. 다만, **취하**의 경우에는 등기신청위임장에 취하에 관한 행위도 위임한다는 내용의 기재가 있어야 한다(선례 202001-2).
	2. **객**체 (대상)	법 제29조 각 호(11가지 사유) (보정통지 없으면 각하할 수밖에 없는 경우)	보명 命 대상
	3. **상**대방	신청인 등	등기관
	4. **방**법	등기관이 등기신청에 대하여 보정을 명하는 경우에는 보정할 사항을 구체적으로 적시하고 그 근거법령이나 예규, 보정기간 등을 제시하여 매건 조사 완료 후 즉시 구두	① 서면신청 : 보정은 반드시 출석하여 등기관의 면전에서 하여야 하며 보정을 위하여 신청서 또는 그 부속서류를 신청인에게 반환할 수 없다.

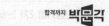

	또는 전화나 모사전송의 방법에 의하여 등기신청인에게 통지하여야 한다.	② 전자신청 : 전산정보처리조직으로 보정하여야 한다.
5. 시기	발견한 때	① 보정명령의 다음날까지 보정하여야 한다. ② 각하결정 후 고지 전에 보정되었다 하더라도 이미 내려진 각하결정을 되돌릴 수 없다.
6. 범위		
7. 업무처리	보정통지 후에는 이에 관한 보정 없이 사건을 처리하여서는 아니 된다.	① 보정된 사건은 처리가 지연되지 않도록 즉시 처리하여야 한다. ② 동일 부동산에 대하여 여러 개의 등기신청사건이 접수된 경우 그 상호 간에는 위 지연처리, 보정명령을 한 경우에도 반드시 접수순서에 따라 처리하여야 한다.

04 절 각하

	법	규칙
조문	민법 303 (전세권의 내용) 민법 592 (환매등기) 법 29 (신청의 각하) 법 7 (관할 등기소) 법 3 (등기할 수 있는 권리 등) 법 24 (등기신청의 방법) 법 82 (신탁등기의 신청방법) 법 27 (포괄승계인에 의한 등기신청)	규칙 52 (사건이 등기할 것이 아닌 경우) 규칙 46 (첨부정보) 규칙 56 (방문신청의 방법) 규칙 122 (주소변경의 직권등기)
기출	1. [09 행시] 등기신청의 각하와 관련된 다음 물음에 답하시오. ① 사건이 등기할 것이 아닌 경우를 약술하시오. 20점 ② 각하사유를 간과하고 한 등기의 효력을 약술하시오. 10점 2. [12 법무] 등기신청의 각하에 대하여 설명하시오. 20점	

Ⅰ. 서설

(1) 의의 [법 29]

① **각하란** 등기신청에 대하여 등기관이 등기기록에 기록하는 것을 거부하는 소극적 처분을 말하며, 이로써 해당 등기신청 절차는 종료한다.

② 등기관은 법 제29조에 해당하는 경우에만 각하를 할 수 있으며, 11가지의 각하사유는 한정적 열거사유로 본다(예시적×).

(2) 구별개념

① **취하는** 신청인이 철회하는 것이며, 등기신청서·등기신청수수료·첨부서면을 모두 반환(환급)하나,

② **각하는** 등기관의 처분인 것이며, 등기신청서·등기신청수수료는 반환(환급)하지 않고 첨부서면만 반환한다.

Ⅱ. 절차

1. 주체

등기관

2. 객체 [법 29]

(1) 사건이 그 등기소의 관할이 아닌 경우

① 이송하는 절차가 없기 때문에 흠결을 보정할 여지가 없다.

② 부동산이 여러 등기소의 관할구역에 걸쳐 있을 때에는 대법원규칙으로 정하는 바에 따라 각 등기소를 관할하는 상급법원의 장이 관할 등기소를 지정한다[법 7].

(2) 사건이 등기할 것이 아닌 경우

1) 의의

① 사건이 등기할 것이 아닌 경우는 등기신청이 그 취지 자체에 의하여 법률상 허용될 수 없음이 명백한 경우를 의미한다.

② 즉, 그 신청내용대로 등기하는 것이 절차법 또는 실체법에 의하여 허용되지 않는 것을 말한다.

2) 규칙 제52조

① 등기능력 없는 물건 또는 권리에 대한 등기를 신청한 경우

[등기능력× 물건] –	군사분계선 이북지역, 100㎡ 미만인 개방형 축사, 비닐하우스, 지붕이 없는 사일로, 방조제 부대시설물, 구조상 공용부분, 유희시설, 급수탱크, 주유소캐노피, 해저지면에 고정한 선박, 폐유조선 및 플로팅 도크 등
[등기능력× 권리] – (법 3)	점유권, 유치권, 구분임차권, 사용대차권, 분묘기지권, 주위토지통행권 등

② 법령에 근거가 없는 특약사항의 등기를 신청한 경우
③ 구분건물의 전유부분과 대지사용권의 분리처분 금지에 위반한 등기를 신청한 경우
④ 농지를 전세권설정의 목적으로 하는 등기를 신청한 경우
⑤ 저당권을 피담보채권과 분리하여 양도하거나, 피담보채권과 분리하여 다른 채권의 담보로 하는 등기를 신청한 경우
⑥ 일부지분에 대한 소유권보존등기를 신청한 경우
⑦ 공동상속인 중 일부가 자신의 상속지분만에 대한 상속등기를 신청한 경우
⑧ 관공서 또는 법원의 촉탁으로 실행되어야 할 등기를 신청한 경우
⑨ 이미 보존등기된 부동산에 대하여 다시 보존등기를 신청한 경우
⑩ 그 밖에 신청취지 자체에 의하여 법률상 허용될 수 없음이 명백한 등기를 신청한 경우

3) 해석상(예규 및 선례)

① **물리적 일부** – 소유권보존 · 소유권이전 · 저당권설정 · 가압류 · 가등기 · 가처분 · 경매개시결정 등 (선분필 要)
② **지분 일부** – 지상권 · 지역권 · 전세권 · 임차권
③ **동시신청**을 하지 않은 경우
　ⓐ 소유권이전과 환매특약
　ⓑ 구분건물 중 일부만의 보존등기와 나머지 표시등기
　ⓒ 대지사용권이전등기와 대지권등기
④ 실명등기 유예기간 경과 후 명의신탁해지를 원인으로 한 소유권이전등기
⑤ 물권적 청구권 보전을 위한 가등기
⑥ 가등기에 기한 **본등기 후 가등기만의 말소등기신청**
⑦ 가압류에 기한 **본압류 후 가압류만의 말소등기촉탁**
⑧ 본등기금지 가처분등기

4) 기타 특별법

① 농어촌정비법 – 환지계획인가고시 후의 표시 또는 권리에 관한 등기신청
② 도시개발법 – 환지처분공고 후의 표시 또는 권리에 관한 등기신청
③ 도시 및 주거환경정비법 – 이전고시 후의 표시 또는 권리에 관한 등기신청

(3) 신청할 권한이 없는 자가 신청한 경우

등기당사자가 아닌 제3자의 등기신청, 대리권한 없는 자의 등기신청, 대위권한 없는 자의 등기신청, 패소한 자의 등기신청 등

(4) 제24조 제1항 제1호에 따라 등기를 신청할 때에 당사자나 그 대리인이 출석하지 아니한 경우

(5) 신청정보의 제공이 대법원규칙으로 정한 방식에 맞지 아니한 경우

① 신탁재산에 관하여 신탁등기만 또는 소유권이전등기만 신청한 경우

② 등기원인에 임의적 기재사항의 약정이 있는데도 신청정보로 제공되지 아니한 경우

(6) 신청정보의 부동산 또는 등기목적인 권리의 표시가 등기기록과 일치하지 아니한 경우

(7) 신청정보의 등기의무자의 표시가 등기기록과 일치하지 아니한 경우. 다만, 다음 각 목의 어느 하나에 해당하는 경우는 에는 각하하지 아니하고 수리한다.

가. 제27조에 따라 포괄승계인이 등기신청을 하는 경우

나. 신청정보와 등기기록의 등기의무자가 동일인임을 대법원규칙으로 정하는 바에 따라 확인할 수 있는 경우 [본조신설 2024.11.29, 시행일: 2025.1.31.]

> **규칙 제52조의2(등기의무자의 동일성 판단 기준)**
>
> ① **신청정보**의 등기의무자의 표시에 관한 사항 중 주민등록**번호는 등기기록과 일치**하고 **주소가 일치하지 아니**하는 경우에도 **주소를 증명하는 정보**에 의해 **등기의무자의 등기기록상 주소**가 **신청정보상의 주소**로 **변경된 사실이 확인**되어 **등기의무자의 동일성이 인정**되는 경우에는 법 제29조 제7호나목에 따라 신청을 **각하하지 아니**한다.
>
> ② 등기의무자가 **외국인**, 국내에 영업소나 사무소의 설치 **등기를 하지 아니한 외국법인, 법인 아닌 사단이나 재단**인 경우에는 제1항을 **적용하지 아니**한다.
>
> ③ 등기의무자의 등기기록상의 주소가 신청에 따른 등기가 마쳐질 당시에 잘못 기록되는 등 등기명의인의 표시에 **경정사유가 존재**하는 경우에는 제1항을 **적용하지 아니**한다.

① 종전 소유자를 등기의무자로 하여 주택임차권등기를 촉탁한 경우 – 각하

② 말소된 등기명의인에 대한 표시변경등기를 신청한 경우 – 각하

(8) 신청정보와 등기원인을 증명하는 정보가 일치하지 아니한 경우

(9) 등기에 필요한 첨부정보를 제공하지 아니한 경우

① 등기원인증명정보 · 대리권증명정보 · 주소증명정보 등 제출하지 아니한 경우

② 제출된 첨부정보가 위조 또는 변조된 경우

(10) 취득세(「지방세법」 제20조의2에 따라 분할납부하는 경우에는 등기하기 이전에 분할납부하여야 할 금액을 말한다), 등록면허세(등록에 대한 등록면허세만 해당한다) 또는 수수료를 내지 아니하거나 등기신청과 관련하여 다른 법률에 따라 부과된 의무를 이행하지 아니한 경우

(11) 신청정보 또는 등기기록의 부동산의 표시가 토지대장 · 임야대장 또는 건축물대장과 일치하지 아니한 경우

① 소유명의인의 표시가 다른 경우에는 적용 – ×

② **관공서가 등기촉탁하는 경우에는 적용** – ×

(등기명의인이 등기신청을 하는 경우에 적용되는 규정이므로, 관공서가 등기촉탁을 하는 경우에는 등기기록과 대장상의 부동산의 표시가 부합하지 아니하더라도 그 등기촉탁을 수리하여야 한다.)

3. **상**대방	신청인
4. **방**법	① 서면신청 – 등기신청이 부동산등기법 제29조 각 호에 해당하는 경우에는 이유를 기재한 결정으로 이를 각하한다. 각하결정의 고지는 각하결정등본을 신청인 또는 대리인에게 교부(교부받은 자로부터 영수증을 수령)하거나 특별우편송달 방법으로 송달한다. 각하결정등본 및 등기신청서 이외의 서류를 교부 또는 송달한 경우에는 그 영수증 또는 송달보고서를 당해 등기신청서에 편철한다. 첨부서류 중 각하사유를 증명할 서류는 이를 복사하여 그 등기신청서와 함께 신청서기타 부속서류편철장에 편철한다. ② 전자신청 – 서면신청과 동일한 방법으로 처리한다. 등기전산정보시스템에 의하여 등기신청정보 우측상단에 자동으로 각하라고 생성하는 방식으로 기록한다. 전자신청에 대한 각하결정의 고지는 등기전산정보시스템을 이용하여 각하결정등본을 신청인 또는 대리인에게 전송하는 방법으로 한다.
5. 시**기**	등기관이 각하결정을 한 이상 그 고지 전에 보정되었다고 하더라도 각하결정의 효력에는 영향이 없다(각하결정을 없던 것으로 되돌릴 수 없음).
6. **범**위	수 개의 부동산에 관하여 일괄신청한 후 일부 부동산에 대하여만 각하사유가 있는 경우 그 부동산에 대하여만 각하함이 바람직하다.
7. **효**과	해당 등기신청 절차는 종료한다.
8. 업무 처리	① **취하는** 신청인이 철회하는 것이며, 등기신청서·등기신청수수료·첨부서면을 모두 반환(환급)하나, ② **각하는** 등기관의 처분인 것이며, 각하결정등본을 교부하거나 송달할 때에는 등기신청서 외의 **첨부서류(취득세·등록면허세영수필확인서 포함)도 함께 교부하거나 송달**하여야 한다.
Ⅲ. 간과 등기	① 법 제29조 **제1호 및 제2호**의 각하사유를 간과한 등기는 실체관계에 부합하는지 여부에 관계없이 당연무효이므로 등기관이 직권말소할 수 있다. ② 법 제29조 **제3호부터 제11호**의 각하사유를 간과한 등기는 실체관계에 부합하는 한 유효이므로 등기관이 직권말소할 수 없다.

[별지 1] 등기신청을 각하하는 경우의 양식

○○지방법원 (○○지원) ○○등기소

결 정

신청인 등기권리자 ○ ○ ○ (-)
주소
등기의무자 ○ ○ ○ (-)
주소
위 쌍방대리인 법무사 ○ ○ ○
주소

위 당사자 간의 20 . . . 접수 제 호 ……………………………………………………
등기신청사건에 대하여 다음과 같이 결정한다.

주 문

별지 기재 부동산에 대한 20 . . . ……………………………………를 원인으로 한 ………………………………………………………………………………………… 등기신청은 이를 각하한다.

이 유

주문 기재 부동산에 대한 위 당사자 간의 ………………………………………………등기신청은 ……… ……… …………………………………………………………… 한바 이는 「부동산등기법」 제29조 호에 해당하므로 주문과 같이 결정한다.

20 . . .

등기관 ○ ○ ○

05 절 등기필정보 - ㊎ 작성 · 통지

<table>
<tr><th></th><th colspan="2">법</th><th>규칙</th></tr>
<tr><td>조문</td><td colspan="2">법 50 (등기필정보)</td><td>규칙 106 (등기필정보의 작성방법)
규칙 107 (등기필정보의 통지방법)
규칙 108 (등기필정보 통지의 상대방)
규칙 109 (등기필정보를 작성 또는 통지할 필요가 없는 경우)
규칙 110 (등기필정보의 실효신고)</td></tr>
<tr><td>기출</td><td colspan="3">1. [14 법무] 등기필정보를 작성·통지하여야 하는 경우와 통지할 필요가 없는 경우에 관하여 설명하시오. 15점</td></tr>
<tr><td>I. 서설</td><td colspan="3">(1) 의의[법 2.4, 법 50]
① 등기필정보란 등기부에 새로운 권리자가 기록되는 경우에 그 권리자를 확인하기 위하여 등기관이 작성한 정보를 말한다.
② 새로운 권리에 관한 등기를 마쳤을 때에는 등기권리자에게 등기필정보를 작성하여 통지하여야 한다.</td></tr>
<tr><td rowspan="2">II. 작성 통지 여부 [등기 종류별]</td><td>1. 작성·통지○
[법 50①]
[규칙106 ~ 110]
[예규 1716]</td><td colspan="2">(1) 등기관이 새로운 권리에 관한 등기를 마쳤을 때에는 등기필정보를 작성하여 등기권리자에게 통지하여야 한다.
① 법 제3조 기타 법령에서 등기할 수 있는 권리로 규정하고 있는 권리를 보존, 설정, 이전하는 등기를 하는 경우
② 위 제1항의 권리의 설정 또는 이전청구권 보전을 위한 가등기를 하는 경우
③ 권리자를 추가하는 경정 또는 변경등기(갑 단독소유를 갑, 을 공유로 경정하는 경우나 합유자가 추가되는 합유명의인변경등기 등)를 하는 경우</td></tr>
<tr><td>2. 작성·통지×
[법 50①但]
[규칙109]</td><td colspan="2">(1) 등기권리자가 등기필정보의 통지를 원하지 아니하는 경우
(2) 국가 또는 지방자치단체가 등기권리자인 경우(단, 관공서가 등기의무자인 경우 - 작성○)
(3) 제1호 및 제2호에서 규정한 경우 외에 대법원규칙으로 정하는 경우
① 등기필정보를 전산정보처리조직으로 통지받아야 할 자가 수신이 가능한 때부터 3개월 이내에 전산정보처리조직을 이용하여 수신하지 않은 경우
② 등기필정보통지서를 수령할 자가 등기를 마친 때부터 3개월 이내에 그 서면을 수령하지 않은 경우
③ 법 제23조 제4항에 따라 승소한 등기의무자가 등기신청을 한 경우
④ 법 제28조에 따라 등기권리자를 대위하여 등기신청을 한 경우
⑤ 법 제66조 제1항에 따라 등기관이 직권으로 소유권보존등기를 한 경우
⑥ 공유자 중 일부가 「민법」 제265조 단서에 따른 공유물의 보존행위로서 공유자 전원을 등기권리자로 하여 권리에 관한 등기를 신청한 경우(등기권리자가 그 나머지 공유자인 경우로 한정한다) [본조신설 2024.11.29, 시행일: 2025.1.31.]</td></tr>
</table>

III. 작성 통지 절차	1. 작성 방법 (규칙 106)	① 등기필정보는 아라비아 숫자와 그 밖의 부호의 조합으로 이루어진 일련번호와 비밀번호로 구성한다. ② 등기필정보는 부동산 및 등기명의인별로 작성한다. 다만, 대법원예규로 정하는 바에 따라 등기명의인별로 작성할 수 있다. ③ 등기필정보에는 권리자, (주민)등록번호, 부동산고유번호, 부동산소재, 접수일자, 접수번호, 등기목적, 일련번호 및 비밀번호를 기재한다(예규). ④ 등기필정보의 일련번호는 영문 또는 아라비아 숫자를 조합한 12개로 구성하고 비밀번호는 50개를 부여한다(예규).
	2. 통지 방법 (규칙 107)	① **방문신청**의 경우 : 등기필정보를 적은 서면(이하 "등기필정보통지서"라 한다)을 교부하는 방법(1회에 한하여 교부한다). 다만, 신청인이 등기신청서와 함께 대법원예규에 따라 등기필정보통지서 송부용 우편봉투를 제출한 경우에는 등기필정보통지서를 우편으로 송부한다. ② **전자신청**의 경우 : 전산정보처리조직을 이용하여 송신하는 방법 ③ 관공서가 등기권리자를 위하여 등기를 촉탁한 경우 그 관공서의 신청으로 등기필정보통지서를 교부할 수 있다. ④ 등기필정보를 통지할 때에는 그 통지를 받아야 할 사람 외의 사람에게 등기필정보가 알려지지 않도록 하여야 한다.
	3. 상대방 (규칙 108)	① 등기관은 등기를 마치면 등기필정보를 등기명의인이 된 신청인에게 통지한다. 다만, 관공서가 등기권리자를 위하여 등기를 촉탁한 경우에는 대법원예규로 정하는 바에 따라 그 관공서 또는 등기권리자에게 등기필정보를 통지한다. ② **법정대리인**이 등기를 신청한 경우에는 그 법정대리인에게, **법인**의 대표자나 지배인이 신청한 경우에는 그 대표자나 지배인에게, **법인 아닌 사단이나 재단**의 대표자나 관리인이 신청한 경우에는 그 대표자나 관리인에게 등기필정보를 통지한다.

06 절 등기완료통지

<table>
<tr><th></th><th colspan="2">법</th><th>규칙</th></tr>
<tr><td>조문</td><td colspan="2">법 30 (등기완료의 통지)</td><td>규칙 53 (등기완료통지)</td></tr>
<tr><td>기출</td><td colspan="3"></td></tr>
<tr><td>Ⅰ.
서설
[법 30]</td><td colspan="3">등기관이 등기를 마쳤을 때에는 대법원규칙으로 정하는 바에 따라 신청인 등에게 그 사실을 알려야 한다.</td></tr>
<tr><td rowspan="2">Ⅱ.
통지
여부</td><td>1.
통지○
[법 30]
[규칙 53]</td><td colspan="2">(1) 법 제30조에 따른 등기완료통지는 신청인 및 다음 각 호의 어느 하나에 해당하는 자에게 하여야 한다.
① 법 제23조 제4항에 따른 승소한 등기의무자의 등기신청에 있어서 등기권리자
② 법 제28조에 따른 대위자의 등기신청에서 피대위자
③ 법 제51조에 따른 등기신청에서 등기의무자
④ 법 제66조에 따른 직권 소유권보존등기에서 등기명의인
⑤ 관공서가 촉탁하는 등기에서 관공서
⑥ 공유자 중 일부가 「민법」 제265조 단서에 따른 공유물의 보존행위로서 공유자 전원을 등기권리자로 하여 권리에 관한 등기를 신청한 경우 그 나머지 공유자 [본조개정 2024.11.29, 시행일: 2025.1.31.]
(2) 위의 통지는 대법원예규로 정하는 방법으로 한다.</td></tr>
<tr><td>2.
통지×</td><td colspan="2"></td></tr>
<tr><td rowspan="2">Ⅲ.
통지
절차</td><td>1. 작성 방법
[예규 1623]</td><td colspan="2">① 등기완료통지서에는 신청인(또는 권리자)의 성명과 주소, 부동산소재, 접수일자, 접수번호, 등기목적, 등기원인 및 일자, 작성일자를 기재하고 등기관의 전자이미지관인을 기록한다.
② 대리인에 의한 신청의 경우에는 대리인의 자격과 성명을 기재한다.</td></tr>
<tr><td>2. 통지 방법</td><td colspan="2">(1) 등기필정보를 부여받을 사람에 대한 통지
① 방문신청의 경우 : 이 경우의 등기완료의 통지는 별지 제3호 양식에 의하여 등기필정보가 함께 기재된 등기필정보 및 등기완료통지서로 하여야 한다.
② 전자신청의 경우 : 등기필정보를 송신할 때 함께 송신한다.
(2) 등기필정보를 부여받지 않는 사람에 대한 통지
1) 공동신청에 있어서 등기의무자에 대한 통지
신청서에 등기완료사실의 통지를 원한다는 등기의무자의 의사표시가 기재되어 있는 경우에만 등기완료사실의 통지를 하며, 그 방식은 전자신청의 경우에는 전산정보처리조직을 이용하여 송신하는 방법에 의하고, 서면신청의 경우에는 등기완료사실을 인터넷등기소에 게시하는 방법에 의한다. 다만 서면신청의 경우 그 통지를 받을 자가 등기소에 출석하여 직접 서면의 교부를 요청하는 때에는 등기완료통지서를 출력하여 직접 교부한다.</td></tr>
</table>

2) 위 1)을 제외한 신청인에 대한 통지

다음 각 호에 해당하는 자에 대한 등기완료사실의 통지는 전자신청의 경우에는 전산정보처리조직을 이용하여 송신하는 방법에 의하고, 서면신청의 경우에는 등기완료사실을 인터넷등기소에 게시하는 방법에 의한다. 다만 서면신청의 경우 그 통지를 받을 자가 등기소에 출석하여 직접 서면의 교부를 요청하는 때에는 등기완료통지서를 출력하여 직접 교부한다.

① 공동신청에 있어서 등기필정보를 부여받지 않는 등기권리자

② 단독신청에 있어서 신청인

③ 법 제23조 제4항에 의한 승소한 등기의무자의 등기신청에 있어서 등기의무자

④ 법 제28조에 의한 대위채권자의 등기신청에 있어서 대위자

3) 신청인이 아닌 등기명의인 등에 대한 통지

다음 각 호에 해당하는 자에 대한 등기완료사실의 통지는 등기완료통지서를 출력하여 등기부에 기록된 주소로 우편 송달한다.

① 법 제23조 제4항에 의한 승소한 등기의무자의 등기신청에 있어서 등기권리자

② 법 제28조에 의한 대위채권자의 등기신청에 있어서 등기권리자

③ 법 제66조에 의한 소유권의 처분제한의 등기촉탁에 있어서 소유권 보존등기의 명의인

④ 「부동산등기규칙」 제53조 제1항 제3호의 등기의무자

4) 관공서에 대한 통지

① 전자촉탁의 경우

전산정보처리조직을 이용하여 송신하는 방법에 의한다.

② 서면촉탁의 경우

ⓐ 법원등기완료통지서를 출력하여 직접 교부하거나 우편으로 송부한다. 다만 우편 송부는 경매개시결정등기촉탁을 제외하고는 등기촉탁서에 등기완료통지서 송부용봉투가 첨부된 경우에 한한다.

ⓑ 기타 관공서등기완료사실을 인터넷등기소에 게시하는 방법에 의한다.

chapter

05 등기관의 처분에 대한 이의

01 절 등기관 결정 · 처분에 대한 이의 (각하/실행)

	법	규칙
조문	법 100 (이의신청과 그 관할) 법 101 (이의절차) 법 102 (새로운 사실에 의한 이의 금지) 법 103 (등기관의 조치) 법 104 (집행 부정지) 법 105 (이의에 대한 결정과 항고) 법 106 (처분 전의 가등기 및 부기등기의 명령) 법 107 (관할 법원의 명령에 따른 등기) 법 108 (송달)	규칙 158 (이의신청서의 제출) 규칙 159 (이미 마쳐진 등기에 대한 이의) 규칙 160 (등본에 의한 통지) 규칙 161 (기록명령에 따른 등기를 할 수 없는 경우) 규칙 162 (가등기 또는 부기등기의 말소)
기출	1. [98 법무] 등기관의 처분에 대한 이의신청요건에 대하여 약술하라. 10점 2. [03 행시] 등기관의 처분에 대한 이의에 관하여 설명하시오. 50점 3. [10 법무] 등기관의 결정 또는 처분에 대한 이의신청에 관하여 설명하시오. 50점 4. [21 행시] 등기관의 처분에 대한 이의에 관하여 ① 이의신청의 대상과 이의신청할 수 있는 자에 대해 각 설명하시오. 12점 ② 이의신청의 절차와 효력에 대해 각 설명하시오. 8점 ③ 이의신청에 대한 등기관의 조치에 대해 설명하시오. 10점 ④ 이의신청에 대한 관할 지방법원의 재판에 대해 설명하시오. 10점 ⑤ 이의신청의 재판에 대한 불복에 대해 설명하시오. 10점	
Ⅰ. 서설	**(1) 의의** [법 100, 법 101] ① 등기관의 결정 또는 처분에 이의가 있는 자는 이의신청을 관할 지방법원(그 결정 또는 처분을 한 등기관이 속한 지방법원)에 할 수 있다(법 100) ② 다만, 등기소에 이의신청서를 제출하거나 전산정보처리조직을 이용하여 이의신청정보를 보내는 방법으로 한다(법 101, 규칙 158②). ③ 종전에는 등기관의 결정 또는 처분에 대한 이의신청을 등기소에 이의신청서를 제출하는 방법으로 하도록 하였으나, 개정법에 따르면 등기소에 이의신청서를 제출하거나 전산정보처리조직을 이용하여 이의신청정보를 보내는 방법으로 하도록 하여 이의신청인의 시간적 · 경제적 부담을 완화하여 편의를 증진하였다. [본조개정 2024.9.20, 시행일: 2025.1.31.] ④ **등기관의 결정이란** 당사자의 등기신청을 각하하는 결정 같은 것을 의미하고, ⑤ **등기관의 처분이란** 결정 이외의 등기의 실행, 등기의 열람과 그 거부 등 모든 조치를 말한다. **(2) 취지** 등기관의 결정 또는 처분이 부당한 경우 국가배상법에 의한 손해배상을 청구하는 방법으로 권리구제를 받을 수도 있지만, 그 부당행위의 효과를 제거하여 당사자가 원하였던 대로 등기	

<table>
<tr><td></td><td colspan="2">등을 하는 것이 보다 직접적인 권리구제방법이기 때문에, 등기당사자의 직접적이고 효과적인 권리구제를 위하여 이의신청을 허용하고 있다.</td></tr>
<tr><td rowspan="4">II. 이의 신청
(신청인)</td><td>1.
주체</td><td>(1) 원칙
① 등기관의 처분이 부당하다고 하여 이의신청을 할 수 있는 자는 등기상 직접적인 이해관계를 가진 자에 한한다고 하여 같은 취지이다(대결 1987.3.18, 87마206). 따라서 아무런 이해관계가 없는 자는 이의신청의 이익이 없으므로 이의신청을 할 수 없다.
② 여기에서 등기상 직접적인 이해관계가 있는 자란 등기관의 해당 처분에 의하여 불이익을 받은 자로서 이의가 인정되면 직접 이익을 받게 될 자를 말한다.
(2) 소극적 부당처분(각하결정)
각하결정에 대하여는 등기신청인(등기권리자 및 등기의무자)에 한하여 이의신청을 할 수 있고 제3자는 이의신청을 할 수 없다. 왜냐하면 등기가 실행되어 공시된 것이 아니기 때문에 등기기록상으로는 변동이 없으므로 제3자는 이해관계가 없기 때문이다.
(3) 적극적 부당처분(실행처분)
등기를 실행한 처분에 대하여는 법 제29조 제1호와 제2호의 사유에 한하여 등기신청인과 등기상 이해관계 있는 제3자가 그 처분에 대한 이의신청을 할 수 있다.
① 채권자가 채무자를 대위하여 등기된 등기가 채무자의 신청에 의하여 말소된 경우에는 그 말소처분에 대하여 채권자는 등기상 이해관계인으로서 이의신청을 할 수 있다.
② 상속등기에 대하여 상속인이 아닌 자는 이의신청을 할 수 없다.
③ 저당권이전의 부기등기에 대하여 저당권설정자는 이의신청을 할 수 없다.
④ 등기의 말소신청에 있어 「부동산등기법」 제57조 소정의 이해관계 있는 제3자의 승낙서 등 서면이 첨부되어 있지 아니하였다는 사유는 제3자의 이해에 관련된 것이므로, 말소등기의무자는 말소처분에 대하여 이의신청을 할 수 있는 등기상 이해관계인에 해당되지 아니하여 이의신청을 할 수 없다.</td></tr>
<tr><td>2.
객체
(대상)</td><td>(1) 소극적 부당처분(각하결정)
① 이의신청의 대상이 되는 것은 등기관의 부당한 결정 또는 처분이다(법 100).
② 등기신청의 각하결정에 대한 이의신청의 경우 등기관의 각하결정이 부당하다는 사유면 족하고 그 이의사유에 특별한 제한은 없다.
(2) 적극적 부당처분(실행처분)
등기를 실행한 처분에 대하여는 법 제29조 제1호와 제2호의 사유에 한하여 이의신청을 할 수 있고, 법 제29조 제3호 이하의 사유로는 이의신청의 방법으로 그 등기의 말소를 구할 수 없다.</td></tr>
<tr><td>3.
상대방</td><td>이의신청을 관할 지방법원에 할 수 있다(법 100).</td></tr>
<tr><td>4.
방법</td><td>① 서면으로 이의신청하는 경우 이의신청서는 등기소에 제출하여야 하며, 구술로 할 수 없다(법 101). 등기소에 제출하는 이의신청서에는 일정한 사항을 적고 신청인이 기명날인 또는 서명하여야 한다(규칙 158).
서면 형태의 이의신청서가 제출된 경우에는 등기전산정보시스템에 이의신청정보 입력 후 이의신청서와 첨부서류를 스캔하여 등록한다.
② 전자로 이의신청하는 경우 전산정보처리조직을 이용하여 이의신청정보를 보내는 방법으로 한다(법 101, 규칙 158②). 이 경우 이의신청인의 인증서 등을 함께 송신하여야 한다.
[본조개정 2024.9.20, 시행일: 2025.1.31.]</td></tr>
</table>

구분	내용
	③ 등기소에 이의신청서류를 제출하거나 보내는 이유는 이의신청의 대상이 된 처분을 한 등기관에게 시정할 기회를 주기 위한 것이다.
5. 시기	이의신청기간에는 제한이 없으므로, 이익이 있는 한 언제라도 이의신청을 할 수 있다.
6. 범위	새로운 사실이나 새로운 증거방법을 근거로 이의신청을 할 수는 없다(법 102). 이는 등기관은 형식적으로 심사하여 결정하거나 처분하기 때문에 이에 대한 당부의 판단도 등기신청 시에 제출된 신청서와 첨부서면만으로 하는 것이 균형에 맞기 때문이다.
7. 효과	등기관의 결정 또는 처분에 대한 이의는 집행정지의 효력이 없다(법 104). 등기사무는 그 성질상 신속을 요하므로 이의신청이 있다고 하여 결정 또는 처분의 집행을 정지하는 것이 타당하지 않기 때문이다. 따라서 등기관의 결정 또는 처분에 대한 이의신청이 있고 그 이의가 있다는 뜻이 부기등기된 후에도 그 부동산에 대한 다른 등기신청을 수리하여야 한다.
Ⅲ. 등기관 조치	**1. 소극적 부당처분(각하결정)** ① 이의가 이유 있다 – 등기실행(법 103①) ② 이의가 이유 없다 – 3일 이내에 전자적으로 관할지방법원 송부(법 103②) **2. 적극적 부당처분(실행처분)** ① 이의가 이유 있다 ┌ 법 제29조 제1호와 제2호의 사유 – 직권말소(규칙 159①) └ 법 제29조 제3호 이하의 사유 – 관할지방법원 송부(규칙 159③) ② 이의가 이유 없다 – 3일 이내에 전자적으로 관할지방법원 송부(규칙 159②) **3. 기타** ① 등기관이 이의사건을 관할 지방법원에 송부할 때에는 다음의 정보를 첨부하여 전자적으로 송부한다. 가. 이의신청정보 나. 등기관의 의견서(등기전산정보시스템을 이용하여 작성) 다. 신청정보 및 첨부정보 ② 등기전산정보시스템 등의 장애가 발생하여 전자적으로 관할 지방법원에 송부할 수 없는 경우에는 우편 등의 방법으로 송부할 수 있다.
Ⅳ. 법원 조치	**1. 사전조치(이의신청 결정 전 처분)** ① 관할 지방법원은 이의신청에 대하여 결정하기 전에 등기관에게 가등기 또는 이의가 있다는 뜻의 부기등기를 명령할 수 있다(법 106). 이는 이의에 대한 결정 전에 새로운 등기상 이해관계인이 생기는 것을 막기 위함이다. ② 가등기 또는 부기등기는 등기관이 관할 지방법원으로부터 이의신청에 대한 기각결정(각하, 취하를 포함한다)의 통지를 받았을 때에 말소한다(규칙 162). **2. 사후조치(이의에 대한 결정)** ① 관할 지방법원은 이의에 대하여 이유를 붙여 결정을 하여야 한다(법 105). ② 이 경우 이의가 이유 있다고 인정하면 등기관에게 그에 해당하는 처분을 명령하고 그 뜻을 이의신청인과 등기상 이해관계 있는 자에게 알려야 한다. ③ 제1항의 결정에 대하여는 「비송사건절차법」에 따라 항고할 수 있다. **3. 관할 법원의 명령에 따른 등기**(법 107) ① 등기관이 관할 지방법원의 명령에 따라 등기를 할 때에는 명령을 한 지방법원, 명령의 연월일

	및 명령에 따라 등기를 한다는 뜻을 기록하여야 한다. ② 이 경우 관할 지방법원의 등기명령의 결정등본에 등기전산정보시스템에서 생성된 접수번호표를 붙이고, 등기를 마친 후에 그 결정등본은 등기전산정보시스템에 스캔하여 등록한 후 신청서기타부속서류편철장에 편철한다.
V. 기록명령	**1. 서설** ① 등기관의 처분에 대한 이의신청에 대하여 관할지방법원이 이의신청을 인용하여 일정한 등기를 명령한 경우 등기관은 그 명령에 따른 등기를 하여야 한다(법 107). ② 그러나 **등기관의 결정 또는 처분에 대한 이의는** 집행정지의 효력이 없어(법 104) 이의신청이 있은 후에도 등기관은 그 부동산에 대한 다른 등기신청을 수리하여야 한다. ③ 따라서 법원의 기록명령이 있더라도 그 전에 제3자의 등기가 경료될 수도 있으며, 제3자의 등기가 기록명령에 따른 등기를 하는 데 장애가 되는 경우에는 기록명령에 따른 등기를 할 수 없다. **2. 기록명령에 따른 등기를 할 수 없는 경우(규칙 161①)** **(1) 예시** ① **권리이전등기의 기록명령**이 있었으나, 그 기록명령에 따른 등기 전에 제3자 명의로 권리이전등기가 되어 있는 경우 ② **지상권, 지역권, 전세권 또는 임차권의 설정등기의 기록명령**이 있었으나, 그 기록명령에 따른 등기 전에 동일한 부분에 지상권, 전세권 또는 임차권의 설정등기가 되어 있는 경우 ③ **말소등기의 기록명령**이 있었으나 그 기록명령에 따른 등기 전에 등기상 이해관계인이 발생한 경우 ④ 등기관이 기록명령에 따른 등기를 하기 위하여 신청인에게 **첨부정보를 다시 등기소에 제공할 것을 명령**하였으나 신청인이 이에 응하지 아니한 경우 **(2) 절차** 기록명령에 따른 등기를 할 수 없는 경우에는 그 뜻을 관할 지방법원과 이의신청인에게 통지하여야 한다(규칙 161②). **3. 기록명령에 따른 등기를 할 수 있는 경우(규칙 161① 반대해석) (등기를 함에 있어 장애가 되지 아니하는 경우)** 소유권이전등기신청의 각하결정에 대한 이의신청에 기하여 관할 지방법원의 소유권이전등기 기록명령이 있기 전에 제3자 명의의 근저당권설정등기가 경료된 때와 같은 경우에는 기록명령에 따른 등기를 함에 장애가 되지 아니하므로, 기록명령에 따른 등기를 한다(예규 1689).
VI. 이의신청 재판 불복	**1. 서설** **관할 지방법원은** 이의에 대하여 이유를 붙여 결정을 하여야 하며, 당사자는 이에 대하여 「비송사건절차법」에 따라 항고할 수 있다(법 105조②). **2. 이의신청을 각하(기각)한 경우** 이의신청을 각하(기각 포함)하는 결정에 대하여는 이의신청인만이 항고를 할 수 있다. **3. 이의신청을 인용한 경우** **(1) 등기신청각하에 대한 이의신청을 인용한 경우** ① 등기신청을 각하한 등기관의 처분에 대하여 이의신청을 한 결과 관할법원이 이의가 이유 있다고 인정하여 등기관에게 그 등기신청에 따른 처분을 명한 경우(기록명령)에는 그에

기하여 등기관이 등기를 하더라도 그 등기의 효력은 관할법원의 명령에 의하여 등기를 한 때에 발생하는 것이다.

② 따라서 **기록명령에 의하여 등기가 실행되기 전**에는 등기상 이해관계인이 있을 수 없으므로 **어느 누구도** 항고의 이익이 있는 경우가 없어 **항고를 할 수 없고**.

③ 관할법원의 기재명령에 따라 **등기관이 등기를 실행한 경우**에는 등기관의 **각하처분은 이미 존재하지 아니**하므로 실행된 등기에 대하여 등기관의 처분에 대한 이의의 방법으로 말소를 구하거나 별개의 소송으로 등기의 효력을 다툴 수 있음은 별론으로 하고 등기신청 각하처분에 대하여는 **항고할 수 없다**(대판 2011.4.12, 2011마45).

(2) 등기실행에 대한 이의신청을 인용한 경우

① 등기관이 등기를 완료한 처분에 대한 이해관계인의 이의에 대하여 관할 지방법원이 이를 인용하여 그 등기의 말소를 명한 경우에는 말소의 **대상이 된 당해등기의 등기권리자**와 **등기의무자**는 그 등기의 당사자로서 항고를 할 수 있다.

② 그러나 말소할 사항의 당사자 외에 말소할 사항을 기초로 하여 등기를 한 **제3자**는 관할 지방법원의 말소명령에 대하여 항고할 이익이 없으므로 항고할 수 **없다**.
왜냐하면, 이 경우에는 등기관은 관할 지방법원의 말소명령에 의하여 그 등기를 바로 말소할 수는 없고, 그 제3자의 승낙을 증명하는 정보 또는 이에 대항할 수 있는 재판서의 등본을 첨부하여야만 말소가 가능하므로, 제3자는 승낙서를 제공하지 않는 방법으로 권리보호를 받을 수 있으며 말소명령만으로는 그 제3자의 권리가 침해되지 않기 때문이다.

PART

02

각론

chapter

01 등기의 종류

01 절 변경

	법		규칙
조문	법 52 (부기로 하는 등기)		규칙 112 (권리의 변경 등의 등기) 규칙 60 (인감증명의 제출) 규칙 46 (첨부정보)
기출	1. [05 행시] 등기명의인의 표시에 대한 변경등기와 경정등기의 요건과 절차를 설명하시오. 20점		
Ⅰ. 서설	1. 의의	(1) 의의[법 52] ① **등기제도**는 당해 부동산에 대한 권리관계 등을 대외적으로 실체관계에 부합하게 공시하기 위한 제도이다. ② **변경등기**는 **현재 효력이 있는** 등기의 **일부**가 **후발적**인 사유로 실체관계와 **불일치**한 경우에 이를 일치시키는 등기이다. 그 종류로는 부동산표시변경등기, 등기명의인표시변경등기, 권리변경등기가 있다. ③ 부동산표시변경등기는 현재 효력이 있는 등기의 부동산의 표시인 소재·지번·지목 등이 후발적인 사유로 실체관계와 불일치한 경우에 이를 일치시키는 등기이다. ④ **등기명의인표시변경등기는 현재 효력이 있는 등기**의 **일부인 등기명의인의 표시의 성명·주소·번호 등**이 **후발적**인 사유로 실체관계와 **불일치**한 경우에 이를 일치시키는 등기이다. ⑤ 권리변경등기는 현재 효력이 있는 등기의 권리의 내용인 전세금·범위·채권최고액·채무자·존속기간 등이 후발적인 사유로 실체관계와 불일치한 경우에 이를 일치시키는 등기이다. (2) **취지** – 실체와 부합하는 등기 → 거래안전 → 공시제도의 목적 달성 (3) **구별개념** – ① 변경(후발적 사유) vs 경정(원시적 사유) ② 변경(일부 불일치) vs 말소(전부 불일치) (4) **종류** – 부동산표시변경등기, 등기명의인표시변경등기, 권리변경등기	
	2. 요건	(1) **현재 효력이 있는 등기일 것** – 폐쇄등기부·종전 등기명의인 변경의 대상이 되는 등기는 현재 유효하게 효력이 있어야 하므로 폐쇄등기기록상의 등기명의인, 종전 소유권의 등기명의인, 허무인이나 **이미 사망한 등기명의인**에 대한 등기명의인표시변경등기신청은 **허용되지 않는다**. (2) **일부에 관한 불일치가 있을 것** – 변경 전·후의 동일성이 유지되어야 한다. ① 등기명의인표시변경등기는 등기의 일부가 실체관계와 불일치하는 경우이므로 경정등기와 마찬가지로 변경 전·후의 등기에는 인격의 동일성이 인정되어야 한다. 따라서 등기명의인의 동일성이 없는 경우에는 등기명의인표시변경등기를 신청할 수 없고 권리이전등기를 신청하여야 한다.	

	② 등기명의인표시의 변경에 의하여 인격의 동일성이 없는 다른 명의인으로 변경할 수 있다면 이전등기에 의하여야 할 것을 변경등기로 하는 것이 되어 부당하기 때문이다. **(3) 후발적 사유로 불일치가 있을 것** 변경등기는 등기를 할 때에는 실체관계와 부합하였으나 후발적인 사유로 변경이 생긴 경우에 행해지며, 이 점에서 원시적인 착오 또는 누락에 의하여 등기신청의 내용과 다른 등기가 마쳐진 경우에 이를 시정하기 위한 경정등기와 구별된다. **(4) 등기상 이해관계 있는 제3자의 승낙을 받을 것** **1) 등기상 이해관계 있는 제3자** 등기상 이해관계 있는 제3자란 변경등기를 함으로써 등기기록의 형식상 손해를 받을 우려가 있는 자 **2) 해당여부** ① ㈜표시변경 – × ② ㉳표시변경 – × (법 52.1) ③ 권리변경 – △ (법 52.5) ┌ 증액 – 후순위 : 부기요건 (원칙) └ 감액 – 터잡은 : 수리요건 (예외) 권리의 변경등기에 있어서 등기상 이해관계 있는 제3자가 있는 경우에는 그 승낙을 받아야 하나, 등기명의인표시변경등기는 중성적인 등기이므로 위와 같은 승낙을 요건으로 하지 않는다.
3. 범위 (동일성)	**(1) 부동산표시** **(2) 등기명의인표시** **1) 개인** **가. 내국인** ① 등기명의인을 특정하는 성명 · 주소 · 주민등록번호 등에 대하여 변동사항이 있는 경우에 적용된다. ② 예컨대, 개명 · 주소변경(전거) · 주민등록번호의 추가 등의 사유가 있다. ③ 현재 효력 있는 권리에 관한 등기의 등기명의인의 주민등록번호 등이 등기기록에 기록되어 있지 않는 경우, 그 등기명의인은 주민등록번호 등을 추가로 기록하는 내용의 등기명의인표시변경등기를 신청할 수 있다(예규 제1672호). 이는 법인의 경우에도 마찬가지로 적용된다. ④ 채○○을 김○○으로 바꾸는 경우에는 동일성 여부로 판단한다. **나. 재외국민 – 성명 · 주소 · 번호의 변동사항이 있을 때 적용된다.** **다. 외국인** ① 성명 · 주소 · 번호의 변동사항이 있을 때 적용된다. ② 외국인은 국적을 함께 기록하므로 국적이 변경된 경우에도 등기명의인표시변경등기를 한다. **2) 단체** **가. 법인** ① 법인의 명칭 · 사무소 소재지 · 부동산등기용등록번호의 변동사항이 있을 때 적용된다.

② 법인이 근저당권자인 경우 근저당권설정등기신청서에 취급지점의 표시가 있는 때에는 등기기록에 그 취급지점을 기록한다. 이러한 **법인**의 **취급지점**도 법인을 나타내는 표시사항에 불과하기 때문에 취급지점이 변경된 경우에도 등기명의인표시변경등기를 한다. 또한 취급지점의 변경등기를 하지 않은 상태에서 근저당권변경이나 근저당권이전등기를 하기 위해서는 먼저 취급지점을 변경하는 등기명의인표시변경등기를 하여야만 다른 등기를 할 수 있다(법 29.7).

③ **재단법인**을 **학교법인**으로 변경하는 경우에는 등기명의인표시변경등기를 한다(권리이전등기×).

④ **유한회사**를 **주식회사**로 조직변경하는 경우에도 권리주체로서의 동일성은 유지되므로, "조직변경"을 등기원인으로 하여 등기명의인표시변경등기를 한다(권리이전등기×).

⑤ **법인**을 **비법인**으로 상호변경하는 경우에는 권리주체로서의 동일성이 유지되지 아니하므로 **등기명의인표시변경등기**를 할 수 **없다**. 따라서 권리이전등기를 신청하여야 한다.

나. 비법인(종중을 예시로 설명한다)

① 비법인의 명칭 · 사무소 소재지 · 부동산등기용등록번호가 바뀐 경우에 적용된다.

② **비법인**은 **대표자의 성명 · 주소 · 번호**(법 48③)를 함께 기록하므로 변동사항이 있다면 등기명의인표시변경등기를 한다.

③ 비법인이 현재 효력 있는 권리에 관한 등기의 등기명의인이나 그 대표자 또는 관리인의 성명, 주소 및 주민등록번호가 등기기록에 기록되어 있지 않은 경우, 그 대표자 또는 관리인은 **대표자** 또는 관리인의 성명, 주소 및 주민등록번호를 **추가**로 기록하는 내용의 등기명의인표시변경등기를 신청할 수 있다.

④ 종중 명의로 소유권이전등기를 할 때에 등기기록에 기록된 대표자가 아닌 새로 선임된 대표자가 등기의무자인 종중을 대표하여 소유권이전등기를 신청하기 위해서는 먼저 대표자를 변경하는 내용의 등기명의인표시변경등기를 신청하여야 한다(선례 201903-9호).

다. 국유재산 관리청 변경 - O

국유 토지에 관하여 관리청의 변경이 있는 경우에는 관리청 변경등기를 신청하여야 하므로, 국가의 기관에 불과한 행정관청 간에 공공용지의 협의취득을 원인으로 한 소유권이전등기를 신청하는 방법으로 관리청을 변경할 수는 없다(선례 5-693호).

라. 지자체 - ×

지방자치단체의 행정구역의 폐지 · 분합으로 기존의 ○○군과 ○○시가 폐지되고 그 일원을 관할구역으로 하여 ◇◇시가 설치된 경우, ◇◇시가 '승계'를 등기원인으로 하여 ◇◇시 명의로의 소유권이전등기를 신청하여야 할 것이다(선례 5-926호).

마. 근저당권

① **근저당권자**의 성명 · 주소 · 번호가 변동된 경우에는 등기명의인표시변경등기를 한다.

② **채무자**의 성명 · 주소가 변동된 경우에는 근저당권변경등기를 한다.

<table>
<tr><td></td><td></td><td colspan="2">바. 특별법
특별법에 의하여 신설법인이 해산법인의 재산과 권리・의무를 포괄승계하는 경우, 그 법에 해산법인의 등기명의는 신설법인의 등기명의로 본다는 특별규정(간주규정)이 있는 때에는 동일성이 인정되므로 등기명의인표시의 변경등기를 한다.
(3) 권리</td></tr>
<tr><td></td><td>4. 효과</td><td colspan="2">등기명의인표시변경등기는 기존등기(주등기)와 동일성을 가진 등기임을 표시하기 위한 경우에 하는 등기이므로 부기등기로 하며(법 52.1), 부기등기는 주등기에 종속되어 주등기와 일체성을 이루는 등기로서 주등기와 별개의 등기는 아니다. 따라서 부기등기의 순위는 주등기의 순위에 따른다(법 5 전단).</td></tr>
<tr><td rowspan="5">II. 개시
(법 22)</td><td rowspan="3">1. 모습</td><td>(1) 신청</td><td>1) 부동산표시변경등기(성질상)
소유권의 등기명의인이 단독으로 신청한다(법 23⑤). 부동산표시변경등기는 해당 부동산의 공유자 중 1인이 전원을 위하여 할 수도 있다(민법 265但).
2) 등기명의인표시변경등기(성질상)
① 해당 권리의 등기명의인이 단독으로 신청한다(법 23⑥).
② 법원의 촉탁에 의하여 가압류등기, 가처분등기, 주택임차권등기 및 상가건물임차권등기가 등기된 후 등기명의인의 주소, 성명 및 주민등록번호의 변경으로 인한 등기명의인표시변경등기는 등기명의인이 단독으로 신청할 수 있다(예규 1064).
3) 권리변경등기(일반원칙)
등기권리자와 등기의무자가 공동으로 신청한다(법 23①).</td></tr>
<tr><td>(2) 촉탁</td><td></td></tr>
<tr><td>(3) 직권</td><td>1) 행정구역 or 명칭 변경(법 31, 규칙 54)
2) 소유권이전등기(규칙 122)
행정구역이 변경된 경우(규칙 54), 소유권이전등기 시 등기의무자의 주소변경 사유가 증명된 경우(규칙 122)에는 등기관이 직권으로 등기명의인표시변경등기를 한다.</td></tr>
<tr><td>2. 전자
(법 24①2)
(규칙 67)</td><td colspan="2"></td></tr>
<tr><td>3. 간접적 신청의무</td><td>(1) (부)표시 변경등기의 선행</td><td>1) 원칙
신청정보의 부동산의 표시가 등기기록과 일치하지 않는 경우에는 각하사유이므로 먼저 부동산표시변경등기를 하여 그 표시를 일치시켜야 한다(법 29.6). 이 각하사유는 부실등기의 발생을 예방하기 위하여 어떤 부동산에 대하여 등기를 신청하는 것인가를 분명히 하기 위한 것이다.
2) 예외
그러나 증축된 부분에 대한 등기가 경료되지 아니하여 등기부의 건물면적과 건축물대장의 건물면적이 다소 차이가 있는 상태에서 그 건물이 멸실된 경우 등기부상의 건물과 건축물대장상의 건축물 사이에 동일성이 인정된다면 증축된 부분에 대한 표시변경등기를 등기된 후 다시 멸실등기를 신청하는 절차를 생략하고 곧바로 멸실등기를 신청할 수 있다(선례 3-638).</td></tr>
</table>

(2) ⓓ표시 변경등기의 선행	1) 일반론 등기명의인표시변경등기는 부동산등기법상 신청의무가 없다. 따라서 게을리한 경우에 과태료의 규정은 없다. 그러나 신청정보의 등기의무자의 표시가 등기기록과 일치하지 아니한 경우에는 각하사유로 규정되어 있으므로(법 29조7), 그 표시를 일치시키기 위하여 다른 등기를 신청하기 전에 등기명의인표시변경등기 또는 상속등기를 선행하도록 하는 등의 간접적인 신청의무가 있다. 이 각하사유는 등기기록에 기록된 명의인의 표시(성명·주소·번호 등)와 신청인인 등기의무자의 표시가 일치한지 여부를 판단하여 진정한 등기의무자의 신청이 있는지를 정확하게 판단하기 위함이다. 다만, 제27조에 따라 포괄승계인이 등기신청을 하는 경우와 신청정보와 등기기록의 등기의무자가 동일인임을 대법원규칙으로 정하는 바에 따라 확인할 수 있는 경우에는 각하하지 아니하고 수리한다. 2) 선행 신청의 원칙 가. 법인의 취급지점이 등기되어 있는 경우 취급지점의 변경등기를 하지 않은 상태에서 근저당권변경이나 근저당권이전등기를 하기 위해서는 **먼저 취급지점을 변경하는 등기명의인표시변경등기를 하여야만** 다른 등기를 할 수 있다(법 29.7). 나. 종중의 대표자가 등기되어 있는 경우 종중 명의로 소유권이전등기를 할 때에 등기기록에 기록된 대표자가 아닌 새로 선임된 대표자가 등기의무자인 종중을 대표하여 소유권이전등기를 신청하기 위해서는 **먼저 대표자를 변경하는 내용의 등기명의인표시 변경등기를 신청하여야** 한다(선례 201903-9호, 법 29.7). 3) 선행 신청의 예외 가. 변경등기를 생략할 수 있는 경우 (가) 포괄승계 현재 효력이 없는 이미 사망한 등기명의인에 대하여는 등기명의인표시의 변경·경정등기가 허용되지 않는다. 이러한 경우에는 피상속인이 등기명의인과 동일인임을 인정할 수 있는 정보를 첨부정보로서 제공하여 변경·경정등기 없이 곧바로 상속등기를 신청할 수 있다. (나) 표시사항의 수차변경 가) 주소의 수차변경 ① 등기명의인의 주소가 수차에 걸쳐서 변경되었을 경우 중간의 변경사항을 생략하고 최종주소지로, 즉 등기신청 당시의 주소로, 1회의 변경등기만 신청할 수 있다. ② 근저당권자인 회사의 본점이 여러 번 이전되었을 때에는 중간의 변경사항을 생략하고 최종 본점소재지로 등기명의인의 표시변경등기를 할 수 있을 것이다. ③ 종중 명의로 된 부동산의 등기부상 주소인 종중의 사무소소재지가 수차 이전되어 그에 따른 등기명의인표시의 변경등기를 신청할 경우에는, 주소변경을 증명하는 서면으로 주소변동경과를 알 수 있는 신·구 종중규약을 첨부하면 될

것이고, 그 변경등기는 등기부상의 주소로부터 막바로 최후의 주소로 할 수 있다(선례 2-498).

④ 다만 소유권이전등기를 할 때에 소유명의인의 주소가 A이었는데, 그 후 주소가 B → C → D로 순차 변경된 다음 다시 등기기록상 주소인 A로 변경되었다면 등기기록상의 주소가 현재의 주소와 다르지 아니하므로 등기명의인표시변경등기를 선행할 필요 없이 바로 근저당권설정등기를 신청할 수 있다(선례 201811-2).

나) 대표자의 수차변경

등기명의인표시의 변경등기는 등기명의인의 동일성이 유지되는 범위 내에서 등기기록상 표시를 실체와 합치시키기 위하여 행하여지는 것이므로, **갑**을 대표자로 하는 종중 명의의 **소유권이전등기**를 마친 후에 그 종중의 대표자가 **갑**에서 **을**로, 을에서 **병**으로 변경되었음에도 불구하고 대표자가 여전히 갑으로 기록되어 있다면, 현재의 종중 대표자인 병은 대표자를 **갑**에서 **병**으로 변경하는 **등기명의인표시의 변경등기**를 신청할 수 있다. 다만, 이미 대표권을 상실하여 현재의 대표자가 아닌 을을 종중의 대표자로 등기할 수는 없으므로, 종중의 대표자를 갑에서 **을로 변경**하는 등기명의인표시의 변경등기는 신청할 수 **없다**(선례 201905-5호).

(다) 소유권 외의 등기의 말소

소유권 이외의 권리(전세권 · 근저당권 · 가등기 등)에 관한 등기의 말소를 신청하는 경우에 있어서는 그 등기명의인의 표시에 변경 또는 경정의 사유가 있는 때라도 신청서에 그 변경 또는 경정을 증명하는 서면을 첨부함으로써 등기명의인의 표시변경 또는 경정의 등기를 생략할 수 있을 것이다.

(라) 부동산의 멸실

건물멸실등기를 신청하는 경우에 그 등기명의인의 표시에 변경 또는 경정사유가 있어도 그 변경 또는 경정을 증명하는 서면을 첨부하여 등기명의인의 표시변경 또는 경정등기를 생략할 수 있다(예규 593).

나. 직권으로 변경등기를 하는 경우의 생략

(가) 행정구역 또는 그 명칭이 변경

행정구역 또는 그 명칭이 변경되었을 때에는 등기기록에 기록된 행정구역 또는 그 명칭에 대하여 변경등기가 있는 것으로 보므로(법 31), 별도로 주소변경 등의 변경등기를 하지 않고서도 다른 등기를 할 수 있다. 다만 이 경우 등기관이 직권으로 그 변경등기를 할 수 있으며(규칙 54), 등기명의인이 그 변경등기를 신청할 수도 있다. 등기명의인이 신청하는 경우에는 변경등기에 따른 등록면허세와 등기신청수수료가 면제되지만, 등기명의인이 법무사에게 등기신청을 위임했다면 위임에 따른 비용(법무사보수 등)은 등기명의인이 부담하여야 한다(선례 5-877).

(나) 규칙 제122조

가) 서설

① **신청정보**의 **등기의무자의 표시**가 **등기기록**과 **일치하지 않는 경우**에는 **각하**사유이므로 **먼저 등기명의인표시변경등기**를 하여 그 표시를 일치시켜야 한다(법 29.7).

② 그러나 등기관이 **소유권이전등기**를 할 때에 **등기명의인**의 **주소**(註 실질적으로)**변경**으로 신청정보상의 등기의무자의 표시가 등기기록과 일치하지 아니하는 경우라도 첨부정보로서 제공된 주소를 증명하는 정보(註 주민등록표등본·초본)에 등기의무자의 등기기록상의 주소가 신청정보상의 주소로 변경된 사실이 명백히 나타나면 **직권**으로 **등기명의인표시의 변경등기**를 하여야 하므로(규칙 122), 신청인이 먼저 등기명의인표시변경등기를 할 필요가 없다. 다만, 제52조의2 제1항에 해당하는 경우에는 그러하지 아니하다(즉, 직권으로 변경등기를 하지 아니하고 다른 등기를 신청할 수 있음). [본조개정 2024.11.29, 시행일: 2025.1.31.]

나) 요건

1. 소유권이전등기를 신청할 것

① 해당 규정은 소유권이전등기를 하는 경우에 적용되는 것이므로, 전세권설정등기·근저당권설정등기 등의 경우에는 동 규정이 적용되지 아니한다.
따라서 신청인이 먼저 등기의무자의 주소변경등기를 선행하여야 한다.

② 소유권이전등기이면 족하므로 등기원인은 불문한다.
따라서 매매, 증여, 교환 등 모두 적용이 있다.

2. 등기명의인의 주소가 실질적으로 변경될 것

① 해당 규정은 자연인의 주소가 변경된 경우는 물론, 법인의 본점 소재지가 변경된 경우에도 마찬가지로 적용된다(선례 제4-531호).

② 해당 규정은 등기명의인의 주소가 변경된 경우에 적용되는 것이므로, 개명 등의 변경사유가 있는 경우에는 직권으로 등기명의인표시변경등기를 할 수 없다.

③ 해당 규정은 등기의무자의 주소가 실질적인 변동이 있는 경우(전거)에 적용되는 것이므로 도로명주소법에 의한 주소변경인 경우에는 주소변경의 직권등기를 하지 아니한다(예규 제1729호).

④ 해당 규정은 후발적인 사유로 주소가 변경된 경우에 적용되는 것이므로, 원시적인 착오로 인하여 주소가 다른 경우에는 먼저 등기명의인표시경정등기를 선행하여야 한다.

【 갑구 】		(소유권에 관한 사항)		
순위번호	등기목적	접수	등기원인	권리자 및 기타사항
1	소유권보존	1990년 8월 1일 제7000호		소유자 최민국 680703-1562316 서울시 중구 명동 2가 5
1-1	1번 등기명의인 표시변경	× (직권)	2019년 4월 3일 주소변경	최민국의 주소 서울특별시 중구 명동3길 11 2019년 4월 3일 부기

4) 선행등기를 대위신청할 수 있는 경우

수용(법 99) 또는 체납압류(법 96)의 경우 대위에 의한 부동산표시변경등기 또는 등기명의인표시변경등기를 할 수 있다.

Ⅲ. 신청절차

1. 신청인

2. 신청정보 (규칙 43)

일반적 (규칙 43)

- 신청서 표제
- 부동산 표시
- 등기원인 (연월일)
  - **(1) 부동산표시변경**
  - **(2) 등기명의인표시변경**
    - **1) 개인**
      - ① "○년 ○월 ○일 **개명**" (법원의 개명허가 연월일)
      - ② "○년 ○월 ○일 **주소변경**" (주민등록표등본 · 초본상의 주소 변동 연월일)
    - **2) 법인**
      - ① "○년 ○월 ○일 **상호변경**" (법인등기사항증명서상의 변동일)
      - ② "○년 ○월 ○일 **본점이전**" (법인등기사항증명서상의 본점 이전 연월일)
    - **3) 비법인**
  - **(3) 권리변경**
- 등기목적
  - "부동산표시변경"
  - "등기명의인표시변경"
  - "권리(소유권)변경"

개별적

- 변경할 사항: 변경 전 "○○의 표시"를 변경 후의 "○○의 표시"로 변경한다는 취지를 기재
- 신청인

<table>
<tr>
<td colspan="2" rowspan="2">3. 첨부 정보
[규칙 46]</td>
<td>일반적
[규칙 46]</td>
<td>등기원인 관련</td>
<td>(1) 등기원인증명[규칙 46①1]
1) 부동산표시변경 – 대장 등
2) 등기명의인표시변경
등기명의인의 표시의 변경 또는 경정의 등기를 신청하는 경우에는 신청서에 그 표시의 변경 또는 경정을 증명하는 시·구·읍·면의 장의 서면 또는 이를 증명함에 족한 서면을 첨부하여야 한다.
가. 개인 ① 개명 – 기본증명서
② 주소변경 – 주민등록표등본·초본
나. 법인 ① 상호변경 – 법인등기사항증명서
② 본점이전 – 법인등기사항증명서
다. 비법인 ① 명칭변경 – 규약·결의서 등
② 사무소소재지 변경 – 결의서 등
③ 대표자 변경 – 결의서 등
④ 대표자 주소변경 – 주민등록표등본·초본
3) 권리변경 – 변경계약서 등
(2) 등기원인 – ㉬㉢㉦ 등[규칙 46①2, 규칙 46③] – ×</td>
</tr>
<tr>
<td></td>
<td>의무자 관련</td>
<td>(1) 등기필정보 – 부동산표시변경× / 등기명의인표시변경× / 권리변경△
(2) 인감증명 – 부동산표시변경× / 등기명의인표시변경× / 권리변경△</td>
</tr>
<tr>
<td colspan="2"></td>
<td></td>
<td>권리자 관련</td>
<td>(1) 세금영수증[법 29.10]
(2) 주소증명[규칙 46①6]
(3) 번호증명[규칙 46①6, 법 49]</td>
</tr>
<tr>
<td colspan="2"></td>
<td></td>
<td>부동산 관련</td>
<td>(1) 대장, 그 밖의 정보
(2) 지적도·도면</td>
</tr>
<tr>
<td colspan="2"></td>
<td></td>
<td>신청인자격 관련</td>
<td></td>
</tr>
<tr>
<td colspan="2"></td>
<td>개별적</td>
<td>등이관 승낙서
[법 52.5]
[규칙 46①3]
[규칙 60①7]</td>
<td>① ㉠표시변경 – ×
② ㉢표시변경 – × [법 52.1]
③ 권리변경 – △ [법 52.5]</td>
</tr>
<tr>
<td rowspan="3">Ⅳ. 실행 절차</td>
<td>1. 접수·배당</td>
<td colspan="3"></td>
</tr>
<tr>
<td>2. 조사</td>
<td colspan="3"></td>
</tr>
<tr>
<td>3. 문제○
[법 29]</td>
<td colspan="3"></td>
</tr>
</table>

4. 문제× (법 48)	일반적 (법 48)	┌ 표제부 ├ 갑구 ├ 을구 └ 등기형식 ① 변경(경정) (법 52, 규칙 112) ② 말소 (법 57, 규칙 116) ③ 회복 (법 59, 규칙 118) (1) ㊮표시변경 – 언제나 주등기(법 52.1), 종전의 표시를 말소 (2) ㊫표시변경 – 언제나 부기등기(법 52.1), 종전의 표시를 말소 (규칙 112②) (3) 권리변경 (법 52.5) ┌ 승낙× – 주등기 : 종전의 표시를 말소× └ 승낙○ – 부기등기 : 종전의 표시를 말소○ ↳ ┌ 원 부기요건 └ 예 수리요건
	개별적	
5. 완료 후		┌ 등기완료 통지 법 30 (규칙 53) 등기완료통지를 한다. ├ 등기필정보 통지 법 50 (규칙 106~110) ┌ ㊮표시변경 : × ├ ㊫표시변경 : × └ 권리변경 : △ (권리자 추가) ├ 소유변경 통지 법 62 (규칙 120) └ 과세자료 제공 법 63 (규칙 120)
V. 처분이의	법 100 등	

VI. 기타

1. 부동산등기용등록번호의 추가(예규 1672)

(1) 서설

현재 효력 있는 권리(소유권·근저당권 등)에 관한 등기의 등기명의인(자연인·외국인·법인 등)의 주민등록번호 등이 등기기록에 기록되어 있지 않는 경우, 그 등기명의인은 주민등록번호 등을 추가로 기록하는 내용의 등기명의인표시변경등기를 신청할 수 있다.

(2) 개시(법 23⑥)

(3) 신청절차

1) 신청인(법 23⑥)

등기명의인표시의 변경이나 경정의 등기는 해당 권리의 등기명의인이 단독으로 신청한다.

2) 신청정보(규칙 43)

① 등기 원인 : '주민등록번호 또는 부동산등기용등록번호 추가'
② 등기연월일 : '등기신청일'
③ 등기 목적 : '등기명의인표시변경'

3) 첨부정보(규칙 46)

주민등록표 등본·초본 또는 부동산등기용등록번호증명서 등

(4) **실행절차**(법 48)

1) **접수 · 배당**

2) **조사(형식적 심사)**(법 29)

등기관은 위 증명에 대한 심사를 엄격히 한 후에 그 수리여부를 결정하여야 한다.

3) **문제O**

4) **문제×(등기실행)**

부기등기로 실행한다(법 52.1).

5) **완료 후 절차**(법 30, 규칙 53, 법 50)

① 등기완료의 통지를 한다.

② 등기필정보를 작성 · 통지하지 않는다.

2. 비법인의 대표자 추가(예규 1621)

(1) 서설

① **법인 아닌 사단이나 재단**의 등기기록은 단체의 명칭 · 사무소 · 번호뿐만 아니라, 대표자의 성명 · 주소 · 번호도 기록하여야 하므로 위 항목의 어느 하나라도 변경사항이 있는 경우에는 등기명의인표시변경등기를 한다.

② 법인 아닌 사단은 등기당사자능력이 인정되므로, 해당 권리는 종중에게 귀속된다. 따라서 종중의 대표자가 변경된 경우에는 등기명의인 표시변경등기를 하는 것이지 이전등기를 하지 않는다.

③ 이러한 예규의 규정은 대표자에 관한 사항이 등기사항으로 추가된 부동산등기법(1991.12.14.)이 시행되기 전인 1992.2.1. 전에 甲 종중이 부동산의 소유권을 취득하여 현재까지 甲 종중의 소유명의로 등기되어 있는 경우에도 적용되므로, 그 대표자를 추가하기 위한 등기명의인 표시변경등기는 허용된다.

(2) 개시(법 23⑥)

(3) 신청절차

1) **신청인**(법 23⑥)

등기명의인표시의 변경이나 경정의 등기는 해당 권리의 등기명의인이 단독으로 신청한다.

2) **신청정보**(규칙 43)

① 등기 원인 : **'대표자 또는 관리인 추가'**

② 등기연월일 : **'등기신청일'**

③ 등기 목적 : **'등기명의인표시변경'**

3) **첨부정보**(규칙 46)

① 대표자 또는 관리인의 주민등록표 등(초)본

② 정관 기타의 규약

③ 대표자 또는 관리인을 증명하는 서면 등

(4) 실행절차(법 48)

1) **접수 · 배당**

2) **조사(형식적 심사)**(법 29)

등기관은 첨부된 서면을 종합적으로 고려하여 신청인이 적법한 대표자나 관리인인지에 대한 심사를 엄격히 한 후에 그 수리 여부를 결정하여야 한다.

3) 문제○

4) 문제×(등기실행)

부기등기로 실행한다[법 52.1].

5) 완료 후 절차[법 30, 규칙 53, 법 50]

① 등기완료의 통지를 한다.

② 등기필정보를 작성·통지하지 않는다.

【 갑구 】	(소유권에 관한 사항)			
순위번호	등기목적	접수	등기원인	권리자 및 기타사항
1	소유권보존	1977년 8월 25일 제5001호		소유자 최민국 서울시 종로구 종로1가 1
2	소유권이전	1978년 7월 25일 제5005호	1978년 7월 20일 매매	소유자 정다운 서울시 중구 명동1가 2
2-1	2번 등기명의인표시변경	2019년 1월 10일 제100호	2019년 1월 10일 주민등록번호 추가 (또는 부동산등기용 등록번호 추가)	정다운의 등록번호 480909-1089541

02 절 경정

	법	규칙
조문	법 52 (부기로 하는 등기) 법 32 (등기의 경정)	규칙 112 (권리의 변경 등의 등기) 규칙 60 (인감증명의 제출) 규칙 46 (첨부정보)
기출	1. [98 법무] 경정등기를 논하라. 50점 2. [06 행시] 경정등기에 관하여 설명하시오. 30점 3. [15 행시] 경정등기의 의의와 요건에 관하여 설명하시오. 30점	

<table>
<tr><td rowspan="2">Ⅰ. 서설</td><td>1. 의의</td><td>
(1) 의의(법 52, 법 32 등)
① 등기제도는 당해 부동산에 대한 권리관계 등을 대외적으로 실체관계에 부합하게 공시하기 위한 제도이다.
② 경정등기는 현재 효력이 있는 등기의 일부가 원시적인 사유로 실체관계와 불일치한 경우에 이를 일치시키는 등기이다. 그 종류로는 부동산표시경정등기, 등기명의인표시경정등기, 권리경정등기가 있다.
③ 부동산표시경정등기는 현재 효력이 있는 등기의 부동산의 표시인 소재・지번・지목 등이 원시적인 사유로 실체관계와 불일치한 경우에 이를 일치시키는 등기이다.
④ 등기명의인표시경정등기는 현재 효력이 있는 등기의 등기명의인의 표시인 성명・주소・번호 등이 원시적인 사유로 실체관계와 불일치한 경우에 이를 일치시키는 등기이다.
⑤ 권리경정등기는 현재 효력이 있는 등기의 권리의 내용인 전세금・범위・채권최고액・채무자・존속기간 등이 원시적인 사유로 실체관계와 불일치한 경우에 이를 일치시키는 등기이다.
(2) 취지 – ① 실체와 부합하는 등기 → 거래안전 → 공시제도의 목적 달성
② 착오가 있는 등기에 대하여 말소하고 다시 등기를 하는 것보다 경제적
(3) 구별개념 – ① 변경(후발적 사유) vs 경정(원시적 사유)
② 경정(일부 불일치) vs 말소(전부 불일치)
(4) 종류 – 부동산표시경정등기, 등기명의인표시경정등기, 권리경정등기가 있다.
</td></tr>
<tr><td>2. 요건</td><td>
(1) 현재 효력이 있는 등기일 것 – 폐쇄등기부・종전 등기명의인・이미 사망한 등기명의인
① 등기명의인의 표시에 착오가 있는 경우라도 그 등기명의인이 이미 사망하였다면 등기명의인표시의 경정등기를 신청할 수는 없으며, 이러한 경우에는 피상속인이 등기명의인과 동일인임을 인정할 수 있는 정보를 첨부정보로서 제공하여 경정등기 없이 곧바로 상속등기를 신청할 수 있다. 다만, 구체적인 사건에서 어떠한 서면이 피상속인과 등기명의인이 동일인임을 인정할 수 있는 서면에 해당하는지는 그 등기신청사건을 심사하는 담당 등기관이 판단할 사항이다(선례 제201907-6호).
② 부책식등기부에서 카드식등기부로 이기되는 과정에서 착오로 잘못 이기되고 그 등기사항이 전산등기부에 그대로 이기된 경우에는 현재 효력 있는 전산등기부에 이기된 사항을 경정의 대상으로 삼을 수 있을 것이다(선례 제202209-1호).
</td></tr>
</table>

	(2) 일부에 관한 불일치가 있을 것 – 경정 전·후의 동일성이 유지되어야 한다. **(3) 원시적 사유로 불일치가 있을 것** – 등기의 실행 당시부터 착오 또는 빠진 부분이 있어야 한다. **(4) 등기상 이해관계 있는 제3자의 승낙을 받을 것** **1) 등기상 이해관계 있는 제3자** 등기상 이해관계 있는 제3자란 경정등기를 함으로써 등기기록의 형식상 손해를 받을 우려가 있는 자 **2) 제공여부** ① ㉯표시경정 – × ② ㉾표시경정 – × (법 52.1) ③ 권리경정 – △ (법 52.5) ┌ 증액 – 후순위 : 부기요건 (원칙) (법52.단서) └ 감액 – 터잡은 : 수리요건 (예외)
3. 범위	**(1) 부동산표시경정 – 사회통념상 동일성** ① 부동산의 실제 물리적 현황과 등기기록상의 표시가 다소 불일치하더라도 그 등기가 해당 부동산을 공시하고 있는 것이라고 할 수 있을 정도의 사회통념상 동일성 내지 유사성이 인정되면 그 등기는 유효하다. ② 토지의 판단은 지번·지목·면적 등의 기록을 기초로 하여 판단한다. 그중에 가장 중요한 자료가 되는 것은 지번이다. ③ 건물의 판단은 건물의 소재·지번·종류·구조·면적 등의 기록을 기초로 하여 판단한다. 이러한 사정을 종합적으로 고려하여 등기가 해당 건물을 표시하고 있다고 인정되면 유효한 등기로 보고 있다. **(2) 등기명의인표시경정 – 변경등기와 동일함** **(3) 권리경정** **1) 권리자체의 경정 – ×** 권리 자체를 경정(**근저당권**설정등기를 **전세권**설정등기로 경정하는 경우 등)하는 등기신청은 그 착오가 명백하다 하더라도 수리할 수 없다(예규 1564). 왜냐하면 이는 등기사항 전체의 성격을 변화시키는 경정으로서 등기기록상의 권리관계에 혼란을 초래하기 때문이다. **2) 권리자(주체) 수의 경정 – △** **가. 일반론** 권리자(주체)의 표시가 문제된 경우라면 등기명의인표시경정절차를 거치지만, 주체의 수를 경정할 때에는 권리의 경정등기로 하여야 한다. **나. 권리자 전체의 변경 – ×** (예 상속 - 소유권경정 : 재협의 (AB → C)) 권리자 전체를 경정(권리자를 갑에서 을로 경정하거나, 갑과 을의 공동소유에서 병과 정의 공동소유로 경정하는 경우 등)하는 등기신청은 수리할 수 없다(예규 1564). 이를 허용하면 경정등기에 의하여 이전등기의 실질을 얻을 수 있게 되어 공시의 혼란을 초래하기 때문이다. **다. 권리자 일부의 변경 – O** (예 상속 - 소유권경정 : 재협의 (AB → AC)) 권리자의 일부를 바꾸는 경우, 즉 일부말소 의미의 경정등기를 신청하는 경우에는 허용된다.

예컨대, 법정상속분에 따라 상속등기를 마친 후에 상속재산 협의분할 등이 있는 경우의 소유권경정등기나, 상속재산 협의분할에 따라 상속등기를 마친 후에 그 협의를 해제한 경우에 법정상속분대로의 소유권경정등기는 허용된다.

그러나 상속재산 협의분할에 따라 상속등기를 마친 후에 그 협의를 해제하고 다시 새로운 협의분할(재협의)을 하는 경우는 상속인 전원이 교체되는 경우는 경정등기가 불가능하나 상속인 일부가 교체되는 경우는 경정등기가 가능하다.

3) 권리내용의 경정 – △

가. 등기원인을 증명하는 서면과 다른 내용의 등기에 대한 경정 : ○ (∵ 신청 당시부터 착오○)

① 신청서에 기재된 사항이 등기원인을 증명하는 서면과 부합하지 아니하는 경정등기신청은 등기관이 법 제29조 제8호에 의하여 각하하여야 하나, 등기관이 간과하여 마쳐진 등기는 착오를 증명하는 정보를 제공하여 '신청착오'를 원인으로 경정등기를 신청할 수 있다.

② 예컨대, 등기원인을 증명하는 서면으로 공유물분할계약서를 제출하였으나 신청서에는 등기원인을 '매매'로 기재하여 그대로 등기가 완료된 경우라면 신청착오를 원인으로 하여 등기원인을 '공유물분할'로 하는 경정등기신청을 할 수 있다(선례 1-414).

나. 등기원인을 증명하는 서면과 같은 내용의 등기에 대한 경정 : × (∵ 신청 당시부터 착오×)

① 신청서에 기재된 권리의 내용이 일치하는 등 적법절차에 의하여 완료된 등기에 대해서는 경정등기를 할 수 없다.

② 판례도 마찬가지로 당사자가 등기원인을 증명하는 서면과 같은 내용으로 등기신청을 하여 그와 같은 내용의 등기가 완료되었다면 등기 당시부터 착오나 빠진 부분이 있다고 할 수 없어 경정등기의 대상이 될 수 없다고 하였다(대판 2014.5.29, 2012다22167).

4. 효과

II. 개시 (법 22)	**1. 모습**	**(1) 신청**	**1) 부동산표시경정등기**(성질상) 소유권의 등기명의인이 단독으로 신청한다(법 23⑤). 부동산표시변경등기는 해당 부동산의 공유자 중 1인이 전원을 위하여 할 수도 있다(민법 265但). **2) 등기명의인표시경정등기**(성질상) 해당 권리의 등기명의인이 단독으로 신청한다(법 23⑥). **3) 권리경정등기**(일반원칙) 등기권리자와 등기의무자가 공동으로 신청한다(법 23①).
		(2) 촉탁	
		(3) 직권	**1) 서설**(법 32②) **가. 의의** 등기관이 등기의 착오나 빠진 부분이 등기관의 잘못으로 인한 것임을 발견한 경우에는 지체 없이 그 등기를 직권으로 경정하여야 한다. 다만, 등기상 이해관계 있는 제3자가 있는 경우에는 제3자의 승낙이 있어야 한다.

나. 요건

① 등기관의 잘못으로 착오나 빠진 부분이 발생하여야 한다. 따라서 당사자의 신청착오에 의한 등기는 등기관이 직권으로 할 수는 없고 당사자의 신청에 따라 경정등기를 하여야 한다.

② 경정 전·후의 동일성은 요건으로 하지 아니한다.

③ 등기상 이해관계 있는 제3자가 있는 경우에는 제3자의 승낙이 있어야 한다. 따라서 등기상 이해관계인이 있더라도 승낙이 있는 경우 직권경정등기를 할 수가 있다.

2) 등기관이 발견한 경우(법 32)

① **등기관이 해당 내용을 발견**한 경우 법 제32조에 따라 직권으로 경정등기를 한다.

② 직권경정한 사실을 등기권리자, 등기의무자 또는 등기명의인에게 알려야 한다(법 32③本).

③ 등기권리자, 등기의무자 또는 등기명의인이 각 2인 이상인 경우에는 그 중 1인에게 통지하면 된다(법 32③但).

④ 채권자대위권에 의하여 등기가 마쳐진 때에는 제1항 및 제3항의 통지를 그 채권자에게도 하여야 한다(법 32④).

3) 신청인이 발견한 경우

① **신청인이 해당 내용을 발견**한 경우에는 직권발동촉구의미의 신청을 할 수 있다.

② **등기 원인**은 "**착오발견**"로 기재한다.

③ **등기연월일**은 "**현재 경정등기를 신청하는 날짜**"를 기재한다.
↳ "○년 ○월 ○일(현재 경정등기를 신청하는 날짜) 착오발견"

④ **등기 목적**은 "부동산표시경정", "등기명의인표시경정", "**권리(소유권)경정**"으로 기재한다.

⑤ 등기필증 등 경정사유(착오 또는 누락)를 증명하는 서면을 제공하여야 하나, **등록면허세**나 **등기신청수수료**는 납부할 필요가 **없다**.

⑥ 직권으로 하는 등기는 접수절차를 거치지 아니하므로 접수일자는 등기되지 않는다.

	2. 전자 (법 24①2) (규칙 67)		
Ⅲ. 신청 절차	**1. 신청인** (법 23)		
	2. 신청 정보 (규칙 43)	**일반적** (규칙 43)	┌ 신청서 표제 ├ 부동산 표시 ├ 등기원인 (연월일) **(1) 신청인 잘못** – "○년 ○월 ○일 신청착오" (착오된 등기를 신청했던 날짜) **(2) 등기관 잘못** – "○년 ○월 ○일 착오발견" (현재 경정등기를 신청하는 날짜)

		└ 등기목적	"부동산표시경정" "등기명의인표시경정" "권리(소유권)경정"
	개별적	┌ 경정할 사항 │ └ 신청인	경정 전 '○○의 표시'를 경정 후의 '○○의 표시'로 경정한다는 취지를 기재
3. 첨부 정보 (규칙 46)	일반적 (규칙 46)	┌ 등기원인 관련	**(1) 등기원인증명**(규칙 46①1) **– 착오 또는 빠진 부분이 있음을 증명하는 정보** **1) 부동산표시경정** 실제 부동산표시와 부합하는 토지(임야)대장등본, 건축물대장등본 등을 제공한다. **2) 등기명의인표시경정** ① 실제 등기명의인표시와 부합하는 주민등록표등본·초본 등을 제공한다. ② 등기명의인의 표시의 변경 또는 경정의 등기를 신청하는 경우에는 신청서에 그 표시의 변경 또는 경정을 증명하는 시·구·읍·면의 장의 서면 또는 이를 증명함에 족한 서면을 첨부하여야 하는바, 시·구·읍·면의 장의 서면을 얻을 수 없을 경우 "이를 증명함에 족한 서면"의 하나로 등기예규는 "그 사실을 확인하는 데 상당하다고 인정되는 자의 보증서면과 그 인감증명 및 기타 보증인의 자격을 인정할 만한 서면(공무원재직증명, 법무사인가증 사본 등)"을 첨부할 수 있다고 하면서, 구체적인 사건에서 어떠한 서면이 이에 해당되는지 여부는 당해 등기신청을 받은 등기관이 판단하도록 규정하고 있으나, 보증인의 자격을 반드시 당해 부동산소재지 거주자로 제한하고 있지는 않다. ③ 위의 경우 동일인임을 보증하는 자가 몇 명이어야 하는지에 관하여는 법령에 특별히 규정되어 있지 아니하므로 구체적인 사건에서 해당 등기신청사건을 심사하는 담당 등기관이 결정할 사항이다. **3) 권리경정** 실제 권리의 내용과 부합하는 서면을 제공하여야 하는바, 예컨대 협의분할을 원인으로 하는 소유권경정등기를 신청하는 경우에는 상속재산분할협의서를 제공한다. **4) 등기관 잘못** 등기관의 잘못으로 등기사항의 착오 또는 유루가 발생한 경우에도 당사자는 경정등기를 신청할 수 있으며, 이 경우 종전에 수령한 등기필증 원본 등을 제공한다. **(2) 등기원인 – ㉾㉧㉭ 등**(규칙 46①2, 규칙 46③)

		├ 의무자 관련	(1) **등기필정보** - 부동산표시경정× / 등기명의인표시경정× / 권리경정△ (2) **인감증명** - 부동산표시경정× / 등기명의인표시경정× / 권리경정△ 소유권에 관한 경정등기를 신청하기 위해서는 그 경정등기로 인하여 소유권이 감축되는 자의 인감증명을 등기신청서에 첨부하여야 한다(규칙 60①1).
		├ 권리자 관련	(1) **세금영수증**(법 29.10) (2) **주소증명**(규칙 46①6) (3) **번호증명**(규칙 46①6, 법 49)
		├ 부동산 관련	(1) **대장, 그 밖의 정보** (2) **지적도 · 도면**
		└ 신청인자격 관련	
	개별적	등이관 승낙서 (법 52.5) (규칙 46①3) (규칙 60①7)	(1) ㊫표시경정 - × (2) ㊍표시경정 - × (법 52.1) (3) 권리경정 - △ ① 일반적인 권리경정등기 - 부기요건(법 52.5) ② 일부말소의미의 권리경정등기 - 수리요건(법 57)
Ⅳ. 실행 절차	1. 접수 · 배당		
	2. 조사		
	3. 문제○ (법 29)		(1) **각하**(법 29.6. 7, 9) [6호] ① 신청정보의 부동산의 표시가 등기기록과 일치하지 아니한 경우에는 각하하여야 한다. ② 따라서 먼저 부동산의 표시를 일치시키는 부동산표시경정등기를 하여야 한다. [7호] ① 신청정보의 **등기의무**자의 표시가 등기기록과 일치하지 아니한 경우에는 각하하여야 한다. ② 따라서 먼저 등기의무자의 표시를 일치시키는 등기명의인표시경정등기 또는 상속등기를 하여야 한다. ③ 다만, **소유권 이외의 권리(전세권 · 근저당권 · 가등기 등)에 관한 등기의 말소**를 신청하는 경우에 있어서는 그 등기명의인의 표시에 변경 또는 경정의 사유가 있는 때라도 신청서에 그 변경 또는 경정을 증명하는 서면을 첨부함으로써 등기명의인의 표시변경 또는 경정의 등기를 생략할 수 있을 것이다. [9호] 등기에 필요한 **첨부정보를 제공**하지 아니한 경우에는 각하하여야 한다. [대위등기] ① 따라서 수용(법 99) 또는 체납압류(법 96)의 경우 대위에 의한 부동산표시변경등기 또는 등기명의인표시변경등기를 할 수 있다. ② 사업시행자는 등기명의인 또는 상속인에 갈음하여 **토지의 표시 또는 등기명의인의 표시변경이나 경정, 상속으로 인한 소유권이전등기**를 「부동산등기법」 제28조에 의하여 대위신청할 수 있다.

<table>
<tr><td rowspan="3"></td><td></td><td colspan="2">③ 대위원인은 "○년 ○월 ○일 수용으로 인한 소유권이전등기청구권"으로 기재한다.
④ 대위원인을 증명하는 정보로 재결서등본 등을 첨부한다. 다만 소유권이전등기신청과 동시에 대위신청하는 경우에는 이를 원용하면 된다.</td></tr>
<tr><td>4. 문제×
(법 48)</td><td>일반적
(법 48)</td><td>┌ 표제부
├ 갑구
├ 을구
└ 등기형식
(1) ㊫표시경정 – 언제나 주등기(법 52.1), 종전의 표시를 말소
(2) ⓓ표시경정 – 언제나 부기등기(법 52.1), 종전의 표시를 말소(규칙 112②)
(3) 권리경정 ┌ 일반적인 권리경정등기 – 부기요건(법 52.5)
└ 일부말소의미의 권리경정등기 – 수리요건(법 57)</td></tr>
<tr><td>5. 완료 후</td><td colspan="2">┌ 등기완료 통지 법 30 (규칙 53) 부동산표시경정○ / 등기명의인표시경정○ / 권리경정○
├ 등기필정보 통지 법 50 (규칙 106~110) 부동산표시경정× / 등기명의인표시경정× / 권리경정△
├ 소유변경 통지 법 62 (규칙 120)
└ 과세자료 제공 법 63 (규칙 120)</td></tr>
<tr><td>V. 처분 이의</td><td colspan="3">법 100 등</td></tr>
<tr><td>VI. 기타</td><td colspan="3">1. 등기명의인표시경정등기의 요건(동일성)
① 경정등기는 현재 효력이 있는 등기의 일부가 원시적 사유로 실체관계와 불일치하는 경우이므로 변경등기와 마찬가지로 경정 전과 경정 후의 등기에는 동일성이 인정되어야 한다.
② 등기명의인표시경정등기는 등기의 일부에 불일치가 있는 경우 이를 시정하는 것이므로 경전 전후의 등기가 표창하고 있는 등기명의인이 인격의 동일성을 유지하는 경우에만 신청할 수 있으며(예규 1564), 인격의 동일성이 인정되지 않는 경우에는 권리이전등기를 하여야 한다(예컨대 소유권이전등기).
2. 동일성 없는 등기명의인표시경정등기가 마쳐진 경우의 조치
(甲소유 부동산에 대하여 동일성을 해하는 乙 명의로 개명을 등기원인으로 하여 등기명의인표시경정등기의 신청이 접수되고 등기관이 이를 간과하여 수리한 경우)
① 등기명의인표시경정등기가 동일성이 없음에도 부기등기로 경료된 경우 종전 등기명의인으로의 회복등기신청방법이 문제된다.
② 종전 甲의 등기명의는 등기명의인표시경정의 부기등기 실행으로 인하여 직권으로 주말되었으므로, 그 등기명의를 회복하기 위해서는 그 부기등기의 말소등기를 신청하여야 한다.
따라서 乙 명의의 등기명의인표시경정등기를 말소하는 방식으로 甲 명의로 회복하여야 한다.
③ 예규에 따르면, 동일성을 해하는 등기명의인표시경정등기의 신청임에도 등기관이 이를 간과하여 수리한 경우, 종전 등기명의인으로의 회복등기 신청(현재등기를 말소하는 등기신청)은
㉠ 현재의 등기명의인(乙)이 단독으로 하거나
㉡ 종전 등기명의인(甲)과 현재의 등기명의인(乙)과 공동으로 하여야 하고,
㉢ 종전 등기명의인(甲)이 단독으로 한 등기신청은 수리할 수 없다.</td></tr>
</table>

다만, **종전 등기명의인(甲)**이 현재등기명의인을 상대로 **말소판결**을 받은 경우 단독으로 신청할 수 있다.

④ 판례에 따르면, **등기명의인의 표시변경 또는 경정의 부기등기**가 등기명의인의 동일성을 해치는 방법으로 행하여져서 부동산의 등기부상의 표시가 실지 소유관계를 표상하고 있는 것이 아니라면 **진실한 소유자**는 그 **소유권**의 내용인 침해**(방해)배제청구권의 정당한 행사**로써 그 표시상의 소유명의자를 상대로 그 소유권에 장애가 되는 부기등기인 표시변경 또는 경정등기의 **말소등기절차의 이행을 청구할 수 있으므로**, 이와 같이 부동산의 등기명의인의 표시변경 또는 경정등기의 말소등기절차의 이행을 청구하려는 자는 자신이 부동산의 원래의 등기명의인에 해당하는 자로서 진실한 소유자라는 사실을 증명하여야 한다(대판 2008.12.11, 2008다1859).

【 갑구 】		(소유권에 관한 사항)		
순위번호	등기목적	접수	등기원인	권리자 및 기타사항
2	소유권이전	1980년 5월 6일 제5600호	1980년 5월 1일 매매	소유자 김갑동 서울특별시 마포구 도화동 307
2-1	~~2번 등기명의인표시경정~~	~~2010년 5월 2일 제3900호~~	~~2010년 3월 15일~~ 개명	~~김갑동의 성명(명칭) 김우리~~
2-2				김우리의 성명(명칭) 김갑동 3번 등기로 인하여 2번 등기명의인표시회복 2018년 6월 10일 부기
3	2-1번 등기명의인표시경정등기말소	2018년 6월 10일 제11111호	2018년 5월 7일 확정판결 (또는 말소 합의)	

(주) 등기기록상 소유자가 '甲'으로 되어 있었으나 '乙이 마치 '甲'인 것처럼 허위로 신청착오, 개명 등을 원인으로 한 등기명의인표시변경(경정) 등기신청을 하여 등기상 소유자가 '乙'로 마쳐진 경우에는 **'甲'은** '乙'과 공동으로 그 변경(경정)등기의 **말소등기신청**을 하거나 또는 '乙'에 대하여 위 말소등기절차의 이행을 명하는 **확정판결**을 받아 **그 등기(말소등기)를 단독으로 신청**함으로써 甲의 등기명의를 회복할 수 있다.

3. 동일성 없는 소유권이전등기가 마쳐진 경우의 조치 (甲소유 부동산에 대하여 乙이 丙으로 행세하며 자신(乙)이 매수한 부동산에 대해 丙 명의로 소유권이전등기를 한 경우)

① **등기명의인표시경정등기**는 **현재 효력이 있는** 등기의 **일부**인 등기명의인의 표시인 성명·주소·번호 등이 **원시적**인 사유로 실체관계와 **불일치**한 경우에 이를 일치시키는 등기이다.

② 등기명의인표시경정등기는 등기의 일부에 불일치가 있는 경우 이를 시정하는 것이므로 경정 전후의 등기가 표창하고 있는 등기명의인이 **인격의 동일성을 유지하는 경우에만** 신청할 수 있으며, 인격의 동일성이 인정되지 않는 경우에는 권리이전등기를 하여야 한다(예컨대 소유권이전등기).

③ 사안의 경우 乙과 丙은 **별개의 인격체**로서 동일성이 인정되지 않으므로, **丙 명의**에서 **乙 명의**로 등기명의인표시**경정**등기를 **할 수 없다.**
먼저 丙 명의의 소유권이전등기를 말소한 다음 매도인 甲으로부터 乙 앞으로 다시 소유권이전등기를 하여야 한다.

03 절 일부말소 의미의 경정

	법	규칙
조문	법 52 (부기로 하는 등기) 법 32 (등기의 경정) 법 57 (이해관계 있는 제3자가 있는 등기의 말소)	규칙 112 (권리의 변경 등의 등기) 규칙 116 (등기의 말소) 규칙 117 (직권에 의한 등기의 말소) 규칙 60 (인감증명의 제출) 규칙 46 (첨부정보)
기출	1. [15 행시] ① 일부말소 의미의 경정등기에 관하여 설명하시오. 10점 ② 상속재산협의분할을 원인으로 甲 단독명의로 소유권이전등기가 완료된 부동산에 대하여, 공동상속인 중 1인(乙)이 그 상속재산협의분할은 공동상속인 전원의 동의를 얻지 못하였다는 이유로 甲의 상속지분(1/4)을 초과한 지분 전부가 아니라 자기의 상속지분(1/4)만에 대한 소유권일부말소를 명한 확정판결을 받은 경우(판결이유에서 그 부동산에 대하여 甲·乙·丙·丁이 공동상속인인 사실과 각각의 상속지분을 설시하고 있음), 乙이 이 판결에 따른 등기를 신청할 때의 신청정보의 내용과 첨부정보에 관하여 설명하시오. 10점 2. [18 법무] ① 일부말소 의미의 경정등기의 구체적인 경우를 약술하시오. 10점 ② 등기상 이해관계 있는 제3자가 있는 경우에 등기실행과 관련하여 보통의 경정등기와 일부말소 의미의 경정등기의 차이점을 설명하시오. 10점	

Ⅰ. 서설

[관련 판례] (대판 2017.8.18, 2016다6309)

실체관계상 **공유**인 부동산에 관하여 **단독소유**로 소유권보존등기가 마쳐졌거나 **단독소유**인 부동산에 관하여 **공유**로 소유권보존등기가 마쳐진 경우에 소유권보존등기 중 진정한 권리자의 소유부분에 해당하는 일부 지분에 관한 등기명의인의 소유권보존등기는 무효이므로 이를 말소하고 그 부분에 관한 진정한 권리자의 소유권보존등기를 하여야 한다.
이 경우 **진정한 권리자**는 소유권보존등기의 일부말소를 소로써 구하고 법원은 그 지분에 한하여만 말소를 명할 수 있으나, 등기기술상 소유권보존등기의 일부말소는 허용되지 않으므로, 그 판결의 집행은 단독소유를 공유로 또는 공유를 단독소유로 하는 경정등기의 방식으로 이루어진다.
이와 같이 **일부말소 의미의 경정등기**는 등기절차 내에서만 허용될 뿐 소송절차에서는 일부말소를 구하는 외에 경정등기를 소로써 구하는 것은 허용될 수 없다.

1. 의의

① **말소등기**는 등기사항의 전부를 소멸시키는 경우에만 할 수 있으므로 **권리지분의 일부만을 말소하는 경우**에는 실질적으로는 말소이지만 등기의 형식은 경정등기의 방식을 취하며, 이러한 경정등기를 일부말소 의미의 경정등기라고 한다.

② **일부말소 의미의 경정등기**는 경정등기라는 명칭을 사용하고는 있으나 그 실질은 말소등기(일부말소 의미)에 해당하는 것을 말하므로, **등기신청**은 '○○○경정'의 방식으로 하게 되나 그 **실행방식**은 말소등기의 법리를 따라야 한다(법 57①).

③ 따라서 그 등기를 함에 있어 **등기상 이해관계 있는 제3자**가 있는 때에는 신청서에 반드시 그 승낙서 또는 이에 대항할 수 있는 재판의 등본을 첨부하게 하여 부기등기의 방법으로 등기를 하여야 하고, 이해관계인의 승낙서 등이 첨부되어 있지 않은 경우에는 주등기로도 수리하여서는 아니 된다.

	즉 승낙서 등이 제공된 경우에만 신청서를 수리하므로 그 승낙서 등은 위 경정등기의 수리요건이 된다. ④ 다만, 일부말소 의미의 경정등기라 하더라도 등기형식이 경정등기인 이상 경정등기의 요건을 갖추어야 한다. 즉, 경정 전·후의 동일성이 인정되어야 한다.
2. 요건	(1) **현재 효력이 있는 등기일 것** (2) **일부에 관한 불일치가 있을 것** (3) **원시적 사유로 불일치가 있을 것** (4) **등기상 이해관계 있는 제3자의 승낙을 받을 것**(법 57①) : 수리요건
3. 범위	(1) **공유**를 **단독소유**로 또는 단독소유를 공유로 하는 경정등기 甲 단독소유의 미등기부동산에 대하여 甲과 乙명의의 보존등기가 된 경우. 반대도 이와 같다. (2) **전부이전**을 **일부이전**으로 또는 일부이전을 전부이전으로 하는 경정등기 甲에서 乙에게로 1/2지분만 이전할 것을 착오로 소유권전부의 이전등기가 마쳐진 경우. 반대도 이와 같다. (3) **공유지분만의 경정**등기 기존 공유자의 공유지분을 경정하는 것뿐만 아니라 권리자의 주체가 일부 변경되는 경우도 포함된다(예컨대 공유자의 추가 등).
4. 관련 선례	① 상속재산협의분할을 원인으로 "갑" 단독명의로 소유권이전등기가 완료된 부동산에 대하여, 공동상속인 중 1인(을)이 그 상속재산협의분할은 공동상속인 전원의 동의를 얻지 못하였다는 이유로 "갑"의 상속지분(6/21)을 초과한 지분 전부가 아니라 자기의 상속지분(4/21)만에 대한 소유권일부말소를 명한 확정판결을 받은 경우(판결이유에서 그 부동산에 대하여 갑·을·병·정·무가 공동상속인인 사실과 각각의 상속지분을 설시하고 있음), "을"은 그 확정판결과 상속을 증명하는 서면을 첨부하여 위 부동산의 소유자를 "갑"에서 "갑(지분 17/21)과 을(지분 4/21)"로 경정하는 지분일부말소 의미의 경정등기를 신청할 수 있다(선례 200801-3호). ② 상속재산에 대하여 상속인 중 1인인 갑이 허위로 매매를 원인으로 하여 부동산소유권이전등기 등에 관한 특별조치법의 규정에 의하여 갑 단독 명의로 소유권이전등기를 경료하였으나 다른 공동상속인 중 1인인 을이 갑 명의의 소유권이전등기에 대하여 갑의 법정상속분을 제외한 나머지 공동상속인의 법정상속분에 해당하는 지분에 대하여 그 지분일부말소판결을 구하여(공유 부동산인 상속재산에 대한 보존행위로서) 그 판결을 받은 경우에는, 을은 이 판결과 호적등본(제적등본) 등 상속등기에 필요한 서류를 첨부하여 등기원인인 매매를 재산상속으로 하는 경정등기신청과 지분일부말소의 의미로서의 갑과 을 및 나머지 공동상속인을 공유자로 하는 경정등기신청을 할 수 있다(선례 3-712호). ③ 갑 단독 명의로의 소유권보존등기에 이어 을을 거쳐 병 명의로 각 소유권이전등기가 등기된 토지에 관하여 정이 위 갑, 을, 병의 소유권 중 13분지 12지분에 관하여 각 말소등기의 이행을 명하는 판결을 받은 경우 정은 위 판결에 의하여 지분일부(13분지 12)말소의 의미로서 갑 단독 명의의 소유권보존등기를 정을 공유자로 하는 경정등기와 을, 병 명의의 각 소유권이전등기를 지분이전등기(13분지 1)로 하는 경정등기를 신청할 수 있다(선례 3-276호).

II. 개시 [법 22]	1. 모습	
	2. 전자 [법 24①2] [규칙 67]	
III. 신청 절차	1. 신청인 [법 23]	
	2. 신청 정보 [규칙 43]	
	3. 첨부 정보 [규칙 46]	
IV. 실행 절차	1. 접수 · 배당	
	2. 조사	
	3. 문제○ [법 29]	
	4. 문제× [법 48]	일반적 [법 48] ┌ 표제부 ├ 갑구 ├ 을구 └ 등기형식 ① 변경(경정) [법 52, 규칙 112] ② 말소 [법 57, 규칙 116] ③ 회복 [법 59, 규칙 118] **(1) 일반적인 권리변경(경정)등기**[법 48, 법 52.5, 규칙 112 등] **1) 후순위 등기가 이해관계인인 경우** **가. 신청대상 등기** ① 등기상 이해관계인의 승낙은 부기요건이다. ② 승낙서 제공○ - 부기등기 ③ 승낙서 제공× - 주등기 **나. 등기상 이해관계 있는 제3자 등기 - 변동사항 없음** **2) 터잡은 등기가 이해관계인인 경우** **가. 신청대상 등기** ① 등기상 이해관계인의 승낙은 수리요건이다. ② 승낙서 제공○ - 부기등기 ③ 승낙서 제공× - 등기를 수리할 수 없다. **나. 등기상 이해관계 있는 제3자 등기 - 변동사항 없음** **(2) 일부말소의미의 경정등기**[법 57] ~~**1) 후순위 등기가 이해관계인인 경우**~~ **2) 터잡은 등기가 이해관계인인 경우** **가. 신청대상 등기** ① 일부말소의미의 경정등기의 경우 실질은 말소등

기이므로 등기상 이해관계인의 승낙은 수리요건이다.

② 승낙서를 제공○ - 부기등기

③ 승낙서를 제공× - 등기를 수리할 수 없다.

나. 등기상 이해관계 있는 제3자 등기

일부말소의미의 경정등기를 한 경우 등기관은 이해관계인 명의의 처분제한 등의 등기를 아래 구분에 따라 직권으로 말소 또는 경정하여야 한다.

(가) 이해관계인의 등기를 말소하여야 하는 경우

甲, 乙 공유부동산 중 乙 지분에 대해서만 처분제한 또는 담보물권의 등기가 되어 있는 상태에서 甲 단독소유로 하는 경정등기(乙 지분 말소 의미의)를 하는 경우 등, 이해관계인의 등기가 경정등기로 인하여 상실되는 지분만을 목적으로 하는 경우

(나) 이해관계인의 등기를 경정하여야 하는 경우

甲, 乙 공유 부동산 전부에 대하여 처분제한 또는 담보물권의 등기가 되어 있는 상태에서 甲 단독소유로 하는 경정등기(乙 지분 말소 의미의)를 하는 경우 등, 이해관계인의 등기가 경정등기로 인하여 상실되는 지분 이외의 지분도 목적으로 하는 경우

(다) 용익물권의 경우

부동산의 공유지분에 대해서는 용익물권(지상권 등)을 설정·존속시킬 수 없으므로 위의 '나'에 의해서 처분제한 등의 등기를 경정(일부말소 취지의)하는 경우에도 용익물권의 등기는 이를 전부 말소한다.

5. 완료 후	┌ **등기완료 통지** 법 30 (규칙 53)	부동산표시경정○ / 등기명의인표시경정○ / 권리경정○
	├ **등기필정보 통지** 법 50 (규칙 106~110)	부동산표시경정× / 등기명의인표시경정× / 권리경정△
	├ **소유변경 통지** 법 62 (규칙 120)	
	└ **과세자료 제공** 법 63 (규칙 120)	
	가압류, 가처분 등 법원의 촉탁에 의한 처분제한의 등기를 직권으로 말소 또는 경정(일부말소 의미의)하는 경우 등기관은 지체 없이 그 뜻을 집행법원에 통지하여야 한다.	
V. 처분이의	법 100 등	

04 절 말소

	법	규칙
조문	법 55 (사망 등으로 인한 권리의 소멸과 말소등기) 법 56 (등기의무자의 소재불명과 말소등기) 법 57 (이해관계 있는 제3자가 있는 등기의 말소) 법 58 (직권에 의한 등기의 말소)	규칙 116 (등기의 말소) 규칙 117 (직권에 의한 등기의 말소) 규칙 60 (인감증명의 제출) 규칙 46 (첨부정보)
기출	1. [09 법무] 직권에 의한 말소등기를 구체적으로 설명하시오. 50점 2. [14 법무] 이해관계 있는 제3자가 있는 등기의 말소에 관하여 설명하시오. 20점 3. [22 행시] 소유권이전등기가 甲 → 乙 → 丙 명의 순으로 기록되어 있고, 근저당권설정등기가 乙을 근저당권설정자로 하여 근저당권자 丁의 명의로 기록되어 있다. 甲은 乙 명의의 소유권이전등기가 위조서류에 의한 원인무효임을 이유로 피고 乙과 피고 丙을 상대로는 소유권이전등기의 각 말소등기절차를 이행하라는 확정판결을, 피고 丁을 상대로는 위 말소등기에 대한 승낙의 의사표시를 하라는 확정판결을 받았다. ① 말소등기의 요건에 대하여 설명하시오. 25점 ② 甲이 위 판결문을 첨부정보로 제공하며 丙과 乙 명의의 소유권이전등기의 말소등기를 신청하는 경우 위 신청에 따른 등기관의 말소등기 실행방법에 대해 설명하시오. 5점 4. [22 법무] 허무인 명의 등기의 말소 절차에 대하여 설명하시오. 20점	

<table>
<tr><td rowspan="2">Ⅰ. 서설</td><td>1. 의의</td><td>(1) 의의(법 57)
① 등기제도는 당해 부동산에 대한 권리관계 등을 대외적으로 실체관계에 부합하게 공시하기 위한 제도이다.
② 말소등기는 현재 효력이 있는 등기의 전부에 대한 권리의 소멸로 인해 실체와 등기가 불일치한 경우에 이를 일치시키는 등기이다.
(2) 취지 - 실체와 부합하는 등기 → 거래안전 → 공시제도의 목적 달성
(3) 구별개념 - 변경(일부 불일치) vs 말소(전부 불일치)</td></tr>
<tr><td>2. 요건</td><td>(1) 현재 효력이 있는 등기일 것
① 말소대상이 될 수 있는 등기는 권리의 등기이면 제한이 없으므로 소유권, 용익권, 담보권 등의 권리도 말소등기의 대상이 된다.
② 그러나 이러한 등기는 현재 효력이 있는 등기이어야 한다.
③ 폐쇄등기부에 기록된 등기·종전명의인의 등기·말소등기의 말소등기는 허용되지 않는다.
(2) 전부에 관한 불일치가 있을 것
① 등기의 전부에 대하여 불일치가 있어야 하며, 일부에 관한 것은 변경·경정등기로 해결한다.
② 부기등기의 말소
ⓐ 근저당권이전 후 말소등기를 할 때에는 원칙적으로 주등기를 말소하면 부기등기는 직권주말하게 된다.
ⓑ 다만, 예외적으로 부기등기의 원인만이 무효·취소·해제된 경우에는 부기등기만의 말소도 가능하다.</td></tr>
</table>

(3) 권리의 소멸로 인한 불일치가 있을 것

권리가 소멸한 사유가 실체적(무효·취소)·절차적(중복등기)·원시적(원인무효)·후발적(변제로 인한 채무소멸) 사유인지 불문한다.

(4) 등기상 이해관계 있는 제3자의 승낙을 받을 것

1) 등기상 이해관계 있는 제3자의 의미

① 등기상 이해관계 있는 제3자는 말소등기를 함으로써 등기기록의 형식상 손해를 입을 우려가 있는 자를 말한다.

② 따라서 등기기록의 형식상 손해를 입을 우려가 없다면 등기상 이해관계인에 해당하지 않는다. 예컨대 저당권의 말소에 관하여 지상권자, 지상권의 말소에 관하여 저당권자, 선순위 저당권의 말소에 관하여 후순위 저당권자, 후순위 저당권의 말소에 관하여 선 순위 저당권자는 말소등기에 대하여 등기상 이해관계 있는 제3자에 해당하지 않는다.

③ 저당권등기가 아직 말소되지 않았다면 피담보채권이 소멸하여 실체법상 무효라도 그 명의인은 등기상 이해관계인으로 취급된다.

④ 이와 달리, 등기기록에 기록되지 않은 자는 실체법상 이해관계가 있어도 이에 해당하지 않는다(∵ 형식적 심사).

⑤ 등기상 이해관계 있는 제3자가 해당 말소등기에 대하여 승낙을 하여야 할 의무가 있는지는 그 제3자가 말소등기권리자에 대한 관계에서 그 승낙을 하여야 할 실체법상의 의무가 있는지 여부에 의하여 결정된다(대판 2007.4.27, 2005다43753).

기존 등기가 실체법상 원인무효라는 이유로 말소되는 경우 현행법상 등기의 공신력이 인정되지 않으므로 그러한 무효인 등기에 터잡은 등기도 무효가 되므로 그 등기명의인은 기존 등기의 말소에 대하여 승낙할 의무를 부담한다. 만약 승낙을 거부할 경우 승낙의 의사표시에 갈음하는 판결을 얻으면 된다「부동산등기실무Ⅱ」 p.67).

그러나 기존 등기가 실체법상 무효인 경우에도 민법의 제3자 보호규정(민법 107조 2항, 108조 2항, 109조 2항, 110조 3항, 548조 1항 등)에 의하여 제3자의 권리가 보호되는 경우에는 제3자는 승낙의무가 없고 따라서 그 등기가 말소되지 않는다. 즉, 이러한 경우에는 제3자에 대한 관계에서 유효한 등기가 된다「부동산등기실무Ⅱ」 p.68).

이 경우 진정한 소유자는 진정명의회복을 원인으로 한 소유권이전등기를 함으로써 권리구제를 받을 수 있다.

2) 등기상 이해관계 있는 제3자의 범위

가. 말소대상권리의 선순위 등기 − ×

① 말소대상권리의 선순위 등기는 자신의 순위에 변동이 없으므로 등기기록의 형식상 손해를 받지 않을 것이 명백한 경우에 해당하며, 등기상 이해관계인에 해당하지 않는다.

② 예컨대, 2순위 근저당권등기를 말소할 경우 1순위 근저당권자는 등기상 이해관계인이 아니다.

나. 말소대상권리에 터잡은 등기 − O

① 말소대상권리를 터잡은 등기는 그 등기가 말소되면 당연한 결과로 자신의 등기도 말소될 운명이므로 등기기록의 형식상 손해를 입을 우려가 있는

자에 해당하며, 등기상 이해관계인에 해당한다.

② 예컨대, 소유권등기를 말소할 경우 그 소유권에 터잡아 이루어진 저당권자, 지상권자, 가압류권자 등,

③ 전세권부 근저당권에서 전세권등기를 말소할 경우 전세권에 터잡은 근저당권자,

④ 근저당권부 권리질권에서 근저당권등기를 말소할 경우 근저당권에 터잡은 권리질권자는 등기상 이해관계인에 해당한다.

다. 말소대상권리의 후순위 등기 - ×

① 말소대상권리의 후순위 등기는 오히려 자신의 순위가 상승하는 효과가 있을 뿐 등기기록의 형식상 손해를 받지 않을 것이 명백한 경우에 해당하며, 등기상 이해관계인에 해당하지 않는다.

② 예컨대, 1순위 근저당권등기를 말소할 경우 2순위 근저당권자는 등기상 이해관계인이 아니다.

라. 말소대상권리를 그대로 승계한 자 - ×

① 말소대상인 권리를 그대로 승계한 자는 등기연속의 원칙상 그 말소등기신청등기에 앞서 먼저 말소되어야 할 것이지 등기상 이해관계인으로서 승낙서를 첨부하여 직권말소할 수 있는 것이 아니다.

② 즉, 말소대상인 등기를 그대로 승계한 자는 이해관계인에 포함되지 않는다.

③ 예컨대 **甲-乙-丙 순으로 소유권이전등기**가 된 경우 **乙의 등기를 말소할 때**에 丙은 등기상 이해관계 있는 제3자가 아니다.

④ 왜냐하면 **말소의 대상이 되는 등기는** 현재 효력이 있는 등기라야 하므로, 뒤의 등기인 丙 명의의 소유권이전등기를 먼저 말소하지 않고는 乙 명의의 소유권이전등기를 말소할 수 없고, 따라서 丙의 승낙 또는 이에 대항할 수 있는 재판이 있음을 증명하는 정보를 제공하더라도 甲과 乙이 공동으로(또는 甲이 乙에 대하여만 말소판결을 얻어) 乙 명의의 등기의 말소신청을 할 수 없기 때문이다.

⑤ 최신 선례에 따르면, 甲이 丙의 승낙 또는 병에게 대항할 수 있는 재판이 있음을 증명하는 정보를 첨부정보로서 등기소에 제공하여 乙 명의의 이전등기의 말소등기를 신청한 경우, 등기관은 사건이 등기할 것이 아닌 경우(법 29.2)에 해당하는 것으로 보아 각하하여야 한다(선례 202311-3).

⑥ 이는 소유권뿐만 아니라 가등기나 제한물권이 이전된 경우에도 마찬가지이다(「부동산등기실무II」 p.66).

마. 판결에 따른 등기와 등기상 이해관계인 - △

① 말소대상인 권리등기에 터잡은 제3자의 권리에 관한 등기가 있는 경우 그는 등기상 이해관계 있는 제3자에 해당한다.

② 말소판결(원고의 물권적 청구권에 기하여 말소등기절차의 이행을 명하는 확정판결)에 의한 말소등기신청의 경우 **변론종결 후**에 등기를 마친 자는 판결의 효력(기판력)이 미치므로 **변론종결 후의 승계인**에 해당하므로 승낙서를 첨부할 것이 아니라 **승계집행문**을 부여받아야 하며, 판결에 따른 등기의 말소와 **제3자의 등기의 말소를 동시에 신청**하여야 한다.

바. 해제를 원인으로 하여 소유권이전등기를 하는 경우 – ×

① 증여를 원인으로 한 소유권이전등기와 체납처분에 의한 압류등기가 순차 등기된 후 위 증여계약의 해제를 원인으로 한 위 소유권이전등기의 말소등기를 신청하는 경우에는 그 신청서에 체납처분권자의 승낙서 또는 이에 대항할 수 있는 재판의 등본을 첨부하여야 하지만,

② 위 증여계약의 해제를 원인으로 새로운 소유권이전등기를 신청할 경우에는 위 서면의 첨부는 필요하지 아니하다(선례 제2-411호).

사. 기타 선례

① 소유권이전등기의 말소등기를 신청하는 경우에 그에 앞서 그 소유권이전등기에 대하여 사해행위 취소를 원인으로 하는 소유권이전등기 말소청구권을 피보전권리로 하는 가처분등기를 한 채권자는 이해관계 있는 제3자에 해당한다.

② 소유권이전등기 말소청구권을 피보전권리로 하는 가처분등기가 마쳐져 있을 때 등기상 이해관계 있는 제3자가 다른 권원에 의하여 위 소유권이전등기 말소를 신청할 경우 가처분권리자의 승낙이나 이에 대항할 수 있는 재판이 있음을 증명하는 정보를 제공하여야 한다.

③ 따라서 사해행위로 인한 소유권이전등기 말소청구권을 피보전권리로 하는 가처분을 하였을 경우, 가처분채권자가 말소판결을 받아 말소신청을 하는 것이 아니라 수익자와 채무자가 공동으로 해당 소유권이전등기의 말소신청을 하는 때에는 가처분채권자가 말소에 대하여 등기상 이해관계 있는 제3자이므로 가처분채권자의 승낙 또는 그에 대항할 수 있는 재판이 있음을 증명하는 정보를 제공하여야 한다(선례 6-57).

④ 이와 달리, 가처분의 피보전권리가 말소등기청구권인 경우 가처분채권자가 본안의 승소판결 등에 의하여 말소등기를 하는 때에는, 가처분권자는 그 등기의 말소에 관하여 등기상 이해관계인이지만 동시에 그 말소등기에 관한 등기권리자이므로 당연히 등기말소에 대한 승낙이 있는 것으로 보아(註 별도로 가처분권자의 승낙서를 제공할 필요가 없음), 등기공무원이 직권으로 그 가처분등기를 말소할 수 있으며, 다만 그 뜻을 가처분법원에 통지하여야 한다(선례 3-769).

⑤ 소유권이전등기 후에 경매개시결정등기가 마쳐진 경우, 경매개시결정등기는 소유권이전등기에 기한 새로운 권리에 관한 등기에 해당하므로 경매신청채권자는 「부동산등기법」 제57조 제1항의 '등기상 이해관계 있는 제3자'에 해당하고, 따라서 소유권이전등기를 말소하기 위해서는 경매신청채권자의 승낙서 또는 이에 대항할 수 있는 재판의 등본을 첨부하여야 하는바, 위 승낙서에는 소유권이전등기의 말소를 승낙한다는 뜻이 나타나 있으면 족하고 반드시 먼저 경매가 취하될 필요는 없으며, 해당 등기관은 소유권이전등기를 말소하고 경매개시결정등기를 직권으로 말소한 후 집행법원에 경매개시결정등기가 직권 말소되었음을 통지하여야 한다(선례 202405-5).

3) 승낙을 증명하는 정보

권리등기상 이해관계 있는 제3자의 승낙서에는 말소등기의 대상이 된 등기의 말소를 승낙한다는 뜻이 나타나야 한다. 그 승낙의사가 그 자의 진정한 의사에 의한 것임을 담보하기 위하여 승낙서에는 인감을 날인하고 인감증명서를 첨부하여야

			한다(규칙 60①7). 그러나 승낙서를 공정증서로 작성하거나 **공증인의 인증**을 받은 경우 인감증명을 제공할 필요가 없다. **대항할 수 있는 재판**이란 등기상 이해관계 있는 제3자를 피고로 하여 얻은, 말소등기에 관하여 승낙을 할 뜻을 명한 확정된 이행판결 정본 또는 이와 동일한 효력이 있는 화해조서, 인낙조서, 조정조서 등의 정본을 뜻힌다. 즉 재판은 제3자의 승낙에 갈음하는 것이므로 제3자에 판결의 효력이 미치는 재판을 의미한다. 실무에서는 "피고(등기상 이해관계 있는 제3자)는 ○○말소등기에 대하여 승낙의 의사표시를 하라."는 주문뿐만 아니라, "피고(등기상 이해관계 있는 제3자)는 (피고 명의의) ○○등기의 말소등기절차를 이행하라."는 주문도 이에 해당하는 것으로 본다.
	3. 범위		
	4. 효과		
II. 개시 (법 22)	**1. 모습**	**(1) 신청**	**1) 공동신청** 등기는 법률에 다른 규정이 없는 경우에는 등기권리자와 등기의무자가 공동으로 신청한다(법 23①). **2) 단독신청** **가. 진정성이 담보되는 경우** ① **판결**(법 23④) ② **신탁 · 신탁 말소**(법 23⑦⑧ · 법 87③) ③ **권리소멸약정**(법 55) ④ **가등기 · 가등기 말소**(법 89 · 법 93) ⑤ **가처분 침해등기 말소**(법 94) ⑥ **촉탁**(법 98) ~~⑦ 수용~~(법 99) ⑧ **혼동**(민법 191 · 예규) **나. 성질상 공동신청이 불가능한 경우** ① **소유권보존 · 소유권보존 말소**(법 23②) ~~② 상속 등 포괄승계에 따른 등기~~(법 23③ → 규칙 42) ~~③ 부동산 표시~~(법 23⑤) ~~④ 등기명의인 표시~~(법 23⑥) ~~⑤ 규약상공용부분의 등기 · 폐지(보존)~~(법 47①②) ⑥ **소재불명 말소**(법 56)
		(2) 촉탁	**민사집행법 제144조(매각대금 지급 뒤의 조치)** ① **매각대금이 지급**되면 법원사무관 등은 매각허가결정의 등본을 붙여 다음 각 호의 등기를 촉탁하여야 한다. 1. 매수인 앞으로 소유권을 이전하는 등기 2. 매수인이 인수하지 아니한 부동산의 부담에 관한 기입을 말소하는 등기 3. 제94조 및 제139조 제1항의 규정에 따른 경매개시결정등기를 말소하는 등기

(3) 직권

1) 법 제29조 제1호, 제2호 위반의 등기의 직권말소(법 58)

가. 의의

① 법 제29조 제1호(관할위반의 등기신청)와 제2호(사건이 등기할 것이 아닌 경우의 등기신청)의 각하사유에 해당하는 등기신청이 있는 경우에는 등기관은 각하하여야 하며 이를 간과한 등기는 실체관계에 부합하는지 여부를 불문하고 당연무효이다.

② 이러한 당연무효등기를 그대로 둔다면 불필요한 혼란과 사고의 원인이 되기 때문에 등기관이 이러한 등기기록을 발견하면 법 제58조의 절차를 통해 직권말소를 하여야 한다.

나. 직권말소의 사전통지

등기관이 등기를 마친 후 그 등기가 제29조 제1호 또는 제2호에 해당된 것임을 발견하였을 때에는 등기권리자, 등기의무자와 등기상 이해관계 있는 제3자에게 1개월 이내의 기간을 정하여 그 기간에 이의를 진술하지 아니하면 등기를 말소한다는 뜻을 통지하여야 한다.

다. 이의신청이 있는 경우

등기관은 이의를 진술한 자가 있으면 그 이의에 대한 결정을 하여야 한다. 이의신청이 이유 있는 경우에는 인용결정을 하고, 이의신청이 이유 없는 경우에는 각하결정을 한다.

라. 직권말소

이의를 진술한 자가 없거나 이의를 각하한 경우에는 법 제29조 제1호, 제2호 위반의 간과등기를 직권으로 말소하여야 한다.

2) 다른 등기의 부수절차에 따른 직권말소등기

가. 의의

어떠한 등기가 다른 등기의 실행에 따라 효력이 상실되어 더 이상 존속할 수 없게 된 경우 또는 그 목적을 달성하여 더 이상 존치할 필요가 없게 된 경우에는 등기관이 직권말소할 수 있다.

나. 효력이 상실되는 경우

① 말소등기 시 등기상 이해관계인의 승낙을 받은 경우 그 제3자의 등기(법 57)

② 수용을 원인으로 하는 소유권이전등기 시의 제3자등기(법 99④)

③ 가등기에 기한 본등기 시의 침해등기(법 92①)

다. 목적을 달성한 경우

① 환매권행사로 인한 소유권이전등기 시의 당해 환매권등기(규칙 114①)

② 권리소멸약정에 따른 등기 시 당해 권리소멸약정등기(규칙 114②)

③ 가처분 후 등기를 말소할 경우의 당해 가처분등기(법 94①②)

3) 기타

① 예고등기의 직권말소

② 장기간 방치된 (근)저당권의 직권말소(전세권, 가등기 - 적용×)

전세권에 관한 등기는 「부동산등기법」(법률 제7954호) 부칙 제2조(저당

		권 등 등기의 정리에 관한 특별조치)의 규정에 따라 등기관이 이를 직권으로 말소할 수 없다(선례 202108-5). ③ 위조등기부의 직권말소
2. 전자 (법 24①2) (규칙 67)		
3. 기타	**[허무인 명의 등기의 말소]**(예규 1380) **(1) 서설** ① **허무인**은 실존하지 아니한 가공인이거나 실존인이었지만 등기신청행위 당시 이미 사망한 자를 의미하고, 종중이나 사찰 또는 단체 등 법인 아닌 사단·재단에 있어서는 그 종중 등의 실체가 인정되지 아니한 경우를 포함한다. ② 허무인 명의의 등기가 마쳐진 경우 **진정한 소유자가 어떠한 방법으로 이를 바로잡아야 하는 지가 문제**되는데 등기예규는 **말소의 방법**으로 이를 해결하고 있다. ③ **종래 선례**는 실체가 없는 종중 명의로 등기가 마쳐진 경우에 법 제58조에 따라 직권말소할 수 있다고 하였으나(선례 제4-499호), **개정된 예규**에 따르면 이는 **직권말소할 수 없고 당사자가 말소등기를 신청**하여야 한다고 규정하고 있다(예규 제1380호). ④ **판례**는 "등기부상 진실한 소유자의 소유권에 방해가 되는 불실등기가 존재하는 경우에 그 등기명의인이 허무인인 때에는 **소유자는** 그와 같은 허무인 명의로 **등기행위를 한 자에 대하여 소유권에 기한 방해배제**로서 등기행위자를 표상하는 **허무인 명의 등기의 말소를 구할 수 있다**(대판 1990.5.8, 90다684,90다카3307)."고 하면서 판결을 받아 **단독으로 말소등기를 신청**할 수 있는 근거를 제시하면서 **실제 등기행위자를 상대로 판결을 받아야** 한다고 하고 있다. **(2) 말소방법** **1) 가공인 명의 등기의 말소방법** 가공인 명의의 소유권이전등기 등에 대하여 **실제 등기행위자를 상대로** 한 말소소송에서 말소절차의 이행을 명한 판결(가공인 명의의 등기가 실제 등기행위자를 표상하는 등기로서 원인무효의 등기임을 이유로 한 판결)이 확정된 경우에는 위 판결에 의하여 가공인명의 등기의 말소를 신청할 수 있다. **2) 사망자 명의 등기의 말소방법** 사망자 명의의 소유권이전등기 등에 대하여 **상속인을 상대로** 한 말소소송에서 사망자 명의의 등기가 상속인을 표상하는 등기로서 원인무효의 등기임을 이유로 말소절차의 이행을 명한 판결이 확정된 경우에는 위 판결에 의하여 사망자명의 등기의 말소를 신청할 수 있다. 갑에서 을로의 소유권이전등기가 마쳐진 후 을이 사망(법정상속인 병, 정)하여 병 명의로 협의분할에 의한 상속을 원인으로 하는 소유권이전등기가 마쳐졌으나, 그 후 위 갑에서 을로의 소유권이전등기가 원인무효임을 이유로 말소하려는 경우, 협의분할에 의하여 이를 단독상속한 상속인 병만이 이를 전부 말소할 의무가 있고 다른 공동상속인 정은 이를 말소할 의무가 없으므로(대판 2009.4.9, 2008다87723), 을 명의의 소유권이전등기의 말소의무자는 을의 원래의 상속인 전원이 아니라 병이라 할 것이다(선례 제202304-02호).

3) 실체가 없는 법인 아닌 사단 또는 재단 명의 등기의 말소방법

가. 실체가 없는 단체를 상대로 한 소송 및 소각하판결이 확정된 경우

소유권이전등기 등의 말소소송에서 등기명의인인 법인 아닌 사단·재단이 그 실체가 인정되지 아니하여 당사자능력이 없음을 이유로 소각하판결이 확정되고, 위 각하판결정본 등이 등기관에게 제출된 경우 등기관은 「부동산등기법」 제58조에 따라 당사자능력이 없는 위 종중 등 명의의 등기를 직권으로 말소할 수 없으며, 이해관계인도 위 판결정본 등을 첨부하여 등기관의 처분에 대한 이의의 방법으로 위 종중 명의의 등기에 대한 말소를 구할 수 없다. 따라서 실제 행위자를 상대로 하여 법인 아닌 사단 또는 재단 명의의 등기의 말소를 청구하여야 할 것이다.

나. 실제 행위자(대표자 등)를 상대로 한 소송 및 말소이행판결이 확정된 경우

실체가 없는 종중 등 법인 아닌 사단·재단 명의의 소유권이전등기 등에 대하여 실제등기행위자(대표자나 그 구성원 등)를 상대로 한 말소소송에서 위 종중 등 명의의 등기가 원인무효임을 이유로 실제 등기행위자에게 말소절차를 명한 판결이 확정된 경우에는 위 판결에 의하여 실체가 없는 종중 등의 명의에 대한 말소등기를 신청할 수 있다.

(3) 실행절차

1) 조사

신청정보의 등기명의인의 표시가 **등기기록**과 일치하지 않는 경우에는 각하사유이나(법 29.7), **허무인 명의의 등기에 대하여 실제 등기행위자를 상대로 말소절차의 이행을 명한 판결을 받아 말소등기를 신청하는 경우 판결의 피고(실제 행위자 甲)**와 **말소 대상 등기의 명의인(허무인 乙)이 다르지만** 예외적으로 **법 제29조 제7호의 각하사유에 해당하지 않는다**고 보는 것이 등기실무이다. 따라서 등기관은 본 규정에 따라 각하하여서는 아니 되고 **수리**한다.

2) 실행방법

① 판결에 의하여 허무인 명의의 등기의 말소를 신청하는 경우 허무인명의표시의 경정등기를 경유할 필요는 없다.

② 말소등기를 명하는 **이행판결**이므로, **말소등기의 등기원인**은 '**확정판결**'로, 그 **연월일**은 '**판결선고일**'을 각각 기록한다.

(4) 판결의 전제로서의 가처분등기

① 등기부상 진실한 소유자의 소유권에 방해가 되는 불실등기가 존재하는 경우에 그 등기명의인이 허무인 또는 실체가 없는 단체인 때에는 소유자는 그와 같은 허무인 또는 실체가 없는 단체 명의로 실제 등기행위를 한 사람에 대하여 소유권에 기한 방해배제로서 등기행위자를 표상하는 허무인 또는 실체가 없는 단체 명의 등기의 말소를 구할 수 있다. 또한, 소유자는 이와 같은 말소청구권을 보전하기 위하여 실제 등기행위를 한 사람을 상대로 처분금지가처분을 할 수도 있다(대결 2008.7.11, 2008마615).

② 이 경우 가처분결정의 채무자와 등기기록상의 등기의무자가 형식적으로 불일치하더라도 등기관은 그 가처분등기의 촉탁을 수리하여야 한다.

허무인 명의 등기의 말소		
Ⅰ. 서설	등기명의인이 실체가 없는 허무인인 경우에는 함께 공동신청하기 어렵고, 등기관의 직권말소사유에 해당하지도 않으므로 판결에 따라 말소신청할 수밖에 없다. 그러한 경우 누구를 상대로 판결을 받아야 하는지 문제된다.	
Ⅱ. 말소방법	가공인 명의 등기	실제 등기행위자를 상대로 한 말소판결
	사망자 명의 등기	상속인을 상대로 한 말소판결
	실체가 없는 법인 아닌 사단·재단 명의의 등기	실제 등기행위자(대표자나 그 구성원 등)를 상대로 한 말소판결(소각하×)
Ⅲ. 실행절차	① 법 제29조 제7호의 비적용 ② 이행판결 → (등기원인 : 확정판결, 그 연월일 : 판결선고일)	

Ⅲ. 신청절차

1. 신청인 [법 23]

(1) 원칙

① 등기는 법률에 다른 규정이 없는 경우에는 등기권리자와 등기의무자가 공동으로 신청한다[법 23①].

② 부동산의 공유자 중 1인은 공유물보존행위로서 무효인 등기명의인을 상대로 그 등기 전부의 말소를 구할 수 있다.

③ 말소대상등기의 명의인이 사망한 경우 그 상속인 전원을 상대로 말소등기절차이행판결을 받아 말소를 구할 수 있다.

(2) 제한물권의 말소

1) 근저당권 말소등기

(근저당권자)등기의무자, (근저당권설정자)등기권리자가 되어 공동으로 신청한다.

2) 근저당권 이전 후 말소등기

(양수인)등기의무자, (근저당권설정자)등기권리자가 되어 공동으로 신청한다.

3) 소유권이 이전 후 말소등기

(근저당권자)등기의무자, (근저당권설정자 또는 제3취득자)가 등기권리자가 되어 공동으로 신청한다.

	일반	소유권이전 후	근저당권이전 후
등기의무자	㉺ 권자	–	양도인 양수인
등기권리자	㉺설정자	종전 ㉸ or 현재 ㉸ (㉺ 설정자) (제3취득자)	–

[㉸이전 + ㉺이전] 후 말소		
① 말소대상 :	주등기	부커
② 의무자 :	양도인	양수인
(필증) :	설정필증	이전필증
③ 권리자 :	종전 ㉸ or	현재 ㉸
	(㉺ 설정자) (∵ 계약상)	(제3취득자) (∵ 민 214)

2. 신청정보 [규칙 43]

일반적 [규칙 43]

┌ 신청서 표제
├ 부동산 표시
├ 등기원인
│ (연월일)
└ 등기목적

신청 : "○년 ○월 ○일 해지" 등 (해지증서상의 연월일)

판결 : "○년 ○월 ○일 확정판결" (판결선고일)

	개별적	말소할 사항	"O년 O월 O일 접수 제OOO호 순위 제O번으로 등기된 OOO등기" ↳ 말소할 대상등기의 접수연월일, 접수번호, 순위번호를 기재한다. **[근저당권이 이전된 후 말소등기]** ① 주등기의 말소(근저당권설정등기) - 주등기 표시 : 부기등기는 주등기에 종속되는 것이고 별개의 등기가 아니므로 주등기의 말소가 있으면 부기등기는 직권으로 주말되는 것이므로 말소대상의 표시는 주등기만 기재하면 족하다. ② 부기등기의 말소(근저당권이전등기) - 부기등기표시 : 다만, 부기등기의 원인만이 무효·취소·해제 등의 사유가 있는 경우 부기등기만의 말소도 신청할 수 있다.
		신청인	
3. 첨부정보 (규칙 46)	일반적 (규칙 46)	등기원인 관련	(1) 등기원인증명(규칙 46①1) ① 해지증서, 일부포기증서 ② 판결정본 및 확정증명서 (2) 등기원인 - ㉻㉯㉼ 등(규칙 46①2, 규칙 46③)
		의무자 관련	(1) 등기필정보(법 50②, 규칙 43①7) - △ 근저당권이전등기 후 주등기인 근저당권설정등기를 말소하고자 하는 경우에는 양수인이 소지하고 있는 근저당권이전등기필정보를 제공한다. (2) 인감증명(규칙 60, 규칙 61①) - △ ① 소유권자가 의무자인 경우에는 등기의무자의 인감증명을 제공한다(규칙 60①1). ② 소유권에 관한 가등기명의인이 가등기의 말소등기를 신청하는 경우 가등기명의인의 인감증명을 제공한다(규칙 60①2). ③ 제한물권자가 의무자인 경우에는 원칙적으로 인감증명을 제공하지 않지만, 등기필정보를 멸실하여 법 제51조에 따라 등기를 신청하는 경우에는 인감증명을 제공한다(규칙 60①3).
		권리자 관련	(1) 세금영수증(법 29.10) - O (2) 주소증명 - × (3) 번호증명 - ×
		부동산 관련	(1) 대장, 그 밖의 정보 - × (2) 지적도·도면 - ×
		신청인자격 관련	

<table>
<tr>
<td></td>
<td>개별적</td>
<td>등이관 승낙서
(법 57)
(규칙 46①3)
(규칙 60①7)
(규칙 60④)</td>
<td>(1) 등기상 이해관계인의 승낙서
① 등기의 말소를 신청하는 경우에 그 말소에 대하여 등기상 이해관계 있는 제3자가 있을 때에는 제3자의 승낙이 있어야 한다(법 57).
② 이는 수리요건이므로 반드시 제공하여야 한다.
③ 승낙서 인감날인 + 인감증명제공(규칙 46①3, 60①7)</td>
</tr>
<tr>
<td rowspan="4">Ⅳ. 실행 절차</td>
<td colspan="3">1. 접수·배당</td>
</tr>
<tr>
<td colspan="3">2. 조사</td>
</tr>
<tr>
<td>3. 문제 O
(법 29)</td>
<td colspan="2">(1) 각하(법 29.7, 9)
[7호] ① 신청정보의 등기의무자의 표시가 등기기록과 일치하지 아니한 경우에는 각하하여야 한다.
② 따라서 먼저 등기의무자의 표시를 일치시키는 등기명의인표시경정등기 또는 상속등기를 하여야 한다.
③ 다만, 소유권 이외의 권리(전세권·근저당권·가등기 등)에 관한 등기의 말소를 신청하는 경우에 있어서는 그 등기명의인의 표시에 변경 또는 경정의 사유가 있는 때라도 신청서에 그 변경 또는 경정을 증명하는 서면을 첨부함으로써 등기명의인의 표시변경 또는 경정의 등기를 생략할 수 있을 것이다.
[9호] ① 등기에 필요한 첨부정보를 제공하지 아니한 경우에는 각하하여야 한다.
② 따라서 등기상 이해관계인의 승낙서를 제공하지 않은 경우에는 각하하여야 한다.</td>
</tr>
<tr>
<td>4. 문제 ×
(법 48)</td>
<td>일반적
(법 48)</td>
<td colspan="2">┌ 표제부
├ 갑구
├ 을구
└ 등기형식
① 변경(경정) (법 52, 규칙 112)
② 말소 (법 57, 규칙 116)
③ 회복 (법 59, 규칙 118)

(1) 신청대상 등기
① 등기를 말소할 때에는 말소의 등기를 한 후 해당 등기를 말소하는 표시를 하여야 한다(규칙 116①).
② 소유권보존등기를 말소한 때에는 등기관은 부동산의 표시등기를 말소하고 그 등기기록 자체를 폐쇄하여야 한다.
(2) 부기등기
① 말소할 제한물권설정등기에 이전, 변경의 부기등기가 되어 있는 경우(예컨대 근저당권이전등기 등)에는 위 설정등기를 말소하면서 부기등기도 같이 직권으로 주말한다.
② 다만, 이전등기만을 말소하는 경우에는 종전의 등기명의인의 표시(예컨대 근저당권자의 표시)는 직권으로 회복한다.</td>
</tr>
</table>

<table>
<tr><td></td><td></td><td>(3) 등기상 이해관계 있는 제3자 등기
① 등기의 말소를 신청하는 경우에 그 말소에 대하여 등기상 이해관계 있는 제3자가 있을 때에는 제3자의 승낙이 있어야 한다(법 57①).
② 등기상 이해관계 있는 제3자 명의의 등기는 등기관이 직권으로 말소한다(법 57②). 예컨대, 저당권등기에 권리질권의 등기가 부기되어 있는 경우 저당권말소등기를 신청하기 위해서는 질권자의 승낙서가 첨부되어야 하며, 이 경우 권리질권등기는 직권말소된다.
③ 말소할 권리를 목적으로 하는 제3자의 권리에 관한 등기가 있을 때에는 등기기록 중 해당 구에 그 제3자의 권리의 표시를 하고 어느 권리의 등기를 말소함으로 인하여 말소한다는 뜻을 기록하여야 한다(규칙 116②).</td></tr>
<tr><td></td><td>5. 완료 후</td><td>┌ 등기완료 통지 법 30 (규칙 53) ○
├ 등기필정보 통지 법 50 (규칙 106~110) ×
├ 소유변경 통지 법 62 (규칙 120) △
└ 과세자료 제공 법 63 (규칙 120) ×
가압류, 가처분 등 법원의 촉탁에 의한 처분제한의 등기를 직권으로 말소 또는 경정(일부말소 의미의)하는 경우 등기관은 지체 없이 그 뜻을 집행법원에 통지하여야 한다.</td></tr>
<tr><td>Ⅴ. 처분이의</td><td colspan="2">법 100 등</td></tr>
<tr><td>Ⅵ. 기타</td><td colspan="2">[등기상 이해관계 있는 제3자의 승낙서가 없음에도 말소등기가 경료된 경우]
제3자의 승낙서 등의 서류를 누락한 경우 등기관은 법 제29조 제9호에 따라 각하하여야 한다. 그러나 말소등기신청서에 등기상 이해관계 있는 제3자의 승낙서 등이 첨부되지 않았음에도 말소신청의 대상인 등기와 말소할 권리를 목적으로 하는 제3자의 등기 모두가 말소되었다면 등기관은 직권으로 이미 말소된 등기의 말소회복등기를 할 수는 없다(선례 6-57).</td></tr>
</table>

05 절 말소회복

	법	규칙
조문	법 59 (말소등기의 회복)	규칙 118 (말소회복등기)
기출	1. [94 법무] 말소회복등기를 설명하시오. 50점 2. [99 법무] 말소회복등기 50점 3. [13 행시] ① 말소회복등기의 요건 및 사례에서 말소회복등기 가능한지 여부 15점 ② 말소회복등기의 등기상 이해관계인을 설명하고, 사례에서 누구의 승낙이 필요한지 여부 25점 ③ 말소회복등기의 신청인 10점 4. [20 법무] 甲이 자신 소유의 X토지에 대해 乙에게 소유권을 이전하였으나 乙명의의 소유권이전등기가 부적법하게 말소된 이후 위 신청에 따라 丙명의의 근저당권설정등기가 마쳐졌다. ① 말소회복등기의 요건에 대해 간략히 약술하고(20줄 이내) 10점 ② 乙명의의 소유권이전등기의 말소회복등기가 적법하게 신청된 경우 등기관의 등기 실행방법에 대해 설명하시오. 5점 5. [23 행시] 甲소유 X토지에 대하여 乙을 가등기권리자로 하는 소유권이전청구권보전을 위한 가등기와 丙을 채권자로 하는 가압류등기가 순차로 마쳐졌다. 이후 乙의 가등기에 기한 본등기신청으로 丙의 가압류 등기가 직권말소되었는데, 乙의 가등기에 기한 본등기 신청이 위조된 서류로 인한 원인무효의 등기임이 밝혀져 乙의 소유권이전등기는 말소되었다. 그 후 다시 甲에서 丁으로의 소유권이전등기가 마쳐졌다. ① 丙의 가압류등기가 직권말소된 상태에서 가압류의 효력에 대해 설명하시오. 5점 ② 丙의 가압류등기를 회복하자고 할 때 등기절차에 대해 설명하시오. 15점	

Ⅰ. 서설	1. 의의	**(1) 의의**(법 59) ① **등기제도**는 당해 부동산에 대한 권리관계 등을 대외적으로 실체관계에 부합하게 공시하기 위한 제도이다. ② **회복등기**는 등기의 **일부 또는 전부**가 **부적법하게 말소**되어 실체관계와 **불일치**한 경우에 이를 일치시키는 등기이다. 즉 실체법적으로 존재하는 권리에 대해 등기기록상으로 부적법하게 말소된 경우 그 등기를 다시 회복시켜 말소 전의 상태로 소급하여 말소가 되지 않았던 것과 같은 효과를 생기게 하는 등기이다. ③ 이러한 말소회복등기를 인정하는 근거는, **등기는** 물권의 효력발생요건이고, 그 존속요건은 아니므로 물권에 관한 등기가 원인 없이 말소된 경우에도 그 물권의 효력에는 아무런 영향이 없고 그 회복 등기가 마쳐지기 전이라도 말소된 등기의 명의인은 적법한 권리자로 추정되며(대판 87다카2431), 여전히 물권자로서 물권적 청구권인 말소회복등기청구권을 갖기 때문이다. **(2) 취지** – 실체와 부합하는 등기 → 거래안전 → 공시제도의 목적 달성 **(3) 구별개념** – 말소(권리의 소멸) vs 회복(등기의 부적법 말소)

2. 요건

(1) 현재 효력이 없는 것처럼 공시된 등기일 것 - 폐쇄등기부 / ~~종전 명의인~~

(2) 일부 또는 전부에 관한 불일치가 있을 것

(3) 등기가 부적법하게 말소되어 현재 실체관계와 불일치가 있을 것

1) 부적법하게 말소될 것

① 부적법하게 말소된 원인이 실체적·절차적 사유인지 불문한다. 그러나 등기원인이 적법한 경우 예컨대, 당사자가 자발적으로 말소등기를 한 경우에는 말소회복등기를 할 수 없다.

② 예컨대 가등기권리자인 갑이 가등기에 기한 본등기를 하지 아니하고 별도의 소유권이전등기를 함과 동시에 위 가등기를 혼동을 원인으로 가등기명의인 갑이 자발적으로 말소등기를 하였다면 그 가등기에 대한 말소회복등기는 할 수 없는 것이다(선례 3-753).

③ 또한 개인이 아닌 관공서가 자발적으로 압류등기를 말소한 경우에는 그 압류등기에 대한 말소회복등기를 할 수 없다.

2) 현재 실체관계와 불일치할 것

등기는 현실의 권리관계를 실체관계와 동일하게 공시하는 제도이므로 등기가 부적법하게 말소된 경우라 하더라도 결과적으로 실체관계에 부합하게 되었다면 말소회복등기를 청구할 수 없다. 예컨대 저당권설정등기가 위조된 위임장에 의하여 말소되었으나 사후에 채무를 전액 변제하는 등으로 인하여 그것이 실체관계에 부합하는 때에는 말소회복등기를 청구할 수 없다.

(4) 등기상 이해관계 있는 제3자의 승낙을 받을 것

1) 등기상 이해관계 있는 제3자의 의미

① **등기상 이해관계 있는 제3자는** 회복등기를 함으로써 등기기록의 형식상 손해를 입을 우려가 있는 자를 말한다.

② 말소회복등기에 의하여 등기의 형식상 일반적으로 손해를 입을 염려가 있어야 하므로 비록 실질적으로는 손해를 입을 염려가 있더라도 등기명의인이 아닌 자는 이해관계 있는 제3자가 아니다.

③ 반대로 일반적으로 손해를 입을 염려가 등기의 형식상 인정되는 한 비록 그 권리가 실체상 제3자에게 대항할 수 없어서 실질적, 구체적으로 손해를 입을 염려가 없더라도 이해관계 있는 제3자에 해당한다.

④ 가등기가 부적법하게 말소된 후 가처분, 저당권설정, 소유권이전 등의 등기를 마친 제3자는 가등기의 회복등기절차에서 등기상 이해관계 있는 제3자로서 승낙할 의무가 있다.

⑤ 근저당권등기의 말소가 원인무효인 경우 등기상 이해관계 있는 제3자는 선의, 악의, 손해의 유무를 불문하고 회복등기절차에 승낙할 의무가 있다.

2) 등기상 이해관계 있는 제3자의 범위

① **회복대상권리의 선순위 등기 - ×**

ⓐ 회복대상권리의 선순위 등기는 자신의 순위에 변동이 없으므로 등기기록의 형식상 손해를 받지 않을 것이 명백한 경우에 해당하며, 등기상 이해관계인에 해당하지 않는다.

ⓑ 예컨대, 2순위 근저당권의 회복에 있어서 1순위 근저당권

② **회복대상권리에 터잡은 등기 - ×**

ⓐ 회복대상권리를 터잡은 등기는 그 등기가 회복되면 직권말소된 자신의 등기도 회복되는 지위에 있으므로 등기기록의 형식상 손해를 받지 않을 것이 명백한 경우에 해당하며, 등기상 이해관계인에 해당하지 않는다.

ⓑ 예컨대, 소유권등기의 회복등기신청 시 그 소유권에 터잡아 이루어진 저당권자, 지상권자, 가압류권자 등

ⓒ 전세권부 근저당권에서 전세권등기를 회복할 경우에 근저당권자

ⓓ 근저당권부 권리질권에서 근저당권등기를 회복할 경우에 권리질권자

③ **회복대상권리의 후순위 등기 - ○**

ⓐ 회복대상권리의 후순위 등기는 당연한 결과로 자신의 등기의 순위가 밀리거나, 제한물권의 회복으로 인해 부담을 얻게 되므로 등기기록의 형식상 손해를 입을 우려가 있는 자에 해당하며, 등기상 이해관계인에 해당한다.

ⓑ 예컨대, 1순위 근저당권의 회복에 있어서 2순위 근저당권

ⓒ **근저당권이 부적법하게 말소된 후 소유권이 이전된 경우**, 근저당권설정등기의 말소회복등기에 있어서 **등기의무자는** 말소 당시의 소유자(종전 소유자)이며 **등기상 이해관계인**은 제3취득자(현재의 소유자)이다.

④ **회복대상권리와 양립불가능한 자 - ×**

ⓐ 어떤 등기가 말소되고 회복되기 전에 회복대상인 등기와 양립 불가능한 등기가 새로이 마쳐진 경우 그 등기는 회복의 전제로서 말소되어야 할 것이지 등기상 이해관계인이 아니므로 그자의 승낙서를 첨부하여 등기를 할 수 있는 것은 아니다.

ⓑ 예컨대, **甲에서 乙에게로의 소유권이전등기가 부적법 말소된 후 甲에서 丙으로 소유권이전등기**가 마쳐진 경우, **乙 명의의 소유권이전등기를 말소회복**함에 있어서 丙은 등기상 이해관계 있는 제3자가 아니다.

ⓒ 따라서 乙 명의의 등기를 말소회복하기 위해서는 丙 명의의 소유권이전등기를 먼저 말소하여야 한다.

ⓓ 이는 회복대상 등기와 새로 마쳐진 등기가 서로 양립 불가능한 용익물권인 경우에도 마찬가지로 적용된다.

ⓔ 예컨대, 乙 명의의 전세권등기가 불법 말소된 후 丙 명의의 전세권설정등기가 마쳐진 경우 丙 명의의 전세권설정등기를 먼저 말소한 후 乙 명의의 전세권등기를 회복하여야 한다.

ⓕ 그러나 저당권이나 지상권 등의 제한물권이 부적법하게 말소된 후 제3자에게 소유권이전등기가 등기된 경우 제한물권의 등기와 소유권이전등기는 양립가능하므로 현 소유명의인은 등기상 이해관계 있는 제3자에 해당한다. 따라서 승낙을 받아야 한다.

⑤ **회복등기의 의무자지위를 포괄승계한 자 - ×**

갑 소유 부동산에 대하여 등기된 을 명의의 가처분등기가 집행법원의 촉탁착오로 인하여 말소된 후 갑의 상속인 **병 명의의 상속등기**가 경료되었다면, **상속인 병은** 등기상 이해관계 있는 제3자에 해당되지 아니하므로, 집행법원은 가처분권자 을을 등기권리자로, 상속인 병을 등기의무자로 하여 말소된 가처분등기의 회복등기를 촉탁하여야 한다(선례 7-64).

3) 등기상 이해관계 있는 제3자의 판단시기

① 회복등기 시의 이해관계인의 판단시기는 말소등기 시를 기준으로 하는 것이 아니라 회복등기 시를 기준으로 하여야 한다.

② 즉, 근저당권설정등기 이후에 등기부상 권리를 취득한 자는 근저당권등기의 말소등기 후에 등기부상 권리를 취득한 자는 물론 말소등기 전에 등기부상 권리를 취득한 자도 동조 소정의 등기상 이해관계가 있는 제3자에 해당된다고 할 것이다(선례 4-599).

3. 범위

4. 효과

① 말소회복등기를 하면 말소 당시로 소급하여 말소가 없었던 것과 같은 효과가 생기므로 회복한 등기는 말소된 종전 등기와 동일순위를 가지게 된다(대판 1990.6.26, 89다카5673).

② 회복 신청을 받아 등기관이 등기를 회복할 때에는 회복의 등기를 한 후 다시 말소된 등기와 같은 등기를 하여야 한다(규칙 118).

II. 개시 (법 22)

1. 모습

말소등기가 당사자의 신청에 의하여 이루어진 경우에는 그 회복등기도 당사자의 신청에 의하고, 집행법원 등의 촉탁에 의한 경우에는 촉탁에 의하며, 등기관의 직권으로 행하여진 경우에는 그 회복등기도 직권으로 하여야 한다.

말소	회복
신청	신청
직권	직권
촉탁	촉탁

예 수용, 본등기

(1) 신청

① 말소등기가 공동신청이 아닌 단독신청으로 이루어진 경우에는 회복등기도 단독신청으로 신청한다.

② 예컨대 소유권보존등기나 가등기를 그 등기명의인이 단독으로 신청하여 말소한 경우(법 23②, 93①)에는 그자의 단독신청에 의해서 회복등기를 할 수 있다.

(2) 촉탁

③ **갑**이 **을 소유 부동산**에 대하여 가처분등기를 마치고, 을을 상대로 한 신탁해지로 인한 **소유권이전등기청구소송**에서 **을**이 갑의 청구를 인낙하였으나, 그에 따른 소유권이전등기를 마치기 전에 **을**이 **위조서류**에 의하여 위 **가처분등기**를 **말소**하고, **병 앞으로 소유권이전등기**를 마친 경우

가. **갑**이 위 인낙조서에 의한 등기를 하기 위해서는 **우선 가처분등기를 회복**한 다음, 위 인낙조서에 의하여 갑 앞으로의 **소유권이전등기신청**을 함과 **동시에** 가처분의 효력에 저촉되는 **병 명의의 위 소유권이전등기의 말소신청**을 하여야 한다.

나. **가처분등기를 회복하기 위하여 갑은** 가처분의 집행법원에 대하여 **집행이의**를 통하여 **말소회복**을 구할 수 있을 것이고(만일 가처분등기의 회복에 있어서 **등기상 이해관계가 있는 제3자**가 있는 경우에는 그의 **승낙서** 또는 이에 대항할 수 있는 재판의 등본을 집행법원에 제출할 필요가 있음), **집행법원**은 그 **집행이의가 이유 있다면 가처분등기의 말소회복등기의 촉탁**을 하여야 한다.

다. 가처분등기가 말소된 경우 그 **회복**등기도 법원의 **촉탁**에 의하여야 하므로 **갑이 말소된 가처분등기의 회복등기절차의 이행을 소구할 이익은 없다**(대판 2000.3.24, 99다27149, 대결 2010.3.4, 2009그250 참조).

<table>
<tr><td></td><td></td><td>(3) 직권</td><td>① 가등기에 의한 본등기를 말소하는 경우에 행하는 직권회복등기
가등기에 기한 소유권이전의 본등기가 됨으로써 등기공무원이 직권으로 가등기 후에 경료된 제3자의 소유권이전등기를 말소한 경우에 그 후 위 가등기에 기한 본등기가 원인무효의 등기라 하여 말소된 때에는 결국 위 제3자의 소유권이전등기는 말소하지 아니할 것을 말소한 결과가 되므로 등기관은 직권으로 그 회복등기를 하여야 한다(대판 1982.1.26, 81다2329 · 2330).</td></tr>
<tr><td></td><td>2. 전자
(법 24①2)
(규칙 67)</td><td colspan="2"></td></tr>
<tr><td></td><td>1. 신청인
(법 23)</td><td colspan="2">(1) 원칙
① 등기는 법률에 다른 규정이 없는 경우에는 등기권리자와 등기의무자가 공동으로 신청한다(법 23①).
② 회복으로 인하여 등기상 직접 불이익을 받는 자가 등기의무자, 회복하여야 할 등기의 명의인이 등기권리자가 되어 공동으로 신청한다.
(2) 제한물권이 부적법하게 말소된 후 소유권이 이전된 경우
부적법하게 말소된 후 소유권이 이전된 경우, 근저당권설정등기의 말소회복등기에 있어서 등기의무자는 말소 당시의 소유자(종전 소유자)이며 등기상 이해관계인은 제3취득자(현재의 소유자)이다.</td></tr>
<tr><td rowspan="2">Ⅲ.
신청
절차</td><td rowspan="2">2.
신청정보
(규칙 43)</td><td>일반적
(규칙 43)</td><td>┌ 신청서 표제
├ 부동산 표시
├ 등기원인 (연월일) "○년 ○월 ○일 확정판결" (판결 선고일)
└ 등기목적 "○번 소유권보존등기 회복"
"○번 근저당권설정등기 회복"</td></tr>
<tr><td>개별적</td><td>┌ 회복할 사항 "○년 ○월 ○일 접수 제○○○호로 등기된 을구 순위 ○번 '등기원인 ○년 ○월 ○일 설정계약,
채권최고액 금○○○원,
채무자 ○○○, ○○○○○○,
근저당권자 ○○○, ○○○-○○○ ○○○○○○○'의
근저당권설정등기"
└ 신청인 ↳ 회복할 대상등기의 접수연월일, 접수번호, 순위번호를 기재한다.</td></tr>
</table>

<table>
<tr><td rowspan="6"></td><td rowspan="2">3. 첨부정보
(규칙 46)</td><td>일반적
(규칙 46)</td><td>┌ 등기원인 관련
├ 의무자 관련
├ 권리자 관련
├ 부동산 관련
└ 신청인자격 관련</td><td>(1) 등기원인증명(규칙 46①1) – 말소회복합의서 / 판결정본 및 확정증명서
(2) 등기원인 – ㉦㉢㉢ 등(규칙 46①2, 규칙 46③)
(1) 등기필정보(법 50②, 규칙 43①7)
(2) 인감증명(규칙 60, 규칙 61①)
(1) 세금영수증(법 29.10)
(2) 주소증명(규칙 46①6)
(3) 번호증명(규칙 46①6, 법 49)
(1) 대장, 그 밖의 정보(규칙 46①7)
(2) 지적도 · 도면</td></tr>
<tr><td>개별적</td><td>등이관 승낙서
(법 59)
(규칙 46①3)
(규칙 60①7)</td><td>(1) 등기상 이해관계인의 승낙서
① 말소된 등기의 회복을 신청하는 경우에 등기상 이해관계 있는 제3자가 있을 때에는 그 제3자의 승낙이 있어야 한다(법 59).
② 이는 수리요건이므로 반드시 제공하여야 한다.
③ 승낙서 인감날인 + 인감증명제공(규칙 46①3, 60①7)</td></tr>
<tr><td>1. 접수 · 배당</td><td colspan="3"></td></tr>
<tr><td>2. 조사</td><td colspan="3"></td></tr>
<tr><td>3. 문제○
(법 29)</td><td colspan="3"></td></tr>
<tr><td>4. 문제×
(법 48)</td><td>일반적
(법 48)</td><td>┌ 표제부
├ 갑구
├ 을구
└ 등기형식
① 변경(경정)
(법 52, 규칙 112)
② 말소
(법 57, 규칙 116)
③ 회복
(법 59, 규칙 118)</td><td>(1) 등기의 전부가 말소된 경우의 회복
① 어떤 등기의 전부가 말소된 경우 그 등기 전부를 회복하는 때에는 주등기로 회복등기를 하고 이어서 직권으로 말소된 등기와 같은 등기를 주등기로 한다(규칙 118本).
② 즉 순위번호도 종전 등기와 같은 번호를 기록한다.
(2) 등기의 일부가 말소된 경우의 회복
어떤 등기의 전부가 말소된 것이 아니고 그중 일부의 등기사항만이 말소된 경우 그 회복 등기를 하는 때에는 부기에 의하여 말소된 등기사항만 다시 부기등기로 등기된다(규칙 118但).</td></tr>
<tr><td>Ⅳ. 실행절차</td><td>5. 완료 후</td><td colspan="3">┌ 등기완료 통지 법 30 (규칙 53) ○
├ 등기필정보 통지 법 50 (규칙 106~110) ×</td></tr>
</table>

	├ **소유변경 통지** 법 62 (규칙 120) △ └ **과세자료 제공** 법 63 (규칙 120) ×
V. 처분 이의	법 100 등
VI. 직권 회복 등기	**[직권회복등기의 구체적인 절차]** **[사실관계]** 甲소유 X토지에 대하여 乙을 가등기권리자로 하는 소유권이전청구권보전을 위한 가등기와 丙을 채권자로 하는 가압류등기가 순차로 마쳐졌다. 이후 乙의 가등기에 기한 본등기신청으로 丙의 가압류등기가 직권말소되었는데, 乙의 가등기에 기한 본등기 신청이 위조된 서류로 인한 원인무효의 등기임이 밝혀져 乙의 소유권이전등기는 말소되었다. 그 후 다시 甲에서 丁으로의 소유권이전등기가 마쳐졌다. 丙의 가압류등기를 회복하자고 할 때 등기절차에 대해 설명하시오. **1. 신청인의 직권발동촉구의미의 회복등기신청** **등기관이 위와 같은 직권회복등기절차를 밟지 않고 있는 경우 신청인은** 등기관으로 하여금 직권으로 가압류등기의 말소회복등기를 하도록 **직권발동을 촉구하는 의미**에서 회복등기를 **신청**할 수 있다(대판 1996.5.31, 94다27205). **2. 등기상 이해관계 있는 제3자가 있는 경우** **(1) 의의** ① 말소회복등기에 대한 등기상 이해관계 있는 제3자는 등기의 말소회복등기를 함으로써 등기기록의 형식상 손해를 입을 우려가 있는 제3자를 말한다. 제3자인지 여부는 등기기록에 따라 형식적으로 판단하고 실질적인 손해 발생의 염려 유무는 불문한다. ② **등기가 원인 없이 부적법 말소**된 경우 그 말소등기를 회복함에 있어 **등기상 이해관계 있는 제3자**는 그의 **선의 · 악의를 묻지 아니하고 승낙의무**를 부담한다(대판 1997.9.30, 95다39526, 대판 2004.2.27, 2003다35567). ③ 따라서 사안의 경우 丁의 승낙서를 제공하여야 한다. **(2) 직권회복등기의 경우** 등기관이 **직권**으로 말소**회복**등기를 하여야 하는 경우에도 **등기상 이해관계 있는 제3자가 있는 경우에는 그 승낙서 등**을 첨부정보로 **제공하여야** 하며(법 제59조, 대판 1982.1.26, 81다2329 · 2330). 이는 직권발동촉구의미의 신청의 경우에도 마찬가지라고 할 것이다. **3. 등기관의 실행절차** ① 가등기에 기한 소유권이전의 **본등기시**에 등기공무원이 **직권말소한 가등기 이후의 제3자의 권리에 관한 등기**는 가등기에 기한 **본등기를 말소하는 경우**에 있어서 등기공무원이 직권회복하여야 하는 바, 이 경우 등기공무원은 회복등기의 등기권리자, 등기의무자와 등기상 이해관계가 있는 제3자에 대하여 등기를 **회복한다는 통지**를 하고 이의를 진술한 자가 없을 때, 또는 이의를 각하한 때에 직권으로 **회복**등기를 하여야 한다(선례 제4-596호). 이는 직권발동촉구의미의 신청의 경우에도 마찬가지라고 할 것이다. ② 등기관이 등기를 회복할 때에는 회복의 등기를 한 후 다시 말소된 등기와 같은 등기를 하여야 하므로(규칙 제118조), 종전의 가압류등기와 동일한 등기를 하여야 한다.

chapter

02 표제부

01 절 합필

	법	규칙
조문	법 23 (등기신청인) 법 34 (등기사항) 법 35 (변경등기의 신청) 법 37 (합필 제한) 법 38 (합필의 특례)	규칙 72 (토지표시변경등기의 신청) 규칙 79 (토지합필등기) 규칙 80 (토지합필등기) 규칙 81 (토지합필의 특례에 따른 등기신청)
기출		

Ⅰ. 서설	1. 의의	**(1) 의의** ① **합병**은 지적공부에 등록된 2필지 이상의 토지를 1필지로 합하여 등록하는 것을 말한다. ② **합필등기**는 대장상 합병된 토지에 대하여 등기부상으로도 1필지의 토지로 만드는 등기이다. 예컨대 甲토지를 乙토지에 합병하여 乙토지의 1필지로 만드는 등기를 말한다. **(2) 구별개념** ① 분필(1필지의 토지를 2필지 이상으로 나누는 등기로서 등기기록의 개설이 수반됨) ② 합필(2필지 이상의 토지를 1필지로 합하는 등기로서 등기기록의 폐쇄가 수반됨)
	2. 요건	
	3. 범위	
	4. 효과	① **부동산의 표시**는 대장을 기준으로 하고, **권리관계**는 등기부를 기준으로 한다. ② 토지의 표시변경등기를 하기 위해서는 먼저 대장상 변경등록을 하여야 하며 합필등기의 경우에도 마찬가지이다. ③ 따라서 대장상 합병이 되지 않은 토지에 대해서 합필등기가 이루어진 경우 토지합병의 효과가 발생하지 아니하므로 그러한 합필등기는 무효이다. ④ 마찬가지로 1필의 토지의 물리적 일부에 대한 소유권이전등기판결이 있더라도 토지대장상 분할함이 없이 분필등기만을 할 수 없다.
Ⅱ. 개시 [법 22]	1. 모습	합필등기는 소유권의 등기명의인이 단독으로 신청한다[법 23⑤].
	2. 전자 [법 24①2] [규칙 67]	○
	3. 신청 의무	① 부동산에 관한 공적 장부가 등기부와 대장으로 이원화되어 있는 현행 제도하에서 부동산의 표시를 일치시키기 위하여 여러 가지 제도를 두고 있다.

<table>
<tr><td></td><td></td><td colspan="3">② [직접적 신청의무]
소유명의인에게 등기신청의무를 부과하는 방편으로 토지의 분할, 합병이 있는 경우와 제34조의 등기사항에 변경이 있는 경우에는 그 토지 소유권의 등기명의인은 그 사실이 있는 때부터 1개월 이내에 그 등기를 신청하여야 한다(법 35). 다만, 이와 같이 부동산등기법상 신청의무가 있으나 그러한 등기를 게을리한 경우에 대한 과태료의 규정은 없다.
③ [간접적 신청의무]
또한 신청정보 또는 등기기록의 부동산의 표시가 토지대장 · 임야대장 또는 건축물대장과 일치하지 아니한 경우에는 각하사유로 규정되어 있으므로(법 29.11), 다른 등기를 신청하기 전에 부동산표시변경등기를 선행하도록 하는 등의 간접적인 신청의무가 있다.</td></tr>
<tr><td rowspan="10">Ⅲ. 신청 절차</td><td>1. 신청인</td><td colspan="3">합필등기는 소유권의 등기명의인이 단독으로 신청한다(법 23⑤).</td></tr>
<tr><td rowspan="5">2. 신청정보
(규칙 43)</td><td rowspan="4">일반적
(규칙 43)</td><td>신청서 표제</td><td></td></tr>
<tr><td>부동산 표시</td><td></td></tr>
<tr><td>등기원인 (연월일)</td><td>"○년 ○월 ○일 합병"(토지대장상 합병일)
↳ 등기원인은 "합병"으로, 그 연월일은 "토지대장상 합병일"로 하여 신청정보의 내용으로 제공한다.</td></tr>
<tr><td>등기목적</td><td>"토지표시변경"</td></tr>
<tr><td>개별적
(규칙 72)</td><td>변경할 사항
신청인</td><td>합필 전의 표시 서울특별시 서초구 서초동 100 대 100㎡
합필의 표시 서울특별시 서초구 서초동 100-1 대 100㎡
합필 후의 표시 서울특별시 서초구 서초동 100 대 200㎡
↳ 토지의 변경 전과 변경 후의 표시를 신청정보의 내용으로 제공한다.</td></tr>
<tr><td rowspan="6">3. 첨부정보
(규칙 46)</td><td rowspan="5">일반적
(규칙 46)</td><td>등기원인 관련</td><td>(1) 등기원인증명(규칙 46①1) – 토지대장정보 or 임야대장정보
(2) 등기원인 – ㊍㊐㊌ 등(규칙 46①2, 규칙 46③)</td></tr>
<tr><td>의무자 관련</td><td>(1) 등기필정보(법 50②, 규칙 43①7) – ×
(2) 인감증명(규칙 60, 규칙 61①) – ×</td></tr>
<tr><td>권리자 관련</td><td>(1) 세금영수증(법 29.10) – △
(2) 주소증명(규칙 46①6) – ×
(3) 번호증명(규칙 46①6, 법 49) – ×</td></tr>
<tr><td>부동산 관련</td><td>(1) 대장, 그 밖의 정보(규칙 46①7)
(2) 지적도 · 도면</td></tr>
<tr><td>신청인자격 관련</td><td></td></tr>
<tr><td>개별적</td><td></td><td></td></tr>
</table>

구분	단계	세부	항목	甲 토지	乙 토지
Ⅳ. 실행절차	1. 접수·배당				
	2. 조사				
	3. 문제○ (법 29)				
	4. 문제× (법 48)	일반적 (법 48)	표제부	갑 토지의 등기기록 중 표제부에 합병으로 인하여 을 토지의 등기기록에 옮겨 기록한 뜻을 기록하고, 갑 토지의 등기기록 중 표제부의 등기를 말소하는 표시를 한 후 그 등기기록을 폐쇄하여야 한다(규칙 79②).	갑 토지를 을 토지에 합병한 경우에 등기관이 합필등기를 할 때에는 을 토지의 등기기록 중 표제부에 합병 후의 토지의 표시와 합병으로 인하여 갑 토지의 등기기록에서 옮겨 기록한 뜻을 기록한다. 종전의 표시에 관한 등기를 말소하는 표시를 하여야 한다(규칙 79①).
			갑구 을구		① 일반적으로 갑 토지에서 갑구와 을구의 유효한 등기사항을 을 토지로 이기한 후 그 뜻을 기록한다. ② 이 경우 을 토지의 등기기록 중 갑구에 갑 토지의 등기기록에서 소유권의 등기를 옮겨 기록하고, 합병으로 인하여 갑 토지의 등기기록에서 옮겨 기록한 뜻, 신청정보의 접수연월일과 접수번호를 기록하여야 한다(규칙 80①). ③ 갑 토지의 등기기록에 지상권·지역권·전세권 또는 임차권의 등기가 있을 때에는 을 토지의 등기기록 중 을구에 그 권리의 등기를 옮겨 기록하고, 합병으로 인하여 갑 토지의 등기기록에서 옮겨 기록한 뜻, 갑 토지이었던 부분만 이 그 권리의 목적이라는 뜻, 신청정보의 접수연월일과 접수번호를 기록하여야 한다(규칙 80②).
			등기형식		
	5. 완료 후	등기완료 통지	법 30 (규칙 53)	○	
		등기필정보 통지	법 50 (규칙 106~110)	×	
		소유변경 통지	법 62 (규칙 120)	×	
		과세자료 제공	법 63 (규칙 120)	×	

02 절 합필 - 제한 및 특례

	법	규칙
조문	법 23 (등기신청인) 법 34 (등기사항) 법 35 (변경등기의 신청) 법 37 (합필 제한) 법 38 (합필의 특례)	규칙 72 (토지표시변경등기의 신청) 규칙 79 (토지합필등기) 규칙 80 (토지합필등기) 규칙 81 (토지합필의 특례에 따른 등기신청)
기출	1. [21 행시] X토지와 Y토지가 대장상 합병된 후 합필등기 촉탁이 있었다. 등기관이 위 촉탁에 따른 합필등기를 심사하는 과정에서 X토지와 Y토지의 대장합병 후 X토지 등기기록에만 가압류등기(채권자 丙)가 마쳐진 사실을 확인하였다. 합필등기가 허용되는지 여부와 그 이유를 설명하시오. 25점 2. [23 법무] 甲은 X토지와 Y토지 및 W건물(각 부동산의 등기소 관할은 동일함)의 소유명의인이며, 등기원인 및 그 연월일과 접수번호가 동일한 丙명의의 근저당권등기가 경료되어 있다. 아래 각 설문에서 X토지와 Y토지에 대한 합필등기가 허용되는지 여부와 그 이유를 설명하시오. 15점 ① 丙의 근저당권등기의 목적이 X토지 전부와 Y토지 1/2지분인 경우 ② 丙의 근저당권등기의 목적이 X토지와 Y토지 전부이고, X토지에 대한 요역지지역권등기가 경료된 경우	

Ⅰ. 서설	1. 의의	(1) 합필의 제한 1) 서설(일반론) ① 토지 소유자가 토지의 합병을 하고자 하는 때에는 지적공부 소관청에 신청하여야 하며, 소관청은 공간정보법 및 동법 시행령에서 정한 합병제한사유의 유무를 심사하여 합병 여부를 결정하게 된다. ② 이후 대장상 합병등록된 토지대장정보를 제공하여 등기소에 합필등기를 신청하게 되며, 이 경우 등기관은 부동산등기법상의 합필등기제한사유의 유무를 심사한다. ③ 그런데 만약 공간정보법상 합병할 수 없는 토지에 대하여 대장상 합병이 이루어지고 그에 기하여 합필등기를 신청한 경우 이러한 신청은 '사건이 등기할 것이 아닌 경우'에 해당하므로 등기관은 이를 각하하여야 한다[법 29.2]. 2) 공간정보법상 합병등록의 제한 가. 허용되는 경우 나. 허용되지 않는 경우 ① 합병하려는 토지가 등기된 토지와 등기되지 아니한 토지인 경우(「공간정보법 시행령」 제66조 제3항 제3호) ② 합병하려는 토지의 지번부여지역, 지목이 서로 다른 경우(「공간정보법」 제80조 제3항 제1호) ③ 합병하려는 토지의 소유자가 서로 다른 경우(「공간정보법」 제80조 제3항 제1호) ④ 합병하려는 토지의 소유자별 공유지분이 다르거나 소유자의 주소가 서로 다른 경우(「공간정보법 시행령」 제66조 제3항 제5호)

3) 부동산등기법상 합필등기의 제한

가. 허용되는 경우(법 37)

(가) 물리적 일부에 성립할 수 있는 용익권등기가 있는 경우

어느 토지에 지상권・승역지지역권・전세권・임차권의 등기가 있는 경우 합필등기가 허용된다.

위 권리는 합필 후의 토지의 물리적 일부에 성립할 수 있으므로 합필의 제한사유에 해당되지 않는다.

위의 권리에 관한 등기가 각 토지에 있고 등기원인 및 그 연월일과 접수번호가 다르더라도 합필등기가 가능하다.

(나) 창설적 공동저당권의 등기가 있는 경우

① 합필하려는 모든 토지에 있는 등기원인 및 그 연월일과 접수번호가 동일한 저당권에 관한 등기가 있는 경우에는 합필등기를 할 수 있다(법 제37조 제1항 제2호).

② 여기서 "등기원인 및 그 연월일과 접수번호가 동일한 저당권"이란 처음부터 공동저당을 설정한 경우만을 의미하므로, 창설적 공동저당권의 경우에는 합필등기가 허용된다.

그러나 추가적 공동저당권의 경우는 이에 포함되지 아니하므로, 합필등기를 할 수 없다.

③ 선례에 따르면, 창설적 공동저당권인 경우에도 갑 토지의 저당권은 토지 전부를 목적으로 하고 있으나, 을 토지의 저당권은 소유권의 일부 지분만을 목적으로 하고 있다면 갑 토지를 을 토지에 합병하는 합필등기를 신청할 수는 없다(선례 제201904-1호).

이와 같은 선례의 입장은 우리나라 부동산등기법은 "1부동산 1등기기록주의"를 취하고 있는 바, 합필등기가 되면 1필지의 토지에 대하여 하나의 등기부로 공시되어야 하며, 이 경우 토지 전부를 목적으로 하는 저당권과, 일부 지분만을 목적으로 하는 저당권을 하나의 토지 등기부에 그 목적을 정확하게 특정할 수 없기 때문인 것으로 보인다.

(다) 신탁등기

합필하려는 모든 토지에 있는 법 제81조 제1항 각 호의 등기사항이 동일한 신탁등기가 있는 경우에는 합필등기를 할 수 있다.

「건축법」 제11조에 따른 건축허가를 받아 건설하는 건축물로서 「건축물의 분양에 관한 법률」에 따라 공급하는 경우에는 그 건설 대지에 신탁등기가 마쳐진 경우라도 신탁목적이 동일하고 다른 합필제한사유가 없다면 그 토지에 대한 합필등기를 신청할 수 있다. 이 경우에는 이러한 사실을 소명하는 정보로서 「건축물의 분양에 관한 법률」 제5조에 따라 허가권자로부터 발급받은 분양신고확인증을 등기소에 제공하여야 한다(선례 제201908-2호).

나. 허용되지 않는 경우(법 37 반대해석)

(가) 물리적 일부에 성립할 수 없는 등기가 있는 경우

① 지역권은 승역지의 물리적 일부에는 성립할 수 있으나 요역지의 물리적 일부에는 성립될 수 없는바 토지 등기기록에 요역지지역권의 등기

가 있다면 그 토지에 대한 합필의 등기를 신청할 수 없고, 이는 요역지 지역권의 등기가 모든 토지의 등기기록에 있고 그 등기사항이 모두 동일하더라도 합필등기를 할 수 없다(선례 제201907-4호).

② 어느 토지에 소유권이전가등기, 가처분등기, 가압류등기, 체납압류등기 등이 있는 경우에는 합필등기를 할 수 없다. 위 권리가 있는 경우 합필등기를 허용하게 되면 결과적으로 토지의 물리적 일부에 성립할 수 없는 등기가 이루어지기 때문이다. 위의 권리에 관한 등기가 각 토지에 있고 등기원인 및 그 연월일과 접수번호가 같더라도 합필등기가 불가능하다.

> 수필의 토지에 대하여 등기원인 및 그 연월일과 접수번호가 동일한 **가등기, 예고등기, 가압류등기, 가처분등기, 경매등기, 체납처분에 의한 압류**등기 등의 등기가 있는 경우, 그 토지들은 저당권에 관한 등기에 대해서만 예외를 두고자 한 부동산등기법 제37조 제1항 제2호 규정의 취지에 비추어 합필될 수 없다(선례 5-518호).

(나) 추가적 공동저당권의 등기가 있는 경우

각 토지에 공동저당권이 설정되어 있으나 추가적 저당권에 해당하는 경우에는 합필등기를 할 수 없다(선례 제3-654호).

(2) 합필특례(법 38)

1) 의의

① 대장상의 합병등록과 등기상의 합필등기상의 시간적 간격이 존재하여 합필제한 사유가 없는 상태에서 대장상 합병이 이루어졌으나 그 합병에 따른 합필등기를 하기 전에 합필 전 토지가 다른 사람에게 이전되었거나 가압류 등기가 마쳐진 경우 등 합필제한사유가 발생한 경우에는 어떻게 업무를 처리해야 되는지가 문제된다.

② 종래 등기실무는 대장상 2필의 토지가 합병되었으나 등기기록상 합필등기가 되지 않은 상태에서 합필제한사유에 해당하는 등기가 경료된 경우 그 제한등기를 말소하여야만 합필등기를 할 수 있었다(선례 제4-516호, 6-204호).

③ 그러나 **토지 합병의 효력은 대장에 등록이 되면 일응 효력이 발생하는 것이라는 점**과 **국민의 재산권 행사의 용이성** 등을 근거로 소유자 또는 이해관계인의 승낙서를 첨부하게 하여 제한등기를 말소하지 않고서도 합필등기가 가능하게 되었다.

④ 다만 법 제38조의 특례규정은 공간정보법상 합병제한사유가 없는 상태에서 대장상 합병이 완료된 토지에 대해서만 적용되는 것이므로, 대장상 합병이 완료되지 않은 토지에 대해서는 적용할 수 없다.

⑤ 아래에서는 합필의 특례를 전제로 하여 설명한다.

2) 종류

가. 소유자가 다른 경우(합병 후 합필등기 전 어느 토지에 관하여 소유권이전등기가 된 경우)

토지합병절차를 마친 후 합필등기를 하기 전에 합병된 토지 중 어느 토지에 관하여 소유권이전등기가 된 경우라 하더라도 **이해관계인의 승낙**이 있으면 해당 토지의 소유권의 등기명의인들은 합필 후의 토지를 **공유로** 하는 합필등기를 신청할 수 있다.

나. 소유자가 같은 경우(합병 후 합필등기 전 어느 토지에 관하여 제한물권 등이 된 경우)

토지합병절차를 마친 후 합필등기를 하기 전에 합병된 토지 중 어느 토지에 관하여 제37조 제1항에서 정한 합필등기의 제한 사유에 해당하는 권리에 관한 등기가 된 경우라 하더라도 **이해관계인의 승낙**이 있으면 해당 토지의 소유권의 등기명의인은 그 권리의 목적물을 합필 후의 토지에 관한 **지분으로** 하는 합필등기를 신청할 수 있다. 다만, 요역지(요역지 : 편익필요지)에 하는 지역권의 등기가 있는 경우에는 합필 후의 토지 전체를 위한 지역권으로 하는 합필등기를 신청하여야 한다.

2. 요건

① 대장상 합병이 적법하게 되었을 것
② 대장상 합병이 된 후에 어느 토지의 소유권이 이전되거나 합필제한사유에 해당하는 권리등기가 발생할 것

II. 개시

III. 신청절차

1. 신청인 (법 23)

(1) 소유자가 다른 경우 – 각 토지의 소유자가 공동으로 합필등기를 신청한다.
(2) 소유자가 같은 경우 – 소유자가 단독으로 합필등기를 신청한다.

2. 신청정보 (규칙 43)

일반적 (규칙 43)

- **신청서 표제**
- **부동산 표시**
- **등기원인(연월일)**: **"○년 ○월 ○일 합병"** (토지대장상 합병일)
- **등기목적**: **"토지표시변경"**

개별적 (규칙 72)

- **변경할 사항**: 토지의 변경 전과 변경 후의 표시를 신청정보의 내용으로 제공한다.
- **공유지분**: ① 소유자가 다른 경우에는 소유권의 공유지분을 기재하여야 한다. ② 소유자가 같은 경우에는 합필제한사유에 해당하는 등기의 지분을 기재하여야 한다. 그러나 소유자가 동일하고 합필하려는 토지의 전부에 등기원인, 그 연월일, 등기목적과 접수번호가 동일한 합필제한사유에 해당하는 권리에 관한 등기가 있는 경우에는 신청서에 합필 후의 공유지분을 기재할 필요가 없다.
- **신청인**

3. 첨부정보 (규칙 46)

일반적 (규칙 46) (규칙 81)

- **등기원인 관련**: **(1) 등기원인증명**(규칙 46①1) – 토지대장정보 or 임야대장정보 / **(2) 등기원인 – ㉠㉡㉢ 등**(규칙 46①2, 규칙 46③)
- **의무자 관련**: **(1) 등기필정보**(법 50②, 규칙 43①7) – × / **(2) 인감증명**(규칙 60, 규칙 61①) – ×

		├ 권리자 관련	(1) 세금영수증(법 29.10) – △ (2) 주소증명(규칙 46①6) – × (3) 번호증명(규칙 46①6, 법 49)– ×
		├ 부동산 관련	(1) 대장, 그 밖의 정보(규칙 46①7) (2) 지적도 · 도면
		└ 신청인자격 관련	
	개별적		(1) 소유자가 다른 경우 – 소유자의 확인서 및 인감증명(규칙 60①4) 인감증명확인서에 토지의 소재지번 · 지목 · 면적이 표시되고, 합필 후의 공유지분을 기재한 후 소유자가 기명날인하여야 한다. (2) 소유자가 같은 경우 – 이해관계인의 승낙서 및 인감증명(규칙 60①7) ① 법 제38조 이해관계인은 등기기록상 근저당권이나 가압류 등의 등기가 경료되어 있는 권리자를 의미한다. 그러나 지상권 · 승역지지역권 · 전세권 · 임차권과 같이 물리적 일부에 존속할 수 있는 권리는 합필제한사유에 해당하지 않으므로 그 등기명의인은 이에 해당하지 않는다. ② 이해관계인은 승낙서에 신청서상 기재한 합필 후의 지분을 표시하고 이에 대한 동의 또는 승낙의 의사를 기재한 후 기명날인하여야 한다.
Ⅳ. 실행 절차	1. 접수 · 배당		
	2. 조사	등기관은 신청서, 소유자의 확인서 및 이해관계인의 승낙서상의 지분관계가 정확한지 여부를 심사한 후 등기를 하여야 한다.	
	3. 문제○		
	4. 문제×(법 48)	일반적(법 48)	┌ 표제부 ├ 갑구 ├ 을구 └ 등기형식	(1) 소유자가 다른 경우 甲토지의 소유권에 관한 등기 및 乙토지의 소유권에 관한 등기를 공유지분으로 변경하는 등기를 실행하여야 한다. (2) 소유자가 같은 경우 합필제한사유에 해당하는 권리에 관한 등기목적을 합필 후의 공유지분으로 변경하는 등기를 직권으로 하여야 한다.
	5. 완료 후	┌ 등기완료 통지 법 30 (규칙 53) ○ ├ 등기필정보 통지 법 50 (규칙 106~110) × ├ 소유변경 통지 법 62 (규칙 120) × └ 과세자료 제공 법 63 (규칙 120) ×	

chapter

03 갑구 · 을구

01 절 소유권보존 - 신청

	법	규칙
조문	법 64 (소유권보존등기의 등기사항) 법 65 (소유권보존등기의 신청인) 법 66 (미등기부동산의 처분제한의 등기와 직권보존)	규칙 121 (소유권보존등기의 신청)
기출	1. [10 법무] 소유권보존등기명의인이 될 수 있는 자에 대하여 설명하시오. 50점 2. [10 행시] 소유권보존등기과 관련된 다음 물음에 답하시오. ① 토지의 소유권보존등기를 신청할 수 있는 자로서 "자기의 소유권을 증명하는 판결에 있어서 상대방"을 설명하시오. 10점 ② 토지대장 멸실 후 최초의 소유자로 복구된 경우 복구시기에 따른 권리추정력과 이 복구시기에 따른 등기의 처리 방법을 약술하시오. 20점 ③ 토지대장상 소유권이전등록을 받은 자가 자기 앞으로 바로 소유권보존등기를 신청할 수 있는지 여부를 구체적으로 설명하시오. 10점 ④ 건물의 소유권보존등기 절차에서 "시 · 구 · 읍 · 면의 장의 서면에 의하여 자기의 소유권을 증명하는 자"를 약술하시오. 10점 3. [12 법무] 건물에 관한 소유권보존등기의 신청절차에 관하여 설명하시오. 50점 4. [16 법무] 공유물의 소유권보존등기에 대하여 설명하시오. 10점	

Ⅰ. 서설	1. 의의	**(1) 의의**(민법 187, 법 65, 규칙 121) ① **소유권보존등기는** 미등기 부동산에 대하여 최초로 하는 등기로서, 새로이 등기용지를 개설하는 것을 말한다. ② 보존등기의 형태는 소유권에만 인정되는 등기이다. ③ 또한 소유권보존등기를 할 때에는 새로이 등기기록을 개설하여 표제부에 관한 사항과 소유권에 관한 사항을 기록한다. 다만, 예외적인 경우에는 표제부만 기록하는 경우가 있을 수 있다(일부 구분건물의 소유권보존등기와 나머지 구분건물의 표시등기가 있는 경우). **(2) 취지 - 처분요건 등** 건물을 신축한 경우 등기 없이 소유권을 취득하지만(민법 187本), 처분하기 위해서는 먼저 등기를 하여야 하므로(민법 187但) 건물신축 후 저당권을 설정하거나 매매하여 처분하기 위해서 소유권보존등기를 하는 경우가 있다. **(3) 특징** ① 소유권보존등기는 부동산을 원시취득을 한 경우에 하는 것이 일반적이나 절차상의 이유로 원시취득이 아님에도 보존등기를 하는 경우가 있다(미등기부동산을 상속받은 경우, 미등기부동산을 특정유증받은 경우).

② 보존등기는 권리변동과는 무관하나 등기신청이 단독으로 이루어지고 소유권보존등기가 마쳐지면 이후의 권리변동은 모두 보존등기를 기초로 해서 행해지기 때문에 등기의 진정성에 대한 담보가 무엇보다 중요하며 그 진정성의 내용은 부동산의 표시와 소유명의인의 정확성에 있기 때문에 토지대장 또는 임야대장이나 건축물대장, 판결문 등 소유권증명서면을 신용성이 매우 높은 서면으로 한정하고(법 65), 등기신청 시 부동산의 표시를 증명하는 서면도 제출하도록 한다(규칙 121②).

(4) 토지소유권보존과 건물소유권보존의 차이점

① 대장상 소유권이전등록을 받은 경우 예외적으로 소유권보존등기를 할 수 있는 바, 토지에 대하여 '국'으로부터 소유권이전등록을 받은 경우에는 직접 보존등기를 할 수 있으나 건물의 경우에는 할 수 없다. 다만, 개방형 축사에 대하여 대장상 이전등록을 받은 자가 증축하여 면적요건을 충족하였다면 그 자가 보존등기를 신청할 수 있다.

② 소유자를 특정할 수 없어 판결을 받아야 하는 경우에 토지는 국가를 상대로 판결을 받는 반면에, 건물은 시장·군수·구청장을 상대로 판결을 받아야 한다.

③ 국민주택채권의 매입과 관련하여, 토지는 매입하여야 하지만 건물의 경우에는 건축허가를 받을 때에 매입하므로 보존등기 시에 별도로 매입하지 않는다.

2. 요건

(법 29.2)
(규칙 52.1)

(1) 토지 – 우리나라 영토 내의 육지부분

(2) 건물

1) 정착성

① 등기능력 있는 건물이 되기 위해서는 그 건축물이 토지에 견고하게 정착되어 어느 정도 계속하여 이용되어야 한다.

② 따라서 비닐하우스, 전시용 모델하우스, 승차권판매소 등은 등기능력이 없다.

③ 다만, 농업용 고정식 온실, 농업용 고정식 유리온실, 농업용 고정식 비닐온실은 등기능력이 인정된다.

2) 외기분단성

① 등기능력 있는 건물이 되기 위해서는 그 건축물이 지붕 및 주벽 또는 그에 유사한 설비를 갖추고 있어야 한다.

② 지붕과 기둥만으로 된 건축물은 원칙적으로 등기능력이 없다.

③ 따라서 주유소 캐노피, 옥외 풀장, 양어장 등은 등기능력이 없다.

④ 다만, 개방형 축사의 경우에는 외기분단성을 갖추지 않더라도 예외적으로 등기능력이 인정된다.

3) 용도성

등기능력 있는 건물이 되기 위해서는 그 건축물이 일정한 용도로 계속 사용할 수 있어야 한다.

4) 판단방법

등기관은 건축물대장등본 등에 의하여 건물로서의 요건을 갖추었는지 여부를 알 수 없는 경우, 소명자료로 건축물에 대한 사진이나 도면을 제출하게 하여 판단할 수 있다.

	5) 등기능력이 인정되는 경우 **농**업용 고정식 온실, 개방형 **축**사, 지붕이 있는 **사**일로, [**방**조제-토지], **규**약상 공용부분, **비**각, **유**류저장탱크, **캐**빈하우스 가설건축물대장에 등록된 "농업용 고정식 비닐온실"이 철근콘크리트 기초 위에 설치됨으로써 토지에 견고하게 정착되어 있고, 경량철골구조 및 **내구성 10년 이상의 내재해형 장기성 필름(비닐)**에 의하여 벽면과 지붕을 구성하고 있다면 독립된 건물로 볼 수 있으므로 이 건축물에 대하여 소유권보존등기를 신청할 수 있을 것이나(선례 9-6), "내구성 10년 이상"의 기준은 예시적인 것이므로, 비록 "내구성 10년 이상"의 기준을 충족하지 않더라도 담당 등기관은 가설건축물축조신고필증에 기재된 존치기간, 구조, 용도 및 존치기간의 연장에 관한 법령 등을 종합적으로 심사하여 당해 건축물이 등기능력 있는 물건에 해당하는지 여부를 판단할 수 있을 것이다(선례 202111-1). **6) 등기능력이 인정되지 않는 경우** 비닐하우스, 버섯재배사(△), 지붕이 없는 사일로, 방조제 부대시설물, 구조상 공용부분, 지붕과 기둥만 있는 유희시설, 급수탱크, 주유소캐노피 해저지면에 고정한 선박(다수의 H빔 형식의 기둥에 고정시켰다 하더라도) 폐유조선 및 플로팅 도크(해저지면에 있는 암반에 앵커로 고정하였다 하더라도)
3. 범위	**(1) 물리적 일부만에 대한 보존등기**(법 29.2, 규칙 52.10) **- ×** ① 물리적 일부만에 대한 보존등기는 허용되지 아니한다. ② 따라서 먼저 대장상 분할등록을 한 다음 각 소유권보존등기를 하여야 한다. **(2) 공유지분만에 대한 보존등기**(법 29.2, 규칙 52.6) **- ×** **1) 대장상 단독소유로 등록되어 있는 경우** ① 자기지분 전부 - ○ (2/2) ② 자기지분 일부 - × (1/2) **2) 대장상 공동소유로 등록되어 있는 경우(공유물에 대한 소유권보존등기 신청방법)** ① 공유자 중 1인이 자기의 지분만에 대하여 보존등기를 신청하는 것은 1부동산 1등기기록주의에 위반하게 되는 결과가 되므로 허용되지 아니한다(법 15, 29.2, 규칙 52.6). ② 따라서 대장상 공유자로 등록되어 있는 경우 ⓐ **공유자가** 모두 함께 신청하거나 ⓑ **그중 1인이** 공유자 전원을 위하여 소유권보존등기를 신청할 수는 있으나(민법 265但) ⓒ **그중 1인이** 자신의 지분만에 관한 소유권보존등기는 신청할 수 없다(선례 4-288). ③ 1인이 공유자 전원을 위하여 소유권보존등기를 신청할 때에는 신청서에 공유자 전원을 표시하고 나머지 공유자의 주소 및 주민등록번호 등을 증명하는 정보를 제공하여야 한다. ④ 공유물의 보존행위는 각자가 할 수 있는바(민법 265但), 소유권보존등기는 공유물의 보존행위에 해당하기 때문에 공유자 중 1인이 신청할 수 있는 것이다.

<table>
<tr><td></td><td></td><td colspan="2">3) 관련 선례
토지의 2분의 1 지분에 대하여 공유지분권확인의 판결을 받았다 하더라도 그 지분권만에 대한 소유권보존등기신청은 이를 할 수 없고, 공유자 전원의 지분권을 증명하는 서면을 첨부하여 1필의 토지 전부에 대한 소유권보존등기신청을 할 수 있을 뿐이다(선례 2-178).
(3) 중복 보존등기(법 29.2, 규칙 52.9) – ×
(4) 농지 – O</td></tr>
<tr><td></td><td>4. 효과</td><td colspan="2">① 건물의 소유권보존등기를 신청할 때에 제공하는 건축물대장은 1동의 건물을 단위로 하여 각 건축물마다 작성된 것이어야 한다. 따라서 하나의 대지에 두 동의 건축물이 있고, 이 건축물에 대하여 건축물대장이 각각 별도로 작성되었다면 이 건물에 대한 소유권보존등기 또한 건물마다 각각 별개로 하여야 한다.
② 주된 건물의 사용에 제공되는 부속건물은 원칙적으로 주된 건물의 건축물대장에 부속건물로 등재하여 1개의 건물로 소유권보존등기를 하나, 예외적으로 건축물대장을 각각 별도로 작성하여 주된 건물과 분리하여 별도의 독립건물로 소유권보존등기를 신청할 수도 있다.
③ 즉 부속건물을 독립건물로 소유권보존등기를 신청하기 위해서는 주된 건물과 부속건물의 건축물대장이 별도로 작성되어 있어야 한다.</td></tr>
<tr><td rowspan="4">II. 개시
(법 22)</td><td rowspan="3">1. 모습</td><td>(1) 신청</td><td>소유권보존등기는 등기명의인으로 될 자가 단독으로 신청한다(법 23②).</td></tr>
<tr><td>(2) 촉탁</td><td></td></tr>
<tr><td>(3) 직권</td><td>→ (법 66)</td></tr>
<tr><td>2. 전자
(법 24①2)
(규칙 67)</td><td colspan="2">O</td></tr>
<tr><td>III. 신청 절차</td><td>1. 신청인
(법 23, 법 65)
(예규 1483)</td><td colspan="2">[소유권보존등기를 신청할 수 있는 자](법 65)
(1) 토지대장, 임야대장 또는 건축물대장에 최초의 소유자로 등록되어 있는 자 또는 그 상속인, 그 밖의 포괄승계인
1) 대장상 최초일 것
① 대장상 최초의 소유자로 등록된 자는 직접 소유권보존등기를 신청할 수 있다.
② 미등기 부동산을 매수하여 대장상 이전등록받은 자는 원칙적으로 직접 소유권보존등기를 신청할 수 없고, 대장상 최초의 소유자로 등록된 자의 명의로 소유권보존등기 후 자신의 명의로 이전등기를 신청하여야 한다.
③ 다만, 미등기 토지를 국가로부터 이전등록을 받은 경우에는 직접 소유권보존등기를 할 수 있다.
④ 또한, 개방형 축사가 건축물대장 생성 당시에는 연면적이 100제곱미터를 초과하지 않아 등기능력이 인정되지 아니하였으나, 이후 대장상 소유권이전등록을 받은 자가 이를 증축하여 연면적이 100제곱미터를 초과하게 되었다면 등기능력이 인정되는바, 이 경우에는 그 개방형 축사를 증축하여 등기능력을 갖춘 자를 건물로서의 개방형 축사에 대한 최초의 소유자로 볼 수 있으므</td></tr>
</table>

로, 그는 건축물대장정보를 소유자임을 증명하는 정보로서 제공하여 그 개방형 축사에 대하여 직접 자신의 명의로 소유권보존등기를 신청할 수 있다(선례 제201906-2호).

2) 소유자로 등록되어 특정될 것

가. 소유자로 등록될 것

① 법 제65조 제1호에 따라 등기를 신청할 수 있는 자는 대장상 소유자로 등록이 되어 있어야 한다.

② 무주부동산을 국가가 취득하는 경우에도 그 소유권보존등기를 하기 위해서는 토지대장에 국가명의로 소유자등록을 한 후 그 대장등본을 첨부하여 보존등기신청을 하여야 한다.

③ 지역주택조합의 조합원으로서 아파트를 분양받은 자는 건축물대장에 최초의 소유자로 등록된 자만이 소유권보존등기를 신청할 수 있으므로, 그 건축물대장에 최초의 소유자로 등록되지 않은 자는 최초의 소유자로 등록된 그 조합원의 배우자라고 하더라도 그 조합원과 함께 공유 또는 합유로 하는 소유권보존등기를 신청할 수 없다(선례 제9-194호).

나. 소유자로 특정될 것

① 대장상 소유자로 등록이 되었다는 것은 소유자가 특정이 될 수 있을 것을 전제로 한다.

② 대장의 소유자의 **주소 등이 누락되어 소유자를 특정할 수 없는 경우**에는 대장상 소유자의 표시를 정정등록한 후 그 대장을 첨부하여 소유권보존등기신청을 할 수 있다.

③ 대장의 **소유자가 특정이 된 후 주소변경 등으로 등록사항에 변경**이 생긴 경우에는 (대장을 정정등록할 필요 없이) 대장등본 외에 변경사실을 증명하는 서면을 첨부하여 소유권보존등기를 신청할 수 있다.

다. 대장이 멸실되어 복구된 경우에 하는 소유권보존등기[토지 限]

① 대장이 멸실된 경우 토지의 표시에 관한 사항과 소유자에 관한 사항을 복구하여야 하는데, 전자를 대장복구라고 하며 후자를 소유자복구라고 한다.

② 대장복구는 지적공부와 가장 부합된다고 인정되는 관계에 의하여 복구하게 되며, 소유자복구는 부동산등기기록이나 법원의 확정판결로 복구하게 된다. 따라서 대장 멸실 후 복구된 대장에 최초의 소유자로 기재(복구)된 자는 그 대장등본에 의하여 소유권보존 등기를 신청할 수 있다.

③ 판례는 6.25 사변 후에 복구된 토지대장에 관해 토지의 표시는 멸실 전의 공부와 동일하게 추정하는 반면, 소유자란의 기재에 관해서는 권리추정력을 인정하지 않는다고 한다. 따라서 소유자가 복구된 시기에 따라 소유권보존등기의 신청가부가 나누어진다.

가) 구 「지적법」 시행 전에 대장이 복구된 경우

① 구 지적법에서는 대장 복구에 관한 규정은 없었으나 관련 법규에 의하면 원칙적으로 등기관의 통지가 있기 전에는 토지대장에 소유권의 이전을 등록하지 못하게 되어 있었기 때문에 일제 강점기 당시에 작성된 토지대장에 소유권이 이전된 것으로 등재되어 있었다면 특별한 사정이 없는 한 그 기재의 진실성을 담보할 수 있다.

② 따라서 구 「지적법」 시행 전에 복구된 토지대장은 강한 증명력을 가지므로 그 대장에 기하여 소유권보존등기를 신청할 수 있을 것이다.

나) 구 「지적법」 시행 당시에 대장이 복구된 경우

① 구 지적법에는 복구에 관한 규정이 전혀 없었고 복구의 과정도 과세의 편의를 위하여 토지조사부, 임야조사서 등을 증거로 하여 직권으로 복구하는 등 복구절차가 간이하였다.

② 따라서 구 지적법(1950.12.01. ~ 1975.12.31.)이 시행된 시기에 복구된 경우에는 대장 멸실 전의 소유자와 동일하다고 추정할 수는 없다.

③ 따라서 이 시기에 소유자가 복구된 경우에는 그 복구된 대장의 등본을 첨부해서 보존등기를 할 수 없다.

④ 이러한 경우에는 등기권리자가 국가를 상대로 소유권확인소송을 제기하여 그 토지가 등기권리자의 소유임을 확정하는 판결을 받아 그 판결에 의하여 등기권리자 앞으로 소유권보존등기를 신청할 수 있다.

다) 개정 「지적법」 시행 후에 대장이 복구된 경우

① 개정 「지적법」에서는 소유자에 관한 사항을 부동산등기부나 법원의 확정판결에 의하지 아니하고서는 복구등록을 할 수 없도록 규정하고 있다.

② 따라서 개정 「지적법」이 시행된 시기에 소유자 복구가 이루어진 경우에는 멸실 전의 소유권자와 동일하게 복구된 것으로 추정할 수 있으므로 그 복구된 대장의 등본에 의하여 보존등기를 신청할 수 있다.

라. 등기부가 멸실된 후 멸실회복기간 내 멸실등기를 못하여 하는 소유권보존등기

종이형태로 작성된 등기부의 전부 또는 일부가 폐쇄되지 아니한 상태에서 멸실되었으나 멸실회복 고시에 따른 신청기간 내에 회복등기를 신청하지 못한 경우에는 「멸실회복등기의 사무처리지침」(등기예규 제1223호) 및 「미등기부동산의 소유권보존등기 신청인에 관한 업무처리지침」(등기예규 제1253호)에 따라 회복등기를 갈음하여 소유권보존등기를 신청할 수 있다(선례 201408-1).

3) 최초의 소유자로 등록된 자의 포괄승계인일 것

가. 자연인

① 상속인은 상속개시된 때로부터 피상속인의 재산에 관한 포괄적 권리의무를 승계한다(민법 1005).

② 상속 등의 포괄승계가 있는 경우에는 최초의 소유자로 등록된 자와 동일한 자로 볼 수 있으므로 자기 명의로 직접 소유권보존등기를 신청할 수 있다.

③ 주의할 점은, 피상속인 명의로 보존등기를 하고 상속인 명의로 이전등기를 하는 것이 아니라 상속인이 직접 보존등기를 하는 것이다. 이를 상속보존등기라고도 한다. **상속이 수차례** 발생한 경우에는 최후의 상속인 명의로 바로 보존등기를 할 수 있다.

④ 건축주가 이미 사망하였음에도 그의 명의로 건물의 사용승인을 받아 건축물대장에 사망한 자가 최초의 소유명의인으로 등록이 되었다 하더라도 그의 상속인은 위 대장등본과 상속을 증명하는 서면을 첨부하여 상속인 명의로 소유권보존등기신청을 할 수 있다(선례 200702-5).

⑤ **포괄유증**을 받은 포괄수증자는 자기 명의로 직접 소유권보존등기를 할 수 있다(민법 1078).

⑥ **특정유증**을 받은 특정수증자는 유언집행자가 상속인 명의로 소유권보존등기를 마친 후에 유증을 원인으로 한 소유권이전등기를 신청하여야 한다.

나. 법인

① **합병**의 경우 합병으로 신설 또는 존속하는 회사 명의로 직접 소유권보존등기를 할 수 있다.

② **소멸분할**의 경우 존속하는 회사 명의로 직접 소유권보존등기를 할 수 있다.

③ **존속분할**의 경우 분할 전 회사 명의로 소유권보존등기를 마친 후 존속하는 회사 명의로 소유권이전등기를 신청하여야 한다.

(2) 확정판결에 의하여 자기의 소유권을 증명하는 자

1) 의의

소유자가 아닌 자가 대장에 등록되거나 등기기록에 등기되어 있는 경우 또는 대장에 소유자의 표시가 특정되지 않는 경우 **진정한 소유자**는 소유권자로 인정되는 자 또는 소유권보존등기를 신청할 수 있는 자를 상대방으로 해당 부동산의 소유권이 자신에게 있음을 증명하는 판결에 의하여 소유권보존등기를 신청할 수 있다.

2) 판결의 종류

① 법 제65조 제2호의 판결이란 소유권을 증명하는 내용의 판결을 의미하는 것으로서 보존등기신청인에게 소유권이 있음을 확정하는 내용의 판결이다.

② 통상적으로 소유권을 확인하는 확인판결이나, 이행판결이나 형성판결이라 하더라도 판결의 이유 중에서 보존등기신청인의 소유임을 확정하는 내용이 있으면 충분하다. 또한 판결에 준하는 집행권원인 화해조서, 조정조서, 화해권고결정, 조정에 갈음하는 결정 등도 포함된다.

관련 선례

1. **확인의 소**는 다툼이 있는 권리 또는 법률관계에 관하여 '법원에 대하여' 그 존부의 확정 선언을 구하는 소이지 피고에 대하여 그 확인 내지 승인을 명할 것을 구하는 소가 아니므로, 확인판결도 권리 또는 법률관계의 존부에 관한 법원의 판단을 선언하는 형태를 취하여야 하고, 피고에 대하여 그 확인 내지 승인을 명하는 형태를 취하여서는 아니 되며, 따라서 **주문의 기본형**은 원고의 청구취지 여하를 불문하고 **'별지 목록 기재 부동산이 원고의 소유임을 확인한다.'**와 같이 된다.
2. 원고가 미등기 토지에 대하여 **주문**에 '원고에게 피고 대한민국은 이 사건 토지가 피고 ○○○의 소유임을 확인하고'라고 기재되어 있고 **이유**에 피고 대한민국은 '이 사건 토지가 **피고 ○○○의 소유임을 확인할 의무가 있다.**'라고 기재된 판결서를 첨부하여 ○○○을 대위하여 소유권보존등기를 신청한 경우, 형식적 심사권만 가지는 등기관이 위 판결을 「부동산등기법」 제65조 제2호의 판결(○○○에게 소유권이 있음을 증명하는 판결)로 인정할 수는 없으며, 등기관은 이를 각하(「부동산등기법」 제29조 제9호)하여야 한다(선례 202405-1).

③ 이행판결의 예로서 등기된 부동산에 대하여 **등기부상 소유자를 상대로** 해당 부동산이 **보존등기 신청인의 소유임을 이유로 소유권보존등기의 말소를 명한 판결**을 얻은 경우 그 판결이유에 신청인의 소유임을 확인하는 내용이 들어 있다면 그 판결의 **주문**에 따라 대위로 보존등기를 말소한 후 판결의 **이유**를 근거로 자기 명의로 새로이 보존등기를 신청할 수 있다. 다만, 소유권의 등기 명의인을 상대로 소유권이전등기소송에서 신청인이 명의인으로부터 매수한 것이 증명되는 판결은 여기의 판결에 해당되지 아니한다.

④ 형성판결의 예로서 토지대장상 공유인 미등기 토지에 대한 **공유물분할 판결**을 받은 경우 먼저 대장상 분할절차를 거친 후 각 토지에 대하여 소유권보존등기를 신청할 수 있다.

3) 판결의 상대방

가. 의의

소유권을 증명하는 판결은 소유권자로 인정되는 자 또는 소유권보존등기를 신청할 수 있는 자를 상대방으로 하여 승소판결을 받아야 한다.

판결에는 화해조서나 제소전화해조서도 포함되나 상대방은 확인의 지위에 있는 자이어야 한다.

예컨대, 신청인의 소유를 증명하는 판결이 아닌 **매수인이 매도인을 상대로 하여 토지소유권의 이전등기를 구하는 경우**에 있어서 매도인이 매수인에게 매매를 원인으로 한 소유권이전등기절차를 이행하고 **당해 토지가 매도인의 소유임을 확인한다는 내용**의 **제소전화해조서**는 매도인 명의 보존등기를 신청하는 경우 매도인 스스로가 자기의 소유임을 확인한 것에 지나지 아니하여 위 화해조서를 제출하는 등기신청인(매도인)이 "판결에 의하여 자기의 소유권을 증명한 자"에 해당한다고 할 수 없다(대결 1990.3.20, 89마389). 따라서 위 화해조서를 제공하여 보존등기를 신청할 수는 없다.

나. 등기된 부동산

등기된 부동산의 경우 그 등기명의인을 상대로 판결을 받아야 한다. 이러한 경우 그 판결에 신청인의 소유임을 확인하는 내용이 들어 있다면 그 판결에 의해 대위로 보존등기를 말소한 후 자기 명의로 새로이 보존등기를 신청할 수 있다.

다. 미등기 부동산

① **미등기 부동산**의 경우 대장상 소유자를 상대로 판결을 받아야 한다.

② 미등기 부동산의 경우 대장상 소유권이전등록을 받은 자를 상대로 판결을 받은 경우는 포함되지 않는다.

③ 다만, **미등기 토지를 국가로부터 이전등록**을 받은 경우에는 그 자를 상대로 판결을 받아야 한다.

④ **토지 대장상 소유자를 특정할 수 없는 경우**에는 국가를 상대로 소유권확인판결을 받아야 한다.

⑤ **건축물 대장상 소유자를 특정할 수 없는 경우**에는 시장 · 군수 · 구청장을 상대로 판결을 받아야 하며, 국가나 건축허가명의인 및 건축주를 상대로 판결을 받은 경우에는 보존등기를 할 수 없다.

⑥ 판례에 따르면, **법 제65조 제2호 및 법 제65조 제4호**의 규정은 건축물대장이 생성되어 있으나 다른 사람이 소유자로 등록되어 있는 경우 또는 소유자를 확정할 수 없는 등의 경우(건축물대장의 소유자 표시란이 공란으로 되어 있거나 소유자 표시에 일부 누락)에 건물 소유자임을 주장하는 자가 판결이나 위 서면에 의하여 소유권을 증명하여 소유권보존등기를 신청할 수 있다는 취지이지, 아예 건축물대장이 생성되어 있지 않은 건물에 대하여 처음부터 판결 내지 위 서면에 의하여 소유권을 증명하여 소유권보존등기를 신청할 수 있다는 의미는 아니라고 해석하는 것이 타당하다(대판 2011.11.10, 2009다93428).

⑦ 선례도 마찬가지로, 법 제65조 제1호, 제2호, 제4호의 규정에 의한 보존등기를 신청하기 위해서는 해당 건물에 대한 건축물대장은 생성되어 있어야 한다(선례 제201904-2호).

(3) 수용으로 인하여 소유권을 취득하였음을 증명하는 자

미등기토지에 관한 소유권보존등기는 수용으로 인하여 소유권을 취득하였음을 증명하는 자도 신청할 수 있다. 토지보상법과 그 밖의 법률에 따른 수용으로 미등기토지의 소유권을 원시취득한 자는 그의 소유권을 객관적으로 증명할 수 있기 때문에 스스로 소유권보존등기의 신청을 할 수 있도록 한 것이다.

(4) 특별자치도지사, 시장, 군수 또는 구청장(자치구의 구청장을 말한다)의 확인에 의하여 자기의 소유권을 증명하는 자(건물의 경우로 한정한다)

① 토지의 경우와는 달리 건물의 경우에는 특별자치도지사, 시장, 군수 또는 구청장의 확인에 의하여 자신의 소유권을 증명하는 경우에는 소유권보존등기를 신청할 수 있다.

② 이러한 서면에 해당하기 위해서는 건물의 소재와 지번, 건물의 종류, 구조 및 면적 등 건물의 표시와 건물의 소유자의 성명이나 명칭과 주소나 사무소의 소재지 표시가 있어야 하는 등의 요건을 갖추어야 한다.

③ 시장 등이 발급한 **사실확인서**는 이에 해당하나, 건축허가서 · 사용승인서 · 납세증명서 · 재산증명서 · 취득세신고서류 등은 해당되지 않는다.

구분		항목	내용
2. 신청정보 (규칙 43)	**일반적** (규칙 43)	신청서 표제	
		부동산 표시	
		등기원인 (연월일) (규칙 121)	법 제65조에 따라 소유권보존등기를 신청하는 경우에는 등기원인과 그 연월일은 신청정보의 내용으로 등기소에 제공할 필요가 없다(법 64, 규칙 121).
		등기목적	**"소유권보존"**
	개별적	신청근거규정○ (규칙 121)	**"부동산등기법 제65조 제○호"** ↳ 법 제65조에 따라 소유권보존등기를 신청하는 경우에는 법 제65조 각 호의 어느 하나에 따라 등기를 신청한다는 뜻을 신청정보의 내용으로 등기소에 제공하여야 한다.
		신청인	권리자(신청인)가 2인 이상인 경우에는 권리자별 지분을 제공하여야 한다.

3. 첨부정보 (규칙 46)

일반적 (규칙 46)

- **등기원인 관련**
  - (1) **등기원인증명**(규칙 46①1)
    - 1) **부동산표시 증명정보** – 대장 또는 그 밖의 정보 (건물 限)
    - 2) **소유자 증명정보** – 대장등본(상속이 있는 경우 상속증명서면 포함), 판결정본 및 확정증명서, 재결서등본 및 보상금수령증원본, 사실확인서 등

관련 선례

1. 미등기**토지의 대장**에 최초의 소유자로 등록되거나 "국"으로부터 이전등록된 **소유자의 주소에 관한 기재가 (일부)누락**되어 그 **명의인을 특정할 수 없는 경우** 토지소유자의 채권자는 소유권보존등기의 신청을 위하여 토지소유자를 대위하여 국가를 상대로 소유권확인소송을 제기할 수 있다.
2. 위 소송에서 승소한 채권자가 토지소유자를 대위하여 소유권보존등기의 신청 시 '**소유권을 증명하는 서면**'으로 제공하여야 하는 것은 토지의 대장이 아니라 판결정본 및 확정증명서이므로, **대장상 소유자에 관한 등록사항이 정정되지 아니한 상태**에서도 그 등기를 **신청할 수 있을 것**이다.
3. 한편, 위 판결의 주문에 해당 토지가 판결의 효력을 받는 특정인의 소유임을 확인하는 기재가 있다면 이유 중에 그 자가 대장상 소유자와 동일인이라거나 그 상속인이라는 사실에 관한 설시가 없더라도 **판결문에 기재된 소유자의 상세주소와 등기신청 시 제공된 등기명의인의 주소를 증명**하는 정보에 기재된 상세주소가 **일치**한다면 그 등기신청을 수리할 수 있을 것이다(선례 제202411-1호).

  - (2) **등기원인** – ㉦㉣㉢ 등(규칙 46①2, 규칙 46③)

- **의무자 관련**
  - (1) **등기필정보**(법 50②, 규칙 43①7) – ×
  - (2) **인감증명**(규칙 60, 규칙 61②) – ×

- **권리자 관련 (신청인)**
  - (1) **세금영수증**(법 29.10) – O
  - (2) **주소증명**(규칙 46①6) – O
    - ① **대장상 공동소유로 등록**되어 있는 경우 그중 1인이 공유자 전원을 위하여 소유권보존등기를 신청할 수는 있으나(이 경우 그 신청서에는 각 공유자의 주소를 증명하는 서면을 첨부하여야 함), 그중 1인의 지분만에 관한 소유권보존등기는 신청할 수 없다.

② 원고가 피고를 대위하여 소유권보존등기를 신청하는 경우에는 그 보존등기명의인인 피고의 주소를 증명하는 서면을 제출하여야 한다.

(3) **번호증명**(규칙 46①6, 법 49) – O

부동산 관련

(1) **대장, 그 밖의 정보**(규칙 46①7)

(2) **지적도 · 도면**

(3) **소재도 등**(규칙 121③④) – △

건물의 소유권보존등기를 신청하는 경우에 그 **대지 위에 여러 개의 건물**이 있을 때에는 그 대지 위에 있는 건물의 소재도를 첨부정보로서 등기소에 제공하여야 한다. 다만, 건물의 표시를 증명하는 정보로서 건축물대장 정보를 등기소에 제공한 경우에는 그러하지 아니하다.

신청인자격 관련

개별적

(1) **인감증명**(규칙 60, 61②)

1) **대장상 지분이 기재되지 않은 경우**

① 소유권보존등기는 원칙적으로 인감증명을 제공할 필요는 없다.

② 등기권리자가 2인 이상인 때에는 그 지분을 신청정보의 내용으로 제공하여야 하며(규칙 105①), 등기기록에도 기록하여야 한다(법 48④).

③ 건축물대장상 소유명의인이 공유로 등재되어 있으나 그 공유지분의 표시가 없는 경우에는 균등한 지분으로 추정되므로(민법 262②), 등기신청서에 균등한 지분을 기재하여 등기신청할 수 있으며, 이 경우 별도의 지분을 증명하는 정보를 제공할 필요가 없다.

④ 다만, **실제 공유지분이 균등하지 않다면** ⓐ 공유자 전원이 작성한 실제공유지분을 증명하는 서면과 ⓑ 실제의 지분이 균등하게 산정한 지분보다 적은 자의 인감증명을 첨부하여 실제의 지분에 따른 소유권보존등기를 신청할 수 있다(선례 제5-260호).

2) **대장상 지분이 기재된 경우**

① 대장에 지분이 기재되어 있는 경우에는 위와 같은 방식으로 보존등기를 할 수 없고, 대장에 등록된 지분을 신청정보의 내용으로 제공하여야 한다.

② 따라서 신청정보의 내용 중 각 공유자의 지분을 건축물대장의 기재내용과 다르게 제공하면 같은 법 제29조 제8호에 따라 각하된다(선례 제201907-9호).

(2) **지상권자의 승낙서** – ×

지상권이 설정되어 있는 토지 위에 지상권자 아닌 제3자가 건물을 신축한 후 동건물에 대한 소유권보존등기를 신청함에 있어서, 사전에 그 지상권을 말소하여야 하거나 소유권보존등기신청서에 지상권자의 승낙서를 첨부할 필요는 없다(선례 2-238).

<table>
<tr><td rowspan="5">Ⅳ.
실행
절차</td><td>1. 접수·
배당</td><td colspan="3"></td></tr>
<tr><td>2. 조사</td><td colspan="3"></td></tr>
<tr><td>3. 문제○
(법 29)</td><td colspan="3">(1) 물리적 일부만에 대한 보존등기(법 29.2, 규칙 52.10) – ×
(2) 공유지분만에 대한 보존등기(법 29.2, 규칙 52.6) – ×
(3) 중복 보존등기(법 29.2, 규칙 52.9) – ×
(4) 농지 – ○</td></tr>
<tr><td>4. 문제×
(법 48)</td><td>일반적
(법 48)</td><td>┌ 표제부
├ 갑구
├ 을구
└ 등기형식</td><td>① 소유권보존등기를 하는 경우에는 등기기록을 개설하여 표제부(법 34, 40)와 갑구(법 48)에 관한 사항을 기록한다.
② 등기관이 소유권보존등기를 할 때에는 제48조 제1항 제4호에도 불구하고 등기원인과 그 연월일을 기록하지 아니한다(법 64, 규칙 121).
③ 권리자가 2인 이상인 경우 공유라면 권리자별 지분을 기록하여야 하고, 합유라면 합유인 뜻을 기록하여야 한다(법 48④).</td></tr>
<tr><td>5. 완료
후</td><td colspan="3">┌ 등기완료 통지 법 30 (규칙 53) ○
├ 등기필정보 통지 법 50 (규칙 106~110) ○
├ 소유변경 통지 법 62 (규칙 120) ○
└ 과세자료 제공 법 63 (규칙 120) ○</td></tr>
<tr><td>Ⅴ.
처분
이의</td><td colspan="4">법 100 등</td></tr>
</table>

02 절 소유권보존 - 직권

	법	규칙
조문	민사집행법 81 (첨부서류) 법 66 (미등기부동산의 처분제한의 등기와 직권보존)	
기출	1. [04 법무] 미등기건물의 처분제한등기에 대하여 약술하시오. 20점 2. [10 행시] 미등기건물의 처분제한등기에 관하여 설명하시오. 50점 3. [19 행시] 미등기부동산에 가압류등기가 촉탁 접수되었고, 첨부서면인 건축물대장에는 최초의 소유자 甲에서 乙로 이전된 내역이 있었다. ① 가압류등기를 실행하기 위한 미등기건물의 소유권보존등기에 대하여 설명하시오. 35점 ② 등기관이 각하결정을 할 수 있는지 여부와 그 근거를 설명하시오. 15점	

Ⅰ. 서설

「민사집행법」 제81조(첨부서류)

① 강제경매신청서에는 집행력 있는 정본 외에 다음 각호 가운데 어느 하나에 해당하는 서류를 붙여야 한다.
1. 채무자의 소유로 등기된 부동산에 대하여는 등기사항증명서
2. 채무자의 소유로 등기되지 아니한 부동산에 대하여는 즉시 채무자명의로 등기할 수 있다는 것을 증명할 서류. 다만, 그 부동산이 등기되지 아니한 건물인 경우에는 그 건물이 채무자의 소유임을 증명할 서류, 그 건물의 지번·구조·면적을 증명할 서류 및 그 건물에 관한 건축허가 또는 건축신고를 증명할 서류

③ 제1항 제2호 단서의 경우에 건물의 지번·구조·면적을 증명하지 못한 때에는, 채권자는 경매신청과 동시에 그 조사를 집행법원에 신청할 수 있다.

④ 제3항의 경우에 법원은 집행관에게 그 조사를 하게 하여야 한다.

「부동산등기법」 제66조(미등기부동산의 처분제한의 등기와 직권보존)

① 등기관이 미등기부동산에 대하여 법원의 촉탁에 따라 소유권의 처분제한의 등기를 할 때에는 직권으로 소유권보존등기를 하고, 처분제한의 등기를 명하는 법원의 재판에 따라 소유권의 등기를 한다는 뜻을 기록하여야 한다.

1. 의의

(1) 의의(민법 187, 법 66, 민사집행법 81①2)

① **소유권보존등기는** 미등기 부동산에 대하여 최초로 하는 등기로서, 새로이 등기용지를 개설하는 것을 말한다.

② 부동산은 등기여부를 떠나서 강제경매의 대상이 될 수 있으며 보전처분인 가압류등도 할 수 있다.

③ 다만, 모든 등기는 소유권을 기초로 하여 이루어지므로 처분제한의 등기도 소유권에 관한 등기가 있어야지 이루어질 수 있다. 따라서 **등기능력**이 있는 미등기부동산에 대하여 **법원**의 **소유권**에 대한 **처분제한**의 등기촉탁이 있는 경우 등기관은 **전제되는 소유권보존등기를 직권으로 실행**하여야 한다.

(2) 취지

	2. 요건	**(1) "등기능력이 있는 부동산"일 것** ① 등기능력이 없는 부동산은 소유권보존등기 자체를 할 수 없기 때문에 신청은 물론 직권으로도 보존등기를 할 수 없다. ② 적용대상 건물은 건축물대장이 생성되어 있지 아니한 건물도 허용되지만 모든 미등기 건물이 허용되는 것은 아니며, 적법하게 건축허가나 건축신고를 마쳤으나 사용승인이 나지 않은 건물로 한정되므로 사실상 완공된 건물의 정도에 이르러야 한다(선례 제202001-3호). **(2) "법원의 촉탁"일 것** ① 법원의 처분제한등기 촉탁이 있는 경우에만 적용이 된다. ② 세무서의 체납처분에 의한 압류등기의 촉탁이 있는 경우에는 각하하여야 한다. 따라서 세무서가 압류등기를 하기 위해서는 먼저 대위로 보존등기를 촉탁하여야 한다. **(3) "소유권"에 관한 "처분제한"일 것** ① 소유권에 관한 처분제한등기의 촉탁이 있는 경우에만 적용이 있다. ② 소유권 이외의 권리에 대한 처분제한등기의 촉탁이 있는 경우에는 각하하여야 한다. ③ 법원의 처분제한의 예로는 **가압류**등기, **가처분**등기, **경매개시결정**등기, **주택임차권**등기, **상가건물임차권**등기, 회생절차 등이 이에 해당한다. ④ 가등기가처분은 촉탁이 아니라 신청이므로 여기에 포함되지 않는다.
	3. 범위	**(1) 물리적 일부만에 대한 보존등기**(법 29.2, 규칙 52.10) – × **(2) 공유지분만에 대한 보존등기**(법 29.2, 규칙 52.6) – × **(3) 중복 보존등기**(법 29.2, 규칙 52.9) – ×
	4. 효과	
II. 개시 (법 22)	1. 모습	(1) 신청
		(2) 촉탁
		(3) 직권 (법 66) ○ – 등기는 원칙적으로 법률에 다른 규정이 없는 경우에는 당사자의 신청에 따라야 하나, 해당 사안의 경우 법 제66조에 따라 직권으로 소유권보존등기를 한다.
	2. 전자 (법 24①2) (규칙 67)	
III. 신청절차	1. 촉탁인 (법 23)	법원사무관 등 → 처분제한등기 촉탁 등기관 → 소유권보존등기 직권 실행
	2. 촉탁정보 (규칙 43)	① 등기에 필요한 사항이 모두 표시되어 있어야 하므로 ⓐ 미등기부동산인 뜻, ⓑ 부동산의 표시, ⓒ 채무자(등기명의인)의 성명·주소·번호 등 등기에 필요한 사항이 모두 표시되어 있어야 한다. ② 사용승인을 받지 않은 경우에는 그 뜻도 기재하여야 한다.

3. 첨부 정보 (규칙 46)	**(1) 등기원인과 관련된 정보** **1) 등기원인증명**(규칙 46①1) **가. 부동산의 표시를 증명하는 정보 (법원에서 인정한 건물의 소재와 지번 · 구조 · 면적을 증명하는 정보) - O** ① 표제부에 부동산의 표시를 기록하여야 하므로, 미등기건물에 대하여 집행법원이 처분제한의 등기를 촉탁할 때에는 법원에서 인정한 건물의 소재와 지번 · 구조 · 면적을 증명하는 정보를 첨부정보로서 제공하여야 한다. 1) **건축물대장정보**나 **특별자치시장, 특별자치도지사, 시장, 군수 또는 구청장(자치구의 구청장을 말한다)이 발급한 확인서**와 「민사집행법」 제81조 제4항에 따라 작성된 **집행관의 조사서면**은 이에 해당한다. 2) 건축사, 측량기술자, 감정평가사가 작성한 서면은 이에 해당되지 아니한다. ② **구분건물의 일부 건물에 대한 처분제한의 등기촉탁**의 경우에는 1동 건물의 전부에 대한 구조 · 면적을 증명하는 정보 및 1동 건물의 소재도, 각 층의 평면도와 구분한 건물의 평면도를 첨부정보로서 등기소에 제공하여야 하지만, 건축물대장 정보를 등기소에 제공한 경우에는 도면을 제공할 필요가 없다. **나. 건축허가나 건축신고를 마쳤음을 증명하는 정보 - ×** **채무자의 소유를 증명하는 정보 - ×** ① 「민사집행법」 제81조에 따르면 **강제경매신청서**에는 집행력 있는 정본 외에 채무자 소유임을 증명하는 서류와 그 건물에 관한 건축허가 또는 건축신고를 증명할 서류를 제공하여야 한다. 그러나 이러한 사항은 경매신청 시에 제공하여 집행법원에서 판단하는 것이다. 따라서 **등기촉탁서에**는 이러한 서면을 첨부할 필요가 없다. 「민사집행법」 제291조 등에 따르면 **보전처분의 재판**도 경매신청절차를 준용하므로 마찬가지로 적용된다. ② 선례도 건축물대장이 생성되어 있지 아니한 건물도 허용되지만 모든 미등기 건물이 허용되는 것은 아니며, 적법하게 건축허가나 건축신고를 마쳤으나 사용승인이 나지 않은 건물로 한정되는바, **촉탁대상 건물이 이러한 건물에 해당되는지 여부는** 그 집행법원에서 판단할 사항이다. 이에 따라 집행법원이 이러한 건물에 대한 처분제한의 등기를 촉탁할 때에 건축허가나 건축신고를 증명하는 정보를 제공할 필요가 없다. **2) 등기원인 - ㉺㉯㉰ 등**(규칙 46①2, 규칙 46③) **- ×** **~~(2) 등기의무자와 관련된 정보~~** **(3) 등기권리자(등기명의인)과 관련된 정보** **1) 세금영수증**(법 29.10, 지방세법, 주택도시기금법) **- ×** ① **대위등기신청** - 취득세(등록면허세) · 국민주택채권 · 등기신청수수료 납부○ 채권자가 채무자를 대위하여 소유권보존등기를 신청하는 경우에는 본래의 신청인인 채무자가 신청하는 경우와 다르지 않으므로 채권자가 취득세 또는 등록면허세를 납부하여야 하고, 등기하고자 하는 부동산이 토지인 경우에는 국민주택채권도 매입하여야 한다(예규 1744).

<table>
<tr><td></td><td></td><td colspan="3">② 직권등기 – 취득세(등록면허세)・국민주택채권・등기신청수수료 납부×
등기관의 직권으로 인한 소유권보존등기 시에는 취득세 또는 등록면허세를 납부하지 않으며, 국민주택채권을 매입할 필요도 없고, 등기신청수수료를 납부할 필요도 없다.
(직권으로 소유권보존등기를 완료한 때에는 납세지를 관할하는 지방자치단체 장에게 「지방세법」 제33조의 규정에 의한 취득세 또는 등록면허세 미납 통지를 하여야 한다.)
2) 주소증명 및 번호증명(규칙 46①6)
채무자의 주소 및 주민등록번호(부동산등기용등록번호)를 증명하는 정보는 제공하여야 한다.</td></tr>
<tr><td rowspan="5">Ⅳ. 실행 절차</td><td>1. 접수・배당</td><td colspan="3"></td></tr>
<tr><td>2. 조사</td><td colspan="3"></td></tr>
<tr><td>3. 문제○
(법 29)</td><td colspan="3"></td></tr>
<tr><td rowspan="2">4. 문제×
(법 48)</td><td>일반적
(법 48)</td><td>표제부
갑구
을구
등기형식</td><td>표제부:
① 건물이 사용승인을 받지 아니하였다면 사용승인을 받지 않았다는 사실을 표제부에 기록하여야 한다(법 66②).
② 이후 「건축법」상 사용승인이 이루어진 경우에는 그 건물 소유권의 등기명의인은 1개월 이내에 기록에 대한 말소등기를 신청하여야 한다(법 66③).
③ 1동 건물의 일부 구분건물에 대하여 처분제한등기 촉탁이 있는 경우 등기관은 처분제한의 목적물인 구분건물의 소유권보존등기와 나머지 구분건물의 표시에 관한 등기를 하여야 한다.
④ 처분제한의 목적물이 아닌 구분건물에 대해서는 전유부분의 표제부만을 생성하고 갑구는 생성하지 않는다.
갑구:
등기관이 소유권보존등기를 할 때에는 제48조 제1항 제4호에도 불구하고 등기원인과 그 연월일을 기록하지 아니한다(법 64).</td></tr>
<tr><td>개별적
(법 66①)</td><td colspan="2">(1) 재판에 따라 등기된다는 뜻 (법 66①)
등기관이 미등기부동산에 대하여 법원의 촉탁에 따라 소유권의 처분제한의 등기를 할 때에는 직권으로 소유권보존등기를 하고, 처분제한의 등기를 명하는 법원의 재판에 따라 소유권의 등기를 한다는 뜻을 기록하여야 한다.</td></tr>
</table>

【 갑구 】		(소유권에 관한 사항)		
순위번호	등기목적	접수	등기원인	권리자 및 기타사항
1	소유권보존	×	×	소유자 정다운 721205-1352121 서울특별시 종로구 인사동6길 8(인사동) 가처분 등기의 촉탁으로 인하여 2019년 3월 5일 등기
2	가처분	2019년 3월 5일 제3005호	2019년 3월 2일 서울중앙지방법원의 가처분결정 (2019카합100)	피보전권리 소유권이전등기청구권 채권자 김한울 650422-1045115 서울특별시 종로구 율곡로1길 16 (사간동) 금지사항 양도, 담보권설정 기타 일체의 처분행위의 금지

5. 완료 후

구분	근거	여부
┌ **등기완료 통지**	법 30 (규칙 53)	○
├ **등기필정보 통지**	법 50 (규칙 106~110)	×
├ **소유변경 통지**	법 62 (규칙 120)	○
└ **과세자료 제공**	법 63 (규칙 120)	○

① 등기관은 해당 등기를 마친 후 소유자인 등기권리자(채무자)에게 **등기완료통지**를 하지만, **등기필정보를 작성・통지하지 아니**한다.

② 등기관은 해당 등기를 마친 후 납세지를 관할하는 지방자치단체장에게 **취득세 미납 통지 또는 등록면허세 미납 통지**를 하여야 한다(지방세법 제22조, 제33조). 이후 지방자치단체의 장은 소유자인 등기권리자(채무자)로부터 세금을 징수한다.

V. 처분이의

법 100 등

VI. 기타

① 직권보존등기가 경료되면 그 등기는 통상의 보존등기와 동일하게 취급된다. 이후 처분제한등기가 말소되는 경우라 하더라도 현재의 권리상태를 공시하기 위하여 보존등기는 말소하지 않고 그대로 두어야 한다.

② **직권으로 한 소유권보존등기는** 보존등기 명의인의 자발적인 말소신청 또는 타인의 말소등기의 이행을 명하는 확정판결에 의하여서만 말소될 수 있다.

③ 따라서 가처분법원의 말소촉탁에 의하여 말소될 수는 없는 것이며, 가령 「부동산등기법」 제29조 제11호의 규정에 위반된 등기신청에 의하여 등기가 경료되었다 하더라도 그 등기는 동법 제29조 제1호 및 제2호에 해당하는 당연 무효의 등기는 아니므로 등기관이 직권으로 그 등기를 말소할 수는 없다.

④ 직권보존등기 이후 동일 지상에 다시 건물에 관한 소유권보존등기신청이 있는 경우에는 건물의 소재도 등 등기된 건물과 동일성이 인정되지 아니함을 소명하는 서면의 제출이 있는 경우에 한하여 등기된다.

03 절 소유권보존 - 축사

	법	규칙
조문	법 64 (소유권보존등기의 등기사항) 법 65 (소유권보존등기의 신청인)	규칙 121 (소유권보존등기의 신청)
기출		

Ⅰ. 서설	1. 의의	(1) 의의(민법 187, 법 65, 규칙 121, 축사의 부동산등기에 관한 특례법) ① **소유권보존등기는** 미등기 부동산에 대하여 최초로 하는 등기로서, 새로이 등기용지를 개설하는 것을 말한다. ② **개방형축사는** 소(우)의 질병을 예방하고 통기성을 확보할 수 있도록 둘레에 벽을 갖추지 아니하고 소를 사육하는 용도로 사용할 수 있는 건축물을 말한다. (2) **취지** - 농민보호, 재산권보장
	2. 요건	**(1) 토지에 견고하게 정착되어 있을 것** **(2) 지붕과 견고한 구조를 갖출 것** 지붕과 견고한 구조를 갖추어야 하지만 주벽을 갖출 필요는 없다. **(3) 연면적이 100제곱미터를 초과할 것** ① 1개의 대장에 일부용도 또는 부속건물이 퇴비사·착유사로 등록되어 있는 경우 연면적을 합하여 100㎡가 초과하는 경우에는 적용이 있다. ② 다만, 대장이 각각 작성된 경우에는 연면적판단도 각각 하여야 한다. ③ **개방형 축사**가 건축물대장 생성 당시에는 연면적이 100제곱미터를 초과하지 않아 등기능력이 인정되지 아니하였으나, 이후 대장상 **소유권이전등록을 받은 자가 이를 증축**하여 연면적이 **100제곱미터를 초과**하게 되었다면 등기능력이 인정되는바, 이 경우에는 그 개방형 축사를 **증축하여 등기능력을 갖춘 자**를 건물로서의 개방형 축사에 대한 최초의 소유자로 볼 수 있으므로, 그는 건축물대장정보를 소유자임을 증명하는 정보로서 제공하여 그 개방형 축사에 대하여 **직접** 자신의 명의로 소유권**보존**등기를 신청할 수 있다(선례 제201906-2호). **(4) 소를 사육할 용도로 계속 사용할 수 있을 것** ① 소를 사육할 용도이어야 하지 돈사는 여기에 해당되지 않는다. ② 최근 선례는 버섯재배사에 주벽에 없다고 하여 축사특례법을 적용시킬 수는 없다고 한다. **(5) 건축물대장에 축사로 등록되어 있을 것** 건축물대장은 반드시 제공되어야 함에 주의한다.
	3. 범위	**(1) 물리적 일부만에 대한 보존등기**(법 29.2, 규칙 52.10) - × **(2) 공유지분만에 대한 보존등기**(법 29.2, 규칙 52.6) - × **(3) 중복 보존등기**(법 29.2, 규칙 52.9) - ×
	4. 효과	

<table>
<tr><td rowspan="2">II.
개시
[법 22]</td><td>1. 모습</td><td colspan="3">등기는 원칙적으로 공동으로 신청하나[법 23①], 소유권보존등기는 등기명의인으로 될 자가 단독으로 신청한다[법 23②].</td></tr>
<tr><td>2. 전자
[법 24①2]
[규칙 67]</td><td colspan="3">○</td></tr>
<tr><td rowspan="4">III.
신청
절차</td><td>1. 신청인</td><td colspan="3">개방형 축사도 일반적인 소유권보존등기와 마찬가지로 법 제65조 각 호에 해당하는 자가 단독으로 신청한다[법 65, 법 23②].</td></tr>
<tr><td rowspan="2">2. 신청
정보
[규칙 43]</td><td>일반적
[규칙 43]</td><td colspan="2">┌ 신청서 표제
├ 부동산 표시
├ 등기원인 (연월일) [규칙 121] — 법 제65조에 따라 소유권보존등기를 신청하는 경우에는 등기원인과 그 연월일은 신청정보의 내용으로 등기소에 제공할 필요가 없다[법 64, 규칙 121].
└ 등기목적 — "소유권보존"</td></tr>
<tr><td>개별적</td><td colspan="2">┌ 신청근거규정 [규칙 121] — "축사의 부동산등기에 관한 특례법 제4조" "부동산등기법 제65조 제○호"
↳ ① 개방형 축사의 소유권보존등기를 신청하는 경우에는 신청서에 특례법에 따라 등기를 신청한다는 뜻을 적어야 한다.
② 따라서 신청근거규정으로 축사의 부동산등기에 관한 특례법 제4조와 부동산등기법 제65조 각 호의 어느 하나에 해당하는 규정을 같이 적어야 한다.
└ 신청인</td></tr>
<tr><td>3. 첨부
정보
[규칙 46]</td><td>일반적
[규칙 46]</td><td colspan="2">┌ 등기원인 관련 (1) 등기원인증명[규칙 46①1]
1) 부동산의 표시를 증명하는 정보
건물의 표시를 증명하는 건축물대장등본을 첨부하여야 한다.
2) 소를 사육할 용도로 계속 사용할 수 있을 것을 증명하는 정보
이 특례법에 따라 소유권보존등기를 신청할 때에 첨부정보로 제공한 건축물대장정보만으로 소를 사육할 용도로 계속 사용할 수 있을 것을 확인할 수 있다면 별도의 서면을 제공할 필요는 없지만, 건축물대장정보만으로는 소를 사육할 용도로 계속 사용할 수 있는 건축물임을 확인할 수 없다면 이를 확인할 수 있는 건축허가신청서나 건축신고서 사본 또는 건축물대장소관청이 작성한 서면을 추가로 제공하여야 한다[선례 202003-3].
3) 소유자 증명정보
대장등본, 판결정본 및 확정증명서 등
(2) 등기원인 – 허동승 등[규칙 46①2, 규칙 46③]
├ 의무자 관련 (1) 등기필정보[법 50②, 규칙 43①7] – ×</td></tr>
</table>

				(2) **인감증명**(규칙 60, 규칙 61②) – ×
			├ 권리자 관련 (신청인)	(1) **세금영수증**(법 29.10) – O (2) **주소증명**(규칙 46①6) – O (3) **번호증명**(규칙 46①6, 법 49) – O
			├ 부동산 관련	(1) **대장, 그 밖의 정보**(규칙 46①7) (2) **지적도 · 도면** (3) **소재도 등**(규칙 121③④) – △ 건물의 소유권보존등기를 신청하는 경우에 그 **대지 위에 여러 개의 건물**이 있을 때에는 그 대지 위에 있는 건물의 소재도를 첨부정보로서 등기소에 제공하여야 한다. 다만, 건물의 표시를 증명하는 정보로서 건축물대장 정보를 등기소에 제공한 경우에는 그러하지 아니하다.
			└ 신청인자격 관련	
		개별적		
	1. 접수 · 배당			
	2. 조사			
	3. 문제O (법 29)			
Ⅳ. 실행 절차	4. 문제× (법 48)	일반적 (법 48)	┌ 표제부 ├ 갑구 ├ 을구 └ 등기형식	① 소유권보존등기를 하는 경우에는 등기기록을 개설하여 표제부(법 34, 40)와 갑구에 관한 사항을 기록한다. ② 등기관이 소유권보존등기를 할 때에는 제48조 제1항 제4호에도 불구하고 등기원인과 그 연월일을 기록하지 아니한다(법 64). ③ 권리자가 2인 이상인 경우 공유라면 권리자별 지분을 기록하여야 하고, 합유라면 합유인 뜻을 기록하여야 한다(법 48④). ④ 축사의 부동산등기에 관한 특례법에 따른 등기를 할 경우 등기관은 등기기록 중 **표제부**에 **특례법에 따른 등기임을 기록**한다.
	5. 완료 후	┌ **등기완료 통지** 법 30 (규칙 53) O ├ **등기필정보 통지** 법 50 (규칙 106~110) O ├ **소유변경 통지** 법 62 (규칙 120) O └ **과세자료 제공** 법 63 (규칙 120) O		
Ⅴ. 처분 이의	법 100 등			

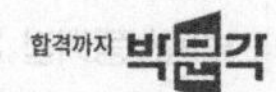

【 표 제 부 】		(건물의 표시)		
표시번호	접수	소재지번 및 건물번호	건물내역	등기원인 및 기타사항
1	2019년 4월 1일	강원도 횡성군 횡성읍 옥동리 24 [도로명주소] 강원도 횡성군 성동로 32	철골조 칼라강판지붕 단층 동물 및 식물 관련시설 201㎡	축사의 부동산등기에 관한 특례법에 따른 등기

04 절 소유권보존 - 구분건물

	법	규칙
조문	법 64 (소유권보존등기의 등기사항) 법 65 (소유권보존등기의 신청인) 법 46 (구분건물의 표시에 관한 등기) 법 40 (등기사항) 법 48 (등기사항) 법 61 (구분건물의 등기기록에 대지권등기가 되어 있는 경우)	규칙 121 (소유권보존등기의 신청) 규칙 88 (대지권의 등기) 규칙 89 (대지권이라는 뜻의 등기) 규칙 90 (별도의 등기가 있다는 뜻의 기록) 규칙 91 (대지권의 변경 등) 규칙 92 (대지권의 변경 등) 규칙 93 (대지권의 변경 등) 규칙 94 (대지권의 변경 등)
기출	1. [04 법무] 대지사용권, 대지권, 대지권등기에 관하여 설명하시오. 50점 2. [09 행시] ① 대지사용권과 대지권의 개념을 설명하시오. 15점 ② 대지권인 취지가 등기된 토지에 관하여 가압류등기촉탁이 접수되었다. 등기관은 이에 관하여 어떠한 조치를 하여야 하는지를 이유와 함께 설명하시오. 15점 ③ 토지등기부에 별도의 등기가 있다는 취지의 기재에 관하여 설명하시오. 20점 3. [13 행시] ① 구분건물의 개념과 요건을 약술하시오. 10점 ② 대지사용권, 대지권 및 대지권등기(요건과 효과)에 관하여 설명하시오. 30점 ③ 갑과 을은 각 2/3, 1/3씩 공유하는 토지 위에 면적이 같은 2개의 전유부분을 가진 집합건물을 신축하고 갑과 을이 각 전유부분을 1/2씩 공유하기로 하였다. 이러한 경우 대지권등기가 가능한지에 대하여 답하고 그 이유를 약술하시오. 10점 4. [18 법무] ① 건물의 소유권보존등기를 A와 B가 동시에 신청하는 경우와 A 또는 B가 자기 소유의 구분건물만에 대하여 보존등기를 신청하는 경우를 구별하여 각 그 등기신청 방법과 이유를 약술하시오. 10점 ② 건물의 소유권보존등기와 동시에 신청하는 대지권의 등기절차에 관하여 설명하시오. 15점 ③ 구분건물의 대지권의 종류와 비율을 구체적으로 기재하고 그 이유를 설명하시오. 10점 ④ 건물의 등기기록에 '대지권의 등기'를 한 때에 '그에 따라 등기관이 직권으로 하여야 할 등기'에 대하여 설명하시오. 15점 5. [24 법무] ① 대지권 및 대지권등기에 대하여 간략히 설명하시오. 6점 ② (소유권대지권을 전제로) 저당권설정등기와 임차권설정등기가 가능한지 여부와 그 이유를 설명하시오. 7점 ③ (지상권대지권을 전제로) 소유권이전등기와 지상권이전등기가 가능한지 여부와 그 이유를 설명하시오. 7점

Ⅰ. 서설
(기본개념)

1. 구분건물

(1) 의의

구분건물은 외형상 1동의 건물을 구조상 구분된 수 개의 부분으로 나누어 **독립한 소유권의 객체**로 삼은 것을 말하며, 전유부분과 공용부분으로 나누어진다.

(2) 종류

① 전유부분은 구분소유권의 목적이 되고, 구분소유자의 배타적 사용·수익·처분의 권능이 미치는 건물부분을 말한다.

② 공용부분은 전유부분 이외의 건물부분이며, 구조상 공용부분과 규약상 공용부분으로 나누어진다.

㉠ **구조상 공용부분**은 독립된 소유권의 목적이 될 수 없는 건물부분(복도, 계단, 집합건물의 옥상 등)을 말하며, 이러한 부분은 등기능력이 없으므로 독립하여 소유권보존등기를 할 수 없다.

㉡ **규약상 공용부분**은 독립된 소유권의 목적이 될 수 있는 부속건물(아파트관리사무소, 노인정 등)을 규약으로 정한 것을 말하며, 이러한 건물은 원칙적으로 등기능력이 있으므로 독립하여 소유권보존등기를 할 수 있다.

(3) 요건

1) 객관적 요건

구분건물이 인정되기 위해서는 구조상 독립성과 이용상 독립성의 요건을 갖추어야 한다.

2) 주관적 요건 (구분행위)

① 구분건물이 인정되기 위해서는 구분소유권의 객체로 하고자 하는 소유자의 의사(구분행위)가 있어야 한다.

② 판례는 법률관념상 건물의 특정부분을 구분하여 별개의 소유권의 객체로 하려는 일종의 법률행위로서, 그 시기나 방식에 특별한 제한이 있는 것은 아니고 처분권자의 구분의사가 객관적으로 외부에 표시되면 인정된다고 한다.

③ 따라서 구분건물이 물리적으로 완성되기 전에도 건축허가신청이나 분양계약 등을 통해 신축건물을 구분건물로 하겠다는 구분의사가 객관적으로 표시되면 구분행위의 존재를 인정할 수 있고, 이후 구분건물이 객관적·물리적으로 완성되면 아직 건축물대장에 등록되거나 등기부에 등기되지 않더라도 그 시점에서 구분소유가 성립한다고 판시하였다.

2. 구분건물의 대지

① 구분건물의 대지는 **1동의 건물이 소재하는 토지**와 **규약으로써 일체로 관리할 것으로 정한 토지**를 말한다.

② **법정대지**는 1동 건물이 소재하는 토지이다.

③ **규약상 대지**는 법정대지 이외의 토지이며, 반드시 건물과 인접할 필요는 없다.

3. 대지사용권

(1) 의의

대지사용권은 **구분건물을 소유하기 위하여** 건물의 **대지에 대하여 가지는 실체법상 권리**이다.

(2) 요건(내용)

① 대지사용권은 대지를 사용할 수 있는 권리이면 족하므로 소유권, 지상권, 전세권, 임차권이 대지사용권이 될 수 있다.

② 대지사용권은 실체법적인 개념으로 반드시 등기된 권리일 것을 요하지 않는다. 그러나 대지사용권이 미등기인 상태에서는 대지권등기를 할 수 없으므로 먼저 전유부분의 소유자 명의로 대지사용권에 관한 등기를 마쳐야만 대지권등기를 할 수 있다.

~~(3) 범위~~

(4) 효과(종된 권리)

① 대지사용권은 전유부분에 대하여 종된 권리로서의 성질을 갖는다. 따라서 대지사용권의 분리처분이 가능하도록 규약으로 정하였다는 등의 특별한 사정이 없는 한 전유부분에 대한 처분이나 압류 등의 효력은 종된 권리인 대지사용권에까지 미친다.

② 판례에 따르면, **분양자로부터 전유부분과 대지지분을 함께 매수하여 대금을 모두 지급하고 전유부분만 소유권이전**등기를 마친 경우에도, 매수인은 건물의 대지를 점유·사용할 권리를 가지며, 그러한 권리는 본권으로서 대지사용권에 해당한다고 한다.

4. 대지권

(1) 의의

대지권은 대지사용권 중에서 **규약이나 공정증서로 특별히 분리처분할 수 있음을 정하지 않은 것**을 말하며, 대지사용권이 전유부분과 분리처분될 수 없음을 등기기록상 공시하기 위한 절차법상의 개념이다.

(2) 요건(내용)

① 대지권이 성립되기 위해서는 아래의 요건을 갖추어야 한다.

㉠ **토지 위에 집합건물이 존재**할 것

㉡ 구분소유자가 해당 대지에 **대지사용권을 가지고 있을 것**

㉢ 전유부분과 대지사용권에 대하여 **처분의 일체성이 있을 것**(따라서 규약으로 분리처분가능하도록 - 대지권×)

② 대지권은 대지사용권이 전제가 되므로 대지권이 될 수 있는 권리는 소유권, 지상권, 전세권, 임차권이다.

③ 또한 대지권은 가처분·가압류와 같은 보전처분의 등기 또는 근저당권 등의 설정등기가 마쳐진 소유권도 될 수 있다.

④ 대지의 소유권이 지상권등기나 임차권등기 또는 신탁등기가 마쳐져 있더라도 대지권이 될 수 있다.

(3) 범위

(4) 효과(대지권의 발생시점)

① 대지사용권을 갖는 자가 구분행위를 하고 집합건물을 신축한 경우에는 그 신축 시점에 대지권이 발생한다.

② 일반건물을 구분하여 집합건물로 하는 때에는 구분행위 시에 대지권이 발생한다.

③ 기존 건물을 증·개축하거나 합병으로 집합건물로 하는 경우에도 구분행위 시에 대지권이 발생한다.

④ 분리처분할 수 있음을 정한 규약이나 공정증서가 있는 때에는 이를 폐지하는 규약이나 공정증서를 작성한 때 대지권이 발생한다.

5. 대지권등기

(1) 의의

① 대지권이 있더라도 등기가 되지 않게 되면 전유부분과 대지권이 분리처분될 가능성이 존재하므로 이를 방지하기 위하여 대지권등기제도를 두고 있다.

② 즉 **대지권등기**는 일체로서 처분되어야 할 전유부분과 대지사용권에 관한 권리관계의 공시를 건물 등기기록으로 일원화시키는 등기를 말한다. 따라서 대지권등기를 하게 되면 전유부분과 일체로서 처분되는 토지의 권리관계를 토지등기기록이 아닌 건물등기기록에 기록함으로써 그 등기의 효력은 토지에도 미치게 된다. 이는 물권변동을 공시하는 등기가 아니고 구분건물의 표시에 관한 등기로서의 성질을 갖는다.

③ 전유부분이 속하는 1동의 건물이 소재하는 토지(법정대지) 또는 그 대지와 일체적으로 관리 또는 사용하기 위하여 규약으로써 건물의 대지로 삼은 토지(규약상 대지)에 대하여

구분건물의 소유명의인이 대지사용권을 가지고 있는 경우에는 그 토지를 대지권의 목적으로 하는 대지권등기를 신청할 수 있는바, 이 경우 토지의 지목이 반드시 "대"이어야 하는 것은 아니므로, 지목이 "잡종지"인 경우에도 대지권등기를 신청할 수 있다(선례 201903-4).

(2) 요건(내용)

① 대지사용권이 **반드시 등기된 권리**이어야 한다.

② **전유부분의 소유자**와 **토지의 등기명의인**(소유권자 · 지상권자 · 전세권자 · 임차권자)의 표시가 일치하여야 한다.

③ 대지사용권은 권리의 전부가 아닌 일부라도 무방하다.

④ 이는 물권변동을 공시하는 등기가 아니고 구분건물의 표시에 관한 등기로서의 성질을 갖는다. 따라서 대지권등기로 인하여 토지 소유권의 변동이 발생하여서는 아니 된다.

⑤ 지상권설정등기가 경료되어 있는 토지 위에 토지소유자가 집합건물을 신축한 경우에도 건물의 소유권보존등기 시 지상권설정등기를 말소하지 않고 그 토지의 소유권을 대지사용권으로 하는 대지권등기를 경료받을 수 있다(선례 5-809).

(3) 범위(대지권등기의 가부)

① 대지권의 비율이란 전유부분과 분리하여 처분할 수 없는 대지사용권의 지분비율을 말한다. 이는 대지권등기를 할 수 있는지 여부를 판단하는 가장 기본적인 수단이며, **전유부분의 공유지분비율과 대지사용권의 공유지분비율이 상이한 경우에는 대지권등기를 할 수 없다.**

② 아래에서는 대지권등기의 허용여부에 대해서 검토해 본다.

			대지권등기 가부
건물	단독소유	○	┌ 원칙 : 전유부분 면적비율
토지	단독소유		└ 예외 : 규약 or 공정증서
건물	개별소유	○	각 단독소유하는 토지에 대하여 可
토지	개별소유		
건물	공동소유	x	
토지	개별소유		
건물	개별소유	○	각 공유지분만에 대하여 可
토지	공동소유		
건물	공동소유	○	[토지 vs 건물] : 지분 同
토지	공동소유	△	[토지 vs 건물] : 지분 異

(4) 효과

1) 등기의 일체적 효력(법 61①)

가. 대지권등기 전에 마쳐진 등기의 효력

① **대지권 발생 전에 토지와 건물 어느 일방에 마쳐진 등기는 그 후** 대지권등기를 하더라도 그 효력이 다른 일방에 미치지 않는다. 예컨대 나대지인 상태에서 근저당권설정등기를 하고 구분건물을 신축한 후 소유권보존등기를 하면서 대지권등기를 한 경우 근저당권의 효력은 구분건물에는 미치지 않는다. 이 경우 구분건물에 대하여 추가설정을 하여야 한다.

② 그러나 대지권이 발생하였지만 대지권등기는 하지 않은 상태에서 구분건물에 대하여 저당권을 설정하거나 가처분등기를 한 때에는 그 등기의 효력은 대지사용권에까지 미친다고 보아야 한다. 대지사용권은 전유부분에 대하여 종된 권리이기 때문이다(민법 358).

나. 대지권등기 후에 마쳐진 등기의 효력

① **대지권이 등기된 후**에는 원칙적으로 토지 등기기록은 더 이상 사용하지 않고, 대지권등기가 된 건물 등기기록에만 권리관계를 등기하여 사용한다.

② 따라서 대지권을 등기된 후에 한 **건물의 권리에 관한 등기는** 대지권에 대하여 동일한 등기로서 효력이 있다. 다만, 그 등기에 건물만에 관한 것이라는 뜻의 부기가 되어 있을 때에는 그러하지 아니하다(법 61①).

2) 분리처분의 금지(법 61③④)

가. 원칙

구분건물 등기기록에 대지권의 표시등기와 **토지의 등기기록**에 대지권이라는 뜻의 등기를 하게 되면, 토지 또는 건물의 어느 일방만에 관한 등기신청은 원칙적으로 허용되지 않는다(법 29.2 → 규칙 52.3).

나. 대지권이 소유권인 경우(법 61③④)

(가) 할 수 없는 등기

① 대지권이 등기된 구분건물의 등기기록에는 건물만에 관한 소유권이전등기 또는 저당권설정등기, 가등기・가압류・압류등기 등 그 밖에 이와 관련이 있는 등기를 할 수 없다.

② 대지권이라는 뜻의 등기가 되어 있는 토지의 등기기록에는 소유권이전등기, 저당권설정등기, 가등기・가압류・압류등기 등 그 밖에 이와 관련이 있는 등기를 할 수 없다.

③ 위와 같이 일부만에 관한 소유권이전등기도 허용될 수 없으며, 저당권등기나 가등기・가압류 등의 등기도 결과적으로 소유권이전을 초래하기 때문에 허용되지 않는다.

(나) 할 수 있는 등기

가) 대지권등기를 말소하지 않고 할 수 있는 등기

① 대지권등기에 의하여 금지되는 것은 대지사용권의 소유자와 건물소유권자의 귀속주체가 달라지는 등기이므로 그러한 우려가 없는 등기는 대지권등기가 있어도 할 수 있다.

② 따라서 토지만을 목적으로 하는 지상권・전세권・임차권의 설정등기, 전유부분만에 대한 전세권・임차권의 설정등기는 대지권등기를 둔 채로(대지권등기를 말소하지 않고) 할 수 있다.

③ 구분건물과 그 대지권의 어느 일방에만 설정되어 있는 저당권의 추가담보로서 다른 일방을 제공하는 것도 가능하다. 결과적으로 경매신청 시 함께 경매의 목적물의 대상이 되므로 처분의 일체성에 더욱 부합하는 등기이기 때문이다.

④ 토지 또는 전유부분만의 귀속에 관하여 분쟁이 있는 경우 그 일방만을 목적으로 하는 처분금지가처분등기는 대지권등기를 말소하지 않고 할 수 있다.

나) 대지권등기를 말소하고 할 수 있는 등기

① 위와 달리 신청하는 등기로 인해 바로 소유권이 분리되는 결과를 초래하는 경우에는 먼저 대지권등기를 말소하여 대지사용권의 처분의 일체성의 공시를 배제한 후 등기를 신청하여야 한다.

② 대지권이 발생하기 전에 전유부분 또는 토지 어느 일방에 대하여 마쳐진 가등기에 기한 본등기를 하는 경우에도 먼저 대지권등기를 말소하고 전유부분 또는 토지 일방에 대한 본등기(소유권이전등기)를 하여야 한다.

③ 건물만에 소유권이전등기를 하기 위해서 대지권표시등기가 된 건물에 대하여 전유부분만에 대한 이행판결을 얻은 경우에는 분리처분가능규약 또는 공정증서를 첨부하여 대지권표시등기를 말소하여 처분의 일체성의 공시를 배제한 후에 그 판결에 따른 이전등기를 할 수 있다(선례 4-835).

④ 대지권의 목적이 된 토지의 전부를 수용하여 소유권이전등기를 신청하기 위해서는, 먼저 대지권이 대지권이 아닌 권리로 됨을 원인으로 한 건물의 표시변경등기(대지권말소)를 신청한 후, 수용을 등기원인으로 하는 소유권이전등기를 신청하여야 한다(선례 202312-3).

다. 대지권이 지상권 · 전세권 · 임차권인 경우(법 61⑤)

(가) 할 수 없는 등기

지상권, 전세권 또는 임차권이 대지권이고 토지 등기기록에 그러한 뜻의 등기를 한 때에는 그 토지의 등기기록에는 지상권, 전세권 또는 임차권의 이전등기를 할 수 없다(법 제61조 제5항). 지상권, 전세권 또는 임차권이 대지사용권으로서 전유부분과 분리하여 처분될 수 없기 때문이다.

(나) 할 수 있는 등기

분리처분이 금지되는 것은 대지사용권인 지상권 등이므로 그 토지의 등기기록에 소유권이전등기 또는 그 밖에 이와 관련이 있는 등기(저당권설정등기, 소유권이전가등기, 저당권설정가등기, 가압류등기, 강제경매개시결정등기, 체납처분에 의한 압류등기 등)는 할 수 있다. 이에 따라 소유권이전등기를 마친 자는 지상권 등의 부담을 받는 소유권을 취득한 것이 된다.

II. 개시 (법 22)

1. 모습

(1) 신청

1) 일반론

① 소유권보존등기는 등기명의인으로 될 자가 단독으로 신청한다(법 23②).

② 구분건물의 소유권보존등기도 일반건물의 경우와 마찬가지로 법 제65조 각 호의 1에 해당하는 자가 신청할 수 있다(법 65).

2) 수인의 소유형태의 소유권보존등기 신청

가. 일괄신청의 원칙

① 등기부를 편성할 때에는 1필의 토지 또는 1개의 건물에 대하여 1개의 등기기록을 둔다. 다만, 1동의 건물을 구분한 건물에 있어서는 1동의 건물에 속하는 전부에 대하여 1개의 등기기록을 사용한다(법 15).

② 따라서 구분건물의 소유권보존등기는 1동의 건물에 속하는 구분건물의 전부를 소유하는 자가 일괄신청하거나, 각 구분건물의 소유자가 다른 경우에는 각자 자기 소유의 구분건물에 관한 보존등기를 동시에 신청하는 것이 바람직하다.

③ 이 규정의 취지는 1동 건물과 그에 속하는 전체 구분건물과의 관계 등을 정확히 공시하기 위한 것이다.

나. 1인이 전부 소유하는 경우(구분소유자가 같은 경우)

구분건물 전부에 대하여 소유권보존등기를 일괄하여 신청한다.

다. 수인이 각자 소유하는 경우(구분소유자가 다른 경우)

① 구분소유자들이 모두 함께 신청하거나

② 그중 1인이 1동의 건물에 속하는 구분건물 중 (자신이 소유한 부분인)**일부**만에 관하여 소유권보존등기를 신청하는 경우에는 (소유권보존등기를 신청하지 아니한)**나머지** 구분건물의 **표시**에 관한 등기를 **동시에** 신청하여야 한다(법 46①). 그래야만 1동의 건물과 그에 속하는 전체 구분건물과의 관계, 대지권 및 공용부분에 관한 사항 등을 정확히 공시할 수 있기 때문이다.

③ 이 규정의 취지는 1동 건물과 그에 속하는 전체 구분건물과의 관계 등을 정확히 공시하기 위한 것이므로 **"동시에 신청하여야 한다."의 의미**는 "동시에 신청하되 **하나의 신청정보로 일괄하여 신청**하여야 한다."라고 보는 것이 합리적이다. 나아가 같은 법 제46조 제2항에 따라 구분건물의 소유자가 1동에 속하는 다른 구분건물의 소유자를 대위하여 그 건물의 표시에 관한 등기를 신청하는 경우에도 마찬가지이다(선례 202008-1).

④ 이 경우 구분건물의 소유자는 1동에 속하는 다른 구분건물의 소유자를 **대위**하여 그 건물의 표시에 관한 등기를 신청할 수 있다(법 46②).

⑤ 이러한 규정은 촉탁에 의한 등기에도 마찬가지로 적용이 된다. 따라서 1동 건물의 일부 구분건물에 대하여 처분제한등기의 촉탁이 있는 경우 등기관은 직권으로 처분제한의 목적물인 구분건물의 소유권보존등기와 나머지 구분건물의 표시에 관한 등기를 하여야 한다.

⑥ 또한 1동의 건물에 속하는 구분건물 중 일부만에 관하여 소유권보존등기를 하기 위해서는 그 일부 구분건물뿐만 아니라 나머지 구분건물도 등기능력이 있어야 한다. 나머지 구분건물에 대하여 표시등기만 하는 경우에도 등기능력이 있어야지만 표제부가 개설될 수 있기 때문이다.

라. 지분에 대한 소유권보존등기가 허용되는지 여부

① 공유자 중 1인이 자기의 지분만에 대하여 보존등기를 신청하는 것은 1부동산 1등기기록주의에 위반하게 되는 결과가 되므로 허용되지 아니한다(법 15, 29.2, 규칙 52.6).

② 구분건물의 대장상 공동소유로 등록되어 있는 경우

ⓐ **공유자가** 모두 함께 신청하거나

ⓑ 그중 **1인**이 공유자 전원을 위하여 소유권보존등기를 신청할 수는 있으나(민법 265但)

ⓒ 그중 **1인**의 지분만에 관한 소유권보존등기는 신청할 수 없다(법 29.2, 규칙 52.6).

③ 1인이 공유자 전원을 위하여 소유권보존등기를 신청할 때에는 신청서에 공유자 전원을 표시하고 나머지 공유자의 주소 및 주민등록번호 등을 증명하는 정보를 제공하여야 한다.

			④ 공유물의 보존행위는 각자가 할 수 있는바(민법 265但), 소유권보존등기는 공유물의 보존행위에 해당하기 때문에 공유자 중 1인이 신청할 수 있는 것이다.
		(2) 촉탁	
		(3) 직권	→ (법 66)
	2. 전자 (법 24①2) (규칙 67)	○	
III. 신청절차	1. 신청인 (법 23, 법 65) (예규 1483)	**[소유권보존등기를 신청할 수 있는 자]**(법 65) 구분건물의 소유권보존등기도 일반건물의 경우와 마찬가지로 법 제65조 각 호의 1에 해당하는 자가 신청할 수 있다.	
	2. 신청정보 (규칙 43)	일반적 (규칙 43)	┌ 신청서 표제 ├ 부동산 표시 구분건물의 경우에는 1동 건물의 표제부와 전유부분의 표제부가 별도로 존재하고 있으므로 일반건물의 경우와 부동산의 표시방법이 다르다. **[1동 건물의 표시]** 구분한 건물이 속하는 1동의 건물의 소재와 지번, 건물명칭 및 번호, 종류, 구조와 면적(공용부분의 면적을 포함)을 기재한다(법 제40조 제1항, 제2항, 규칙 제43조 제1항 제1호 다목). 다만 1동 건물의 종류, 구조와 면적은 건물의 표시에 관한 등기나 소유권보존등기를 신청하는 경우에만 기재하면 된다(규칙 제43조 제1항 제1호 다목 단서). 건물의 소재와 지번은 건물을 특정하기 위한 토지의 표시이므로 그 법정대지인 토지가 수필인 경우는 이를 모두 기재한다. 그 밖의 토지(규약상 대지 등)는 기재할 필요가 없다. **[전유부분의 표시]** 전유부분의 구조, 면적, 건물번호(제101호 등)를 기재한다(법 제40조 제1항, 제2항, 규칙 제43조 제1항 제1호 다목). 이때 그 건물의 소재와 지번 등은 중복하여 기재할 필요가 없다. **[대지권의 표시]** ① 구분건물에 관한 소유권보존등기를 신청하는 경우 구분건물에 대지사용권으로서 건물과 분리하여 처분할 수 없는 것, 즉 대지권이 있을 때에는 신청서에 그 권리의 표시를 기재하여야 한다(법 제40조 제3항, 규칙 제43조 제1항 제1호 다목). ② 1동 건물의 표제부에 기록되는 사항 중 대지권의 목적인 토지의 표시로는 대지권의 목적인 토지의 일련번호·소재지번·지목·면적을, 전유부분의 표제부에 기록되는 사항 중 대지권의 표시로는 대지권의 목적인 토지의 일

			련번호, 대지권의 종류, 대지권의 비율, 등기원인 및 그 연월일을 각각 기재하여야 한다(규칙 제88조 제1항 참조). 대지권의 종류로는 소유권·지상권·전세권·임차권 등 대지사용권이 된 권리를 기재한다. ③ 대지권의 비율은 구분소유자가 대지권의 목적인 토지에 대하여 가지는 대지사용권의 지분비율을 기록한다. 소유권보존등기의 경우 통상 구분건물 전부를 1인이 단독 소유하는 경우가 많은데, 이 경우 원칙적으로 전유부분의 면적 비율에 따라 대지권 비율이 결정된다.
		등기원인 (연월일) (규칙 121)	법 제65조에 따라 소유권보존등기를 신청하는 경우에는 등기원인과 그 연월일은 신청정보의 내용으로 등기소에 제공할 필요가 없다(규칙 121).
		등기목적	**"소유권보존"**
	개별적	신청근거규정O (규칙 121)	**"부동산등기법 제65조 제O호"** ↳ 법 제65조에 따라 소유권보존등기를 신청하는 경우에는 법 제65조 각 호의 어느 하나에 따라 등기를 신청한다는 뜻을 신청정보의 내용으로 등기소에 제공하여야 한다.
		대위원인	구분건물의 표시에 관한 등기를 대위신청하는 경우에는 신청서에 대위자와 피대위자의 성명, 주소 외에 대위원인을 기재하여야 한다.
		신청인	권리자가 2인 이상인 경우에는 권리자별 지분을 제공하여야 한다.
3. 첨부정보 (규칙 46)	일반적 (규칙 46)	등기원인 관련	**(1) 등기원인증명**(규칙 46①1) **1) 부동산표시 증명정보** 집합건축물대장 등본(미등기인 1동의 건물의 일부 구분건물에 대한 소유권의 처분제한등기를 촉탁하는 경우에도 1동의 건물에 속하는 구분건물의 전부에 대한 집합건축물대장등본을 첨부하여야 함) 대장 등본을 첨부하여야 한다. **2) 소유자 증명정보** 집합건축물대장 등본(상속이 있는 경우 상속증명서면 포함), 판결정본 및 확정증명서, 재결서등본 및 보상금수령증 원본, 사실확인서 등 **(2) 등기원인 – ㊐㊍㊌ 등**(규칙 46①2, 규칙 46③)
		의무자 관련	**(1) 등기필정보**(법 50②, 규칙 43①7) – × **(2) 인감증명**(규칙 60, 규칙 61②) – ×
		권리자 관련 (신청인)	**(1) 세금영수증**(법 29.10) – O **(2) 주소증명**(규칙 46①6) – O

부동산 관련

(3) **번호증명**(규칙 46①6, 법 49) - O

(1) **대장, 그 밖의 정보**(규칙 46①7)

(2) **지적도**

(3) **소재도 등**(규칙 121③④) - △

① 건물의 소유권보존등기를 신청하는 경우에 그 **대지 위에 여러 개의 건물**이 있을 때에는 그 대지 위에 있는 건물의 소재도를 첨부정보로서 등기소에 제공하여야 한다.

② 구분건물에 대한 소유권보존등기를 신청하는 경우에는 1동의 건물의 소재도, 각 층의 평면도와 전유부분의 평면도를 첨부정보로서 등기소에 제공하여야 한다.

③ 다만, 건물의 표시를 증명하는 정보로서 집합건축물대장 정보를 등기소에 제공한 경우에는 위와 같은 소재도나 평면도를 제공할 필요가 없다.

신청인자격 관련

개별적

(1) **규약 또는 공정증서**(규칙 46②)

구분건물에 대하여 대지권의 등기를 신청할 때 다음 각 호의 어느 하나에 해당되는 경우에는 해당 **규약**이나 **공정증서**를 첨부정보로서 등기소에 제공하여야 한다.

① 대지권의 목적인 토지가 「집합건물의 소유 및 관리에 관한 법률」 제4조에 따른 건물의 대지인 경우(註 규약상대지)

② 각 구분소유자가 가지는 대지권의 비율이 「집합건물의 소유 및 관리에 관한 법률」 제21조 제1항 단서 및 제2항에 따른 비율인 경우(註 구분소유자가 둘 이상의 전유부분을 소유하는 경우 대지권의 비율이 전유부분의 면적비율에 따르지 아니한 경우)

③ 건물의 소유자가 그 건물이 속하는 1동의 건물이 있는 「집합건물의 소유 및 관리에 관한 법률」 제2조 제5호에 따른 건물의 대지에 대하여 가지는 대지사용권이 대지권이 아닌 경우(註 규약으로 전유부분과 대지사용권을 분리처분을 할 수 있도록 정한 경우)

> ① 규약상 공용부분에 관한 사항(「집합건물법」 3②)
> ② 규약상 대지에 관한 사항(「집합건물법」 4①)
> ③ 전유부분과 분리하여 대지사용권을 처분할 수 있다는 내용(「집합건물법」 20②但)
> ④ 대지권의 비율이 전유부분의 면적비율과 다른 경우(「집합건물법」 21)
> ⑤ 공용부분의 공유지분에 관한 사항(「집합건물법」 10②但, 12)

(2) **인감증명**(규칙 60, 규칙 61②)

1) 대장상 지분이 기재되지 않은 경우

2) 대장상 지분이 기재된 경우

<table>
<tr><td rowspan="6">Ⅳ.
실행
절차</td><td></td><td colspan="3">(3) 지상권자의 승낙서 – ×</td></tr>
<tr><td>1. 접수·
배당</td><td colspan="3"></td></tr>
<tr><td>2. 조사</td><td colspan="3"></td></tr>
<tr><td>3. 문제○
(법 29)</td><td colspan="3">어느 일부 구분건물에 대하여 소유권보존등기를 신청하면서 동시에 나머지 구분건물에 대한 표시등기를 신청하지 아니하였거나, 1동의 건물에 속하는 구분건물 전체에 대해 일괄하여 보존등기를 신청하였으나 그 등기사항 중 일부분에 대하여 각하사유가 있는 경우에는 그 등기신청 전체를 법 제29조 제2호에 의하여 각하해야 한다.</td></tr>
<tr><td rowspan="2">4. 문제×
(법 48)</td><td>일반적
(법 48)</td><td>┌ 표제부
├ 갑구
├ 을구
└ 등기형식</td><td>① 소유권보존등기를 하는 경우에는 등기기록을 개설하여 표제부(법 34, 40)와 갑구에 관한 사항을 기록한다.
② 등기관이 소유권보존등기를 할 때에는 제48조 제1항 제4호에도 불구하고 등기원인과 그 연월일을 기록하지 아니한다(법 64).
③ 권리자가 2인 이상인 경우 공유라면 권리자별 지분을 기록하여야 하고, 합유라면 합유인 뜻을 기록하여야 한다(법 48④).</td></tr>
<tr><td>개별적</td><td colspan="2">(1) 1동건물의 표제부
1) 1동의 건물의 표시(법 40①②)
표시번호, 신청서 접수연월일, 소재와 지번, 건물명칭 및 번호, 건물의 종류, 구조와 면적(부속건물이 있는 경우에는 부속건물의 종류, 구조와 면적도 함께 기록한다), 도면의 번호 등을 기록한다.
2) 대지권의 목적인 토지의 표시(규칙 88①)
가. 원칙
① 건물의 등기기록에 대지권의 등기를 할 때에는 1동의 건물의 표제부 중 대지권의 목적인 토지의 표시란에 표시번호, 대지권의 목적인 토지의 일련번호·소재지번·지목·면적과 등기연월일을 기록한다.
② 1동 건물의 소재와 지번의 표시로는 법정대지만을 기록하지만, 대지권의 목적인 토지의 표시란에는 법정대지뿐만 아니라 규약상 대지도 기록한다.
나. 1동 건물의 일부 토지만이 대지권의 목적인 경우
1동의 건물의 대지 중 일부 토지만이 대지권의 목적인 때에는 대지권의 목적인 토지의 표시를 함에 있어서 그 토지만을 기록하여 대지권의 등기를 하여야 한다.
다. 구분소유자들이 대지 중 각각 일부 토지에만 대지사용권을 갖는 경우
구분소유자들이 1동의 건물의 대지 중 각각 일부의 토지에 대하여 대지사용권을 갖는 경우에는 각 구분소유자별로 일부 토지만을 목적으로 하는 대지권의 등기를 하여야 한다. 이 경우 1동의 건물의 표제부 중 대지권의 목적인 토지의 표시란에 대지권의 목적인 토지의 표시를 함에 있어서는 토지 전부를 기록하여야 한다(예규 1470). 예컨대 A, B, C 필지상에 신축한 1동의 건물의 구분소유자 중 갑은 A 필지에, 을은 B 필지에, 병은 C 필지에 각 공유지분을 가지고 있는 경우에</td></tr>
</table>

1동 건물 표제부의 대지권의 목적인 토지의 표시란에는 A, B, C 필지를 모두 기록한다.

(2) 전유부분인 건물의 표제부

1) 전유부분의 건물의 표시(법 40①②)

표시번호, 신청서의 접수연월일, 건물의 구조와 면적, 건물번호(층수 및 호수), 부속건물이 있는 경우에는 그 종류, 구조와 면적을 기록한다.

2) 대지권의 표시(법 40③, 규칙 88①)

전유부분의 표제부 중 대지권의 표시란에 표시번호, 대지권의 목적인 토지의 일련번호, 대지권의 종류, 대지권의 비율, 등기원인 및 그 연월일과 등기연월일을 각각 기록하여야 한다.

가. 대지권의 종류

① 대지권의 목적인 토지의 일련번호와 그 토지에 대한 대지권의 종류를 기록한다.

② 건물의 대지가 수필지인 경우에 그 대지사용권의 종류가 같은 때에는 "1,2 소유권대지권"과 같이 일괄하여 기록하고, 종류가 다를 때에는 "1.소유권대지권, 2.지상권대지권" 과 같이 각 대지마다 권리의 종류를 표시한다.

나. 대지권의 비율

① 구분건물의 소유자가 건물의 대지에 가지는 대지사용권의 지분을 기록한다.

② 실무상 대지의 전체면적을 분모로 하여 대지권 비율을 표시하는 경우가 많지만, 반드시 그래야만 하는 것은 아니다.

다. 등기원인 및 기타사항란

① 등기원인은 대지권의 발생원인을 말하며 그 연월일은 대지권의 발생일을 말한다.

② "○년 ○월 ○일 대지권"

3) 부속건물에 대한 대지권의 표시방법(규칙 88①②)

① 부속건물만이 구분건물인 경우에는 그 부속건물에 대한 대지권의 표시는 표제부 중 건물내역란에 부속건물의 표시에 이어서 하여야 한다.

② 부속건물에 대한 대지권의 표시를 할 때에는 대지권의 표시의 끝부분에 그 대지권이 부속건물에 대한 대지권이라는 뜻을 기록하여야 한다.

(3) 대지권이라는 뜻의 등기(법 40④) **– 토지 등기기록 중 해당 구(갑구 or 을구)**

① 구분건물의 보존등기와 동시에 대지권등기를 신청하여 등기관이 대지권등기를 하였을 때에는 직권으로 대지권의 목적인 토지의 등기기록에 소유권, 지상권, 전세권 또는 임차권이 대지권이라는 뜻을 기록하여야 한다(법 40④).

② 대지권이라는 뜻의 등기는 토지 등기기록에도 그 권리가 전유부분과 분리하여 처분할 수 없다는 것을 공시하기 위한 등기로서 이러한 대지권이라는 뜻의 등기는 등기관이 직권으로 행하여야 한다.

(4) 별도등기가 있다는 뜻의 등기(규칙 90) – **건물 등기기록 중 전유부분의 표제부**

① 대지권등기를 한 후부터는 토지의 권리에 관한 사항도 원칙적으로 건물 등기기록에의 등기로서 공시하게 되므로 건물 등기기록에 공시되지 아니한 등기사항이 토지등기기록에 별도로 있다는 뜻을 직권으로 건물 등기기록에 기록하여, 이러한 기록이 있는 경우에만 토지 등기기록을 열람하게 하기 위하여 별도등기가 있다는 뜻을 등기관이 직권으로 기록한다.

② 대지권의 목적인 토지의 등기기록에 대지권이라는 뜻의 등기를 한 경우로서 그 토지 등기기록에 소유권보존등기나 소유권이전등기 외의 소유권에 관한 등기 또는 소유권 외의 권리에 관한 등기가 있을 때에는 등기관은 **직권**으로 그 **건물의 등기기록 중 전유부분 표제부**에 토지 등기기록에 **별도의 등기가 있다는 뜻**을 기록하여야 한다. 다만, 그 등기가 소유권 이외의 대지권의 등기인 경우 또는 제92조 제2항에 따라 말소하여야 하는 저당권의 등기인 경우에는 그러하지 아니하다(규칙 90①).

③ 토지 등기기록에 대지권이라는 뜻의 등기를 한 후에 그 토지 등기기록에 관하여만 새로운 등기를 한 경우에는 제1항을 준용한다(규칙 90②).

④ 토지 등기기록에 별도의 등기가 있다는 뜻의 기록의 전제가 된 등기가 말소되었을 때에는 등기관은 그 뜻의 기록도 말소하여야 한다(규칙 90③).

(5) 건물만에 관한 것이라는 뜻의 등기(규칙 92) – **건물 등기기록 중 해당 구(갑구 or 을구)**

① 대지권등기를 하기 전에 건물에 대하여 마쳐진 등기가 있는 경우 그대로 대지권등기를 실행하면 그 등기가 건물과 토지 모두에 효력이 미치는 것으로 공시될 우려가 있다. 따라서 이러한 경우 대지권등기와 동시에 직권으로 그 등기가 건물에 대하여만 효력이 있다는 뜻을 기록하여야 한다.

② 건물에 관하여 소유권보존등기와 소유권이전등기 외의 소유권에 관한 등기 또는 소유권 외의 권리에 관한 등기가 있을 때에는 등기관은 **직권**으로 **건물의 등기기록 중 해당 구**의 등기에 **건물만에 관한 것이라는 뜻**을 기록하여야 한다.
다만, 그 등기가 저당권에 관한 등기로서 대지권에 대한 등기와 등기원인, 그 연월일과 접수번호가 같은 것일 때에는 그러하지 아니하다(규칙 92①).
제1항 단서의 경우에는 대지권에 대한 저당권의 등기를 말소하여야 한다(규칙 92②).

③ 제2항에 따라 말소등기를 할 때에는 같은 항에 따라 말소한다는 뜻과 그 등기연월일을 기록하여야 한다(규칙 92③).

5. 완료 후

┌ **등기완료 통지**	법 30 (규칙 53)	O
├ **등기필정보 통지**	법 50 (규칙 106~110)	O
├ **소유변경 통지**	법 62 (규칙 120)	O
└ **과세자료 제공**	법 63 (규칙 120)	O

V. 처분 이의

법 100 등

05 절 소유권보존 - 구분건물 - 대지사용권 이전등기

	법	규칙
조문	법 60 (대지사용권의 취득)	
기출	1. [19 행시] 구분건물을 신축하여 분양한 자가 대지사용권을 갖고 있지만 지적정리의 미완결 등의 사유로 대지권등기를 하지 못한 채 구분건물에 대하여만 소유권보존등기를 한 후 수분양자에게 이전등기를 해준 경우 대지권등기의 신청방법에 관하여 설명하시오. 15점	

Ⅰ. 서설

1. 의의

(1) 의의[법 60]

① **대지사용권**은 구분건물을 소유하기 위하여 건물의 대지에 대하여 가지는 실체법상 권리이며, **대지권등기**는 전유부분과 대지사용권의 분리처분을 방지하기 위하여 공시하는 등기이다.

② **대지권등기를 하기 위해서**는 구분건물의 소유자와 대지사용권자를 일치시켜야 하며, **대지사용권 이전등기**란 이를 일치시키는 등기이다.

③ 따라서 대지권등기를 하기 전에 필요한 경우 먼저 대지사용권이전등기를 경료하여야 한다.

④ 구분건물을 신축한 자가 대지사용권을 갖고 있지만 지적정리 미완결 등의 사유로 대지권에 관한 등기를 하지 아니하고 구분건물에 관하여만 소유권이전등기를 마쳤을 때에는 현재의 구분건물의 소유명의인과 공동으로 대지사용권에 관한 이전등기를 신청할 수 있다.

⑤ 이 경우 구분건물이 전전양도된 경우라 하더라도 구분건물을 신축한 자가 중간 매수인이 아닌 최종 매수인인 현재 구분건물의 소유명의인으로 대지사용권이전등기를 허용하며, 그와 동시에 대지권등기를 하여야 한다.

(2) 구별개념

① 대지사용권이전등기는 토지에 대한 권리이전등기에 해당하고, 공동으로 신청하지만,

② 대지권등기는 구분건물에 대한 표시변경(표제부)등기에 해당하고, 단독으로 신청한다.

(3) 관련선례

① 갑이 단독으로 소유하는 토지 위에 갑과 을이 구분건물을 신축하여 대지권에 관한 등기를 하지 아니하고 갑과 을의 합유로 소유권보존등기만을 마친 후 수분양자 병에게 구분건물에 관하여 소유권이전등기를 마친 상태에서 구분건물의 현재 소유명의인인 병이 대지권등기를 신청하기 위해서는, 갑과 병의 공동신청에 의해 일반적인 권리이전절차에 따라 병 앞으로 대지 지분 취득의 등기를 마친 후 병 단독으로 대지권등기를 신청할 수 있다. 이때 대지 지분 이전등기의 신청정보와 등기원인을 증명하는 정보의 내용이 일치하여야 하는바, 이에 관하여는 구체적인 등기사건에서 담당등기관이 판단할 사항이다[선례 202009-2].

② 위 제1항의 신청방법과 달리, 「부동산등기법」 제60조 제2항 및 제3항의 절차에 따라 구분건물의 현재 소유명의인 병 앞으로의 대지사용권(소유권)에 관한 이전등기와 대지권등기를 신청하기 위해서는 먼저 갑과 을은 그들의 합유로 대지사용권을 취득하는 등기를 마쳐야 한다[선례 202009-2].

2. 요건	
3. 범위	
4. 효과	

			대지사용권 이전등기	대지권등기
서			대지권등기는 구분소유자가 대지사용권을 가지고 있는 경우 이를 공시하는 등기이므로, 대지권등기를 하기 위해서는 구분건물의 소유자와 대지사용권자를 일치시켜야 하며, 대지사용권 이전등기란 이를 일치시키는 등기이다.	대지권등기(대지권의 표시등기)는 전유부분과 대지사용권의 분리처분을 방지하기 위하여 공시하는 등기이다.
개			대지사용권이전등기와 대지권등기는 동시에 신청하여야 한다(법 60③). 이를 위반한 경우 등기관은 각하하여야 한다(법 29.2).	
신	신		(구분건물을 신축한 자)등기의무자, (구분건물의 현재 소유자)등기권리자가 되어 공동으로 신청한다(법 60①).	(구분건물의 현재 소유자)신청인이 되어 단독으로 신청한다(법 41①).
	신	일반적 (규칙 43) ┌ 신청서 표제		
		├ 부동산 표시		
		├ 등기원인 (연원일)	"O년 O월 O일 O동 O호 전유부분 취득" ↳ 전유부분에 관한 소유권이전등기를 마친 날	"O년 O월 O일 토지소유권 취득" ↳ 대지사용권에 관한 이전등기를 마친 날
		└ 등기목적	"소유권 이전" "소유권 일부이전" "갑구 O번 OOO지분 전부이전" "갑구 O번 OOO지분 O분의 O 중 일부 (O분의 O이전)"	"구분건물표시변경(대지권의 표시)"
		개별적 ┌ 이전할 지분	"O분의 O"	–
		├ 변경할 사항	–	변경 후 즉 새로이 기록하는 대지권의 표시를 기재하여야 하며, 대지권의 목적인 토지의 표시, 대지권의 종류, 비율을 기재한다.
		└ 신청인		

	첨	등기원인 관련	(1) 등기원인증명 - × (∵ 건물취득 시 이미 대지사용권 취득한 것으로 봄) (2) 등기원인 ㉭㉢㉯등 - ×	일반적인 대지권등기와 같다.
		의무자 관련	(1) 등기필정보 - × (2) 인감증명 - O (단 매도용×)	
		권리자 관련	(1) 세금영수증 - △(기존에 납부하지 않는 경우에만) (2) 주소증명 - × (3) 번호증명 - ×	
		부동산 관련		
실	기록		① 대지사용권이전등기와 대지권등기는 동시에 신청하여야 하므로 이를 위반한 경우 등기관은 법 제29조 제2호로 각하하여야 한다. ② 등기관은 대지사용권이전등기를 먼저 경료한 후에 대지권등기에 따라 등기를 실행한다.	
	통지			

06 절 소유권이전 - 진정명의회복

<table>
<tr><th></th><th colspan="2">법</th><th>규칙</th></tr>
<tr><td>조문</td><td colspan="2">민법 214 (소유물방해제거, 방해예방청구권)</td><td></td></tr>
<tr><td>기출</td><td colspan="3">1. [05 법무] 진정명의회복을 원인으로 하는 소유권이전등기에 대하여 설명하시오. 20점</td></tr>
<tr><td rowspan="4">Ⅰ. 서설</td><td>1. 의의</td><td colspan="2">(1) 의의(민법 214)
진정명의회복을 원인으로 하는 소유권이전등기는 진정한 소유자가 말소의 방식이 아닌 소유권이전등기에 의하여 자신의 등기명의를 회복하는 등기이다.
(2) 취지
① 등기와 실체관계가 부합하지 아니하여 이를 일치시키는 말소등기를 하여야 함에도, 등기상 이해관계인에게 대항할 수 없어 승낙을 받을 수 없는 경우 또는 말소등기절차가 너무 복잡하여 시간적 손실을 초래하는 경우 등의 사안에서 간편한 대안으로 곧바로 진정한 권리자에게 소유권이전등기를 신청할 수 있다.
② 예컨대 甲과 乙 사이의 소유권이전등기가 통정허위표시(민법 108①)에 의해 이루어진 다음 선의의 제3자인 丙의 근저당권(민법 108②)이 등기된 경우 丙의 승낙 없이는 乙명의의 소유권이전등기를 말소할 수 없으므로, 甲이 병의 근저당권을 부담하면서도 자신명의를 회복할 수 있는 방법을 마련한 것이다.
(3) 말소등기청구와의 구별개념
① 진정한 등기명의의 회복을 위한 소유권이전등기청구는 이미 자기 앞으로 소유권을 표상하는 등기(민법 186)가 되어 있었거나 법률에 의하여 소유권을 취득한 자(민법 187)가 진정한 등기명의를 회복하기 위한 방법으로 현재의 등기명의인을 상대로 그 등기의 말소를 구하는 것에 갈음하여 허용되는 것인데,
② 말소등기에 갈음하여 허용되는 진정명의회복을 원인으로 한 소유권이전등기청구권과 무효등기의 말소청구권은 어느 것이나 진정한 소유자의 등기명의를 회복하기 위한 것으로서 실질적으로 그 (註 소송)목적이 동일하고, 두 청구권 모두 소유권에 기한 방해배제청구권으로서 그 법적 근거와 성질이 동일하므로,
③ 비록 전자는 이전등기, 후자는 말소등기의 형식을 취하고 있다고 하더라도 그 소송물은 실질상 동일한 것으로 보아야 하고, 따라서 소유권이전등기말소청구소송에서 패소확정판결을 받았다면 그 기판력은 그 후 제기된 진정명의회복을 원인으로 한 소유권이전등기청구소송에도 미친다(대판(전) 2001.9.20, 99다37894).
④ 다만, 진정명의회복판결은 소유권이전을 명하는 판결이므로 해당 판결을 가지고 말소등기를 신청하는 것은 허용되지 않는다(선례 제7-226호).</td></tr>
<tr><td>2. 요건</td><td colspan="2"></td></tr>
<tr><td>3. 범위</td><td colspan="2"></td></tr>
<tr><td>4. 효과</td><td colspan="2"></td></tr>
<tr><td>Ⅱ. 개시 [법 22]</td><td>1. 모습</td><td colspan="2">(1) 공동신청(법 23①)
(2) 단독신청(판결)(법 23④)</td></tr>
</table>

2. 전자 (법 24①2) (규칙 67)

III. 신청절차

1. 신청인 (법 23)

(1) 공동신청

이미 자기 앞으로 소유권을 표상하는 등기가 되어 있었던 자 또는 지적공부상 소유자로 등록되어 있던 자로서 소유권보존등기를 신청할 수 있는 자가 현재의 등기명의인과 공동으로 "진정명의회복"을 등기원인으로 하여 소유권이전등기를 신청할 수 있다.

(2) 단독신청(판결)

① 이미 자기 앞으로 소유권을 표상하는 등기가 되어 있었거나 법률의 규정에 의하여 소유권을 취득한 자가 현재의 등기명의인을 상대로 "진정명의회복"을 등기원인으로 한 소유권이전등기절차의 이행을 명하는 판결을 받아 단독으로 소유권이전등기를 신청할 수 있다.

② **판결의 효력은** 변론종결 후의 승계인에게도 미치므로 승계인을 위하여 또는 승계인에 대하여 판결에 따른 등기를 신청할 때에는 승계집행문을 첨부하여야 한다(민사소송법 218①). **진정명의회복을 원인으로 하는 소유권이전등기절차를 이행하라는 확정판결**의 변론종결 후 그 판결에 따른 등기신청 전에 그 권리에 대한 **제3자 명의의 이전등기**(예 소유권이전등기)가 등기된 경우로서 **원고가** 위 제3자에 대한 승계집행문을 부여받은 경우에는, 원고는 그 제3자를 등기의무자로 하여 곧바로 판결에 따른 권리이전등기를 단독으로 신청할 수 있다.

(3) 등기권리자의 상속인 또는 포괄승계인

등기권리자의 상속인이나 그 밖의 포괄승계인은 「부동산등기법」 제27조의 규정에 의하여 등기를 신청할 수 있다.

2. 신청정보 (규칙 43)

일반적 (규칙 43)
- 신청서 표제
- 부동산 표시
- 등기원인 (연월일): "○년 ○월 ○일 진정명의회복"
  - ↳ 등기원인은 "진정명의회복"으로 기재하고, 등기원인일자를 기재하지 않는다. 판결의 경우도 마찬가지로 기재하지 않는다.
- 등기목적: "소유권이전"

개별적
- 신청인

3. 첨부정보 (규칙 46)

일반적 (규칙 46)

등기원인 관련

(1) 등기원인증명(규칙 46①1)
1) **공동신청** – 당사자가 작성한 확인서
2) **단독신청** – 판결정본 및 확정증명 + 승계집행문△

(2) 등기원인 – ㊅㊍㊌ 등(규칙 46①2, 규칙 46③)

┌ 1) 검인(계약서 · 판결서)	×	[∵ 계약 ×]
├ 2) ㊖거래계약신고필증	×	[∵ 계약 ×]
├ 3) 토지거래계약허가	×	[∵ 계약 ×]
└ 4) 농지취득자격증명	×	[∵ 농지법상 취득 ×]
┌ 5) 재단법인 – 주무관청 허가서	×	[∵ 적극적인 처분 ×]

<table>
<tr><td rowspan="2"></td><td colspan="2"></td><td>├ 의무자 관련
│
│
├ 권리자 관련
│
│
│
│
│
│
├ 부동산 관련
│
└ 신청인자격 관련</td><td>(1) 등기필정보(법 50②, 규칙 43①7) − △ [공동신청○ / 단독신청×]
(2) 인감증명(규칙 60, 규칙 61②) − △ [공동신청○ / 단독신청×]

(1) 세금영수증(법 29.10) − ○
① 무상취득에 따른 취득세 또는 등록면허세를 납부하여야 한다.
② 국민주택채권을 매입하여야 한다.
(2) 주소증명(규칙 46①6) − ○
(3) 번호증명(규칙 46①6, 법 49) − ○
(1) 대장, 그 밖의 정보(규칙 46①7) − ○
(2) 지적도 · 도면</td></tr>
<tr><td colspan="2"></td><td colspan="2">개별적</td></tr>
<tr><td rowspan="4">Ⅳ.
실행
절차</td><td>1. 접수 · 배당</td><td colspan="3"></td></tr>
<tr><td>2. 조사</td><td colspan="3"></td></tr>
<tr><td>3. 문제○
(법 29)</td><td colspan="3">① 갑 · 을 간의 진정명의회복을 위한 소유권이전등기청구소송에서 승소확정판결을 받은 갑은 위 확정판결에 의하여 현재의 등기명의인인 을의 소유권이전등기에 대하여 말소등기신청은 할 수 없다(선례 제7-226호).
② 왜냐하면 등기관은 판결의 주문의 내용을 형식적으로 심사하여야 하는바, 주문에서 소유권이전등기를 명하였다면 등기신청도 소유권이전등기를 하여야 하는 것이지 말소등기를 할 수 없기 때문이다.
③ 이는 기판력이 소유권이전등기청구권과 소유권말소등기청구권의 소송물이 동일하다고 하더라도 형식적 심사권한밖에 없는 등기관으로서는 수리할 수 없다.</td></tr>
<tr><td>4. 문제×
(법 48)</td><td>일반적
(법 48)</td><td>┌ 표제부
├ 갑구
│
│
├ 을구
└ 등기형식</td><td>"○년 ○월 ○일 진정명의회복"
↳ 등기원인은 "진정명의회복"으로 기록하고, 등기원인일자를 기록하지 않는다.</td></tr>
</table>

	개별적				
	【 갑구 】	(소유권에 관한 사항)			
	순위번호	등기목적	접수	등기원인	권리자 및 기타사항
	3	소유권이전	2007년 4월 9일 제2312호	진정명의 회복	소유자 홍길동 431203-1245335 서울특별시 강동구 천호동 34
5. 완료 후	┌ 등기완료 통지	법 30 (규칙 53)	○		
	├ 등기필정보 통지	법 50 (규칙 106~110)	○		
	├ 소유변경 통지	법 62 (규칙 120)	○		
	└ 과세자료 제공	법 63 (규칙 120)	○		
V. 처분 이의	법 100 등				

07 절 소유권이전 - 상속

<table>
<tr><th></th><th colspan="2">법</th><th>규칙</th></tr>
<tr><td>조문</td><td>민법 187 (등기를 요하지 아니하는 부동산물권취득)
민법 997 (상속개시의 원인)
민법 1000 (상속의 순위)
민법 1001 (대습상속)
민법 1003 (배우자의 상속순위)
민법 1005 (상속과 포괄적 권리의무의 승계)
민법 1006 (공동상속과 재산의 공유)
민법 1007 (공동상속인의 권리의무승계)
민법 1009 (법정상속분)</td><td>민법 1013 (협의에 의한 분할)
민법 269 (분할의 방법)
민법 1015 (분할의 소급효)
민법 1041 (포기의 방식)
민법 1042 (포기의 소급효)
민법 1043 (포기한 상속재산의 귀속)
법 22 (신청주의)
법 23 (등기신청인)
법 27 (포괄승계인에 의한 등기신청)
법 65 (소유권보존등기의 신청인)</td><td>규칙 43 (신청정보의 내용)
규칙 46 (첨부정보)</td></tr>
<tr><td>기출</td><td colspan="3">1. [07 행시] 갑은 아파트 1채를 소유하고 있다가 2005.10.10. 사망하였다. 갑의 상속인으로 처 을, 아들 병, 딸 정이 있다. 이러한 사실관계를 전제로 다음 물음에 답하시오.
① 을, 병, 정은 자신들의 상속분에 대하여 공동으로 상속등기를 신청하려고 한다. 상속을 증명하는 서면에 대하여 설명하시오. 10점
② 위 사례에서 딸 정이 갑보다 먼저 사망하였을 경우 상속인에 대하여 설명하시오(단, 정의 유족으로 남편 무와 아들 기가 있다). 10점
③ 처 을이 단독으로 상속을 받기 위한 등기절차에 대하여 설명하시오. 30점
2. [20 행시] 협의분할 상속을 원인으로 소유권이전등기를 신청할 때 제공하는 상속재산협의분할서에 대하여 설명하시오. 20점
3. [24 법무] 甲이 사망하였다. 甲의 상속인으로는 자녀인 乙과 丙이 있고(모두 성년임), 상속부동산으로는 A 등기소의 관할에 속한 X 부동산과 B 등기소의 관할에 속한 Y 부동산이 있다. 乙과 丙의 상속등기의무 및 등기신청의 관할에 관하여 설명하시오. 10점</td></tr>
<tr><td>Ⅰ. 서설</td><td>1. 의의</td><td colspan="2">(1) 의의(민법 997, 민법 1005, 민법 187, 법 23③)
① 상속은 피상속인의 사망으로 피상속인에게 속하였던 모든 재산상의 지위를 승계하는 것을 말한다.
② 따라서 상속인은 피상속인의 사망과 동시에 적극재산뿐만 아니라 소극재산도 포괄승계하게 된다.
③ 상속을 원인으로 하는 소유권이전등기는 법률규정에 의해 이미 취득한 권리를 상속인 명의로 공시하기 위한 등기이며, 처분요건으로서의 기능을 가지고 있다.
(2) 구별개념
① 포괄승계에 따른 등기는 법률규정에 의한 물권변동을 공시하는 것이며, 단독신청이다(법 23③). 이 경우 등기의무자가 존재하지 않기 때문에 등기필정보를 제공할 필요가 없다.</td></tr>
</table>

② **포괄승계인에 의한 등기**는 법률행위이든 법률규정이든 불문하고 등기원인이 발생한 후 포괄승계인 경우에 적용되는 것이며, 상대방과 공동으로 신청한다(법 27). 이 경우 등기의무자가 존재하기 때문에 등기필정보를 제공하여야 한다.

(3) 상속순위

1) 원칙(민법 1000)

민법에서 정해진 상속의 순위는 ① 피상속인의 직계비속, ② 피상속인의 직계존속, ③ 피상속인의 형제자매, ④ 피상속인의 4촌 이내의 방계혈족의 순이며, 동순위의 상속인이 수인인 때에는 최근친을 선순위로 한다.

2) 배우자(민법 1003)

① 피상속인의 배우자는 피상속인의 직계비속과 동순위로 공동상속인이 되고, 그 직계비속이 없는 경우에는 피상속인의 직계존속과 동순위로 공동상속인이 되고 직계비속 또는 직계존속에 해당하는 상속인이 모두 없는 때에는 단독상속인이 된다.

② 상속인으로 인정되는 피상속인의 배우자는 혼인신고를 한 법률상 배우자를 의미하며, 상속개시 시에도 혼인관계가 계속 지속되어야 한다(선례 7-193). 따라서 상속개시 당시에 이미 이혼한 경우 등에는 상속권이 인정되지 않는다.

3) 대습상속(민법 1001)

상속인이 될 직계비속 또는 형제자매가 상속개시 전에 사망하거나 결격자가 된 경우에 그 직계비속이 있는 때에는 그 직계비속이 사망하거나 결격된 자의 순위에 갈음하여 상속인이 된다.

(4) 종류

1) 법정상속

상속인들의 법정 지분대로 상속등기를 하는 것을 말한다.

2) 협의상속 (협의분할에 의한 상속 = 조정분할에 의한 상속 = 심판분할에 의한 상속)

① 피상속인의 사망으로 **공동상속인은** 피상속인의 권리·의무를 각자의 상속분에 따라 승계하게 되므로(민법 1007), 상속재산은 공동상속인이 일응 **공동소유**하는 형태로 된다. **상속재산의 협의분할**은 이러한 잠정적인 공동소유관계를 해소하고 상속재산을 각 공동상속인에게 귀속시키기 위하여 포괄적으로 행하여지는 분배의 절차로서, **상속재산의 귀속을 확정시키는 것**으로 그 성질상 재산권을 목적으로 하는 행위이다(대판 2001.2.9, 2000다51797).

② 공동상속인은 (유언으로 금지하지 않는 한) 언제든지 협의에 의하여 상속재산을 분할할 수 있다(민법 1013).

③ **상속재산 분할협의**는 상속이 개시되어 공동상속인 사이에 잠정적 공유가 된 상속재산에 대해서 그 전부 또는 일부를 각 상속인의 단독소유로 하거나 새로운 공유관계로 이행시킴으로써 상속재산의 귀속을 확정시키는 것으로, 상속재산 분할협의의 내용은 공동상속인들이 자유롭게 정할 수 있으며, **법정상속분에 따라 상속재산을 분할하는 것도 「민법」상 금지하고 있지 않으므로**, 이에 따라 상속등기를 신청할 때는 등기원인을 '**협의분할에 의한 상속**'으로 기재하고, 등기원인에 따라 공동상속인 **전원**의 **인감증명서**와 그 인감을 날인한 **상속재산분할협의서**를 첨부정보로 제공하여야 한다(선례 202408-1). 상속재산 전체를

		일괄하여 분할할 필요는 없으며 상속재산 중 일부만 먼저 분할하고 나머지를 다시 협의하여 분할해도 무방하다. ④ **상속재산분할협의의 효력**은 피상속인의 사망 시로 소급한다(민법 1015). 상속재산 분할에 의해 법정상속지분을 초과하여 상속하더라도 그 초과분은 다른 공동상속인의 권리를 승계하는 것이 아니고 피상속인으로부터 직접 승계하는 것으로 본다. 따라서 협의상속등기를 하기 위해서 법정상속등기를 선행할 필요는 없다. ⑤ **협의분할에 의한 상속**등기나 **조정분할에 의한 상속**등기나 **심판분할에 의한 상속등**기 모두 협의의 성질을 가지고 있다. **3) 상속포기** 상속인은 상속개시 있음을 안 날로부터 3월 내에 가정법원에 상속포기를 할 수 있으며, 상속포기는 소급하여 효력이 있다(민법 1019, 1041, 1042). **상속을 포기한 자**는 소급하여 상속인이 아닌 것으로 되므로 상속등기신청권이 없다.
	2. 요건	
	3. 범위	**(1) 물리적 일부만에 대한 상속등기(소유권)** (법 29.2, 규칙 52.10) − × **(2) 상속지분만에 대한 상속등기(소유권)** (법 29.2, 규칙 52. 7) − × **1) 단독상속인 경우** ① 자기지분 전부 − ○ (2/2) ② 자기지분 일부 − × (1/2) **2) 공동상속인 경우(공동상속인이 수인인 경우)** ① 상속인 모두 함께 신청하거나 ② 상속인 중 1인이 전원을 위하여 상속등기를 신청할 수는 있으나(민법 265但) ③ 상속인 중 1인의 지분만에 관한 상속등기를 신청할 수 없다(법 29.2, 규칙 52.7). ④ 상속인 중 1인이 전원을 위하여 상속등기를 신청할 때에는 신청서에 상속인 전원을 표시하고 나머지 상속인의 주소 및 주민등록번호 등을 증명하는 정보를 제공하여야 한다. **(3) 중복 − ×** **(4) 농지 − ○**
	4. 효과	
II. 개시 (법 22)	**1. 모습**	상속, 법인의 합병, 그 밖에 대법원규칙으로 정하는 포괄승계에 따른 등기는 등기권리자가 단독으로 신청한다(법 23③).
	2. 전자 (법 24①2) (규칙 67)	
	3. 신청의무	① 부동산에 관한 매매, 증여, 공유물분할 등 법률행위로 인한 물권의 득실변경은 등기하여야 그 효력이 생긴다(민법 186). ② 이와 달리 상속, 공용징수, 판결, 경매, 그 밖의 법률규정에 의한 물권변동은 등기 없이도 효력이 발생한다. 다만 등기제도는 실체관계에 부합하는 권리관계를 공시하

		는 것이 목적이므로 권리의 변동과정도 공시할 필요가 있다. 따라서 법률규정에 의한 물권취득이라 하더라도 처분을 하기 위해서는 반드시 등기를 하도록 함으로써 물권변동의 과정을 공시하고 있다(민법 187). ③ 공동상속인이 수인인 경우 상속인 모두 함께 신청하거나, 상속인 중 1인이 전원을 위하여 상속등기를 신청할 수는 있으나(민법 265), 공동상속인 중 일부가 자신의 상속지분만에 대한 상속등기를 신청한 경우는 허용되지 아니한다(법 29.2, 규칙 52.7). ④ 결론적으로, 1) 일정한 기간 내에 상속등기를 할 의무는 없으나. 2) 처분하기 위하여는 상속등기를 먼저 경료하여야 하는 의무가 있고, 3) 공동상속인 중 1인은 모두 함께 신청하거나 적어도 전원을 위하여 등기를 신청하여야 하는 간접적인 신청의무가 있다고 볼 수 있다.
III. 신청 절차	**1. 신청인** (법 23)	**(1) 당사자 본인** 상속, 법인의 합병, 그 밖에 대법원규칙으로 정하는 포괄승계에 따른 등기는 등기권리자가 단독으로 신청한다(법 23③). **1) 법정상속(공동상속)** **가. 공동상속인이 수인인 경우** ① 상속인 모두 함께 신청하거나 ② 상속인 중 1인이 전원을 위하여 상속등기를 신청할 수는 있으나(민법 265但) ③ 상속인 중 1인의 지분만에 관한 상속등기를 신청할 수 없다(법 29.2, 규칙 52.6). **나. 공동상속인 중 1인이 행방불명된 경우** ① 행방불명된 자에 대하여 실종선고를 받지 않는 한 그 자를 포함하여 법정상속등기를 신청하여야 한다. ② 마찬가지로, 위 행방불명된 상속인에 대한 실종선고를 받지 않는 한 그 자를 제외하여 협의분할을 할 수 없고, 공동상속인 중 일부는 법정상속분에 따라 공동상속인 전원의 상속등기를 신청할 수 있다. **2) 협의상속** ① 협의분할을 통하여 상속을 받는 자가 상속등기를 신청할 수 있다. ② 협의를 통해 상속을 받지 않는 자는 등기를 신청할 수 없으므로 등기신청인이 될 수 없다. ③ **협의분할**에 의한 상속등기를 신청하는 경우 **공동상속인 중 1인**은 공유물의 보존행위로서 등기신청서에 공동상속인 전원을 표시하여 다른 상속인의 상속지분에 대해서도 등기를 신청할 수 있다(선례 제202411-4호). (이 경우 다른 상속인의 위임 없이도 가능하며, 이 경우 등기를 신청한 상속인에게만 등기필정보 및 등기완료통지를 하고, 등기를 신청하지 아니한 나머지 상속인에게는 등기완료통지만 하는 것으로 법과 규칙이 개정됨)

3) **상속포기**

① 상속을 포기한 경우에는 소급하여 상속인이 아닌 것으로 되므로 상속등기신청권이 없다.

② 상속포기자는 등기신청권이 없으므로 상속등기를 신청할 수 없고, 그 소유권을 취득한 상속인만이 등기를 신청할 수 있다.

③ 상속포기자는 나머지 공동상속인을 위하여 상속등기를 신청할 수도 없다.

④ 상속포기자의 채권자도 상속포기자를 대위하여 상속등기를 신청할 수 없다.

4) **한정승인**

① **한정승인**은 상속으로 인하여 취득할 재산의 한도에서 피상속인의 채무를 변제할 것을 조건으로 상속을 승인하는 제도로서, 상속인의 상속권(등기신청권)은 소멸되지 않는다.

② 채무자인 상속인이 한정승인을 한 경우라 하더라도 상속인은 상속등기를 신청할 수 있으며, 마찬가지로 채권자는 대위에 의한 상속등기를 신청할 수 있다.

③ 또한, 상속인이 한정승인 또는 포기를 할 수 있는 기간 내라도 상속인의 채권자는 대위에 의한 상속등기를 신청할 수 있다.

5) **대습상속**

① 상속인이 될 직계비속 또는 형제자매가 상속개시 전에 사망하거나 결격자가 되어 그 직계비속 또는 배우자에게 대습상속이 발생한 경우에는 신청서의 등기권리자 성명란에 피대습자의 성명, 대습의 원인 및 연월일을 기재한 후 대습자의 성명을 기재한다.
(피상속인의 직계비속으로 공동상속인 김갑동, 김을동 중 김을동이 피상속인 사망 전에 사망한 경우 : 김갑동, 공동상속인 김을동 2017.10.8.사망 대습자 이미정, 김경주)

② 상속개시 전에 재혼한 배우자는 인척관계가 소멸되어 민법 제1003조 제2항 배우자에 해당하지 않으므로 대습상속권이 인정되지 않는다.

③ 대습상속의 원인이 상속결격인 경우에는 상속의 결격을 증명하는 서면을 첨부하여야 한다.

6) **상속결격자**

① 상속결격자가 있는 경우에는 신청서의 등기권리자 성명란에 상속결격자의 성명 및 상속결격의 뜻을 기재하여야 한다.
(예시 : 공동상속인 김결격 민법 제1004조 제1호의 사유 상속결격)

② 상속결격자의 대습상속인이 있는 경우에는 상속결격자의 성명 및 상속결격 뜻의 기재 후 위와 같이 각 대습상속인에 관한 사항을 기재한다.

7) **기타**

피상속인 명의의 소유권이전등기가 그의 사망 후에 마쳐진 것으로 기록된 경우라도 상속인은 그 등기에 기초한 상속등기를 신청할 수 있다.

(2) **제3자**

1) **대리**

법무사 등 자격자대리인이 상속등기를 대리하여 신청할 수 있다.

2) 대위

가. 부동산등기법상 대위등기

① 수용에 따른 소유권이전등기와 대위등기(법 99③)

② 관공서의 체납처분에 의한 압류와 대위등기(법 96)

나. 채권자의 대위에 의한 상속등기

(가) 경매신청 등을 위한 일반 채권자의 대위 상속등기

① 상속등기를 하지 아니한 부동산에 대하여 가압류결정이 있을 때 가압류채권자는 그 기입등기촉탁 이전에 먼저 대위에 의하여 상속등기를 함으로써 등기의무자의 표시가 등기기록과 부합하도록 하여야 한다(법 29.7).

② 대위원인 : **"○년 ○월 ○일 ○○지방법원의 가압류 결정"**이라고 기재한다.

③ 대위원인증서 : 가압류결정의 정본 또는 그 등본을 첨부한다.

④ 가압류, 가처분, 경매개시결정 등의 처분제한등기를 촉탁하는 경우에는 체납처분에 의한 압류등기의 촉탁과는 달리 집행법원이 대위촉탁할 수 있는 법적 근거가 없다. 따라서 신청채권자(등기권리자)로 하여금 대위신청하도록 한 후 처분제한의 등기를 촉탁하고 있다.

(나) 경매신청 등을 위한 근저당권자의 대위 상속등기

① 근저당권설정자가 사망한 경우에 근저당권자가 임의경매신청을 하기 위하여 근저당권의 목적인 부동산에 대하여 대위에 의한 상속등기를 신청할 수 있다(법 29.7).

② 대위원인 : **"○년 ○월 ○일 설정된 근저당권의 실행을 위한 경매에 필요함"**이라고 기재한다.

③ 대위원인증서 : 당해 부동산의 등기사항증명서를 첨부한다.
다만, 등기신청서 첨부서류란에 **"대위원인을 증명하는 서면은 ○년 ○월 ○일 접수번호 제○○호로 본 부동산에 근저당권설정등기가 경료되었기에 생략"**이라고 기재하고 첨부하지 않아도 된다.

(3) 기타(경매분할을 명한 경우)

상속인 간에 상속재산협의분할이 이루어지지 않아 법원이 상속재산의 경매분할을 명한 경우, 동 심판은 상속재산의 현물분할을 명한 것이 아니므로 동 심판에 따른 협의분할 상속등기를 할 수 없고, 동 심판에 따른 경매신청을 하기 위하여서는 법정상속등기가 선행되어야 하며, 법정상속등기가 이미 등기된 등기를 동 심판서의 주문에 기재된 상속비율로 경정등기신청을 할 수 없다(선례 8-191).

2. 신청정보 (규칙 43)	일반적 (규칙 43)	신청서 표제 부동산 표시 등기원인 (연월일)	(1) 일반적인 경우 법정상속 : **"○년 ○월 ○일 상속"** 협의분할 : **"○년 ○월 ○일 협의분할에 의한 상속"** 조정분할 : **"○년 ○월 ○일 조정분할에 의한 상속"** 심판분할 : **"○년 ○월 ○일 심판분할에 의한 상속"** (피상속인의 사망일) (2) 1959.12.31. 이전에 상속이 개시된 경우 등기원인을 '호주상속' 또는 '유산상속'으로 한다.

	└ 등기목적	(3) 1960.1.1. ~ 1990.12.31. 상속이 개시된 경우 등기원인을 '재산상속'으로 한다. (4) 하나의 상속등기사건에 2개의 등기원인이 있는 경우 ① 즉 상속개시 후 그 상속 등기를 하기 전에 상속인 중 한 사람이 사망하여 또다시 상속이 개시된 경우에는 상속개시일자를 순차로 모두 신청정보로 하여 1건으로 상속등기를 신청할 수 있다. ② 하나의 상속등기사건에 2개의 등기원인이 있는 경우에 등기원인란에는 먼저 개시된 원인과 연월일을 기재하고, 후에 개시된 상속 원인은 신청인 표시란에 "공동상속인 중 ○○○는 ○년 ○월 ○일 사망하였으므로 상속"이라고 기재하고 그 상속인을 표시한다(예규 57). (5) 사망일자가 특정일자가 아닌 경우 피상속인의 사망일자가 호적부에 "특정일자"가 아닌 "기간(○○년 ○○월 상순경)"으로 기재되어 있다고 하더라도, 그 기간 중에 어떠한 일자로 특정하여도 상속인의 범위 및 상속지분 등이 달라지지 아니한다면, 등기관은 다른 각하사유가 없는 한 당해 상속등기 신청을 수리할 수 있을 것이다(선례 제202207-1호). "소유권이전"
개별적	┌ 이전할 지분	상속등기 목적 대상이 지분인 경우 그 이전할 지분을 신청정보의 내용으로 제공한다.
	└ 신청인	상속인이 수인인 경우 공동상속인 전원을 기재하고, 상속인별로 상속지분을 반드시 기재하고 상속분이 같을 때에도 또한 같다.
3. 첨부정보 (규칙 46) / 일반적 (규칙 46)	┌ 등기원인 관련	(1) 등기원인증명(규칙 46①1) 1) 상속증명서면 가. 피상속인 – ① 기본증명서 ② 가족관계증명서 ③ 친양자입양관계증명서 ④ 제적등본 ⑤ 입양관계증명서는 「가족관계의 등록 등에 관한 법률」의 개정으로 2010년 6월 30일부터는 자의 가족관계증명서의 부모란에 양부모만을 부모로 기록하고, 친생부모는 양부모와 함께 자의 입양관계증명서에 기록하는 것으로 변경됨에 따라 2순위 이하의 상속인이 등기권리자가 되어 상속등기를 신청할

때에는 2순위 상속인(직계존속 중 친생부모 + 양부모)을 확인하기 위하여 추가로 피상속인의 입양관계증명서를 첨부하여야 한다(선례 9-213).

나. 상속인 – ① 기본증명서
② 가족관계증명서

2) 상속재산분할협의서

가. 의의

① 상속재산의 협의분할은 상속이 개시되어 공동상속인 사이에 잠정적 공유가 된 상속재산에 대하여 그 전부 또는 일부를 각 상속인의 단독소유로 하거나 새로운 공유관계로 이행시킴으로써 상속재산의 귀속을 확정시키는 것으로 그 성질상 재산권을 목적으로 하는 행위이다(대판 2001.2.9, 2000다51797).

② 분할금지의 유언이 없는 한 언제든지 협의 가능하다(민법 1013).

③ 상속이 개시된 때 소급하여 효력이 발생한다(민법 1015). 따라서 법정상속등기를 선행할 필요는 없다.

④ 이 경우 상속재산분할협의서, 상속인 전원의 인감증명을 제공한다.

나. 분할협의에 참여할 수 있는 자

(가) 당사자 본인

① 상속재산분할협의에는 반드시 상속인 전원이 참석하여야 한다.

② 공동상속인 중 상속을 포기한 자가 있는 경우 그러한 자는 상속포기의 소급효로 처음부터 상속인이 아니었던 것으로 되므로 상속을 포기한 자까지 참여한 상속재산분할협의서 및 상속을 포기한 자의 인감증명을 첨부정보로서 등기소에 제공할 필요는 없으나, 상속을 포기한 자에 대하여는 법원으로부터 교부받은 상속포기신고를 수리하는 뜻의 심판정본을 제출하여야 한다(선례 202006-1).

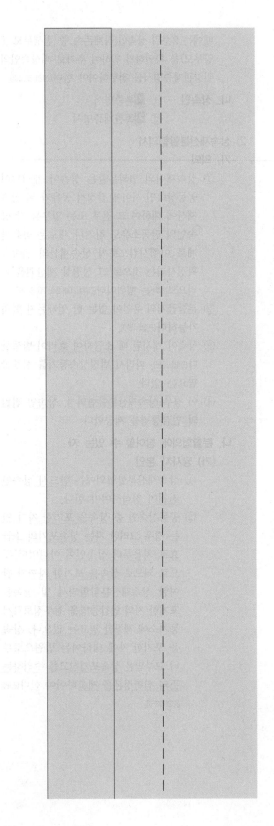

③ 행방불명된 상속인에 대한 실종선고를 받지 않는 한 그 자를 제외하고 협의분할을 할 수 없다.

④ 포괄적 유증을 받은 자는 상속인과 동일한 권리의무가 있으므로(민법 1078), 포괄수증자도 협의분할에 참여할 수 있다.

(나) 대리인

가) 임의대리

① **상속재산협의분할**은 본인이 직접 참여할 수도 있고, 대리인에게 분할협의를 위임할 수도 있다. 따라서 **분할협의 위임**은 본인이 미성년자가 아닌 한 공동상속인 중 1인에게 할 수도 있다(선례 4-26).

② 부동산의 상속재산분할협의권한을 대리인에게 수여한 경우에는 상속재산분할협의위임장을 첨부정보로 제공하여야 하며, ⓐ 분할대상 부동산과 ⓑ 대리인의 인적사항을 특정하여 작성하여야 한다.

③ 상속재산분할협의서를 작성할 때에는 협의권한을 위임받은 대리인이 본인의 대리인임을 현명하고 대리인의 자격으로 작성한다. 상속재산분할협의서에는 대리인의 인감을 날인하고 인감증명을 제공한다(규칙 60①6, ②). 다만, 공증으로 갈음할 수 있다(규칙 60④).

④ 상속재산분할협의 위임장, 본인의 인감증명서, 대리인의 자격으로 작성한 상속재산분할협의서 및 대리인의 인감증명서를 첨부서면으로 제출하여야 한다.

나) 법정대리

① 법정대리인은 미성년자의 승낙을 받을 필요 없이 법정대리인이 법률행위를 하므로 미성년자의 이익을 보호하기 위한 법적제도가 필요한바(민법 921), 친권자와 그 친권에 따르는 미성년자인 자 사이에 이

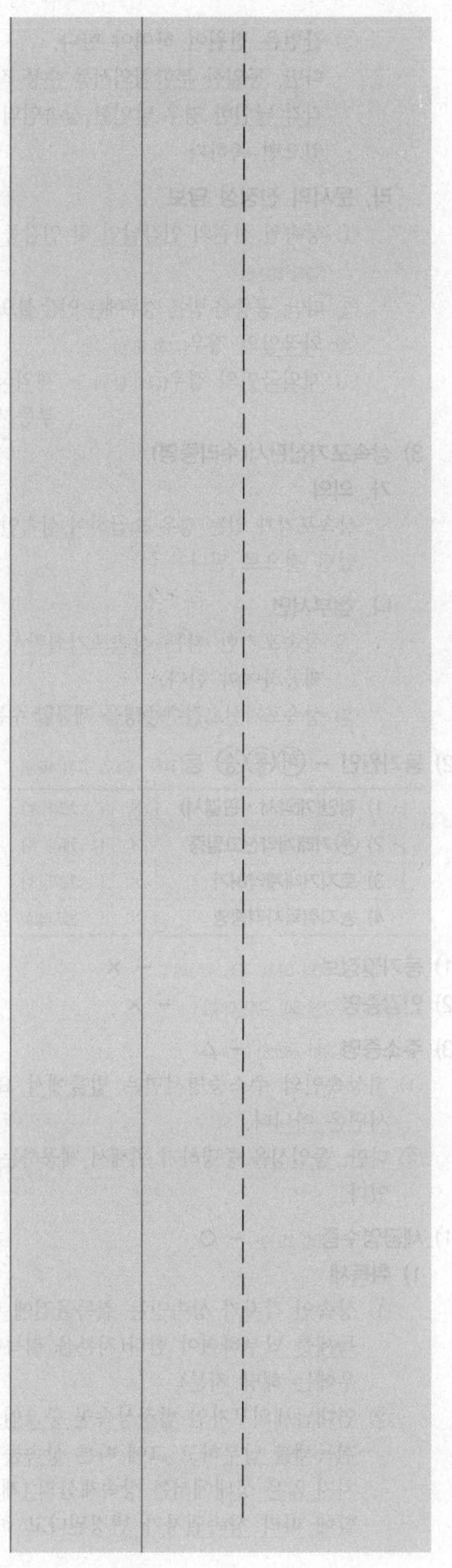

해상반되는 행위를 하는 경우에는 특별대리인을 선임하여야 한다.

② **상속재산 협의분할은** 그 행위의 객관적 성질상 상속인 상호 간의 이해의 대립이 생길 우려가 있는 민법 제921조 소정의 이해상반되는 행위에 해당한다.

③ 따라서 **공동상속인인 친권자**와 **미성년 사이**에 **상속재산 협의분할을 하게 되는 경우**에는 원칙적으로 특별대리인을 선임하여 상속재산의 협의분할을 하여야 하며, 이는 **친권자가 상속재산을 전혀 취득하지 않는다고 하더라도** 특별대리인을 선임하여야 한다.

④ 그러나 친권자가 **상속포기**를 한 경우, **이혼하여 상속권이 없는** 경우에는 특별대리인을 선임할 필요가 없다.

⑤ **미성년자가 수인**인 경우 미성년자와 친권자와 이해상반되는 경우에는 **미성년자 각자마다 특별대리인을 선임**하여야 한다.

⑥ 특별대리인을 선임한 경우 그 선임을 증명하는 정보(특별대리인 선임심판서)와 특별대리인의 인감증명도 함께 제공하여야 한다.

다. 작성방법

① 상속재산 분할협의는 상속인 전원이 참여하여야 하나, 반드시 한자리에서 이루어질 필요는 없고, 순차적으로 이루어질 수도 있다(대판 2001.11.27, 2000두9731).

즉 상속재산의 협의분할은 상속인 전원이 참석하여 그 협의서에 연명으로 날인하는 것이 바람직하나, 공동상속인의 주소가 상이하여 동일한 분할협의서(복사본이나 프린트 출력물 등)를 수통 작성하여 각각 날인하였더라도 결과적으로 공동상속인 전원이 분할협의에 참가하여 합의한 것으로 볼 수 있다면, 그 소유권이전등기신청을 수리하여도 무방하다(선례 8-192).

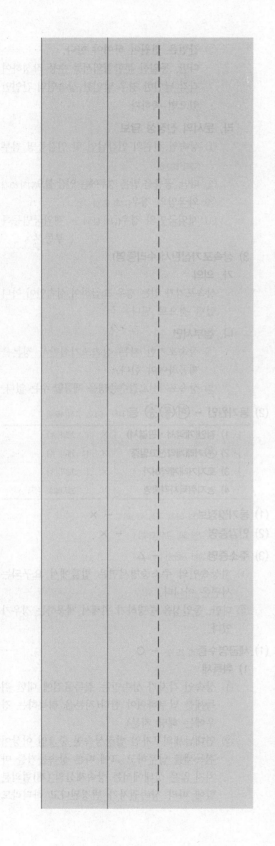

② 간인은 전원이 하여야 한다.
다만, 동일한 분할협의서를 수통 작성하여 각각 날인한 경우 날인한 상속인의 간인만 있으면 족하다.

라. 문서의 진정성 담보
① 상속인 전원의 인감날인 및 인감증명 첨부 [규칙 60①6]
② 다만, 공증을 받은 경우에는 인감 불요[규칙 60④]
③ 외국인의 경우[규칙 61④]
④ 재외국민의 경우[규칙 61③] – 재외국민등록부등본×

3) 상속포기심판서(수리증명)
가. 의의
상속포기가 있는 경우 소급하여 상속인이 아니었던 것으로 된다.

나. 첨부서면
① 상속포기한 자는 상속포기심판서 정본을 제공하여야 한다.
② 상속포기신고접수증명을 제공할 수는 없다.

(2) 등기원인 – ㉩㉧㉬ 등[규칙 46①2, 규칙 46③]

┌ 1) 검인(계약서 · 판결서)	×	[∵ 계약 ×]
├ 2) ㉥거래계약신고필증	×	[∵ 계약 ×]
├ 3) 토지거래계약허가	×	[∵ 계약 ×]
└ 4) 농지취득자격증명	×	[∵ 농지법상 취득 ×]

├ 의무자 관련

(1) 등기필정보[법 50②, 규칙 43①7] – ×
(2) 인감증명[규칙 60, 규칙 61②] – ×
(3) 주소증명[규칙 46①6] – △
① 피상속인의 주소증명서면은 법률에서 요구되는 서면은 아니다.
② 다만, 동일성을 증명하기 위해서 제공하는 경우가 있다.

├ 권리자 관련

(1) 세금영수증[법 29.10] – O
1) 취득세
① 상속인 각자가 상속받는 취득물건에 대한 취득세를 납부하여야 한다(지분을 취득하는 경우에는 해당 지분).
② 연대납세의무자인 법정상속인 중 1인 이상이 취득세를 납부하고 그에 따른 상속등기를 마치지 않은 상태에서는 상속재산의 (재)협의분할에 따라 상속권자가 변경된다고 하더라도

새로운 취득세 납부의무가 발생하는 것은 아니므로 종전에 납부한 취득세영수필확인서를 첨부하여 상속등기를 신청할 수 있다.

2) 국민주택채권

① 소유권이전 & 근저당권이전 － ○
② 상속등기말소 후 다시 상속등기 － ○
(원인무효)
③ 상속등기 후 협의분할 경정 － ○
(지분 증가부분만)
④ 관공서 압류 대위 상속등기 － ○
⑤ 사업시행자 수용 대위 상속등기 － ○
⑥ 상속등기 경정(등기관 착오 포함) － ×
⑦ 농업인 영농목적 상속등기 － ×
⑧ 납세담보제공목적물에 저당권 － ×
(상속세연부연납허가결정)

(2) 주소증명(규칙 46①6)

① 새로 등기명의인이 되는 상속인의 주소를 증명하는 정보를 제공한다.
② **협의분할에서 상속을 받지 않는 자**는 제공할 필요가 없다.
③ **상속을 포기한 자**는 제공할 필요가 없다.
④ 상속인의 주소를 기입하기 위하여 주소를 증명하는 정보는 반드시 제공하여야 하므로, 현재 유효한 **주민등록표등본·초본을 발급받을 수 없는 경우**
ⓐ 가족관계등록부상의 등록기준지
ⓑ 제적등본상의 본적지를 주소지로 상속등기를 신청할 수 있다.

(3) 번호증명(규칙 46①6, 법 49)

① 새로 등기명의인이 되는 상속인의 번호를 증명하는 정보를 제공한다.
② 따라서 **주민등록번호를 부여받은 적이 없고 부동산등기용등록번호를 부여받을 수도 없다면** 이를 소명하여 번호를 제공(병기)하지 않고서도 상속등기를 신청할 수 있다.

부동산 관련

(1) 대장, 그 밖의 정보(규칙 46①7) **－ ○**

(2) 지적도·도면

신청인자격 관련

개별적

(1) 특별기여자가 있는 경우

피상속인을 특별히 부양하거나 피상속인의 재산의 유지 또는 증가에 **특별히 기여한 자**가 있는 경우에는 그 자의 기여분을 공동상속인의 협의로 정하거나, 협의가 되지 아니하거나 협의할 수 없을 때에는 기여자가 가정법원에 상속재산의 분할 및 기여분에 관하여 심판청구를 하여 결정된 심판서에 따라 상속등기를 할 수 있다.

(2) 특별수익자가 있는 경우(민법 1008)

공동상속인 중에 피상속인으로부터 **자기의 상속분을 초과하여 증여를 받은 특별수익자**가 있는 경우 위 특별수익자를 제외한 나머지 공동상속인들이 그들 명의로 상속등기를 신청함에 있어서는 특별수익자에게는 상속분이 없음을 증명함에 족한 서면(**판결** 또는 위 **특별수익자가 작성하고 그의 인감증명서를 첨부한 확인서**)을 첨부하여야 한다. 위 판결의 이유 중에 망인으로부터 피고들이 생전증여로 받은 특별수익으로 인해 상속개시 시에 피고들에게는 상속분이 없음이 명시되어 있는 경우라면 이러한 판결은 피고들에게 상속분이 없음을 증명하는 정보가 될 수 있다(선례 201803-4).

(3) 상속결격자가 있는 경우

① 민법 제1004조 각 호에 의한 **상속결격자가 있는 경우**에는 결격사유를 증명하는 내용이 담긴 판결등본 등을 결격사유를 증명하는 서면으로 제출하여야 한다. 이 경우 등기관은 판결**주문**뿐만 아니라 판결**이유**를 **고려**하여 결격사유의 존부를 심사하여야 한다.

② 예컨대, 공동상속인 중 1인이 피상속인인 직계존속을 살해함으로써 민법 제1004조 제1호에 의하여 상속결격자가 되었고 위 존속살인 범행이 대법원판결에 의하여 유죄로 확정된 경우, 나머지 공동상속인이 상속등기를 신청함에 있어서는 위 상속결격자에 대한 결격사유를 증명하는 서면으로 존속살인 범행에 대한 유죄의 사실심 판결등본과 대법원판결등본을 첨부하여야 하지만 그 이외에 별도의 확정증명원까지 첨부할 필요는 없다(선례 4-359).

Ⅳ. 실행 절차	**1. 접수 · 배당**	
	2. 조사	**(1) 등기관의 심사** 등기관은 등기기록, 신청서 및 첨부서면과 별지 등을 참고하여 다음 각 호의 상속관계 등을 조사하고 그 일치 여부 등을 심사하여야 한다.

<table>
<tr><td></td><td colspan="2">

1. 피상속인과 등기기록의 권리자 일치 여부
2. 피상속인의 사망여부 및 사망일자(적용법 확인)
3. 상속인의 범위
4. 상속방법(협의분할 또는 법정상속) 등

(2) 관련 판례(대결 94마2116)

상속을 증명하는 시, 구, 읍, 면의 장의 서면 또는 이를 증명함에 족한 서면과 관계법령에 기한 상속인의 범위 및 상속지분의 인정은 등기공무원의 형식적 심사권한의 범위 내라고 할 것이므로, 위와 같은 서면과 관계법령에 의하여 인정되는 정당한 상속인의 범위 및 상속지분과 다른 내용으로 상속등기를 신청하였을 경우 등기공무원으로서는 신청 내용이 확정된 판결의 내용과 동일하다고 하더라도 위 등기신청을 각하하여야 한다.
</td></tr>
<tr><td>3. 문제O</td><td colspan="2">부동산표시변경사항이 존재하나 부동산표시변경등기를 하지 않은 상태에서 등기명의인이 사망한 경우 상속인은 법 제29조 제11호 규정에도 불구하고 부동산표시변경등기를 생략하고 상속등기를 선행할 수 있다.</td></tr>
<tr><td>4. 문제×
(법 48)</td><td>일반적 (법 48)
┌ 표제부
├ 갑구
│
├ 을구
└ 등기형식</td><td>① 등기원인과 그 연월일은 신청정보와 동일하다.
② 상속인이 2인 이상인 경우에는 공유지분을 기록한다.</td></tr>
<tr><td>5. 완료 후</td><td>┌ 등기완료 통지 법 30 (규칙 53)
├ 등기필정보 통지 법 50 (규칙 106~110)
│
├ 소유변경 통지 법 62 (규칙 120)
└ 과세자료 제공 법 63 (규칙 120)</td><td>공유자 중 일부가 「민법」 제265조 단서에 따른 공유물의 보존행위로서 공유자 전원을 등기권리자로 하여 권리에 관한 등기를 신청한 경우
① 신청한 상속인에게는 등기필정보 및 등기완료통지를 한다.
② 다른 상속인에게는 등기필정보를 작성・통지하지 아니하고 등기완료통지만 한다.</td></tr>
<tr><td>V.
기타</td><td colspan="2">

[상속등기 전 다른 등기원인이 발생한 경우의 상속등기 선행여부]

1. 상속등기를 선행할 필요가 없는 경우

① **부동산등기법 제27조**에 따라 상속인이 등기를 신청하는 경우
(예 **임대차 계약 체결 후 임대인이 사망**한 경우에 집행법원이 망 임대인 소유 명의의 부동산에 관하여 상속관계를 표시하여 「주택임대차보호법」 제3조의3에 따른 **임차권등기의 기입을 촉탁**한 경우)
② **가등기**를 마친 후에 가등기권자(또는 가등기의무자)가 **사망**한 경우 가등기에 의한 **본등기**
③ 가등기명의인이 **사망**한 후에 상속인이 **가등기의 말소**를 신청하는 경우
④ **피상속인 소유 명의의 부동산**에 대하여 상속인을 등기의무자로 한 **처분금지가처분**등기의 촉탁에 기한 가처분기입등기의 경우
</td></tr>
</table>

⑤ 피상속인이 **유증**을 하고 사망한 경우(포괄유증·특정유증 불문하고 상속등기를 거치지 않고 유증자로부터 직접 수증자 명의로 등기를 신청)

⑥ **사망한 자**의 상속재산에 대한 **파산선고**결정 및 그에 따른 파산선고등기가 마쳐진 후 파산관재인이 형식적 경매를 신청하거나 **법원의 허가**를 얻어 **임의매각**에 따른 소유권이전등기를 신청한 경우

2. 상속등기를 선행하여야 하는 경우

① 상속인간에 상속재산협의분할이 이루어지지 않아 법원이 **상속재산의 경매분할**을 명하여 동 심판에 따른 **경매신청**을 하는 경우

② 저당권 설정등기 후 **경매신청 전**에 채무자인 목적물 소유자가 **사망**한 경우의 **경매기입등기촉탁**의 경우

③ 사망한 공유자의 상속인들에 대하여 **공유물분할판결**이 확정된 경우

④ **명의수탁자**가 **사망**한 후에 **신탁해지로 인한 소유권이전등기절차 이행판결**을 받은 경우

⑤ **피상속인 소유명의의 부동산**에 대하여 원인무효를 청구원인으로 한 소유권이전등기말소소송에서 **"상속인들은 원고에게 화해권고를 원인으로 한 소유권이전등기절차를 이행한다"**라는 **화해권고결정**이 확정된 경우

⑥ 민법 제245조의 규정에 의한 **취득시효 완성일**이 **등기부상 소유명의인의 사망일 이후**이고 **상속인들을 상대로 취득시효 완성을 원인으로 한 소유권이전등기절차 이행의 승소판결**을 받은 경우(취득시효 완성일 이후에 부동산 소유자가 사망한 경우 제외)

08 절 소유권경정 - 상속

	법	규칙
조문		
기출	1. [09 법무] 법정상속분대로 상속등기(공동상속인 甲, 乙)가 된 후 상속인 중 甲의 채권자A에 의하여 甲지분에 가압류등기가 마쳐졌다. 그런데 상속인 甲, 乙은 상속재산분할협의에 의하여 '乙'을 단독상속인으로 하려고 한다. 이 경우 등기신청에 필요한 첨부서면과 등기절차에 대하여 약술하시오. 20점 2. [16 법무] 법정상속등기 후에 상속재산에 대한 협의분할이 있는 경우의 등기신청 절차에 관하여 설명하시오. 20점	

Ⅰ. 서설

1. 서설[민법 1013]

(1) 의의

① 공동상속인은 (유언으로 금지하지 않는 한) **언제든지 협의**에 의하여 상속재산을 분할할 수 있다[민법 1013].

② 따라서 **상속등기가 마쳐진 후에도 협의분할 등**을 할 수 있고 그에 따른 **소유권경정**등기를 신청할 수 있다.

③ 이러한 소유권경정등기는 일부말소의미의 경정등기에 해당한다.

일부말소 의미의 경정등기는 경정등기라는 명칭을 사용하고는 있으나 그 실질은 말소등기(일부말소 의미)에 해당하는 것을 말하므로, 등기신청은 'ㅇㅇㅇ경정'의 방식으로 하게 되나 그 실행방식은 말소등기의 법리를 따라야 한다[법 57①].

따라서 그 등기를 함에 있어 등기상 이해관계 있는 제3자가 있는 때에는 신청서에 반드시 그 승낙서 또는 이에 대항할 수 있는 재판의 등본을 첨부하게 하여 부기등기의 방법으로 등기를 하여야 하고, 이해관계인의 승낙서 등이 첨부되어 있지 않은 경우에는 주등기로도 수리하여서는 아니 된다.

즉 승낙서 등이 제공된 경우에만 신청서를 수리하므로 그 승낙서 등은 위 경정등기의 수리요건이 된다.

④ 다만, 일부말소의미의 경정등기라 하더라도 **등기형식이 경정등기인 이상 경정등기의 요건을 갖추어야** 한다. 즉, 경정 전·후의 동일성이 인정되어야 한다.

(2) 취지

상속재산의 분할협의는 언제든지 할 수 있는바, 채권자의 대위신청으로 법정상속등기가 된 경우 협의를 불가능하다고 본다면 공동상속인의 의사에 반하게 되는 결과가 될 수 있으므로 이를 실체관계와 일치시키게 하기 위하여 상속등기의 경정등기를 허용하고 있다.

(3) 종류

1) 법정상속분에 따라 상속등기를 마친 후에 상속재산 협의분할 등이 있는 경우

① 법정상속등기 후 상속인 중 일부가 상속포기를 한 경우와 상속포기를 간과하고 법정상속등기를 한 경우

② 법정상속등기 후 상속인 중 일부가 상속결격자가 된 경우

③ 법정상속등기 후 상속인 중 일부에게 실종선고심판이 확정된 경우

④ 공동상속인 중 일부가 누락된 채 상속등기가 이루어진 경우

2) 상속재산 협의분할에 따라 상속등기를 마친 후에 그 협의를 해제한 경우
3) 상속재산 협의분할에 따라 상속등기를 마친 후에 그 협의를 해제하고 다시 새로운 협의분할을 한 경우

2. 법정상속분에 따라 상속등기를 마친 후에 상속재산 협의분할 등이 있는 경우

(1) 의의

① 상속재산의 협의분할은 언제든지 가능하므로 법정상속등기를 마친 후에도 원칙적으로 협의분할을 원인으로 하는 소유권경정등기도 가능하다. 그러나 상속재산의 협의분할은 반드시 전원이 참여해야 하는데, 공동상속인 중 1인이 사망한 경우도 협의분할을 할 수 있는지가 문제된다.

② **공동상속인 중 1인이 상속등기 ㉄ 사망한 경우**
피상속인의 공동상속인과 사망한 공동상속인의 상속인들이 협의분할하여 소유권이전등기를 할 수 있다.

예컨대 피상속인(甲)의 사망으로 상속이 개시된 후 상속등기를 경료하지 아니한 상태에서 공동상속인 중 1인(A)이 사망한 경우, 나머지 상속인들(B·C)과 사망한 공동상속인(A)의 상속인(a, b, c)들이 피상속인(甲)의 재산에 대한 협의분할을 할 수 있다(선례 7-178).

③ **공동상속인 중 1인이 상속등기 ㉅ 사망한 경우**
피상속인의 공동상속인과 사망한 공동상속인의 상속인들이 협의분할하여 소유권경정등기를 할 수 없다.

예컨대 피상속인(甲)의 사망으로 그 소유 부동산에 관하여 재산상속(법정상속분) 등기가 경료된 후, 공동상속인(A, B, C) 중 어느 1인(A)이 사망하였다면 그 공동상속등기에 대해서는 상속재산분할협의서에 의한 소유권경정등기를 할 수 없는바, 이는 위 B, C와 A의 상속인(a) 사이에 상속재산 협의분할을 원인으로 한 지분이전등기절차의 이행을 명하는 조정에 갈음하는 결정이 확정된 경우에도 마찬가지이다(선례 8-197).

> ① 민법 제1011조 제1항은 "공동상속인 중 그 상속분을 제3자에게 양도한 자가 있는 때에는 다른 공동상속인은 그 가액과 양도비용을 상환하고 그 상속분을 양수할 수 있다."고 규정하고 있는바, 여기서 말하는 '상속분의 양도'란 상속재산분할 전에 적극재산과 소극재산을 모두 포함한 상속재산 전부에 관하여 공동상속인이 가지는 포괄적 상속분, 즉 상속인 지위의 양도를 의미하므로, 상속재산을 구성하는 개개의 물건 또는 권리에 대한 개개의 물권적 양도는 이에 해당하지 아니한다.
> 따라서 공동상속인 중 일부가 상속재산인 임야 중 자신들의 상속지분을 양도한 경우, 이는 민법 제1011조 제1항에 규정된 '상속분의 양도'에 해당하지 아니하고 상속받은 임야에 관한 공유지분을 양도한 것에 불과하여, 다른 공동상속인에게 민법 제1011조 제1항에 규정된 상속분 양수권이 있다고 볼 수 없다(대판 2006.3.24, 2006다2179).
> ② 공동상속인(A, B, C, D, E)의 명의로 법정상속등기가 마쳐진 이후 경매절차에 의하여 공동상속인 중 1인(A)의 지분이 나머지 공동상속인 중 1인(B)에게 이전되었다면, 종전 공동상속인 전원(또는 A를 제외한 상속인들 전원)이 협의분할을 등기원인으로 하여 소유권경정등기를 신청하더라도 등기관은 이를 수리할 수 없다(선례 202108-2).
> ③ 상속등기 후에 그 공동상속인 중의 일부가 그 지분을 타인에게 이전한 경우에 협의분할로 인한 소유권경정등기를 하기 위해서는 **먼저 상속등기 후 이루어진 소유권이전등기를 정당한 말소사유에 의하여 말소**한 후 상속등기의 **경정등기를 하여야** 한다(예규 1835).

(2) 개시 – 공동신청

(3) 신청절차

1) 신청인 – 등기기록상 불이익을 받는 자가 의무자, 이익을 받는 자가 권리자가 되어 공동으로 신청한다[법 23①].

2) 신청정보

(가) 등기원인 및 그 연원일 – "○년 ○월 ○일(협의가 성립한 날) **협의분할**"
"○년 ○월 ○일(조정조서 기재일) **조정분할**"
"○년 ○월 ○일(심판의 확정일) **심판분할**"

↳ **등기원인을** 각각 '협의분할', '조정분할' 또는 '심판분할'로, **그 연월일을** 각각 협의가 성립한 날, 조정조서 기재일 또는 심판의 확정일로 한다.

(나) 등기목적 – "소유권경정"

(다) 경정할 사항

경정 전의 등기원인인 '상속'을 '**협의분할에 의한 상속**(조정분할에 의한 상속' 또는 '심판분할에 의한 상속)'으로,

경정 전의 등기명의인(A, B, C)을 협의분할(조정분할 또는 심판분할)에 따라 해당 부동산을 취득한 상속인으로 경정한다는 뜻(A, B)을 신청정보의 내용으로 제공한다.

3) 첨부정보

(가) 등기원인 관련 – ① 상속재산분할협의서(+상속인 전원의 인감) · 조정조서 · 상속재산분할 심판서[규칙 46①1, 60①6]
② ㉦㉢㉮ – ×

(나) 의무자 관련 – ① 등기필정보○ (C)
② 인감증명[규칙 60①1]

(다) 권리자 관련 – ① 종전 지분을 초과하여 취득하는 경우에는 취득세를 납부하여야 한다.
② 등기권리자가 새로이 등기기록에 기입되는 경우에는 주소 및 번호증명정보를 제공한다.

(라) 기타 – ① 등기상 이해관계인의 승낙서(+인감증명)를 제공한다[규칙 60①7].
② 승낙서를 제공한 경우에는 이해관계인의 등기를 직권으로 경정하거나 말소한다.

(4) 실행절차

1) 신청대상 등기

① 소유권의 경정등기는 부기등기로 기록하여야 한다[법 52.5].
② 등기관이 권리의 변경이나 경정의 등기를 할 때에는 변경이나 경정 전의 등기사항을 말소하는 표시를 하여야 한다[규칙 112.1].

2) 등기상 이해관계 있는 제3자 등기

① 이해관계인의 등기가 경정등기로 인하여 상실되는 지분만을 목적으로 하는 경우에는 이해관계인의 등기를 직권으로 말소한다.
② 가압류, 가처분 등 법원의 촉탁에 의한 처분제한의 등기를 직권으로 말소 또는 경정(일부말소 의미의)하는 경우 등기관은 지체 없이 그 뜻을 집행법원에 통지하여야 한다.

【 갑구 】		(소유권에 관한 사항)		
순위번호	등기목적	접수	등기원인	권리자 및 기타사항
2	소유권이전	2019년 5월 3일 제4000호	2019년 5월 1일 ~~상속~~	~~공유자~~ ~~지분 3분의 1~~ ~~이대한 701115-1201257~~ ~~서울특별시 서초구 강남대로 21(서초동)~~ ~~지분 3분의 1~~ ~~이민국 680703-1562316~~ ~~서울특별시 마포구 마포대로 25(공덕동)~~ ~~지분 3분의 1~~ ~~이거래 750614-1035852~~ ~~서울특별시 종로구 청덕궁길 105(원서동)~~
2-1	2번소유권 경정	2019년 6월 3일 제5000호	2019년 5월 27일 협의분할	등기원인 협의분할에 의한 상속 공유자 지분 2분의 1 이대한 701115-1201257 서울특별시 서초구 강남대로 21(서초동) 지분 2분의 1 이민국 680703-1562316 서울특별시 마포구 마포대로 25(공덕동)

3. 상속재산 협의분할에 따라 상속등기를 마친 후에 그 협의를 해제(법정상속)한 경우

(1) 의의

협의분할에 의한 상속등기 후 전원의 합의에 의하여 해제를 하는 경우에는 소유권경정등기를 신청할 수 있다.

(2) 개시 - 공동신청

(3) 신청절차

1) 신청인 - 등기기록상 불이익을 받는 자가 의무자, 이익을 받는 자가 권리자가 되어 공동으로 신청한다(법 23①).

2) 신청정보

(가) 등기원인 및 그 연원일 - **"○년 ○월 ○일(협의를 해제한 날) 협의분할해제"**

↳ 등기원인을 '협의분할해제'로,
그 연월일을 '협의를 해제한 날'로 한다.

(나) 등기목적 - **"소유권경정"**

(다) 경정할 사항

경정 전의 등기원인인 '**협의분할에 의한 상속**'을 '**상속**'으로,
경정 전의 등기명의인(A, B)을 법정상속분에 따라 해당 부동산을 취득한 상속인으로 경정한다는 뜻(A, B, C)을 신청정보의 내용으로 제공한다.

3) 첨부정보

(가) 등기원인 관련 - ① 협의해제증서(+ 상속인 전원의 인감)
② ㉻㉤㉦ - ×

(나) 의무자 관련 - (上同)

(다) 권리자 관련 – (上同)

(라) 기타 – (上同)

【 갑구 】			(소유권에 관한 사항)	
순위번호	등기목적	접수	등기원인	권리자 및 기타사항
2	소유권이전	2019년 5월 3일 제4000호	2019년 5월 1일 ~~협의분할에 의한 상속~~	~~공유자~~ ~~지분 2분의 1~~ ~~이대한 701115-1201257~~ ~~서울특별시 서초구 강남대로 21(서초동)~~ ~~지분 2분의 1~~ ~~이민국 680703-1562316~~ ~~서울특별시 마포구 마포대로 25(공덕동)~~
2-1	2번소유권 경정	2019년 6월 3일 제5000호	2019년 5월 27일 협의분할해제	등기원인 상속 공유자 지분 3분의 1 이대한 701115-1201257 서울특별시 서초구 강남대로 21(서초동) 지분 3분의 1 이민국 680703-1562316 서울특별시 마포구 마포대로 25(공덕동) 지분 3분의 1 이겨레 750614-1035852 서울특별시 종로구 창덕궁길 105(원서동)

4. 상속재산 협의분할에 따라 상속등기를 마친 후에 그 협의를 해제하고 다시 새로운 협의분할을 한 경우

가. 상속인 일부만이 교체되는 경우(동일성○)

(1) 의의

협의분할에 의한 상속등기 후 전원의 합의에 의하여 해제한 후 다시 재협의분할을 하는 경우에는 소유권경정등기를 신청할 수 있다.

(2) 개시 – 공동신청

(3) 신청절차

1) 신청인 – 등기기록상 불이익을 받는 자가 의무자, 이익을 받는 자가 권리자가 되어 공동으로 신청한다(법 23①).

2) 신청정보

(가) 등기원인 및 그 연원일 – "○년 ○월 ○일(재협의가 성립한 날) 재협의분할"

↳ 등기원인을 '재협의분할'로 그 연월일을 '재협의가 성립한 날'로 한다.

(나) 등기목적 – "소유권경정"

(다) 경정할 사항

경정 전의 등기원인은 신청정보의 내용으로 제공하지 않고, 경정 전의 등기명의인(A, B)을 재협의분할에 따라 해당 부동산을 취득한 상속인으로 경정한다는 뜻(A, C)을 신청정보의 내용으로 제공한다.

3) 첨부정보

(가) 등기원인 관련 – ① 협의해제증서 및 재협의를 증명하는 서면(+ 상속인 전원의 인감)

② ㉻㉾㉽ – ×

(나) 의무자 관련 – (上同)

(다) 권리자 관련 – (上同)

(라) 기타 – (上同)

【 갑구 】		(소유권에 관한 사항)		
순위번호	등기목적	접수	등기원인	권리자 및 기타사항
2	소유권이전	2019년 5월 3일 제4000호	2019년 5월 1일 협의분할에 의한 상속	공유자 ~~지분 2분의 1~~ ~~이대한 701115-1201257~~ ~~서울특별시 서초구 강남대로 21(서초동)~~ ~~지분 2분의 1~~ ~~이민국 680703-1562316~~ ~~서울특별시 마포구 마포대로 25(공덕동)~~
2-1	2번소유권 경정	2019년 6월 3일 제5000호	2019년 5월 27일 재협의분할	공유자 지분 2분의 1 이대한 701115-1201257 서울특별시 서초구 강남대로 21(서초동) 지분 2분의 1 이겨레 750614-1035852 서울특별시 종로구 창덕궁길 105(원서동)

나. 상속인 전부가 교체되는 경우(동일성⊥)

(1) 의의

① **경정등기는 현재 효력이 있는** 등기의 **일부**가 **원시적**인 사유로 실체관계와 **불일치**한 경우에 이를 일치시키는 등기이기 때문에, 경정 전・후의 동일성이 인정되어야 한다.

② **상속인 전원이 교체**되는 재협의를 하는 경우 소유권경정 전・후의 동일성이 인정되지 않으므로 상속등기의 경정등기를 할 수 없다.

③ **재협의 내용을 반영하고 싶으면** 기존 상속등기의 말소등기 및 새로운 상속등기(이전등기)를 신청하여야 한다.

(2) 개시

1) 기존 상속등기의 말소등기(법 23①)

(기존의 상속등기 명의인 A, B)등기의무자와, (재협의분할에 따라 해당 부동산을 취득하는 상속인 C)등기권리자가 공동으로 신청한다.

2) 새로운 상속등기(법 23③)

(재협의분할에 따라 해당부동산을 취득하는 상속인 C)신청인이 되어 단독으로 신청한다.

(3) 신청절차

1) 신청인

2) 신청정보

(가) 기존 상속등기의 말소등기[법 23①] – "○년 ○월 ○일(재협의가 성립한 날) 재협의 분할"
↳ 등기원인을 '재협의분할'로,
그 연월일을 '재협의가 성립한 날'로 한다.
등기목적은 '소유권이전등기말소'로 한다.

(나) 새로운 상속등기[법 23③] – "○년 ○월 ○일(피상속인이 사망한 날) 협의분할에 의한 상속"
↳ 등기원인을 '협의분할에 의한 상속'로,
그 연월일을 '피상속인이 사망한 날'로 한다.
등기목적은 '소유권이전'으로 한다.

3) 첨부정보

(가) 등기원인 관련 – ① 합의해제증서 및 재협의를 증명하는 서면(+ 상속인 전원의 인감)
② 허동승 – ×

(나) 의무자 관련 – ① 등기필정보 – 말소등기 / 상속(이전등기)
② 인감증명 – 상속재산분할협의서를 제공하는 경우[규칙 60①6]
등기상 이해관계인의 승낙서를 제공하는 경우[규칙 60①7]

【 갑구 】		(소유권에 관한 사항)		
순위번호	등기목적	접수	등기원인	권리자 및 기타사항
~~2~~	~~소유권이전~~	~~2019년 5월 3일 제4000호~~	~~2019년 5월 1일 협의분할에 의한 상속~~	~~공유자 지분 2분의 1 이태한 701115-1201257 서울특별시 서초구 강남대로 21(서초동) 지분 2분의 1 이민국 680703-1562316 서울특별시 마포구 마포대로 25(공덕동)~~
3	2번소유권이전등기말소	2019년 6월 3일 제5000호	2019년 5월 27일 재협의분할	
4	소유권이전	2019년 6월 3일 제5001호	2019년 5월 1일 협의분할에 의한 상속	소유자 이겨레 750614-1035852 서울특별시 종로구 창덕궁길 105(원서동)

II. 실행절차	
1. 접수·배당	
2. 조사	
3. 문제○	

<table>
<tr><td rowspan="2">4. 문제×
(법 48)</td><td>일반적
(법 48)</td><td>┌ 표제부
├ 갑구
├ 을구
│
└ 등기형식</td><td>① 등기원인과 그 연월일은 신청정보의 기재와 동일하다.
② 상속인이 2인 이상인 경우에는 공유지분을 기록한다.
③ 부기등기로 실행한다.
(1) 일반적인 권리변경등기(법 48, 법 52.5, 규칙 112 등)
1) 신청대상 등기(부기요건)
2) 등기상 이해관계 있는 제3자 등기 – 변동사항 없음
(2) 일부말소의미의 경정등기(법 57)
1) 신청대상 등기(수리요건)
2) 등기상 이해관계 있는 제3자 등기
가. 이해관계인의 등기를 말소하여야 하는 경우
나. 이해관계인의 등기를 경정하여야 하는 경우
다. 용익물권의 경우</td></tr>
<tr><td colspan="3">개별적</td></tr>
<tr><td>5. 완료 후</td><td colspan="3">┌ 등기완료 통지 법 30 (규칙 53) ○
├ 등기필정보 통지 법 50 (규칙 106~110) △ – 새로운 권리자가 기록되는 경우에만
├ 소유변경 통지 법 62 (규칙 120) ○
└ 과세자료 제공 법 63 (규칙 120) ○</td></tr>
<tr><td>Ⅲ.
처분 이의</td><td colspan="4">법 100 등</td></tr>
<tr><td>Ⅳ.
관련문제</td><td colspan="4">1. 상속포기
(1) 상속등기 전의 상속포기
① 상속인은 상속개시 있음을 안 날로부터 3월 내에 가정법원에 상속포기를 할 수 있으며, 상속포기는 소급하여 효력이 있다(민법 1019, 1041, 1042). 상속을 포기한 자는 소급하여 상속인이 아닌 것으로 되므로 상속등기신청권이 없다.
② 단독상속인 또는 공동상속인 전원이 상속을 포기한 경우에는 상속인 전원이 소급하여 상속권을 상실하기 때문에 차순위상속인에게 상속되는데, 이 경우 차순위상속인의 상속은 대습상속이 아니고 본위상속에 해당한다. 차순위상속인도 다시 상속을 포기할 수 있는데, 전원이 상속을 포기한 경우에는 차차순위상속인에게 순차적으로 상속된다고 할 것이다(선례 제201211-4호).
③ 상속인이 수인인 경우에 어느 상속인이 상속을 포기한 때에는 그 상속분은 다른 상속인의 상속분의 비율로 그 상속인에게 귀속되는 것이고(민법 1043) 포기한 상속인의 직계비속 또는 형제자매가 그 상속재산을 대습상속하는 것이 아니다(선례 제201211-4호).
④ 피상속인의 배우자와 자녀 중 자녀 전부가 상속을 포기한 경우, 「민법」 제1043조에 따라 상속을 포기한 자녀의 상속분은 남아있는 '다른 상속인'인 배우자에게 귀속되므로, 배우자가 단독상속인이 된다(선례 제202305-01호).
⑤ 피상속인(X)의 사망으로 상속이 개시된 후 상속등기를 마치지 아니한 상태에서 상속인 중 1인(A)이 사망하고 A의 상속인(a′)이 상속포기한 경우, A의 상속인(a′)은 X의 재산을</td></tr>
</table>

대습상속하는 것이 아니라 A를 거쳐 본위상속하는 것이고, 상속포기자는 처음부터 상속인이 아니었던 것으로 되는 것이므로, 결국 A의 상속인(a′)은 X를 상속할 수 없다(선례 제202307-4호).

따라서 X의 상속재산에 대한 상속재산분할협의의 당사자는 'X의 나머지 상속인들(B,C)'과 '상속포기자(a′)를 제외한 나머지 A의 상속인들(a″,a‴)(A의 상속인들 중 일부가 상속포기하였을 경우)' 혹은 'A의 후순위 상속인들(A의 상속인들 전부가 상속포기하였을 경우)'이라 할 것이다(선례 제202307-4호).

(2) 상속등기 후의 상속포기 – 소유권경정등기 또는 소유권말소등기

1) 등기된 상속인 중 일부포기(경정)

근저당자인 채권자가 사망한 채무자 명의의 부동산에 대하여 상속등기를 대위로 신청하여 공동상속인 전원의 명의로 그 등기를 마쳤으나, 이후 공동상속인 중 일부가 상속을 포기한 사실을 알게 되었다면 이 상속등기를 신청한 채권자는 이러한 사실을 증명하는 정보를 첨부정보로서 제공하여 그 상속등기에 대한 경정등기 또한 단독으로 대위신청할 수 있다(선례 201907-10).

> **관련 선례**
>
> 상속인들 전원이 상속포기를 하였으나 이를 간과하고 상속등기를 마친 경우 진정한 상속인으로의 등기목적 등(선례 제202309-7호)
>
> ① 채권자의 대위신청으로 상속등기를 마친 후 경매신청 전에 상속인들 전원의 상속포기 사실을 알게 된 경우 채권자는 위 상속등기를 말소함과 동시에 상속을 증명하는 서면을 첨부하여 진정한 상속인 명의로의 등기를 대위신청한 후 강제경매신청을 할 수 있다.
>
> ② 채권자(근저당권자)의 대위신청으로 상속인 갑, 을, 병 명의의 상속등기를 마친 후 임의경매개시결정등기가 기입되고 그 후 순차적으로 상속인들의 전부 또는 일부에게 각 가압류기입등기가 마쳐졌으나, 이미 을과 병이 상속포기한 사실이 밝혀진 경우, 권리자를 갑, 을, 병에서 갑으로 하는 권리자 경정등기를 할 수 있다. 다만 이는 경정등기라는 명칭을 사용하고는 있으나 그 실질은 말소등기(일부말소 의미의)이므로, 가압류권자의 승낙서 또는 이에 대항할 수 있는 재판서 등본을 첨부정보로 제공하여야 하고, 가압류권자의 승낙서 등이 첨부되어 있지 않은 경우 등기관은 그 등기신청을 수리할 수 없다.
>
> ③ 채권자의 대위 상속등기 후 상속포기가 있는 경우
>
> 가. 경매개시결정 전에 상속포기가 있었다면 진정한 상속인으로의 등기를 먼저 한 후 경매개시신청을 하여야 한다(「민법」 제187조 단서 참조).
>
> 나. 경매개시결정 후에 상속포기가 있었다면 상속포기로 상속인 지위를 소급하여 상실하거나 상속분이 소급하여 변동된다 하더라도 경매개시결정의 효력에 영향을 미칠 수 없다 할 것이므로, 진정한 상속인으로의 등기가 선행될 필요는 없다.

2) 등기된 상속인들 전부포기(말소)

상속등기 및 가압류등기가 마쳐진 후 공동상속인 전원이 상속을 포기한 경우 위 상속등기를 말소하고 진정한 상속인으로의 상속등기를 마치기 위해서는 가압류권자의 승낙서 또는

이에 대항할 수 있는 재판의 등본을 첨부정보로 제공하여야 한다. 만약 진정한 상속인이 가압류권자의 승낙서 또는 이에 대항할 수 있는 재판의 등본을 첨부정보로 제공할 수 없는 경우, 진정한 상속인은 '진정명의회복'을 등기원인으로 하는 소유권이전등기를 할 수 있을 것이다(선례 202311-2).

2. 한정승인과 소유권경정등기

한정승인은 상속으로 인하여 취득할 재산의 한도에서 피상속인의 채무를 변제할 것을 조건으로 상속을 승인하는 제도로서 한정승인을 하였다 하더라도 그 한정승인 전에 이미 이루어진 특정 부동산에 대한 상속인들의 협의분할 및 이를 원인으로 한 상속등기의 효력이 상실되는 것이 아니므로 한정승인을 원인으로 위 상속등기를 말소 또는 경정할 수 없다(선례 200901-3).

3. 실종선고와 소유권경정등기

공동상속등기가 경료된 후 공동상속인 중 **1인에** 대하여 **실종선고심판이 확정**되었는데 그 **실종기간이 상속개시 전에 만료**된 경우, 실종선고심판이 확정된 자에 대한 상속인(대습상속인)이 없고, 등기상의 이해관계인도 없다면 신청착오를 원인으로 하여 나머지 공동상속인들이 경정등기를 신청할 수 있다(선례 제6-414호).

4. 상속재산분할협의가 사해행위 취소의 대상이 된 경우

사해행위를 이유로 **상속재산분할협의를 취소**하고, 그에 따른 **원상회복으로 일부 상속지분에 관하여 소유권이전등기의 말소등기절차를 이행**하라는 **판결**에 따른 등기신청절차와 관련하여, 상속이나 상속재산분할 모두 피상속인이 사망한 때 효력이 발생할 뿐만 아니라, 상속이 개시된 후에도 상속인 중 1인이 상속을 포기하거나 결격자가 될 수 있으며, 상속인들은 상속재산을 언제든지 협의 분할할 수 있고, 공동상속인 중 1인 또는 피상속인(또는 상속인)의 채권자의 대위신청으로 마쳐진 공동상속등기가 다른 공동상속인의 의사에 반하거나 실체관계에 부합하지 아니하는 결과를 야기할 수 있으므로, 이와 같은 이유로 등기예규에서는 **상속등기의 경정등기를 폭넓게 허용**하고 있으며, 또한 **상속재산협의분할계약이 사해행위**라는 이유로 **상속재산협의분할계약을 취소**하고, 일부 **지분에 관하여 소유권이전등기의 말소등기절차를 이행**하라는 **판결**은 피상속인의 사망 당시 형성된 기존 상속등기의 하자를 시정하라는 의미이므로, 신청인이 위 판결에 따라 등기신청을 하는 경우에는 **소유권 일부 말소 의미의 경정등기**를 **신청**해야 한다(선례 202412-1).

5. 대습상속

재대습상속에 대해서는 명문의 규정은 없으나 「민법」 제1001조와 제1003조 제2항 규정에서 직계비속과 배우자에게 대습상속을 인정하고 있으므로, 대습상속인이 될 자에게 대습원인이 발생한 때에도 해석상 그 직계비속과 배우자에게는 재대습상속이 인정될 수 있을 것으로 보이지만, 이 경우에도 직계존속은 대습자가 될 수 없으므로, 재대습상속 또한 대습상속인이 될 자의 직계존속에게는 인정될 수 없으며, 이에 따라 대습상속인이 될 자가 피상속인보다 먼저 사망한 후 피상속인이 사망한 경우, 대습상속인이 될 자의 직계존속인 양부모는 재대습상속을 원인으로 소유권이전등기를 신청할 수 없을 것이다(선례 202411-5).

09 절 소유권이전 - 유증

	법	규칙
조문	민법 1060 (유언의 요식성) 민법 1065 (유언의 보통방식) 민법 1066 (자필증서에 의한 유언) 민법 1067 (녹음에 의한 유언) 민법 1068 (공정증서에 의한 유언) 민법 1069 (비밀증서에 의한 유언) 민법 1070 (구수증서에 의한 유언) 민법 1091 (유언증서, 녹음의 검인)	민법 1073 (유언의 효력발생시기) 민법 1078 (포괄적 수증자의 권리의무) 민법 1089 (유증효력발생전의 수증자의 사망) 민법 1093 (유언집행자의 지정) 민법 1094 (위탁에 의한 유언집행자의 지정) 민법 1095 (지정유언집행자가 없는 경우) 민법 1102 (공동유언집행) 민법 1103 (유언집행자의 지위)
기출	1. [13 법무] **미등기 부동산**을 **유증**받은 자가 자신을 소유명의인으로 하기 위한 등기신청절차에 관하여 설명하시오. 20점 2. [23 법무] 배우자와 사별한 고령의 甲은 성년인 자녀 A, B, C, D, E를 두고 있다. 甲은 자필증서에 의한 방식으로 유언집행자를 지정하지 아니하고 다음과 같은 유언("나의 재산 중에서 W건물은 乙(사회복지법인)에게 이전(유증)한다.")을 남기고 사망하였다(민법 제1066조에 따른 유언의 형식은 갖춤). 乙이 자격자대리인을 통하지 않고 직접 W건물에 대한 소유권이전등기를 받고자 할 때 신청인, 신청정보 및 첨부정보 등 등기신청절차에 대하여 설명하시오(단, 등기필정보는 멸실 등의 사유로 제공할 수 없음). 35점	

Ⅰ. 서설

1. 의의

(1) 의의(민법 1073, 민법 1078)

① **유증은** 유언자가 **유언**에 의하여 자신의 재산을 **사후**에 **무상으로 양도**하는 **단독행위**를 말한다.

② 수증자는 유언에 대하여 승인하거나 포기할 수 있다(민법 1074).

③ **유증의 효력은** 원칙적으로 유언자의 사망 시에 발생하며(민법 1073), 정지조건이 있는 경우에는 조건을 성취한 때, 기한이 있는 경우 기한이 도래한 때에 효력이 발생한다.

④ 유증의 가등기 - △
유증을 원인으로 한 소유권이전등기청구권보전의 가등기는 유언자가 사망한 후인 경우에는 이를 수리하되, 유언자가 생존 중인 경우에는 이를 수리하여서는 아니 된다.

(2) 취지 및 유언의 방식

① 유언은 상속과는 달리 유언자의 자유로운 의사를 존중하는 제도이며, 유언자의 단독의 의사표시이다.

② 따라서 유언자의 진의를 명확하게 하고 사후 분쟁의 방지를 위하여 그 형식을 엄격하게 할 필요가 있다.

③ 그러므로 「민법」에서는 유언의 방식을 **자**필증서(민법 1066), **녹**음(민법 1067), **비**밀증서(민법 1069), **공**정증서(민법 1068), **구**수증서(민법 1070) 5종으로 하고, 엄격한 요식행위로 제한하며 이에 위반된 경우 유언의 효력을 인정하지 않고 있다(민법 1060, 1065). 따라서 민법 제1066조의 요건을 구비하지 못한 자필증서(작성연월일, 주소,

성명, 날인의 누락)를 첨부하여 유증을 원인으로 하는 소유권이전등기를 경료받을 수는 없다(선례 5-334).

④ 또한 유언자의 진의를 보호하고 위조·변조를 방지하기 위하여 가정법원에 유언서를 제출하여 검인을 받아 등기신청 시에 제출하여야 한다. 다만, **공정증서의 경우에는 가정법원의 검인을 받을 필요가 없다**.

(3) 구별개념 - ① 유증(단독행위, 사망효력) vs 증여(계약, 계약효력)
② 유증(단독행위) vs 사인증여(계약, 사망효력)
③ 유증(유언자의 의사표시 - O) vs 상속(피상속인의 의사표시 - ×)

(4) 종류

1) 포괄유증

① 포괄유증은 유증자의 **재산의 전부** 또는 **비율적 일부**에 해당하는 부분의 유증을 의미한다. 예컨대 자신의 재산 전부 또는 3분의 1을 甲에게 유증한다고 하는 것은 포괄유증에 해당한다.

② **포괄유증은** 유증자의 재산이 수증자에게 포괄적으로 이전하며 **상속인과 동일한 권리의무**가 있다(민법 1078). 즉 이전등기 없이도 포괄수증자에게 소유권이 이전한다(민법 187).

③ 포괄유증은 상속과 동일한 법리가 적용되므로 포괄수증자는 미등기 부동산에 대해 직접 보존등기를 할 수 있으며, 등기된 부동산에 대하여 이전등기를 할 때에 **제3자의 허가서 등을 제공할 필요가 없다**.

2) 특정유증

① 특정유증은 유증자의 재산을 구체적으로 특정하여 유증하는 것을 의미한다. 예컨대 서울에 있는 아파트는 甲에게, 용인에 있는 임야는 乙에게 유증한다고 하는 것은 특정유증에 해당한다.

② 특정유증은 사망과 동시에 재산은 상속인에게 이전된 후 수증자에게 상속인에 대한 재산이전청구권만 발생한다. 즉 재산은 일단 상속인에게 포괄적으로 이전하고 그 후 상속인의 이행에 의하여 수증자에게 이전되는 것이다.

2. 요건

3. 범위

(1) 물리적 일부만에 대한 소유권이전등기(법 29.2) **- ×**

① 1필의 토지(또는 1개의 건물)의 **특정 일부만을 유증한다는 취지의 유언**이 있는 경우, 유언집행자는 유증할 부분을 특정하여 분할(또는 구분)등기를 한 다음 수증자 명의로 소유권이전등기를 신청하여야 한다.

② 특정유증의 수증자가 유증자의 사망 후에 1필의 토지(또는 1개의 건물)의 **특정 일부에 대하여 유증의 일부포기**(민법 1074)**를 한 경우**에도 유언집행자는 포기한 부분에 대하여 분할(또는 구분)등기를 한 다음 포기하지 아니한 부분에 대하여 유증을 원인으로 한 소유권이전등기를 신청하여야 한다.

(2) 지분에 대한 소유권이전등기 - O (포괄유증)

(3) 중복 - ×

(4) 농지 - O

4. 효과

	5. 관련 문제	① 유언자의 사망 전에 유언집행자가 먼저 사망한 경우 유증의 효력에는 아무런 영향이 없고, 상속인이 유언집행자가 된다. ② 유언자의 사망 전에 수증자가 먼저 사망한 경우 유증의 효력은 발생하지 않으므로, 유증을 등기원인으로 하는 소유권이전등기를 할 수 없다(민법 1089).
II. 개시 (법 22)	**1. 모습**	① 등기는 법률에 다른 규정이 없는 경우에는 등기권리자와 등기의무자가 공동으로 신청한다(법 23①). ② 따라서 유증을 원인으로 한 소유권이전등기는 **포괄유증**이나 **특정유증**을 **불문**하고 **공동**으로 신청하여야 한다. ③ 비록 **공정증서에 의한 유언인 경우에도** 등기의무자인 유언집행자가 유증을 등기원인으로 하는 소유권이전등기를 **단독**으로 신청할 수는 **없다**(선례 6-249). ④ 등기원인과 등기목적 등이 동일한 경우에만 일괄신청할 수 있으므로, **포괄적 수증자 이외에 유언자의 다른 상속인이 있는 경우**에는 유증을 원인으로 한 소유권이전등기와 상속을 원인으로 한 소유권이전등기를 각각 신청하여야 한다.
	2. 전자 (법 24①2) (규칙 67)	
III. 신청 절차	**신청특칙**	**(1) 미등기 부동산(소유권보존)** ① **포괄유증**을 받은 포괄수증자도 자기 명의로 직접 소유권보존등기를 할 수 있다(법 65.1). ② **특정유증**을 받은 특정수증자는 유언집행자가 상속인 명의로 소유권보존등기를 마친 후에 유증을 원인으로 한 소유권이전등기를 신청하여야 한다. **(2) 등기된 부동산(소유권이전)** ① **유증을 원인으로 한 소유권이전등기는 포괄유증**이든 **특정유증**이든 **불문**하고 모두 **상속등기를 거치지 않고** 유증자로부터 직접 수증자 명의로 등기를 신청할 수 있다. 다만 위 상속지분 중 일부에 대하여 제3자 명의의 가압류등기가 등기된 경우라면 가압류권자의 승낙서는 제공할 필요가 없이 유증을 원인으로 하는 소유권이전등기는 가능하나 가압류의 제한은 인수하게 된다(선례 4-395). ② 유증을 원인으로 한 소유권이전등기 전에 **상속등기가 이미 마쳐진 경우**에는 **상속등기를 말소하지 않고** 상속인으로부터 수증자에게로 유증을 원인으로 한 소유권이전등기를 신청할 수 있다. 즉 법정상속인이 수증자인 경우 상속등기를 유증을 원인으로 한 소유권이전등기로 경정하는 등기는 신청할 수 없고, 그 상속등기를 말소할 필요 없이 유언집행자와 수증자가 공동으로 상속인으로부터 수증자 앞으로 유증을 원인으로 한 소유권이전등기를 신청할 수 있다. 이 경우 수증자 중 일부가 공동상속인 중 일부에 해당하고 그가 유증받은 지분이 법정상속지분을 초과하는 경우라면 그 수증자의 상속지분을 제외한 나머지 지분에 대하여 위의 등기를 신청하여야 한다(선례 제201804-5호). ③ 다만, **상속등기가 경료되고 타인에게 소유권이 이전된 경우**에는 그 타인명의의 등기를 먼저 말소하여야만 유증을 원인으로 한 소유권이전등기를 신청할 수 있다.

<table>
<tr><td></td><td colspan="3">따라서 유증을 원인으로 한 소유권이전등기 전에 상속등기가 마쳐진 후 제3자인 재건축정비사업조합에게 신탁을 원인으로 한 소유권이전등기 및 신탁등기가 마쳐진 경우, 원칙적으로 유증을 원인으로 한 소유권이전등기를 신청할 수 없으나, 정당한 말소사유에 의하여 위 신탁등기가 말소되고, 상속인에게로 소유권이 회복된 경우에는 유증을 원인으로 한 소유권이전등기를 신청할 수 있다(선례 제202309-6호).</td></tr>
<tr><td>1. 신청인
(법 23)</td><td colspan="3">(1) 일반론
① 유증을 원인으로 한 소유권이전등기는 포괄유증이나 특정유증을 불문하고 유언집행자가 등기의무자, 수증자가 등기권리자로 하여 공동으로 신청하여야 한다.
② 유언집행자가 상속인인 경우에도 마찬가지이다.
(2) 유언집행자
① 지정 또는 선임에 의한 유언집행자는 상속인의 (법정)대리인으로 본다(민법 1103).
② 지정○ – 지정된 자(민법 1093, 1094)
③ 지정× – 상속인(민법 1095)
지정된 유언집행자가 없는 때에는 상속인이 유언집행자가 된다.
④ 유언집행자가 수인인 경우(유언집행자의 지정이 없어서 여러 명의 상속인들이 유언집행자가 된 경우를 포함한다)에는 그 과반수 이상이 수증자 명의의 소유권이전등기절차에 동의하면 그 등기를 신청할 수 있다(선례 제202203-1호). (상속인 6명이 공동유언집행자가 된 경우 4명 이상의 동의)
(3) 수증자
① 수증자는 개인뿐만 아니라 법인도 될 수 있다.
② 수증자가 수인인 포괄유증의 경우에는 수증자 전원이 공동으로 신청하거나 각자가 자기 지분만에 대하여 소유권이전등기를 신청할 수 있다.
③ 수증자가 여럿인 특정유증의 경우, 수증자 중 일부는 유언집행자와 공동으로 자기 지분만에 대하여 소유권이전등기를 신청할 수 있다(선례 제202205-1호).
④ 따라서 수증자 중 일부가 등기절차에 협력하지 않는 경우에는 그 자를 제외한 나머지 수증자들에 대한 지분만에 대하여 소유권이전등기를 할 수 있다.</td></tr>
<tr><td rowspan="6">2. 신청정보
(규칙 43)</td><td rowspan="4">일반적
(규칙 43)</td><td>신청서 표제</td><td></td></tr>
<tr><td>부동산 표시</td><td></td></tr>
<tr><td>등기원인
(연월일)</td><td>"○년 ○월 ○일 유증"
↳ 유증자가 사망한 날을 기재한다. 다만, 유증에 조건 또는 기한이 붙은 경우에는 그 조건이 성취한 날 또는 그 기한이 도래한 날을 신청정보의 내용으로 제공한다.</td></tr>
<tr><td>등기목적</td><td>"소유권이전"</td></tr>
<tr><td rowspan="2">개별적</td><td>이전할 지분</td><td>유증의 목적 대상이 지분인 경우 그 이전할 지분을 신청정보의 내용으로 제공한다.</td></tr>
<tr><td>신청인</td><td>① 수증자가 수인인 경우 지분을 신청정보의 내용으로 제공한다.
② 망 갑의 채권자인 A의 대위신청에 의하여 을, 병, 정을 등기명의인으로 하는 상속으로 인한 소유권이전등기가 마쳐진 경우에는 상속등기를 말소하지 않은 채로 상속인으로부터 수증자에게로 유증을 원인으로 한 소유권이전등기를</td></tr>
</table>

신청할 수 있고, 만일 과반수 이상(을, 병)이 수증자 명의의 소유권이전등기절차에 동의하는 경우에는 **등기신청서의 등기의무자란**에는 "**을, 병, 정, 유증자 망 갑의 유언집행자 을, 병**"을 표시하고 각 그들의 주소 등을 기재하면 될 것이다(선례 제202203-1호).

3. 첨부정보 (규칙 46)

일반적 (규칙 46)

┌ 등기원인 관련

(1) 등기원인증명(규칙 46①1)

1) 유언자의 사망 증명 - 유언자의 기본증명서 또는 제적 등본 등

2) 유언 증명(유언증서 및 검인조서 등 - ㉶㉯㉥㉲㉿)

① 유언증서가 **자필증서, 녹음, 비밀증서**에 의한 경우에는 유언검인조서등본을, **구수증서**에 의한 경우에는 검인신청에 대한 심판서등본을 제공하여야 한다. **공정증서**에 의한 경우에는 별도의 검인을 받을 필요가 없다.

② **유언증서에 가정법원의 검인이 되어 있는 경우에도** 등기관은 그 유언증서가 적법한 요건을 갖추지 아니한 경우에는 그 등기신청을 수리하여서는 아니 된다.

③ 검인기일에 출석한 상속인들이 "**유언자의 자필이 아니고 날인도 유언자의 사용인이 아니라고 생각한다**"는 등의 **다툼 있는 사실**이 **기재되어 있는 검인조서를 첨부한 경우**에는

㉠ 유언 내용에 따른 등기신청에 이의가 없다는 위 상속인들의 진술서(인감증명서 첨부) 또는

㉡ 위 상속인들을 상대로 한 유언유효확인의 소나 수증자 지위 확인의 소의 승소 확정판결문을 첨부하여야 한다.

㉢ 이는 상속인이 유언서의 효력을 다투는 경우에 상속인의 동의서를 첨부하도록 하여 차후 발생할 수 있는 분쟁을 방지하고 등기의 진정성을 확보하기 위한 것이다.

3) 조건성취를 증명하는 정보

유증에 정지조건 등이 붙은 경우에는 그 조건성취를 증명하는 서면을 각 제공하여야 한다.

(2) 등기원인 - ㉻㉮㉳ 등(규칙 46①2, 규칙 46③)

┌ **1) 검인(계약서 · 판결서)**	×	(∵ 계약 ×)
├ **2) ㉾거래계약신고필증**	×	(∵ 계약 ×)
├ **3) 토지거래계약허가**	×	(∵ 계약 ×)
└ **4) 농지취득자격증명**		① 포괄유증 - × (민법 1078) ② 특정유증 - △ (상속인 외 특정적 유증 限 제공)

[수증자]	포괄 유증	특정 유증
상속인	×	×
제3자	×	○

├ 의무자 관련

(1) 유언집행자의 자격을 증명하는 정보

① **유언으로 지정된 경우** – 유언증서

② **유언집행자의 지정을 제3자에게 위탁한 경우**

– 유언증서 & 제3자의 지정서(그 제3자의 인감증명 첨부)

③ **가정법원에 의해 선임된 경우** – 유언증서 및 심판서

④ **유언자의 상속인이 유언집행자인 경우**

– 상속인임을 증명하는 서면(가족관계등록사항별증명서)

(2) 등기필정보(법 50②, 규칙 43①7) – ○

① 유증자의 등기필정보를 신청정보의 내용으로 제공한다.

② 등기필정보를 멸실한 경우에는 법 제51조에 따르며, 유언집행자 또는 상속인을 확인한다.

③ **멸실 등의 사유로 이러한 등기필정보를 제공할 수 없는 경우**, 그 등기신청을 위임받은 자격자 대리인은 신청서에 등기의무자로 기재된 유언집행자로부터 등기신청을 위임받았음을 확인하고 그 확인한 사실을 증명하는 정보(**확인서면** 등의 확인정보)를 첨부정보로서 등기소에 제공할 수 있으며(법 51, 규칙 111), 만일 유언집행자 전원(A, B, C, D, E) 중 과반수인 3인(A, B, C)이 소유권이전등기를 신청하는 경우 신청서에 첨부된 **확인정보(확인서면)는 유언집행자의 과반수 이상**(A, B, C)의 **것이면 충분**하고 반드시 유언집행자 **전원**(A, B, C, D, E)의 것이 첨부될 필요는 **없다**(선례 제202202-3호).

(3) 인감증명(규칙 60, 규칙 62) – ○

1) 유언집행자가 지정된 경우 – 유언집행자의 인감증명

2) 상속인이 유언집행자인 경우 – 상속인의 인감증명

(4) 주소증명

실무상 유증자의 주민등록표초본(말소자)와 유언집행자의 주민등록표등본·초본을 제공한다.

├ 권리자 관련

(1) 세금영수증(법 29.10) – ○

(2) 주소증명(규칙 46①6) – ○

(3) 번호증명(규칙 46①6, 법 49) – ○

├ 부동산 관련

(1) 대장, 그 밖의 정보(규칙 46①7) – ○

(2) 지적도·도면

└ 신청인자격 관련

(1) 등기신청위임장(규칙 46①5) – ○

위임받은 법무사가 등기를 신청하는 경우이므로 등기신청

			위임장을 제공한다. **(2) 자격자대리인의 등기의무자확인 및 자필서명 정보**(규칙 46①8) – O 위임받은 **법무사**가 권리에 관한 등기를 공동으로 신청하는 경우이므로 등기의무자를 확인하고 **자필서명한 정보**를 제공한다.
		개별적	**[외국법에 따라 외국에서 작성된 외국인의 국내 부동산에 대한 유언 공정증서를 첨부정보로 제공하여 유증을 원인으로 한 소유권이전등기신청을 할 수 있는지 여부]** ① 아일랜드 국민인 갑이 그 나라에서 아일랜드 민법에 따라 그가 소유하는 국내 부동산에 관하여 공정증서에 의한 유언을 한 후 사망하였고, 이에 따라 유언집행자와 수증자가 공동으로 그 부동산에 대하여 유증을 원인으로 한 소유권이전등기를 신청하는 경우, 「국제사법」 제50조 제3항에 따르면 유언자가 유언 당시 국적을 가지는 국가의 법에서 정하는 방식에 따라 유언을 할 수 있으므로 아일랜드 민법에 따라 작성한 유언공정증서를 등기원인을 증명하는 정보로 제공할 수 있는바, 다만 이 공정증서에는 아일랜드 정부가 발행한 아포스티유(Apostille)를 붙여야 하고, 공정증서(아포스티유 포함)에 대한 번역문도 제공하여야 한다. ② 그리고 이러한 유언공정증서가 아일랜드 민법에 따라 적법하게 작성되었음을 소명하기 위하여 해당 법령의 내용과 그 번역문도 함께 제공하여야 한다(선례 201809-5).
IV. 실행 절차	**1. 접수·배당**		
	2. 조사		
	3. 문제O (법 29)	**(1) 유류분 침해** ① 피상속인의 직계비속, 배우자는 법정상속분의 2분의 1까지, 직계존속은 법정상속분의 3분의 1까지 유류분반환청구를 할 수 있는데(「민법」 제1112조), 상속개시 시를 기준으로 하여 피상속인의 유증 또는 증여가 위 유류분을 침해한 경우에 유류분을 가지는 상속인은 유류분의 반환청구를 행사할 수 있다. 상속등기 후에 이러한 유류분 반환청구가 인정되면 그 상속등기는 유류분 반환을 원인으로 한 소유권이전등기를 하여야 하고, 상속등기를 하기 전에 유류분 반환청구가 이미 인정되었으면 그 유류분이 인정되는 상속분에 따라 상속등기를 하여야 할 것이다. ② 이러한 유류분반환청구가 있는지 여부는 등기관이 알 수 없으므로 포괄적 수증자의 소유권보존등기 및 유증으로 인한 소유권이전등기 신청이 상속인의 유류분을 침해하는 내용이라 하더라도 등기관은 이를 수리하여야 한다. 상속인은 그의 유류분에 부족이 생긴 때에는 부족한 한도 내에서 그 재산의 반환을 청구할 수 있을 뿐이다(선례 2-329).	

(2) 유언증서

1) 엄격한 요식행위

유언증서에 가정법원의 검인이 되어 있는 경우에도 등기관은 그 유언증서가 적법한 요건을 갖추지 아니한 경우에는 그 등기신청을 수리하여서는 아니 된다.

2) 부동산의 기재

가. 유언증서에 특정된 부동산을 생전에 처분한 경우 – ○ (나머지 可)

수 개의 부동산을 유증하기로 하는 유언증서를 작성한 후 그 부동산 중 일부를 유증자가 생전에 처분한 경우라도, 유증하기로 한 재산의 일부를 처분한 사실만으로 다른 재산에 대한 유언을 철회한 것으로 볼 수는 없으므로, **나머지 부동산**에 대하여는 유증을 원인으로 수증자 앞으로 소유권이전등기를 신청할 수 있다(선례 8-204).

나. 유증한 부동산의 일부 지분을 생전에 처분한 경우 – ○ (나머지 可)

갑이 **을에게 A부동산 전체를 유증하기로 하는 공정증서를 작성**한 후, 유증한 A부동산의 **지분 2분의 1을 병에게 증여하고 증여로 인한 소유권이전등기를** 마침으로써 A부동산의 소유권을 갑과 병이 2분의 1씩 공유하고 있는 경우, A부동산 전체를 을에게 유증하기로 한 공정증서 자체를 첨부정보로서 등기소에 제공하여 A부동산 갑 지분 2분의 1에 대하여 을을 등기권리자로 하는 소유권이전등기를 신청할 수 있을 것이다(선례 202212-2).

다. 소유권이전등기청구권을 유증한 후 유언자가 사망 전에 소유권을 취득한 경우 – ○

공정증서에 의하여 구분건물에 대한 소유권이전등기청구권을 특정유증한 후에 유증자 명의로 위 구분건물에 대해 소유권이전등기가 마쳐진 상태에서 유증자가 사망하여 위 구분건물이 상속재산 중에 존재하는 경우에는 위 구분건물 자체를 유증의 목적으로 한 것으로 보아야 할 것이므로 공정증서를 첨부정보로 하여 유언집행자 또는 상속인은 수증자와 공동으로 소유권이전등기를 신청할 수 있다(선례 제202302-01호).

라. 유언증서에 특정되지 않은 부동산 – △

① 유언증서에 수인의 **수증자들에 대한 수증 비율**과 **유증할 일부 부동산을 특정하여 기재**하면서 증서의 마지막 부분에 **"추기 : 위 부동산에 누락된 부분이 있다면 유언자 소유는 전부를 이 유언의 취지에 의하여 처리한다."** 라는 문구가 적시된 사실만으로는 위 유언증서에 의하여 포괄적으로 유증된 것이라고 단정할 수 없으므로, 위 서면에 기재되지 않은 부동산에 대한 소유권이전등기신청이 있는 경우 형식적 심사권밖에 없는 등기관은 등기신청을 수리할 수 없다(선례 8-211).

② 특정유증과 달리 상속재산의 전부 또는 비율에 의한 유증을 의미하는 포괄유증에 있어서는 유증 대상을 **"나의 모든 재산" 또는 "나의 모든 재산의 50%"와 같이 기재한 경우**에도 그 유언증서를 등기원인을 증명하는 정보로서 제공하여 유언자 소유명의의 모든 부동산에 대하여 유증을 원인으로 한 소유권이전등기를 신청할 수 있다(선례 201811-1).

마찬가지로, 유언증서에 "본인의 유고 시 자산은 ○○○에게 모두 귀속

<table>
<tr><td></td><td></td><td>됩니다." 라고만 기재하고 별도로 재산목록을 기재하지 않은 경우 유언자 명의의 모든 부동산에 대하여 유증을 원인으로 하는 소유권이전등기를 신청할 수 있다(선례 제202303-01).
3) 수증자의 기재 - 유언증서에 특정되지 않은 포괄수증자 - ×
갑 소유명의의 부동산에 대하여 "나의 모든 재산은 사회복지를 위하여 쓰여져야 한다. 유언집행자로 A와 B를 지명한다."라고 기재된 자필유언증서와 "위 상속재산 모두를 사회복지법인 ○○에 기부한다."라고 기재된 유언집행자들과 사회복지법인 ○○이 함께 작성한 기부합의서를 등기원인을 증명하는 정보로서 제공하여 유증을 원인으로 한 소유권이전등기를 신청한 경우, 포괄적 수증자가 유언증서에 특정되어 있지 않은 상태에서 (유언자가 유언집행자에게 포괄적 수증자를 선택할 권한을 위임한다는 내용 또한 유언증서에 명시되어 있지 않다면) 형식적 심사권밖에 없는 등기관으로서는 위 등기신청을 수리할 수 없다(선례 201811-1).</td></tr>
<tr><td rowspan="2">4. 문제×
[법 48]</td><td>일반적
[법 48]</td><td>┌ 표제부
├ 갑구 ① 등기원인과 그 연월일은 신청정보와 동일하다.
│ ② 유증자가 2인 이상인 경우에는 공유지분을 기록한다.
├ 을구
└ 등기형식</td></tr>
<tr><td>개별적</td><td></td></tr>
<tr><td>5. 완료 후</td><td></td><td>┌ 등기완료 통지 법 30 [규칙 53] ○
├ 등기필정보 통지 법 50 [규칙 106~110] ○
├ 소유변경 통지 법 62 [규칙 120] ○
└ 과세자료 제공 법 63 [규칙 120] ○</td></tr>
</table>

10 절 소유권이전 - 수용

<table>
<tr><th></th><th>법</th><th>규칙</th></tr>
<tr><td>조문</td><td>법 22 (신청주의)
법 23 (등기신청인)
법 99 (수용으로 인한 등기)</td><td>규칙 155 (등기촉탁서 제출방법)
규칙 156 (수용으로 인한 등기의 신청)
규칙 157 (등기를 말소한 뜻의 통지)</td></tr>
<tr><td>기출</td><td colspan="2">1. [14 행시] 수용으로 인하여 부동산의 소유권을 취득한 경우의 등기신청절차에 관하여 설명하시오. 20점
2. [24 행시] ① (특정 사실관계를 바탕으로)甲이 관련 법률에 따른 수용절차를 거친 후 해당 토지에 대하여 소유권이전등기신청을 한 경우 등기신청절차와 등기관의 조치에 대하여 설명하시오. 25점
② 해당 토지에 대한 수용절차가 사업인정고시(2023.4.10.) → 재결(2023.9.20.) → 수용의 개시일(2023.12.6.) 순으로 진행 중에 다음과 같은 사유가 발생한 경우 등기신청절차와 등기관의 심사에 대하여 설명하시오. 25점
가. 2023.6.20. 소유자가 乙에서 丙으로 변동된 경우
나. 2023.6.20. 소유자 乙이 사망한 경우
다. 2023.10.20. 소유자가 乙에서 丙으로 변동된 경우
라. 2024.1.20. 소유자가 乙에서 丙으로 변동된 경우</td></tr>
</table>

<table>
<tr><td rowspan="4">Ⅰ. 서설</td><td>1. 의의</td><td>(1) 의의[공익사업을 위한 토지 등의 취득 및 보상에 관한 법률 1] (약칭 '토지보상법')
① 수용은 공익사업에 필요한 타인의 특정한 재산권을 사업시행자를 위하여 보상을 하고 법률의 힘에 의하여 강제적으로 취득하게 하는 것을 말한다[토지보상법].
② 수용의 효력에 따라 사업시행자는 해당 토지를 원시취득하며[민법 187], 그 내용을 공시하기 위해 등기를 한다.
(2) 취지 - 공익사업
(3) 절차
① 사업인정 [토지보상법 20] 공익사업 필요여부, 국토교통부장관 결정
② 사업인정고시 [토지보상법 22]
③ 협의절차 [토지보상법 26]
④ 재결신청 [토지보상법 28]
⑤ 보상지급 [토지보상법 40]
⑥ 권리 취득, 소멸 [토지보상법 45] 수용개시일에 소유권을 원시취득하며, 다른 권리는 소멸한다.
⑦ 재결 실효 [토지보상법 42]</td></tr>
<tr><td>2. 요건</td><td></td></tr>
<tr><td>3. 범위</td><td></td></tr>
<tr><td>4. 효과</td><td></td></tr>
<tr><td>Ⅱ. 개시</td><td>1. 모습 (법 99)</td><td>① 수용을 원인으로 한 소유권이전등기신청은 사업시행자인 등기권리자가 단독으로 이를 신청할 수 있다[법 99①]. 협의에 의한 수용은 토지위원회의 확인까지 받아야지만</td></tr>
</table>

	(법 22)	단독으로 신청할 수 있다. ② **관공서**가 사업시행자인 경우에는 그 관공서가 소유권이전등기를 촉탁하여야 한다(법 99③). ③ 다만, 위와 같은 등기는 신청과 실질적으로 아무런 차이가 없으므로, **관공서는** 등기의 무자와 공동으로 신청할 수도 있다. ④ 부동산등기법에서 **관공서가 등기를 촉탁할 수 있는 경우**를 2개의 범주로 나눌 수 있는데 그 1은 관공서가 부동산에 관한 거래관계의 주체로서 등기를 요구하는 때이고, 그 2는 관공서가 당사자의 권리관계에 끼어들어가거나 참견하는 공권력의 주체로서 등기를 요구하는 때라고 하겠는데, **전자의 경우인 촉탁은** 신청과 실질적으로 아무런 차이가 없으므로 이 경우에 촉탁등기를 하라는 명문에도 불구하고 권리자와 의무자가 공동으로 등기를 신청함을 거부할 이유가 없다고 할 것이다(대판 1977.5.24, 77다206).
	2. 전자 (법 24①2) (규칙 67)	
	1. 신청인 (법 23)	① **수용을 원인으로 한 소유권이전등기신청**은 사업시행자인 등기권리자가 단독으로 이를 신청할 수 있다(법 99①). ② **[수용재결서에 기재된 사업시행자가 아닌 다른 자를 등기권리자로 하여 수용을 원인으로 한 소유권이전등기를 신청할 수 있는지 여부]** ○○시장이 비록 △△△도지사로부터 위임을 받아 생태하천 복원사업을 시행하는 경우라도 이 사업과 관련한 수용재결서에 사업시행자가 "○○시"로 기재되어 있다면 그 사업시행자가 수용의 개시일에 토지의 소유권을 취득하는 것이므로(공익사업을 위한 토지 등의 취득 및 보상에 관한 법률 제45조 제1항), 수용을 원인으로 한 소유권이전등기를 신청할 때에 등기권리자의 명의를 "△△△도"로 할 수는 없으며, "○○시"로 하여야 한다(선례 201907-3).
Ⅲ. 신청 절차	**2. 신청 정보** (규칙 43)	**일반적** (규칙 43) ┌ **신청서 표제** ├ **부동산 표시** ├ **등기원인 (연월일)**: **"○년 ○월 ○일 수용"** (수용의 개시일) **관련 선례** 수용개시일이 토·일·공휴일로 기재되어 있는 재결서를 첨부정보로 제공하여 수용을 원인으로 하는 소유권이전등기를 신청할 경우 신청서상 등기원인일은 '재결서상의 수용개시일'로 기재하여야 한다(선례 제202303-03호). └ **등기목적**: **"소유권이전"** **개별적** ┌ **존속할 권리** (규칙 156①): 수용으로 인한 소유권이전등기를 신청하는 경우에 수용위원회의 재결로써 존속이 인정된 권리가 있으면 이에 관한 사항을 신청정보의 내용으로 제공하여야 한다. └ **신청인**

3. 첨부정보 (규칙 46)

일반적 (규칙 46)

- 등기원인 관련
  - **(1) 등기원인증명**(규칙 46①1)
    - **1) 수용을 증명하는 정보**
      - **가. 협의성립에 의한 수용**
        - ① 수용위원회의 협의성립확인서
        - ② 협의성립의 공정증서와 그 수리증명서
        - ③ 수용으로 인한 소유권이전등기신청서에 협의서만 첨부한 경우에는 협의성립확인서를 첨부하도록 보정을 명하고, 이를 제출하지 않는 경우에는 등기신청을 수리하여서는 아니 된다.
      - **나. 재결에 의한 수용**
        - 수용위원회의 재결서등본
    - **2) 보상을 증명하는 정보**(규칙 156②)
      - ① 보상금수령증 원본(수령인의 인감증명은 첨부할 필요 없음, 보상금계좌입금청구서와 사업시행자의 계좌입금증을 제공할 수 있음)
      - ② 공탁서 원본
  - **(2) 등기원인 – (허)(동)(승) 등**(규칙 46①2, 규칙 46③)

1) 검인(계약서 · 판결서)	×	(∵ 계약 ×)
2) (부)거래계약신고필증	×	(∵ 계약 ×)
3) 토지거래계약허가	×	(∵ 계약 ×)
4) 농지취득자격증명	×	(∵ 농지법상 취득 ×)

- 의무자 관련
  - **(1) 등기필정보**(법 50②, 규칙 43①7)
  - **(2) 인감증명**(규칙 60, 규칙 61②)
  - **(3) 주소증명**(규칙 46①6) – ×
    - 기업자가 토지의 수용으로 인한 소유권이전등기를 신청하는 경우, 공탁서상의 피공탁자의 주소와 등기부상의 피수용자의 주소가 일치한다면 피수용자의 주소를 증명하는 서면은 첨부하지 않아도 된다(선례 6-260).
- 권리자 관련
  - **(1) 세금영수증**(법 29.10)
  - **(2) 주소증명**(규칙 46①6)
  - **(3) 번호증명**(규칙 46①6, 법 49)
- 부동산 관련
  - **(1) 대장, 그 밖의 정보**(규칙 46①7)
  - **(2) 지적도 · 도면**
- 신청인자격 관련

개별적

Ⅳ. 실행절차

1. 접수 · 배당

2. 조사	**(1) 형식적 심사** 수용으로 인한 소유권이전등기신청서에 **협의서만 첨부한 경우**에는 협의성립확인서를 첨부하도록 보정을 명하고, 이를 제출하지 않는 경우에는 등기신청을 수리하여서는 아니 된다(법 29.9).
3. 문제O (법 29)	**(1) 각하**(법 29.6. 7) [6호] ① 신청정보의 부동산의 표시가 등기기록과 일치하지 아니한 경우에는 각하하여야 한다. ② 따라서 먼저 부동산의 표시를 일치시키는 부동산표시변경 · 경정등기를 하여야 한다. [7호] ① 신청정보의 **등기의무**자의 표시가 등기기록과 일치하지 아니한 경우에는 각하하여야 한다. ② 따라서 먼저 등기의무자의 표시를 일치시키는 등기명의인표시변경 · 경정등기 또는 상속등기를 하여야 한다. [대위등기] ① 따라서 수용(법 99) 또는 체납압류(법 96)의 경우 대위에 의한 부동산표시변경등기 또는 등기명의인표시변경등기를 할 수 있다. ② 사업시행자는 등기명의인 또는 상속인에 갈음하여 **토지의 표시 또는 등기명의인의 표시변경**이나 경정, **상속으로 인한 소유권이전등기**를 「부동산등기법」 제28조에 의하여 대위신청할 수 있다. ③ 대위원인은 "○년 ○월 ○일 수용으로 인한 소유권이전등기청구권"으로 기재한다. ④ 대위원인을 증명하는 정보로 재결서등본 등을 첨부한다. 다만 소유권이전등기신청과 동시에 대위신청하는 경우에는 이를 원용하면 된다. **(2) 소유자변동** **1) [사업인정고시 전 + 포괄승계]** ① 토지의 등기기록상 소유명의인이 사망하였다면 상속인 명의로의 등기 여부와 관계없이 피상속인이 사망한 때에 상속인이 그 토지에 대한 소유권을 취득하는 것이므로(민법 187, 1005), 사업인정 고시 전에 소유명의인이 사망한 경우라면 사업시행자는 토지조서의 토지소유자란에 상속인을 기재하고 수용을 위한 협의단계에서 그 상속인과 협의해야 하며, 협의가 성립되지 아니하거나 협의를 할 수 없을 때에는 그 상속인을 그 토지의 소유자로 기재하여 재결을 신청하여야 한다. ② 따라서 등기원인을 증명하는 정보로서 제공하는 재결서등본에는 원칙적으로 그 상속인이 피수용자로 기재되어 있어야 한다. 다만 상속인의 존부가 분명하지 아니한 경우에는 이를 소명하는 자료를 첨부정보로서 제공하였다면 사망자가 피수용자로 기재된 재결서등본을 제공할 수 있으며, 이 경우 그 피수용자가 사망한 사실은 표시[예 홍길동(망)]되어 있어야 한다(선례 201910-1). **2) [재결 전 + 특정승계(매매)] : 경정재결O** ① 사업인정고시 후 **재결 전**에 **매매 등 특정승계**로 인한 소유권의 변동(甲 → 乙)이 있었음에도 사업인정 당시의 소유자를 피수용자로 하여 재결하고 그(甲)에게 보상금을 지급(공탁)한 후 소유권이전등기를 신청한 경우에는 등기신청을 수리하여서는 아니 된다.

② 이 경우 재결 당시의 소유자로 재결서상의 피수용자 명의를 **경정재결**(甲 → 乙)을 하고 **경정재결된 재결서상의 피수용자(乙)**에게 보상금을 지급(공탁)한 후 소유권이전등기를 신청하여야 한다[선례 2-336, 4-401].

3) **[재결 전 + 포괄승계(사망)]** : **경정재결×** (but. 먼저 상속등기/대위상속)

① 사업인정고시 후 **재결 전**에 등기기록상 **소유자(甲)가 사망**하였음을 간과하고 재결한 후 상속인(乙)에게 보상금을 지급(공탁)한 경우에는 재결서상의 피수용자를 상속인으로 하는 **경정재결을 받을 필요 없이** 수용에 의한 소유권이전등기를 신청(촉탁)할 수 있다.

② 이 경우에도 재결서의 경정이 필요하지 않은가 하는 의문이 들 수 있으나, 상속은 재산상의 권리의무를 포괄승계하므로 재결서의 경정은 필요치 않은 것으로 봄이 타당하다.

③ 이 경우 피상속인(甲)의 소유명의로 등기가 되어 있는 경우에는 대위에 의한 상속등기(甲 → 甲)를 먼저 한 후 소유권이전등기를 신청하여야 하므로 **상속등기를 하지 아니한 채** 소유권이전등기신청을 한 경우에는 이를 **수리하여서는 아니** 된다.

④ 사업시행자가 **대위등기를 할 수 있다는 근거규정**은 **부동산등기법 제99조 제2항**에서 규정하고 있다.

4) **[재결 후 + 특정승계/포괄승계]** : **경정재결×** – 수리○

① 원칙적으로 수용으로 인한 등기가 보존등기의 형식이 아니라 이전등기의 형식을 취하는 현행 제도하에서는 **등기기록상의 등기의무자(수용의 개시일 당시 소유명의인)** 및 **신청서**와 **등기원인증서(재결서)**의 등기의무자가 **일치하여야** 할 것이며, 종전소유자를 상대로 한 재결서(등기원인증서)를 첨부하여서는 그 이전등기를 촉탁할 수 없다.

② 그러나 **재결 후** 수용의 개시일 전에 **소유권이 변경**된 경우(甲 → 乙)에는 사업시행자는 보상금의 지급 또는 공탁을 조건부로 하여 수용의 개시일에 권리를 취득하지만 **재결이 있게 되면 그로써 수용의 절차는 형식적으로 종결**되므로 **재결 당시의 등기기록상 소유자(甲)를 재결서에 기재할 수밖에 없을 것**이고, 따라서 **재결서상의 피수용자(甲)에게 공탁을 한 후 그 공탁서(甲)와 재결서(甲)를 첨부하여 등기를 촉탁할 수 있다**고 하여야 할 것이다.

③ 다만 이 경우에도 **신청서**상의 등기의무자는 **수용의 개시일 당시의 등기기록상의 등기명의인(乙)을 표시할 수밖에 없다**고 할 것이며, **등기원인증서(재결서)**의 명의인(**피수용자 甲**)과는 **부합되지 않게** 되나 이는 **어쩔 수 없는 것**으로서 **법 제29조 제8호의 각하사유에 해당하지는 않는다**고 해야 한다.

④ 예컨대 등기기록상 토지소유자인 **甲을 피수용자**로 하는 **수용재결**을 하고 **甲에게 보상금을 지급(공탁)**하였으나 수용의 개시일 전에 甲에서 **乙로의 소유권이전등기**가 경료된 경우에는 사업시행자는 **재결서를 경정할 필요 없이** 신청서에 **乙을 등기의무자**로 하고 **甲을 당사자로 하는 재결서의 등본과 甲에게 보상금을 지급하였음을 증명하는 서면**을 첨부하여 토지수용을 원인으로 하는 소유권이전등기를 **촉탁할 수 있는 것**이다[선례 5-343, 5-151].

5) **[수용개시일 후 + 특정승계/포괄승계]** : 직권말소○

	(3) 재결 후 사업시행자의 변경 : 경정재결× - 별도로 사업시행자 변경증명 ① 수용위원회의 **수용재결이 있은 후 사업시행자가 변경**되어 새로운 사업시행자가 수용의 개시일까지 보상금을 공탁소에 공탁하거나 소유자에게 직접 지급하였다면 그 사업시행자는 일반적인 첨부정보 외에 재결서 등본, 보상금을 지급하였음을 증명하는 정보 및 사업시행자의 변경을 증명하는 정보를 첨부정보로서 제공하여 수용을 원인으로 한 소유권이전등기를 단독으로 신청할 수 있다. ② 수용재결 후 사업시행자의 변경은 재결의 경정사유에 해당하지 않으므로 경정된 재결서 등본을 첨부정보로 제공할 필요는 없다(선례 201803-7).	
4. 문제× (법 48)	**일반적** (법 48)	┌ **표제부** ├ **갑구** ├ **을구** └ **등기형식**
	개별적 (법 99④) (규칙 157)	**(1) 직권말소** 등기관이 수용으로 인한 소유권이전등기를 하는 경우 그 부동산의 등기기록 중 소유권, 소유권 외의 권리, 그 밖의 처분제한에 관한 등기가 있으면 그 등기를 직권으로 말소하여야 한다(법 99④ 본문). 다만 그 부동산을 위하여 존재하는 지역권의 등기 또는 수용위원회의 재결로써 존속이 인정된 권리의 등기는 그러하지 아니하다(법 99조④ 단서). 왜냐하면 수용으로 인한 소유권의 취득은 원시취득이기 때문이다. ① **수용의 개시일 ㉑ 등기된 소유권이전등기** - 직권말소× ② **수용의 개시일 ㉐ 등기된 소유권이전등기** - 직권말소○ (다만, 수용의 개시일 이전의 상속을 원인으로 한 소유권이전등기 - ×) ③ **소유권 이외의 권리** - 시간의 선후를 불문하고 직권말소○ (㉯㉯㉰㉱㉲㉳, ㉮㉮㉮, 압류등기, 예고등기 등) (다만, 그 부동산을 위하여 존재하는 지역권의 등기와 수용위원회의 재결에 의하여 존속이 인정된 권리 - ×)
5. 완료 후	┌ **등기완료 통지** 법 30 (규칙 53) ○ ├ **등기필정보 통지** 법 50 (규칙 106~110) ○ ├ **소유변경 통지** 법 62 (규칙 120) ○ └ **과세자료 제공** 법 63 (규칙 120) ○	
	특별한 통지 (법 99④) (규칙 157)	**규칙 제157조(등기를 말소한 뜻의 통지)** ① 법 제99조 제4항에 따라 등기관이 직권으로 등기를 말소하였을 때에는 수용으로 인한 등기말소통지서에 다음 사항을 적어 등기명의인에게 통지하여야 한다. 1. 부동산의 표시 2. 말소한 등기의 표시 3. 등기명의인 4. 수용으로 인하여 말소한 뜻 ② 말소의 대상이 되는 등기가 채권자의 대위신청에 따라 이루어진 경우 그 채권자에게도 제1항의 통지를 하여야 한다.

	6. 등기 후 사정변경	**(1) 사업시행계획 변동** 수용을 원인으로 한 소유권이전등기를 마친 부동산에 대하여 사업의 시행에 불필요한 토지임을 이유로 **사업시행계획이 변경되었다고 하더라도,** (위 수용의 재결이 실효되지 않는 한) 그 소유권이전등기의 말소등기를 신청할 수 없다(선례 200505-1). **(2) 재결의 실효를 원인으로 한 소유권이전등기의 말소신청 등** ① 수용의 재결이 실효된 경우에는 그 소유권이전등기는 재결의 실효를 원인으로 하여 말소하여야 하는데, 말소의 신청은 일반 원칙에 따라 등기의무자와 등기권리자가 **공동**으로 **신청**하여야 한다. ② 수용을 원인으로 소유권이전등기를 할 때에 단독신청을 인정하는 취지는 공익사업을 위한 등기이기 때문에 이러한 특칙을 주는 것인데 재결의 실효를 원인으로 말소를 하는 경우에까지 이러한 특칙을 인정할 것은 아니기 때문이다. ③ 공동신청에 의하여 수용으로 인한 소유권이전등기를 말소한 때에는 등기관은 수용으로 인한 소유권이전등기를 경료하면서 직권말소한 등기를 다시 직권으로 회복하여야 한다.
V. 처분이의	법 100 등	
VI. 관련문제	「공익사업을 위한 토지 등의 취득 및 보상에 관한 법률」 제75조(건축물등 물건에 대한 보상) ① 건축물·입목·공작물과 그 밖에 토지에 정착한 물건(이하 "**건축물 등**"이라 한다)에 대하여는 이전에 필요한 비용(이하 "**이전비**"라 한다)으로 **보상**하여야 한다. 다만, 다음 각 호의 어느 하나에 해당하는 경우에는 해당 물건의 가격으로 보상하여야 한다. 1. 건축물 등을 이전하기 어렵거나 그 이전으로 인하여 건축물등을 종래의 목적대로 사용할 수 없게 된 경우 2. 건축물 등의 이전비가 그 물건의 가격을 넘는 경우 3. 사업시행자가 공익사업에 직접 사용할 목적으로 취득하는 경우 ⑤ 사업시행자는 사업예정지에 있는 건축물 등이 제1항 제1호 또는 제2호에 해당하는 경우에는 관할 토지수용위원회에 그 물건의 수용 재결을 신청할 수 있다. **사업시행자가 건축물 등에 대하여 수용을 등기원인으로 하는 소유권이전등기 신청 시 제공하여야 할 재결서의 내용**(선례 202312-2) 1. 사업시행자가 공익사업에 **직접 사용할 목적**으로 '건축물 등'을 취득하여 수용을 등기원인으로 하는 소유권이전등기를 신청하기 위해서는 당해 건축물 등을 **'수용'하였음이 주문에 기재된** 재결서 등본을 첨부정보로 제공하여야 하고, **주문에 위와 같은 기재가 누락된 재결서 등본**을 제공한 경우 등기관은 당해 등기신청을 「부동산등기법」 제29조 **제9호**에 해당하는 것으로 보아 **각하**하여야 한다. 2. 사업시행자가 사업시행에 **방해**가 되는 **지장물**에 관하여 토지보상법 제75조 제1항 단서 제1호 또는 제2호에 따라 물건의 가격으로 보상(재결서 **주문**에 지장물을 '**이전하게 한다**'고 기재됨)한 후 지장물에 대한 소유권이전등기를 신청한 경우에는, **수용 절차를 거치지 아니한 이상** 사업시행자가 그 **보상만으로 당해 물건의 소유권까지 취득한다고 볼 수 없고,** 따라서 **등기원인을 증명하는 정보도 존재한다고 볼 수 없으므로,** 등기관은 당해 등기신청을 「부동산등기법」 제29조 **제9호**에 해당하는 것으로 보아 **각하**하여야 한다(선례 202312-2).	

11 절 공동소유

	법	규칙
조문	법 48 (등기사항) 법 67 (소유권의 일부이전) 법 68 (거래가액의 등기)	규칙 43 (신청정보의 내용) 규칙 46 (첨부정보) 규칙 105 (등기할 권리자가 2인 이상인 경우) 규칙 123 (소유권의 일부이전등기 신청) 규칙 125 (거래가액의 등기방법)
기출	[16 법무] 공유의 등기와 관련된 다음 물음에 답하시오. ① 공유물의 소유권보존등기에 대하여 설명하시오. 10점 ② 어느 공유자의 지분 일부에 대하여 근저당권의 등기를 한 후 그 공유자의 지분 일부에 대하여 권리이전의 등기를 하거나 다시 근저당권의 등기를 하는 경우 등기목적의 기록방법에 대하여 설명하시오. 20점 ③ 수인의 공유자가 수인에게 지분의 전부 또는 일부를 이전하는 경우의 등기신청 방법에 대하여 설명하시오. 10점	

Ⅰ. 공유물의 보존등기

1. 신청절차

(1) 신청인(신청방법)

① 공유자 중 1인이 자기의 지분만에 대하여 보존등기를 신청하는 것은 1부동산 1등기기록주의에 위반하게 되는 결과가 되므로 허용되지 아니한다(법 15, 29.2, 규칙 52.6).

② 따라서 대장상 공유자로 등록되어 있는 경우

ⓐ **공유자가** 모두 함께 신청하거나

ⓑ **그중 1인이** 공유자 전원을 위하여 소유권보존등기를 신청할 수는 있으나(민법 265但)

ⓒ **그중 1인이** 자신의 지분만에 관한 소유권보존등기는 신청할 수 없다(선례 4-288).

③ 1인이 공유자 전원을 위하여 소유권보존등기를 신청할 때에는 신청서에 공유자 전원을 표시하고 나머지 공유자의 주소 및 주민등록번호 등을 증명하는 정보를 제공하여야 한다.

④ 공유물의 보존행위는 각자가 할 수 있는바(민법 265但), 소유권보존등기는 공유물의 보존행위에 해당하기 때문에 공유자 중 1인이 신청할 수 있는 것이다.

⑤ 토지의 2분의 1 지분에 대하여 공유지분권확인의 판결을 받았다 하더라도 그 지분권만에 대한 소유권보존등기신청은 이를 할 수 없고, 공유자 전원의 지분권을 증명하는 서면을 첨부하여 1필의 토지 전부에 대한 소유권보존등기신청을 할 수 있을 뿐이다(선례 2-178).

(2) 신청정보 및 첨부정보

1) 대장상 지분이 기재되지 않은 경우

① 소유권보존등기는 원칙적으로 인감증명을 제공할 필요는 없다.

② 등기권리자가 2인 이상인 때에는 그 지분을 신청정보의 내용으로 제공하여야 하며(규칙 105①), 등기기록에도 기록하여야 한다(법 48④).

③ 건축물대장상 소유명의인이 공유로 등재되어 있으나 그 공유지분의 표시가 없는 경우에는 균등한 지분으로 추정되므로(민법 262②), 등기신청서에 균등한 지분을 기재하여 등기신청할 수 있으며, 이 경우 별도의 지분을 증명하는 정보를 제공할 필요가 없다.

④ 다만, **실제 공유지분이 균등하지 않다면** ⓐ 공유자 전원이 작성한 공유지분을 증명하는 서면과 ⓑ 실제의 지분이 균등하게 산정한 지분보다 적은 자의 인감증명을 첨부하여 실제의 지분에 따른 소유권보존등기를 신청할 수 있다(선례 제5-260호).

2) 대장상 지분이 기재된 경우

① 대장에 지분이 기재되어 있는 경우에는 위와 같은 방식으로 보존등기를 할 수 없고, 대장에 등록된 지분을 신청정보의 내용으로 제공하여야 한다.

② 따라서 신청정보의 내용 중 각 공유자의 지분을 건축물대장의 기재 내용과 다르게 제공하면 같은 법 제29조 제8호에 따라 각하된다(선례 제201907-9호).

③ 신축한 구분건물에 대하여 갑(1/2)과 을(1/2)이 공유자로 등록된 건축물대장정보를 첨부정보로서 제공하여 갑과 을을 공유자로 하는 소유권보존등기를 마쳤다면 실제 이 구분건물이 갑 단독소유인 경우라도 건축물대장이 갑 단독소유로 정정되지 않은 상태에서 단지 갑과 을이 작성한 확인서를 첨부정보로서 제공하여 갑 및 을 공유를 갑 단독소유로 경정하는 등기를 신청할 수는 없다. 다만, 이 경우에는 갑이 을을 상대로 갑의 단독소유임을 이유로 을 지분에 대하여 말소등기절차를 이행하라는 판결을 받아 갑 및 을 공유를 갑 단독소유로 하는 소유권경정등기를 신청할 수 있다.

2. 실행절차

권리자가 2인 이상인 경우 공유라면 권리자별 지분을 기록하여야 하고, 합유라면 합유인 뜻을 기록하여야 한다(법 48④).

3. 단독소유임에도 잘못하여 공유관계로 소유권보존등기가 된 경우 이를 바로잡는 방법(일부말소의미의 경정등기)

① 신축한 구분건물에 대하여 「부동산등기법」 제65조 제1호에 따라 갑(1/2)과 을(1/2)이 공유자로 등록된 건축물대장정보를 첨부정보로서 제공하여 갑과 을을 공유자로 하는 소유권보존등기를 마쳤다면 실제 이 구분건물이 갑 단독소유인 경우라도 건축물**대장이 갑 단독소유로 정정되지 않은 상태**에서 **단지 갑과 을이 작성한 확인서**를 첨부정보로서 제공하여 갑 및 을 공유를 갑 단독소유로 경정하는 등기를 신청할 수는 **없다**.

② 다만, 이 경우에는 갑이 을을 상대로 갑의 단독소유임을 이유로 **을 지분에 대하여 말소등기절차를 이행하라는 판결**을 받아 갑 및 을 공유를 갑 단독소유로 하는 소유권경정등기를 신청할 수 **있다**.

③ 이 경우 **이미 을구에 병 명의의 근저당권설정등기**가 마쳐졌다면 **병은** 등기상 이해관계 있는 제3자에 해당하므로, 병의 승낙이 있음을 증명하는 정보를 첨부정보로서 제공하여야 한다.

④ 이러한 신청에 따라 등기관이 갑 및 을 공유를 **갑 단독소유로 하는 소유권경정등기를 실행할 때에 직권**으로 **병 명의의 근저당권설정등기**에 대하여 **일부지분(1/2)에만 존속하는 것**으로 **경정등기**를 실행하여야 한다(선례 제201909-2).

⑤ 위의 구분건물에 대하여 이미 대지권등기가 마쳐졌다면 소유권보존등기에 대한 경정등기를 신청하기 위해서는 먼저 대지권을 말소하는 의미의 대지권경정등기를 신청하여야 한다(선례 제201909-2).

II. 공유지분 이전등기

1. 총설

공유지분의 이전등기는 ① 단독 소유권의 일부를 이전하여 공유로 하는 경우, ② 공유자 전원의 지분 전부를 1인에게 이전하는 경우, ③ 어느 공유자의 공유지분 전부를 이전하는 경우, ④ 공유지분 중의 일부를 이전하는 경우 등을 말하며, 이에 관한 등기목적의 기록방법에 관하여는 후술한다.

2. 등기의 목적의 기재방법

(1) 공유자인 갑의 지분을 전부 이전하는 경우

등기의 목적은 "갑지분 전부이전"으로 기재한다.

(2) 공유자인 갑의 지분을 일부 이전하는 경우

① 등기의 목적은 "갑지분 ○분의 ○ 중 일부(○분의 ○)이전"으로 기재하되, 이전하는 지분은 부동산 전체에 대한 지분을 명시하여 괄호 안에 기재하여야 한다.

〈예시〉 [갑지분 2분의 1 중 2분의 1을 을이 이전받는 경우]
"갑지분 2분의 1 중 일부(4분의 1) 이전"

② 다만 이전하는 갑의 지분이 별도로 취득한 지분 중 특정순위로 취득한 지분 전부 또는 일부인 경우, 가등기 또는 가압류 등 처분제한의 등기 등이 된 경우, 소유권 이외의 권리가 설정된 지분인 경우로써 이전되지 않는 지분과 구분하여 이를 특정할 필요가 있을 경우에는 이를 특정하여 괄호 안에 기재하여야 한다.

〈예시〉 "갑지분 ○분의 ○중 일부(갑구 ○번으로 취득한 지분 전부 또는 일부 ○분의 ○) 이전"
"갑지분 ○분의 ○중 일부(갑구 ○번으로 가압류된 지분 ○분의 ○) 이전"
"갑지분 ○분의 ○중 일부(을구 ○번 ○○권 설정된 지분 ○분의 ○) 이전"

(3) 같은 순위번호에 성명이 같은 공유자가 있는 경우

같은 순위번호에 있는 성명이 같은 공유자들 중 일부 공유자만이 그 지분 전부 또는 일부를 이전하는 경우에는 등기목적에 그 공유자를 특정할 수 있도록 다음 예시와 같이 해당 공유자의 주소를 괄호 안에 기록하여야 한다.

〈예시〉 "○번 ○○○지분 전부이전(갑구○번 ○○○의 주소 서울특별시 서초구 서초동 100)"

3. 공유자 지분의 기재방법

공유자의 지분이전 등기 시 각 공유자의 지분은 이전받는 지분을 기재하되, "공유자 지분 ○분의 ○"과 같이 부동산 전체에 대한 지분을 기재한다. 다만 수인의 공유자로부터 지분 일부씩을 이전받는 경우에는 이를 합산하여 기재한다.

〈예시〉 [갑지분 5분의 4 중 2분의 1을 을이 이전받는 경우]
"공유자 지분 5분의 2"
[갑지분 5분의 2 중 2분의 1과 을지분 5분의 1 중 2분의 1을 정이 이전받는 경우]
"공유자 지분 10분의 3"

4. 공유자의 지분 일부에 대한 저당권등기 등이 있는 경우

(1) 등기의 목적인 지분의 특정 표시

① 어느 공유자의 지분 일부에 대하여 저당권(근저당권을 포함한다. 이하 같다)의 등기를 한 후 그 공유자의 지분 일부에 대하여 권리이전의 등기를 하거나 다시 저당권의 등기를 하는 경우에는, 그 등기의 목적이 이미(선순위) 저당권이 설정된 부분인가 아닌가를 명백히 하기 위하여 등기신청서와 등기부의 '등기의 목적'을 다음과 같이 기재하여야 한다.

② 마찬가지로 공유토지 중 어느 공유자의 지분 일부에 대하여 가등기 또는 처분제한의 등기 등이 마쳐진 후 그 공유자가 나머지 지분의 전부 또는 일부에 대하여 소유권이전등기를 신청하는 경우에는 그 지분이 가등기 등이 된 지분인지 아닌지를 특정하여 신청하여야 한다.

1) 별도 순위로 각 취득등기를 한 지분 중 특정 순위로 취득한 지분 전부의 이전등기 또는 저당권설정등기를 하는 경우

가. 이전등기의 경우

"아무개 지분 얼마 중 일부(몇 번 지분)이전" 또는 "몇 번 아무개 지분 전부이전"

나. 저당권설정등기의 경우
"아무개 지분 얼마 중 일부(갑구 몇 번 지분) 저당권 설정" 또는 "갑구 몇 번 아무개 지분 전부 저당권 설정"

2) 특정 순위로 취득등기를 한 지분 중 일부의 이전 등기 또는 저당권설정등기를 하는 경우

가. 이전등기의 경우

가) 저당권이 설정된 부분인 때
"몇 번 아무개 지분 얼마 중 일부(을구 몇 번 저당권등기 된 지분) 이전"

나) 저당권이 설정되지 아니한 부분인 때
"몇 번 아무개 지분 얼마 중 일부(저당권등기 되지 아니한 지분) 이전"

다) 저당권이 설정된 부분과 설정되지 아니한 부분이 경합된 때
"몇 번 아무개 지분 얼마 중 일부(을구 몇 번 저당권등기 된 지분 얼마와 저당권등기되지 아니한 지분 얼마) 이전"

나. 저당권설정등기의 경우

가) 저당권이 설정된 부분인 때
"갑구 몇 번 아무개 지분 얼마 중 일부(몇 번 저당권등기 된 지분) 저당권 설정"

나) 저당권이 설정되지 아니한 부분인 때
"갑구 몇 번 아무개 지분 얼마 중 일부(저당권등기되지 아니한 지분) 저당권 설정"

다) 저당권이 설정된 부분과 설정되지 아니한 부분이 경합된 때
"갑구 몇 번 아무개 지분 얼마 중 일부(몇 번 저당권등기 된 지분 얼마와 저당권등기 되지 아니한 지분 얼마) 저당권 설정"

(2) 신청서에 등기의 목적인 지분을 특정 표시하지 아니한 경우의 처리

신청서에 위와 같이 지분이 특정되지 아니한 때에는, 그 흠결을 보정하지 않는 한, 「부동산등기법」 제29조 제5호(신청정보의 제공이 대법원규칙으로 정한 방식에 맞지 아니한 경우)의 규정에 의하여 신청을 각하한다.

(3) 신청서에 등기의 목적인 지분을 특정 표시하지 아니한 것을 간과하고 등기한 경우의 처리

① 그러나 등기관이 이를 간과하여 등기가 마쳐진 경우에도 그 등기는 직권말소할 것은 아니고, 당사자는 공동으로 그 기재를 보충(특정)하는 내용의 경정등기를 신청할 수 있다(이 때 등기상 이해관계 있는 제3자가 있으면 그의 승낙서를 첨부하여야 한다). 다만 이러한 경정등기가 되기 전에 다른 등기의 신청 또는 촉탁이 있을 경우에는 가등기 등이 되지 않은 지분이 이전된 것으로 처리될 것이다(선례 201208-1).

② 위 ①의 경우 경정등기신청이 없더라도 그 등기를 직권말소할 것은 아니며, 그 후 다른 등기를 함에 있어서는 위 등기가 그보다 앞서 경료된 저당권등기의 목적이 아닌 지분을 그 목적으로 하는 것이라고 보고 처리할 것이다.

③ 위 '(1)'의 기재를 하지 아니한 채 경료된 수 개의 저당권등기의 목적인 지분 합계가 저당권설정자의 전체 지분을 초과하는 경우

㉠ 앞서 설정된 저당권이 하나뿐인 때에는 그 초과부분은 앞서 설정된 저당권의 후순위 저당권으로 볼 여지가 있으므로 이를 그대로 두고 처리하되,

㉡ 앞서 설정된 저당권이 2개 이상인 때에는 그 초과부분은 앞서 설정된 저당권 중 어느 것의 후순위 저당권인지 등기부상 판별할 수 없으므로 그 초과부분의 저당권등기(전부가 초과되는 때에는 그 등기 전부)는 「부동산등기법」 제58조 및 제29조 제2호(사건이

	등기할 것이 아닌 경우)의 규정에 의하여 직권말소(일부말소의 경우는 말소 의미의 경정)하여야 할 것이다. **(4) 다른 등기에의 준용** ① 어느 공유자의 지분 일부에 대하여 저당권의 등기를 한 후 그 공유자의 지분 일부에 대하여 가등기 또는 압류·가압류·가처분 등 처분제한의 등기를 하는 경우에도, 위 '(1)' 내지 '(3)'에 준하여 처리한다. ② 어느 공유자의 지분 일부에 대하여 가등기 또는 처분제한의 등기를 한 후 그 공유자의 지분 일부에 대하여 위 '(1)'내지 '(4)'의 ①의 등기를 하는 경우에도, 위 '(1)' 내지 '(3)'에 준하여 처리한다.
Ⅲ. 수인과 수인의 거래	**1. 수인의 공유자과 수인의 공유자 간의 거래** ① **수인**의 공유자가 **수인**에게 지분의 전부 또는 일부를 이전하려고 하는 경우 **등기권리자별로 신청서를 작성**하여 제출하거나 또는 등기의무자별로 신청서를 작성하여 제출하여야 하며, 한 장의 신청서로 **일괄**신청한 경우 수리해서는 **아니** 된다. ② **거래가액 등기의 대상이 되는 소유권이전등기를 신청**할 때에 신고필증상 거래부동산이 2개 이상인 경우 또는 거래부동산이 1개라 하더라도 **여러 명**의 매도인과 **여러 명**의 매수인 사이의 매매계약인 경우에는 **매매목록**도 첨부정보로서 등기소에 제공하여야 한다(규칙 124②). ③ **매매**를 원인으로 한 소유권이전등기신청의 경우에는 부동산매수자란에 매수인의 성명(법인은 법인명)·주민등록번호 및 주소가 기재되어 있는 인감증명서(이하 **"부동산매도용 인감증명서"**라 함)를 첨부하여야 한다. **증여·교환 등 매매 이외**의 원인으로 인한 소유권이전등기신청의 경우에는 부동산매도용 인감증명서를 첨부할 필요가 없다. ④ 같은 등기소에 동시에 여러 건의 등기신청을 하는 경우에 첨부정보의 내용이 같은 것이 있을 때에는 **먼저 접수되는 신청에만 그 첨부정보를 제공**하고, **다른 신청에는 먼저 접수된 신청에 그 첨부정보를 제공하였다는 뜻**을 신청정보의 내용으로 등기소에 제공하는 것으로 그 첨부정보의 제공을 갈음할 수 있다(규칙 47②). 1. 위 각 이전등기를 동시에 신청할 때도 각 신청서마다 등기원인증서를 첨부하여야 한다. 다만 등기원인증서가 한 장으로 작성되어 있는 경우에는 먼저 접수되는 신청서에만 등기원인증서를 첨부하고, 다른 신청서에는 먼저 접수된 신청서에 그 등기원인증서를 첨부하였다는 뜻을 기재하여야 한다(규칙 47②). 2. 3명의 매도인과 2명의 매수인이 매매계약을 체결하고 이를 원인으로 등기권리자별로 신청정보를 작성하여 소유권이전등기를 신청하는 경우에 각 등기의무자의 **부동산매도용인감증명서**에 2명의 **매수인이 모두 기재되어 있다면** 먼저 접수되는 신청에만 그 인감증명서를 **제공**하고, 다른 신청에는 인감증명서를 제공하는 대신 먼저 접수된 신청에 그 첨부정보를 **제공하였다는 뜻**을 신청정보의 내용으로 제공할 수 있다(선례 202005-1). **2. 수인의 공유자와 1인 간의 거래** ① 다만 동일한 원인으로 1인으로부터 수인에게 지분을 이전하거나 수인으로부터 1인에게 지분을 이전하는 경우에는 비록 지분을 처분하는 당사자 또는 지분을 취득하는 당사자가 여럿이어서 동일한 당사자라고 할 수 없는 경우이지만 실무상 1개의 등기신청서로 신청함이 받아들여지고 있다. ② 1개의 부동산에 관하여 별도 순위로 지분취득등기를 한 공유자가 하나의 등기원인에 의하여 자신의 지분 전부를 여러 명에게 이전하고자 하는 경우, 그 지분이전등기는 1건의 신청정보로 신청할 수 있다(선례 201906-3).

12 절 공동소유 - 공유물분할

<table>
<tr><th></th><th>법</th><th>규칙</th></tr>
<tr><td>조문</td><td>민법 262 (물건의 공유)
민법 263 (공유지분 처분과 공유물의 사용, 수익)
민법 268 (공유물의 분할청구)
민법 269 (분할의 방법)
법 48 (등기사항)
법 67 (소유권의 일부이전)
법 68 (거래가액의 등기)</td><td>규칙 43 (신청정보의 내용)
규칙 46 (첨부정보)
규칙 105 (등기할 권리자가 2인 이상인 경우)
규칙 123 (소유권의 일부이전등기 신청)
규칙 125 (거래가액의 등기방법)</td></tr>
<tr><td>기출</td><td colspan="2">1. [07 법무] 공유물분할에 따른 등기절차에 대하여 설명하시오. 50점
2. [11 행시] ① 등기기록상 갑과 을은 토지를 1/2씩 공유하고 있다. 갑은 위 토지를 반분하여 동쪽 토지 50㎡를 자기의 단독소유로 하고 서쪽 토지 50㎡를 을의 단독소유로 하고자 한다. 갑이 어떤 절차를 통하여 동쪽 토지 50㎡를 자기의 단독소유로 등기할 수 있는지를 공유물분할의 합의가 있는 경우와 공유물분할의 합의가 없는 경우를 구별하여 설명하시오. 20점
② 공유물분할판결 - 승계집행문 등기절차 20점
③ 공유물분할판결 - 등기원인 및 연월일 10점
3. [16 법무] 구분소유적 공유관계의 등기에 대하여 약술하시오. 10점</td></tr>
</table>

Ⅰ. 서설

1. 서설[민법 268, 민법 269]

(1) 의의

① 공유자는 (분할금지의 약정이 없는 한) 언제든지 공유물의 분할을 청구할 수 있다[민법 268①].

② **공유물분할은** 공유자 상호 간의 지분의 교환 또는 매매를 통하여 공유의 객체를 단독소유권의 대상으로 하여 그 객체에 대한 공유관계를 해소하는 것을 말한다[대판 2004다30583].

③ 공유물분할은 현물분할, 대금분할, 가액배상의 방법이 있으며, 부동산등기의 대상이 되는 것은 현물분할이다.

④ 공유물분할은 협의분할을 원칙으로 하고, 협의가 불성립할 시 재판상 분할을 인정하고 있다[민법 269①].

⑤ 공유물분할청구권은 형성권의 성질을 가지며, 소멸시효의 대상이 되지 않는다.

(2) 취지 - 공유자의 자유로운 의사 존중

2. 종류

(1) 일반공유

(2) 구분소유적 공유

부동산의 위치와 면적을 특정하여 2인 이상이 구분소유하기로 하는 약정을 하고 그 구분소유자의 공유로 등기하는 것을 구분소유적 공유관계 또는 상호명의신탁등기라고 한다. 이러한 상호명의신탁관계에 있는 부동산에 관하여 각 구분소유자가 취득한 특정부분을 단독소유하도록 하는 등기를 상호명의신탁해지를 원인으로 한 소유권이전등기라 한다.

3. 해소방법

(1) 일반적 공유 - 공유물분할을 원인으로 하는 지분이전등기

1) **협의분할**

① 공유물분할협의는 공유자 전원이 참여하여야 하며, 일부 누락이 있는 경우에는 무효이다. 공유자 이외의 자는 공유물분할에 참가할 수 없다.

② 공유물분할협의는 계약자유의 원칙상 공유자의 지분비율에 구속되지는 않는다.

③ 공유물분할협의는 그 지분이전등기를 마친 경우 비로소 소유권을 취득한다.

2) **재판상 분할**

가. 일반론

① 공유물분할판결은 고유필수적 공동소송으로 전원이 참여하여야 하며, 일부 누락이 있는 경우 당사자적격의 흠결로 소각하한다.

② 공유물분할판결은 형식적 형성의 소로서, 공유물분할을 청구하는 자가 구하는 방법에 구애받지 아니하고 법관의 자유로운 재량에 따라 분할을 하면 된다(대판 2004.10.14, 2004다30583).

③ **공유물분할의 판결이 확정**되면 공유자는 등기 없이도 각자 분할된 부분에 대한 단독소유권을 취득한다. 다만 처분하기 위해서는 공유물분할등기를 마쳐야 한다(민법 187단).

④ **공유물분할의 소송절차 또는 조정절차**에서 공유자 사이에 공유토지에 관한 **현물분할의 협의가 성립**하여 그 합의사항을 조서에 기재함으로써 **조정이 성립**하였다고 하더라도, 그와 같은 사정만으로 재판에 의한 공유물분할의 경우와 마찬가지로 그 즉시 공유관계가 소멸하고 각 공유자에게 그 협의에 따른 새로운 법률관계가 창설되는 것은 아니고, 공유자들이 협의한 바에 따라 토지의 분필절차를 마친 후 각 단독소유로 하기로 한 부분에 관하여 다른 공유자의 공유지분을 이전받아 **등기를 마침으로써** 비로소 그 부분에 대한 대세적 권리로서의 **소유권을 취득**하게 된다고 보아야 한다(대판(전) 2013.11.21, 2011두1917).

나. 공유물분할판결과 승계집행문

가) 소유권취득시기

공유물분할의 판결이 확정되면 공유자는 분할 후의 각 토지에 대해서 **지분이전등기를 하지 않아도** 각자 분할된 부분에 대한 단독소유권을 취득된다.

나) 일부 공유자의 지분을 기초로 한 제3자 명의의 새로운 등기가 등기된 경우(단, 공유지분이전등기를 제외한다)

다른 공유자가 자신이 취득한 분할부분에 관하여 위 제3자에 대한 승계집행문을 부여받은 경우에는, 그 공유자는 **제3자 명의의 등기의 말소등기**와 **판결에 따른 지분이전등기**를 단독으로 신청할 수 있으며, 위 각 등기는 동시에 신청하여야 한다.

다) 일부 공유자의 지분이 제3자에게 이전된 경우

(a) 등기의무자의 승계

일부 공유자(乙)의 지분이 제3자(丙)에게 이전된 경우 **다른 공유자(甲)가** 자신이 취득한 분할부분에 관하여 위 **제3자(丙)에 대한 승계집행문을 부여**받은 경우에는, 그 공유자는 제3자 명의의 지분에 대하여 그 **제3자(丙)를 등기의무자로** 하여 **곧바로 판결에 따른 이전등기**를 단독으로 신청할 수 있다.

(b) 등기권리자의 승계

일부 공유자의 지분(甲)이 제3자(丙)에게 이전된 경우 **제3자(丙)가** 종전 공유자가 취득한 분할부분에 관하여 **자신(丙)을 위한 승계집행문을 부여**받은 경우에는, 그 제3자는 다른 공유자 명의의 지분에 대하여 **자신(丙) 앞으로 곧바로 판결에 따른 이전등기**를 단독으로 신청할 수 있다.

다. 공유물분할의 화해권고결정 승계집행문

가) 소유권취득시기

공유물분할의 소송절차 또는 조정절차에서 조정이 성립한 경우라도 다른 공유자의 공유지분을 이전받아 **등기를 마침으로써** 비로소 그 부분에 대한 대세적 권리로서의 소유권을 취득하게 된다(대판(전) 2013.11.21, 2011두1917).

나) 공유물분할화해권고결정에 승계집행문을 부여받아 소유권이전등기를 단독으로 신청할 수 있는지 여부

현물분할을 내용으로 하는 공유물분할에 관하여 화해권고결정이 확정된 후 그 **결정에 따른 등기신청 전에 일부 공유자의 지분이 제3자에게 이전**된 경우에는 위와 달리 다른 공유자는 자신이 취득하는 것으로 정해진 분할부분에 관하여 위 제3자에 대한 승계집행문을 부여받아 제3자 명의의 지분에 대하여 자신 앞으로의 이전등기를 단독으로 신청할 수는 없다(선례 201906-4).

(2) 구분소유적 공유 – 상호명의신탁 해지를 원인으로 하는 지분이전등기

1) 의의

① **구분소유적 공유**는 부동산의 위치와 면적을 특정하여 구분소유하기로 약정하고 등기만 공유로 한 것을 말한다.
② 따라서 수인의 매수인이 1필지 토지 일부를 특정하여 취득하며 편의상 공유등기를 한 경우가 해당된다.
③ 구분소유적공유는 상호명의신탁이라고도 한다.
④ 부동산 실권리자명의 등기에 관한 법률에서 예외적으로 허용되는 명의신탁으로 규정하고 있다.

2) 해소방법

① 판례에 따르면 상호명의신탁관계가 성립한 경우 공유자임을 전제로 공유물분할청구를 할 수 없다(대판 1992.12.8, 91다44216).
② 따라서 **상호명의신탁해지**를 원인으로 하여 공유지분이전등기를 신청하여야 한다(선례 6-485).
③ 상호명의신탁등기는 부동산 실권리자명의등기에 관한 법률이 금지하는 명의신탁등기가 아니므로, 이 경우에는 법률 제11조가 정하는 위 유예기간에 상관없이 상호명의신탁 해지를 원인으로 하여 공유지분이전등기를 신청할 수 있으며, 이는 판결에 의하지 아니하고 당사자가 공동으로 소유권이전등기를 신청하는 경우에도 마찬가지이다(선례 6-485).
④ 이 경우에도 원칙적으로 분필등기를 먼저 경료하여야 한다.

II. 개시 (법 22)

1. 모습

(1) 협의 – 공동신청

공유물분할협의에 의하여 분할된 각 부동산에 관하여 각 등기의무자, 등기권리자가 되어 공동으로 신청한다(법 23①).

(2) 판결 – 단독신청

① **공유물분할판결**에 의한 등기는 원고・피고・승소・패소 불문하고 등기권리자 또는 등기의무자가 단독으로 신청한다(법 23④).
② **공유물분할에 관한 조정조서**도 판결에 준하는 것이므로 등기권리자 또는 등기의무자가 단독으로 신청한다.

(3) **분필등기의 선행 여부**

① 수인이 **하나의 부동산**을 공유한 경우에는 먼저 분필절차를 거친 후 지분이전등기를 하여야 한다.

② 수인의 **수 개의 부동산**을 공유한 경우에는 반드시 먼저 분필절차를 거칠 필요가 없다.

(4) **동시신청 여부**

① 공유물분할을 원인으로 한 지분이전등기는 반드시 동시에 할 필요는 없다.

② 따라서 분필등기된 부동산 별로 각각 독립하여 신청할 수 있다.

2. 전자 (법 24①2) (규칙 67)

III. 신청절차

1. 신청인 (법 23)

2. 신청정보 (규칙 43)

일반적 (규칙 43)

- 신청서 표제
- 부동산 표시
- 등기원인 (연월일)
  - 협의 : "○년 ○월 ○일 공유물분할" (공유물분할의 계약일)
  - 판결 : "○년 ○월 ○일 공유물분할" (판결확정일)

  등기원인은 "공유물분할"으로 기재하되,
  그 연월일은 협의분할이라면 공유물분할협의일을,
  재판상분할(판결)이라면 판결확정일을 기재한다.
- 등기목적 "갑구 ○번 ○○○지분 전부이전"

개별적

- 이전할 지분 (규칙 123) "공유자 지분 ○분의 ○"
  ↳ 소유권의 일부에 대한 이전등기를 신청하는 경우에는 이전되는 지분을 신청정보의 내용으로 등기소에 제공하여야 한다.
- 신청인

3. 첨부정보 (규칙 46)

일반적 (규칙 46)

- 등기원인 관련

(1) **등기원인증명**(규칙 46①1)

① 공유물분할계약서(검인)

② 판결정본 및 확정증명서(검인)

(2) **등기원인 – ㉾㉬㉯ 등**(규칙 46①2, 규칙 46③)

1) 검인(계약서 · 판결서)	○	(종전 지분초과 불문)
2) ㉾거래계약신고필증	×	
3) 토지거래계약허가	△	(종전 지분초과 限)
4) 농지취득자격증명	×	(종전 지분초과 불문)
5) 재단법인 – 주무관청 허가서	○	
6) 공익법인 – 주무관청 허가서	○	
7) 학교법인 – 관할청 허가서	○	(종전 지분보다 많은 공유지분 취득이라도)

구분	단계	세부	항목	내용
			├ 의무자 관련	(1) 등기필정보(법 50②, 규칙 43①7) – △ (공동신청) ① 협의분할일 경우 제공한다. ② 판결의 경우 승소한 의무자인 경우 제공한다. (2) 인감증명(규칙 60, 규칙 61②) – △ (공동신청) (3) 주소증명(규칙 46①6) – △ (공동신청)
			├ 권리자 관련	(1) 세금영수증(법 29.10) 1) 국민주택채권 – △ (종전 지분초과 限) 2) 인지 – △ (종전 지분초과 限) (2) 주소증명(규칙 46①6) (3) 번호증명(규칙 46①6, 법 49)
			├ 부동산 관련	(1) 대장, 그 밖의 정보(규칙 46①7) (2) 지적도 · 도면
			└ 신청인자격 관련	
		개별적		
Ⅳ. 실행절차	1. 접수 · 배당			
	2. 조사			
	3. 문제○			
	4. 문제×(법 48)	일반적(법 48)	┌ 표제부	
			├ 갑구	공유물분할에 의하여 공유자 중 1인 단독명의로 등기할 경우에도 '공유자'로 표시한다.
			├ 을구	
			└ 등기형식	
		개별적		
	5. 완료 후	┌ 등기완료 통지	법 30 (규칙 53)	○
		├ 등기필정보 통지	법 50 (규칙 106~110)	○ – 사후 등기의무자로서 등기신청 시 ① 종전 공유자로서의 등기 후 받은 등기필정보와 ② 공유물분할등기 후 받은 등기필정보를 함께 제공하여야 한다.
		├ 소유변경 통지	법 62 (규칙 120)	○
		└ 과세자료 제공	법 63 (규칙 120)	○

13 절 공동소유 - 합유

	법	규칙
조문	민법 271 (물건의 합유) 민법 273 (합유지분의 처분과 합유물의 분할금지) 법 48 (등기사항)	규칙 43 (신청정보의 내용) 규칙 46 (첨부정보) 규칙 105 (등기할 권리자가 2인 이상인 경우)
기출		

Ⅰ. 서설

1. 의의

(1) 의의(민법 271 이하)

① **공유**란 1개의 소유권이 분량적으로 분할되어 여러 사람에게 귀속하는 공동소유 형태를 말하며(민법 262①), **합유**란 법률의 규정 또는 계약에 의하여 수인이 조합체로서 물건을 소유하는 공동소유 형태를 말한다(민법 271①).

② **조합재산**은 조합원의 합유로 하고(민법 704), **신탁재산 중 수탁자가 여럿**인 경우 수탁자들의 합유로 한다(신탁법 50).

③ **공유는** 공유지분을 등기하지만, **합유는 합유지분을 등기하지 아니**하며 합유인 뜻을 등기하여야 한다(법 48④). 이는 등기신청서에도 마찬가지로 적용된다(규칙 105②).

④ **합유자**는 전원의 동의를 얻으면 합유물에 대한 지분을 처분할 수 있다(민법 273①). 그러나 합유에 있어서는 합유지분을 등기하지 아니하므로 **등기기록상**으로 지분이전등기를 하는 것이 아니라 **합유명의인변경등기**를 한다.

(2) 합유관계 표시방법

1) 등기신청정보

등기할 권리자가 2인 이상(공유)일 때에는 그 지분을 신청정보의 내용으로 등기소에 제공하여야 한다(규칙 105①). 그러나 등기할 권리가 합유일 때에는 합유라는 뜻을 신청정보의 내용으로 등기소에 제공하여야 한다(규칙 105②, 법 29.5).

2) 등기기록

① **권리자가 2인 이상(공유)**인 경우에는 권리자별 지분을 기록하여야 한다(법 48④).

② 그러나 **합유등기**에 있어서는 등기부상 각 합유자의 지분을 표시하지 아니하며(예규 911), 합유인 뜻을 기록하여야 한다(법 48④).

③ 수탁자가 여러 명인 경우 등기관은 신탁재산이 합유인 뜻을 기록하여야 한다(법 84①).

2. 요건

3. 범위

(1) 합유물 이전등기 - O

① 합유물 전체의 이전등기는 가능하므로, 합유물 전체에 대한 경매개시결정은 할 수 있으며,

② 조합(합유자 전원)의 사업으로 인하여 발생한 지방세 체납처분에 의한 압류등기의 촉탁은 이를 할 수 있으며, 합유물 전체에 대한 경매개시결정이 있는 경우에 경매신청의 기입등기도 할 수 있다.

(2) 합유지분이전등기 - ×

① (합유관계가 존속하는 한) 합유자의 지분에 대한 이전등기는 허용되지 않는다.

② 따라서 합유지분의 이전을 초래하는 소유권이전청구권가등기, 가처분등기, 저당권등기, 가압류등기, 경매개시결정등기, 체납압류등기 모두 허용되지 않는다.

③ 이는 다른 합유자의 동의를 받은 경우에도 마찬가지이다.

4. 효과

II. 합유지분 변동

1. 일반론(합유명의인변경등기)

예규는 합유자 중 일부의 변동이 있는 경우 조합의 동일성이 유지된다는 전제하에 그 등기방법을 **"소유권변경"**으로 처리하고 있으며 **부기**등기로 실행된다. 종진의 합유자의 표시는 말소하는 표시를 하여야 한다.

2. 합유지분을 처분하는 경우

(1) 합유자 중 일부가 교체된 경우

합유자 중 일부가 나머지 합유자들 전원의 동의를 얻어 그의 합유지분을 타에 매도 기타 처분하여 **종전의 합유자 중 일부가 교체되는 경우**에는

① 합유지분을 **처분**한 합유자와 합유지분을 **취득**한 합유자 및 **잔존** 합유자의 공동신청으로[법 23①],

② **"○년 ○월 ○일** 합유자 변경"을 원인으로 한[규칙 43],

③ (합유지분을 취득한 합유자 및 잔존 합유자의 합유로 하는) **합유명의인 변경등기**신청을 하여야 하고

④ 이 경우 합유지분을 **처분**한 합유자의 **인감증명**을 첨부하여야 한다[규칙 46, 60①Ⅰ].

(2) 합유자 중 일부가 탈퇴한 경우

1) 잔존합유자가 수인인 경우

잔존합유자가 수인인 경우 **합유자 중 일부**가 그 합유지분을 잔존 합유자에게 처분하고 **합유자의 지위에서 탈퇴한 경우 잔존 합유자가 수인**인 때에는

① **탈퇴**한 합유자와 **잔존** 합유자의 공동신청으로

② "○년 ○월 ○일 합유자 ○○○ 탈퇴"를 원인으로 한

③ (잔존 합유자의 합유로 하는) **합유명의인 변경등기**신청을 하여야 하고

④ 이 경우 **탈퇴**한 합유자의 **인감증명**을 첨부하여야 한다.

2) 잔존합유자가 1인인 경우

잔존합유자가 1인이 된 경우 합유자 중 일부가 탈퇴하고 **잔존 합유자가 1인만 남은 경우**에는

① 탈퇴한 합유자와 잔존 합유자의 공동신청으로

② "○년 ○월 ○일 합유자 ○○○ 탈퇴"를 원인으로 한

③ (잔존 합유자의 단독소유로 하는) 합유명의인 변경등기신청을 하여야 하고

④ 이 경우 탈퇴한 합유자의 인감증명을 첨부하여야 한다.

(3) 합유가 추가된 경우

합유자 중 일부 또는 전부가 그 합유지분 중 일부를 제3자에게 처분하여 **제3자가 합유자로 추가된 경우**에는

① **기존**의 합유자 및 **새로 가입**하는 합유자의 공동신청으로

② "○년 ○월 ○일 합유자 ○○○ 가입"을 원인으로 한

③ (기존 합유자와 새로 가입하는 합유자의 합유로 하는) **합유명의인 변경등기**신청을 하여야 하고

④ 이 경우 **기존** 합유자의 **인감증명**을 첨부하여야 한다.

(4) 농지취득자격증명을 제공하여야 하는지 여부

① **농지에 대하여 매매로 인한 소유권이전등기가 마쳐진 후** 매매계약의 합의해제를 등기원인으로 하여 **소유권이전등기의 말소등기를 신청**하는 경우에는 농지취득자격증명을 첨부정보로서 등기소에 제공할 필요가 **없다**(선례 제202204-1호).

② **합유자의 교체ㆍ추가ㆍ임의탈퇴** 등에 따라 **농지**에 대한 **합유명의인 변경등기**를 신청하는 경우 합유지분을 취득하는 새로운 합유자나 종전 합유자라도 변경원인에 따라 **합유지분이 증가하는 경우**에는 **농지취득자격증명**을 첨부정보로서 등기소에 **제공하여야** 한다(선례 제202204-1호).

〈합유자 중 일부가 교체된 경우〉

【 갑구 】		(소유권에 관한 사항)		
순위번호	등기목적	접수	등기원인	권리자 및 기타사항
2	소유권이전	2019년 2월 3일 제206호	2019년 1월 30일 매매	합유자 ~~김한울 650422-1045115~~ ~~서울특별시 종로구 율곡로1길 16 (사간동)~~ ~~이겨레 750614-1035852~~ ~~서울특별시 종로구 창덕궁길 105(원서동)~~ ~~김예린 790521-2035332~~ ~~서울특별시 서초구 서초대로46길 60, 101동 201호(서초동, 서초아파트)~~ 거래가액 금130,000,000원
2-1	2번 소유권 변경	2019년 4월 1일 제608호	2019년 3월 25일 합유자 변경	합유자 김한울 650422-1045115 서울특별시 종로구 율곡로1길 16 (사간동) 이겨레 750614-1035852 서울특별시 종로구 창덕궁길 105 (원서동) 강미래 790513-1052134 서울특별시 용산구 원효로 10 (원효로1가)

〈합유자 중 일부가 탈퇴한 경우(잔존합유자가 수인인 경우)〉

【 갑구 】		(소유권에 관한 사항)		
순위번호	등기목적	접수	등기원인	권리자 및 기타사항
2	소유권이전	2019년 2월 3일 제206호	2019년 1월 30일 매매	합유자 ~~김한울 650422-1045115~~ ~~서울특별시 종로구 율곡로1길 16 (사간동)~~ ~~이겨레 750614-1035852~~ ~~서울특별시 종로구 창덕궁길 105(원서동)~~ ~~김예린 790521-2035332~~ ~~서울특별시 서초구 서초대로46길 60, 101동 201호(서초동, 서초아파트)~~ 거래가액 금130,000,000원

2-1	2번 소유권 변경	2019년 4월 1일 제608호	2019년 3월 25일 합유자 김예린 탈퇴	합유자 김한울 650422-1045115 서울특별시 종로구 율곡로1길 16 (사간동) 이겨레 750614-1035852 서울특별시 종로구 창덕궁길 105 (원서동)

3. 합유자 중 일부가 사망한 경우

(1) 합유지분의 상속금지

① 합유자 중 일부가 사망한 경우 합유자 사이에 특별한 약정이 없는 한, 사망한 합유자의 상속인은 민법 제719조의 규정에 의한 지분반환청구권을 가질 뿐이며, 합유자로서의 지위를 승계하는 것이 아니다. 따라서 사망한 합유자의 지분에 관하여 그 상속인 앞으로 상속등기를 하거나 해당 부동산을 그 상속인 및 잔존 합유자의 합유로 하는 변경등기를 할 것은 아니다.

② 비록 사망한 합유자의 상속인들 중 일부가 다른 상속인을 상대로 상속지분이전등기절차의 이행을 명하는 판결을 받은 경우에도 위 판결에 의하여 사망한 합유자의 합유지분에 대한 소유권이전등기를 신청할 수는 없다(선례 6-295).

③ **갑과 을이 합유**하는 부동산에 대하여 **갑의 상속인 병이 상속을 원인으로 갑 지분 전부에 대한 이전등기를 신청한 경우**, 등기관은 「부동산등기법」 제29조 제5호에 따라 이를 각하하여야 할 것이나, 이러한 등기신청이 **수리되어 병을 공유자로 표시한 지분이전등기**가 이미 마쳐졌고 이 상태에서 **을의 상속인 정 또한 상속을 원인으로 을 지분 전부에 대한 이전등기를 신청**하였다면 형식적 심사권밖에 없는 등기관으로서는 이 등기신청을 수리하여 정을 공유자로 표시한 지분이전등기를 실행할 수밖에 없다(선례 201906-10).

④ 합유지분의 상속에 관한 특약이 없는 경우라 할지라도 **합유지분에 대한 상속등기가 이미 경료되었다면** 등기공무원이 직권으로 그 상속등기를 말소할 수가 없으며 쌍방 당사자가 공동으로 말소등기 신청을 하거나 소로서 말소를 구하여야 할 것이다(선례 4-442).

(2) 3인의 합유자 중 1인 사망

합유자가 3인 이상인 경우에 그중 1인이 사망한 때에는 해당 부동산은 잔존 합유자의 합유로 귀속되는 것이므로,

① **잔존** 합유자의 단독신청으로

② "○**년** ○**월** ○**일** 합유자 ○○○ 사망"을 원인으로 한

③ (잔존 합유자의 합유로 하는) 합유명의인 변경등기신청을 할 수 있고

④ 이 경우 사망한 합유자의 사망사실을 증명하는 서면을 첨부하여야 한다.

(3) 2인의 합유자 중 1인 사망

합유자가 2인인 경우에 그중 1인이 사망한 때에는 해당 부동산은 잔존 합유자의 단독소유로 귀속되는 것이므로,

① **잔존** 합유자의 단독신청으로

② "○**년** ○**월** ○**일** 합유자 ○○○ 사망"을 원인으로 한

③ (잔존 합유자의 단독소유로 하는) 합유명의인 변경등기신청을 할 수 있고

④ 이 경우 사망한 합유자의 사망사실을 증명하는 서면을 첨부하여야 한다.

(4) **합유자가 순차로 사망한 경우**

위 '(2)'의 **등기를 하지 않고 있는 사이에 다시 잔존 합유자 중 일부가 사망**한 때에는 현재의 잔존 합유자는 해당 부동산의 소유명의인을 당초의 합유자 전원으로부터 **바로 현재의 잔존 합유자의 합유로** 하는 합유명의인 변경등기신청을 할 수 있고, 잔존 합유자가 1인인 경우에는 그 단독소유로 하는 합유명의인 변경등기신청을 할 수 있다.

① **잔존** 합유자의 단독신청으로
② 등기원인으로서 사망한 합유자들의 사망일자와 사망의 취지를 모두 기재하여
③ (그 단독소유로 하는) 합유명의인 변경등기신청을 할 수 있다.
④ 그들의 사망사실을 증명하는 서면을 첨부하여야 한다.

(5) **합유자가 모두 사망한 경우**

위 '(3)'의 **등기를 하지 않고 있는 사이**에 그 **잔존 합유자도 사망**한 때에는 그 잔존 합유자의 상속인은 바로 자기 앞으로 상속등기를 신청할 수 있다.

① **잔존 합유자의 상속인**의 단독신청으로
② 등기원인으로서 피상속인이 아닌 다른 합유자(들)의 사망일자 및 사망의 취지와 등기신청인인 상속인의 상속일자 및 상속의 취지를 함께 기재하여
③ (바로 자기 앞으로) **상속등기**신청을 할 수 있다.
④ 다른 합유자(들)의 사망사실을 증명하는 서면과 상속을 증명하는 서면 첨부하여야 한다.

Ⅲ. 소유형태 변경

1. **단독소유 → 합유**

① **단독소유**를 수인의 **합유**로 이전하는 경우, 단독소유자와 합유자들의 공동신청으로 소유권**이전**등기신청을 하여야 한다.
② 그 단독소유자를 포함한 합유로 되었을 경우에도 전소유자인 그 단독소유자를 합유자로 표시하여야 한다.

2. **공유 ↔ 합유**

(1) **일반론**

① **공유**자 전부 또는 일부가 그 소유관계를 **합유**로 변경하는 경우, 합유로 변경하려고 하는 공유자들의 공동신청으로 「○년 ○월 ○일 변경계약」을 원인으로 한 **합유로의** (註 소유권) **변경등기**신청을 하여야 한다.
② 수인의 **합유**자 명의로 등기되어 있는 부동산은 합유자 전원의 합의에 의하여 수인의 **공유**지분의 소유형태로의 **소유권변경**등기를 할 수 있다.
③ 상호 간의 변경등기는 부기등기의 형식으로 이루어진다.

(2) **공유지분을 목적으로 하는 처분제한등기 등이 있는 경우**

공유지분을 목적으로 한 **가압류등기 등** 합유지분에 대하여 허용되지 않는 등기가 있다면 그 권리자(가압류권자)의 **승낙서**를 신청서에 **첨부한 때에 한**하여 부기에 의한 변경등기를 하는 것이며(수리요건), 이런 방식으로 부기에 의한 변경등기가 이루어지면 위 가압류등기 등은 등기관에 의하여 **직권**으로 **말소**된다.

> **갑과 을이 공유**하고 있는 토지의 등기부에 근저당권설정 및 지상권설정 등기가 토지전체에 대해 이루어져 있고 **가압류등기는 갑의 지분에 대해서만 경료**되어 있는 경우, 갑과 을이 위 토지에 대한 소유관계를 **공유**에서 **합유**로 변경하고 그에 따른 (註 소유권변경)**등기**를 신청하기 위해서는 먼저 갑 지분에 대한 가압류등기를 말소하여야 할 것인바, 만일 갑과 을이 위 권리변경등기에 대한 **가압류권자의 승낙서** 또는 가압류등기권자에 대항할 수 있는 재판의 등본을 첨부하여 그 등기신청을 한다면, 당해 등기관은 위 **가압류등기**를 **직권**으로 **말소**한 다음 공유에서 합유로의 변경등기를 부기에 의하여 할 수 있을 것이나(선례 제6-296호).

(3) 공유물 전부를 목적으로 하는 처분제한등기 등이 있는 경우

공유자 전원의 지분 전부에 대하여 가압류등기 등이 있는 경우 가압류권자 등의 **승낙서**를 첨부할 필요가 **없다**.

> 1. **공유**자 전부가 그 소유관계를 **합유**로 변경하는 경우에는 공유자들의 공동신청으로 「O년 O월 O일 변경계약」을 원인으로 한 합유로의 변경등기를 신청할 수 있는바, 공유자 전원의 지분 전부에 대하여 처분금지가처분등기가 경료된 경우에도 마찬가지이다(선례 제7-244호). 이 경우 가처분권자의 승낙서를 첨부할 필요가 없다.
> 2. 합유물 전부에 대한 가처분은 허용되기 때문이다.

3. 합유 ↔ 총유

① 부동산 소유권의 등기가 **합유**자 공동명의로 된 것을 종종 명의로 변경하기 위하여는 소유권이전등기의 방식에 의하여야 한다(선례 2-351).

② **권리능력 없는 사단**의 소유명의로 된 부동산을 그 구성원들의 **합유**로 등기하기 위하여는 부동산등기법 제52조의 규정에 의한 권리변경등기를 할 수는 없고, 권리능력 없는 사단으로부터 그 구성원 전원의 합유로의 소유권이전등기를 신청하여야 한다(선례 4-539).

4. 총유 ↔ 공유

① **법인격 없는 사단**이 소유하는 토지를 그 구성원들의 **공동소유**로 등기하려면 총유물분할의 등기를 할 것이 아니라 각 구성원에게 소유권의 일부(지분) 이전의 등기를 하는 방법에 의하여야 할 것이다(선례 1-418).

14 절 환매특약

	법	규칙
조문	민법 590 (환매의 의의) 민법 591 (환매기간) 민법 592 (환매등기) 법 52 (부기로 하는 등기) 법 53 (환매특약의 등기)	규칙 113 (환매특약등기의 신청) 규칙 114 (환매특약등기 등의 말소)
기출	1. [11 행시] 환매특약의 등기를 설명하시오. 50점 2. [19 행시] **신탁등기**와 **환매특약등기**의 **신청정보 제공방법**과 **실행방법**을 각각 설명하시오. 15점	

Ⅰ. 서설

1. 의의

(1) 의의(민법 590, 민법 592, 법 53 → 규칙 113, 법 52.6)

① **환매는** 매도인이 매매계약과 **동시에** 매매목적물을 환매할 권리를 보류하고, 일정기간 안에 그 환매권을 행사하여 목적물을 다시 매수하는 것을 말한다(민법 590).

② **환매특약등기는** 이러한 환매할 권리를 등기부상 공시하는 등기이며, 등기를 한 때에 대항력이 생긴다(민법 592, 법 53).

> **민법 제592조(환매등기)**
> 매매의 목적물이 부동산인 경우에 **매매등기**와 **동시에 환매권의 보류를 등기**한 때에는 제삼자에 대하여 그 효력이 있다.

(2) 구별개념

① **일괄신청**은 여러 개의 부동산 또는 여러 개의 등기목적에 관한 등기신청을 하나의 등기신청서로 하는 것이며, 소유권이전 및 신탁등기가 대표적인 예이다.

② **동시신청**은 여러 개의 등기신청서를 동시에 제출하는 것을 말하며, 환매특약등기가 대표적인 예이다.

2. 요건

3. 범위

(1) 민법상 환매권 − O

(2) 특별법상 환매권 − ×

(3) 매매계약과 다른 범위에 대한 환매특약의 허용여부 − ×

한 필지 전부를 매매의 목적물로 하여 매매계약을 체결함과 동시에 그 목적물소유권의 일부 지분에 대한 환매권을 보류하는 약정은 「민법」상 환매특약에 해당하지 않으므로 이러한 환매특약등기신청은 할 수 없다(선례 201111-3).

(4) 환매특약과 권리소멸약정의 경합여부 − O

① 등기목적인 권리의 소멸에 관한 약정이란 등기원인인 법률행위(매매 등을 원인으로 한 소유권이전)에 해제조건 또는 종기를 붙인 경우 등을 의미하고, 부동산등기법 제54조(권리소멸약정의 등기)는 '등기원인에 권리의 소멸에 관한 약정이 있을 경우 신청인은 그 약정에 관한 등기를 신청할 수 있다.'고 규정하고 있으므로 등기원인인 법률행위에 권리소멸의 약정(등기원인행위와 동일한 계약서에

<table>
<tr><td></td><td></td><td>부기되어야 함)이 있는 때에는 그 약정사항을 기재하여 권리취득의 등기와 함께 권리소멸약정의 등기를 신청할 수 있다.
② 또한 소유권이전등기신청서에 권리소멸의 약정사항을 기재하여 권리소멸의 약정등기를 신청하는 경우에도 이와 동시에 별개의 신청서에 의해 환매특약의 등기를 신청할 수도 있다.</td></tr>
<tr><td></td><td>4. 효과</td><td>(1) 처분금지적 효력 − ×
환매특약의 등기에 부동산처분금지의 효력이 인정되어 있는 것은 아니므로, 환매특약의 등기가 등기된 이후에도 소유자는 환매특약등기에 저촉되는 처분행위를 할 수 있다. 따라서 소유자는 부동산을 매도하거나 근저당권설정등기를 할 수 있다.
(2) 대항력 − O
① 환매특약등기는 대항력이 인정되므로 환매권자인 매도인은 제3취득자에게 직접 환매권을 행사할 수 있으며, 제3취득자는 환매권자에게 대항할 수 없게 된다.
② 소유권에 관한 등기(제3취득자의 등기)는 환매권실행 시 등기의무자의 지위에 있게 되어 소유권을 상실하게 된다.
③ 소유권 외에 관한 등기(근저당권 등)는 말소의 대상이 된다. 예컨대 환매특약등기 후에 설정된 근저당권등기가 이에 해당한다.
(3) 재산성 − O
환매권은 거래의 대상이 될 수 있는 독립된 재산권이므로, 환매권의 양도(환매권이전등기)・압류・가압류도 가능하다.</td></tr>
<tr><td rowspan="2">II. 개시
[법 22]</td><td>1. 모습</td><td>(1) 공동신청
등기는 법률에 다른 규정이 없는 경우에는 등기권리자와 등기의무자가 공동으로 신청한다[법 23①].
(2) 동시신청
① 소유권이전등기는 매도인이 등기의무자, 매수인이 등기권리자가 되어 공동신청하고 환매특약등기는 매수인이 등기의무자, 매도인이 등기권리자가 되어 공동으로 신청하므로, 각 등기의 등기당사자의 지위가 달라 등기원인이 동일한 경우에 해당하지 않으므로 일괄신청할 수 없다[법 25 단서].
② 소유권이전등기와 환매특약등기는 동시에 신청하되[민법 592], 별개의 신청정보로 하여야 한다.
③ 따라서 소유권이전등기와 환매특약등기를 동시에 신청하지 않은 경우에는 법 제29조 제2호에 의해 등기신청을 각하한다[법 29,2].</td></tr>
<tr><td>2. 전자
[법 24①2]
[규칙 67]</td><td></td></tr>
<tr><td>III. 신청 절차</td><td>1. 신청인
[법 23]</td><td>① 소유권이전등기는 (환매권부매매의 매도인)등기의무자, (환매권부매매의 매수인)등기권리자가 공동으로 신청한다[법 23①].
② 환매특약등기는 (환매권부매매의 매수인)등기의무자, (환매권부매매의 매도인)등기권리자가 공동으로 신청한다.
③ 환매권리자는 매도인에 국한되는 것이므로 제3자를 환매권리자로 하는 환매등기는 할 수 없다. 다만, 환매특약등기 후 환매권이전등기는 할 수 있다.</td></tr>
</table>

구분		항목	내용
2. 신청 정보 (규칙 43)	일반적 (규칙 43)	신청서 표제	
		부동산 표시	
		등기원인 (연월일)	매매 : "○년 ○월 ○일 환매특약부매매" (매매계약의 성립일) 특약 : "○년 ○월 ○일 특약" (매매계약의 성립일)
		등기목적	매매 : "소유권이전" 특약 : "환매특약"
	개별적 (법 53) (규칙 113)	매수인이 지급한 대금	"금 100,000,000원" (현실로 지급한 대금)
		매매비용	"금 3,000,000원" (매매계약체결에 필요한 비용 - 감정료, 측량비용, 인지대 등)
		환매기간 (민법 591)	"○년 ○월 ○일까지" (민법 591 - 환매기간은 5년을 넘지 못한다)
		신청인	
3. 첨부 정보 (규칙 46)	일반적 (규칙 46)	등기원인 관련	(1) **등기원인증명**(규칙 46①1) ① 매매계약서와 동일한 서면인 경우에는 매매계약서 (전건원용의 뜻, 규칙 47②) ② 별도로 환매특약증서를 작성한 경우에는 환매특약증서(제공함) (2) **등기원인 - ㉾㉿㊎ 등**(규칙 46①2, 규칙 46③)
		의무자 관련	(1) **등기필정보**(법 50②, 규칙 43①7) - × (특약등기 시) 진정성도 담보되고, 아직 등기필정보를 받지 못해서 제공할 수 없음 (2) **인감증명**(규칙 60, 규칙 61②) - × (특약등기 시) 아직 소유자가 아니므로 인감증명을 제공할 필요가 없음
		권리자 관련	(1) **세금영수증**(법 29.10) (2) **주소증명**(규칙 46①6) (3) **번호증명**(규칙 46①6, 법 49)
		부동산 관련	(1) **대장, 그 밖의 정보**(규칙 46①7) (2) **지적도 · 도면**
		신청인자격 관련	
	개별적		

<table>
<tr><td rowspan="8">Ⅳ.
실행
절차</td><td>1. 접수 · 배당</td><td colspan="2">같은 부동산에 관하여 동시에 여러 개의 등기신청이 있는 경우에는 같은 접수번호를 부여하여야 한다(규칙 65②).</td></tr>
<tr><td>2. 조사</td><td colspan="2">(1) 형식적 심사
① 소유권이전등기신청과 환매특약등기신청을 동시에 하지 않는 경우 - 각하(법 29.2)
[cf. 등기원인이 신탁임에도 신탁등기만 신청하거나 소유권이전등기만 신청하는 경우 - 각하(법 29.5)]
② 환매특약은 매매계약의 종된 권리에 해당한다. 따라서 매매계약이 실효되면 특약도 무효가 된다. 반대로 특약이 실효되어도 매매계약은 별도의 사유가 없는 한 유효하다.
③ 소유권이전등기신청을 각하하는 경우 - 환매특약등기도 각하
④ 환매특약등기신청을 각하하는 경우 - 소유권이전등기는 수리</td></tr>
<tr><td>3. 문제○
(법 29)</td><td colspan="2"></td></tr>
<tr><td rowspan="5">4. 문제×
(법 48)</td><td>일반적
(법 48)</td><td>┌ 표제부
├ 갑구 ① 법 제48조에서 규정한 일반적인 사항을 등기사항으로 기록한다.
├ 을구
└ 등기형식 ② 환매특약부매매에 따른 소유권이전등기는 주등기로 실행하며, 환매특약등기는 소유권이전등기에 가지번호를 붙여 부기등기로 실행하여야 한다(법 52.6, 규칙 2).
③ 같은 부동산에 관하여 동시에 여러 개의 등기신청이 있는 경우에는 같은 접수번호를 부여하여야 하므로(규칙 65②), 소유권이전등기와 환매특약등기는 동일한 접수연월일과 접수번호를 기록한다.</td></tr>
<tr><td>개별적
(법 53)</td><td>④ 매수인이 지급한 대금, 매매비용은 반드시 기록하여야 하며, 환매기간은 등기원인에 그 사항이 정하여져 있는 경우에만 기록한다(법 53).</td></tr>
</table>

〈환매특약등기의 기록례〉

【 갑구 】		(소유권에 관한 사항)		
순위번호	등기목적	접수	등기원인	권리자 및 기타사항
1	소유권보존	2011년 12월 5일 제5789호		소유자 정다운 721205-1352121 서울특별시 종로구 인사동길 8 (인사동)
2	소유권이전	2018년 6월 10일 제37890호	2018년 6월 8일 환매특약부 매매	소유자 강미래 790513-1052134 서울특별시 용산구 원효로 10 (원효로1가) 거래가액 금190,000,000원
2-1	환매특약	2018년 6월 10일 제37890호	2018년 6월 8일 특약	**매수인이 지급한 대금** 금200,000,000원 **매매비용** 금3,000,000원 **환매기간** 2021년 7월 25일까지 환매권자 정다운 721205-1352121 서울특별시 종로구 인사동길 8 (인사동)

	5. 완료 후	┌ **등기완료 통지** 법 30 (규칙 53) ○ ├ **등기필정보 통지** 법 50 (규칙 106~110) ○ ┌ ① 환매특약부매매등기 – 매수인에게 등기필정보를 작성·교부한다. └ ② 환매특약등기 – 매도인에게 등기필정보를 작성·교부한다. ├ **소유변경 통지** 법 62 (규칙 120) └ **과세자료 제공** 법 63 (규칙 120)
V. 처분 이의	법 100 등	
VI. 환매 실행		

1. 서설 – 환매권을 행사한 경우에는 환매특약부 매매로 인한 종전의 소유권이전등기를 말소하는 것이 아니고 소유권이전등기를 한다.

2. 개시 – 공동신청(법 22, 법 23)

3. 신청절차

(1) 신청인

① 일반론 – (환매권매매의 매수인)등기의무자, (환매권매매의 매도인)등기권리자가 되어 공동으로 신청한다(법 23①).

② 소유권이전 후 환매권 실행 – (현재의 소유명의인이)등기의무자가 되고, (∵ 처분금지효 ×)

③ 환매권이전 후 환매권 실행 – (환매권의 양수인이)등기권리자가 된다. (∵ 재산성 ○)

(2) 신청정보

1) 등기원인 및 그 연원일 – "○년 ○월 ○일 환매" (환매의 의사표시가 상대방에게 도달한 날)

2) 등기목적 – "소유권이전"

(3) 첨부정보

① 규칙 제46조에서 규정한 일반적인 사항을 첨부정보로 제공한다.

② 등기상 이해관계인의 승낙서(법 57, 규칙 46①3, 60①7)

환매권을 목적으로 가압류, 가처분 등의 부기등기가 마쳐진 경우 그 등기명의인의 승낙서를 제공한다.

㉠ 말소등기는 현재 효력이 있는 등기의 전부에 대한 권리의 소멸로 인해 실체와 등기가 불일치한 경우에 이를 일치시키는 등기이다. 말소등기에 대하여 등기상 이해관계 있는 제3자가 있는 경우 그의 승낙서 등을 제공하여야 하며, 이는 수리요건에 해당한다.

㉡ 여기서 **등기상 이해관계 있는 제3자란** 말소등기를 함으로써 등기기록의 형식상 손해를 받을 우려가 있는 자를 말하며, 말소대상 등기의 선순위 또는 후순위 등기명의인은 등기상 이해관계인에 해당하지 않으나, 말소대상등기를 **목적으로 한 가압류권자 등**은 **등기상 이해관계인에 해당**한다.

㉢ 이는 비단 신청에 의한 말소뿐만 아니라 **직권말소**의 경우에도 마찬가지로 **적용**된다.

㉣ **환매권을 실행한 경우** 환매권은 목적을 달성하여 소멸하게 되므로 **환매특약등기는 직권말소**한다(규칙 114①). 따라서 **직권말소대상인 환매권을 목적**으로 하는 가압류채권자는 등기상 이해관계인에 해당하므로, **가압류채권자의 인감이 날인된 승낙서**와 **인감증명**을 제공한다.

4. 실행절차

(1) 등기부 작성 · 기입

1) 일반적인 사항(법 48)

2) 환매특약등기의 직권말소(규칙 114①)

환매권을 실행한 경우 환매권은 목적을 달성하여 소멸하게 되므로 환매특약등기는 **직권말소**한다.

3) 환매권에 가압류, 가처분, 가등기 등의 부기등기가 경료되어 있는 경우(법 57, 규칙 46①3, 규칙 60①7)

① **환매권을 터잡은 가압류권자** 등은 등기상 이해관계인에 해당하므로, 가압류권자 등의 **승낙서** 등을 **제공하지 않는 경우**에는 환매특약의 등기를 말소할 수 없으며(수리요건), **환매특약의 등기를 말소할 수 없는 경우**에는 환매권 행사로 인한 소유권이전등기를 할 수 없다.

② 가압류권자 등의 승낙서 등을 **제공한 경우**에는 **제3자의 등기**는 **직권말소**한다.

4) 환매특약의 등기 이후에 등기된 소유권 이외(예 근저당권)의 권리에 관한 등기의 말소

환매특약의 등기 이후에 등기된 소유권 이외의 권리에 관한 등기(예컨대 근저당권등기)는 일반원칙에 따라 **공동신청**에 의하고, 그 말소등기의 원인은 **"환매권행사로 인한 실효"**로 기록한다.

이 경우 **일반원칙에 따른 공동신청에 의한다 함은** 환매권을 행사하여 소유권등기명의인이 된 자를 등기권리자로 하고 소멸되는 권리의 등기명의인이 등기의무자가 되어 공동신청하거나 등기의무자가 말소등기의 신청에 응하지 않는다면 등기의무자(註 근저당권자 등)에 대한 판결을 받아 등기권리자의 단독신청에 의하여야 한다는 것을 의미한다(선례 6-297).

(2) 각종 통지(법 30, 50, 62, 63)

① **환매권행사 – 소유권이전등기**	: 공동신청 (∵ 별도규정 無 / 일반원칙)
② **환매특약등기**	: 직권 말소 (∵ 규칙 114①, 목적달성○)
③ **환매특약 터잡은 등기**(예 가압류 등)	: 직권 말소 (∵ 법 57②, 승낙서○)
④ **환매특약 침해 등기**(예 근저당 등)	: 공동신청 말소 (∵ 별도규정 無 / 일반원칙) – "환매권행사로 인한 실효"

15 절 지상권

	민법	법 / 규칙
조문	민법 279 (지상권의 내용) 민법 280 (존속기간을 약정한 지상권) 민법 281 (존속기간을 약정하지 아니한 지상권) 민법 282 (지상권의 양도, 임대) 민법 289의2 (구분지상권)	법 69 (지상권의 등기사항) 규칙 126 (지상권설정등기의 신청)
기출		

I. 서설

1. 의의

(1) 의의(민법 279)

① 지상권자는 타인의 토지(범위, 필요적 기재사항)에 건물 기타 공작물이나 수목을 소유(목적, 필요적 기재사항)하기 위하여 그 토지를 사용하는 권리(용익권능)가 있다(민법 279). 이러한 물권을 최초로 공시하는 등기를 지상권설정등기라고 한다.

② 지상권은 그 효력이 미치는 범위에 따라 통상의 지상권과 구분지상권으로, 취득형태에 따라 당사자의 계약에 의한 약정지상권과 법률의 규정 또는 관습법에 의한 법정지상권으로 구분할 수 있다.

(2) 취지

(3) 구별개념 - 지상권(토지, 용익권능) vs 전세권(부동산, 용익권능, 담보권능)

2. 요건 (내용)

(1) 타인 소유의 토지

지상권은 타인 소유의 토지에 대한 권리이므로, 자신의 토지에는 지상권을 설정할 수 없다. 이미 소유하고 있는 토지는 소유권 그 자체로 사용할 수 있는 권리가 있기 때문이다.

(2) 건물 기타 공작물이나 수목의 소유

이미 그 토지 위에 등기된 건물이 있다 하더라도 해당 토지의 등기기록상 지상권과 양립할 수 없는 용익물권이 존재하지 않는다면 그 토지에 대하여 지상권설정등기를 신청할 수 있다(선례 3-573).

(3) 사용하는 권리

1) 배타성

용익물권은 부동산을 직접 사용·수익하는 배타성이 있다.

즉 **지상권은** 타인의 토지를 배타적으로 사용하는 용익물권이므로 **범위가 중첩되는 부분**에 대하여 이중의 지상권설정등기는 허용되지 않는다(선례 6-439). 그러나 **범위가 중첩되지 않는 부분**에는 이중으로 지상권설정등기를 할 수 있다.

2) 후등기저지력

① **후등기저지력이란** 어떤 등기가 존재하는 이상 그것이 비록 실체법상 무효라고 하더라도 형식상의 효력은 있는 것이므로 법정의 요건과 절차에 따라 그 등기를 말소하지 않고서는 그것과 양립할 수 없는 등기는 할 수 없다는 것을 말한다.

② **지상권의 존속기간이 만료되어 실체법상 소멸되었다 하더라도** 지상권등기의 후등기저지력으로 인하여 그 지상권설정등기를 말소하지 않는 한 **동일한 부분**에 대하여 후순위로 중복하여 지상권설정등기를 할 수 없다(선례 7-268). 이를 허용하면

		등기의 형식상 용익물권이 중복되어 등기기록상의 권리관계가 불분명하게 되기 때문이다. ③ 다만 새로이 설정하려는 지상권과 먼저 설정된 지상권의 **범위가 중첩되지 않는다면** 후등기저지력이 문제되지 않고 새로운 지상권설정등기를 신청할 수 있다. ④ 또한 **범위가 중복되더라도** 물권변동의 효력이 없는 가등기는 가능하다 할 것이므로, 이미 지상권설정등기가 경료되어 있는 상태에서 기존 지상권설정등기의 말소를 조건으로 하는 정지조건부 지상권설정등기청구권보전의 가등기는 신청할 수 있다(선례 6-439). ⑤ **후등기저지력에 위반**된 등기신청이 있는 경우 **등기관은** 해당 등기신청이 사건이 등기할 것이 아닌 경우에 해당함을 이유로 법 제29조 제2호에 따라 각하하여야 한다(법 29.2).
	3. 범위	**(1) 물리적 일부 – O** ① 토지의 **물리적 일부**에는 지상권을 설정할 수 있다. ② 기존 건물의 옥상에 건물이나 기타 공작물을 소유하기 위한 경우 그 대지에 대하여 통상의 지상권설정등기를 신청할 수 있지만, 구분지상권설정등기는 신청할 수 없다(선례 201812-1). **(2) 지분 – ×** 토지의 **지분**에는 지상권을 설정할 수 없다(지상권은 부동산을 사용하는 물권이므로). **(3) 중복 – △** ① **[다른 부동산]** 토지에 지상권이 설정된 경우에도 다른 토지에 지상권을 설정할 수 있다. ② **[같은 부동산]** 토지에 지상권이 설정된 경우에도 중복되지 않는 다른 범위에 지상권을 설정할 수 있다. **(4) 농지 – O** 농지도 지상권의 목적이 될 수 있으므로 타인의 농지에 건물 기타의 공작물이나 수목을 소유하기 위하여 지상권설정등기를 할 수 있다(예규 555).
	4. 효과	
II. 개시 (법 22)	1. 모습	① 등기는 당사자의 **신청** 또는 관공서의 촉탁에 따라야 한다. 다만, 법률에 다른 규정이 있는 경우에는 그러하지 아니하다(법 22①). ② 등기는 법률에 다른 규정이 없는 경우에는 등기권리자와 등기의무자가 **공동**으로 신청한다(법 23①). ③ 지상권설정계약을 한 후 등기의무자가 등기신청절차에 협력하지 않으면 '지상권설정등기절차를 이행하라'는 취지의 **이행판결**을 받아 등기권리자 **단독**으로 신청할 수 있다(법 23④).
	2. 전자 (법 24①2) (규칙 67)	

<table>
<tr><td rowspan="4">Ⅲ. 신청 절차</td><td>1. 신청인
(법 23)</td><td colspan="2">(지상권설정자)등기의무자, (지상권자)등기권리자가 되어 공동으로 신청한다(법 23①).</td></tr>
<tr><td rowspan="2">2. 신청정보
(규칙 43)</td><td>일반적
(규칙 43)</td><td>┌ 신청서 표제
├ 부동산 표시
├ 등기원인(연월일) "○년 ○월 ○일 설정계약" (지상권설정계약일)
├ 등기목적 "지상권설정"</td></tr>
<tr><td>개별적
(법 69)
(규칙 126)</td><td>├ 지상권설정의 목적 "철근콘크리트조 건물의 소유", "목조건물의 소유" 등
├ 범위 "토지의 전부"
"동쪽 100㎡"
├ 존속기간 "○년 ○월 ○일부터 30년"
↳ ① 민법은 지상권자를 보호하기 위하여 지상권의 설정목적에 따라 지상권의 최단기간을 규정하고 있다(「민법」 제280조).
② 그러나 이보다 긴 기간을 존속기간으로 하는 약정은 유효하므로 존속기간을 100년, 120년 또는 그보다 장기로 하는 등기도 경료할 수 있고(선례 5-412), 존속기간을 민법에서 정한 법정기간보다 장기로 하거나 불확정기간(철탑존속기간으로 한다)으로 정할 수도 있다(예규 1425, 선례 3-576).
③ 판례에 따르면, 영구로 약정하는 것도 허용된다.
④ 등기신청서에 지상권의 존속기간을 제280조 제1항 각 호의 기간보다 단축한 기간으로 기재한 경우라도(예컨대 10년) 그 기간은 같은 조 제2항에 의하여 법정기간까지 연장되므로, 신청서 기재대로 수리하여야 한다.
├ 지료 "월 금200,000원"
├ 지급시기 "매월 말일"
└ 신청인</td></tr>
<tr><td>3. 첨부정보
(규칙 46)</td><td>일반적
(규칙 46)</td><td>┌ 등기원인 관련 (1) 등기원인증명(규칙 46①1)
① 지상권설정계약서
② 판결정본 및 확정증명
(2) 등기원인 – ㉾㉿㊀ 등(규칙 46①2, 규칙 46③)
┌ 1) 검인(계약서 · 판결서) × (∵ 소이등 ×)
├ 2) ㊀거래계약신고필증 × (∵ 소이등 ×)
├ 3) 토지거래계약허가 △ (∵ 유상)
└ 4) 농지취득자격증명 × (∵ 소이등 ×)
┌ 5) 재단법인 – 주무관청 허가서 × (∵ 소이등 ×)
├ 6) 공익법인 – 주무관청 허가서 ○ (∵ 소이등 · 제한물권 o)</td></tr>
</table>

			├ 7) 학교법인 – 관할청 허가서 ○ (∵ 소이등 · 제한물권 o) └ 8) 비법인 처분 – 사원총회 결의 △ (민법 276, 규칙 48.3)
		├ 의무자 관련	(1) **등기필정보**(법 50②, 규칙 43①7) – O (2) **인감증명**(규칙 60, 규칙 61②) – O (3) **주소증명**(규칙 46①6) – × (but, 의무자 표시 다른 경우 先 등기명의인 표시변경등기)
		├ 권리자 관련	(1) **세금영수증**(법 29.10) ① 등록면허세 – O ② 국민주택채권 – × (2) **주소증명**(규칙 46①6) – O (3) **번호증명**(규칙 46①6, 법 49) – O
		├ 부동산 관련	(1) **대장, 그 밖의 정보**(규칙 46①7) – × (2) **지적도 · 도면**(규칙 126②) – △ 지상권은 1필의 토지 전부뿐만 아니라 그 일부에 대하여도 설정등기를 할 수 있으므로 지상권설정의 범위가 토지의 물리적 일부인 경우에는 그 부분을 표시한 지적도를 첨부정보로 제공하여야 한다(규칙 126②). 지적도는 지상권의 목적인 토지부분을 특정할 수 있을 정도의 것이면 되고 반드시 측량성과에 따라 정밀하게 작성될 필요는 없다(선례 5-412).
		└ 신청인자격 관련	
	개별적		
Ⅳ. 실행 절차	1. 접수 · 배당		
	2. 조사		
	3. 문제O (법 29)	지상권을 등기하려는 등기기록에 중첩되는 용익권이 이미 등기되어 있는 경우 지상권설정등기는 각하하여야 한다(법 29.2).	
	4. 문제× (법 48)	일반적 (법 48)	┌ 표제부 ├ 갑구 ├ 을구 ① 법 제48조에서 규정한 일반적인 사항과 법 제69조에서 규정한 개별적인 사항을 등기사항으로 기록한다. ② 지상권설정등기는 을구에 기록한다(법 15②). ③ 지상권설정의 범위가 부동산의 일부인 경우에는 그 부분을 표시한 도면의 번호를 기록한다(법 69). └ 등기형식 주등기로 실행한다.
		개별적 (법 69)	지상권설정의 목적, 범위 등을 기록한다.

	5. 완료 후	┌ 등기완료 통지	법 30 (규칙 53)	○
		├ 등기필정보 통지	법 50 (규칙 106~110)	○
		├ 소유변경 통지	법 62 (규칙 120)	×
		└ 과세자료 제공	법 63 (규칙 120)	×
V. 처분 이의	법 100 등			

16 절 구분지상권

	민법	법 / 규칙
조문	민법 279 (지상권의 내용) 민법 280 (존속기간을 약정한 지상권) 민법 281 (존속기간을 약정하지 아니한 지상권) 민법 282 (지상권의 양도, 임대) 민법 289-2 (구분지상권)	법 69 (지상권의 등기사항) 규칙 126 (지상권설정등기의 신청)
기출		

Ⅰ. 서설

1. 의의

(1) 의의(민법 289-2)

구분지상권이라 함은 ① 타인 소유 토지의, ② 지하 또는 지상의 공간에 상하의 범위를 정하여, ③ 건물 그 밖의 공작물을 소유하기 위해, ④ 사용하는 지상권을 말한다(「민법」 제289조의2 제1항).

구분지상권은 그 권리가 미치는 지하 또는 지상의 공간 상하의 범위를 정하여 등기할 수 있다(예규 1040).

일반적으로 고가도로, 고가철도 등 공중공작물이나 지하철, 지하주차장, 지하상가 등 지하공작물을 소유하기 위하여 설정할 수 있다.

(2) 취지

(3) 구별개념 – 통상의 지상권(토지 상하 전부, 수목 ○) vs 구분지상권(토지 상하의 범위, 수목 ×, 사용제한특약, 승낙)

2. 요건(내용)

(1) 타인 소유의 토지

일반적인 지상권과 마찬가지로 타인 소유의 토지에만 지상권을 설정할 수 있다.

(2) 건물 기타 공작물의 소유(수목 ×)

가) 수목의 소유를 목적으로 하는 구분지상권의 설정

그러나 건물 그 밖의 공작물이 아닌 수목을 소유하기 위한 구분지상권은 허용되지 않는다. 따라서 수목을 소유하기 위하여는 통상의 지상권을 설정하여야 한다.

나) 계층적 구분건물 중 특정계층의 구분소유를 목적으로 하는 구분지상권의 설정

① 구분지상권은 그 권리가 미치는 지하 또는 지상 공간을 상하로 범위를 정하여 등기하는 것으로서 계층적 구분건물의 특정계층의 구분 소유를 목적으로 하는 구분지상권의 설정등기는 할 수 없다(예규 1040).

② 따라서 1동의 건물을 횡단적으로 구분한 경우에 상층의 건물을 소유하기 위하여 구분지상권의 설정등기는 할 수 없다.

③ 예컨대 타인의 토지 위에 2층은 주택부분, 1층은 점포 등의 시설부분인 1동의 건물을 층별로 구분소유하는 경우에 2층만의 구분소유를 목적으로 구분지상권을 설정할 수 없다. 층은 건물의 1층 부분을 매개로 하여 대지지반에 의하여 받쳐져 있으므로 2층의 이용권한만으로 이 부분을 공작물이나 건물로 볼 수 없기 때문이다.

		(3) 지하 또는 지상의 공간을 정할 것 구분지상권의 설정에 있어서 지하 또는 지상의 공간의 상하의 범위는 평균 해면 또는 지상권을 설정하는 토지의 특정지점을 포함한 수평면을 기준으로 하여 명백히 해야 한다. **(4) 사용하는 권리** 동일 토지에 관하여 구분지상권이 미치는 범위가 다르다면 2개 이상의 구분지상권을 그 토지의 등기기록에 각기 등기할 수 있다(예규 1040).
	3. 범위	**(1) 물리적 일부 - ○** **(2) 지분 - ×** **(3) 중복 - △** **(4) 농지 - ○**
	4. 효과	
II. 개시 (법 22)	**1. 모습**	
	2. 전자	
III. 신청 절차	**1. 신청인** (법 23)	(지상권설정자)등기의무자, (지상권자)등기권리자가 되어 공동으로 신청한다(법 23①).
	2. 신청 정보 (규칙 43)	**일반적** (규칙 43) ┌ 신청서 표제 ├ 부동산 표시 ├ 등기원인(연월일) **"○년 ○월 ○일 설정계약"** (구분지상권설정계약일) └ 등기목적 **"구분지상권설정"**
		개별적 (법 69) (규칙 126) ┌ 지상권설정의 목적 **"지하철도의 소유", "고가철도의 소유" 등** ├ 범위 **"평균 해면 위 100m로부터 150m 사이"** **"토지의 남쪽 끝지점을 포함한 수평면을 기준으로 하여 지하 15m로부터 35m 사이"** ├ 존속기간 **"50년", "고가철도 존속기간으로 한다"** ├ 사용제한의 특약 **"지상에 10톤 이상의 공작물을 설치하여서는 아니 된다"** └ 신청인
	3. 첨부 정보 (규칙 46)	**일반적** (규칙 46) ┌ 등기원인 관련 통상의 지상권설정등기와 같다. ├ 의무자 관련 ├ 권리자 관련 ├ 부동산 관련 └ 신청인자격 관련

<table>
<tr><td rowspan="5">Ⅳ. 실행 절차</td><td colspan="2"></td><td>개별적</td><td>

(1) 제3자의 승낙서

1) 제공하는 경우

구분지상권은 제3자가 토지를 사용·수익할 권리를 가진 때에도 그 권리자 및 그 권리를 목적으로 하는 권리를 가진 자 전원의 승낙이 있으면 이를 설정할 수 있다(「민법」 제289조의2 제2항). 따라서 구분지상권 등기를 하고자 하는 토지의 등기용지에 그 토지를 사용하는 권리에 관한 등기와 그 권리를 목적으로 하는 권리에 관한 등기가 있는 때(예컨대, 통상의 지상권, 전세권, 임차권 등의 등기와 이를 목적으로 하는 저당권 또는 처분 제한의 등기 등)에는 신청서에 제3자 전원의 승낙서를 제공하여야 한다(예규 1040).

제3자의 승낙의 효과는 제3자의 권리가 구분지상권의 목적인 부분에 관하여 소멸하는 것은 아니고 단지 구분지상권이 존재하는 한도에서 권리행사가 제한될 뿐이다.

만약 제3자의 승낙서를 첨부하지 아니한 경우에는 그 등기신청은 수리할 수 없다(법 29.9).

2) 제공하지 않는 경우

이미 구분지상권이 설정되어 있는 동일 범위의 토지에 대하여 다른 구분지상권의 설정은 그 배타적 효력에 의하여 불가능하나 중복되지 아니한 범위에 구분지상권이 설정되어 있다면 새로운 구분지상권의 설정도 가능하고, 이와 같은 경우에는 다른 구분지상권자나 제3자의 승낙서를 첨부하지 않아도 될 것이다.

[비교 선례]

구분지상권이 설정되어 있는 토지에 대하여 일반적인 지상권설정등기가 가능한지가 문제될 수 있다. 이 경우에도 즉 구분지상권이 설정되어 있는 토지에 대하여도 기존 구분지상권자의 승낙을 증명하는 정보(인감증명 포함)를 첨부정보로서 제공하여 통상의 지상권설정등기를 신청할 수 있다(선례 201407-2).

</td></tr>
<tr><td>1. 접수·배당</td><td colspan="3"></td></tr>
<tr><td>2. 조사</td><td colspan="3"></td></tr>
<tr><td>3. 문제○
(법 29)</td><td colspan="3">지상권을 등기하려는 등기기록에 중첩되는 용익권이 이미 등기되어 있는 경우 지상권설정등기는 각하하여야 한다(법 29.2).</td></tr>
<tr><td>4. 문제×
(법 48)</td><td>일반적
(법 48)</td><td>┌ 표제부
├ 갑구
├ 을구
└ 등기형식</td><td>① 법 제48조에서 규정한 일반적인 사항과 법 제69조에서 규정한 개별적인 사항을 등기사항으로 기록한다.
② 지상권설정등기는 을구에 기록한다(법 15②).
③ 지상권설정의 범위가 부동산의 일부인 경우에는 그 부분을 표시한 도면의 번호를 기록한다(법 69).

주등기로 실행한다.</td></tr>
</table>

<table>
<tr><td rowspan="5">5. 완료 후</td><td>개별적
(법 69)</td><td colspan="2">지상권설정의 목적, 범위 등을 기록한다.</td></tr>
<tr><td>┌ 등기완료 통지</td><td>법 30 (규칙 53)</td><td>○</td></tr>
<tr><td>├ 등기필정보 통지</td><td>법 50 (규칙 106~110)</td><td>○</td></tr>
<tr><td>├ 소유변경 통지</td><td>법 62 (규칙 120)</td><td>×</td></tr>
<tr><td>└ 과세자료 제공</td><td>법 63 (규칙 120)</td><td>×</td></tr>
<tr><td>Ⅴ. 처분 이의</td><td colspan="3">법 100 등</td></tr>
<tr><td>Ⅵ. 기타</td><td colspan="3">1. 일반적인 지상권과 구분지상권의 상호 변경
통상의 지상권 등기를 구분지상권 등기로 변경하거나, 구분지상권 등기를 통상의 지상권 등기로 변경하는 등기신청이 있는 경우에는 등기상의 이해관계인이 없거나, 이해관계인이 있더라도 그의 승낙서 또는 이에 대항할 수 있는 재판의 등본을 제출한 때에 한하여 부기등기에 의하여 그 변경등기를 할 수 있다(예규 1040).</td></tr>
</table>

17 절 특별법에 의한 구분지상권

	민법	법 / 규칙
조문	민법 279 (지상권의 내용) 민법 280 (존속기간을 약정한 지상권) 민법 281 (존속기간을 약정하지 아니한 지상권) 민법 282 (지상권의 양도, 임대) 민법 289-2 (구분지상권)	법 69 (지상권의 등기사항) 규칙 126 (지상권설정등기의 신청)
기출		

Ⅰ. 서설	1. 의의	도시철도 건설을 위하여 필요한 구분지상권은 당사자 간의 협의가 있으면 전술한 구분지상권설정등기절차에 따라 공동으로 신청할 수 있으나(선례 5-406), 도시철도법은 위 협의에 의한 취득 외에도 같은 법 제2조 제7호의 도시철도 건설자가 토지보상법에 의한 수용 또는 사용의 재결에 의하여 구분지상권을 설정하거나 이전할 수 있도록 규정하고 있다(「도시철도법」 제12조). 또한 도로법에도 도로가 있는 지역의 적정하고 합리적인 토지이용을 촉진하기 위하여 필요한 구분지상권의 취득을 위하여 위 도시철도법과 유사한 규정(「도로법」 제28조)을 두고 있으며, 전기사업법도 제89조의2에서 같은 취지의 규정을 두고 있다.
	2. 요건 (내용)	**(1) 타인 소유의 토지** **(2) 건물 기타 공작물의 소유 (수목 ×)** **(3) 지하 또는 지상의 공간을 정할 것** **(4) 사용하는 권리**
	3. 범위	**(1) 물리적 일부 - ○** **(2) 지분 - ×** **(3) 중복 - △** **(4) 농지 - ○**
	4. 효과	

Ⅱ. 신청절차 특칙

1. 단독신청의 허용

① 도로법 · 도시철도법 · 전기사업법 · 전원개발촉진법 · 하수도법 등 특별법에 따라 수용 또는 사용재결을 받은 경우에는 단독신청이 가능하다.

「도시철도법」 제2조 제7호의 도시철도건설자(이하 '도시철도건설자'라 한다), 「도로법」 제2조 제5호의 도로관리청(이하 '도로관리청'이라 한다), 「전기사업법」 제2조 제2호의 전기사업자(이하 '전기사업자'라 한다), 「농어촌정비법」 제10조의 농업생산기반 정비사업 시행자(이하 '농업생산기반 정비사업 시행자'라 한다), 「철도의 건설 및 철도시설유지관리에 관한 법률」 제8조의 철도건설사업의 시행자(이하 '철도건설사업 시행자'라 한다), 「지역 개발 및 지원에 관한 법률」 제19조의 지역개발사업을 시행할 사업시행자(이하 '지역개발사업 시행자'라 한다), 「수도법」 제3조 제21호의 수도사업자(이하 '수도사업자'라 한다), 「전원개발촉진법」 제3조의 전원개발사업자(이하 '전원개발사업자'라 한다) 및 「하수도법」 제10조의3의 공공하수도를 설치하려는 자(이하 '공공하수도를 설치하려는 자'라 한다)가 「공익사업을 위한 토지 등의 취득 및 보상에 관한 법률」에 따라 구분지상권의 설정을 내용으로 하는 수용 · 사용의 재결을 받은 경우 그 재결서와 보상 또는 공탁을 증명하는 정보를 첨부정보로서 제공하여 단독으로 권리수용이나 토지사용을 원인으로 하는 구분지상권설정등기를 신청할 수 있다(규칙 제3005호, 시행 2021.12.16.).

② 한국전력공사가 전기사업자로서 전기사업의 시행을 위하여 「전기사업법」을 근거로 하여 구분지상권의 설정을 내용으로 하는 사용재결을 받은 경우에는 같은 법 제89조의2 제2항에 따라 단독으로 구분지상권설정등기를 신청할 수 있다(선례 202002-1).

③ 전기사업자가 토지의 지상 또는 지하 공간의 사용에 관한 구분지상권의 설정을 내용으로 하는 사용재결을 받은 경우 「전기사업법」 제89조의2 제2항에 따라 단독으로 토지사용을 원인으로 한 구분지상권설정등기를 신청할 수 있으나, 전기사업자가 토지의 사용에 관한 지상권의 설정을 내용으로 하는 사용재결을 받은 경우에는 이에 관한 법령상의 근거규정이 없으므로, 토지사용을 원인으로 한 지상권설정등기를 단독으로는 물론 소유명의인(등기의무자)과 공동으로도 신청할 수 없다. 다만 전기사업자와 소유명의인(등기의무자)은 지상권설정계약서를 등기원인을 증명하는 정보로서 제공하여 공동으로 지상권설정등기를 신청할 수 있다(선례 202104-3).

④ 위 특별법에 해당하지 않는 한 공동신청을 하여야 한다.
따라서 사회기반시설에 대하여 사업시행자가 「사회기반시설에 대한 민간투자법」 및 「공익사업을 위한 토지 등의 취득 및 보상에 관한 법률」에 따라 중앙수용위원회의 사용재결을 받았다고 하더라도 「사회기반시설에 대한 민간투자법」에 "사업시행자가 사용재결을 받으면 단독으로 구분지상권설정등기를 신청할 수 있다"는 취지의 규정이 없는 이상 그 사용재결에 의해서는 단독으로 구분지상권설정등기를 신청할 수 없다(선례 202104-4).

2. 제3자의 승낙서

(1) 일반적인 구분지상권

구분지상권은 제3자가 토지를 사용·수익할 권리를 가진 때에도 그 권리자 및 그 권리를 목적으로 하는 권리를 가진 자 전원의 승낙이 있으면 이를 설정할 수 있다(「민법」 제289조의2 제2항). 따라서 구분지상권 등기를 하고자 하는 토지의 등기용지에 그 토지를 사용하는 권리에 관한 등기와 그 권리를 목적으로 하는 권리에 관한 등기가 있는 때(예컨대, 통상의 지상권, 전세권, 임차권 등의 등기와 이를 목적으로 하는 저당권 또는 처분 제한의 등기 등)에는 신청서에 제3자 전원의 승낙서를 제공하여야 한다(예규 1040).

(2) 특별법에 따라 수용된 구분지상권

전기사업법 등의 수용 또는 사용 재결에 의하여 구분지상권을 설정할 때에는 구분지상권설정등기를 하고자 하는 토지의 등기기록에 그 토지를 사용·수익하는 권리에 관한 등기 또는 그 권리를 목적으로 하는 권리에 관한 등기가 있는 경우에도 그 권리자들의 승낙을 받지 아니하고 구분지상권설정등기를 신청할 수 있다.

III. 경매절차 특칙

1. 일반적인 구분지상권

압류의 효력 이후에 설정되었거나, 선순위로 소멸하는 담보권이 있는 경우에는 말소촉탁의 대상이 된다.

2. 특별법에 따라 수용된 구분지상권

전기사업법 등의 수용 또는 사용 재결에 의하여 마친 구분지상권설정등기는 다음 각 호의 경우에도 말소할 수 없다. 이는 수용 또는 사용재결에 의하여 설정된 구분지상권이 지니는 공익목적을 고려하였기 때문이다.

① 구분지상권설정등기보다 먼저 마친 강제경매개시결정의 등기, 근저당권 등 담보물권의 설정등기, 압류등기 또는 가압류등기 등에 기하여 경매 또는 공매로 인한 소유권이전등기를 촉탁한 경우

② 구분지상권설정등기보다 먼저 가처분등기를 마친 가처분채권자가 가처분채무자를 등기의무자로 하여 소유권이전등기, 소유권이전등기말소등기, 소유권보존등기말소등기 또는 지상권·전세권·임차권설정등기를 신청한 경우

③ 구분지상권설정등기보다 먼저 마친 가등기에 의하여 소유권이전의 본등기 또는 지상권·전세권·임차권설정의 본등기를 신청한 경우

그러나 도시철도 건설자와 토지소유자 간에 협의에 의하여 구분지상권을 취득한 경우 관할수용위원회의 협의성립 확인을 받지 않은 경우에는 단순한 승계취득에 불과하기 때문에 위와 같은 구분지상권의 존속에 관한 특례는 적용되지 않는다(선례 6-354, 7-305). 따라서 경매 등으로 인하여 소유권이전등기를 촉탁하는 경우에는 말소의 대상이 될 것이다.

18 절 전세권 - 설정

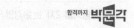

	민법	법 / 규칙
조문	민법 303 (전세권의 내용) 민법 318 (전세권자의 경매청구권) 민법 306 (전세권의 양도, 임대 등) 민법 312 (전세권의 존속기간) 민법 317 (전세권의 소멸과 동시이행) 민법 278 (준공동소유)	법 72 (전세권 등의 등기사항) 규칙 128 (전세권설정등기의 신청)
기출	1. [06 법무] 전세권등기에 대하여 설명하시오. 10점	

Ⅰ. 서설

1. 의의

(1) 의의[민법 303]

① **전세권자는** 전세금(요물계약, 필요적 기재사항)을 지급하고 타인의 부동산을 점유하여 그 부동산의 용도에 좇아 사용·수익(용익권능)하며, 그 부동산 전부에 대하여 후순위권리자 기타 채권자보다 전세금의 우선변제(담보권능)를 받을 권리가 있다[민법 303①]. 이러한 물권을 최초로 공시하는 등기를 전세권설정등기라고 한다.

② 농경지는 전세권의 목적으로 하지 못한다[민법 303②].

③ 전세권은 사용·수익의 권능과 우선변제적 권능(경매청구권 등)을 겸비한 특유한 물권이다.

(2) 취지

(3) 구별개념 - ① 지상권(토지, 용익권능) vs 전세권(부동산, 용익권능, 담보권능)
② 임차권(채권, 대항력) vs 전세권(물권, 성립요건)

2. 요건(내용)

(1) 전세금

전세금의 지급은 전세권 성립의 요소가 되는 것이지만 그렇다고 하여 전세금의 지급이 반드시 현실적으로 수수되어야만 하는 것은 아니고 기존의 채권으로 전세금의 지급에 갈음할 수도 있다[대판 1995.2.10, 94다18508].

(2) 타인의 부동산

타인의 부동산에 설정할 수 있으므로, 토지 또는 건물의 전부에 대하여 전세권을 설정할 수 있다.

(3) 사용·수익

전세권이 용익물권적 성격과 담보물권적 성격을 겸비하고 있다는 점 및 목적물의 인도는 전세권의 성립요건이 아닌 점 등에 비추어 볼 때, 당사자가 주로 채권담보의 목적으로 전세권을 설정하였고, 그 설정과 동시에 목적물을 인도하지 아니한 경우라 하더라도, 장차 전세권자가 목적물을 사용·수익하는 것을 완전히 배제하는 것이 아니라면, 그 전세권의 효력을 부인할 수는 없다[대판 1995.2.10, 94다18508].

1) 배타성

전세권은 배타적인 물권이므로 범위가 중첩된다면 이중으로 용익권등기를 할 수 없으나, 범위가 중첩되지 않는다면 이중으로 용익권등기를 할 수 있다.

	2) 후등기저지력 ① 동일한 범위 내에 먼저 설정된 지상권(전세권)의 존속기간이 만료되어 있는 경우라도 그 등기를 말소하지 않으면 다시 제3자를 위한 지상권(전세권)설정 등기신청은 이를 할 수 없다. ② 다만, 선순위 등기의 배타성에 침해가 없는 등기는 가능하므로 먼저 설정된 물권과 범위가 중복되지 않는 부분이거나 범위가 중복되더라도 물권변동의 효력이 없는 가등기는 가능하다. **(4) 우선변제** 부동산 전부에 대하여 후순위권리자 기타 채권자보다 전세금의 우선변제(담보권능)를 받을 권리가 있다(민법 303①).
3. 범위	**(1) 물리적 일부 − O** ① 부동산의 **물리적 일부**에는 전세권을 설정할 수 있다. ② 건축물대장에 등재된 건축물에 대하여 건물로서 등기능력이 인정되어 소유권보존등기를 마친 경우라면 그 건물의 일부인 옥상에 대하여 그 전부 또는 일부를 사용하기 위한 전세권설정등기를 신청할 수 있다(선례 201812-1). ③ 다만 집합건물의 옥상은 구조상 공용부분으로서 등기능력이 없어 이에 대한 등기기록이 개설될 수는 없으므로 이를 사용하기 위한 전세권설정등기는 신청할 수 없다(선례 201812-1). **(2) 지분 − ×** ① 부동산의 **지분**에는 전세권을 설정할 수 없다(전세권은 부동산을 사용하는 물권이므로). ② **대지권**의 기본적인 속성은 토지에 대한 지분이므로 대지권이 등기된 경우 전유부분과 대지권을 일체로 하는 전세권설정등기는 신청할 수 없다. ③ 따라서 전유부분만에 대한 전세권설정등기를 하여야 하고, 등기관은 그 등기에 건물만에 관한 것이라는 뜻을 기록하여야 한다(규칙 119②). **(3) 중복 − △** ① **[다른 부동산]** 토지에 전세권이 설정된 경우에도 건물에 전세권을 설정할 수 있다. ② **[같은 부동산]** 토지에 전세권이 설정된 경우에도 중복되지 않는 다른 범위에 전세권을 설정할 수 있다. **(4) 농지 − △** **농지**에 대하여는 원칙적으로 전세권설정등기를 신청할 수 없다(민법 303②, 법 29.2 → 규칙 52.4). 그러나 국토의 계획 및 이용에 관한 법률 제36조의 용도지역 중 **도시지역**(녹지지역의 농지에 대하여는 도시·군계획시설사업에 필요한 농지에 한함) 내의 농지에 대하여는 전세권설정등기를 신청할 수 있다.
4. 효과	

<table>
<tr><td rowspan="2">II. 개시
(법 22)</td><td>1. 모습</td><td colspan="3">① 등기는 당사자의 신청 또는 관공서의 촉탁에 따라 한다. 다만, 법률에 다른 규정이 있는 경우에는 그러하지 아니하다(법 22①).
② 등기는 법률에 다른 규정이 없는 경우에는 등기권리자와 등기의무자가 공동으로 신청한다(법 23①).
③ 전세권설정계약을 한 후 등기의무자가 등기신청절차에 협력하지 않으면 '전세권설정등기절차를 이행하라'는 취지의 이행판결을 받아 등기권리자 단독으로 신청할 수 있다(법 23④).
④ 판결의 내용으로는 등기의 종류, 내용, 등기원인과 그 연월일 등이 명시되어 있어야 하므로 필요적 기재사항도 주문에 명시되어 있어야 한다. 따라서 필요적 기재사항이 주문에 명시되지 않는 경우에는 그 판결문에 따른 등기를 할 수 없다. 예컨대 전세권설정등기의 경우 전세금과 범위가 반드시 주문에 기재되어 있어야 하고 존속기간과 같은 임의적 기재사항은 주문에 명시되지 않더라도 등기는 가능하다.</td></tr>
<tr><td>2. 전자
(법 24①2)
(규칙 67)</td><td colspan="3"></td></tr>
<tr><td rowspan="12">III. 신청 절차</td><td>1. 신청인
(법 23)</td><td colspan="3">(전세권설정자)등기의무자, (전세권자)등기권리자가 되어 공동으로 신청한다(법 23①).</td></tr>
<tr><td rowspan="10">2. 신청 정보
(규칙 43)</td><td rowspan="4">일반적
(규칙 43)</td><td>신청서 표제</td><td></td></tr>
<tr><td>부동산 표시</td><td></td></tr>
<tr><td>등기원인(연월일)</td><td>"○년 ○월 ○일 설정계약" (전세권설정계약일)</td></tr>
<tr><td>등기목적</td><td>"전세권설정"</td></tr>
<tr><td rowspan="6">개별적
(법 72)
(규칙 128)</td><td>전세금</td><td>"금 100,000,000원"
↳ ① 전세금은 요물계약이므로 반드시 지급되어야 한다.
② 따라서 전세금을 지급하지 않는다는 특약은 무효이다.
③ 전세금은 등록면허세의 기준이 된다.</td></tr>
<tr><td>전세권의 목적인 범위</td><td>"주거용 건물의 전부"
"주택 2층 중 동쪽 50㎡"</td></tr>
<tr><td>존속기간</td><td>"○년 ○월 ○일부터 ○년 ○월 ○일까지"
↳ ① 전세권의 존속기간은 10년을 넘지 못한다(민법 312).
② 부동산 전세권등기를 신청할 때에 존속기간은 전세권설정계약서에 따라야 하는 것이므로, 존속기간의 시작일이 등기신청접수일자 이후라 하더라도 등기관으로서는 당해 전세권설정등기신청을 수리하여야 한다(선례 200304-19).</td></tr>
<tr><td>위약금·배상금</td><td></td></tr>
<tr><td>양도금지 특약</td><td>(민법 306 但)</td></tr>
<tr><td>신청인</td><td>공동전세권자인 경우 지분을 기재한다.</td></tr>
<tr><td>3. 첨부 정보
(규칙 46)</td><td>일반적
(규칙 46)</td><td>등기원인 관련</td><td>(1) 등기원인증명(규칙 46①1)
① 전세권설정계약서
② 판결정본 및 확정증명
(2) 등기원인 – ㉳㉷㉳ 등(규칙 46①2, 규칙 46③)</td></tr>
</table>

1) 검인(계약서 · 판결서)	×	[∵ 소이등 ×]
2) ㊇거래계약신고필증	×	[∵ 소이등 ×]
3) 토지거래계약허가	×	[∵ 소이등 · 지상권 ×]
4) 농지취득자격증명	×	[∵ 소이등 ×]
5) 재단법인 - 주무관청 허가서	×	[∵ 소이등 ×]
6) 공익법인 - 주무관청 허가서	○	[∵ 소이등 · 제한물권 o]
7) 학교법인 - 관할청 허가서	○	[∵ 소이등 · 제한물권 o]
8) 비법인 처분 - 사원총회 결의	△	[민법 276, 규칙 48.3]

├ 의무자 관련

(1) **등기필정보**[법 50②, 규칙 43①7] - O

(2) **인감증명**[규칙 60, 규칙 61②] - O

(3) **주소증명**[규칙 46①6] - ×

(but. 의무자 표시 다른 경우 先 등기명의인 표시변경등기)

├ 권리자 관련

(1) **세금영수증**[법 29.10]

① 등록면허세 - ㅇ (전세금을 기준으로 납부한다)

② 국민주택채권 - ×

(2) **주소증명**[규칙 46①6] - O

(3) **번호증명**[규칙 46①6, 법 49] - O

├ 부동산 관련

(1) **대장, 그 밖의 정보**[규칙 46①7] - ×

(2) **지적도 · 도면**[규칙 128②, 규칙 63] - △

① 전세권설정 또는 전전세의 범위가 부동산의 일부인 경우에는 그 부분을 표시한 지적도나 건물도면을 첨부정보로서 등기소에 제공하여야 한다.

② 다만 전세권(임차권)의 목적인 범위가 건물의 일부로서 특정 층 전부인 경우에는 도면을 첨부할 필요가 없다.

③ 방문신청을 하는 경우라도 등기소에 제공하여야 하는 도면은 전자문서로 작성하여야 하며, 그 제공은 전산정보처리조직을 이용하여 등기소에 송신하는 방법으로 하여야 한다(다만, 예외사유 있음)[규칙 63].

└ 신청인자격 관련

개별적

(1) **토지이용계획확인서**

농지에 대하여는 원칙적으로 전세권설정등기를 신청할 수 없으나, 「국토의 계획 및 이용에 관한 법률」 제36조의 용도지역 중 도시지역(녹지지역의 농지에 대하여는 도시 · 군계획시설사업에 필요한 농지에 한함) 내의 농지에 대하여는 전세권설정등기를 신청할 수 있다. 다만, 이 경우 도시지역 내의 농지임을 소명하기 위한 토지이용계획확인서를 첨부정보로서 제공하여야 한다[선례 201811-9].

1. 접수 · 배당

<table>
<tr><td rowspan="9">Ⅳ. 실행 절차</td><td>2. 조사</td><td colspan="3"></td></tr>
<tr><td>3. 문제○
(법 29)</td><td colspan="3">전세권을 등기하려는 등기기록에 중첩되는 용익권이 이미 등기되어 있는 경우 전세권설정등기는 각하하여야 한다(법 29.2).</td></tr>
<tr><td rowspan="3">4. 문제×
(법 48)</td><td rowspan="2">일반적
(법 48)</td><td>┌ 표제부
├ 갑구
├ 을구</td><td>① 법 제48조에서 규정한 일반적인 사항과 법 제72조에서 규정한 개별적인 사항을 등기사항으로 기록한다.
② 전세권설정등기는 을구에 기록한다(법 15②).
③ 전세권설정이나 전전세의 범위가 부동산의 일부인 경우에는 그 부분을 표시한 도면의 번호를 기록한다(법 72).
④ 공동전세권자인 경우 지분을 기재한다(법 48④).
1) 전세권을 여러 명이 준공유하는 경우에는 전세권자별 지분을 기록하여야 하는바(「민법」 제278조, 「부동산등기법」 제48조 제4항 참조), 공동전세권자 갑, 을, 병, 정이 준공유하는 건물전세권을 등기할 때에 그들의 각 지분을 기록하여야 함에도 착오로 이를 누락하였다면 갑, 을, 병, 정은 자신들의 각 지분을 추가 기록하는 경정등기를 신청할 수 있다. 이 경우 공동전세권자별 지분이 4분의 1로 균등하다면 별도의 지분을 증명하는 정보를 첨부정보로서 제공할 필요가 없으나, 만일 공동전세권자별 실제 지분이 균등하지 않다면 공동전세권자들 사이에 작성된 실제 지분 비율을 증명하는 정보(공동전세권자 전원이 함께 작성한 확인서 등)와 현재 등기기록상 균등하게 추정되는 지분보다 지분이 적은 자의 인감증명을 첨부정보로 제공하여야 한다.
2) 이와 같이 누락된 공동전세권자별 지분을 추가 기록하는 경정등기는 그 전세권의 존속기간이 만료된 경우라 하더라도 신청할 수 있다(선례 201807-3).
⑤ 법인이 근저당권자인 경우 취급지점을 기록할 수 있지만, 법인이 전세권자인 경우에는 취급지점을 기록할 수는 없다(선례 제202309-8호).</td></tr>
<tr><td>└ 등기형식</td><td>주등기로 실행한다.</td></tr>
<tr><td colspan="2">개별적(법 72)</td><td>전세금, 범위 등을 기록한다.</td></tr>
<tr><td rowspan="4">5. 완료 후</td><td>┌ 등기완료 통지</td><td>법 30 (규칙 53)</td><td>○</td></tr>
<tr><td>├ 등기필정보 통지</td><td>법 50 (규칙 106~110)</td><td>○</td></tr>
<tr><td>├ 소유변경 통지</td><td>법 62 (규칙 120)</td><td>×</td></tr>
<tr><td>└ 과세자료 제공</td><td>법 63 (규칙 120)</td><td>×</td></tr>
<tr><td>Ⅴ. 처분 이의</td><td colspan="4">법 100 등</td></tr>
</table>

19 절 전세권 - 이전

	법	법 / 규칙
조문	민법 303 (전세권의 내용) 민법 306 (전세권의 양도, 임대 등) 민법 317 (전세권의 소멸과 동시이행) 민법 278 (준공동소유)	법 72 (전세권 등의 등기사항) 법 73 (전세금반환채권의 일부양도에 따른 전세권 일부이전등기) 규칙 129 (전세금반환채권의 일부 양도에 따른 등기신청)
기출	1. [23 법무] 전세금반환채권의 일부양도에 따른 전세권일부이전등기절차에 대하여 설명하시오. 20점	

Ⅰ. 서설

1. 의의

(1) 의의(민법 306, 법 3, 법 73)

① **등기제도**는 당해 부동산에 대한 권리관계 등을 대외적으로 실체관계에 부합하게 공시하기 위한 제도이다.

② **이전등기**는 권리의 주체가 변동된 경우에 이를 공시하는 등기이다.

③ **전세권이전등기는** 전세권의 주체가 변동된 경우에 이를 공시하는 등기이다.

④ 전세권자는 전세권을 타인에게 양도 또는 담보로 제공할 수 있고 그 존속기간 내에서 그 목적물을 타인에게 전전세 또는 임대할 수 있다. 그러나 설정행위로 이를 금지한 때에는 그러하지 아니하다(민법 306, 법 72①).

(2) 취지

(3) 구별개념 – 권리이전(권리 주체의 변동) vs 권리변경(권리 내용의 변동)

(4) 이전의 원인

① 전세권이전등기의 원인은 계약양도, 전세금반환채권양도 등의 특정승계와 상속, 합병 등 포괄승계로 나누어진다.

② 또한 특정승계는 존속기간의 만료 전후에 따라 등기의 원인이 나누어지므로 구체적으로 살펴본다.

2. 요건

3. 범위

(1) 특정승계에 의한 경우

1) 서설

가. 의의

① **전세권설정등기를 마친 민법상의 전세권**은 그 성질상 용익물권적 성격과 담보물권적 성격을 겸비한 것으로서, 전세권의 **존속기간이 만료**되면 전세권의 용익물권적 권능은 전세권설정등기의 말소 없이도 당연히 소멸하고 단지 전세금반환채권을 담보하는 **담보물권적 권능의 범위 내에서 전세금의 반환 시까지 그 전세권설정등기의 효력이 존속**하고 있다 할 것인데, 이와 같이 존속기간의 경과로서 본래의 용익물권적 권능이 소멸하고 담보물권적 권능만 남은 전세권에 대해서도 그 피담보채권인 **전세금반환채권과 함께 제3자에게 이를 양도할 수 있다**(대판 2005.3.25, 2003다35659).

② 부동산에 관한 등기는 이미 등기되어 있는 소유권, 지상권, 전세권 등 부동산등기법 제3조에 열거된 권리의 설정, 보존, 이전, 변경, 처분의 제한 또는 소멸에 대하여 하는 것이다.

③ **전세권설정등기가 경료되어 있는 경우** 채권자가 전세금반환채권에 대하여 압류 및 전부명령을 받아 전세권이전등기 촉탁을 신청하여 집행법원이 전세권이전등기 촉탁을 하였다면 등기관은 전세권이전등기를 실행할 수 있다(선례 7-265).

④ **전세권설정등기가 경료되지 않는 경우** 채권자가 전세금반환채권에 대하여 압류 및 전부명령이 있고 이후에 전세권설정등기가 등기된 경우에는 위 전부명령을 원인으로 한 전세권이전등기를 할 수 없다(선례 5-422).

⑤ **전세권의 기본계약상 지위의 (일부)양도**에 따른 전세권 (일부)이전등기는 존속기간의 **만료 전**에 할 수 있고, 만료 후에는 할 수 없다.

⑥ **전세금반환채권의 (일부)양도**에 따른 전세권 (일부)이전등기는 존속기간의 **만료 후**에 할 수 있고, 만료 전에는 원칙적으로 할 수 없다. 그러나 존속기간 만료 전이라 하더라도 해당 전세권이 소멸하였음을 증명하는 경우에는 신청할 수 있다(법 73②).

2) 개시 – 공동신청(법 23①)

3) 신청절차

가. 존속기간 만료 전

전세권의 존속기간 만료 전에 전세권의 기초가 되는 **기본계약상의 채권자 지위**가 제3자에게 **(일부)양도**된 경우

① (양도인)등기의무자, (양수인)등기권리자가 되어 공동으로

② **"매매"**로 하여 전세권이전등기를 신청할 수 있다.

나. 존속기간 만료 후

전세권의 존속기간 만료 후에 그 **전세금반환채권이 (일부)양도**된 경우

① (양도인)등기의무자, (양수인)등기권리자가 되어 공동으로

② ┌ "전세금반환**채권 양도**"
└ "전세금반환**채권 일부양도**" 등기원인으로 하여 전세권이전등기를 신청할 수 있다.

(2) 포괄승계에 의한 경우 (상속 · 합병 · 분할 등)

1) 서설

전세권이전등기는 전세권의 주체가 변동된 경우에 이를 공시하는 등기로서, 등기원인은 특정승계와 포괄승계로 구분된다. 전세권자에 대하여 상속, 합병 등의 사유가 생긴 경우 전세권은 법률상 당연히 기본계약상의 지위와 함께 상속인, 합병 후의 법인에게 이전된다(민법 187).

2) 개시 – 단독신청(법 23③)

3) 신청절차

상속 또는 회사합병으로 인한 전세권이전등기의 경우에는 상속인 또는 합병 후 신설(또는 존속)하는 회사가 단독으로 전세권의 이전등기를 신청한다.

[특정승계]				존속기간 만료 전 (전세권의 양도 또는 일부지분의 양도)	존속기간 만료 후 (전세금반환채권의 양도 또는 일부양도)
서				1. 기본계약 양도(매매) – ○ 2. 전세금반환채권 양도 – △ (단, 소멸을 증명한 경우에는 가능)	1. 기본계약 양도 – × 2. 전세금반환채권 양도 – ○
개					
신	신			(양도인)등기의무자, (양수인)등기권리자가 되어 공동으로 신청한다.	
	신	일반적 (규칙 43)	┌ 신청서 표제		
			├ 부동산 표시		
			├ 등기원인	○년 ○월 ○일 매매 (전세권 양도일)	○년 ○월 ○일 전세금반환채권 양도 ○년 ○월 ○일 전세금반환채권 일부양도 (채권의 양도일)
			├ 등기목적	"○번 전세권 이전" "○번 전세권 일부이전"	
		개별적	├ 이전할 전세권	"○년 ○월 ○일 접수 제○○○호로 등기된 순위○번 전세권설정등기" ↳ 이전할 전세권의 표시 즉, 전세권의 접수연월일과 접수번호, 순위번호를 신청정보의 내용으로 제공한다.	
			├ 이전할 지분	"○분의 ○" 전세권의 일부지분만을 양도하는 경우에는 **이전되는 지분**을 신청정보의 내용으로 제공한다.	–
			├ 양도액 (규칙 129①)	–	"금 100,000,000원" 전세금반환채권의 일부만을 양도하는 경우에는 **양도액**을 신청정보의 내용으로 등기소에 제공한다(규칙 129①).
			└ 신청인		
	첨	┌ 등기원인 관련		① 전세권(일부)이전계약서 (부동산 및 근저당권의 표시 有) ② 법 제73조 제2항 단서에 따라 전세권의 존속기간 만료 전에 등기를 신청하는 경우에는 전세권이 소멸하였음을 증명하는 정보로 '전세권의 소멸청구(민법 제311조)'나 '전세권의 소	① 전세금반환채권(일부)양도계약서 (부동산 및 근저당권의 표시 有)

			멸통고(민법 제313조)' 등을 첨부 정보로서 등기소에 제공하여야 한다(규칙 제129조 제2항).	
			건물전세권의 존속기간이 만료되어 등기를 신청하는 경우에는 전세권이 소멸하였음을 증명하는 정보로 '갱신거절의 통지(민법 제312조 제4항)' 등을 첨부정보로서 등기소에 제공하여야 한다(예규 1406).	
		├ 의무자 관련	① 등기필정보 – ○ ② 인감증명 – △ (규칙 60①1, 3) ③ 주소증명 – ×	
		├ 권리자 관련	① 세금 – ○ ② 주소 – ○ ③ 번호 – ○	
		└ 부동산 관련		
	개별적		**1. 등기상 이해관계인의 승낙서** **전세권이전등기**의 경우 후순위 저당권자 등은 등기상 이해관계인이 아니므로 후순위근저당권자의 동의 없이 전세권이전등기를 할 수 있다.	
실	기록	┌ 표제부		
		├ 갑구		
		├ 을구	전세권이전등기는 을구에 기록한다.	
		└ 등기형식	① 언제나 부기등기(법 52.2) ② 등기관이 소유권 외의 권리의 이전등기를 할 때에는 종전 권리자의 표시에 관한 사항을 말소하는 표시를 하여야 한다. 다만, 이전되는 지분이 일부일 때에는 그러하지 아니하다(규칙 112③). ③ 전세권**지분**의 **일부양도**의 경우 **이전되는 지분**을 기록하여야 한다.	① 左同 ② 左同 ③ 전세금반환**채권**의 **일부양도**의 경우 **양도액**을 기록하여야 한다(법 73①).
	통지	┌ 등기완료 통지	○	○
		├ 등기필정보 통지	○	○
		├ 소유변경 통지	×	×
		└ 과세자료 제공	×	×

20 절 전세권 - 변경(일반론)

	법	규칙
조문	민법 303 (전세권의 내용) 민법 312 (전세권의 존속기간) 법 72 (전세권 등의 등기사항) 법 52 (부기로 하는 등기)	규칙 46 (첨부정보) 규칙 60 (인감증명의 제출)
기출	1. [02 행시] 甲은 2001.11.10. 그 소유의 건물에 관하여 乙에게 전세금 2,000만원, 전세기간 2003.11.10.까지로 한 전세권설정등기를 경료하여 주고, 2002.11.1. 丙에게 채권최고액 3,000만원의 근저당권을 설정하여 주었다. 그 후 甲과 乙은 2002.11.10. 위 건물에 관한 전세금을 1,000만원 증액한 3,000만원으로 하기로 약정하고, 전세권변경등기신청을 하였다. 丙의 승낙여부에 따른 등기형식과 등기의 순위에 대하여 설명하시오. 50점	

Ⅰ. 서설	1. 의의	**(1) 의의** ① **등기제도**는 당해 부동산에 대한 권리관계 등을 대외적으로 실체관계에 부합하게 공시하기 위한 제도이다. ② **변경등기**는 **현재 효력이 있는** 등기의 **일부**가 **후발적**인 사유로 실체관계와 **불일치**한 경우에 이를 일치시키는 등기이다. ③ **전세권변경등기**는 **현재 효력이 있는 전세권등기**의 **일부인 권리내용(전세금, 범위, 존속기간 등)**이 **후발적**인 사유로 실체관계와 **불일치**한 경우에 이를 일치시키는 등기이다. ④ 전세권등기의 변경사유는 ⓐ 전세금의 증감, ⓑ 전세권의 범위의 확대·축소, ⓒ 존속기간의 연장·단축이 있다. **(2) 취지** **(3) 구별개념** - ① 이전(권리 주체의 변동) vs 변경(권리 내용의 변동) ② 말소(권리 전부의 소멸) vs 변경(권리 일부의 변동)
	2. 요건	
	3. 범위	**(1) 현재 효력이 있는 등기일 것** **(2) 일부에 관한 불일치가 있을 것 (동일성)** ① 변경 전·후의 권리의 동일성이 유지되어야 한다. 동일성이 인정되지 않으면 새로이 전세권설정등기를 하여야 한다. ② 건물의 일부(**17층** 북쪽 201.37㎡)를 목적으로 하는 전세권설정등기가 등기된 후 전세권의 범위를 건물의 **3층** 동쪽 484.58㎡로 **변경하는** 계약이 체결된 경우 전세권의 목적물 자체의 동일성이 인정되지 아니하므로 새로운 전세권의 등기는 전세권변경등기에 의할 것이 아니고 별개의 전세권설정등기신청으로 하여야 할 것이다 [선례 6-321]. **(3) 후발적 사유로 불일치가 있을 것** **(4) 등기상 이해관계 있는 제3자의 승낙을 받을 것**[법 52.5]

	1) **등기상 이해관계 있는 제3자의 의미** **등기상 이해관계 있는 제3자란** 변경등기를 함으로써 등기기록의 형식상 손해를 받을 우려가 있는 자 2) **등기상 이해관계 있는 제3자의 범위(터잡은 – 수리요건 / 후순위 – 부기요건)** **(가) 전세금의 증액** – 선순위 · 터잡은 · 후순위 (부기요건) **(나) 전세금의 감액** – 선순위 · 터잡은 · 후순위 (수리요건) **(다) 존속기간의 연장** – 선순위 · 터잡은 · 후순위 ① **전세권설정**등기 후에 제3자 명의의 **근저당권설정**등기가 등기된 후 **전세권설정등기의 변경**등기를 신청하는 경우, 그 내용이 **전세금의 감액**인 경우에는 근저당권자의 승낙서 등을 첨부하지 않아도 부기에 의하여 그 등기를 할 것이나, 전세권의 **존속기간 연장과 전세금의 감액**을 **함께** 신청하는 경우에는 근저당권자의 승낙서 등을 첨부한 때에 한하여 부기에 의하여 그 등기를 할 수 있다(선례 5-421). ② 4층 근린생활시설 건물 중 1층 전부 및 2층 일부에 대하여 갑 명의의 전세권설정등기가 경료되고, 이어 4층 전부에 대하여 을 명의의 전세권설정등기가 등기된 상태에서, 갑 명의의 전세권설정등기의 존속기간 연장을 위한 변경등기를 할 경우 을은 등기상 이해관계 있는 제3자라 할 것이므로, 위 변경등기를 부기등기의 방식으로 하기 위해서는 신청서에 을의 승낙서 또는 이에 대항할 수 있는 재판의 등본을 반드시 첨부하여야 하며, 승낙서 등을 첨부할 수 없는 경우에는 주등기(독립등기)의 방식으로 그 등기를 할 수 있을 것이다(선례 7-264). 층수가 다르더라도 등기상 이해관계인에 반영되는 이유는 전세권은 부동산의 일부에 설정이 되어도 그 부동산 전부에 대하여 우선변제를 받을 수 있기 때문이다(민법 303①). 3) **제공방법**(법 52.5, 규칙 46①3, 규칙 60①7)
4. 효과	

21 절 전세권 - 변경 - 전세금의 증감

	법	규칙
조문	민법 303 (전세권의 내용) 민법 312 (전세권의 존속기간) 법 72 (전세권 등의 등기사항) 법 52 (부기로 하는 등기)	규칙 46 (첨부정보) 규칙 60 (인감증명의 제출)
기출	1. [19 법무] 소유명의인이 갑(甲)인 X토지에 대하여 **병(丙)을 전세권자로 하는 전세권설정등기**(전세금 금 3억원) 및 **정(丁)을 근저당권자로 하는 근저당권설정등기**(채권최고액 금 3억원)가 **순차로 마쳐졌다.** 병(丙)이 **A를 근저당권자로 하여 자신의 전세권을 목적으로 하는 근저당권설정등기**를 마친 상태에서 갑(甲)과 전세금을 금 2억원으로 **감액하는 전세권변경**계약을 맺고 이에 따라 전세권변경등기를 신청하는 경우 등기상이해관계인의 승낙 여부에 따른 등기실행방법에 관하여 설명하시오. 10점	

				증액	감액
서					
개					
	신			(전세권설정자)등기의무자, (전세권자)등기권리자가 되어 공동으로 신청한다.	(전세권자)등기의무자, (전세권설정자)등기권리자가 되어 공동으로 신청한다.
신	신	일반적 (규칙 43)	┌ 신청서 표제 ├ 부동산 표시 ├ 등기원인	**"O년 O월 O일 변경계약"**	
			├ 등기목적	**"전세권변경"**	
		개별적	├ 변경할 사항 │ └ 신청인	**"O년 O월 O일 접수 제OOO호로 등기된 순위 O번 전세권설정등기사항 중 전세금 '금 OOO원'을 '금 OOO원'으로 변경"** ↳ 변경할 사항과 변경하고자 하는 전세권을 특정하여 신청정보의 내용으로 제공한다.	
	첨	┌ 등기원인 관련		전세권변경계약서 (부동산 및 근저당권의 표시 有)	
		├ 의무자 관련		① 등기필정보 - O ② 인감증명 - △(규칙 60①1, 3)	
		├ 권리자 관련		① 세금 - O ② 주소 - × ③ 번호 - ×	
		└ 부동산 관련			

실		개별적 [법 52.5], [규칙 46①3] [규칙 60①7], [규칙 60④]	등기상 이해관계인이 있는 경우 승낙서를 제공한다.
	기록	┌ 표제부 ├ 갑구 ├ 을구 └ 등기형식 ① 변경(경정) [법 52, 규칙 112] ② 말소 [법 57, 규칙 116] ③ 회복 [법 59, 규칙 118]	**1. 일반적인 권리변경(경정)등기**[법 48, 법 52.5, 규칙 112 등] **(1) 후순위 등기가 이해관계인인 경우** **1) 신청대상 등기** ① 등기상 이해관계인의 승낙은 부기요건이다. ② 승낙서 제공○ - 부기등기 ③ 승낙서 제공× - 주등기 **2) 등기상 이해관계 있는 제3자 등기 - 변동사항 없음** **(2) 터잡은 등기가 이해관계인인 경우** **[전세금의 감액에 있어서 터잡은 등기가 있는 경우]** **1) 신청대상 등기** ① 전세금의 감액에 있어서 터잡은 등기상 이해관계인의 승낙은 수리요건이다. ② 승낙서 제공○ - 부기등기 ③ 승낙서 제공× - 등기를 수리할 수 없다. **2) 등기상 이해관계 있는 제3자 등기 - 변동사항 없음**
	통지	┌ 등기완료 통지 ├ 등기필정보 통지 ├ 소유변경 통지 └ 과세자료 제공	○ × × ×

22 절 전세권 - 변경 - 법정갱신

	법	규칙
조문	민법 303 (전세권의 내용) 민법 312 (전세권의 존속기간) 법 72 (전세권 등의 등기사항) 법 52 (부기로 하는 등기)	규칙 46 (첨부정보) 규칙 60 (인감증명의 제출)
기출		

1. 서설

① 건물의 전세권설정자가 전세권의 존속기간 만료 전 6월부터 1월까지 사이에 전세권자에 대하여 갱신거절의 통지 또는 조건을 변경하지 아니하면 갱신하지 아니한다는 뜻의 통지를 하지 아니한 경우에는 그 기간이 만료된 때에 전전세권과 동일한 조건으로 다시 전세권을 설정한 것으로 본다. 이 경우 전세권의 존속기간은 그 정함이 없는 것으로 본다(민법 312④).

② 건물전세권의 법정갱신은 법률의 규정에 의한 물권변동이므로 전세권자는 전세권갱신에 관한 등기 없이도 전세권설정자나 그 건물을 취득한 제3자에 대하여 권리를 주장할 수 있으나(민법 312④, 민법 187本), 그 처분을 위하여는 존속기간을 연장하는 변경등기를 하여야 한다(민법 187但).

③ 건물과 그 대지에 공동으로 전세권등기가 마쳐지고 그 존속기간이 만료된 경우 그 건물에 대한 전세권은 「민법」 제312조 제4항에 따라 법정갱신될 수 있으며, 이 경우 **전세금 감액을 위한 전세권변경등기를 신청하기 위해서**는 존속기간을 연장하는 전세권변경등기를 먼저 신청하거나, **별개의 신청서**로 위 전세금 감액을 위한 전세권변경등기와 동시에 신청하여야 한다(선례 202203-2).

④ 따라서 「민법」 제312조 제4항에 따라 법정갱신된 건물전세권에 대하여 전세권이전등기나 전세권에 대한 저당권을 설정하기 위해서는 존속기간을 연장하는 변경등기의 신청을 선행 또는 동시에 하여야 한다.

2. 개시 – 공동신청

3. 신청절차

(1) 신청인 – (전세권설정자)등기의무자, (전세권자)등기권리자가 되어 공동으로 신청한다(법 23①).

(2) 신청정보

1) 등기원인 및 그 연원일 – "O년 O월 O일 법정갱신" (등기된 존속기간 만료일의 다음날)

2) 등기목적 – "O번 전세권변경"

3) 변경할 사항

① **전세권이 법정갱신**되면 그 존속기간은 정함이 없는 것이므로, 등기관이 법정갱신을 원인으로 전세권변경등기를 할 때에는 존속기간을 기록하지 않고 종전의 존속기간을 말소하는 표시만을 하게 된다.

② 등기상 이해관계인이 없거나 있더라도 승낙을 받아 **변경등기를 부기등기**로 하는 경우에는 변경하고자 하는 전세권을 특정하여 그 등기사항 중 존속기간을 말소한다는 뜻을 제공한다(예 2016년 3월 10일 접수 제1000호로 마친 전세권 등기사항 중 존속기간을 말소함).

③ 다만, 등기상 이해관계 있는 제3자가 있으나 그의 승낙이 없어 **변경등기를 주등기**로 하는 경우에는 등기관이 종전의 존속기간을 말소하는 표시를 하지 않으므로, 변경할 사항이 없다는 뜻을 신청정보의 내용으로 등기소에 제공하여야 한다.

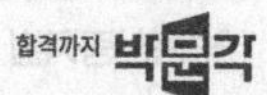

(3) 첨부정보

1) 등기원인 관련

① 규칙 46조에 규정된 사항을 첨부정보로 제공한다(규칙 46).

② 등기원인을 증명하는 정보로서 건물의 전세권설정자가 갱신거절의 통지 등을 하지 않아 법정갱신되었음을 소명하는 정보(예 전세권설정자가 작성한 확인서)를 제공하여야 한다.

2) 의무자 관련

3) 권리자 관련

4) 기타 - 등기상 이해관계인이 있는 경우 그 승낙서를 제공한다.

(4) 실행절차

① 주등기 또는 부기등기로 실행한다(법 52.5).

② 부기등기로 실행하는 경우 등기관은 존속기간을 기록하지 않고 종전의 존속기간을 말소하는 표시만 한다.

③ 주등기로 실행하는 경우 종전의 존속기간을 말소하는 표시를 하지 않는다(규칙 112).

23 절 전세권변경등기 등의 기록방법에 관한 사무처리지침

	법	규칙
조문	민법 303 (전세권의 내용) 민법 312 (전세권의 존속기간) 법 72 (전세권 등의 등기사항) 법 52 (부기로 하는 등기)	규칙 46 (첨부정보) 규칙 60 (인감증명의 제출)
기출		

1. 목적

이 예규는 전세금을 증액 또는 감액하는 변경등기, 전세권의 이전등기 그리고 전세권을 목적으로 한 근저당권의 설정등기를 하는 경우의 기록방법을 규정함을 목적으로 한다.

2. 전세금을 증액 또는 감액하는 변경등기를 하는 경우

가. 전세권을 목적으로 하는 권리에 관한 등기 또는 전세권에 대한 처분제한의 등기가 없는 경우(註 터잡은 등기 無 : 수리요건 x)

1) 전세금 증액의 변경등기

① 전세권설정등기[1] 후 근저당권설정등기[2]와 주등기로 마쳐진 전세금 증액의 변경등기[3]가 있는 상태에서 다시 그 전세금을 증액하는 변경등기를 하는 경우

② 그 변경등기는 종전 전세금 **증액의 변경등기**에 **부기**[3-1]로 한다.

③ 다만, 주등기로 마쳐진 전세금 증액의 변경등기[3] 이후 **등기상 이해관계 있는 제3자(후순위 근저당권자 등)**[4]가 있는 때에는 그의 **승낙이 있으면** 종전 전세금 증액의 변경등기에 **부기**[3-1]로 그 변경등기를 하고, 그의 **승낙이 없으면** **주등기**[5]로 그 변경등기를 한다(후순위 : 부기요건).

2) 전세금 감액의 변경등기

가) 원래의 전세금보다 많은 금액으로 전세금을 감액하는 경우

① 전세권설정등기[1] 후 근저당권설정등기[2]와 주등기로 마쳐진 전세금 증액의 변경등기[3]가 있는 상태에서 원래의 전세금보다 많은 금액으로 전세금을 감액하는 변경등기를 하는 경우,

② 그 변경등기는 종전 전세금 **증액의 변경등기**에 **부기**[3-1]로 한다.

나) 원래의 전세금보다 적거나 같은 금액으로 전세금을 감액하는 경우

① 전세권설정등기 후 근저당권설정등기와 주등기로 마쳐진 전세금 증액의 변경등기가 있는 상태에서 원래의 전세금보다 적거나 같은 금액으로 전세금을 감액하는 변경등기를 하는 경우,

② 그 변경등기는 전세권설정등기에 **부기**[1-1]로 하되, 종전의 전세금 **증액의 변경등기**는 **직권으로 말소**한다.

나. 전세권을 목적으로 하는 권리에 관한 등기 또는 전세권에 대한 처분제한의 등기가 있는 경우(註 터잡은 등기 有 : 수리요건 o)

1) 전세금 증액의 변경등기

① 전세권설정등기[1] 후 그 전세권을 목적으로 하는 근저당권설정등기[1-1] 또는 그 전세권에 대한 가압류등기[1-1] 등이 있는 상태에서 전세금을 증액하는 변경등기를 하는 경우,

② 그 **근저당권자 또는 가압류권자** 등은 등기상 이해관계 있는 제3자가 아니므로

③ 그의 승낙여부에 관계없이 그 변경등기는 전세권설정등기에 **부기**[1-2]로 한다.

2) 전세금 감액의 변경등기

① 전세권설정등기[1] 후 그 전세권을 목적으로 하는 근저당권설정등기[1-1] 또는 그 전세권에 대한 가압류등기[1-1] 등이 있는 상태에서 전세금을 감액하는 변경등기를 하는 경우,

② 그 **근저당권자 또는 가압류권자 등**은 등기상 이해관계 있는 제3자에 해당하므로

③ 그의 **승낙이 있으면** 그 변경등기를 전세권설정등기에 **부기**[1-2]로 하고, 그의 **승낙이 없으면** 그 변경등기를 **할 수 없다**.

3. 전세권이전등기를 하는 경우(註 등기관 無 - 언제나 부기)

① **소유권 외의 권리의 이전등기**는 해당 권리에 관한 등기에 부기로 하여야 하므로[법 52.2],

② 주등기로 전세금 증액의 변경등기[3]가 마쳐진 경우라도

③ **전세권을 이전하는 등기**는 전세권설정등기에 **부기**[1-1]로 한다.

4. 전세권근저당권설정등기를 하는 경우(註 등기관 無 - 언제나 부기)

① **소유권 외의 권리를 목적으로 하는 권리에 관한 등기**는 해당 권리에 관한 등기에 부기로 하여야 하므로[법 52.3],

② 주등기로 전세금 증액의 변경등기[3]가 마쳐진 경우라도

③ **그 전세권에 근저당권을 설정하는 등기**는 전세권설정등기에 **부기**[1-1]로 한다.

24 절 법원의 촉탁에 따른 등기와 소유자변동 등

	법	규칙
조문		
기출		

1. 가압류등기

(1) 가압류결정 이후 채무자의 등기부상 주소가 변경된 경우 가압류촉탁서 수리 여부

부동산에 대한 가압류결정이 있은 후 그 촉탁서가 등기소에 접수되기 전에 채무자의 등기부상 주소가 변경된 경우에 비록 가압류촉탁서상의 채무자 주소와 변경 전 채무자의 등기부상 주소가 일치한다고 하더라도 그 가압류촉탁은 이를 수리할 수 없다(법 29.7, 선례 제5-646호).

(2) 상속등기가 되지 않은 부동산에 대하여 상속인을 상대로 가압류결정이 있는 경우

① 상속등기를 하지 아니한 부동산에 대하여 가압류결정이 있을 때 가압류채권자는 그 기입등기촉탁 이전에 먼저 대위에 의하여 상속등기를 함으로써 등기의무자의 표시가 등기기록과 부합하도록 하여야 한다(법 29.7).

② 대위원인 : "○년 ○월 ○일 ○○지방법원의 가압류 결정"이라고 기재한다.

③ 대위원인증서 : 가압류결정의 정본 또는 그 등본을 첨부한다.

④ 가압류, 가처분, 경매개시결정 등의 처분제한등기를 촉탁하는 경우에는 체납처분에 의한 압류등기의 촉탁과는 달리 집행법원이 대위촉탁할 수 있는 법적 근거가 없다. 따라서 신청채권자(등기권리자)로 하여금 대위신청하도록 한 후 처분제한의 등기를 촉탁하고 있다.

2. 가처분등기(상속등기가 되지 않은 부동산에 대하여 상속인을 상대로 가처분결정이 있는 경우)

(1) 판례

피상속인 소유의 부동산에 관하여 피상속인과의 사이에 매매 등의 원인행위가 있었으나 아직 등기신청을 하지 않고 있는 사이에 상속이 개시된 경우, 상속인은 신분을 증명할 수 있는 서류를 첨부하여 피상속인으로부터 바로 원인행위자인 매수인 등 앞으로 소유권이전등기를 신청할 수 있고, 그러한 경우에는 상속등기를 거칠 필요가 없이 바로 매수인 앞으로 등기명의를 이전할 수 있으며, 이러한 법리는 상속인과 등기권리자의 공동신청에 의한 경우뿐만 아니라 피상속인과의 원인행위에 의한 권리의 이전·설정의 등기청구권을 보전하기 위한 처분금지가처분신청의 인용에 따른 법원의 직권에 의한 가처분기입등기의 촉탁에서도 그대로 적용되므로, 상속관계를 표시한 기입등기의 촉탁이 있을 경우 적법하게 상속등기를 거침이 없이 가처분기입등기를 할 수 있다(대판 1995.2.28, 94다23999).

(2) 예규

가처분권리자가 피상속인과의 원인행위에 의한 권리의 이전·설정의 등기청구권을 보전하기 위하여 상속인들을 상대로 처분금지가처분신청을 하여 집행법원이 이를 인용하고, 피상속인 소유 명의의 부동산에 관하여 상속관계를 표시하여(등기의무자를 '망 ○○○의 상속인 ○○○' 등으로 표시함) 가처분기입등기를 촉탁한 경우에는 상속등기를 거침이 없이 가처분기입등기를 할 수 있다(대판 1995.2.28, 94다23999 참조, 예규 제881호).

3. 주택임차권등기명령에 따른 등기

(1) 주택임차권등기명령의 결정 후 주택의 소유권이 이전된 경우의 임차권등기 여부

주택임차권등기명령의 결정 후 주택의 소유권이 이전된 경우, 등기촉탁서에 전소유자를 등기의무자로 기재하여 임차권등기의 기입을 촉탁한 때에는 촉탁서에 기재된 등기의무자의 표시가 등기부와 부합하지 아니하므로 등기관은 그 등기촉탁을 각하하여야 한다(법 29.7, 선례 제7-285호).

(2) 소유권의 등기명의인인 임대인 甲의 사망 후, 망 甲의 상속인을 등기의무자로 하는 임차권등기의 기입이 촉탁된 경우 등기관이 당해 등기촉탁을 수리할 수 있는지 여부

갑과 을 사이에 주택임대차계약이 체결된 후 임대인 갑이 사망함에 따라, 임차인 을이 당해 주택임대차계약에 기하여 망 갑의 상속인(들)을 피신청인으로 「주택임대차보호법」 제3조의3에 따른 임차권등기명령신청을 하여 집행법원이 이를 인용하고, 피상속인 갑소유 명의의 부동산에 관하여 상속관계를 표시하여(등기의무자를 '망 OOO의 상속인 OOO' 등으로 표시함) 임차권등기의 기입을 촉탁한 경우, 등기관은 상속등기가 마쳐지지 않았더라도 그 등기촉탁을 수리할 수 있을 것이다(선례 제202301-1호, 직권선례).

(3) 이미 전세권설정등기가 마쳐진 주택을 대상으로 임차권등기의 기입이 촉탁된 경우 등기관이 당해 등기촉탁을 수리할 수 있는지 여부(일부 선례변경)

이미 전세권설정등기가 마쳐진 주택에 대하여 전세권자와 동일인이 아닌 자를 등기명의인으로 하는 주택임차권등기명령에 따른 등기의 촉탁이 있는 경우 등기관이 당해 등기촉탁을 수리할 수 있는지 여부와 관련하여,

① 임대차는 그 등기가 없는 경우에도 임차인이 주택의 인도와 주민등록을 마친 때에는 그 다음 날부터 제3자에 대하여 효력이 생기고(「주택임대차보호법」 제3조 제1항), 그 주택에 임차권등기명령의 집행에 따라 임차권등기가 마쳐지면 그 대항력이나 우선변제권은 그대로 유지된다는 점(같은 법 3의3⑤)

② 위 임차권등기는 이러한 대항력이나 우선변제권을 유지하도록 해 주는 담보적 기능만을 주목적으로 하는 점(대판 2005.6.9, 2005다4529)

③ 임차인의 권익보호에 충실을 기하기 위하여 도입된 임차권등기명령제도의 취지 등을 볼 때, 주택임차인이 대항력을 취득한 날이 전세권설정등기의 접수일자보다 선일이라면, 기존 전세권의 등기명의인과 임차권의 등기명의인으로 되려는 자가 동일한지 여부와는 상관없이 주택임차권등기명령에 따른 등기의 촉탁이 있는 경우 등기관은 그 촉탁에 따른 등기를 수리할 수 있을 것이다(선례 제202210-2호).

주) 이 선례에 의하여 등기선례(7-281)는 그 내용이 일부 변경됨

> **이미 전세권설정등기가 경료된 부동산에 대하여 주택임차권등기의 촉탁을 수리할 수 있는지 여부(소극)** (선례 제7-281호)
>
> 이미 전세권설정등기가 경료되어 있는 주택의 일부분에 관하여 그 주택의 소재지를 관할하는 법원이 임차권등기명령에 의하여 동일 범위를 목적으로 하는 주택임차권등기를 촉탁하는 경우, 이는 기존 전세권설정등기와 양립할 수 없는 등기의 촉탁으로서 등기관은 부동산등기법 제55조 제2호에 의하여 각하하여야 한다.

주) 이 선례에 의하여 등기선례(9-300)는 그 내용이 일부 변경됨

> **이미 전세권설정등기가 경료된 부동산에 대하여 동일인을 권리자로 하는 주택임차권등기의 촉탁을 수리할 수 있는지 여부(적극)(일부 선례변경)** (선례 제9-300호)
>
> 이미 전세권설정등기가 경료된 주택에 대하여 동일인을 권리자로 하는 법원의 주택임차권등기명령에 따른 촉탁등기는 이를 수리할 수 있을 것이다.

25 절 근저당권 - 설정

	민법	법/규칙
조문	민법 356 (저당권의 내용) 민법 357 (근저당) 민법 358 (저당권의 효력의 범위) 민법 371 (지상권, 전세권을 목적으로 하는 저당권) 민법 278 (준공동소유)	법 75 (저당권의 등기사항) 법 77 (피담보채권이 금액을 목적으로 하지 아니하는 경우) 규칙 46 (첨부정보) 규칙 60 (인감증명의 제출) 규칙 131 (저당권설정등기의 신청)
기출	1. [20 행시] 근저당권의 채권최고액에 대하여 설명하시오. 10점	

Ⅰ. 서설

1. 의의

(1) 의의(민법 186, 민법 356, 민법 357, 민법 371, 법 3, 법 75 이하)

① **근저당권은** 물권이므로 근저당권설정계약을 통한 물권적 합의와 등기에 의하여 성립한다(민법 186).

② **저당권자**는 채무자 또는 제3자가 점유를 이전하지 아니하고 채무의 담보로 제공한 부동산에 대하여 다른 채권자보다 자기채권의 우선변제를 받을 권리가 있다(민법 356). **근저당권**은 그 담보할 채무의 최고액만을 정하고 채무의 확정을 장래에 보류하여 이를 설정할 수 있다. 이 경우에는 그 **확정될 때까지의 채무의 소멸 또는 이전**은 저당권에 영향을 미치지 아니한다(민법 357①). 이 경우 채무의 **이자는** 최고액 중에 산입한 것으로 본다(민법 357②). 본장의 규정은 지상권 또는 전세권을 저당권의 목적으로 한 경우에 준용한다(민법 371).

③ **근저당권은** 계속적인 거래관계로부터 발생하는 다수의 불특정한 채권을 결산기에서 일정한 한도까지 담보하려는 특수한 저당권이다.

(2) 취지 - ① 불필요한 저당권의 변경등기 또는 말소등기 방지
② 계속적 거래관계에 유리

(3) 구별개념 (저당권과 구별)

1) 채권최고액

저당권을 확정된 채권액이 등기사항이지만, 근저당권은 채권최고액을 정하여 등기하며 그 한도까지 담보한다.

2) 부종성

저당권의 피담보채권은 특정채권이지만, 근저당권의 피담보채권은 계약이 존속하는 동안에는 특정되지 않고 장래 증감·변동하다가 일정한 사유의 발생 시에 구체적으로 확정된다. 즉 근저당권은 부종성이 완화되어 채권액이 일시적으로 0이 되어도 근저당권은 소멸하지 아니한다.

3) 준공유

저당권을 수인의 채권자가 준공유하는 경우는 각 지분을 신청서에 기재하여 등기기록에 기록하여야 하나, 근저당권을 수인의 채권자가 준공유하는 경우에는 각 지분을 신청서에 기재하거나 등기기록에 기록하지 않는다.

저당권	근저당권
① 부종성↑ : 채권액 일시적 'O' - 소멸 ② 특정채권 ③ 지분등기 O	① 부종성↓ : 채권액 일시적 'O' - 소멸 ② 불특정채권 → 채권최고액 ③ 지분등기 x

2. 요건 (내용)

(1) 채무자 또는 제3자

제3자가 채무자의 채무를 담보할 수도 있으므로, 물상보증인도 근저당권설정을 할 수 있다.

(2) 채무의 담보로 제공

① 일정한 기본계약을 열거하고(예컨대 '어음할인, 대부, 보증 기타의 원인에 의하여 부담되는 일체의 채무' 등) 그와 관련하여 채무자가 부담하게 될 현재 또는 장래의 모든 채무를 담보하는 형식의 근저당권설정등기, 즉, 포괄근저당권도 허용된다.

② 담보되는 채무액이 부동산의 가액을 초과할 수도 있다.

③ 또한, 계약자유의 원칙상 전세금을 초과하는 근저당권설정도 가능하다.

(3) 부동산의 권리

① 타인의 부동산에 설정할 수 있으므로, 토지 또는 건물에 각 근저당권을 설정할 수 있다.

② 유치원과 달리 영유아보육시설은 「교육법」 소정의 교육기관이 아니므로 그 소유 건물에 대하여는 매매 또는 담보제공 등 처분행위를 할 수 있을 것이다. 따라서 저당권도 설정할 수 있다.

③ 대지권이 등기된 구분건물은 건물만에 대하여 또는 대지권만에 대하여 근저당권 설정등기를 할 수 없다.

④ 부동산의 **소유권 · 지상권 · 전세권**은 근저당권의 목적이 되지만, **임차권**은 근저당권의 목적이 될 수 없다.

⑤ 지상권이나 전세권은 존속기간의 범위 내에서 근저당권설정등기를 할 수 있으며, 전세권의 경우 법정갱신제도가 있으므로 존속기간이 만료하더라도 전세권변경등기를 먼저 한 후에 근저당권설정등기를 할 수 있다.

(4) 우선변제

① 근저당권은 담보물권으로서 사용 · 수익하는 권리가 아니므로 배타성이 인정되지 않는다.

② 따라서 근저당권설정등기는 부동산에 대한 동일한 범위를 불문하고 중복하여 설정될 수 있으며 각 근저당권은 순위에 따라 우선변제를 받게 된다.

(5) 최고액만을 정할 것

채권최고액에는 채무의 원금, 이자, 지연손해금, 위약금이 포함되며 우선변제권을 가진다(민법 357②).

(6) 채무의 확정을 장래에 보류 - 채무가 확정될 때까지의 채무의 소멸 또는 이전은 저당권에 영향을 미치지 아니할 것

1) 확정시기

① 존속기간의 정하여진 경우에는 존속기간의 도래 또는 설정계약에서 정한 확정시기(결산기)의 도래

	② 존속기간이 정하여지지 않은 경우에는 기본계약의 종료(기본계약의 해제·해지 등) ③ 채권자의 경매신청 **2) 관련선례** **근저당권은** 피담보채권의 소멸에 의하여 당연히 소멸하는 것은 아니고 근저당권 설정계약의 기초가 되는 **기본적인 법률관계가 종료될 때까지 계속 존속**하므로, 근저당권설정등기의 말소등기를 신청할 때에는 등기원인을 증명하는 정보로서 근저당권이 소멸하였음을 증명하는 **근저당권 해지증서 등**을 제공하여야 하며, 단지 피담보채권이 소멸하였음을 증명하는 대출완납확인서 등을 제공할 수는 없다(선례 201906-7).
3. 범위	**(1) 물리적 일부 - ×** 부동산의 **물리적 일부**에는 근저당권을 설정할 수 없다. **(2) 지분 - ○** ① 부동산의 **지분**에는 근저당권을 설정할 수 있다. ② **대지권**의 기본적인 속성은 토지에 대한 지분이므로 대지권이 등기된 경우 전유부분과 대지권을 일체로 하는 근저당권설정는 신청할 수 있다. ③ 다만, 대지권이 등기된 후 토지 또는 건물만에 대한 근저당권설정등기는 할 수 없다(법 29.2, 규칙 52.3). **(3) 중복 - ○** **(4) 농지 - ○**
4. 효과 (민법 358)	**(1) 일반적인 효력** 저당권의 효력은 저당부동산에 부합된 물건(증축)과 종물(종된 권리, 대지사용권)에 미친다(민법 358). **(2) 저당권의 효력과 추가저당권설정등기의 필요여부** **1) 소유권보존등기의 기준** ① 소유권보존등기신청은 대장을 기준으로 하므로, 대장이 하나인 경우 소유권보존등기도 1건으로, 대장이 각각 작성된 경우 소유권보존등기도 각별로 신청하여야 한다. ② 기존 건물과 신축 건물이 지번 및 구조, 위치 등 객관적으로 전혀 별개의 건물이나 건축물대장상에만 증축으로 등재되어 있다면 증축으로 인한 보존등기는 할 수 없고, 신축 건물에 대하여 별도의 건축물대장이 작성된 후 이에 따라 신축 건물에 대한 소유권보존등기를 신청하여야 할 것이다(선례 5-250). **2) 건물이 하나의 대장에 함께 작성된 경우** **증축건물**이 건물의 구조나 이용상 기존건물과 동일성이 인정되어 기존건물에 건물표시변경등기 형식으로 증축등기를 하였다면, 그 부분은 기존건물에 부합되는 것으로 보아야 하고, 근저당권의 효력은 다른 특별한 규정이나 약정이 없는 한 근저당 부동산에 부합된 부분에도 미치므로, 증축등기만을 하면 되고 증축된 건물에 근저당권의 효력을 미치게 하는 변경등기는 할 필요가 없다. **3) 건물이 별도의 대장에 분리 작성된 경우** 그러나 건물의 구조나 이용상 **기존건물과 별개의 독립건물을 신축**한 경우에는

<table>
<tr><td></td><td></td><td colspan="2">별도의 소유권보존등기를 신청하여야 하는 것이며, 기존건물에 등기된 저당권의 효력을 신축건물에 미치게 하기 위해서는 그 보존등기를 바탕으로 저당권을 추가로 설정하여야 한다.</td></tr>
<tr><td rowspan="2">II. 개시
[법 22]</td><td>1. 모습</td><td colspan="2">(1) 공동신청
① 등기는 당사자의 신청 또는 관공서의 촉탁에 따라 한다. 다만, 법률에 다른 규정이 있는 경우에는 그러하지 아니하다[법 22①].
② 등기는 법률에 다른 규정이 없는 경우에는 등기권리자와 등기의무자가 공동으로 신청한다[법 23①].
(2) 단독신청
① 근저당권설정계약을 한 후 등기의무자가 등기신청절차에 협력하지 않으면 '(채권최고액과 채무자가 주문에 나타난) 근저당권설정등기절차를 이행하라'는 취지의 이행판결을 받아 등기권리자 단독으로 신청할 수 있다[법 23④].
② 판결의 내용으로는 등기의 종류, 내용, 등기원인과 그 연월일 등이 명시되어 있어야 하므로 필요적 기재사항도 주문에 명시되어 있어야 한다. 따라서 필요적 기재사항이 주문에 명시되지 않는 경우에는 그 판결문에 따른 등기를 할 수 없다. 예컨대 근저당권설정등기의 경우 채권최고액과 채무자가 반드시 주문에 기재되어 있어야 하고 존속기간과 같은 임의적 기재사항은 주문에 명시되지 않더라도 등기는 가능하다.
(3) 일괄신청[법 25但, 규칙 47]
① 같은 채권의 담보를 위하여 소유자가 다른 여러 개의 부동산에 대한 저당권설정등기를 신청하는 경우에는 일괄신청할 수 있다.
② 이 경우 근저당권설정자가 동일할 필요가 없다.
(4) 동시신청
① 동일 부동산에 관하여 동시에 2개 이상의 근저당권의 설정등기신청이 있는 경우에는 동일한 접수번호를 부여하고 등기 시에 동일한 순위번호를 기록하여야 한다[규칙 65②].
② 양 근저당권은 동일순위에 해당하므로 사후 경매절차에서 안분배당을 받게 된다.</td></tr>
<tr><td>2. 전자
[법 24①2]
[규칙 67]</td><td colspan="2"></td></tr>
<tr><td rowspan="2">III. 신청절차</td><td>1. 신청인
[법 23]</td><td colspan="2">① (근저당권설정자)등기의무자, (근저당권자)등기권리자가 되어 공동으로 신청한다[법 23①].
② 근저당권설정자는 소유권자・지상권자・전세권자가 될 수 있고, 임차권자는 될 수 없다.
③ 근저당권자가 수인이어서 준공유할 경우에도 지분을 기재하지 아니한다.</td></tr>
<tr><td>2. 신청정보
[규칙 43]</td><td>일반적
[규칙 43]</td><td>신청서 표제
부동산 표시 (1) 부동산의 소유권을 목적으로 한 경우
부동산의 표시만 하면 된다.
(2) 부동산의 소유권 외의 권리를 목적으로 한 경우
근저당권의 목적이 소유권 외의 권리(지상권, 전세권)일 때에는 신청서의 부동산표시란에 부동산의 표시 외에 그 권리의 표시를 하여야 한다[규칙 132②].</td></tr>
</table>

"위 부동산에 설정한 ○년 ○월 ○일 접수 제○○○호로 등기된 을구 순위번호 제○번의 지상권(전세권)"

(3) 수 개의 부동산에 대하여 공동담보를 설정하는 경우

여러 개의 부동산에 관한 권리를 목적으로 하는 저당권설정의 등기를 신청하는 경우에는 각 부동산에 관한 권리의 표시를 하여야 한다.

- **등기원인(연월일)** **"○년 ○월 ○일 설정계약"** (근저당권설정계약일)
- **등기목적** **"근저당권설정"**
  "○번 지상권(전세권) 근저당권설정"

개별적 (법 75) (규칙 131)

- **채권최고액** **"금 100,000,000원"** **"미화 금 ○○○달러"**
  - ① 채권최고액에는 채무의 원금, 이자, 지연손해금, 위약금이 포함되며 그 범위 내에서 우선변제권을 가진다(민법 357②).
  - ② 채권최고액은 **반드시 단일하게 기재**하여야 하며, 1개의 설정계약에 기재되어 있는 내용을 부동산별·채권자별·채무자별·금액별로 구분하여 기재할 수는 없다.
  - ③ 따라서 채권자 또는 채무자가 수인일지라도 단일한 채권최고액만을 기록하여야 하고, 각 채권자 또는 채무자별로 채권최고액을 구분하여(예 '채권최고액 채무자 갑에 대하여 1억원, 채무자 을에 대하여 2억원, 또는 '채권최고액 3억원 최고액의 내역 채무자 갑에 대하여 1억원, 채무자 을에 대하여 2억원' 등) 기록할 수 없다.
    그러나 「민간임대주택에 관한 특별법」 제49조 제3항 제1호에 근거하여, 근저당권의 공동담보를 해제하면서 채권최고액을 감액하는 내용의 근저당권변경등기신청은 수리될 수 있을 것이다. 이 경우 근저당권변경등기는 부기등기로 실행한다(선례 202208-1).
  - ④ 등록면허세의 과세표준이 된다.
  - ⑤ 외화채권인 경우 **신청서**에는 채권액을 외화로 표시하고 세금계산을 위하여 원화로 환산한 금액을 병기한다. 그러나 **등기기록**에는 외화금액만을 채권최고액으로 기록한다(예 "미화 금 ○○달러").
    또한 "환율이 변경될 때에는 그 변경된 환율에 의한 원화 환산액으로 한다"는 특약이 있더라도 이는 등기사항이 아니므로 신청서에 기재할 수 없다(예규 제1341호).
  - ⑥ **일정한 금액을 목적으로 하지 않는 채권**을 담보하기 위한 저당권설정등기를 신청하는 경우에는 그 채권의 평가액을 신청정보의 내용으로 제공한다(규칙 131③).
- **채무자** **"○○○ 서울특별시 서초구 서초동 100"**
  - ① 채무자와 근저당권설정자가 동일인이라도 생략할 수 없고, 반드시 채무자를 기재한다.
  - ② 채무자가 수인인 경우 그 수인의 채무자가 **연대채무자**라 하더라도 등기기록에는 단순히 "채무자"로 기록한다.
  - ③ 채무자는 등기당사자가 아니므로 성명·주소만 기재하며, 주민등록번호는 기재하지 아니한다.
  - ④ 비법인도 채무자가 될 수 있으며, 이 경우 채무자의 표시는 비법인의 명칭과 사무소소재지까지만 나타내고, 비법인의 부동산등기용등록번호나 대표자의 인적사항을 기재할 필요는 없다.

		├ 존속기간	
		├ 민법 358但 특약	
		├ 설정할 지분	**"갑구 ○번 ○○○지분 전부"** **"갑구 ○번 ○○○지분 ○분의 ○중 일부(○분의 ○)"**
		└ 신청인	① 근저당권자가 **공동근저당권자**인 경우라도 지분을 기재하지 않는다. ② 근저당권자가 **법인**인 경우 취급지점을 기재할 수 있지만, 소재지는 기재하지 않는다.
3. 첨부 정보 (규칙 46)	**일반적** (규칙 46)	┌ 등기원인 관련	**(1) 등기원인증명**(규칙 46①1) ① 근저당권설정계약서 ↱ (성명 · 주소) ㉠ 부동산표시, 채권최고액, 채무자 표시, 근저당권설정자와 근저당권자의 표시는 반드시 있어야 한다. ㉡ 단 채무자의 날인이 반드시 있어야 하는 것은 아니다. ② 판결정본 및 확정증명 **(2) 등기원인 – ㊅㊂㊈ 등**(규칙 46①2, 규칙 46③)
		├ 의무자 관련	**(1) 등기필정보**(법 50②, 규칙 43①7) **– ○ (소유권 목적○ / 지상권 · 전세권 목적○)** **(2) 인감증명**(규칙 60, 규칙 61②) **– △ (소유권 목적○ / 지상권 · 전세권 목적×)** **(3) 주소증명**(규칙 46①6) **– ×** ↳ **단, 필증멸실○** (but. 의무자 표시 다른 경우 先 등기명의인 표시변경등기)
		├ 권리자 관련	**(1) 세금영수증**(법 29.10) ① 등록면허세 – ○ (채권최고액을 기준으로 납부한다.) ② 국민주택채권 – △ (채권최고액이 2,000만원 이상인 경우에만 매입한다.) **(2) 주소증명**(규칙 46①6) **– ○** **(3) 번호증명**(규칙 46①6, 법 49) **– ○**

(2) 등기원인 – 허동승 등:

┌ 1) 검인(계약서 · 판결서)	×	(∵ 소이등 ×)
├ 2) ㊇래계약신고필증	×	(∵ 소이등 ×)
├ 3) 토지거래계약허가	×	(∵ 소이등 · 지상권 ×)
└ 4) 농지취득자격증명	×	(∵ 소이등 ×)
┌ 5) 재단법인 – 주무관청 허가서	×	(∵ 소이등 ×)
├ 6) 공익법인 – 주무관청 허가서	○	(∵ 소이등 · 제한물권 o)
├ 7) 학교법인 – 관할청 허가서	○	(∵ 소이등 · 제한물권o)
└ 8) 비법인 처분 – 사원총회 결의	△	(민법 276, 규칙 48.3)

<table>
<tr><td></td><td></td><td></td><td>├ 부동산 관련 (1) 대장, 그 밖의 정보(규칙 46①7) – ×
│ (2) 지적도 · 도면 – ×
└ 신청인자격 관련</td></tr>
<tr><td></td><td></td><td>개별적</td><td></td></tr>
<tr><td rowspan="5">Ⅳ. 실행 절차</td><td>1. 접수 · 배당</td><td colspan="2"></td></tr>
<tr><td>2. 조사</td><td colspan="2">동일 부동산에 대하여 갑과 을을 공동채권자로 하는 하나의 근저당권설정계약을 체결한 경우, 각 채권자별로 채권최고액을 구분하여 등기하거나 갑과 을을 각각 근저당권자로 하는 2개의 동순위의 근저당권설정등기를 신청할 수 없다(선례 7-274). 이 경우 법 제29조 제8호의 각하사유에 해당한다.</td></tr>
<tr><td>3. 문제○</td><td colspan="2"></td></tr>
<tr><td rowspan="2">4. 문제×
(법 48)</td><td>일반적
(법 48)</td><td>┌ 표제부
├ 갑구
├ 을구 ① 법 제48조에서 규정한 일반적인 사항과 법 제75조에서 규정한 개별적인 사항을 등기사항으로 기록한다.
② 근저당권설정등기는 을구에 기록한다(법 15②).
③ 근저당권자가 공동근저당권자인 경우라도 지분을 기재하지 않는다.
④ 근저당권자가 법인인 경우 취급지점을 기록하지만, 소재지는 기록하지 않는다. 사후에 취급지점의 변경이 있는 경우에는 등기명의인표시변경등기를 하여야 한다.
법인이 전세권자인 경우 권리자에 관한 사항에 취급지점을 기록할 수는 없다(선례 제202309-8호).
⑤ 일정한 금액을 목적으로 하지 않는 채권을 담보하기 위한 저당권설정등기를 신청하는 경우에는 그 채권의 평가액을 기록한다(법 77).
└ 등기형식 ① 소유권을 목적 – 주등기
② 소유권 외의 권리를 목적 – 부기등기(법 52.3)</td></tr>
<tr><td>개별적
(법 75)</td><td></td></tr>
<tr><td>5. 완료 후</td><td colspan="2">┌ 등기완료 통지 법 30 (규칙 53) ○
├ 등기필정보 통지 법 50 (규칙 106~110) ○
├ 소유변경 통지 법 62 (규칙 120) ×
└ 과세자료 제공 법 63 (규칙 120) ×</td></tr>
<tr><td>Ⅴ. 처분 이의</td><td colspan="3">법 100 등</td></tr>
</table>

26 절 근저당권 - 이전

	법	규칙
조문	민법 356 (저당권의 내용) 민법 357 (근저당) 민법 361 (저당권의 처분제한) 민법 369 (부종성) 민법 278 (준공동소유) 법 75 (저당권의 등기사항) 법 79 (채권일부의 양도 또는 대위변제로 인한 저당권 일부이전등기의 등기사항)	규칙 46 (첨부정보) 규칙 60 (인감증명의 제출) 규칙 137 (저당권 이전등기의 신청)

기출	1. [08 행시] ① 근저당권이전등기를 피담보채권의 확정 전과 확정 후로 나누어 설명하시오. 20점 ② 근저당권자에게 상속 또는 합병이 발생한 경우의 근저당권이전등기를 설명하시오. 10점 2. [13 법무] 근저당권이전등기에 관하여 설명하시오. 50점 3. [20 행시] 근저당권이전등기에 관하여 설명하시오. 30점 (특정승계의 경우로서 피담보채권의 확정 전・후를 나누어 설명)

Ⅰ. 서설	1. 의의	**(1) 의의**[민법 361, 법 3, 법 79] ① 등기제도는 당해 부동산에 대한 권리관계 등을 대외적으로 실체관계에 부합하게 공시하기 위한 제도이다. ② **이전등기**는 권리의 주체가 변동된 경우에 이를 공시하는 등기이다. ③ **근저당이전등기는** 근저당권의 주체가 변동된 경우에 이를 공시하는 등기이다. ④ **근저당권**은 물권이므로 근저당권자는 피담보채권과 함께 근저당권을 자유로이 처분할 수 있으며 그에 따른 근저당권이전등기도 신청할 수 있다. 또한 근저당권을 전부 양도하는 것이 아니라 일부만 양도하는 것도 허용된다[민법 361]. 그러나 담보물권의 수반성에 의해 그 담보한 채권과 분리하여 타인에게 양도하거나 다른 채권의 담보로 하지 못한다[민법 361, 법 29.2, 규칙 52.5]. **(2) 취지** **(3) 구별개념** - 권리이전(권리 주체의 변동) vs 권리변경(권리 내용의 변동) **(4) 이전의 원인** ① 근저당권 이전의 원인은 계약양도, 확정채권양도 등의 특정승계와 상속, 합병 등 포괄승계로 나누어진다. ② 또한 특정승계는 피담보채권의 확정 전후에 따라 등기의 원인이 나누어지므로 구체적으로 살펴본다.
	2. 요건	
	3. 범위	**(1) 특정승계에 의한 경우** **1) 서설** **가. 의의** **근저당권이전등기**는 근저당권의 주체가 변동된 경우에 이를 공시하는 등기로서, 등기원인은 특정승계와 포괄승계로 구분된다. 근저당권의 이전원인 중 특정승계의 경우에는 근저당권의 확정 전인지 후인지에 따라 원인이 달라지

며, 근저당권이 확정되면 그 이후에 발생하는 원금채권은 그 근저당권에 의하여 담보되지 않고 일반 저당권에 준하게 된다.

나. 피담보채권의 확정 전

① 근저당권의 피담보채권이 확정되기 전에는 근저당권의 기본 계약상 지위를 양도하여 근저당권이전등기를 할 수 있을 뿐이고, 확정되지도 않은 피담보채권의 양도 또는 대위변제를 원인으로 근저당권이전등기를 할 수는 없다. 기본계약의 일부가 이전되면 근저당권도 일부 이전되어 준공유의 상태가 되고, 전부 이전된 경우에는 근저당권도 전부 이전한다.

② 이 경우 '계약 일부양도'나 '계약가입'을 원인으로 근저당권 일부이전등기가 경료되면 양수인과 양도인 또는 기존 근저당권자와 계약가입자는 근저당권을 준공유하게 된다. 근저당권의 준공유지분은 등기하지 않는다.

다. 피담보채권의 확정 후

① 피담보채권이 확정된 경우에는 근저당권은 채권최고액을 한도로 하여 확정채권액을 담보하는 보통저당권과 같은 성질을 갖게 된다. 따라서 피담보채권이 확정된 후에는 저당권과 같이 피담보채권의 양도, 대위변제 등을 원인으로 근저당권이전등기를 할 수 있으나, 종료된 기본계약상의 지위를 양도하여 근저당권이전등기를 할 수는 없다.

② 근저당권의 피담보채권이 확정된 후에 그 피담보채권이 양도 또는 대위변제된 경우에는 근저당권자 및 그 채권양수인(또는 대위변제자)는 채권양도에 의한 저당권이전등기에 준하여 근저당권이전등기를 신청할 수 있다.

라. 근저당권의 확정사유

① 존속기간을 정한 경우에는 존속기간의 도래 또는 설정계약에서 정한 확정시기(결산기)의 도래

② 존속기간을 정하지 않은 경우에는 기본계약의 종료(기본계약의 해지 · 해제 등)

③ 선순위 근저당권자가 경매를 신청하는 경우에는 경매신청 시

④ 후순위 근저당권자가 경매를 신청하는 경우에는 경락대금 완납 시에 근저당권이 확정된다.

근저당권이 확정되면 저당권과 동일한 효력을 가지게 된다.

2) 개시 – 공동신청 [법 23①]

3) 신청절차

가. 신청인

근저당권의 양도인이 등기의무자, 양수인이 등기권리자가 되어 공동으로 신청한다[법 23①].

나. 신청정보

(가) 피담보채권 확정 전

① 등기원인은 **'계약 양도'** (채권자의 지위가 전부 제3자에게 양도된 경우),
'계약일부양도' (채권자의 지위가 일부 제3자에게 양도된 경우),
'계약 가입' (양수인이 기본계약에 가입하여 추가로 채권자가 된 경우)
등으로 기록한다.

② 등기목적은 'ㅇ번 근저당권(일부)이전'으로 기재한다.

③ 계약일부양도로 인하여 근저당권자가 권리를 준공유하는 경우라도 그 지분을 기재하지 않는다.

④ 근저당권의 이전등기를 신청하는 경우에는 근저당권이 채권과 같이 이전한다는 뜻을 신청정보의 내용으로 등기소에 제공하여야 한다(규칙 137①). 예컨대 "○년 ○월 ○일 접수 제○○○호 순위 제○번으로 등기된 근저당권설정등기 단, 근저당권은 채권과 함께 이전함."이라고 기재한다.

⑤ 기타 **규칙 제43조**의 일반적인 사항을 신청정보의 내용으로 제공한다.

(나) 피담보채권 확정 후

① 등기원인은 **'확정채권 양도'**
'확정채권일부 양도'
'확정채권 대위변제'
'확정채권일부 대위변제' 등으로 기록한다.

② 등기목적은 '○번 근저당권(일부)이전'으로 기재한다.

③ **채권일부**의 양도나 대위변제로 인한 저당권의 이전등기를 신청하는 경우에는 양도나 대위변제의 목적인 **채권액**을 신청정보의 내용으로 등기소에 제공하여야 한다(규칙 137②).

④⑤ ~

다. 첨부정보

① 등기원인을 증명하는 정보로 부동산의 표시 및 근저당권의 표시가 되어 있는 근저당권이전계약서를 첨부정보로 제공한다(규칙 46①1).

② 양도인의 등기필정보를 첨부정보로 제공한다(규칙 43①7).

③ 양도인의 인감증명은 원칙적으로 제공할 필요가 없으나, 등기필정보를 멸실하여 법 제51조의 절차에 의하는 경우에는 인감증명을 첨부정보로 제공한다(규칙 60①3).

④ 양수인의 등록면허세 납부영수증, 주소증명정보, 번호증명정보를 첨부정보로 제공한다(지방세법, 규칙 46①6).

⑤ 근저당권이전등기의 경우 후순위 저당권자 등은 등기상 이해관계인이 아니므로 후순위근저당권자의 승낙서를 제공할 필요는 없다.

⑥ 근저당권설정자가 물상보증인이거나 소유자가 제3취득자인 경우에도 그의 승낙서를 제공할 필요는 없다.

⑦ 근저당권이전등기를 신청함에 있어 피담보채권 양도의 통지서나 채무자의 승낙서를 제공할 필요는 없다.

⑧ 기타 **규칙 제46조**의 일반적인 사항을 첨부정보로 제공한다.

4) 실행절차

① 근저당권이전등기는 을구에 기록한다.

② 근저당권이전등기는 언제나 부기등기에 의한다(법 52.2).

③ 등기관이 소유권 외의 권리의 이전등기를 할 때에는 종전 권리자의 표시에 관한 사항을 말소하는 표시를 하여야 한다. 다만, 이전되는 지분이 일부일 때에는 그러하지 아니하다(규칙 112③).

④ 근저당권지분의 일부양도의 경우라도 이전되는 **지분을 기록하지 않는다**. 그러나 피담보채권의 일부양도 또는 일부 대위변제의 경우 **양도액** 또는 **변제액**을 기록하여야 한다.

⑤ 양수인에게 등기필정보통지 및 등기완료통지를 하여야 한다(법 30, 50).

(2) 포괄승계에 의한 경우

1) 서설

가. 의의

근저당권이전등기는 근저당권의 주체가 변동된 경우에 이를 공시하는 등기로서, 등기원인은 특정승계와 포괄승계로 구분된다. 근저당권자에 대하여 상속, 합병 등의 사유가 생긴 경우 근저당권은 법률상 당연히 기본계약상의 지위와 함께 상속인, 합병 후의 법인에게 이전된다(민법 187).

나. 종류

(가) 사망

근저당권자에게 상속이 개시된 경우 근저당권이전등기를 하지 아니하여도 근저당권을 취득하며(민법 187), 이를 처분(해지, 양도 등)하거나 공시하기 위해서 상속인이 **단독**으로 근저당권이전등기를 한다(법 23③). 근저당권의 경우 저당권과 달리 상속인이 수인이라도 지분을 기록하지 않는다.

(나) 합병

회사가 합병된 경우에도 상속의 경우에 준하여 생각하면 된다. 따라서 회사가 합병된 경우 존속하는 회사는 합병으로 인하여 소멸된 회사의 권리의무를 포괄승계하므로(상법 530②, 235), 합병으로 인한 근저당권이전등기를 거치지 아니하고도 근저당권을 취득한다(민법 187). 다만, 이 경우 등기형식은 등기명의인표시변경등기가 아니라 이전등기의 형식으로 하여야 한다.

(다) 분할

회사가 분할된 경우에도 합병과 마찬가지로 포괄승계에 해당한다(상법 530-10). 그러나 법 제23조 제3항에서 단독신청이 허용되는 포괄승계는 규칙 제42조 제1호에 따른 소멸분할만 해당된다.

① **소멸분할**의 경우 (존속하는 회사)등기권리자가 **단독**으로 신청한다.

② **존속분할**의 경우 (분할 전 회사)등기의무자, (존속하는 회사)등기권리자가 **공동**으로 신청한다.

2) 개시 – 단독신청 (법 23③)

3) 신청절차

가. 신청인

상속 또는 회사합병으로 인한 근저당권이전등기의 경우에는 상속인 또는 합병 후 신설(또는 존속)하는 회사가 단독으로 근저당권의 이전등기를 신청한다(법 23③).

나. 신청정보

"○년 ○월 ○일 상속" (피상속인의 사망일)

"○년 ○월 ○일 회사합병" (법인등기사항증명서상의 합병일)

다. 첨부정보

① 근저당권자인 자연인의 사망 – 가족관계등록사항별 증명서

② 근저당권자인 회사의 합병 – 법인등기사항증명서

4. 효과

[특정승계]			근저당권 확정 전	근저당권 확정 후
서			1. 기본계약 양도 – O 2. 확정채권 양도 및 대위변제 – ×	1. 기본계약 양도 – × 2. 확정채권 양도 및 대위변제 – O
개				
신			(양도인)등기의무자, (양수인)등기권리자가 되어 공동으로 신청한다.	(채권양도인)등기의무자, (채권양수인 or 대위변제자)등기권리자가 되어 공동으로 신청한다.
신	신	일반적 (규칙 43) ┌ 신청서 표제		
		├ 부동산 표시		
		├ 등기원인	○년 ○월 ○일 계약(일부)양도 ○년 ○월 ○일 계약 가입 (이전 계약일)	○년 ○월 ○일 확정채권(일부)양도 (채권양도일) ○년 ○월 ○일 확정채권(일부)대위변제 (대위변제일)
		├ 등기목적	"○번 근저당권 이전" "○번 근저당권 일부이전"	
	개별적	├ 이전할 근저당권 (규칙 137①)	"○년 ○월 ○일 접수 제○○○호 순위 제○번으로 등기된 근저당권 설정등기 단, 근저당권은 채권과 함께 이전함." ↳ ① 이전할 근저당권의 표시 즉, 근저당권의 접수연월일과 접수번호, 순위번호를 신청정보의 내용으로 제공한다. ② (근)저당권은 그 담보한 채권과 분리하여 타인에게 양도하거나 다른 채권의 담보로 하지 못한다(민법 361). 즉, 수반성이 인정된다. 따라서 저당권을 피담보채권과 분리하여 양도하거나, 피담보채권과 분리하여 다른 채권의 담보로 하는 등기를 신청한 경우에 등기관은 각하하여야 한다(법 29.2, 규칙 52.5). ③ 따라서, 이를 반영하기 위해 "(근)저당권이 채권과 같이 이전한다"는 뜻을 신청정보의 내용으로 등기소에 제공하여야 한다. 다만, 등기기록에는 이를 기록하지 않는다.	
		├ 이전할 지분	–	–
		├ 양도액 대위변제액 (규칙 137②)	–	"금 100,000,000원" 채권일부의 양도나 대위변제로 인한 저당권의 이전등기를 신청하는 경우에는 양도나 대위변제의 목적인 채권액을 신청정보의 내용으로 등기소에 제공하여야 한다.
		└ 신청인		
첨		┌ 등기원인 관련	① 근저당권이전계약서 (부동산 및 근저당권의 표시 有)	① 근저당권이전계약서 (부동산 및 근저당권의 표시 有) ② 대위변제증서

<table>
<tr><td rowspan="5"></td><td></td><td></td><td>변제할 정당한 이익이 있는 자가 채무자를 위하여 근저당권부 채권의 일부를 대위변제한 경우(민법 469), 일부 대위변제자의 대위의 부기등기인 근저당권이전등기 신청 시 근저당권일부이전계약서는 첨부할 필요가 없으나 대위변제를 증명하는 서면인 대위변제증서는 첨부하여야 한다(선례 5-441).</td></tr>
<tr><td>├ 의무자 관련</td><td colspan="2">① 등기필정보 - ○
② 인감증명 - △ (규칙 60①1, 3)</td></tr>
<tr><td>├ 권리자 관련</td><td colspan="2">① 세금 - ○
② 주소 - ○
③ 번호 - ○</td></tr>
<tr><td>└ 부동산 관련</td><td colspan="2"></td></tr>
<tr><td>개별적</td><td colspan="2">1. 등기상 이해관계인의 승낙서
근저당권이전등기의 경우 후순위 저당권자 등은 등기상 이해관계인이 아니므로 후순위근저당권자의 동의 없이 근저당권이전등기를 할 수 있다.
2. 근저당권설정자 또는 소유자의 승낙서
근저당권설정자가 물상보증인이거나 소유자가 제3취득자인 경우에도 그의 승낙을 증명하는 정보를 등기소에 제공할 필요가 없다(선례 5-446). 이들의 승낙서 첨부여부에 따라 근저당권의 이전등기의 허용여부가 달라지면 근저당권의 수반성에 반하기 때문이다(민법 361).
3. 채권양도 통지서 또는 채무자의 승낙서 등
① 지명채권의 양도는 양도인이 채무자에게 통지하거나 채무자가 승낙하지 아니하면 채무자 기타 제3자에게 대항하지 못하는 것이나, 근저당권이전등기를 신청함에 있어 채무자에 대한 피담보채권 양도의 통지서나 채무자의 승낙서를 신청서에 첨부할 필요는 없다(선례 5-104).
② 채권양도와 동일한 효력이 발생하는 확정대위변제에 의한 근저당권이전등기신청의 경우에도 채무자의 변제 동의서 내지 승낙서를 첨부할 필요가 없다(선례 5-448).</td></tr>
<tr><td rowspan="2">실</td><td rowspan="2">기록</td><td>┌ 표제부
├ 갑구</td><td colspan="2"></td></tr>
<tr><td>├ 을구</td><td colspan="2">근저당권이전등기는 을구에 기록한다.</td></tr>
</table>

	└ 등기형식	① 언제나 부기등기(법 52.2) ② 등기관이 소유권 외의 권리의 이전등기를 할 때에는 종전 권리자의 표시에 관한 사항을 말소하는 표시를 하여야 한다. 다만, 이전되는 지분이 일부일 때에는 그러하지 아니하다(규칙 112③). ③ 근저당권지분의 일부양도의 경우라도 **이전되는 지분**을 기록하지 않는다.	① 左同 ② 左同 ③ 피담보채권의 일부양도 또는 일부 대위변제의 경우 **양도액** 또는 **변제액**을 기록하여야 한다.
통지	┌ 등기완료 통지	○	○
	├ 등기필정보 통지	○	○
	├ 소유변경 통지	×	×
	└ 과세자료 제공	×	×

27 절 근저당권 - 변경 - 채무자변경

<table>
<tr><th></th><th colspan="2">법</th><th>규칙</th></tr>
<tr><td>조문</td><td colspan="2">민법 356 (저당권의 내용)
민법 357 (근저당)
법 75 (저당권의 등기사항)
법 52 (부기로 하는 등기)</td><td>규칙 46 (첨부정보)
규칙 60 (인감증명의 제출)
규칙 112 (권리의 변경 등의 등기)</td></tr>
<tr><td>기출</td><td colspan="3">1. [08 행시] 채무자변경으로 인한 근저당권변경등기를 설명하시오. 20점
2. [20 법무] 근저당권의 채무자 B가 사망하였다. 상속인으로 C와 D가 존재하고 이들 상속인의 합의로 C가 단독으로 채무자가 되려는 경우 채무자를 변경하기 위한 등기절차에 대해 설명하시오. 15점</td></tr>
<tr><td>Ⅰ. 서설</td><td>1. 의의</td><td colspan="2">(1) 의의
① 등기제도는 당해 부동산에 대한 권리관계 등을 대외적으로 실체관계에 부합하게 공시하기 위한 제도이다.
② 변경등기는 현재 효력이 있는 등기의 일부가 후발적인 사유로 실체관계와 불일치한 경우에 이를 일치시키는 등기이다.
③ 근저당권변경등기는 현재 효력이 있는 근저당권등기의 권리의 내용인 채권최고액, 채무자 등이 후발적인 사유로 실체관계와 불일치한 경우에 이를 일치시키는 등기이다.
④ 근저당권등기의 변경사유는 ⓐ 채무자의 변경・채무자의 표시변경, ⓑ 채권최고액의 증감, ⓒ 근저당권의 목적변경 등이 있다.
(2) 취지
(3) 구별개념 – ① 이전(권리 주체의 변동) vs 변경(권리 내용의 변동)
② 말소(권리 전부의 소멸) vs 변경(권리 일부의 변동)
(4) 종류
1) 채무자의 변경
채무자의 변경이란 권리의 내용인 채무자가 동일성을 상실하고 다른 자로 교체되는 것을 말한다.
2) 채무자표시의 변경
① 채무자표시의 변경이란 채무자를 특정하기 위한 성명・주소의 사항에 변경이 생긴 것을 말하며, 채무자표시의 변경등기란 그러한 변경사유를 등기기록에 반영시키는 등기이다.
② 이는 채무자는 권리의 주체(등기의 명의인)가 아니기 때문에 등기명의인표시변경등기의 형식이 아니라 근저당권변경등기의 형식을 따라야 한다. 그러나 그 실질은 등기명의인이 단독으로 등기명의인 표시변경등기를 신청하는 경우와 다를 바가 없기 때문에 등기의무자의 인감증명을 첨부할 필요가 없고, 또한 권리에 관한 등기가 아닌 표시변경등기에 불과하므로 등기필정보도 첨부할 필요가 없다(선례 201110-1).</td></tr>
<tr><td></td><td>2. 요건 (내용)</td><td colspan="2">(1) 현재 효력이 있는 등기일 것
(2) 일부에 관한 불일치가 있을 것 (동일성)</td></tr>
</table>

	(3) **후발적 사유로 불일치가 있을 것** (4) **등기상 이해관계 있는 제3자의 승낙을 받을 것**(법 52.5) 1) **등기상 이해관계 있는 제3자의 의미** **등기상 이해관계 있는 제3자란** 변경등기를 함으로써 등기기록의 형식상 손해를 받을 우려가 있는 자 2) **등기상 이해관계 있는 제3자의 범위** (가) **채권최고액의 증액** – 선순위 · 터잡은 · 후순위 (부기요건) (나) **채권최고액의 감액** – 선순위 · 터잡은 · 후순위 (수리요건) (다) **채무자 변경** – × ┬ 언제나 부기 (라) **채무자 표시 변경** – × ┘ 3) **제공방법**(법 52.5, 규칙 46①3, 규칙 60①7)
3. 범위	(1) **특정승계에 의한 경우** 1) **서설** **가. 의의** ① 당사자 간의 계약에 의하여 채무자가 변경되는 경우의 등기원인은 근저당권이전등기의 원인과 유사하다. 따라서 특정승계의 경우에는 근저당권의 확정 전인지 후인지에 따라 원인이 달라지며, 근저당권이 확정되면 그 이후에 발생하는 원금채권은 그 근저당권에 의하여 담보되지 않고 일반 저당권에 준하게 된다. ② 채무인수를 원인으로 채무자를 교체하는 근저당권변경등기가 마쳐진 경우 그 근저당권은 당초 구 채무자가 부담하고 있다가 신 채무자가 인수하게 된 채무만을 담보하는 것이지 그 후 신 채무자(채무인수인)가 다른 원인으로 부담하게 된 새로운 채무까지 담보하는 것은 아니다(대판 2000.12.26, 2000다56204). **나. 피담보채권의 확정 전** ① 근저당권의 **피담보채권이 확정되기 전**에 그 **피담보채무를 면책적 또는 중첩적으로 인수**한 경우에는 이를 원인으로 하여 근저당권변경등기를 신청할 수는 없다. ② 계약인수의 경우에는 인수인만이 채무자가 되고 기존 채무자는 기본계약에서 탈퇴한다. 그러나 계약의 일부인수 또는 중첩적 계약인수의 경우에는 기존 채무자와 계약인수인이 모두 채무자가 된다. **다. 피담보채권의 확정 후** 근저당권의 **피담보권이 확정된 후**에는 근저당권의 기초가 되는 기본계약상의 채무자 지위가 제3자에게 전부 또는 일부 인수될 여지가 없다. **라. 근저당권의 확정사유** ①②③④ 2) **개시** – 공동신청(법 23①) 3) **신청절차** **가. 신청인** (근저당권설정자 또는 소유자)등기의무자, (근저당권자)등기권리자가 되어 공동으로 신청한다(법 23①).

나. 신청정보

(가) 피담보채권 확정 전

근저당권의 **피담보채권이 확정되기 전**에 근저당권의 기초가 되는 **기본계약상의 채무자 지위**의 **전부** 또는 **일부**를 **제3자가 계약에 의하여 인수**한 경우,

① 등기원인은 '**계약 인수**' (제3자가 기본계약을 전부 인수하는 경우)
'**계약일부인수**' (제3자가 수 개의 기본계약 중 그 일부를 인수하는 경우)
'**중첩적 계약인수**' (제3자가 기본계약상의 채무자 지위를 중첩적으로 인수하는 경우)
등으로 기록한다.

② 등기목적은 '○번 근저당권변경'으로 기재한다.

③ 기타 **규칙 제43조**의 일반적인 사항을 신청정보의 내용으로 제공한다.

(나) 피담보채권 확정 후

근저당권의 **피담보채권이 확정된 후**에 **제3자가** 그 **피담보채무**를 **면책적** 또는 **중첩적**으로 **인수**한 경우,

① 등기원인은 '**확정채무의 면책적 인수**'
'**확정채무의 중첩적 인수**' 등으로 기록한다.

② 등기목적은 '○번 근저당권변경'으로 기재한다.

③ 기타 **규칙 제43조**의 일반적인 사항을 신청정보의 내용으로 제공한다.

다. 첨부정보

(2) 포괄승계에 의한 경우

① 채무자에게 상속이 개시된 경우 상속인은 피상속인의 재산을 포괄적으로 승계하므로 채무자의 지위도 상속인에게 귀속된다[민법 187].

② 근저당권의 채무자가 사망하고 그 공동상속인 중 1인만이 채무자가 되려는 경우

1) 종래 실무는 근저당권자 및 상속인이 상속재산분할협의서를 첨부하여 "협의분할에 의한 상속"을 등기원인으로 한 채무자변경의 근저당권변경등기를 공동으로 신청할 수 있었다.

2) 그러나 금전채무와 같이 급부의 내용이 가분인 채무가 공동상속된 경우, 이는 상속 개시와 동시에 당연히 법정상속분에 따라 공동상속인들에게 분할되어 귀속되는 것이므로, 원칙적으로 상속재산 분할의 대상이 될 여지가 없다는 판결[대결 2016.5.4. 2014스122]의 내용을 반영하여 예규가 개정되었다.

3) **현행 실무는** 근저당권의 채무자가 사망하고 그 공동상속인 중 1인만이 채무자가 되려는 경우에 [(근저당권설정자 또는 소유자(담보목적물의 상속인 등)]등기의무자, (근저당권자)등기권리자가 되어 공동으로
"**계약 인수**"
"**확정채무의 면책적 인수**"를 등기원인으로 하고
근저당권변경계약정보를 제공하여 채무자 변경의 근저당권변경등기를 신청할 수 있다. 이 경우 상속재산협의분할서를 첨부정보로 제공할 필요 없다.

③ 채무자변경으로 인한 근저당권변경등기를 신청하는 경우 종전 채무자의 표시에 변경사유가 있더라도 그러한 사실이 명백히 나타나는 서면(주민등록등본·초본 또는 법인등기부등본·초본 등)을 첨부하였다면 종전 채무자에 관한 사항의 변경등기를 생략하고 신 채무자로의 변경등기를 할 수 있다[선례 200803-4].

4. 효과

[특정승계]			근저당권 확정 전	근저당권 확정 후
서			1. 기본계약 인수 – ○ 2. 확정채무 면책적 · 중첩적 인수 – ×	1. 기본계약 인수 – × 2. 확정채무 면책적 · 중첩적 인수 – ○
개				
신		신	① (근저당권설정자 또는 소유자)등기의무자, (근저당권자)등기권리자가 되어 공동으로 신청한다. ② 주의할 점은 채무자는 등기신청권도 없으며 채무자의 동의를 받아야 하는 것도 아니다.	
	신 / 일반적 (규칙 43)	┌ 신청서 표제		
		├ 부동산 표시		
		├ 등기원인	"○년 ○월 ○일 계약(일부)인수" "○년 ○월 ○일 중첩적계약인수" (변경 계약일)	"○년 ○월 ○일 확정채무의 면책적인수" "○년 ○월 ○일 확정채무의 중첩적인수" (변경 계약일)
		├ 등기목적	"○번 근저당권변경"	
	개별적	├ 변경할 사항	"○년 ○월 ○일 접수 제○○○호로 등기된 순위 ○번 근저당권 설정등기사항 중 구채무자 "○○○, ○○○○○○"을 신채무자 "○○○, ○○○○○○"으로 변경" ↳ 변경할 근저당권등기의 접수연월일, 접수번호를 기재하여 변경할 등기를 특정하고, 채무자 변경 등 변경되는 사항을 기재한다.	
		└ 신청인		
	첨	┌ 등기원인 관련	근저당권변경계약서 등 ① 부동산 및 근저당권의 표시 有 ② 확정 후의 채무자 변경이 있는 경우에는 근저당권의 확정된 사실, 채권액, 채무인수가 있다는 사실이 기재되어 있어야 한다.	
		├ 의무자 관련	① 등기필정보 – ○ ② 인감증명 – △ (규칙 60①1, 3)	
		├ 권리자 관련	① 세금 – ○ ② 주소 – × ③ 번호 – ×	
		└ 부동산 관련		

<table>
<tr><td rowspan="2">실</td><td></td><td>개별적</td><td colspan="2">1. 등기상 이해관계인의 승낙서
채무자를 변경하는 근저당권변경등기의 경우 후순위 저당권자 등은 등기상 이해관계인이 아니므로 후순위근저당권자의 동의 없이 근저당권의 채무자 변경등기를 할 수 있다(선례 1-437).</td></tr>
<tr><td>기록</td><td>┌ 표제부
├ 갑구
├ 을구
└ 등기형식</td><td colspan="2">근저당권변경등기는 을구에 기록한다.
언제나 부기등기(법 52.2)</td></tr>
<tr><td></td><td rowspan="4">통지</td><td>┌ 등기완료 통지</td><td>○</td><td>○</td></tr>
<tr><td></td><td>├ 등기필정보 통지</td><td>×</td><td>×</td></tr>
<tr><td></td><td>├ 소유변경 통지</td><td>×</td><td>×</td></tr>
<tr><td></td><td>└ 과세자료 제공</td><td>×</td><td>×</td></tr>
</table>

28 절 근저당권 - 변경 - 채권최고액

	법	규칙
조문	민법 356 (저당권의 내용) 민법 357 (근저당) 법 75 (저당권의 등기사항) 법 52 (부기로 하는 등기)	규칙 46 (첨부정보) 규칙 60 (인감증명의 제출) 규칙 112 (권리의 변경 등의 등기)
기출		

Ⅰ. 서설

1. 의의

(1) 의의

①②③④

⑤ **근저당권은** 그 담보할 채무의 최고액만을 정하고 채무의 확정을 장래에 보류하여 이를 설정할 수 있다. 이 경우에는 그 **확정될 때까지의 채무의 소멸 또는 이전**은 저당권에 영향을 미치지 아니한다(민법 357①). 즉 저당권은 채무의 일부변제를 원인으로 하는 채권액변경등기신청이 가능하나 근저당권의 경우에는 채무의 일부변제가 있더라도 당연히 채권최고액이 감액되는 것은 아니므로 이를 원인으로 하는 채권최고액변경(감액)등기신청은 할 수 없고, 다만 당사자 간의 근저당권 변경계약(채권최고액 변경)에 의하여서만 그 신청이 가능할 뿐이다(선례 4-469).

⑥ 근저당권의 채권최고액은 반드시 단일하여야 하므로, 채권최고액의 분할을 원인으로 변경등기를 할 수 없다.

⑦ 따라서 현행 등기법제하에서는 공동근저당권의 채권최고액을 각 부동산별로 분할하여 각 별개의 근저당권등기가 되도록 하는 내용으로 근저당권을 변경하는 제도가 없으므로, 공동근저당권이 설정된 후에 비록 등기상 이해관계인이 없다고 하더라도 위 공동근저당권의 채권최고액을 각 부동산별로 분할하여 각 별개의 근저당권등기가 되도록 하는 내용의 근저당권변경등기를 신청할 수는 없다(선례 6-342).

⑧ 마찬가지로 채권최고액이 2억원인 A, B 준공유의 근저당권을 저당권 분리(분할)를 원인으로 하여 채권최고액이 각 1억원인 A, B 각각의 단유의 근저당권으로 변경하는 등기신청은 이를 수리할 수 없다(선례 2-396).

(2) 취지

(3) 구별개념 – ① 이전(권리 주체의 변동) vs 변경(권리 내용의 변동)
② 말소(권리 전부의 소멸) vs 변경(권리 일부의 변동)

2. 요건 (내용)

(1) 현재 효력이 있는 등기일 것

(2) 일부에 관한 불일치가 있을 것 (동일성)

(3) 후발적 사유로 불일치가 있을 것

(4) 등기상 이해관계 있는 제3자의 승낙을 받을 것 (법 52.5)

1) 등기상 이해관계 있는 제3자의 의미

등기상 이해관계 있는 제3자란 변경등기를 함으로써 등기기록의 형식상 손해를 받을 우려가 있는 자

2) 등기상 이해관계 있는 제3자의 범위

(가) 채권최고액의 증액 – 선순위 · 터잡은 · 후순위 (부기요건)

(나) 채권최고액의 감액 – 선순위 · 터잡은 · 후순위 (수리요건)

(다) 채무자 변경 – ×

(라) 채무자 표시 변경 – ×

① 을구에 근저당권설정등기, 갑구에 체납처분에 의한 압류등기가 순차로 등기된 후에 근저당권의 채권최고액을 증액하는 경우, 그 변경등기를 부기등기로 실행하게 되면 을구의 근저당권변경등기가 갑구의 체납처분에 의한 압류등기보다 권리의 순위에 있어 우선하게 되므로, 갑구의 체납처분에 의한 압류등기의 권리자(처분청)는 을구의 근저당권변경등기에 대하여 등기상 이해관계 있는 제3자에 해당한다(선례 201408-2).
이 경우 갑구의 체납처분에 의한 압류등기의 권리자(처분청)의 승낙서나 그에게 대항할 수 있는 재판의 등본이 첨부정보로서 제공된 경우에는 을구의 근저당권변경등기를 부기등기로 실행할 수 있으나, 그와 같은 첨부정보가 제공되지 않은 경우에는 주등기로 실행하여야 한다. 이는 갑구의 주등기가 민사집행법에 따른 가압류 · 가처분등기나 경매개시결정등기인 경우에도 동일하다.

② 채권최고액을 증액하는 근저당권변경등기를 신청하는 경우 동일인 명의의 후순위 근저당권자는 등기상 이해관계 있는 제3자가 아니므로, 다른 이해관계인이 없다면 위 후순위 근저당권자의 승낙이 있음을 증명하는 정보 또는 이에 대항할 수 있는 재판이 있음을 증명하는 정보를 제공하지 않더라도 근저당권변경등기를 부기등기로 할 수 있다(선례 201508-4).

3) 제공방법(법 52.5, 규칙 46①3, 규칙 60①7)

3. 범위	
4. 효과	

				증액	감액
서					
개					
신	신			(근저당권설정자)등기의무자, (근저당권자)등기권리자가 되어 공동으로 신청한다.	(근저당권자)등기의무자, (근저당권설정자)등기권리자가 되어 공동으로 신청한다.
	신	일반적 [규칙 43]	┌ 신청서 표제		
			├ 부동산 표시		
			├ 등기원인	**"○년 ○월 ○일 변경계약"**	
			├ 등기목적	**"근저당권변경"**	
		개별적	├ 변경할 사항	**"○년 ○월 ○일 접수 제○○○호로 등기된 순위 ○번 근저당권설정등기사항 중 채권최고액 '금 ○○○원'을 '금 ○○○원'으로 변경"** ↳ 변경할 사항과 변경하고자 하는 근저당권을 특정하여 신청정보의 내용으로 제공한다.	
			└ 신청인		
	첨	┌ 등기원인 관련		**근저당권변경계약서** (부동산 및 근저당권의 표시 有)	
		├ 의무자 관련		**1. 등기필정보** ① **증액의 경우** – 소유자가 의무자인 경우에는 소유자의 등기필정보를, 지상권 또는 전세권자가 등기의무자인 경우에는 지상권자 또는 전세권자의 등기필정보를 제공하여야 한다. ② **감액의 경우** – 근저당권자가 의무자이므로 근저당권자의 등기필정보를 제공하여야 하며, 근저당권 이전을 받은 후 감액을 하는 경우에는 양수인의 등기필정보를 제공하여야 한다. **2. 인감증명** ① 인감증명은 소유권의 등기명의인이 등기의무자인 경우에만 제공한다[규칙 60①1]. ② 그러나 소유자가 아닌 자는 등기필정보가 멸실되어 다른 방법으로 본인확인하는 경우에만 제공한다[규칙 60①3].	

	증액 (의무자 : – 설정자)		감액 (의무자 : – 권자)
	소유자	지상권자 · 전세권자	근저당권자
등기필 정보	○	○	○
인감증명 (규칙 60①)	○ (1호)	× (3호 – 단, 필증멸실 시 제공○)	× (3호 – 단, 필증멸실 시 제공○)

구분		내용
	├ 권리자 관련	세금 / 주소 / 번호
	└ 부동산 관련	
	개별적	등기상 이해관계인이 있는 경우 승낙서를 제공한다. (법 52.5, 규칙 46①3, 규칙 60①7)
기록	┌ 표제부	
	├ 갑구	
	├ 을구	
	└ 등기형식 ① 변경(경정) (법 52, 규칙 112) ② 말소 (법 57, 규칙 116) ③ 회복 (법 59, 규칙 118)	**1. 일반적인 권리변경(경정)등기**(법 48, 법 52.5, 규칙 112 등) **(1) 후순위 등기가 이해관계인인 경우** **1) 신청대상 등기** ① 등기상 이해관계인의 승낙은 부기요건이다. ② 승낙서 제공○ – 부기등기 ③ 승낙서 제공× – 주등기 **2) 등기상 이해관계 있는 제3자 등기** – 변동사항 없음 **(2) 터잡은 등기가 이해관계인인 경우** **[채권최고액의 감액에 있어서 터잡은 권리가 있는 경우]** **1) 신청대상 등기** ① 채권최고액의 감액에 있어서 터잡은 등기상 이해관계인의 승낙은 수리요건이다. ② 승낙서 제공○ – 부기등기 ③ 승낙서 제공× – 등기를 수리할 수 없다. **2) 등기상 이해관계 있는 제3자 등기 – 변동사항 없음**
통지	┌ 등기완료 통지	○
	├ 등기필정보 통지	×
	├ 소유변경 통지	×
	└ 과세자료 제공	×

실

29 절 근저당권 - 변경 - 목적변경

	법	규칙
조문	민법 356 (저당권의 내용) 민법 357 (근저당) 법 75 (저당권의 등기사항) 법 52 (부기로 하는 등기)	규칙 46 (첨부정보) 규칙 60 (인감증명의 제출) 규칙 112 (권리의 변경 등의 등기)
기출		

<table>
<tr><td rowspan="4">Ⅰ. 서설</td><td>1. 의의</td><td>(1) 의의
①②③④
⑤ 근저당권은 부동산의 일부 지분에도 설정할 수 있는바, 설정된 근저당권의 목적이 확장되거나 축소될 수도 있으며, 이 경우 근저당권의 목적을 변경하는 근저당권 변경등기를 한다.
⑥ 예컨대 근저당권의 목적을 공유지분에서 소유권 전부 또는 소유권 전부에서 공유지분으로 변경하는 경우를 들 수 있다.
(2) 취지
(3) 구별개념 – ① 이전(권리 주체의 변동) vs 변경(권리 내용의 변동)
② 말소(권리 전부의 소멸) vs 변경(권리 일부의 변동)</td></tr>
<tr><td>2. 요건
(내용)</td><td>(1) 현재 효력이 있는 등기일 것
(2) 일부에 관한 불일치가 있을 것(동일성)
(3) 후발적 사유로 불일치가 있을 것
(4) 등기상 이해관계 있는 제3자의 승낙을 받을 것(법 52.5)</td></tr>
<tr><td>3. 범위</td><td></td></tr>
<tr><td>4. 효과</td><td>(1) 지분상의 효력을 소유권 전부에 미치게 하는 경우
(2) 일부 지분에만 미치게 하는 변경
(3) 건물의 증축과 근저당권의 변경
① 저당권의 효력은 저당부동산에 부합된 물건(증축)과 종물(종된 권리, 대지사용권)에 미친다(민법 358).
② 증축건물이 건물의 구조나 이용상 기존건물과 동일성이 인정되어 기존건물에 건물표시변경등기 형식으로 증축등기를 하였다면, 그 부분은 기존건물에 부합되는 것으로 보아야 하고, 근저당권의 효력은 다른 특별한 규정이나 약정이 없는 한 근저당 부동산에 부합된 부분에도 미치므로, 증축등기만을 하면 되고 증축된 건물에 근저당권의 효력을 미치게 하는 변경등기는 할 필요가 없다.
③ 그러나 건물의 구조나 이용상 기존건물과 별개의 독립건물을 신축한 경우에는 별도의 소유권보존등기를 신청하여야 하는 것이며, 기존건물에 등기된 저당권의 효력을 신축건물에 미치게 하기 위해서는 그 보존등기를 바탕으로 저당권을 추가로 설정하여야 한다.</td></tr>
</table>

			공유지분에서 소유권 전부로 변경	소유권 전부에서 공유지분으로 변경
서			공유자의 지분을 목적으로 하는 저당권설정등기를 한 후 공유물분할에 따라 저당권설정자의 단독 소유로 된 부동산 전부에 관하여 그 저당권의 효력을 미치게 하기 위하여서는 저당권의 변경등기를 할 수 있다.	이 경우에 하는 등기는 근저당권의 일부 말소등기의 의미를 갖는다.
개				
	신		(근저당권설정자)등기의무자, (근저당권자)등기권리자가 되어 공동으로 신청한다.	(근저당권자)등기의무자, (근저당권설정자)등기권리자가 되어 공동으로 신청한다.
신	신	일반적 (규칙 43) ┌ 신청서 표제		
		├ 부동산 표시		
		├ 등기원인	**"O년 O월 O일 변경계약"**	**"O년 O월 O일 OOO지분 O분의 O 포기"**
		├ 등기목적	**"O번 근저당권변경"**	
		개별적 ├ 변경할 사항	변경할 사항과 변경하고자 하는 근저당권을 특정하여 신청정보의 내용으로 제공한다.	
		└ 신청인		
	첨	┌ 등기원인 관련	**근저당권변경계약서** (부동산 및 근저당권의 표시 有)	
		├ 의무자 관련	① 등기필정보 – O ② 인감증명 – △ (규칙 60①1, 3)	
		├ 권리자 관련	① 세금 – O ② 주소 – × ③ 번호 – ×	
		└ 부동산 관련		
		개별적 (법 52.5) (규칙 46①3, 규칙 60①7)	① 등기상 이해관계인이 있는 경우 승낙서를 제공한다. ② 공유자의 지분을 목적으로 하는 저당권설정등기를 한 후 공유물분할에 따라 저당권설정자의 단독소유로 된 부동산 전부에 관하여 그 저당권의 효력을 미치게 하기 위하여 부동산등기법 소정의 저당권의 변경등기를 하는 경우에는 저당권의 효력이 미치는 목적물의 범위가 확장되므로 저당권설정등기 후에 등기된 가압류 또는 압류등기권자는 그 저당권의 변경등기에 관하여 이해관계 있는 제3자에 해당한다. 따라서 그 저당권변경등기신청서에 가압류 또는 압류등기권자의 승낙서 또는 이에 대항할 수 있는 재판의 등본을 첨부한 때에는 부기등기의 방법으로, 위 서면을 첨부하지 아니한 때에는 독립등기 방법으로 그 저당권변경등기를 하게 된다(선례 4-454).	

실	기록	┌ 표제부	
		├ 갑구	
		├ 을구	
		└ 등기형식 ① 변경(경정) (법 52, 규칙 112) ② 말소 (법 57, 규칙 116) ③ 회복 (법 59, 규칙 118)	1. 일반적인 권리변경등기(법 48, 법 52.5, 규칙 112 등) (1) 신청대상 등기(부기요건) ① 보통의 경정등기의 경우 등기상 이해관계인의 승낙은 부기요건이다. ② 승낙서 등 제공○ - 부기등기 ③ 승낙서 등 제공× - 주등기 (2) 등기상 이해관계 있는 제3자 등기 - 변동사항 없음
	통지	┌ 등기완료 통지	○
		├ 등기필정보 통지	×
		├ 소유변경 통지	×
		└ 과세자료 제공	×

30 절 근저당권 - 말소

	법	규칙
조문	민법 356 (저당권의 내용) 민법 357 (근저당) 민법 369 (부종성) 법 75 (저당권의 등기사항) 법 56 (등기의무자의 소재불명과 말소등기) 법 57 (이해관계 있는 제3자가 있는 등기의 말소)	규칙 46 (첨부정보) 규칙 60 (인감증명의 제출) 규칙 116 (등기의 말소)
기출	1. [20 행시] 근저당권이전의 부기가 등기된 후 근저당권설정등기를 말소하기 위한 절차에 대하여 설명하시오. 10점 2. [21 법무] 부기등기에 대하여 설명하시오. 20점	

Ⅰ. 서설	1. 의의	(1) **의의**[법 57] ① **등기제도**는 당해 부동산에 대한 권리관계 등을 대외적으로 실체관계에 부합하게 공시하기 위한 제도이다. ② **말소등기**는 **현재 효력이 있는** 등기의 **전부**가 **실체법상 소멸**하여 등기가 실체관계와 **불일치**한 경우에 이를 일치시키는 등기이다. ③ **근저당권의 말소등기**는 **현재 효력이 있는** 근저당권등기의 전부가 실체법상 무효·취소·해제·해지·혼동 등의 사유로 근저당권이 전부 소멸되어 실체관계와 **불일치**한 경우에 이를 일치시키는 등기이다. ④ 근저당권이전 후 말소등기를 할 때에는 **원칙적으로 주등기를 말소**하면 부기등기는 직권말소 또는 직권주말된다. 다만, 예외적으로 부기등기의 원인만이 무효·취소·해제된 경우에는 부기등기만의 말소도 가능하다. (2) **취지** - 실체와 부합하는 등기 → 거래안전 → 공시제도의 목적 달성 (3) **구별개념** - ① 변경(일부 불일치) vs 말소(전부 불일치) ② 저당권(부종성↑) vs 근저당권(부종성↓)
	2. 요건 (내용)	(1) **현재 효력이 있는 등기일 것** (2) **전부에 관한 불일치가 있을 것** ① 등기의 전부에 대하여 불일치가 있어야 하며, 일부에 관한 것은 변경·경정등기로 해결한다. ② 부기등기의 말소 ⓐ 근저당권이전 후 말소등기를 할 때에는 원칙적으로 주등기를 말소하면 부기등기는 직권말소가 된다. ⓑ 다만, 예외적으로 부기등기의 원인만이 무효·취소·해제된 경우에는 부기등기만의 말소도 가능하다. (3) **권리의 소멸로 인한 불일치가 있을 것** 부적법의 원인이 원시적·후발적·실체적·절차적 사유인지 불문한다.

		(4) 등기상 이해관계 있는 제3자의 승낙을 받을 것(법 57) **1) 등기상 이해관계 있는 제3자의 의미** ① **등기상 이해관계 있는 제3자는** 말소등기를 함으로써 등기기록의 형식상 손해를 입을 우려가 있는 자를 말한다. ② 피담보채권이 소멸하여 실체법상 무효인 저당권등기라도 아직 말소되지 않았다면 그 명의인은 등기상 이해관계인으로 취급되며, 등기기록에 기록되지 않은 자는 실체법상 이해관계가 있어도 해당하지 않는다(∵ 형식적 심사). **2) 등기상 이해관계 있는 제3자의 범위** ① 말소대상권리의 **선순위** 등기 - × ② 말소대상권리에 **터잡은** 등기 - ○ ③ 말소대상권리의 **후순위** 등기 - × 근저당권설정등기가 되어 있는 부동산에 대하여 甲 명의로의 소유권이전등기와 근저당권변경등기(채무자를 갑으로 변경)가 등기된 후 甲 명의의 소유권이전등기를 말소하는 경우, 근저당권변경등기는 근저당권에 종속되는 부기등기로서 갑의 소유권이전등기에 기한 새로운 권리에 관한 등기가 아니므로(먼저 말소되어야 하는 것이 아님) 근저당권자는 이해관계 있는 제3자에 해당하지 아니한다(선례 200611-3).
	3. 범위	
	4. 효과	
II. 개시 (법 22)	**1. 모습**	**(1) 신청** **1) 공동신청** 등기는 법률에 다른 규정이 없는 경우에는 등기권리자와 등기의무자가 공동으로 신청한다(법 23①). **2) 단독신청** **가. 진정성이 담보되는 경우** ① **판결**(법 23④) ② ~~신탁 · 신탁 말소~~(법 23⑦⑧ · 법 87③) ③ **권리소멸약정**(법 55) ④ ~~가등기 · 가등기 말소~~(법 89 · 법 93) ⑤ **가**처분 침해등기 말소(법 94) ⑥ ~~촉탁~~(법 98) ⑦ ~~수용~~(법 99) ⑧ **혼동**(민법 191 · 예규) **(가) 일반론** ① 소유권와 근저당권이 동일인에게 귀속되는 경우 근저당권은 혼동으로 소멸하므로 소유권자 겸 근저당권자는 동일인이므로 성질상 공동신청이 불가능하고 단독으로 근저당권의 말소등기를 신청할 수 있다(민법 191本). ② 그러나 제한물권이 제3자의 권리의 목적이 된 경우와 같이 제한물권자의 이익을 보호할 필요가 있는 경우에는 혼동으로 소멸하지 아니한다(민법 191但).

		(나) 관련 선례 ① 동일 부동산에 대한 소유권이전청구권 보전의 가등기상의 권리자와 근저당권자가 동일인이었다가 그 가등기에 기한 소유권이전의 본등기가 경료됨으로써 소유권과 근저당권이 동일인에게 귀속된 경우와 같이 혼동으로 근저당권이 소멸(그 근저당권이 제3자의 권리의 목적이 된 경우 제외)하는 경우에는 등기명의인이 근저당권말소등기를 단독으로 신청한다. 다만, 그 근저당권설정등기가 말소되지 아니한 채 제3자 앞으로 다시 소유권이전등기가 등기된 경우에는 현 소유자와 근저당권자가 공동으로 말소등기를 신청하여야 한다. ② A 토지에 대한 근저당권자 갑이 그 토지의 소유권을 취득함으로써 혼동이 발생하였다면 소유자 겸 근저당권자인 갑이 그 근저당권의 말소등기를 단독으로 신청할 수 있으나, 갑이 근저당권말소등기를 신청하지 않은 상태에서 사망하였고 이후 갑의 공동상속인 사이에 상속재산분할협의가 성립하여 이를 원인으로 한 을 단독명의의 소유권이전등기가 마쳐졌다면 그 근저당권의 말소등기는 을이 단독으로 신청할 수 없고, 일반원칙에 따라 등기권리자인 현재의 소유자 을과 등기의무자인 갑의 공동상속인 전원이 공동으로 신청하여야 한다. 한편, 등기의무자의 소재불명으로 공동으로 등기의 말소등기를 신청할 수 없는 때에는 「부동산등기법」 제56조의 규정에 의하여 공시최고신청을 하여 제권판결을 받아 등기권리자가 단독으로 말소등기를 신청할 수 있다(선례 201805-5). **나. 성질상 공동신청이 불가능한 경우** ① ~~소유권보존 · 소유권보존 말소~~(법 23②) ② ~~상속 등 포괄승계에 따른 등기~~(법 23③ → 규칙 42) ③ ~~부동산 표시~~(법 23⑤) ④ ~~등기명의인 표시~~(법 23⑥) ⑤ ~~규약상공용부분의 등기 · 폐지(보존)~~(법 47①②) ⑥ **소재불명 말소**(법 56)
	(2) 촉탁	
	(3) 직권	① 말소등기 시 등기상 이해관계인의 승낙을 받은 경우 그 근저당권설정등기(법 57) ② 수용을 원인으로하는 소유권이전등기 시의 근저당권등기(법 99④) ③ 가등기에 기한 본등기 시의 침해하는 근저당권등기(법 92①) ④ 장기간 방치된 저당권의 직권말소(전세권, 가등기 – 적용×)
2. 전자 (법 24①2) (규칙 67)		

III. 신청 절차	1. 신청인 (법 23)	

(1) 근저당권 말소등기

(근저당권자)등기의무자, (근저당권설정자)등기권리자가 되어 공동으로 신청한다(법 23①).

(2) 근저당권 이전 후 말소등기

근저당권 이전의 부기등기는 기존의 주등기인 근저당권설정등기에 종속되어 주등기와 일체를 이루는 것이어서, **피담보채무가 소멸**된 경우 또는 근저당권설정등기가 당초 원인무효인 경우 주등기인 근저당권설정등기의 말소만 구하면 되고 그 부기등기는 별도로 말소를 구하지 않더라도 주등기의 말소에 따라 직권으로 말소(註 주말)되는 것이며, 근저당권 양도의 부기등기는 기존의 근저당권설정등기에 의한 권리의 승계를 등기부상 명시하는 것일 뿐으로, 그 등기에 의하여 새로운 권리가 생기는 것이 아닌 만큼 근저당권설정등기의 말소등기청구는 양수인만을 상대로 하면 족하고 양도인은 그 말소등기청구에 있어서 피고 적격이 없으며, 근저당권의 이전이 전부명령 확정에 따라 이루어졌다고 하여 이와 달리 보아야 하는 것은 아니다(대판 2000.4.11, 2000다5640).

1) 주등기인 설정등기의 말소

① 근저당권이전 후 말소등기를 할 때에는 원칙적으로 주등기를 말소하면 부기등기는 직권으로 주말한다.

② (근저당권의 양수인)등기의무자, (근저당권설정자)등기권리자가 되어 공동으로 신청한다.

2) 부기등기인 이전등기의 말소

① 부기등기의 원인만이 무효・취소・해제된 경우에는 부기등기만의 말소도 가능하다.

② (양수인)등기의무자, (양도인)등기권리자가 되어 공동으로 신청한다.

(3) 소유권이 이전 후 말소등기

① 근저당권이 설정된 후에 그 부동산의 **소유권이 제3자에게 이전**된 경우에는 **현재의 소유자**가 **자신의 소유권에 기하여** 피담보채무의 소멸을 원인으로 그 근저당권설정등기의 말소를 청구할 수 있음은 물론이지만, 근저당권설정자인 **종전의 소유자**도 근저당권설정계약의 당사자로서 근저당권소멸에 따른 원상회복으로 근저당권자에게 근저당권설정등기의 말소를 구할 수 있는 계약상 권리가 있으므로 이러한 **계약상 권리**에 터잡아 근저당권자에게 피담보채무의 소멸을 이유로 하여 그 근저당권설정등기의 말소를 청구할 수 있다고 봄이 상당하고, 목적물의 소유권을 상실하였다는 이유만으로 그러한 권리를 행사할 수 없다고 볼 것은 아니다(대판(전) 1994.1.25, 93다16338).

② (근저당권자)등기의무자, (근저당권설정자 또는 제3취득자)가 등기권리자가 되어 공동으로 신청한다.

	일반	소유권이전 후	근저당권이전 후
등기의무자	㉠ 권자	–	양도인 [양수인]
등기권리자	㉠설정자	[종전 ㉦] or [현재 ㉦] (㉠ 설정자) (제3취득자)	–

[㉦이전 + ㉠이전] 후 말소		
① **말소대상** :	[주등기]	부커
② **의무자** :	양도인	[양수인]
(필증) :	설정필증	[이전필증]
③ **권리자** :	[종전 ㉦] (㉠ 설정자) (∵ 계약상)	or [현재 ㉦] (제3취득자) (∵ 민 214)

(4) 포괄승계인에 의한 신청(법 27)

1) 일반론

등기원인이 발생한 후에 등기권리자 또는 등기의무자에 대하여 상속이나 그 밖의 포괄승계가 있는 경우에는 상속인이나 그 밖의 포괄승계인이 그 등기를 신청할 수 있다(법 27, 규칙 49).

2) 근저당권자에게 상속이 발생한 경우

① 근저당권의 말소원인(해지계약 등)이 발생하였으나 그 등기를 하지 않고 있는 사이에 상속이 개시된 경우에는 상속을 원인으로 한 근저당권이전등기 없이 직접 근저당권말소등기 신청할 수 있다(상속증명서면을 첨부). 합병의 경우도 같다.

② 근저당권이 말소원인이 상속이 개시된 후에 발생한 경우에는 상속을 원인으로 한 근저당권이전등기를 먼저 등기된 후 근저당권말소등기 신청할 수 있다.

3) 근저당권자에게 합병이 발생한 경우

① 합병 후 존속하는 회사 또는 합병으로 인하여 설립된 회사는 합병으로 인하여 소멸된 회사의 권리의무를 포괄승계한다(상법 530②, 235).

② 합병으로 인하여 소멸된 회사가 합병 전에 그 회사명의로 설정받은 근저당권에 관하여는 합병으로 인한 근저당권이전등기를 거치지 아니하고서도 합병 후 존속하는 회사 또는 합병으로 인하여 설립된 회사가 그 권리행사를 할 수 있을 것이다.

③ 다만 **그 근저당권등기의 말소등기는** 그 등기원인이 합병등기 전에 발생한 것인 때에는 합병으로 인한 근저당권이전등기를 거치지 아니하고서도 합병 후 존속하는 회사 또는 합병으로 인하여 설립된 회사가 합병을 증명하는 서면을 첨부하여 신청할 수 있을 것이나, 그 등기원인이 합병등기 후에 발생한 것인 때에는 먼저 합병으로 인한 근저당권이전등기를 거쳐야 신청할 수 있다(선례 제2-385).

(5) 공유자 중 일부의 말소등기신청 가부

공유물의 보존행위는 각자가 할 수 있으므로(「민법」 제265조 단서 참조), 공유물 전부에 설정된 근저당권의 효력이 상실된 경우 공유자 중 1인은 근저당권자와 공동으로 공유물 전부에 관한 근저당권설정등기의 말소신청을 할 수 있다(선례 202409-1).

2. 신청 정보 (규칙 43)	구분	항목	내용
	일반적 (규칙 43)	신청서 표제	
		부동산 표시	
		등기원인 (연월일)	"O년 O월 O일 해지" (해지증서상 연월일) "O년 O월 O일 일부포기" (일부포기증서상 연월일) ↳ 일반적인 근저당권의 말소의 경우 등기원인을 "해지"로 기재하며, 수 개의 부동산이 공동담보로 된 상태에서 그중 일부의 부동산에 대하여 근저당권을 포기한 경우에는 등기원인을 "일부포기"라고 기재한다.
		등기목적	"근저당권말소"
	개별적	말소할 사항	"O년 O월 O일 접수 제OOO호 순위 제O번으로 등기된 OOO등기" ↳ 말소할 대상등기의 순위번호, 접수연월일, 접수번호를 기재한다.

3. 첨부 정보 [규칙 46]			**[근저당권이 이전된 후 말소등기]** ① 주등기의 말소(근저당권설정등기) – 주등기 표시 ② 부기등기의 말소(근저당권이전등기) – 부기등기 표시
		└ 신청인	
	일반적 [규칙 46]	┌ 등기원인 관련	**(1) 등기원인증명**[규칙 46①1] ① 해지증서, 일부포기증서 **근저당권은** 피담보채권의 소멸에 의하여 당연히 소멸하는 것은 아니고 근저당권설정계약의 기초가 되는 기본적인 법률관계가 종료될 때까지 계속 존속하므로, 근저당권설정등기의 말소등기를 신청할 때에는 등기원인을 증명하는 정보로서 근저당권이 소멸하였음을 증명하는 근저당권 해지증서 등을 제공하여야 하며, 단지 피담보채권이 소멸하였음을 증명하는 대출완납확인서 등을 제공할 수는 없다[선례 201906-7]. ② 판결정본 및 확정증명서 **(2) 등기원인 – ㉥㉧㉨ 등**[규칙 46①2, 규칙 46③]
		├ 의무자 관련	**(1) 등기필정보**[법 50②, 규칙 43①7] **– O** **1) 원칙 – 근저당권설정의 등기필정보** **2) 근저당권이 이전된 후 말소등기** ① 주등기의 말소(근저당권설정등기) – 근저당권이전의 등기필정보 ② 부기등기의 말소(근저당권이전등기) – 근저당권이전의 등기필정보 **(2) 인감증명**[규칙 60, 규칙 61①] **– △** ① 소유권자가 의무자인 경우에는 인감증명을 제공한다[규칙 60①1]. ② 제한물권자가 의무자인 경우에는 원칙적으로 인감증명을 제공하지 않지만, 등기필정보를 멸실하여 법 제51조에 따라 등기를 신청하는 경우에는 인감증명을 제공한다[규칙 60①3].
		├ 권리자 관련	**(1) 세금영수증**[법 29.10] **– O** **(2) 주소증명 – ×** **(3) 번호증명 – ×**
		└ 부동산 관련	**(1) 대장, 그 밖의 정보 – ×** **(2) 지적도 · 도면 – ×**
	개별적	등이관 승낙서 [법 57] [규칙 46①3]	**(1) 등기상 이해관계인의 승낙서** ① 등기의 말소를 신청하는 경우에 그 말소에 대하여 등

<table>
<tr><td></td><td></td><td>(규칙 60①7)</td><td>기상 이해관계 있는 제3자가 있을 때에는 제3자의 승낙이 있어야 한다(법 57).
② 이는 수리요건이므로 반드시 제공하여야 한다.
③ 승낙서 인감날인 + 인감증명 제공(규칙 46①3, 60①7)
④ 채무가 모두 변제되어 근저당권이 실질상 소멸되었으나 등기부상 말소되지 않은 근저당권에 대한 가압류권리자도 등기상 이해관계 있는 제3자에 해당하므로 가압류등기가 말소되지 않거나 가압류권리자의 승낙서 또는 이에 대항할 수 있는 재판의 등본을 첨부하지 않는 한 근저당권의 말소등기는 할 수 없다(선례 4-136).</td></tr>
<tr><td rowspan="4">Ⅳ. 실행 절차</td><td colspan="3">1. 접수·배당</td></tr>
<tr><td colspan="3">2. 조사</td></tr>
<tr><td>3. 문제○
(법 29)</td><td colspan="2">(1) 각하(법 29.7, 9)
[7호] ① 신청정보의 등기의무자의 표시가 등기기록과 일치하지 아니한 경우에는 각하하여야 한다.
② 따라서 먼저 등기의무자의 표시를 일치시키는 등기명의인표시경정등기 또는 상속등기를 하여야 한다.
③ 다만, 소유권 이외의 권리(전세권·근저당권·가등기 등)에 관한 등기의 말소를 신청하는 경우에 있어서는 그 등기명의인의 표시에 변경 또는 경정의 사유가 있는 때라도 신청서에 그 변경 또는 경정을 증명하는 서면을 첨부함으로써 등기명의인의 표시변경 또는 경정의 등기를 생략할 수 있을 것이다.
[9호] ① 등기에 필요한 첨부정보를 제공하지 아니한 경우에는 각하하여야 한다.
② 따라서 등기상 이해관계인의 승낙서를 제공하지 않은 경우에는 각하하여야 한다.</td></tr>
<tr><td>4. 문제×
(법 48)</td><td>일반적
(법 48)</td><td>┌ 표제부
├ 갑구
├ 을구
└ 등기형식
① 변경(경정)
(법 52, 규칙 112)
② 말소
(법 57, 규칙 116)
③ 회복
(법 59, 규칙 118)

(1) 신청대상 등기
등기를 말소할 때에는 말소의 등기를 한 후 해당 등기를 말소하는 표시를 하여야 한다(규칙 116①).
(2) 부기등기
① 말소할 제한물권설정등기에 이전, 변경의 부기등기가 되어 있는 경우(예컨대 근저당권이전등기 등)에는 위 설정등기를 말소하면서 부기등기도 같이 직권으로 주말한다.
② 다만, 이전등기만을 말소하는 경우에는 종전의 등기명의인의 표시(예컨대 근저당권자의 표시)는 직권으로 회복한다.</td></tr>
</table>

(3) 등기상 이해관계 있는 제3자 등기

① 등기의 말소를 신청하는 경우에 그 말소에 대하여 등기상 이해관계 있는 제3자가 있을 때에는 제3자의 승낙이 있어야 한다(법 57①).

② 등기상 이해관계 있는 제3자 명의의 등기는 등기관이 직권으로 말소한다(법 57②).

③ 말소할 권리를 목적으로 하는 제3자의 권리에 관한 등기가 있을 때에는 등기기록 중 해당 구에 그 제3자의 권리의 표시를 하고 어느 권리의 등기를 말소함으로 인하여 말소한다는 뜻을 기록하여야 한다(규칙 116②).

	개별적		
5. 완료 후	┌ 등기완료 통지	법 30 (규칙 53)	○
	├ 등기필정보 통지	법 50 (규칙 106~110)	×
	├ 소유변경 통지	법 62 (규칙 120)	×
	└ 과세자료 제공	법 63 (규칙 120)	×

31 절 공동저당권

	법	규칙
조문	민법 356 (저당권의 내용) 민법 357 (근저당) 법 75 (저당권의 등기사항) 법 78 (공동저당의 등기) 법 80 (공동저당의 대위등기)	규칙 131 (저당권설정등기의 신청) 규칙 133 (공동담보) 규칙 134 (추가공동담보) 규칙 135 (공동담보라는 뜻의 기록) 규칙 136 (공동담보의 일부의 소멸 또는 변경) 규칙 138 (공동저당 대위등기의 신청)
기출	1. [20 법무] X토지에 근저당권설정등기가 마쳐진 후 동일한 채권을 담보하기 위해 甲소유의 Y토지에 대하여 **추가로 근저당권설정등기**를 신청하고자 한다. 이 경우 **신청정보의 내용으로 등기소에 제공하여야 할 사항**과 **등기관의 등기실행방법**에 관하여 설명하시오. 10점 2. [21 행시] 甲은 자신 소유명의의 서로 인접한 X토지와 Y토지 위에 W건물을 신축하였다. X토지와 Y토지의 등기기록에는 동일한 채권을 담보하기 위해 동시에 설정된 근저당권설정등기(채무자 甲, 근저당권자 P회사)가 마쳐져 있다. 甲이 X토지와 Y토지에 설정된 근저당권에 동일한 채권에 대하여 W건물과 위 건물 내에 설치된 기계·기구를 추가로 근저당권의 목적물로 하기 위한 등기신청절차에 대하여 설명하시오. 15점	

Ⅰ. 서설	1. 의의	**(1) 의의**(법 78) **공동저당권은** 동일한 채권의 담보를 위하여 수 개의 부동산에 설정되는 저당권이다. **(2) 취지** ① 1개의 부동산만으로는 채권담보에 부족 ② 1개의 부동산만으로는 담보권실행의 어려움 **(3) 법적 성질** **1) 저당권의 복수성** 공동근저당의 객체인 각 저당물마다 별개로 하나의 근저당권이 성립하고 공동저당으로 된다. 즉 공동근저당은 1물 1권주의의 원칙에 따라 각 저당목적물에 대하여 1개씩 근저당권이 성립하고 각각의 근저당권이 기본계약의 동일성으로 인하여 결속되어 있는 것으로 이해되고 있다. **2) 저당권의 독립성** 근저당권의 복수성에 따라 공동근저당을 이루는 복수의 근저당권은 각각 독립된 근저당권으로서의 성질을 가진다. 즉 각각의 근저당권별로 성립요건을 갖추어야 하며 각 근저당권의 성립시기나 순위를 달리할 수 있다. **3) 공동저당권의 공동부종성** 공동근저당을 이루는 복수의 근저당권은 피담보채권을 공통으로 하고 있기 때문에 부종성과 수반성의 적용에 있어서는 공동운명의 관계에 있다. 따라서 공동저당관계를 해소하지 않는 한 공동저당권 중 일부에 대하여만 이전등기를 할 수는 없다.

	4) 공동저당권의 연대성 공동근저당권을 이루는 복수의 근저당권은 각각 향후 확정될 피담보채권의 전부를 담보하고, 피담보채권의 각 부분은 복수의 근저당권 전부에 의하여 담보된다. 공동근저당권자는 복수의 근저당권을 동시에 실행하거나 일부만을 골라서 실행할 수도 있다. **5) 기본계약의 동일성** ① 공동저당이 성립하기 위해서는 수 개의 저당물이 담보하는 채권이 동일하여야 하는데, 이는 설정행위에서 정한 기본계약이 동일함을 의미한다. 기본계약이 동일하다는 것은 채권자, 채무자, 채권발생의 원인과 채권액(채권최고액) 등이 모두 동일한 것을 말한다. ② 다만, **근저당권의 설정자가 동일할 필요는 없다**. **(4) 종류** **1) 창설적 공동저당**[법 78①] **2) 추가적 공동저당**[법 78④]
2. 요건	
3. 범위	① 저당권의 목적이 될 수 있는 부동산과 권리(소유권 · 지상권 · 전세권)는 함께 공동저당권의 목적이 될 수 있다. ② 예컨대, Ⓧ부동산에 관한 소유권과 Ⓨ부동산에 관한 지상권에 대하여 공동저당권을 설정할 수 있으며, 근저당권설정자인 소유권자와 지상권자가 동일할 필요는 없다. ③ 다만, 부동산과 등기된 선박은 공시방법을 달리하므로 공동저당권의 목적이 될 수 없다. ④ 또한 수 개의 부동산 전부는 물론 수 개의 부동산 각 지분에 대해서도 공동저당권을 설정할 수 있다. ⑤ 토지와 공장건물의 소유자는 상이하고 공장건물의 소유자와 공장에 속하는 기계기구의 소유자가 동일할 경우에는 공장건물만을 「공장저당법」상의 근저당으로 하고 토지에 대하여는 보통근저당으로 하여 공동담보로 근저당설정등기를 신청할 수 있다.
4. 효과	

		창설적 공동저당[법 78①]	추가적 공동저당[법 78④]
서		창설적 공동근저당권은 동일한 채권에 관하여 처음부터 여러 개의 부동산에 관한 권리를 목적으로 하는 저당권설정등기이다.	추가적 공동근저당권은 이미 근저당권을 설정한 후 동일한 채권에 관하여 추가로 하는 저당권설정등기이다.
개		1. 공동신청 2. 일괄신청[법 25단, 규칙 47] ① 일괄신청은 원칙적으로 등기목적과 등기원인이 동일한 경우에 인정된다. ② 그러나 창설적 공동근저당의 경우 각 근저당권설정자가 다른 경우에도 일괄신청이 가능하다. ③ 왜냐하면, 각 근저당권의 피담보채권이 동일하므로 각 등기목적이 동일하고 일괄신청을 허용하는 것이 신청서 작성의 편의성, 심사의 용이성, 등록면허세 납부절차(규칙 45)에 비추어 보아 더 효율적이기 때문이다.	
신	신	① (근저당권설정자)등기의무자, (근저당권자)등기권리자가 되어 공동으로 신청한다[법 23①]. ② 이 경우 (근저당권자는 동일하여야 하지만) 근저당권설정자는 동일할 필요가 없다.	
신	신 / 일반적 [규칙 43] [규칙 131] ┌ 신청서 표제 ├ 부동산 표시 ├ 등기원인 ├ 등기목적 └ 신청인	[규칙 43, 법 75, 규칙 131, 규칙 133①] ① 규칙 제43조의 일반적인 사항과 법 제75조에 규정된 사항을 신청정보의 내용으로 제공한다.	[규칙 43, 법 75, 규칙 131, 규칙 134] ① 규칙 제43조의 일반적인 사항과 법 제75조에 규정된 사항을 신청정보의 내용으로 제공한다.
신	개별적	② 각 부동산에 관한 권리의 표시를 신청정보의 내용으로 등기소에 제공하여야 한다[규칙 133①]. ③ 근저당권설정등기의 신청서에 2개 이상의 부동산이 기재되어 있으면 공동담보라는 취지가 기재되어 있지 않더라도 공동근저당권설정등기의 신청으로 본다.	② 종전의 등기를 표시하는 사항으로서 공동담보목록의 번호 또는 부동산의 소재지번(건물에 번호가 있는 경우에는 그 번호도 포함한다)을 신청정보의 내용으로 등기소에 제공하여야 한다[규칙 134].
첨	┌ 등기원인 관련		추가근저당권설정계약서
첨	├ 의무자 관련	① 등기필정보 – ㅇ (추가적 공동저당의 경우 종전 부동산의 소유권에 관한 등기필증이나 저당권에 관한 등기필증을 제공하는 것이 아닌 추가되는 부동산의 등기필정보만을 제공한다)	

	|	② 인감증명 – △ (규칙 60①1, 3)	
	├ 권리자 관련	① 세금 – ○ ② 주소 – ○ ③ 번호 – ○	
	└ 부동산 관련		
	개별적		
실 **기록**	┌ 표제부 ├ 갑구 ├ 을구 └ 등기형식 (법 48, 법 75, 법 78) (규칙 133, 규칙 135, 136)	① 등기관이 창설적 공동저당 등기를 할 때에는 각 부동산의 등기기록에 그 부동산에 관한 권리가 다른 부동산에 관한 권리와 함께 저당권의 목적으로 제공된 뜻을 기록하여야 한다(법 78①). ② 공동담보라는 뜻의 기록은 각 부동산의 등기기록 중 해당 등기의 끝부분에 하여야 한다(규칙 135①). ③ 등기관은 부동산이 5개 이상일 때에는 공동담보목록을 작성하여야 하며(법 78②), 공동담보목록은 등기기록의 일부로 본다(법 78③). ④ 공동담보목록을 작성한 경우 각 부동산의 등기기록에 공동담보목록의 번호를 기록한다(규칙 135②).	① 등기관이 추가적 공동저당 등기를 할 때에는 그 등기와 종전의 등기에 각 부동산에 관한 권리가 함께 저당권의 목적으로 제공된 뜻을 기록하여야 한다(법 78④). ② 새로 추가되는 부동산의 등기기록에는 그 등기의 끝부분에 공동담보라는 뜻을 기록하고 종전에 등기된 부동산의 등기기록에는 해당 등기에 부기등기로 그 뜻을 기록하여야 한다(규칙 135③). ③ 등기관은 종전 부동산과 추가된 부동산이 5개 이상일 때에는 공동담보목록을 작성하여야 하며(법 78②), 공동담보목록은 등기기록의 일부로 본다(법 78③). ④ 공동담보목록을 작성한 경우 각 부동산의 등기기록에 공동담보목록의 번호를 기록한다(규칙 135②).
통지	┌ 등기완료 통지 ├ 등기필정보 통지 ├ 소유변경 통지 └ 과세자료 제공	○ ○ × ×	○ ○ × ×
관련문제	합필등기의 가부	[원] ○ [예] × (토지별 저당권의 목적 지분상이)	[원] × [예] ○ (1992年 대장상 이미 합병)

II. 기타

1. 구분건물의 추가적 공동저당

(1) 의의

① 구분건물의 추가적 공동저당등기는 구분건물과 그 대지권의 어느 일방에만 설정되어 있는 근저당권의 추가적 담보로서 다른 일방을 제공하는 경우에 하는 등기이다.

② 이 경우 구분건물과 대지권을 일체로 하여 그에 관한 추가저당권설정등기의 신청을 할 수 있다. 즉 저당권설정등기를 한 후에 대지권이 대지권이 아닌 것으로 됨으로 인하여 대지권의 변경 또는 경정등기를 신청하는 경우에 저당권의 등기가 있는 다른 부동산과 대지권이 대지권이 아닌 것으로 되는 부동산이 5개 이상이 되는 때에는 등기관은 공동담보목록을 작성하여야 한다.

③ 대지에 대하여 이미 근저당권이 설정되어 있는 상태에서 대지권의 등기를 한 후 동일채권의 담보를 위하여 구분건물과 그 대지권을 일체로 추가근저당권설정등기를 경료하고 종전의 근저당권을 포기하여 말소등기가 등기된 경우라도, 추가근저당권설정등기의 효력은 구분건물뿐만 아니라 그 대지권에 대하여도 여전히 유지된다.

(2) 개시

1) 공동신청

2) 일괄신청(법 25但, 규칙 47)

① 같은 채권의 담보를 위하여 소유자가 다른 여러 개의 부동산에 대한 저당권설정등기를 신청하는 경우(창설적 공동저당)에는 일괄신청할 수 있다.

② 이 경우 (근저당권자는 동일하여야 하지만) 근저당권설정자는 동일할 필요가 없다.

(3) 신청절차

1) 신청인(법 23①) - 일반적인 근저당권설정등기와 동일

2) 신청정보(규칙 43, 법 75, 규칙 131, 규칙 134)

① 규칙 제43조에서 규정한 내용을 일반적인 신청정보의 내용으로 제공한다.

② 위 추가저당권설정등기를 신청하는 경우에는 구분건물 외에 그 대지권의 표시에 관한 사항(규칙 119①)과 대지에 관하여 설정된 종전의 저당권등기를 표시하는 사항을 신청정보의 내용으로 제공하여야 한다(규칙 134).

3) 첨부정보(규칙 46 등)

(4) 실행절차

① 위 추가저당권설정의 등기는 구분건물에 관한 등기의 일반원칙에 따라 구분건물의 등기기록 을구에만 이를 기록하고, 대지권의 목적인 토지에 관하여 설정된 종전의 저당권등기에 저당권담보추가의 부기등기를 할 필요는 없다.

② 이와 달리, 구분건물에 관하여 먼저 저당권이 설정되고 새로 건물의 대지권의 목적이 된 토지에 관하여 동일채권의 담보를 위한 저당권을 추가설정하려는 경우 그 추가저당권설정의 등기는 구분건물 등기기록의 을구에만 이를 기록하고, 토지의 등기기록에는 별도의 기록을 할 필요가 없다.

32 절 공동저당 대위

	법	규칙
조문	민법 368 (공동저당과 대가의 배당, 차순위자의 대위) 법 78 (공동저당의 등기) 법 80 (공동저당의 대위등기)	규칙 138 (공동저당 대위등기의 신청)
기출		

Ⅰ. 서설	1. 의의	(1) 의의(민법 187, 민법 368②, 법 80, 규칙 138) ① 공동근저당권의 실행절차는 원칙적으로 보통저당권과 같지만 공동근저당권자에게 실행선택권이 인정되는 점이 특색이다. 즉 공동근저당권자는 복수의 근저당권 전부를 동시에 실행하거나 일부만을 실행할 수 있고, 일부만을 실행하는 경우에도 그 매각대금으로부터 피담보채권의 전액을 변제받을 수 있다. ② 민법은 공동저당권자의 실행선택권을 보장하는 한편 후순위저당권자와의 이해를 조절하기 위하여 다음과 같은 규정을 두고 있는데, 이는 공동근저당권의 경우에도 적용된다. ③ **부동산 전부**의 경매대가를 **동시에 배당**하는 때에는 각 부동산의 경매대가에 비례하여 각 부동산별 책임분담액을 정하고, 각 부동산에 관하여 그 비례안분액을 초과하는 부분은 후순위저당권자에게 배당된다(민법 368①). ④ **일부 부동산**의 매각대금만 **배당**하는 경우에는 공동저당권자는 그 대가에서 채권 전부의 변제를 받을 수 있다. 이때 공동저당권자가 **부동산별 책임분담액을 넘어서 일부 부동산의 경매대가를 차지함으로 말미암아 불이익하게 된 후순위저당권자**는 공동부동산 전부가 경매되어 동시에 배당되었더라면 공동저당권자가 다른 부동산의 경매대가로부터 변제받을 수 있는 책임분담액의 한도에서 공동저당권자를 대위하여 공동저당부동산 중 경매되지 아니한 다른 부동산에 대한 저당권을 행사할 수 있다(민법 368②). ⑤ 위와 같은 후순위저당권자의 대위는 선순위 공동저당권자의 미실행 저당권이 법률상 당연히 후순위 저당권자에게 일정 한도에서 이전하는 것이다. 이러한 법정대위는 법률의 규정에 의한 물권변동이기 때문에 대위 또는 저당권이전등기가 없어도 그 효력이 생긴다(민법 187). (2) 취지 ① 채권자의 자유로운 경매신청권과 경매부동산에 대한 저당권을 상실한 차순위저당권자의 손해보전제도의 조화 ② 최종적 결과 → 동시배당과 동일하게 (3) 구별개념 ① 근저당권이전등기는 국민주택채권을 매입하며, 등기목적이 "근저당권이전"이나 ② 공동저당대위등기는 국민주택채권을 매입하지 아니하며, 등기목적도 "근저당권 대위"이다.

	2. 요건			
	3. 범위			
	4. 효과			
II. 개시 [법 22]	1. 모습	① 등기는 법률에 다른 규정이 없는 경우에는 등기권리자와 등기의무자가 공동으로 신청한다[법 23①]. ② 법률의 규정에 의한 물권변동이라 하더라도 등기는 단독신청이 가능하다는 명문의 규정이 있는 경우에만 단독신청이 가능하므로 공동저당의 대위등기는 단독신청할 수 있다는 명문의 규정이 없는 이상 공동신청하여야 한다. ③ 배당이의 소송이 확정되지 않았더라도 신청이 가능하다.		
	2. 전자 [법 24①2] [규칙 67]			
III. 신청 절차	1. 신청인 [법 23]	(선순위 저당권자)등기의무자, (차순위 저당권자)등기권리자가 되어 공동으로 신청한다[법 23①].		
	2. 신청 정보 [규칙 43]	일반적 [규칙 43]	┌ 신청서 표제	
			├ 부동산 표시	
			├ 등기원인 (연월일)	"○년 ○월 ○일 「민법」 제368조 제2항에 의한 대위" (선순위 저당권자에 대한 경매대가의 배당기일)
			├ 등기목적	"○번 저당권 대위"
		개별적 [법 80] [규칙 138]	├ 매각 부동산	"서울특별시 서초구 서초동 100" (소유권 외의 권리가 저당권의 목적일 때에는 그 권리를 기재한다.)
			├ 매각대금	"금 100,000,000원"
			├ 선순위 저당권자가 변제받은 금액 (변제액)	"금　30,000,000원"
			├ 차순위저당권자의 피담보채권에 관한 사항	"채권최고액 금 20,000,000원" "채무자　○○○ 서울특별시 서초구 서초동 100" "근저당권자　○○○ 서울특별시 서초구 서초동 300"
			└ 신청인	
	3. 첨부 정보 [규칙 46]	① 규칙 제46조에서 규정한 사항을 일반적인 첨부정보로 제공한다. ② 집행법원에서 작성한 배당표 정보를 첨부정보로서 등기소에 제공하여야 한다. ③ 공동저당의 대위등기를 신청할 때에는 매 1건당 6,000원에 해당하는 등록면허세를 납부하고, 매 부동산별로 3,000원에 해당하는 등기신청수수료를 납부하여야 한다. ④ 공동저당의 대위등기를 신청하는 경우에는 국민주택채권을 매입하지 아니한다.		

<table>
<tr><td rowspan="5">Ⅳ. 실행 절차</td><td>1. 접수 · 배당</td><td colspan="3"></td></tr>
<tr><td>2. 조사</td><td colspan="3"></td></tr>
<tr><td>3. 문제O
(법 29)</td><td colspan="3"></td></tr>
<tr><td>4. 문제×
(법 48)</td><td>일반적
(법 48)
(법 80)

개별적</td><td>┌ 표제부
├ 갑구
├ 을구
│
└ 등기형식</td><td>① 법 제48조에서 규정한 사항을 일반적인 등기사항으로 기록한다.
② 매각부동산 위에 존재하는 차순위저당권자의 피담보채권에 관한 내용과 매각부동산, 매각대금, 선순위 저당권자가 변제받은 금액을 기록하여야 한다.

대위등기목적이 된 저당권등기에 부기등기로 한다.</td></tr>
<tr><td>5. 완료 후</td><td colspan="3">┌ 등기완료 통지 법 30 (규칙 53)
├ 등기필정보 통지 법 50 (규칙 106~110)
├ 소유변경 통지 법 62 (규칙 120)
└ 과세자료 제공 법 63 (규칙 120)</td></tr>
<tr><td>Ⅴ. 처분 이의</td><td colspan="4">법 100 등</td></tr>
</table>

chapter

04 기타등기

01 절 가등기 - 설정

	법	규칙
조문	민법 564 (매매의 일방예약) 법 3 (등기할 수 있는 권리 등) 법 88 (가등기의 대상) 법 89 (가등기의 신청방법) 법 90 (가등기를 명하는 가처분명령) 법 91 (가등기에 의한 본등기의 순위) 법 92 (가등기에 의하여 보전되는 권리를 침해하는 가등기 이후 등기의 직권말소)	규칙 145 (가등기의 신청) 규칙 146 (가등기에 의한 본등기) 규칙 147 (본등기와 직권말소) 규칙 148 (본등기와 직권말소) 규칙 149 (직권말소한 뜻의 등기) 규칙 150 (가등기의 말소등기신청)
기출	1. [04 행시] 가등기에 대하여 설명하시오. 50점	

Ⅰ. 서설

1. 의의

(1) 의의(법 3, 법 88, 법 91 등)

① 가등기는 부동산소유권이나 그 밖에 법 제3조에 규정된 권리의 변동을 목적으로 하는 청구권을 보전하려는 경우, 이들 청구권이 시기부 또는 정지조건부일 경우나 그 밖에 장래에 확정될 것인 경우에 하는 등기로서 장차 본등기를 하기 전 순위를 확보하기 위해서 하는 등기를 말한다(법 88).

② 강학상 종국등기에 대비되는 예비등기의 일종이다.

(2) 취지

이러한 가등기는 장차 본등기를 할 수 있을 때에 그 본등기의 순위를 미리 확보해 두도록 함으로써 채권자를 보호하는 데 그 목적이 있다(대결 1972.6.2, 72마399).

(3) 종류

1) 청구권보전의 가등기(법 88, 법 3)

청구권보전의 가등기는 장차 본등기를 하기 전 순위를 확보하기 위해서 법 제3조 각 호의 권리의 설정 · 이전 · 변경 · 소멸의 청구권을 보전하는 때에 하는 등기를 말한다(법 88). 이는 장차 본등기를 할 수 있을 때에 그 본등기의 순위를 미리 확보해 두도록 함으로써 채권자를 보호하는 데 그 목적이 있다(대결 1972.6.2, 72마399).

2) 담보가등기(가담법 2,3)

담보가등기는 대물반환예약을 체결하고 가등기를 한 경우를 말하며, 담보가등기가 등기된 때에 저당권의 설정등기가 행하여진 것으로 본다.

2. 요건 (내용)	(1) 법 제3조 권리	(2) 설정 · 이전 · 변경 · 소멸 · 보존	(3) 청구권보전	(4) 시기부 · 정지조건부 등
3. 범위	㊀ 소 / 지 지 전 임 / 근 질 채 부동산표시 등기명의인표시	보존 / 설정 / 이전 (소유권) / 변경 / 말소	[공유] 지분 / [합유] 지분 / [유증] 생존 중, 사망 후 / 물권적 청구권 (예 원인무효 말소) / 채권적 청구권	이미 발생한 청구권 (예 매매계약/명 · 신 해지 후) / 시기부 청구권 / 정지조건부 청구권 (예 사인증여 소이등청구권) / 장래확정될 청구권 (예 매매예약/명 · 신 해지 약정)

① 배우자 명의로 명의신탁한 부동산에 대하여 **명의신탁 해지 후의 소유권이전청구권**을 보전하기 위한 가등기를 할 수 있으며, 이 경우 등기원인은 **'명의신탁해지'**가 된다.

② 나아가 당사자는 **명의신탁계약의 해지약정에 대한 예약을 하고 장차 명의신탁해지약정의 효력이 발생한 경우 생기는 소유권이전청구권**을 보전하기 위한 가등기를 할 수도 있는데, 이 경우 등기원인은 **'명의신탁해지약정 예약'**이 될 것이다(선례 201211-6).

4. 효과

(1) 청구권보전의 가등기

1) 추정력 - ×

소유권이전청구권 보전을 위한 가등기가 있다 하여, 소유권이전등기를 청구할 어떤 법률관계가 있다고 추정되지 아니한다.

2) 물권변동효 - ×

가등기만으로는 아무런 실체법상 효력을 갖지 아니하므로 가등기권자는 물권을 취득할 수 없다.

따라서 중복된 소유권보존등기가 무효이더라도 소유권이전등기청구권의 가등기 권리자는 아직 소유권자가 아니므로 그 말소를 청구할 권리가 없다.

다만 본등기가 이루어진 경우 물권변동의 효력이 발생한다.

3) 처분금지효 - ×

가등기만으로는 청구권의 상대방이 가진 물권의 처분을 금지하는 효력은 인정되지 아니한다.

따라서 갑 소유의 부동산에 을 명의로 소유권이전청구권보전의 가등기가 되어 있다 하더라도, 갑은 제3자인 병에게 소유권을 양도하거나 저당권 등 제한물권을 설정하는 등의 처분행위를 할 수 있다.

4) 순위보전효 - O

일반적인 권리의 순위는 그 등기된 순서에 따르지만, 가등기에 의한 본등기를 한 경우 그 본등기의 순위는 가등기의 순위에 따르게 된다(법 91). 따라서 가등기에 의한 본등기를 하게 되면 가등기 후에 마쳐진 제3자의 권리에 관한 등기, 즉 중간처분의 등기는 본등기의 내용과 저촉되는 범위 내에서 실효되거나 후순위로 된다. 따라서 등기관은 본등기를 한 후에 대법원규칙으로 정하는 바에 따라 가등기 이후에 된 등기로서 가등기에 의하여 보전되는 권리를 침해하는 등기를 직권으로 말소하여야 한다(법 92, 규칙 147, 148). 등기관이 가등기 이후의 등기를 말소하였을 때에는 지체 없이 그 사실을 말소된 권리의 등기명의인에게 통지하여야 한다(법 92②).

5) **청구권보전효 - O**

소유권이전등기청구권의 가등기가 등기된 이후 부동산의 소유권이 갑에서 을에게로 이전된 경우라도 가등기에 기한 본등기를 할 때의 본등기의무자는 을이 아니라 갑이 된다. 이와 같은 효력을 청구권보전의 효력이라고 한다.

6) **재산성(이익) - O**

가등기는 원래 장차 하게 될 본등기의 순위를 확보하는 데에 그 목적이 있으나, 순위보전의 대상이 되는 물권변동의 청구권은 그 성질상 양도될 수 있는 재산권일 뿐만 아니라 가등기로 인하여 그 권리가 공시되어 결과적으로 공시방법까지 마련된 셈이므로, 가등기상 권리를 제3자에게 양도한 경우에 양도인과 양수인은 공동신청으로 그 가등기상 권리의 이전등기를 신청할 수 있고, 그 이전등기는 가등기에 대한 부기등기의 형식으로 한다(법 52.2).

가등기에 처분제한효는 인정되지 아니하지만, 가등기상 권리는 재산성이 있으므로 가등기에 대한 처분제한등기(예컨대 압류・가압류)는 가능하다.

(2) **담보가등기 - 경매청구권・우선변제권**

담보가등기란 「가등기담보 등에 관한 법률」에 의하여 대물반환예약을 체결하고 가등기를 한 경우에 그 가등기를 말하는데 담보가등기가 등기된 경우 일정한 사항에 대하여 저당권의 설정등기가 행하여진 것으로 본다(가등기담보법 13). ① 우선변제청구권, ② 경매청구권 등 일정한 실체법적인 효력이 인정된다.

II. 개시 (법 22)

1. 모습

(1) **공동신청**

등기는 법률에 다른 규정이 없는 경우에는 등기권리자와 등기의무자가 **공동**으로 신청한다(법 23①).

소유권이전등기청구권가등기의 경우 등기의무자의 등기필정보와 인감증명도 제공하여야 한다(규칙 60①1).

(2) **단독신청**

1) **판결**

가등기절차의 이행을 명하는 판결에 의한 등기는 승소한 등기권리자가 **단독**으로 신청한다(법 23④).

이 경우 가등기의무자의 등기필정보와 인감증명은 제공할 필요가 없다.

2) **가등기가처분명령**

가등기권리자는 **가등기를 명하는 법원의 가처분명령**이 있을 때에는 **단독**으로 가등기를 신청할 수 있다(법 89, 90).

이 경우 가등기의무자의 등기필정보와 인감증명은 제공할 필요가 없다.

3) **가등기의무자의 의사(승낙)에 기한 단독신청**

가등기권리자는 **가등기의무자의 승낙**이 있을 때에는 **단독**으로 가등기를 신청할 수 있다(법 89).

이 경우 가등기의무자의 등기필정보는 제공할 필요가 없지만, 가등기의무자의 승낙서와 인감증명을 제공하여야 한다(규칙 145②, 60①7).

(3) **명령**

관할 지방법원은 이의신청에 대하여 결정하기 전에 등기관에게 가등기 또는 이의가 있다는 뜻의 부기등기를 명령할 수 있다(법 106).

	2. 전자 [법 24①2] [규칙 67]	
	1. 신청인 [법 23]	① (가등기의무자)등기의무자, (가등기권리자)등기권리자가 되어 공동으로 신청한다[법 23①]. ② **법 제89조, 제90조**에 해당하는 경우 가등기권리자가 단독으로 신청할 수 있다.

III. 신청 절차	2. 신청 정보 [규칙 43]	**일반적** [규칙 43]
		┌ 신청서 표제
		├ 부동산 표시
		├ 등기원인(연월일)
		  ┌ 일반적 : "○년 ○월 ○일 매매" [매매계약일]
		  ├ 시기부/정지조건부 : "○년 ○월 ○일 매매(시기 2023년 2월 1일)"
		  │ "○년 ○월 ○일 매매(조건 법무사시험 합격)"
		  └ 그 밖 장래에 확정 : "○년 ○월 ○일 매매예약"
		  ┌ 가등기가처분명령 : "○년 ○월 ○일 ○○법원의 가등기가처분결정(사건번호)" [결정일]
		  └ 담보가등기 : "○년 ○월 ○일 대물반환예약" [계약일]
		├ 등기목적 [규칙 145]
		  ┌ 일반적 : "소유권이전청구권가등기"
		  ├ 시기부/정지조건부 : "시기부(조건부)소유권이전청구권가등기"
		  └ 그 밖 장래에 확정 : "소유권이전청구권가등기"
		  ↳ ① 가등기를 신청하는 경우에는 그 가등기로 보전하려고 하는 권리를 신청정보의 내용으로 등기소에 제공하여야 한다.
		  ② 청구권의 발생이 시기부 또는 정지조건부인 경우에는 "시기부(조건부)소유권이전청구권가등기"라고 기재한다.
		
		개별적
		├ 가등기할 지분 : **"○번 ○○○지분 전부"**
		  "○번 ○○○지분 ○분의 ○중 일부(○분의 ○)"
		  ↳ 지분에 대하여 가등기를 할 경우에는 가등기목적 지분을 기재한다.
		└ 신청인 : **"○분의 ○"**
		  ↳ ① 가등기권자가 수인인 경우에는 각 지분을 기재한다.
		  ② 그리고 여러 사람 공유의 부동산에 관하여 여러 사람 이름으로 가등기를 신청할 때에는 그 성질에 반하지 아니하는 한 수인의 공유자가 수인에게 지분의 전부 또는 일부를 이전하는 경우와 같이 일괄신청할 수 없고 등기권리자별 또는 등기의무자별로 신청하여야 한다.

	3. 첨부 정보 [규칙 46]	**일반적** [규칙 46] ┌ 등기원인 관련 **(1) 등기원인증명**[규칙 46①1] ① 매매계약서, 매매예약서, 판결정본 및 확정증명 ② 가등기의무자의 승낙[규칙 145②] ③ 가등기가처분명령 정본[규칙 145②] **(2) 등기원인 - ㉿㉾㉽ 등**[규칙 46①2, 규칙 46③] ┌ 1) 검인(계약서 · 판결서) │ × │ [∵ 소유권 종국적 취득 ×]

├ 2) ㉮거래계약신고필증	×	(∵ 소유권 종국적 취득 ×)
├ 3) 토지거래계약허가	△	(유상 - 소유권이전가등기) (지료○ - 지상권설정 · 이전가등기)
└ 4) 농지취득자격증명	×	(∵ 소유권 종국적 취득 ×)

├ 의무자 관련

(1) **등기필정보**(법 50②, 규칙 43①7) − △

① 공동신청인 경우에는 가등기의무자의 등기필정보를 제공하여야 한다.

② 단독신청인 경우 즉, 가등기의무자의 승낙을 받거나 가등기가처분명령에 따른 등기를 신청할 때에는 가등기의무자의 등기필정보를 제공하지 않는다.

(2) **인감증명**(규칙 60, 규칙 62) − △

① 공동신청에서 소유권자가 의무자인 경우(매도용 不要)

② 단독신청에서 가등기의무자의 승낙을 받은 경우

(3) **주소증명**(규칙 46①6) − ×

├ 권리자 관련

(1) **세금영수증**(법 29.10) − ○

(2) **주소증명**(규칙 46①6) − ○

(3) **번호증명**(규칙 46①6, 법 49) − ○

├ 부동산 관련

(1) **대장, 그 밖의 정보**(규칙 46①7)

(2) **지적도 · 도면**

└ 신청인자격 관련

개별적

Ⅳ. 실행절차

1. 접수 · 배당

2. 조사

3. 문제○ (법 29)

4. 문제× (법 48) **일반적** (법 48)

┌ 표제부 ×

├ 갑구 ├ 을구

① 법 제48조에서 규정한 사항을 일반적인 등기사항으로 기록한다.

② 소유권이전등기청구권가등기는 갑구, 소유권 외의 권리에 관한 청구권가등기는 을구에 기록한다.

③ 가등기권자가 수인인 경우에는 각 지분을 기록한다.

└ 등기형식

가등기의 형식은 가등기에 의하여 실행되는 본등기의 형식에 의하여 결정된다.

즉, 소유권이전등기청구권보전의 가등기는 주등기에 의하고 소유권 외의 권리의 이전청구권보전의 가등기는 부기등기에 의한다(법 52.2).

		개별적
	5. 완료 후	┌ 등기완료 통지 법 30 (규칙 53) ○ ├ 등기필정보 통지 법 50 (규칙 106~110) ○ ├ 소유변경 통지 법 62 (규칙 120) × └ 과세자료 제공 법 63 (규칙 120) △ (소유권이전의 경우)
V. 처분 이의	법 100 등	

02 절 가등기 - 이전

	법	규칙
조문	민법 564 (매매의 일방예약) 법 3 (등기할 수 있는 권리 등)	
기출	1. [19 법무] **소유명의인이 갑(甲)**인 X토지에 대하여 **을(乙)을 가등기권리자**로 하는 소유권이전등기청구권보전을 위한 가등기가 마쳐졌다. **을(乙)이** 갑(甲)에 대한 **소유권이전청구권을 무(戊)에게 양도**하고 을(乙)과 무(戊)가 **가등기상의 소유권이전등기청구권의 이전등기**를 신청하는 경우 이러한 등기신청이 **허용되는 이유**와 등기신청 시 등기소에 제공하여야 할 **첨부정보**에 관하여 설명하시오. 10점	

Ⅰ. 서설	1. 의의	**(1) 의의** ① 가등기된 청구권은 거래의 대상이 될 수 있는 독립된 재산권이므로, 가등기의 양도·압류·가압류도 가능하다. ② **가등기이전등기는** 가등기상의 권리자가 가지는 청구권을 제3자에게 양도한 경우에 이를 등기기록에 공시하는 등기이다. **(2) 취지** **(3) 허용여부** 가등기는 원래 장차 하게 될 본등기의 순위를 확보하는 데에 그 목적이 있으나, 순위보전의 대상이 되는 물권변동의 청구권은 그 성질상 양도될 수 있는 재산권일 뿐만 아니라 가등기로 인하여 그 권리가 공시되어 결과적으로 공시방법까지 마련된 셈이므로, 가등기상 권리를 제3자에게 양도한 경우에 양도인과 양수인은 공동신청으로 그 가등기상 권리의 이전등기를 신청할 수 있고, 그 이전등기는 가등기에 대한 부기등기의 형식으로 한다(법 52.2, 대판(전) 1988.11.19, 98다24105).
	2. 요건 (내용)	
	3. 범위	① 가등기상 권리의 이전등기 신청은 가등기된 권리의 전부에 대하여도 할 수 있고, 가등기된 권리 중 일부지분에 관해서도 할 수 있다. ② 예컨대 하나의 가등기에 대하여 수인의 가등기권리자가 있는 경우에 그 권리자 중 1인의 지분만에 대한 이전등기도 신청할 수 있고, 가등기의 권리를 단독으로 가지고 있는 경우에도 그 권리의 일부 지분만에 대하여는 이전등기를 신청할 수 있다. ③ **등기신청서**에는 이전되는 지분을 기재하여야 하고 **등기기록**에도 그 지분을 기록하여야 한다. ④ 여러 사람 이름으로 가등기가 되어 있으나 **공동가등기권자의 지분이 기록되어 있지 아니**한 때에는 그 지분은 균등한 것으로 보아 가등기의 이전등기를 허용하고, 일부의 가등기권자가 **균등하게 산정한 지분과 다른 가등기지분을 주장하여 그 가등기의 이전등기를 신청하고자 할 경우**에는 **먼저 가등기지분을 기록하는 의미의 경정등기를 신청**하여야 한다. 이 경우 그 경정등기신청은 가등기권자 전원이 공동으로 하여야 하고 등기신청서에는 ⓐ 가등기권자 전원 사이에 작성된 실제의 지분비율을 증명하는 서면과, ⓑ 실제의

		지분이 균등하게 산정한 지분보다 적은 가등기권자의 인감증명을 첨부하여야 한다. ⑤ **가등기가처분명령에 의하여 마쳐진 가등기의 효력**은 일반적인 가등기의 효력과 아무런 차이가 없으므로, 이러한 명령에 의하여 마쳐진 근저당권설정등기청구권보전 가등기의 경우에도 그 이전등기를 부기등기의 형식으로 할 수 있다.
	4. 효과	
II. 개시 (법 22)	**1. 모습**	① 등기는 당사자의 신청 또는 관공서의 촉탁에 따라 한다. 다만, 법률에 다른 규정이 있는 경우에는 그러하지 아니하다(법 22①). ② 등기는 법률에 다른 규정이 없는 경우에는 등기권리자와 등기의무자가 공동으로 신청한다(법 23①).
	2. 전자 (법 24①2) (규칙 67)	
III. 신청 절차	**1. 신청인** (법 23)	(양도인)등기의무자, (양수인)등기권리자가 되어 공동으로 신청한다(법 23①).
	2. 신청 정보 (규칙 43)	**일반적** (규칙 43) ┌ **신청서 표제** ├ **부동산 표시** ├ **등기원인 (연월일)** — **"○년 ○월 ○일 매매"** (매매계약일) ├ **등기목적** — **"○번 소유권이전청구권의 (일부)이전"** **개별적** ├ **이전할 지분** — **"○분의 ○"** ↳ 가등기된 권리 중 일부 지분만의 이전등기를 할 경우에는 이전되는 지분을 기재한다. └ **신청인**
	3. 첨부 정보 (규칙 46)	**일반적** (규칙 46) ┌ **등기원인 관련** — **(1) 등기원인증명**(규칙 46①1) – 가등기상 청구권의 양도증서 **(2) 등기원인 – ㉬㉪㉯ 등**(규칙 46①2, 규칙 46③) ├ **의무자 관련** — **(1) 등기필정보**(법 50②, 규칙 43①7) – ○ **(2) 인감증명**(규칙 60, 규칙 61①) – △ **(3) 주소증명**(규칙 46①6) – × ├ **권리자 관련** — **(1) 세금영수증**(법 29.10) – ○ **(2) 주소증명**(규칙 46①6) – ○ **(3) 번호증명**(규칙 46①6, 법 49) – ○ ├ **부동산 관련** — **(1) 대장, 그 밖의 정보**(규칙 46①7) **(2) 지적도 · 도면** └ **신청인자격 관련**

<table>
<tr><td rowspan="7"></td><td colspan="2" rowspan="1">개별적</td><td>매도인의 승낙서
(규칙 46①3)
(규칙 60①7)</td><td>(1) 매도인의 승낙서 또는 동의서
① 매매로 인한 소유권이전등기청구권은 특별한 사정이 없는 이상 그 권리의 성질상 양도가 제한되고 그 양도에 매도인의 승낙이나 동의를 요한다고 할 것이므로(대판 2001.10.9, 2000다51216),
② 위 가등기의 이전등기를 신청하는 경우에는 매도인(소유권이전등기청구권의 채무자)인 소유명의인의 승낙이 있음을 증명하는 정보와 인감증명을 첨부정보로서 등기소에 제공하여야 한다.
③ 승낙서 인감날인 + 인감증명 제공(규칙 46①3, 60①7)</td></tr>
</table>

<table>
<tr><td rowspan="7">Ⅳ. 실행 절차</td><td>1. 접수·배당</td><td colspan="3"></td></tr>
<tr><td>2. 조사</td><td colspan="3"></td></tr>
<tr><td>3. 문제O
(법 29)</td><td colspan="3"></td></tr>
<tr><td rowspan="2">4. 문제×
(법 48)</td><td>일반적
(법 48)</td><td>┌ 표제부
├ 갑구
├ 을구
└ 등기형식</td><td>① 법 제48조에서 규정한 사항을 일반적인 등기사항으로 기록한다.
② 가등기상 권리의 일부만 이전한 경우 그 이전하는 지분을 기록한다.
부기등기(법 52.2)</td></tr>
<tr><td>개별적</td><td></td><td></td></tr>
<tr><td>5. 완료 후</td><td colspan="3">┌ 등기완료 통지 법 30 (규칙 53)
├ 등기필정보 통지 법 50 (규칙 106~110)
├ 소유변경 통지 법 62 (규칙 120)
└ 과세자료 제공 법 63 (규칙 120)</td></tr>
<tr><td>Ⅴ. 처분 이의</td><td colspan="4">법 100 등</td></tr>
</table>

03 절 가등기 - 말소

	법	규칙
조문	법 93 (가등기의 말소)	규칙 150 (가등기의 말소등기신청)
기출	1. [16 행시] 가등기의 말소등기 15점	

Ⅰ. 서설	1. 의의	(1) 의의(법 57, 법 93 등) ① 등기제도는 당해 부동산에 대한 권리관계 등을 대외적으로 실체관계에 부합하게 공시하기 위한 제도이다. ② 말소등기는 현재 효력이 있는 등기의 전부가 실체법상 소멸하여 등기가 실체관계와 불일치한 경우에 이를 일치시키는 등기이다. ③ **가등기의 말소등기**는 **현재 효력이 있는** 가등기의 전부가 실체법상 무효·취소·해제·해지 등의 사유로 전부 소멸되어 실체관계와 **불일치**한 경우에 이를 일치시키는 등기이다. (2) **취지** - 실체와 부합하는 등기 → 거래안전 → 공시제도의 목적 달성
	2. 요건 (내용)	(1) **현재 효력이 있는 등기일 것** (2) **전부에 관한 불일치가 있을 것** (3) **권리의 소멸로 인한 불일치가 있을 것** (4) **등기상 이해관계 있는 제3자의 승낙을 받을 것**(법 57) 1) **등기상 이해관계 있는 제3자의 의미** 2) **등기상 이해관계 있는 제3자의 범위** ① 말소대상권리의 선순위 등기 - × ② 말소대상권리에 터잡은 등기 - ○ ③ 말소대상권리의 후순위 등기 - × 3) **제공방법**(법 52.5, 규칙 46①3, 규칙 60①7)
	3. 범위	① **본등기가 등기된 후**에는 가등기와 본등기를 함께 말소하거나, 본등기만을 말소할 수는 있지만, 가등기만을 말소할 수는 없다. ② 가등기의 말소등기절차를 이행할 것을 명하는 판결을 받아 위 판결에 의하여 가등기의 말소등기를 신청하였을 경우, 본등기가 등기된 이후에는 그 가등기만의 말소등기를 신청할 수 없을 것이며, 본등기의 말소등기절차를 이행할 것을 명하는 판결이 아닌 위 판결로서는 본등기의 말소등기를 신청할 수 없다(선례 4-586). ③ 가등기가처분명령에 의해 등기된 가등기는 통상의 가등기 말소절차를 거쳐야 하고, 「민사집행법」상의 가처분 이의의 방법으로 말소할 수는 없다.
	4. 효과	
Ⅱ. 개시 (법 22)	1. 모습	(1) **공동신청** 등기는 법률에 다른 규정이 없는 경우에는 등기권리자와 등기의무자가 공동으로 신청한다(법 23①).

소유권이전등기청구권가등기의 말소의 경우 가등기명의인의 등기필정보와 인감증명도 제공하여야 한다(규칙 60①2).

(2) 단독신청

1) 판결

① **가등기의 말소절차의 이행을 명하는 판결**에 의한 등기는 승소한 등기권리자가 **단독**으로 신청한다(법 23④).
이 경우 가등기명의인의 등기필정보와 인감증명은 제공할 필요가 없다.

② 공유자 중 1인이 공유물의 보존행위로서 가등기명의인을 상대로 **가등기말소를 명하는 확정판결**을 받은 경우 그 공유자는 위 판결을 첨부하여 단독으로 가등기 말소신청을 할 수 있다(선례 201009-3).

2) 가등기명의인의 의사(승낙)에 기한 단독 말소신청

가. 가등기명의인이 말소신청하는 경우

① **가등기명의인**은 단독으로 가등기의 말소를 신청할 수 있다(법 93①).

② 이 경우 가등기명의인의 등기필정보는 제공하여야 하며, 가등기명의인의 승낙서는 제공할 필요가 없지만, 인감증명은 제공하여야 한다(규칙 60①2).

③ 공동신청이 아님에도 등기필정보를 제공하는 이유는 가등기명의인의 권리침해를 방지하기 위해서이며, 마치 승소한 등기의무자의 등기신청의 경우와 마찬가지이다.

나. 가등기의무자가 말소신청하는 경우

① 가등기의무자는 가등기명의인의 승낙을 받아 단독으로 가등기의 말소를 신청할 수 있다(법 93②).

② 이 경우 가등기명의인의 등기필정보는 제공할 필요가 없으며, 가등기명의인의 승낙서와 인감증명은 제공하여야 한다(규칙 60①2 유추적용).

③ 법원실무제요에 따르면, 甲의 인감증명 제공의 근거를 규칙 제60조 제1항 제2호로 보아야 한다고 한다. 제7호에 해당한다는 견해에 따르면, 근저당권설정청구권가등기 명의인의 인감증명도 제출하여야 한다는 결론에 이르기 때문에, 본권에 해당하는 근저당권설정등기를 말소하는 경우 원칙적으로 인감이 필요없는 것과 균형에 맞지 않아 부당하기 때문이다(「부동산등기실무 Ⅲ」 p. 59).

다. 등기상 이해관계인이 말소신청하는 경우

① 가등기에 관하여 등기상 이해관계 있는 자는 가등기명의인의 승낙을 받아 단독으로 가등기의 말소를 신청할 수 있다(법 93②). 여기서 등기상 이해관계 있는 자라 함은 가등기에 의한 본등기로 인하여 자기의 불이익을 입을 위험이 있는 자를 말한다.

② 이 경우 가등기명의인의 등기필정보는 제공할 필요가 없으며, 가등기명의인의 승낙서와 인감증명은 제공하여야 한다(규칙 60①2 유추적용).

3) 혼동(민법 191 · 예규)

가등기권자가 가등기에 의하지 않고 다른 원인으로 소유권이전등기를 하였을 경우 그 부동산의 소유권이 제3자에게 이전되기 전에는 **가등기권자**의 단독신청으로 혼동을 등기원인으로 하여 가등기를 말소할 수 있으나, 그 부동산의 소유권이 제3자에게 이전된 후에는 통상의 가등기 말소절차에 따라 가등기를 말소한다.

4) 소재불명 시 제권판결(법 56)

구분		항목	내용
	2. 전자 [법 24①2] [규칙 67]		
	1. 신청인 [법 23]		(1) 공동신청 ① (가등기명의인)등기의무자, (가등기의무자)등기권리자가 되어 공동으로 신청한다[법 23①]. ② 가등기의 이전이 있는 경우에는 양수인이 등기의무자가 되고, 소유권의 이전이 있는 경우에는 제3취득자가 등기권리자가 된다. (2) 단독신청
	2. 신청정보 [규칙 43]	일반적 [규칙 43] ┌ 신청서 표제	
		├ 부동산 표시	
		├ 등기원인(연월일)	"○년 ○월 ○일 해제" [해제증서상 연월일]
		├ 등기목적	"가등기말소"
		개별적 ├ 말소할 사항	"○년 ○월 ○일 접수 제○호로 순위 제○번으로 등기된 소유권이전청구권가등기" ↳ 말소할 대상등기의 접수연월일, 접수번호, 순위번호를 기재한다.
		└ 신청인	
Ⅲ. 신청절차	3. 첨부정보 [규칙 46]	일반적 [규칙 46] ┌ 등기원인 관련	(1) 등기원인증명[규칙 46①1] ① 해제증서(부동산의 표시 및 가등기의 표시 有) ② 판결정본 및 확정증명서 (2) 등기원인 – ㉻㉼㉽ 등[규칙 46①2, 규칙 46③]
		├ 의무자 관련	(1) 등기필정보[법 50②, 규칙 43①7] – △ ① 공동신청의 경우에는 가등기의무자의 등기필정보를 제공하여야 한다. ② 단독신청의 경우 가등기명의인이 신청 시에는 제공하지만, 가등기명의인의 승낙을 받아 가등기의무자나 등기상이해관계인이 신청하는 경우에는 제공하지 아니한다. (2) 인감증명[규칙 60, 규칙 62] – ○ ① 소유권에 관한 가등기명의인이 말소등기신청을 하는 경우 가등기명의인의 인감증명을 제공한다[규칙 60①2]. ② 가등기의무자 또는 등기상 이해관계 있는 제3자가 단독으로 신청하는 경우에는 가등기명의인의 인감증명을 제공한다[규칙 60①2]. (3) 주소증명 – ×

	├ 권리자 관련	(1) 세금영수증(법 29.10) − O (2) 주소증명(규칙 46①6) − X (3) 번호증명(규칙 46①6, 법 49) − X
	├ 부동산 관련 └ 신청인자격 관련	(1) 대장, 그 밖의 정보 (2) 지적도 · 도면
개별적	등이관 승낙서 (법 57) (규칙 150) (규칙 46①3) (규칙 60①7)	**(1) 등기상 이해관계인의 승낙서** ① 등기의 말소를 신청하는 경우에 그 말소에 대하여 등기상 이해관계 있는 제3자가 있을 때에는 제3자의 승낙이 있어야 한다(법 57). ② 이는 수리요건이므로 반드시 제공하여야 한다. ③ 승낙서 인감날인 + 인감증명제공(규칙 46①3, 60①7) ④ 가등기의 말소를 명하는 판결을 가지고 가등기 외에 가등기에 대한 가압류등기까지 그 말소등기를 신청할 수는 없는 것이며 그 판결에 의하여 가등기말소의 등기를 신청함에 있어서도 등기상 이해관계 있는 제3자인 가등기에 대한 가압류권자의 승낙서 또는 이에 대항할 수 있는 재판의 등본을 첨부해야 한다. 이때 등기공무원은 이러한 등기와 동시에 위 가압류등기를 직권으로 말소하게 될 것이다(선례 3-285). **(2) 가등기명의인의 승낙서 등** **법 제93조 제2항**에 따라 가등기의무자 또는 등기상 이해관계인이 단독으로 가등기의 말소등기를 신청하는 경우에는 가등기명의인의 승낙이나 이에 대항할 수 있는 재판이 있음을 증명하는 정보를 첨부정보로서 등기소에 제공하여야 한다(규칙 150).

Ⅳ. 실행 절차	1. 접수 · 배당	
	2. 조사	
	3. 문제O (법 29)	(1) 각하(법 29.7, 9) [7호] ① 신청정보의 **등기의무**자의 표시가 등기기록과 일치하지 아니한 경우에는 각하하여야 한다. ② 따라서 먼저 등기의무자의 표시를 일치시키는 등기명의인표시경정등기 또는 상속등기를 하여야 한다. ③ 다만, **소유권 이외의 권리(전세권 · 근저당권 · 가등기 등)에 관한 등기의 말소**를 신청하는 경우에 있어서는 그 등기명의인의 표시에 변경 또는 경정의 사유가 있는 때라도 신청서에 그 변경 또는 경정을 증명하는 서면을

		첨부함으로써 등기명의인의 표시변경 또는 경정의 등기를 생략할 수 있을 것이다. ④ 가등기명의인이 사망한 후에 상속인이 가등기의 말소를 신청하는(공동신청이든 단독신청이든) 경우에도 상속등기를 거칠 필요 없이 신청서에 상속인임을 증명하는 서면과 인감증명서를 첨부하여 가등기의 말소를 신청할 수 있다(예규 1632). [9호] ① 등기에 필요한 **첨부정보를 제공**하지 아니한 경우에는 각하하여야 한다. ② 따라서 등기상 이해관계인의 **승낙서를 제공하지 않은 경우**에는 각하하여야 한다.
4. 문제× (법 48)	일반적 (법 48)	┌ **표제부** ├ **갑구** ├ **을구** └ **등기형식** ① 변경(경정) (법 52, 규칙 112) ② 말소 (법 57, 규칙 116) ③ 회복 (법 59, 규칙 118) **(1) 신청대상 등기** ① 등기를 말소할 때에는 말소의 등기를 한 후 해당 등기를 말소하는 표시를 하여야 한다(규칙 116①). ② 소유권보존등기를 말소한 때에는 등기관은 부동산의 표시등기를 말소하고 그 등기기록 자체를 폐쇄하여야 한다. **(2) 부기등기** ① 말소할 제한물권설정등기에 이전, 변경의 부기등기가 되어 있는 경우(예컨대 근저당권이전등기 등)에는 위 설정등기를 말소하면서 부기등기도 같이 직권으로 주말한다. ③ 다만, **이전등기만을 말소**하는 경우에는 종전의 등기명의인의 표시(예컨대 근저당권자의 표시)는 직권으로 회복한다. **(3) 등기상 이해관계 있는 제3자 등기** ① 등기의 말소를 신청하는 경우에 그 말소에 대하여 등기상 이해관계 있는 제3자가 있을 때에는 제3자의 승낙이 있어야 한다(법 57①). ② 등기상 이해관계 있는 제3자 명의의 등기는 등기관이 직권으로 말소한다(법 57②). ③ 말소할 권리를 목적으로 하는 제3자의 권리에 관한 등기가 있을 때에는 등기기록 중 해당 구에 그 제3자의 권리의 표시를 하고 어느 권리의 등기를 말소함으로 인하여 말소한다는 뜻을 기록하여야 한다(규칙 116②). **(4) 기타** 가등기의 말소등기는 주등기로 하여야 하나, 가

		등기권리자가 지분을 일부 포기하는 등의 사유로 가등기권리의 일부에 말소원인이 있는 경우에는 권리변경등기에 준하여 부기등기의 형식으로 그 일부를 말소할 수 있다(선례 5-589).
	개별적	
5. 완료 후	┌ 등기완료 통지	법 30 (규칙 53) ○
	├ 등기필정보 통지	법 50 (규칙 106~110) ×
	├ 소유변경 통지	법 62 (규칙 120) ×
	└ 과세자료 제공	법 63 (규칙 120) ×
Ⅴ. 처분 이의	법 100 등	

04 절 본등기

<table>
<tr><th></th><th>법</th><th>규칙</th></tr>
<tr><td>조문</td><td>민법 564 (매매의 일방예약)
법 3 (등기할 수 있는 권리 등)
법 88 (가등기의 대상)
법 91 (가등기에 의한 본등기의 순위)
법 92 (가등기에 의하여 보전되는 권리를 침해하는 가등기 이후 등기의 직권말소)</td><td>규칙 146 (가등기에 의한 본등기)
규칙 147 (본등기와 직권말소)
규칙 148 (본등기와 직권말소)
규칙 149 (직권말소한 뜻의 등기)</td></tr>
<tr><td>기출</td><td colspan="2">1. [92 법무] 가등기에 기한 본등기를 설명하라. 50점
2. [07 행시] 등기부상 소유권이전청구권가등기가 되어 있다.
① 위 가등기 후 제3자에게 소유권이 이전된 경우 가등기에 기한 본등기신청의 등기의무자 및 중간처분등기의 처리에 관한 학설과 판례의 입장에 대하여 설명하시오. 25점
② 가등기 후 본등기 전에 압류등기가 있는 경우 그 압류등기의 처리방법에 대하여 설명하시오. 10점
③ 공동가등기권리자가 있는 경우 그중 한 사람만이 자신의 지분에 관하여 가등기에 기한 본등기를 할 수 있는지에 대하여 설명하시오. 10점
④ 가등기권리자가 다른 원인으로 소유권이전등기를 한 경우, 다시 그 가등기에 기한 본등기를 할 수 있는지에 대하여 설명하시오. 5점
3. [16 행시] 가등기에 의한 본등기를 하였을 경우 등기관이 하여야 할 가등기 이후 등기의 처리 35점
4. [19 법무] 소유명의인이 갑(甲)인 X토지에 대하여 을(乙)을 가등기권리자를 하는 소유권이전등기청구권보전을 위한 가등기가 마쳐졌다. 갑(甲)이 사망한 이후 을(乙)이 가등기된 권리 중 2분의 1지분에 대한 본등기를 신청하는 경우의 등기신청절차에 관하여 설명하고, 등기관이 그 신청에 따라 본등기실행 시 병(丙)명의의 전세권설정등기와 정(丁)명의의 근저당권설정등기의 처리 절차에 관하여 설명하시오. 15점</td></tr>
</table>

<table>
<tr><td rowspan="3">Ⅰ. 서설</td><td>1. 의의</td><td>(1) 의의(법 3, 법 88, 법 92 등)
본등기는 가등기를 한 후에 본등기를 할 수 있는 실체법적 요건이 구비된 경우에 가등기 시와 동일한 순위번호로 본등기사항을 기록하는 것을 말한다. 이를 가등기에 의한 본등기라고 한다.
(2) 취지 - 순위확보를 통해 채권자의 권리 보호
(3) 구별개념
① 가등기(예비등기) vs 본등기(종국등기)
② 가등기와 본등기의 검인, 토지거래계약허가, 농지취득자격증명의 첨부여부</td></tr>
<tr><td>2. 요건</td><td></td></tr>
<tr><td>3. 범위</td><td>(1) 물리적 일부만에 대한 본등기(법 29.2) − ×
(2) 지분만에 대한 본등기(법 29.2, 규칙 52.7) − O
1) 단독 가등기권자인 경우
① 자기지분 전부 - ○ (2/2)
② 자기지분 일부 - ○ (1/2)</td></tr>
</table>

2) **공동 가등기권자인 경우(甲 · 乙이 각 1/2씩 준공유하는 경우)**

① 가등기권자 **전원이** 모두 함께 － ○ (4/4)

② 가등기권자 중 **1인이** 자신의 지분 전부 － ○ (2/4)

③ 가등기권자 중 **1인이** 자신의 지분 일부 － ○ (1/4)

④ 가등기권자 중 **1인이 전원을 위하여** － ×

⑤ 공동가등기권자 중 일부의 가등기권자가 자기의 지분만에 관하여 본등기를 신청할 때에는 신청서에 그 뜻을 기재하여야 하고 등기기록에도 그 뜻을 기록하여야 한다.

3) **공동 가등기권자이지만 지분이 기록되어 있지 않은 경우**

① 공동가등기권자의 **지분이 기록되어 있지 아니**한 때에는 그 지분은 균등한 것으로 보아 본등기를 허용하고, 일부의 가등기권자가 **균등하게 산정한 지분과 다른 가등기지분을 주장하여 그 가등기에 의한 본등기를 신청하고자 할 경우**에는 **먼저 가등기지분을 기록하는 의미의 경정등기**를 신청하여야 한다.

② 이 경우 그 경정등기신청은 가등기권자 전원이 공동으로 하여야 하고 등기신청서에는 ⓐ 가등기권자 전원 사이에 작성된 실제의 지분비율을 증명하는 서면과, ⓑ 실제의 지분이 균등하게 산정한 지분보다 적은 가등기권자의 인감증명을 첨부하여야 한다.

4) **공동 가등기권자의 지분을 양도받아 본등기를 하는 경우**

두 사람의 가등기권자 중 **한 사람이 가등기상 권리를 다른 가등기권자에게 양도**한 경우, 양수한 가등기권자 한 사람의 이름으로 본등기를 신청하기 위해서는, **먼저 가등기상 권리의 양도를 원인으로 한 지분이전의 부기등기**를 마쳐야 한다.

(3) 중복 － ○

(4) 농지 － ○

(5) 가등기권자가 별도의 소유권이전등기를 한 경우 다시 본등기를 할 수 있는지 여부(혼동)

동일한 물건에 대한 소유권과 다른 물권이 동일한 사람에게 귀속한 때에는 다른 물권은 소멸한다. 그러나 그 물권이 제3자의 권리의 목적이 된 때에는 소멸하지 아니한다(민법 191①, 507).

1) **원칙 － 혼동으로 소멸하는 경우**

가. 본등기의 허용 여부

가등기권리자가 가등기에 의한 본등기 절차에 의하지 아니하고 별도의 소유권이전등기를 한 경우, 그 가등기 후에 본등기와 저촉되는 중간등기가 없다면 가등기는 혼동으로 실질적으로 소멸하였기 때문에 가등기에 의한 본등기를 할 수 없다. 그리고 이와 같은 소유권이전등기에는 가등기에 의한 본등기와 마찬가지의 순위보전적 효력을 인정할 수 없다.

나. 혼동으로 소멸한 가등기의 말소방법

① 가등기에 의하여 보전된 소유권이전등기청구권의 채권자가 그 채무자를 상속하여 혼동이 발생하였다고 하더라도 혼동을 원인으로 한 말소등기신청이 없는 한 등기관이 그 가등기를 직권으로 말소할 수 없다.

		② 가등기권자가 가등기에 의하지 않고 다른 원인으로 소유권이전등기를 하였을 경우 그 부동산의 소유권이 제3자에게 이전되기 전에는 가등기권자의 단독신청으로 혼동을 등기원인으로 하여 가등기의 말소를 단독으로 신청할 수 있으나, 그 **부동산의 소유권이 제3자에게 이전된 후**에는 통상의 가등기 말소절차에 따라 공동신청으로 말소한다. ③ 가등기권리자인 갑이 가등기에 기한 본등기를 하지 아니하고 별도의 소유권이전등기를 함과 동시에 위 가등기를 혼동을 원인으로 가등기명의인 갑이 자발적으로 말소등기를 하였다면 그 가등기에 대한 말소회복등기는 할 수 없다(선례 3-753). **2) 예외 - 혼동으로 소멸하지 않는 경우(본등기의 허용여부)** ① 소유권이전청구권가등기권자가 가등기에 의한 본등기를 하지 않고 다른 원인에 의한 소유권이전등기를 한 경우 가등기와 별도의 원인으로 이루어진 소유권이전등기 사이에 제3자 명의의 처분제한 등기 등 중간등기가 있는 경우에는, 그 가등기는 혼동으로 소멸하지 않고 유효하게 존속하게 되므로 이때 가등기권리자는 다시 가등기에 의한 본등기를 할 수 있다(선례 5-581). ② 이 경우 등기관은 가등기 후 본등기 전에 이루어진 제3자의 처분제한 등기 등과 함께 가등기권리자 앞으로 마쳐진 종전 소유권이전등기도 직권말소하여야 할 것이다. **(6) 중복 가등기 시 본등기 가능 여부** 동일한 가등기권리자 명의의 소유권이전담보가등기와 소유권이전청구권가등기가 선·후로 각 등기된 다음 후행 소유권이전청구권가등기에 의한 본등기가 마쳐진 후에도 선행 가등기에 기하여 다시 본등기신청을 할 수 있다(선례 6-445). 이와 같은 경우에 후행 가등기에 의한 본등기로 가등기의무자의 소유권이전의무는 그 이행이 완료되었으므로 선행 가등기에 의하여 보전될 소유권이전등기청구권이 소멸되었다고 볼 수는 있으나, 형식적 심사권만 가지고 있는 등기관으로서는 양 가등기의 동일성 여부를 심사할 수 없으므로 선행 가등기가 존재하고 있는 한 이에 기한 본등기를 수리할 수밖에 없기 때문이다.
	4. 효과	**(1) 청구권보전의 가등기** **1) 물권변동효 - O** **2) 순위보전효 - O** **3) 청구권보전효 - O** **(2) 담보가등기** - 경매청구권·우선변제권
II. 개시 (법 22)	**1. 모습**	**(1) 공동신청** 등기는 법률에 다른 규정이 없는 경우에는 등기권리자와 등기의무자가 공동으로 신청한다(법 23①). **(2) 단독신청** **본등기절차의 이행을 명하는 판결**에 의한 등기는 승소한 등기권리자가 단독으로 신청한다(법 23④).

2. 전자 [법 24①2] [규칙 67]

III. 신청절차 — 1. 신청인 [법 23]

(1) 일반적인 경우

(가등기의무자)등기의무자, (가등기권리자 = 가등기명의인)등기권리자가 되어 공동으로 신청한다[법 23①].

(2) 소유권의 이전 후 본등기를 하는 경우

1) 특정승계의 경우

(가등기 당시의 소유자)등기의무자가 된다. 이 경우 제3취득자는 직권말소의 대상이 된다.

왜냐하면, **소유권이전등기청구권가등기**에는 청구권보전의 효력이 인정되기 때문이다.

2) 포괄승계의 경우

(상속인)등기의무자가 되며, 상속등기를 거치지 아니하고 상속증명서면을 제공하여 본등기를 할 수 있다.

甲 소유의 부동산에 대하여 乙 명의의 소유권이전등기청구권의 가등기가 경료되고 그 후 갑이 사망하여 그 상속인 중 1인인 炳 명의로 협의분할에 의한 소유권이전등기를 마쳤을 경우, 가등기에 기한 본등기청구는 병을 상대로 하여야 할 것이다[선례 5-580].

(3) 가등기의 이전 후 본등기를 하는 경우

1) 특정승계의 경우

(가등기 양수인)등기권리자가 된다.

2) 포괄승계의 경우

(상속인)등기권리자가 되며, 상속등기를 거치지 아니하고 상속증명서면을 제공하여 본등기를 할 수 있다.

소유권이전등기청구권 가등기의 권리자가 사망하여 상속인이 그 지위를 승계한 경우에는, 상속인은 상속등기를 하지 않고 상속을 증명하는 서면을 첨부하여 그 가등기에 기한 본등기를 신청할 수 있다. 또한 상속인들 전원이 협의분할에 의하여 소유권이전등기청구권을 1인이 상속받기로 한 경우에도, 그 상속인은 마찬가지로 상속을 증명하는 서면 및 분할협의서 등을 첨부하여 상속등기를 하지 않고 가등기에 기한 본등기를 할 수 있을 것이다[선례 5-577].

		특정승계		포괄승계	
┌ 의 가등기 의무자	[소유권 이전] (∵ 처분금지효×)	가등기 당시 ⓢ (∵ 청구권 보전효 ○)	甲 — A ↓ 乙	상속등기	甲 — A ↓ 甲′
└ 권 가등기 권리자	[가등기 이전] (∵ 재산성○)	양수인	甲 — A ↓ B	상속등기	甲 — A ↓ A′

구분		항목	내용
2. 신청정보 (규칙 43)	일반적 (규칙 43)	신청서 표제	
		부동산 표시	
		등기원인 (연월일)	일반 : "○년 ○월 ○일 매매" (매매예약완결의 의사표시를 한 날) 판결 : "○년 ○월 ○일 확정판결"(판결선고일) ① 등기원인은 "매매"으로 기재하되, 그 연월일은 매매예약완결의 의사표시를 한 날을 기재한다. ② 판결에 따른 본등기의 경우 주문에 매매예약 완결일자가 기재된 경우 – 그 일자를 등기원인 및 연월일로 제공한다. 판결주문에 매매예약 완결일자가 기재되어 있지 아니한 경우 – 등기원인은 "확정판결"으로 기재하되, 그 연월일은 판결선고일을 기재한다.
		등기목적	"소유권이전"
	개별적 (규칙 145)	가등기의 표시	"○년 ○월 ○일 접수 제○○○호로 등기된 순위 ○번 소유권이전청구권가등기" ↳ 본등기될 가등기를 특정하여 가등기에 의한 본등기라는 취지를 기재한다.
		본등기할 지분	"○분의 ○" ↳ 가등기된 권리 중 일부 지분에 대한 본등기를 하는 경우 본등기될 지분을 기재한다.
		신청인	"○분의 ○" ↳ 본등기권리자가 수인인 경우 지분을 기재한다.
3. 첨부정보 (규칙 46)	일반적 (규칙 46)	등기원인 관련	(1) 등기원인증명(규칙 46①1) ① 매매계약서, 설정계약서, 변경계약서 등 그러나 형식상 매매예약을 등기원인으로 하여 가등기가 되어 있으나, 실제로는 매매예약완결권을 행사할 필요 없이 가등기권리자가 요구하면 언제든지 본등기를 하여 주기로 약정한 경우에는, 매매예약완결권을 행사하지 않고서도 본등기를 신청할 수 있으며, 이때에는 별도로 매매계약서를 제출할 필요가 없다. ② 판결정본 및 확정증명 (2) 등기원인 – (허)(동)(송) 등(규칙 46①2, 규칙 46③)

1) 검인 (계약서 · 판결서)	○	(∵ 소유권 종국적 취득 o)
2) (부)거래계약 신고필증	○	(∵ 소유권 종국적 취득 o)
매매목록	○	(부동산이 수 개인 경우 / 수인과 수인의 거래)

├ 3) 토지거래계약허가	△	(단, 가등기 시 제공한 경우 不要)
└ 4) 농지취득자격증명	○	(∵ 소유권 종국적 취득 o)

├ 의무자 관련

(1) **등기필정보**(법 50②, 규칙 43①7) – O
가등기에 의한 본등기를 신청할 때에는 가등기권자가 가지는 가등기의 등기필정보가 아닌 등기의무자가 가지는 등기의무자의 권리에 관한 등기필정보를 신청정보의 내용으로 등기소에 제공하여야 한다.

(2) **인감증명**(규칙 60, 규칙 61①) – O
(단, 매매로 인한 본등기인 경우 매도용인감)

(3) **주소증명**(규칙 46①6) – O
(소유권이전의 경우)

├ 권리자 관련

(1) **세금영수증**(법 29.10) – O
(2) **주소증명**(규칙 46①6) – O
(3) **번호증명**(규칙 46①6, 법 49) – O

└ 부동산 관련

(1) **대장, 그 밖의 정보**(규칙 46①7) – O
(2) **지적도·도면**

개별적

Ⅳ. 실행절차

1. 접수·배당

2. 조사

2012.11.15. 매매예약을 체결하고 소유권이전청구권가등기를 마친 뒤 2013.11.15. 예약완결권을 행사한 경우 2023.7. 현재 가등기에 의한 본등기의 가부 (선례 제202309-9호)

① 2012.11.15. 매매예약을 체결하고 소유권이전청구권가등기를 마친 후 2013.11.15. 가등기 권리자가 예약완결권을 행사하고 2023.7. 가등기에 의한 본등기를 신청하는 경우, 예약완결권은 '매매완결의 의사를 표시'함으로써 행사하는 것이므로, 다른 특별한 사정이 없는 한, 2013.11.15. 매매완결의 의사를 표시함으로써 매매계약이 성립한 것으로 보아야 한다.

② 2013.11.15. 위 예약완결권의 행사로 인하여 발생하게 되는 소유권이전등기청구권이 2023.7. 현재 소멸시효기간이 도과하지 아니하였음은 역수상 명백하고, 가사 소유권이전등기청구권 발생 시로부터 10년이 경과하였다 할지라도 소유권이전등기신청을 할 수 있다고 할 것이다.

③ 따라서 2013.11.15. 예약완결의 의사를 표시하여 매매의 효력이 발생하였음을 소명하는 자료로 위 일자가 계약일자로 기재된 매매계약서가 제출된 이상, 등기관이 매매예약일인 2012.11.15.로부터 10년의 제척기간이 도과되었음을 이유로 위 가등기에 의한 본등기신청을 각하할 수는 없다.

<table>
<tr><td rowspan="1">3. 문제○
[법 29]</td><td colspan="2">

(1) 판결에 의한 본등기 시의 심사

1) 원칙 - 주문

판결에 의한 등기를 하는 경우 등기관은 원칙적으로 판결 주문에 나타난 등기권리자와 등기의무자 및 이행의 대상인 등기의 내용이 등기신청서와 부합하는지를 심사하는 것으로 족하다.

2) 예외 - 이유

소유권이전등기가 가등기에 기한 본등기인지를 가리기 위하여 판결이유를 보는 경우에는 예외적으로 등기관이 판결 이유를 고려하여 신청에 대한 심사를 하여야 한다.

(2) 판결주문에 가등기에 의한 본등기라는 취지의 기재가 없는 경우

판결의 주문에 피고에게 소유권이전청구권가등기에 의한 본등기 절차의 이행을 명하지 않고 **매매로 인한 소유권이전등기 절차의 이행을 명한 경우**라도, 판결이유에 의하여 피고의 소유권이전등기 절차의 이행이 가등기에 의한 본등기 절차의 이행임이 명백한 때에는, 그 판결을 원인증서로 하여 가등기에 의한 본등기를 신청할 수 있다.

(3) 등기부상의 가등기원인일자와 본등기를 명한 판결주문의 가등기원인일자가 서로 다른 경우

매매를 원인으로 한 가등기가 되어 있는 경우, 그 **가등기의 원인일자와 판결주문에 나타난 원인일자가 다르다 하더라도** 판결이유에 의하여 매매의 동일성이 인정된다면 그 판결에 의하여 가등기에 의한 본등기를 신청할 수 있다.

</td></tr>
<tr><td rowspan="2">4. 문제×
[법 48]</td><td>일반적
[법 48]

┌ 표제부
├ 갑구
├ 을구
└ 등기형식</td><td>① 가등기에 의한 본등기를 한 경우 본등기의 순위는 가등기의 순위에 따른다[법 91].
② 등기를 한 후 본등기의 신청이 있을 때에는 가등기의 순위번호를 사용하여 본등기를 하여야 한다[규칙 146]. 본등기의 순위번호가 새로 부여되지 않는다.
③ 따라서 본등기 후 가등기를 별도로 말소하지 않는다.
④ 또한 가등기의 순위번호를 사용하므로 가등기에 저촉되는 등기는 직권으로 말소하며 사후에 통지한다.</td></tr>
<tr><td>개별적</td><td></td></tr>
<tr><td>5. 완료 후</td><td colspan="2">┌ 등기완료 통지 법 30 [규칙 53] ○
├ 등기필정보 통지 법 50 [규칙 106~110] ○
├ 소유변경 통지 법 62 [규칙 120] ×
└ 과세자료 제공 법 63 [규칙 120] ○ (소유권이전등기청구권가등기)</td></tr>
</table>

05 절 본등기 침해등기 - 직권말소

	법	규칙
조문	민법 564 (매매의 일방예약) 법 3 (등기할 수 있는 권리 등) 법 88 (가등기의 대상) 법 91 (가등기에 의한 본등기의 순위) 법 92 (가등기에 의하여 보전되는 권리를 침해하는 가등기 이후 등기의 직권말소)	규칙 146 (가등기에 의한 본등기) 규칙 147 (본등기와 직권말소) 규칙 148 (본등기와 직권말소) 규칙 149 (직권말소한 뜻의 등기)

법 제92조(가등기에 의하여 보전되는 권리를 침해하는 가등기 이후 등기의 직권말소)

① 등기관은 가등기에 의한 본등기를 하였을 때에는 대법원규칙으로 정하는 바에 따라 가등기 이후에 된 등기로서 **가등기에 의하여 보전되는 권리를 침해하는 등기**를 직권으로 말소하여야 한다.

② 등기관이 제1항에 따라 **가등기 이후의 등기를 말소하였을 때**에는 지체 없이 그 사실을 말소된 권리의 등기명의인에게 통지하여야 한다.

규칙 제147조(본등기와 직권말소)

① 등기관이 **소유권이전등기청구권보전 가등기**에 의하여 **소유권이전의 본등기**를 한 경우에는 법 제92조 제1항에 따라 가등기 후 본등기 전에 마쳐진 등기 중 다음 각 호의 등기를 제외하고는 모두 **직권**으로 **말소**한다.

1. 해당 **가등기상 권리를 목적**으로 하는 가압류등기나 가처분등기
2. **가등기 전에 마쳐진** 가압류에 의한 강제경매개시결정등기
3. **가등기 전에 마쳐진** 담보가등기, 전세권 및 저당권에 의한 임의경매개시결정등기
4. 가등기권자에게 **대항할 수 있는** 주택임차권등기, 주택임차권설정등기, 상가건물임차권등기, 상가건물임차권설정등기(이하 "주택임차권등기 등"이라 한다)

② 등기관이 제1항과 같은 본등기를 한 경우 그 가등기 후 본등기 전에 마쳐진 **체납처분으로 인한 압류등기**에 대하여는 직권말소대상통지를 한 후 이의신청이 있으면 대법원예규로 정하는 바에 따라 직권말소 여부를 결정한다.

규칙 제148조(본등기와 직권말소)

① 등기관이 **지상권, 전세권 또는 임차권의 설정등기청구권보전 가등기**에 의하여 **지상권, 전세권 또는 임차권의 설정의 본등기**를 한 경우 가등기 후 본등기 전에 마쳐진 다음 각 호의 등기(동일한 부분에 마쳐진 등기로 한정한다)는 법 제92조 제1항에 따라 **직권**으로 **말소**한다.

1. 지상권설정등기
2. 지역권설정등기
3. 전세권설정등기
4. 임차권설정등기
5. 주택임차권등기 등

다만, 가등기권자에게 **대항할 수 있는** 임차인 명의의 등기는 그러하지 아니하다. 이 경우 가등기에 의한 본등기의 신청을 하려면 먼저 대항력 있는 주택임차권등기 등을 말소하여야 한다.

② 지상권, 전세권 또는 임차권의 설정등기청구권보전 가등기에 의하여 지상권, 전세권 또는 임차권의 설정의 본등기를 한 경우 가등기 후 본등기 전에 마쳐진 다음 각 호의 등기는 직권말소의 대상이 되지 아니한다.

1. **소유권**이전등기 및 소유권이전등기청구권보전 가등기

2. **가압류** 및 **가처분** 등 처분제한의 등기
3. **체납처분으로 인한 압류**등기
4. **저당권**설정등기
5. **가등기가 되어 있지 않은 부분**에 대한 지상권, 지역권, 전세권 또는 임차권의 설정등기와 주택임차권등기 등

③ **저당권설정등기청구권보전 가등기**에 의하여 **저당권설정의 본등기**를 한 경우 가등기 후 본등기 전에 마쳐진 등기는 직권말소의 대상이 되지 아니한다.

1. 서설(법 91, 법 92, 규칙 147, 규칙 148, 규칙 149)

① 가등기는 처분금지의 효력이 없으므로 가등기의무자는 얼마든지 가등기와 모순되는 처분행위를 할 수 있다.

② 그러나 본등기를 하게 되면 가등기의 순위보전의 효력(법 91)에 의해 중간등기는 그 효력을 상실하게 된다.

③ 따라서 가등기 후 본등기 전의 제3취득자의 등기는 '사건이 등기할 것이 아닌 때'에 해당하므로(법 29.2), 등기관은 직권말소하여야 한다.

④ 다만, 통상적인 법 제29조 제2호 간과등기의 직권말소절차는 사전통지를 하게 되지만, 본등기에 의한 직권말소등기는 사후통지를 하게 되는 점에 주의한다.

2. 요건

3. 적용범위

(1) 소유권이전의 본등기 – 목적 가등기 당시의 권리 그대로 취득

직권말소 – O 가등기 당시의 권리 그대로 취득	**직권말소 – ×**
규칙 제147조의 예외규정 제외한 모든 등기	규칙 제147조에 규정된 등기
① 소유권이전등기 · 용익물권등기 · 담보물권등기 등	① 해당 **가등기상 권리를 목적**으로 하는 가압류 · 가처분등기 ② **가등기 전에 마쳐진** 가압류에 의한 강제경매개시결정등기 ③ **가등기 전에 마쳐진** 담보가등기, 전세권 및 저당권에 의한 임의경매개시결정등기 ④ 가등기권자에게 **대항할 수 있는** 주택임차권등기, 주택임차권설정등기, 상가건물임차권등기, 상가건물임차권설정등기(이하 "주택임차권등기 등"이라 한다) ⑤ 해당 가등기

1. 체납처분으로 인한 압류등기

직권말소대상통지를 한 후 이의신청이 있으면 대법원예규로 정하는 바에 따라 직권말소 여부를 결정한다.

2. 소유권일부이전의 본등기를 한 경우(일부말소의미의 경정등기 논점)

① 가등기 후의 용익권은 모두 직권말소한다(용익권은 지분에 대하여는 존속할 수 없는 권리이므로).

② 가등기 후의 저당권 · 가압류 · 가처분 등은 일부말소 의미의 직권경정 또는 직권말소등기를 한다.
(담보권, 가압류, 가처분등기 등은 지분에 대하여는 존속할 수 있는 권리이므로)

(2) 지상권, 전세권 또는 임차권의 설정의 본등기 – 목적 가등기부분 배타적 사용·수익

직권말소 – O 용익물권의 배타성 침해되는 등기		직권말소 – × 용익물권의 배타성 침해 없는 등기	
		소유권 변동초래 (규칙 148②)	1. 소유권이전등기 및 소유권이전등기청구권 보전 가등기 2. 가압류 및 가처분 등 처분제한의 등기 3. 체납처분으로 인한 압류등기 4. 저당권설정등기
[용익권] 가등기가 마쳐진 부분 (규칙 148①)	1. 지상권설정등기 2. 지역권설정등기 3. 전세권설정등기 4. 임차권설정등기 5. 주택임차권등기 등 다만, 가등기권자에게 대항할 수 있는 임차인 명의의 등기는 그러하지 아니하다. 이 경우 가등기에 의한 본등기의 신청을 하려면 먼저 대항력 있는 주택임차권등기 등을 말소하여야 한다.	**[용익권] 가등기가 마쳐지지 않은 부분** (규칙 148②)	5. 가등기가 되어 있지 않은 부분에 대한 지상권, 지역권, 전세권 또는 임차권의 설정등기와 주택임차권등기 등

(3) (근)저당권설정의 본등기 – 목적 우선변제 순위확보

직권말소 – O	직권말소 – ×
	우선변제를 받기 위해 순위확보하는 것이 주 목적인바 가등기의 순위로 소급하므로 자신의 권리에 침해가 없음
	모든 등기 직권말소하지 않는다(규칙 148②).

06 절 가처분

	법	규칙
조문	민사집행법 300 (가처분의 목적) 민사집행법 305 (가처분의 방법) 민사집행법 301 (가압류절차의 준용) 민사집행법 293 (부동산가압류집행) 법 94 (가처분등기 이후의 등기 등의 말소) 법 95 (가처분에 따른 소유권 외의 권리 설정등기)	규칙 151 (가처분등기) 규칙 152 (가처분등기 이후의 등기의 말소) 규칙 153 (가처분등기 이후의 등기의 말소) 규칙 154 (가처분등기 이후의 등기의 말소신청)
기출	1. [17 법무] 피상속인 소유 명의의 부동산에 대하여 상속인을 등기의무자로 한 처분금지가처분등기가 촉탁된 경우 촉탁에 따른 가처분등기를 할 수 있는가? 7점	

Ⅰ. 서설

1. 의의

민사집행법 제300조(가처분의 목적)
① 다툼의 대상에 관한 가처분은 현상이 바뀌면 당사자가 권리를 실행하지 못하거나 이를 실행하는 것이 매우 곤란할 염려가 있을 경우에 한다.

민사집행법 제305조(가처분의 방법)
② 가처분으로 보관인을 정하거나, 상대방에게 어떠한 행위를 하거나 하지 말도록, 또는 급여를 지급하도록 명할 수 있다.
③ 가처분으로 부동산의 양도나 저당을 금지한 때에는 법원은 제293조의 규정을 준용하여 등기부에 그 금지한 사실을 기입하게 하여야 한다.

민사집행법 제301조(가압류절차의 준용)
가처분절차에는 가압류절차에 관한 규정을 준용한다.

민사집행법 제293조(부동산가압류집행)
① 부동산에 대한 가압류의 집행은 가압류재판에 관한 사항을 등기부에 기입하여야 한다.
③ 가압류등기는 법원사무관 등이 촉탁한다.

(1) 의의[민사집행법 300, 동법 305]
① **가처분은** 금전채권 이외의 권리 또는 법률관계에 대한 확정판결의 강제집행을 보전하기 위한 집행보전제도이다.
② **처분금지 가처분등기는** 가처분으로 일정한 사항을 금지한 경우 부동산에 가처분재판에 관한 사항을 기재하는 등기이다.

(2) 취지 – 처분금지를 통해 채권자의 권리 보호

(3) 구별개념 – 가압류 vs 가처분

2. 요건

3. 범위

(1) 부동산

① 미등기부동산 – ○ (先 직권보존등기)

② 대지권등기를 한 구분건물 – ○ (단, 전유부분 또는 대지권의 일방에는 불가함)

③ 상속등기 되지 않은 부동산에 대하여 상속인을 상대로 가처분결정이 있는 경우

㉠ 피상속인과 원인행위가 있었던 경우 – 대위상속을 거치지 않고 바로 가처분 기입등기

㉡ 상속인과 원인행위가 있었던 경우 – 대위상속을 거친 후 가처분 기입등기

> 가처분권리자가 피상속인과의 원인행위에 의한 권리의 이전·설정의 등기청구권을 보전하기 위하여 상속인들을 상대로 처분금지가처분신청을 하여 집행법원이 이를 인용하고, 피상속인 소유 명의의 부동산에 관하여 상속관계를 표시하여(등기의무자를 '망 ○○○의 상속인 ○○○' 등으로 표시함) 가처분기입등기를 촉탁한 경우에는 상속등기를 거침이 없이 가처분기입등기를 할 수 있다.

(2) 물리적 일부(법 29.2) **– ×** (먼저, 대장상 분할등록 및 등기부상 분필등기 요함)

① 등기부상 1필지 토지의 특정된 일부분에 대한 처분금지가처분등기는 할 수 없다.

② 따라서 부동산의 특정 일부에 대한 가처분결정이 있는 경우에는 채권자가 가처분결정을 대위원인으로 하여 분할등기를 한 후에 가처분등기를 할 수 있다.

③ 다만 1필지 토지의 특정 일부분에 관한 소유권이전등기청구권을 보전하기 위하여 바로 분할등기가 될 수 있다는 등 특별한 사정이 없으면 그 1필지 토지 전부에 대한 처분금지가처분결정에 기한 등기촉탁에 의하여 그 1필지 토지 전부에 대한 처분금지가처분등기를 할 수밖에 없다(예규 75다90).

(3) 권리

① **가등기된 청구권** – ○ (부기등기)

가등기상의 권리 자체의 처분을 금지하는 가처분은 등기사항이라고 할 것이나, 가등기에 기한 본등기를 금지하는 내용의 가처분은 가등기상의 권리 자체의 처분의 제한에 해당하지 아니하므로 그러한 본등기를 금지하는 내용의 가처분등기는 수리하여서는 아니 된다.

> 가등기권리 처분 금지 가처분 – ○
> 가등기권리 행사 금지 가처분 – ×
> 본등기 금지 가처분 – ×

(4) 지분

① 공유지분 – ○ (공유물 전부 – ○)

② 합유지분 – × (합유물 전부 – ○)

(5) 허무인을 상대로 한 가처분

① 등기명의인이 실체가 없는 자, 즉 허무인인 경우에는 신청에 의하여 등기를 말소하기 어렵고, 그렇다고 직권말소사유에 해당하지도 않으므로 판결에 의하여 그 등기를 말소할 수밖에 없는 경우가 많다. 그런데 허무인 명의의 등기를 말소하고자 할 때 누구를 당사자로 한 판결을 얻어야 하는지가 문제된다.

		② 등기부상 진실한 소유자의 소유권에 방해가 되는 불실등기가 존재하는 경우에 그 등기명의인이 허무인 또는 실체가 없는 단체인 때에는 소유자는 그와 같은 허무인 또는 실체가 없는 단체 명의로 실제 등기행위를 한 사람에 대하여 소유권에 기한 방해배제로서 등기행위자를 표상하는 허무인 또는 실체가 없는 단체 명의 등기의 말소를 구할 수 있다. 또한, 소유자는 이와 같은 말소청구권을 보전하기 위하여 실제 등기행위를 한 사람을 상대로 처분금지가처분을 할 수도 있다[대결 2008.7.11, 2008마615]. ③ 이 경우 가처분결정의 채무자와 등기기록상의 등기의무자가 형식적으로 불일치하더라도 등기관은 그 가처분등기의 촉탁을 수리하여야 한다.
	4. 효과	**(1) 처분금지적 효력** ① **가처분이 등기**되면 가처분의 내용에 위배하여 양도, 담보권설정 등의 처분행위를 금지하는 효력이 생긴다. 이는 채권자가 그 처분행위의 효력을 부정할 수 있는 것이며 무효로 할 수 있다는 것이다. ② 따라서 가처분채권자는 위 처분행위의 효력을 부정하여 판결을 받아 말소신청할 수 있다. **(2) 상대적 무효** ① 가처분의 효력은 상대적 효력에 그치는데, 그 처분행위가 절대적으로 무효가 된다는 것이 아니라 채무자와 제3자 사이에서는 거래행위가 여전히 유효하고, 단지 그것을 가처분채권자에게 대항할 수 없을 뿐이다. ② **가처분**결정에 의하여 매매 기타의 처분행위가 금지된 **부동산을 그 소유자로부터 매수**한 제3자는 그 소유권취득의 효력을 가처분채권자에게 대항할 수 없으나 그 후 그 **가처분의 등기가 적법하게 말소**된 경우에는 그 후 그 소유권취득의 효력을 대항할 수 있다[대판 1968.9.30, 68다1117].
II. 개시 [법 22]	1. 모습	(1) 신청
		(2) 촉탁 ① **등기는** 당사자의 신청 또는 관공서의 촉탁에 따라 하며, 촉탁에 따른 등기절차는 법률에 다른 규정이 없는 경우에는 신청에 따른 등기에 관한 규정을 준용한다[법 22①②]. ② 부동산에 대한 가압류의 집행은 가압류재판에 관한 사항을 등기부에 기입하여야 하며, 가압류등기는 법원사무관 등이 촉탁한다[민사집행법 293①③]. ③ 가처분절차에는 가압류절차에 관한 규정을 준용한다[민사집행법 301]. ④ 따라서 **가처분등기**는 법원사무관 등이 촉탁한다.
	2. 전자 [법 24①2] [규칙 67]	
III. 신청 절차	1. 촉탁인 [법 23]	가처분등기는 법원사무관 등이 촉탁한다.
	2. 촉탁 정보 [규칙 43]	(1) 가처분등기 촉탁서에는 아래의 사항을 기재한다. ① 부동산의 표시, ② 사건번호와 사건명, ③ 피보전권리, ④ 채권자의 성명·주소·번호, ⑤ 채무자의 성명·주소, ⑥ 등기원인 및 그 일자 **[“○년 ○월 ○일 가처분결정”]**

	3. 첨부정보 (규칙 46)		① 가처분결정정본 ② 미등기 부동산의 경우 • 부동산의 표시를 증명하는 서면 – ○ • 채무자의 소유를 증명하는 서면 – × • 채무자의 성명 · 주소 · 번호를 증명하는 서면 – ○ (직권으로 소유권보존 시 등기명의인을 기입하기 위하여)
Ⅳ. 실행절차	**1. 접수 · 배당**		
	2. 조사		
	3. 문제○ (법 29)		
	4. 문제× (법 48)	**일반적** (법 48)	┌ 표제부 ├ 갑구 **"피보전권리 소유권이전등기청구권"** ├ 을구 **"금지사항 양도, 담보권설정 기타 일체의 처분행위의 금지"** ① 등기관이 가처분등기를 할 때에는 가처분의 피보전권리와 금지사항을 기록하여야 한다(규칙 151①). ② 가처분의 피보전권리가 **소유권 이외의 권리설정등기청구권**으로서 소유명의인을 가처분채무자로 하는 경우에는 그 가처분등기를 등기기록 중 갑구에 한다(규칙 151②). ③ 가처분의 피보전권리가 **소유권 이외의 권리이전등기청구권**인 경우에는 그 가처분등기를 등기기록 중 을구에 한다. ④ 가처분채권자 명의의 소유권 외의 권리 설정등기를 할 때에는 그 등기가 가처분에 기초한 것이라는 뜻을 기록하여야 한다(법 95). ⑤ 가처분채권자가 다수인 경우 채권자 전원을 기록한다. ⑥ 채권자가 선정당사자인 경우에도 채권자 전원을 기록한다. ⑦ **법원의 촉탁**에 의하여 가압류등기, 가처분등기, 주택임차권등기 및 상가건물임차권등기가 등기된 후 등기명의인의 주소, 성명 및 주민등록번호의 변경으로 인한 **등기명의인표시변경등기**는 등기명의인이 단독으로 신청할 수 있다(예규 1064). └ 등기형식 ① **소유권**에 대한 가처분은 주등기로 한다. (예컨대 소유권이전등기청구권, 근저당권설정등기청구권) ② **소유권 외의 권리**에 대한 가처분은 부기등기로 한다. (예컨대 근저당권이전등기청구권)
		개별적	
	5. 완료 후		┌ 등기완료 통지 법 30 (규칙 53) ○ ├ 등기필정보 통지 법 50 (규칙 106~110) × ├ 소유변경 통지 법 62 (규칙 120) × └ 과세자료 제공 법 63 (규칙 120) ×

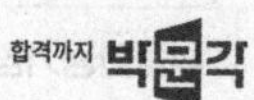

구분	내용
V. 처분 이의	법 100 등
VI. 말소 절차	원칙 : [가처분만을 말소] 예외 : [다른 등기의 부속절차로서의 말소] ① 경매 소이등 — 법원 — 촉탁말소(예 가처분취소결정 / 가처분 해제 조정성립) ② 판결 소이등 ┌ 침해 가처분 — 신청말소 ┐ 집행법원 등 통지 　　　　　　　└ 당해 가처분 — 직권말소 ┘ ③ 등이관 승낙 ┐ ④ 수용 소이등 ├ 직권말소 ⑤ 가 → 본 ┘

07 절 가처분 침해등기 - 신청말소

	법	규칙
조문	민사집행법 300 (가처분의 목적) 민사집행법 301 (가압류절차의 준용) 민사집행법 305 (가처분의 방법) 법 94 (가처분등기 이후의 등기 등의 말소)	규칙 151 (가처분등기) 규칙 152 (가처분등기 이후의 등기의 말소) 규칙 153 (가처분등기 이후의 등기의 말소) 규칙 154 (가처분등기 이후의 등기의 말소신청)
기출	1. [12 행시] 민사집행법 제305조 제3항에 따라 처분금지가처분등기가 마쳐진 후 그 가처분채권자가 가처분채무자를 상대로 한 승소판결을 첨부하여 등기신청할 경우의 등기절차와 관련하여 설명하시오. 50점 2. [17 법무] ① 부동산의 처분금지가처분채권자가 본안사건에서 승소하여 그 확정판결의 정본을 첨부해 **소유권이전등기 또는 소유권이전등기의 말소등기**를 신청하는 경우 당해 가처분등기 이후에 마쳐진 **제3자 명의의 등기의 말소등기 절차**에 관하여 설명하시오. 25점 ② **제한물권 또는 임차권 등 소유권 이외의 권리의 설정등기청구권**을 보전하기 위한 처분금지**가처분채권자**가 가처분의 본안사건에서 승소하여 그 확정판결의 정본을 첨부해 그 가처분에 기하여 보전하여야 할 소유권 이외의 권리의 설정등기를 신청하는 경우 당해 가처분등기 이후에 마쳐진 **제3자 명의의 등기의 처리 절차**에 관하여 설명하시오. 18점 3. [20 행시] **乙과 丙은** X토지를 甲으로부터 **공동으로 매수하여 소유권이전등기**를 마쳤다. 그 후 甲의 **채권자** A는 매매계약이 사해행위임을 이유로 **소유권이전등기의 말소등기청구권**을 피보전권리로 하는 처분금지가처분등기를 마쳤다. A명의의 **가처분등기 이후**에 乙과 丙을 등기의무자로 하여, **丁을 근저당권자로 하는 근저당권설정등기**와 **P세무서 명의의 체납처분을 원인으로 한 압류등기**가 마쳐졌다. 가처분채권자 A가 본안소송에서 승소확정판결을 받아 소유권이전등기의 말소등기를 신청하고자 하는 경우 가처분에 저촉되는 **제3자 명의의 등기의 처리 절차**에 대하여 설명하시오. 15점 4. [21 법무] 가압류(丙), 피보전권리를 소유권이전등기 말소청구권으로 하는 처분금지 가처분(甲), 丙 명의의 가압류에 의한 강제경매개시결정 등기가 순차로 이루어진 乙 소유 명의의 부동산에 관하여 가처분 채권자(甲)가 본안소송에서 승소하여 그 확정판결의 정본을 첨부하여 소유권이전등기말소등기를 신청하는 경우 등기절차를 설명하시오. 10점	

법 제94조(가처분등기 이후의 등기 등의 말소)

① 민사집행법 제305조 제3항에 따라 권리의 이전, 말소 또는 설정등기청구권을 보전하기 위한 처분금지가처분등기가 된 후 가처분채권자가 가처분채무자를 등기의무자로 하여 권리의 이전, 말소 또는 설정의 등기를 신청하는 경우에는, 대법원규칙으로 정하는 바에 따라 그 가처분등기 이후에 된 등기로서 **가처분채권자의 권리를 침해하는 등기**의 말소를 단독으로 신청할 수 있다.

② 등기관이 제1항의 신청에 따라 가처분등기 이후의 등기를 말소할 때에는 직권으로 그 **가처분등기**도 말소하여야 한다. 가처분등기 이후의 등기가 없는 경우로서 가처분채무자를 등기의무자로 하는 권리의 이전, 말소 또는 설정의 등기만을 할 때에도 또한 같다.

③ 등기관이 제1항의 신청에 따라 **가처분등기 이후의 등기를 말소하였을 때**에는 지체 없이 그 사실을 말소된 권리의 등기명의인에게 통지하여야 한다.

규칙 제152조(가처분등기 이후의 등기의 말소)

① 소유권이전등기청구권 또는 소유권이전등기말소등기(소유권보존등기말소등기를 포함한다. 이하 이 조에서 같다)청구권을 보전하기 위한 가처분등기가 마쳐진 후 그 가처분채권자가 가처분채무자를 등기의무자로 하여 소유권이전등기 또는 소유권말소등기를 신청하는 경우에는, 법 제94조 제1항에 따라 가처분등기 이후에 마쳐진 제3자 명의의 등기의 말소를 단독으로 신청할 수 있다. 다만, 다음 각 호의 등기는 그러하지 아니하다.

1. 가처분등기 전에 마쳐진 가압류에 의한 강제경매개시결정등기
2. 가처분등기 전에 마쳐진 담보가등기, 전세권 및 저당권에 의한 임의경매개시결정등기
3. 가처분채권자에게 대항할 수 있는 주택임차권등기 등

② 가처분채권자가 제1항에 따른 소유권이전등기말소등기를 신청하기 위하여는 제1항 단서 각 호의 권리자의 승낙이나 이에 대항할 수 있는 재판이 있음을 증명하는 정보를 첨부정보로서 등기소에 제공하여야 한다.

규칙 제153조(가처분등기 이후의 등기의 말소)

① 지상권, 전세권 또는 임차권의 설정등기청구권을 보전하기 위한 가처분등기가 마쳐진 후 그 가처분채권자가 가처분채무자를 등기의무자로 하여 지상권, 전세권 또는 임차권의 설정등기를 신청하는 경우에는, 그 가처분등기 이후에 마쳐진 제3자 명의의 지상권, 지역권, 전세권 또는 임차권의 설정등기(동일한 부분에 마쳐진 등기로 한정한다)의 말소를 단독으로 신청할 수 있다.

② 저당권설정등기청구권을 보전하기 위한 가처분등기가 마쳐진 후 그 가처분채권자가 가처분채무자를 등기의무자로 하여 저당권설정등기를 신청하는 경우에는 그 가처분등기 이후에 마쳐진 제3자 명의의 등기라 하더라도 그 말소를 신청할 수 없다.

규칙 제154조(가처분등기 이후의 등기의 말소신청)

제152조 및 제153조 제1항에 따라 가처분등기 이후의 등기의 말소를 신청하는 경우에는 등기원인을 "가처분에 의한 실효"라고 하여야 한다. 이 경우 제43조 제1항 제5호에도 불구하고 그 연월일은 신청정보의 내용으로 등기소에 제공할 필요가 없다.

1. 서설(법 94, 규칙 152 등)

① 가처분등기는 처분금지적 효력이 있으나 가처분 위반행위의 효력을 부정할 수 있는 시기는 본안소송에서 승소확정판결을 받거나 이에 준하는 경우이므로, 권리가 본안에서 확정되기 전까지 채무자는 얼마든지 가처분에 저촉되는 처분행위를 할 수 있다.

② 그러나 판결 등에 따라 피보전권리를 실현하는 등기를 하게 되면 가처분을 침해하는 등기는 상대적으로 효력을 상실하게 된다.

③ 따라서 가처분채권자는 권리실현의 등기를 할 때에 저촉되는 등기의 말소등기신청도 함께 하여야 한다.

2. 피보전권리가 소유권이전등기청구권인 경우(법 94, 규칙 152 등)

(1) 원칙 - 신청말소○

1) 가처분등기 후에 제3자 명의의 소유권이전등기가 등기된 경우

가처분채권자가 본안사건에서 승소하여 소유권이전등기를 신청하는 경우, 그 가처분등기 이후에 **제3자 명의의 소유권이전등기가 경료**되어 있을 때에는

① 소유권이전등기신청과
② 가처분등기 이후에 등기된 제3자 명의의 소유권이전등기의 말소등기신청도 함께 단독으로
③ 반드시 동시에 하여
④ 그 가처분등기 이후의 소유권이전등기를 말소하고 가처분채권자의 소유권이전등기를 하여야 한다.

⑤ 가처분채권자가 그 가처분에 기한 소유권이전등기만 신청하고 가처분등기 이후에 등기된 제3자 명의의 소유권이전등기를 동시에 신청하지 않은 경우에는 수리할 수 없다.

2) 가처분등기 후에 제3자 명의의 소유권이전 외의 등기가 등기된 경우

그 가처분등기 이후에 **제3자 명의**의 소유권이전등기를 제외한 **가등기, 소유권 이외의 권리에 관한 등기, 가압류등기, 국세체납에 의한 압류등기, 경매개시결정등기 및 처분금지가처분등기 등이 경료**되어 있을 때에는

① **소유권이전등기**신청과

② 가처분등기 이후에 등기된 **제3자 명의의 등기**의 **말소등기**신청도 함께 단독으로

③ 동시에 하여

④ 그 가처분등기 이후의 등기를 말소하고 가처분채권자의 소유권이전등기를 하여야 한다.

⑤ 가처분채권자가 그 가처분에 기한 소유권이전등기만 신청하고 가처분등기 이후에 등기된 제3자 명의의 소유권 이외의 등기의 말소를 동시에 신청하지 아니하였다면 그 소유권이전등기가 가처분에 기한 소유권이전등기였다는 소명자료를 첨부하여 다시 가처분등기 이후에 등기된 제3자 명의의 등기의 말소를 신청하여야 한다.

(2) 예외 – 신청말소×

1) 가처분등기 전의 등기에 기초한 제3자 명의의 소유권이전등기가 등기된 경우

① **가처분등기에 우선하는 저당권 또는 압류에 기한 경매절차에 따른 매각을 원인으로 하여 이루어진 경우** 가처분채권자의 말소신청이 있다 하더라도 이를 말소할 수 없는 것이므로,

② 그러한 말소신청이 있으면 경매개시결정의 원인이 가처분등기에 우선하는 권리에 기한 것인지 여부를 조사(새로운 등기기록에 이기된 경우에는 폐쇄등기기록 및 수작업 폐쇄등기부까지 조사)하여,

③ 그 소유권이전등기가 가처분채권자에 우선하는 경우에는 가처분채권자의 등기신청(가처분에 기한 소유권이전등기신청 포함)을 전부 수리하여서는 아니 된다.

2) 가처분등기 전의 등기에 기초한 제3자 명의의 소유권이전 외의 등기가 등기된 경우(규칙 152)

① 가처분등기 전에 마쳐진 가압류에 의한 강제경매개시결정등기

② 가처분등기 전에 마쳐진 담보가등기, 전세권 및 저당권에 의한 임의경매개시결정등기

③ 가처분채권자에게 대항할 수 있는 주택임차권등기 등

④ 이를 말소하지 아니하고 가처분채권자의 소유권이전등기를 하여야 한다.

(3) 당해 가처분등기 – 직권말소

등기관이 가처분등기 이후의 등기를 말소할 때에는 직권으로 그 가처분등기도 말소하여야 한다. 가처분등기 이후의 등기가 없는 경우로서 가처분채무자를 등기의무자로 하는 권리의 이전, 말소 또는 설정의 등기만을 할 때에도 또한 같다.

(4) 가처분에 기한 등기 시 제공할 서면

1) 단독신청 – 판결 또는 판결에 준하는 집행권원

① 처분금지가처분등기가 이루어진 후 가처분채권자가 본안사건에서 승소한 경우, 그 승소판결에 의한 소유권이전등기(말소)신청과 동시에 가처분채권자에게 대항할 수 없는 등기의 말소도 단독으로 신청할 수 있으나, 이 경우의 본안사건은 소유권이전등기나 그 등기의 말소를 명하는 판결이어야 한다.

② 따라서 소유권이전등기나 소유권이전등기의 말소를 명하는 판결이 아닌 가액배상을 명하는 판결을 받았다면, 그 판결로는 소유권이전등기나 소유권이전등기의 말소를 신청할 수 없으므로 가처분등기 후에 마쳐진 근저당권설정등기의 말소도 신청할 수 없다(선례 201112-1).

③ 토지거래허가절차이행청구권을 피보전권리로 하는 가처분등기가 경료되고, 가처분채권자가 본안 소송에서 승소확정판결(또는 이와 동일시할 청구의 인낙이나 조정, 화해)을 받아 소유권이전등기를 신청하는 경우 당해 가처분등기 이후에 등기된 제3자 명의의 가등기, 소유권 이외의 권리에 관한 등기, 가압류등기, 경매개시결정등기, 처분금지가처분등기 등의 말소등기도 위 소유권이전등기신청과 함께 신청할 수 있다(선례 201006-2).

④ **보전처분의 피보전권리와 본안의 소송물인 권리**는 청구의 기초의 동일성이 인정되는 한 보전의 효력은 본안소송의 권리에 미치는 것이다. **소유권이전등기말소청구권을 피보전권리로 하는 처분금지가처분**등기가 기입된 후 **본안소송에서 소유권이전등기절차를 이행한다는 조정이 성립**되어 가처분권리자가 위 조정에 의해 소유권이전등기를 신청하는 경우, 위 조정에 의한 소유권이전등기가 가처분의 피보전권리인 소유권이전등기말소청구권과 비록 그 등기유형이 상이하더라도 그 청구의 기초의 동일성이 인정된다면 그 보전처분의 보전의 효력은 본안소송의 권리에 미친다고 보아야 할 것이므로, 판결에 따른 등기와 가처분등기 이후에 등기된 가압류등기도 말소신청을 동시에 할 수 있을 것이다(선례 8-289).

⑤ 부동산 전부에 대하여 가처분등기를 한 후 일부지분에 대하여 소유권이전을 내용으로 하는 승소판결을 받은 경우에는, 승소한 일부지분에 대한 이전등기를 하여야 한다. 만일 위 가처분 후에 제3자 앞으로 부동산 전부를 목적으로 하는 소유권이전등기가 있거나 근저당권이 설정된 경우에는 가처분에 기한 승소판결 부분과 저촉되는 부분에 대한 일부말소 의미의 경정등기를 하여야 한다(선례 4-623 등).

2) 공동신청 – 가처분에 기한 것이라는 소명자료

① 가처분채권자가 판결정본(또는 이에 준하는 집행권원)을 첨부하여 단독으로 신청하는 것이 아니라, 가처분에 기한 것이라는 소명자료를 첨부하여 가처분채무자와 공동으로 소유권이전등기 또는 소유권말소등기를 신청하는 경우의 당해 가처분등기 및 그 가처분등기 이후에 등기된 제3자 명의의 등기의 말소에 관하여도 승소판결에 의한 경우와 동일한 절차에 따라 단독으로 말소신청할 수 있다.

② **위 '가처분에 기한 것이라는 소명자료'란** 그 소유권이전등기가 당해 가처분의 피보전권리를 실현하는 내용의 소유권이전등기임을 소명하는 자료를 의미하는 것으로서 예컨대 그러한 사실이 나타나는 가처분신청서 사본 등이 있을 수 있다.

③ 그러나 가처분채무자가 작성한 서면(채무자가 당해 가처분결정에 기한 소유권이전등기임을 확인하는 내용의 서면)은 위 '가처분에 기한 것이라는 소명자료'에 해당하지 않는다(선례 6-489).

3. 피보전권리가 소유권이전말소등기청구권인 경우

(1) 원칙 – 신청말소○

1) 가처분등기 후에 제3자 명의의 소유권이전등기가 등기된 경우

가처분채권자가 본안사건에서 승소하여 그 확정판결의 정본을 첨부하여 **소유권이전등기말소등기**를 신청하는 경우, 그 가처분등기 이후에 **제3자 명의의 소유권이전등기**가 경료되어 있을 때에는

① 소유권이전등기 말소등기신청과

② 가처분등기 이후에 등기된 제3자 명의의 소유권이전등기의 말소등기신청도 함께 단독으로

③ 동시에 신청하여

④ 그 가처분등기 이후의 소유권이전등기를 말소하고 위 가처분에 기한 소유권이전등기 말소등기를 하여야 한다.

2) 가처분등기 후에 제3자 명의의 소유권이전 외의 등기가 등기된 경우

가처분등기 이후에 등기된 **제3자 명의**의 소유권이전등기를 제외한 **가등기, 소유권 이외의 권리에**

관한 등기, 가압류등기, 국세체납에 의한 압류등기, 경매신청등기와 처분금지가처분등기 등이 경료되어 있을 때에는

① 소유권이전등기말소등기신청과

② 가처분등기 이후에 등기된 제3자 명의의 등기의 말소등기신청도도 함께 단독으로

③ 동시에 신청하여

④ 그 가처분등기 이후의 등기를 말소하고 가처분채권자의 소유권이전등기의 말소등기를 하여야 한다.

(2) 예외 – 신청말소×

1) 가처분등기 전의 등기에 기초한 제3자 명의의 소유권이전등기가 등기된 경우

2) 가처분등기 전의 등기에 기초한 제3자 명의의 소유권이전 외의 등기가 등기된 경우

① **가처분등기 전에 마쳐진** 가압류에 의한 강제경매개시결정등기

② **가처분등기 전에 마쳐진** 담보가등기, 전세권 및 저당권에 의한 임의경매개시결정등기

③ 가처분채권자에게 **대항할 수 있는** 주택임차권등기 등

④ 이 경우 가처분채권자가 가처분채무자의 소유권이전등기의 말소등기를 신청하기 위해서는 위 권리자의 **승낙**이나 이에 대항할 수 있는 **재판**이 있음을 증명하는 정보를 제공하여야 한다(규칙 152②).

(3) 당해 가처분등기 – 직권말소

등기관이 가처분등기 이후의 등기를 말소할 때에는 직권으로 그 가처분등기도 말소하여야 한다. 가처분등기 이후의 등기가 없는 경우로서 가처분채무자를 등기의무자로 하는 권리의 이전, 말소 또는 설정의 등기만을 할 때에도 또한 같다.

(4) 판결이 아닌 공동신청의 경우

가처분채권자가 판결정본(또는 이에 준하는 집행권원)을 첨부하여 단독으로 신청하는 것이 아니라, 가처분에 기한 것이라는 소명자료를 첨부하여 가처분채무자와 공동으로 소유권이전등기 또는 소유권말소등기를 신청하는 경우의 당해 가처분등기 및 그 가처분등기 이후에 등기된 제3자 명의의 등기의 말소에 관하여도 승소판결에 의한 경우와 동일한 절차에 따른다.

4. 피보전권리가 부동산의 사용·수익을 목적으로 하는 소유권 이외의 권리(지상권, 전세권, 임차권, 주택임차권, 상가건물임차권, 다만 지역권은 제외)의 설정등기를 신청하는 경우

(1) 원칙 – 신청말소○

① 그 가처분등기 이후에 마쳐진 **제3자 명의의 지상권, 지역권, 전세권 또는 임차권의 설정**등기(동일한 부분에 마쳐진 등기로 한정한다)의 말소를 단독으로 신청할 수 있다(규칙 153①).

② **지상권, 전세권 또는 임차권의 설정등기**신청과

③ 그 가처분등기 이후에 등기된 제3자 명의의 등기의 말소신청도 함께 단독으로

④ 동시에 신청하여

⑤ 그 가처분등기 이후의 등기를 말소하고 가처분채권자의 등기를 하여야 한다.

(2) 예외 – 신청말소×

① **동일한 부분이 아닌** 용익물권 또는 임차권 등의 설정등기와

② **사용·수익을 목적으로 하는 권리가 아닌** 제3자 명의의 등기(소유권이전등기, 가등기, 가압류, 국세체납에 의한 압류등기, 처분금지가처분등기, 저당권 등)는 말소하지 아니한다.

③ 가처분채권자에게 **대항할 수 있는** 임차인 명의의 주택임차권등기 등이 있는 때에는 가처분에 따른 등기를 할 수 없다.

④ 이 경우 가처분에 의한 설정등기를 신청하기 위해서는 먼저 위 대항력 있는 임차인 명의의 주택임차권 등기, 주택임차권설정등기, 상가건물임차권등기, 상가건물임차권설정등기를 말소하여야 한다.

(3) 당해 가처분등기 – 직권말소

① 등기관이 가처분등기 이후의 등기를 말소할 때에는 직권으로 그 가처분등기도 말소하여야 한다. 가처분등기 이후의 등기가 없는 경우로서 가처분채무자를 등기의무자로 하는 권리의 이전, 말소 또는 설정의 등기만을 할 때에도 또한 같다(개정 2020.02.02. / 시행 2020.08.05).

② 「민사집행법」 제305조 제3항에 따라 권리의 이전, 말소 또는 설정등기청구권을 보전하기 위한 처분금지가처분등기가 된 후 가처분채권자가 가처분채무자를 등기의무자로 하여 권리의 이전, 말소 또는 설정의 등기를 신청하는 경우, 가처분등기 이후의 등기가 없는 경우로서 가처분채무자를 등기의무자로 하는 권리의 이전, 말소 또는 설정의 등기만을 할 때에도 등기관은 직권으로 당해 가처분등기를 말소하여야 하며(부동산등기법 제94조), 이러한 규정은 「부동산등기법」(법률 제16912호)이 시행(2020.8.5.)되기 전에 이미 마쳐진 가처분등기에 대하여도 동일하게 적용될 수 있을 것이다.

③ 다만, 등기관이 당해 가처분등기를 직권으로 말소할 경우, 가처분의 피보전권리와 본안소송의 소송물인 권리 사이에 그 청구의 기초의 동일성이 인정되는지 여부를 면밀하게 살펴야 할 것이고(대판 2006.11.24, 2006다35223 참조), 만일 등기관이 청구기초의 동일성을 판단하는 것이 불가능하거나 현저히 곤란한 사정(예 등기신청인이 가처분결정등본 등 청구기초의 동일성을 소명하는 자료를 제출할 수 없는 사정)이 있을 경우, 등기관은 집행법원의 촉탁에 의하여 가처분등기의 말소등기가 마쳐질 수 있도록 유도함이 바람직할 것이다(선례 202112-4).

(4) 가처분에 기한 소유권 외의 권리의 설정등기

① 등기관이 가처분채권자 명의의 소유권 외의 권리 설정등기를 할 때에는 그 등기가 가처분에 기초한 것이라는 뜻을 기록하여야 한다(법 95).

② 따라서 등기목적 아래에 "○년 ○월 ○일 접수 제○○○호 가처분에 기함"이라고 기록한다.

5. 피보전권리가 저당권설정등기인 경우(규칙 153②)

저당권설정등기청구권을 보전하기 위한 가처분등기가 마쳐진 후 그 가처분채권자가 가처분채무자를 등기의무자로 하여 저당권설정등기를 신청하는 경우에는 그 가처분등기 이후에 마쳐진 제3자 명의의 등기라 하더라도 그 말소를 신청할 수 없다.

6. 가처분등기 이후 등기의 말소신청(규칙 154)

제152조 및 제153조 제1항에 따라 가처분등기 이후의 등기의 말소를 신청하는 경우에는 등기원인을 "가처분에 의한 실효"라고 하여야 한다. 이 경우 제43조 제1항 제5호에도 불구하고 그 연월일은 신청정보의 내용으로 등기소에 제공할 필요가 없다.

7. 집행법원 등에 통지

① 등기관이 가압류등기, 가처분등기, 경매개시결정등기, 주택임차권등기, 상가건물임차권등기를 말소한 경우와 당해 가처분등기를 직권으로 말소한 때에는 지체 없이 그 뜻을 집행법원에 통지하여야 한다.

② 등기관이 가처분등기 이후의 등기를 말소하였을 때에는 말소하는 이유 등을 명시하여 지체 없이 말소된 권리의 등기명의인에게 통지하여야 한다(법 94③).

08 절 가압류

	법	규칙
조문	민사집행법 276 (가압류의 목적) 민사집행법 293 (부동산가압류집행)	
기출	1. [20 법무] ① **가압류등기의 효력**에 대하여 약술하시오. 10점 ② 가압류채권자 甲은 A부동산에 대하여 **채무자를 丙으로 하여 가압류결정**을 받았다. 그런데 A부동산의 **등기기록상 소유자는 丙의 피상속인인 乙 명의**로 되어 있다(아직 乙의 상속인인 丙 앞으로 상속등기가 경료되지 않음). 이때 **가압류등기를 하기 위한 절차**에 대하여 설명하시오. 10점	

Ⅰ. 서설

1. 의의

> **민사집행법 제276조(가압류의 목적)**
> ① 가압류는 금전채권이나 금전으로 환산할 수 있는 채권에 대하여 동산 또는 부동산에 대한 강제집행을 보전하기 위하여 할 수 있다.
>
> **민사집행법 제293조(부동산가압류집행)**
> ① 부동산에 대한 가압류의 집행은 가압류재판에 관한 사항을 등기부에 기입하여야 한다.
> ③ 가압류등기는 법원사무관 등이 촉탁한다.

(1) 의의(민사집행법 276, 동법 293)

① **가압류는** 금전채권이나 금전으로 환산할 수 있는 채권에 관하여 확정판결의 강제집행을 보전하기 위한 집행보전제도이다.

② 가압류등기는 가압류재판에 관한 사항을 등기부에 기록하여 공시하는 등기이다.

(2) 취지

(3) 구별개념 – 가압류 vs 가처분

2. 요건

3. 범위

(1) 부동산

① 미등기부동산 – O (先 직권보존등기)

② 대지권등기를 한 구분건물 – O (단, 전유부분 또는 대지권의 일방에는 불가함)

③ 상속등기 되지 않은 부동산에 대하여 상속인을 상대로 가압류결정이 있는 경우 – O

> **[경매신청 등을 위한 일반 채권자의 대위 상속등기]**
> ① 상속등기를 하지 아니한 부동산에 대하여 가압류결정이 있을 때 가압류채권자는 그 기입등기촉탁 이전에 먼저 대위에 의하여 상속등기를 함으로써 등기의 무자의 표시가 등기기록과 부합하도록 하여야 한다(법 29.7).
> ② 대위원인 : "ㅇ년 ㅇ월 ㅇ일 ㅇㅇ지방법원의 가압류 결정"이라고 기재한다.
> ③ 대위원인증서 : 가압류결정의 정본 또는 그 등본을 첨부한다.

	④ 가압류, 가처분, 경매개시결정 등의 처분제한등기를 촉탁하는 경우에는 체납처분에 의한 압류등기의 촉탁과는 달리 집행법원이 대위촉탁할 수 있는 법적근거가 없다. 따라서 신청채권자(등기권리자)로 하여금 대위신청하도록 한 후 처분제한의 등기를 촉탁하고 있다. **(2) 물리적 일부**(법 29.2) **− ×** (먼저, 대장상 분할등록 및 등기부상 분필등기 요함) **(3) 권리** ① 가등기된 청구권 − ○ (부기등기) : 가등기에 처분제한효는 인정되지 아니하지만, 가등기상 권리는 재산성이 있으므로 가등기에 대한 처분제한등기(예컨대 압류·가압류)는 가능하다. ② 전세권 − ○ (단, 존속기간이 만료된 경우에는 전세금반환채권에 대하여 가압류하는 방식으로 하여야 함) ③ 임차권 − ○ **(4) 지분** ① 공유지분 − ○ (공유물 전부 − ○) ② 합유지분 − × (합유물 전부 − ○)
4. 효과	**(1) 처분금지적 효력** ① **가압류가 등기**되면 부동산에 대하여 채무자가 매매·증여·근저당권설정, 그 밖에 일체의 처분행위를 금지하는 효력이 생긴다. ② 따라서 가압류 후의 권리를 취득한자는 매각에 있어서 말소촉탁의 대상이 된다. **(2) 상대적 무효** ① 가압류의 효력은 상대적 효력에 그치는데, 채무자가 가압류등기 후에 처분행위를 하였더라도 그 처분행위가 절대적으로 무효가 되는 것이 아니다. 처분행위의 당사자, 즉 채무자와 제3취득자(소유권 또는 담보권 등을 취득한 자) 사이에서는 그들 사이의 거래행위가 여전히 유효하고, 단지 그것을 가압류채권자에 대하여 집행보전의 목적을 달성하는 데 필요한 범위 안에서 주장할 수 없음에 그친다(대판 1987.6.9, 86다카2570). ② 가압류의 목적이 장차 목적물을 현금화하여 그로부터 금전적 만족을 얻자는 데 있는 것이므로, 그러한 목적달성에 필요한 범위를 넘어서까지 채무자의 처분행위를 막을 필요는 없기 때문이다. ③ 위와 같이 부동산에 대한 가압류는 상대적 효력을 가질 뿐이므로 채무자의 처분행위로 부동산을 취득한 자가 이에 따른 등기를 신청하면 등기관은 가압류집행 중임을 이유로 이를 거부할 수 없고, 취득자가 그 등기를 마치면 가압류채권자 외의 자에 대해서는 그 취득의 효과를 주장할 수 있다. ④ **가압류등기가 근저당권설정등기보다 먼저 마쳐진 경우** 가압류권자는 경매절차에서 근저당권자와 동순위로 배당을 받을 수 있다. ⑤ 가압류등기 후 목적물이 제3자에게 양도되고 그 후에 경매절차가 진행되어 부동산이 매각된 경우 가압류채권자는 매각대금에서 제3취득자에 우선하여 배당을 받게 되고 잉여가 있으면 제3취득자에게 교부된다(대판 1992.2.11, 91누5228).

<table>
<tr><td></td><td></td><td colspan="2">⑥ 가등기 전에 이루어진 가압류등기와 그 가압류에 의한 강제경매개시결정등기는 가등기에 의한 본등기 시 직권말소의 대상이 아니다.</td></tr>
<tr><td rowspan="3">Ⅱ. 개시
[법 22]</td><td rowspan="2">1. 모습</td><td>(1) 신청</td><td></td></tr>
<tr><td>(2) 촉탁</td><td>① 등기는 당사자의 신청 또는 관공서의 촉탁에 따라 하며, 촉탁에 따른 등기절차는 법률에 다른 규정이 없는 경우에는 신청에 따른 등기에 관한 규정을 준용한다[법 22①②].
② 부동산에 대한 가압류의 집행은 가압류재판에 관한 사항을 등기부에 기입하여야 하며, 가압류등기는 법원사무관 등이 촉탁한다[민사집행법 293①③].</td></tr>
<tr><td>2. 전자
[법 24①2]
[규칙 67]</td><td colspan="2"></td></tr>
<tr><td rowspan="3">Ⅲ. 신청 절차</td><td>1. 촉탁인</td><td colspan="2">가압류등기는 법원사무관 등이 촉탁한다.</td></tr>
<tr><td>2. 촉탁 정보
[규칙 43]</td><td colspan="2">(1) 가압류등기 촉탁서에는 아래의 사항을 기재한다.
① 부동산의 표시
② 사건번호와 사건명
③ 청구금액(이자×)
④ 채권자의 성명·주소·번호
⑤ 채무자의 성명·주소
⑥ 등기원인 및 그 일자 ["○년 ○월 ○일 가압류결정"]</td></tr>
<tr><td>3. 첨부 정보
[규칙 46]</td><td colspan="2">① 가압류결정정본
② 미등기 부동산의 경우
• 부동산의 표시를 증명하는 서면 - ○
• 채무자의 소유를 증명하는 서면 - ×
• 채무자의 성명·주소·번호를 증명하는 서면 - ○
(직권으로 소유권보존 시 등기명의인을 기입하기 위하여)</td></tr>
<tr><td rowspan="4">Ⅳ. 실행 절차</td><td>1. 접수·배당</td><td colspan="2"></td></tr>
<tr><td>2. 조사</td><td colspan="2"></td></tr>
<tr><td>3. 문제○</td><td colspan="2"></td></tr>
<tr><td>4. 문제×
[법 48]</td><td>일반적
[법 48]</td><td>┌ 표제부
├ 갑구
├ 을구</td><td>"청구금액 금○○○원"
① 등기관이 가압류등기를 할 때에는 청구금액을 기록하여야 한다. 그러나 이자나 다른조건 등이 촉탁서에 기재되어 있더라도 등기하지는 않는다.
② 가처분채권자가 다수인 경우 채권자 전원을 기록한다.
③ 채권자가 선정당사자인 경우에도 채권자 전원을 기록한다.</td></tr>
</table>

	ㅣ	④ **법원의 촉탁**에 의하여 가압류등기, 가처분등기, 주택임차권등기 및 상가건물임차권등기가 등기된 후 등기명의인의 주소, 성명 및 주민등록번호의 변경으로 인한 **등기명의인표시변경등기**는 등기명의인이 단독으로 신청할 수 있다(예규 1064).	
	└ **등기형식**	① **소유권**에 대한 가압류는 주등기로 하며, ② **소유권 외의 권리**에 대한 가압류는 부기등기로 한다.	
	개별적		
5. 완료 후	┌ **등기완료 통지**	법 30 (규칙 53)	○
	├ **등기필정보 통지**	법 50 (규칙 106~110)	×
	├ **소유변경 통지**	법 62 (규칙 120)	×
	└ **과세자료 제공**	법 63 (규칙 120)	×

Ⅴ. 이의	법 100 등
Ⅵ. 말소 절차	┌ 원칙 : [가압류만을 말소] 법원 ─ **촉탁말소**(예 가압류취하 및 집행해제) └ 예외 : [다른 등기의 부속절차로서의 말소] ┌ ① 경매 소이등 ├ ② 판결 소이등 ─ **신청말소** ─ 집행법원 등 통지 ├ ③ 등이관 승낙 ─ **직권말소** ├ ④ 수용 소이등 └ ⑤ 가 → 본 **[선례]** 가압류가 본압류로 이행되어 강제경매개시결정등기가 마쳐지고 강제집행절차가 진행 중이라면 그 본집행의 효력이 유효하게 존속하는 한 가압류등기만을 말소할 수 없는 것이므로, 등기관은 각하하여야 한다(법 29.2).

09 절 매각 - 소유권이전등기 등

	법	규칙
조문	민법 187 (등기를 요하지 아니하는 부동산물권취득) 민사집행법 91 (인수주의와 잉여주의의 선택 등) 민사집행법 135 (소유권의 취득시기) 민사집행법 144 (매각대금 지급 뒤의 조치)	법 25 (신청정보의 제공방법) 규칙 47 (일괄신청과 동시신청)
기출	1. [17 행시] ① 경매개시결정 이후의 제3취득자가 매수인(경락인)이 된 경우의 소유권이전등기 절차에 대하여 설명하시오. 15점 ② 매수인이 인수하지 않은 부동산의 부담에 관한 등기와 해당 경매개시결정등기의 말소 절차에 대하여 설명하시오. 20점 ③ 매각으로 인한 소유권이전등기 시 필요한 첨부정보에 대하여 설명하시오. 15점 2. [23 행시] 경매절차에 의해 매각된 경우의 촉탁등기 중 매수인이 인수하지 아니한 부동산의 부담에 관한 등기의 말소촉탁에 대해 설명하시오. 25점	

Ⅰ. 서설

민사집행법 제91조(인수주의와 잉여주의의 선택 등)

② 매각부동산 위의 **모든 저당권**은 매각으로 **소멸**된다.

③ **지상권·지역권·전세권 및 등기된 임차권**은 저당권·압류채권·가압류채권에 **대항할 수 없는 경우**에는 매각으로 **소멸**된다.

④ **제3항의 경우 외의 지상권·지역권·전세권 및 등기된 임차권**은 매수인이 **인수**한다. 다만, 그중 전세권의 경우에는 전세권자가 제88조에 따라 배당요구를 하면 매각으로 소멸된다.

민사집행법 제135조(소유권의 취득시기)

매수인은 매각대금을 다 낸 때에 매각의 목적인 권리를 취득한다.

민사집행법 제144조(매각대금 지급 뒤의 조치)

① 매각대금이 지급되면 법원사무관 등은 **매각허가결정의 등본**을 붙여 다음 각 호의 등기를 촉탁하여야 한다.

1. **매수인 앞으로 소유권을 이전**하는 등기
2. **매수인이 인수하지 아니한 부동산의 부담에 관한 기입을 말소**하는 등기(누락 시 추후에 말소촉탁 가능)
3. **제94조 및 제139조 제1항의 규정에 따른 경매개시결정등기를 말소**하는 등기

부동산등기법 제25조(신청정보의 제공방법)

등기의 신청은 1건당 1개의 부동산에 관한 신청정보를 제공하는 방법으로 하여야 한다. 다만, 등기목적과 등기원인이 동일하거나 그 밖에 대법원규칙으로 정하는 경우에는 여러 개의 부동산에 관한 신청정보를 일괄하여 제공하는 방법으로 할 수 있다. [개정 2024.9.20]

부동산등기규칙 제47조(일괄신청과 동시신청)
① 법 제25조 단서에 따라 다음 각 호의 경우에는 1건의 신청정보로 일괄하여 신청하거나 촉탁할 수 있다.
1. 같은 채권의 담보를 위하여 소유자가 다른 여러 개의 부동산에 대한 저당권설정등기를 신청하는 경우
2. 법 제97조 각 호의 등기를 촉탁하는 경우
3. 「민사집행법」 제144조 제1항 각 호의 등기를 촉탁하는 경우

1. 경매절차에 의해 매각된 경우의 절차

① 매수인은 매각대금을 다 낸 때에 매각의 목적인 권리를 취득한다(민사집행법 135, 민법 187).
② **매각대금이 지급**되면 법원사무관 등은 **매각허가결정의 등본**을 붙여
㉠ 매수인 **앞으로 소유권을 이전**하는 등기,
㉡ **매수인이 인수하지 아니한 부동산의 부담에 관한 기입을 말소**하는 등기 (매각에 따라 소멸한 권리를 말소하는 등기),
㉢ **경매개시결정등기를 말소**하는 등기를 **일괄촉탁**하여야 한다(민사집행법 144, 법 25 단서, 규칙 47①).

2. 매수인 앞으로 소유권을 이전하는 등기

(1) 일반적인 경우

경매개시결정 당시(또는 가압류 당시)의 소유자를 **등기의무자**로,
매각허가결정 당시의 경락인을 **등기권리자**로 하여 등기촉탁을 하여야 한다.

(2) 경락인의 지위 승계

① **매각허가결정 확정 후** 매수인이 그 매수인의 지위를 제3자에게 **양도**하고 그 제3자가 매각대금을 지급한 경우라 하더라도 법원은 제3자가 아닌 **매수인**(註 경락인)**을 위하여** 이전등기촉탁을 하여야 한다.
② **매각허가결정 확정 후** 대금지급 전에 매수인이 **사망**하고 그 상속인이 매수인의 지위를 승계하여 매각대금을 지급한 경우, 집행법원은 **매수인**(註 경락인 = 피상속인)이 아닌 **상속인을 등기권리자로** 하여 소유권이전등기 촉탁을 하여야 한다.

(3) 제3취득자가 경락인이 된 경우

1) 경매개시결정등기 전에 소유권을 취득한 자가 매수인이 된 경우

① **제3취득자 명의의 소유권등기의 말소촉탁 : ×**
② **매각을 원인으로 한 소유권이전등기 촉탁 : ×**
③ 매수인이 인수하지 않는 부담기입의 말소촉탁 : ○
④ 경매개시결정등기의 말소촉탁 : ○
⑤ **그 후 매수인이 등기의무자로서 등기신청할 때**에는 종전 소유권이전등기 시 등기소로부터 통지받은 등기필정보를 등기의무자의 등기필정보로 제공한다.

2) 경매개시결정등기 후에 소유권을 취득한 자가 매수인이 된 경우

① **제3취득자 명의의 소유권등기의 말소촉탁 : ○**
② **매각을 원인으로 한 소유권이전등기 촉탁 : ○**
③ 매수인이 인수하지 않는 부담기입의 말소촉탁 : ○
④ 경매개시결정등기의 말소촉탁 : ○
⑤ **그 후 매수인이 등기의무자로서 등기신청할 때**에는, 매각을 원인으로 한 소유권이전등기 시 등기소로부터 통지받은 등기필정보를 등기의무자의 등기필정보로 제공한다.

3) 공유부동산이 매각되어 다른 일부 공유자가 매수인이 된 경우

① 위 매수인의 지분을 제외한 나머지 지분에 대한 공유지분이전등기 촉탁 : ○ (註 공유자 전원 지분 전부 x)

② 매수인이 인수하지 않는 부담기입의 말소촉탁 : ○

③ 경매개시결정등기의 말소촉탁 : ○

④ 그 후 매수인이 등기의무자로서 등기신청할 때에는, 종전 등기필정보와 공유지분이전등기 후 통지받은 등기필정보를 등기의무자의 등기필정보로 제공한다.

〈경매개시결정등기 전에 소유권이전등기를 받은 제3취득자가 매수인이 된 경우〉

【 갑구 】		(소유권에 관한 사항)		
순위번호	등기목적	접수	등기원인	권리자 및 기타사항
2	소유권이전	2018년 1월 7일 제389호	2018년 1월 4일 매매	소유자 최민국 680703-1562316 서울특별시 마포구 마포대로 25 (공덕동) 거래가액 금150,000,000원
3	~~임의경매개시결정~~	~~2018년 8월 8일~~ ~~제8378호~~	~~2018년 8월 7일~~ ~~서울중앙지방법원의~~ ~~임의경매개시결정~~ ~~(2012타경300)~~	~~채권자 이태한 701115-1201257~~ ~~서울특별시 서초구 강남대로 21~~ ~~(서초동)~~
4	3번 임의경매개시 결정등기말소	2018년 9월 9일 제13137호	2018년 9월 2일 임의경매로 인한 매각	(매수인 2번소유자 최민국)

(주) 경매개시결정등기 이전에 소유권이전등기를 받은 제3취득자가 매수인이 된 경우, 권리자 및 기타사항란에 매수인 ○번소유자 ○○○와 같이 기록한다.

〈경매개시결정등기 후에 소유권이전등기를 받은 제3취득자가 매수인이 된 경우〉

【 갑구 】		(소유권에 관한 사항)		
순위번호	등기목적	접수	등기원인	권리자 및 기타사항
2	~~강제경매개시결정~~	~~2018년 5월 5일~~ ~~제8321호~~	~~2018년 5월 4일~~ ~~서울중앙지방법원의~~ ~~강제경매개시결정~~ ~~(2012타경828)~~	~~채권자 이태한 701115-1201257~~ ~~서울특별시 서초구 강남대로37길 21~~ ~~(서초동)~~
3	~~소유권이전~~	~~2018년 8월 9일~~ ~~제25530호~~	~~2018년 8월 5일~~ ~~매매~~	~~소유자 김우리 600104-1056429~~ ~~서울특별시 서초구 반포대로 6~~ ~~(반포동)~~ ~~거래가액 금85,000,000원~~
4	3번 소유권이전 등기말소	2018년 9월 9일 제28320호	2018년 9월 1일 강제경매로 인한 매각	

5	소유권이전	2018년 9월 9일 제28320호	2018년 9월 1일 강제경매로 인한 매각	소유자 김우리 600104-1056429 서울특별시 서초구 반포대로 6 (반포동)
6	2번강제경매 개시결정등기 말소	2018년 9월 9일 제28320호	2018년 9월 1일 강제경매로 인한 매각	

3. 매수인이 인수하지 아니한 부동산의 부담에 관한 기입을 말소하는 등기

(1) 일반론

① 매각대금이 지급된 경우에는 법원사무관 등은 직권으로 매수인이 인수하지 아니한 부동산의 부담에 관한 등기를 말소하는 등기를 촉탁하여야 한다(민사집행법 144①2).

② 말소되는 등기는

㉠ **매각 부동산 위의 모든 저당권,**

㉡ 저당권 · 압류채권 · 가압류채권에 **대항할 수 없는 지상권 · 지역권 · 전세권 및 등기된 임차권**을 말한다(민사집행법 91).

③ **매수인이 인수하지 않은 부동산의 부담에 관한 기입인지는** 법원사무관 등이 등기기록과 경매기록에 따라 판단한다(대판 2018.1.25, 2017마1093).

(2) 배당(금전)과 관련된 등기

1) 근저당권(민사집행법 91①)

① **근저당권은** 경매개시결정등기의 전 · 후에 경료되었는지 불문하고 **모두 말소촉탁** 대상이 된다.

② **근저당권이 이전**되어 부기등기가 등기된 경우에는 **주등기만** 말소촉탁한다.

③ **근저당권을 터잡은 가압류 등**의 부기등기가 등기된 경우에는 **주등기만** 말소촉탁한다.

④ 위 ②③항의 경우 **등록면허세**는 **주등기에 대한 것만** 납부한다.

> **1. 매수인이 인수하지 아니하는 부담의 기입이 부기등기로 되어 있는 경우**
>
> ① **저당권, 전세권 등 소유권 이외의 권리의 전부 또는 일부이전으로 인한 부기등기**가 마쳐진 경우
>
> ② **저당권부채권가압류등기 등과 같이 이해관계 있는 제3자 명의의 부기등기**가 마쳐진 경우에,
>
> 집행법원은 **주등기의 말소만 촉탁**하면 되고 **부기등기에 관하여는 별도로 말소촉탁을 할 필요가 없으며 등록면허세는 주등기의 말소에 대한 것만 납부**하면 된다.
>
> **2. 다만 등기방법에서 양자는 차이가 있는바**
>
> ①의 경우에는 **등기관이 주등기를 말소한 후 부기등기에 관하여 말소의 표시(직권주말)**를 하게 되지만
>
> ②의 경우에는 **등기관이 주등기를 말소한 후 부기등기를 직권으로 말소**하게 된다(선례 제7-436호).

【 을구 】		(소유권 이외의 권리에 관한 사항)		
순위번호	등기목적	접수	등기원인	권리자 및 기타사항
~~1~~	~~근저당권설정~~	~~2016년 4월 15일 제1235호~~	~~2016년 4월 15일 설정계약~~	~~근저당권자 B~~
~~1-1~~	~~1번 근저당권이전~~	~~2016년 5월 15일 제2345호~~	~~2016년 5월 15일 계약양도~~	~~근저당권자 D~~
~~1-2~~	~~1번 근저당권부채권 가압류~~	~~2016년 6월 15일 제3456호~~	~~(생략)~~	~~채권자 E~~
2	1번 근저당권설정등기 말소	2016년 10월 25일 제5978호	2016년 10월 20일 강제경매로 인한 매각	
3	1-2번 근저당권부채권 가압류등기 말소	x (직권등기)		1번 근저당권의 말소로 인하여 2016년 10월 25일 등기

2) 가압류

① 가압류등기는 경매개시결정등기의 전·후에 경료되었는지 불문하고 말소촉탁의 대상이 된다.

② **가압류등기 후 가압류부동산의 소유권이 제3자**에게 이전된 경우, **제3취득자의 채권자가 신청한 경매절차**에서 전 소유자에 대한 가압류채권자는 배당에 가입할 수 있으므로, 그 가압류등기는 말소촉탁의 대상이 될 것이다(선례 8-299).

(3) 배당(금전)과 관련되지 않는 등기

1) 소유권이전등기

① **소유권이전 등기**는 경매개시결정등기 **후**에 등기된 경우에는 말소촉탁의 대상이 된다.

② 소유권이전 등기는 경매개시결정등기 **전**에 등기된 경우에는 원칙적으로 말소촉탁의 대상이 되지 않는다.

2) 용익물권·가등기·가처분(민사집행법 91③④)

① **용익권·가등기·가처분등기**는 경매개시결정등기 **후**에 등기된 경우에는 말소촉탁의 대상이 된다.

② 1) 용익물권·가등기·가처분등기는 경매개시결정등기 **전**에 등기된 경우에는 원칙적으로 말소촉탁의 대상이 되지 않지만,

2) 그보다 **선순위로서 매각으로 소멸하는 담보권등의 등기가 존재**하는 경우에는 **말소촉탁**의 대상이 된다.

(4) 기타 등기

1) 대항력 있는 주택임차권 등

① 주택임차권은 부동산의 매각으로 소멸하여 말소촉탁의 대상이 된다.

② 다만, 보증금이 전액 변제되지 아니한 대항력이 있는 임차권은 말소촉탁의 대상이 되지 않는다(「주택임대차보호법」 제3조의 5).

2) 특별법상 구분지상권

① 도시철도법, 도로법, 전기사업법 등에 따라 마친 구분지상권설정등기는 구분지상권설정등기보다 먼저 마친 강제경매개시결정의 등기, 근저당권 등 담보물권의 설정등기, 압류등기 또는 가압류등기 등에 기하여 경매 또는 공매로 인한 소유권이전등기를 촉탁

<table>
<tr><td></td><td colspan="3">한 경우에도 말소할 수 없다.
② 이는 수용 또는 사용 재결에 의하여 설정된 구분지상권이 지니는 공익목적을 고려하였기 때문이다.

4. 경매개시결정등기를 말소하는 등기
① 경락대금이 완납된 경우 집행법원은 경매개시결정등기의 말소를 촉탁하여야 한다.
② 경매절차에서 경락대금이 완납된 경우 경매신청기입등기의 말소등기는 집행법원의 촉탁에 의하여 경락을 원인으로 한 소유권이전등기와 함께 이루어져야 하는 것이므로, 경매절차에서 경락대금이 납부된 후 경료된 소유권이전등기를 말소함과 동시에 경락이전등기를 하지 아니하고서는 경매신청기입등기만을 말소할 방법은 없다(선례 3-637).</td></tr>
<tr><td rowspan="3">II. 개시
(법 22)</td><td rowspan="2">1. 모습</td><td>(1) 신청</td><td></td></tr>
<tr><td>(2) 촉탁</td><td>① 「민사집행법」 제144조(매각대금 지급 뒤의 조치)
② 「부동산등기법」 제25조(신청정보의 제공방법)
③ 「부동산등기규칙」 제47조(일괄신청과 동시신청)
④ 관공서가 촉탁정보 및 첨부정보를 적은 서면을 제출하는 방법으로 등기촉탁을 하는 경우에는 우편으로 그 촉탁서를 제출할 수 있다(규칙 155①).</td></tr>
<tr><td colspan="3">2. 전자</td></tr>
<tr><td rowspan="4">III. 신청 절차</td><td>1. 촉탁인
(법 23)</td><td colspan="2">위 각 등기는 법원사무관 등이 촉탁한다.</td></tr>
<tr><td rowspan="2">2. 촉탁 정보
(규칙 43)</td><td>일반적
(규칙 43)</td><td>┌ 신청서 표제
├ 부동산 표시
├ 등기원인 (연월일) "O.O.O. 강제경매(임의경매)로 인한 매각"
↳ 매각대금 완납일
├ 등기목적 "(1) 소유권이전등기"
"(2) 말소할 사항"
↳ 촉탁에 의하여 이루어질 이전등기나 말소할 등기를 구체적으로 표시한다.</td></tr>
<tr><td>개별적</td><td>└ 신청인 (경매개시결정 당시의 소유자 또는 가압류당시의 소유자)등기의무자, (매각허가결정 당시의 경락인)등기권리자로 하여 등기촉탁을 하여야 한다.</td></tr>
<tr><td>3. 첨부 정보
(규칙 46)</td><td>일반적
(규칙 46)</td><td>┌ 등기원인 관련
(1) 등기원인증명(규칙 46①1, 「민사집행법」144①)
등기원인을 증명하는 정보로 등기촉탁서에는 매각허가결정의 등본을 첨부하여야 한다. 그러나 배당표정보를 제공할 필요는 없다.
(2) 등기원인 – ㉦㉧㉨ 등(규칙 46①2, 규칙 46③)
┌ 1) 검인(계약서·판결서) | × | (∵ 계약 ×)
├ 2) ㊋거래계약신고필증 | × | (∵ 계약 ×)</td></tr>
</table>

├ 3) 토지거래계약허가	×	(∵ 부동산거래신고법 14②)
└ 4) 농지취득자격증명	×	(∵ 매각허부 재판 시에 조사하므로)

농지취득자격증명은 집행법원의 조사사항(매각결정기일까지 제출)이므로 등기촉탁 시 제공할 필요가 없으며, **토지거래계약허가증명**은 경매에는 적용이 없으므로 등기촉탁 시 제공할 필요가 없다(부동산거래신고법 14②2).

(3) **상속을 증명하는 서면**

매각허가결정 후 매수인이 사망한 경우에는 상속인을 위하여 소유권이전등기를 촉탁하므로 상속을 증명하는 서면을 첨부정보로서 제공하여야 한다.

├ **의무자 관련**

(1) **등기필정보**(법 50②, 규칙 43①7) – ×

(2) **인감증명**(규칙 60, 규칙 61①) – ×

(3) **주소증명** – ×

관공서가 매각 또는 공매처분 등을 원인으로 소유권이전등기를 촉탁하는 경우에는 등기의무자의 주소를 증명하는 정보를 제공할 필요가 없고, 등기권리자의 주소를 증명하는 정보만 제공하면 된다.

├ **권리자 관련**

(1) **세금영수증**(법 29.10) – O

(2) **주소증명**(규칙 46①6) – O

(3) **번호증명**(규칙 46①6, 법 49) – O

├ **부동산 관련**

(1) **대장, 그 밖의 정보** – O

① 「부동산등기법」 제29조 제11호는 그 등기명의인이 등기신청을 하는 경우에 적용되는 규정이므로, **관공서가 등기촉탁을 하는 경우**에는 등기기록과 대장상의 부동산의 표시가 부합하지 아니하더라도 그 등기촉탁을 수리하여야 한다.

② **경매**절차 진행 중에 토지가 분할된 후 분필등기를 하지 않아 등기부상의 토지의 표시와 토지대장상의 표시가 일치하지 않더라도 소유권이전등기 촉탁을 수리하여야 한다.

(2) **지적도 · 도면**

└ **신청인자격 관련**

관공서가 등기촉탁을 하는 경우로서 소속 공무원이 직접 등기소에 출석하여 촉탁서를 제출할 때에는 그 소속 공무원임을 확인할 수 있는 신분증명서를 제시하여야 한다(규칙 155②).

개별적

<table>
<tr><td rowspan="5">Ⅳ. 실행 절차</td><td>1. 접수·배당</td><td colspan="2"></td></tr>
<tr><td>2. 조사</td><td colspan="2"></td></tr>
<tr><td>3. 문제○
(법 29)</td><td colspan="2">(1) 각하(법 29.11)
[11호] ① 신청정보 또는 등기기록의 부동산의 표시가 토지대장·임야대장 또는 건축물대장과 일치하지 아니한 경우에는 각하하여야 한다(법 29조.11).
② 그러나 법 제29조 제11호의 규정은 그 등기명의인이 등기신청을 하는 경우에 적용되는 규정이므로 국가기관(법원 등)이 등기촉탁을 하는 경우에는 그 적용이 없다.
③ 따라서 관공서가 등기촉탁을 하는 경우에는 등기기록과 대장상의 부동산의 표시가 부합하지 아니하더라도 그 등기촉탁을 수리하여야 하며, 이를 이유로 촉탁을 각하할 수 없다(예규 1625).
1) 매각에 따른 소유권이전등기를 촉탁하는 경우에는 경매절차 진행 중에 토지가 (註 대장상)분할된 후 분필등기를 경료하지 않아 등기부상의 토지의 표시와 토지대장상의 표시가 부합하지 아니하더라도 등기관은 그 등기촉탁을 수리하여야 한다(선례 제7-36호).
2) 토지대장상 갑·을 토지가 지적법에 의하여 합병이 되었으나 합필등기를 경료하지 아니한 채 갑 토지에 대하여 국가기관인 법원이 매각으로 인한 소유권이전등기촉탁을 하는 경우, 등기관은 등기부상 부동산의 표시가 토지대장과 부합하지 않더라도 그 등기 촉탁을 수리하여야 할 것이다(선례 제200701-4호).</td></tr>
<tr><td rowspan="2">4. 문제×
(법 48)</td><td>일반적
(법 48)</td><td>┌ 표제부
├ 갑구
├ 을구
└ 등기형식</td></tr>
<tr><td>개별적</td><td></td></tr>
<tr><td></td><td>5. 완료 후</td><td colspan="2">┌ 등기완료 통지 법 30 (규칙 53) ○
├ 등기필정보 통지 법 50 (규칙 106~110) ○ ① 매수인은 우편에 의하여 등기필정보를 송부받기 위해서는 등기필정보 우편송부신청서를 작성하여 등기촉탁신청서와 함께 법원에 제출하여야 한다.
② 매수인이 수인인 경우에는 매수인 중 1인을 등기필정보 수령인으로 지정하고, 나머지 매수인들의 위임장 및 인감증명서를 제출하여야 한다.
├ 소유변경 통지 법 62 (규칙 120) ○
└ 과세자료 제공 법 63 (규칙 120) ○</td></tr>
<tr><td>Ⅴ. 처분 이의</td><td colspan="3">법 100 등</td></tr>
</table>

10 절 구분건물의 전유부분에 설정된 근저당권의 실행으로 매각된 경우 건물대지에 대한 소유권이전등기 등에 대한 사무처리지침

	법	규칙
조문		
기출	1. [08 법무] 구분건물의 전유부분에만 설정된 근저당권이 실행되어 매각된 경우, 대지에 대한 매수인 앞으로의 소유권이전등기절차에 대하여 설명하시오. 20점	

Ⅰ. 서설

① **"저당권의 효력**은 저당부동산에 부합된 물건과 종물에 미친다(민법 358)"는 규정은 저당부동산의 종된 권리에도 유추적용되므로 구분건물의 전유부분만에 관하여 설정된 저당권의 효력은 대지사용권의 분리처분이 가능하도록 규약으로 정하는 등의 특별한 사정이 없는 한 그 대지사용권에까지 미친다고 볼 수 있다(대판 1995.8.22, 94다12722).

② 이와 관련하여 대지권등기가 되어 있지 않은 구분건물의 전유부분이 매각된 경우가 문제되는 바, 등기예규는 매각허가결정에 대지에 대한 표시가 있는 여부를 기준으로 판단한다.

Ⅱ. 구분건물의 전유부분에 설정된 근저당권의 실행으로 매각된 경우 대지사용권에 대한 소유권이전등기절차(예규 1367)

1. 매각허가 결정(경정결정 포함)에 대지에 대한 표시가 있는 경우

(1) 대지권등기가 등기된 경우 - 수리

① 경매절차 진행 중 또는 대금납부 후에 대지권 등기가 등기된 경우, 경매법원으로부터 대지권까지 포함한 소유권이전등기촉탁이 있으면 이를 수리한다.

② 등기촉탁서와 매각허가결정(경정결정)의 부동산 표시는 등기기록과 일치하여야 한다. 단, 토지의 이전할 지분이 대지권 비율과 같으면 이는 동일한 것으로 본다.

③ 등기실행과 관련하여 등기원인은 "○년 ○월 ○일 매각(대지권 포함)"으로 기록한다.

④ 토지 부분에 등기된 부담기입등기에 대한 경매법원의 말소등기 촉탁은 이를 수리한다.

(2) 대지권 등기가 경료되지 않은 경우

1) **전유부분에 대한 등기** - 등기관은 수리하며 통상의 절차에 따른다.

2) **대지부분에 대한 등기** - 토지의 소유자가 일치하는 경우에 수리한다.

① **전유부분 소유자와 토지의 소유자가 일치한 경우**
토지에 대하여 경매개시결정등기가 경료되지 않았다 하더라도 토지 부분에 대한 소유권이전등기 촉탁은 이를 수리한다. 등기실행과 관련하여 등기원인은 전유부분의 등기와 동일하게 "○○년 ○○월 ○○일 매각"으로 기록한다.

② **전유부분 소유자와 토지의 소유자가 다른 경우**
전유부분에 대하여는 등기하고 토지부분에 대한 촉탁은 이를 각하한다. 다만, 토지부분에 대하여는 순차이전등기를 통하여 등기의무자가 일치된 후, 경매법원의 소유권이전등기 촉탁이 있으면 이를 수리한다.

2. 매각허가 결정에 대지에 대한 표시가 없는 경우

(1) 대지권등기가 등기된 경우 – 전부각하

① 대지권등기가 등기된 후에는 전유부분만에 대한 소유권이전등기 촉탁은 불가하므로 전유부분만에 대하여 매수인 앞으로 소유권이전등기를 실행하기 위하여는 대지권변경(대지권말소)등기 절차를 선행하여야 한다.

② 따라서 위 절차가 선행되지 않은 상태에서 매수인 앞으로 소유권이전등기 촉탁이 있는 경우에는 이를 전부 각하한다.

③ 위의 경우 매수인의 대위 신청에 의한 대지권변경등기(대지권말소)는 「부동산등기규칙」 제86조 제2항 및 제91조부터 제94조까지 정한 절차에 따라 처리하고, 이후 전유부분만에 대하여 매각을 원인으로 한 소유권이전등기 촉탁이 있으면 이를 수리한다.

(2) 대지권등기가 경료되지 않은 경우

1) 전유부분에 대한 등기 – 수리

2) 대지부분에 대한 등기 – 각하

전유부분에 대하여는 통상의 절차에 의하여 이를 수리하고 토지부분에 대한 등기 촉탁은 각하한다.
(매각허가 결정에 전유부분만 기재된 경우 형식적심사권밖에 없는 등기관은 토지까지 매각되었는지 여부를 판단할 수 없으므로)

Ⅲ. 대지권의 목적인 토지만이 매각된 경우(선례 3-778)

1. 대지권등기 말소의 필요성

예컨대 토지만에 대한 가압류등기가 된 후 대지권이라는 뜻의 등기가 된 경우에 그 가압류에 기한 강제경매절차에 따라 소유권이전등기를 하기 위해서는 매수인은 우선 건물표시변경등기(대지권 말소의 의미)신청을 하여야 한다. 그 신청에는 대위원인을 증명하는 서면으로 매각허가결정 등본 및 확정증명을 첨부한다.

2. 등기관의 조치

이러한 신청이 있는 경우에 등기관은 대지권등기의 말소와 동시에 직권으로 토지 등기기록상 대지권이라는 뜻의 등기를 말소하고, 건물 등기기록상 대지지분에도 효력이 미치는 등기를 토지 등기기록의 해당 구에 전부 전사하여야 한다(규칙 93).

11 절 신탁

	법	규칙
조문	신탁법 2 (신탁의 정의) 신탁법 3 (신탁의 설정) 신탁법 4 (신탁의 공시와 대항) 신탁법 36 (수탁자의 이익향수금지) 법 81 (신탁등기의 등기사항) 법 82 (신탁등기의 신청방법) 법 84 (수탁자가 여러 명인 경우) 법 87-2 (담보권신탁에 관한 특례)	규칙 139 (신탁등기) 규칙 139-2 (위탁자의 신탁선언에 의한 신탁 등의 등기신청) 규칙 139-3 (위탁자의 지위이전에 따른 신탁변경등기의 신청) 규칙 140 (신탁원부의 작성) 규칙 144-2 (담보권신탁의 등기)
기출	1. [15 법무] ① 신탁등기를 신청할 때의 신청인, 신청방식, 신청정보 및 첨부정보에 관하여 설명하시오. 30점 ② 등기관이 신탁등기가 마쳐진 부동산에 대하여 가압류등기, 경매개시결정등기, 체납처분에 의한 압류등기 등 처분제한등기의 촉탁을 받은 경우, 그 처리절차에 관하여 설명하시오. 5점 2. [19 행시] **신탁등기**와 **환매특약등기**의 **신청정보 제공방법**과 **실행방법**을 각각 설명하시오. 15점	

I. 서설

1. 의의

(1) 의의

① **신탁법상 신탁이란 위탁자**와 **수탁자**간의 **신임관계**에 기하여 위탁자가 수탁자에게 **재산을 이전하거나 담보권설정 등**을 하고 수탁자로 하여금 **수익자의 이익 등**을 위하여 신탁 목적의 달성을 위하여 필요한 행위(재산의 관리, 처분, 운용, 개발)를 하게 하는 법률관계를 말한다[신탁법 2].

② 신탁으로 재산권의 이전, 담보권의 설정 또는 그 밖의 처분행위가 있는 경우에 수탁자는 신탁재산을 자기의 고유재산과는 구별하여 관리하여야 하므로, 그 재산이 신탁재산인지 여부를 제3자가 확실히 알 수 있도록 대외적으로 공시할 필요가 있다.

③ **신탁등기는** 신탁대상 부동산이 신탁의 목적물인지 여부를 대외적으로 공시하기 위한 등기이며, 등기를 한때에 대항력이 생긴다[신탁법 4①].

> **신탁법 제4조(신탁의 공시와 대항) → 시험용법전 有**
> ① 등기 또는 등록할 수 있는 재산권에 관하여는 신탁의 등기 또는 등록을 함으로써 그 재산이 신탁재산에 속한 것임을 제3자에게 대항할 수 있다.

(2) 취지 – 대항력

(3) 구별개념

① 「실명법」상 **명의신탁**은 대내적으로는 신탁자, 대외적으로는 수탁자에게 소유권이 귀속되는 것으로 보나,

② 「신탁법」상 **신탁**은 대내적·대외적 소유권이 완전히 수탁자에게 귀속된다.

	(4) 신탁등기의 종류 **1) 신탁설정의 등기** 신탁의 목적이 된 부동산에 관한 권리를 대외적으로 공시하기 위한 등기가 신탁설정의 등기이다. 일반적으로 신탁등기라 함은 신탁설정의 등기를 말한다. **2) 수탁자변경의 등기** 신탁관계에 있어서 수탁자의 사망 등 수탁자 변경이 있는 경우에 이를 공시하기 위한 등기를 말한다. **3) 신탁원부기록의 변경등기** 신탁등기를 신청하는 경우 위탁자·수탁자·수익자·신탁관리인·신탁목적 등을 기재한 신탁원부를 제출하여야 하는바, 이러한 신탁원부에 변동이 생긴 경우, 이를 변경하는 등기를 말한다. **4) 신탁등기의 말소등기** 신탁의 목적물인 부동산이 신탁재산이 아닌 것으로 되는 때에 이를 말소하여 신탁의 목적에 의한 구속상태가 해소된 것을 공시하기 위한 등기이다. **5) 신탁의 합병·분할 등에 따른 신탁등기** 신탁의 합병·분할·분할합병이 있는 경우 이루어지는 신탁의 합병·분할로 인한 권리변경등기, 기존 신탁등기의 말소등기 및 새로운 신탁등기를 말한다.
2. 요건	
3. 범위 (당사자)	**(1) 위탁자** **위탁자란** 수탁자로 하여금 신탁재산의 관리 또는 처분 등을 하도록 하기 위하여 수탁자에게 재산의 이전, 담보권의 설정 또는 그 밖의 처분을 하는 자를 말한다. **(2) 수탁자** ① **수탁자란** 위탁자로부터 재산의 이전, 담보권의 설정 또는 그 밖의 처분을 받아 특정한 신탁목적에 따라 신탁재산의 관리·처분 등을 하는 자를 말한다. ② 수탁자는 반드시 1인으로 한정되지 않고 여럿이 될 수도 있다. 수탁자가 여럿인 경우에는 신탁재산은 그들의 합유로 한다(신탁법 50①). **1) 자연인** 행위능력이 있는 자연인도 수탁자가 될 수 있다. 따라서 미성년자·피성년후견인·피한정후견인은 수탁자가 될 수 없다. **2) 법인** 수탁자가 법인인 경우, 법인의 목적 범위 내에서 수탁자로 될 수 있다. 다만 영리회사가 신탁을 업으로 하기 위해서는 신탁업의 인가를 받아야 한다. 따라서 신탁업의 인가를 받지 않은 영리회사가 신탁을 업으로 하는 경우 그 회사를 수탁자로 하는 신탁의 등기는 허용되지 않는다. **3) 비법인** 권리능력 없는 사단 또는 재단의 경우에도 단체로서의 실체를 갖추어 등기능력이 인정되는 경우에는 수탁자로 될 수 있다고 본다. **(3) 수익자** ① 수익자란 위탁자가 신탁의 이익을 주려고 의도한 자 또는 그러한 권리를 승계한

	자를 말한다. 수익자는 신탁행위의 당사자는 아니나, 신탁행위는 수익자를 위하여 설정되는 것이므로 수익자의 지위는 신탁관계에 있어서 중요하다. ② 위탁자는 수익자의 지위는 겸할 수 있다. 따라서 위탁자가 신탁행위에서 수익자를 지정하지 아니한 경우에는 위탁자가 수익자를 겸하게 된다. ③ 반면에 수탁자는 수익자가 될 수 없다. 다만 수탁자가 공동수익자 중 1인인 경우에는 예외이다(신탁법 36).
4. 효과	**(1) 대내적·대외적 소유권의 이전** ① 부동산의 신탁에 있어서 위탁자의 신탁에 의하여 **수탁자 앞으로 그 소유권이전등기가 마쳐지게 되면 대내외적으로 소유권이 수탁자에게 완전히 이전**되고, 위탁자와의 내부관계에 있어서 소유권이 위탁자에게 유보되어 있는 것도 아니며, 다만 **수탁자는** 신탁의 목적 범위 내에서 신탁계약에 정하여진 바에 따라 신탁재산을 관리하여야 하는 제한을 부담함에 불과하다(대판 2003.8.19, 2001다47467). ② 또한 신탁재산은 형식적으로는 수탁자에게 귀속하고 있지만 실질적으로는 수탁자의 고유재산과는 독립된 별개의 재산으로 본다(신탁재산의 독립성). **(2) 신탁등기와 다른 등기와의 관계** **가. 위탁자를 등기의무자로 한 등기** **1) 일반적인 등기신청 – ×** 위탁자를 등기의무자로 하는 일반적인 등기신청은 수리하여서는 아니 된다. 예컨대 신탁등기가 등기된 부동산의 경우, 신탁등기가 말소되고 위탁자에게 소유권이전등기가 경료되기 전에는 위탁자를 등기의무자로 하는 근저당권설정등기를 할 수 없다(선례 6-335). **2) 처분제한의 등기 등 – ×** (단, 신탁 전 원인 : ○) ① 위탁자를 등기의무자로 하는 처분제한 등의 등기의 촉탁은 수리하여서는 아니 된다. ② 다만 **신탁 전**에 설정된 담보물권에 의한 임의경매등기 또는 **신탁 전**의 가압류등기에 기한 강제경매등기의 촉탁은 위탁자를 등기의무자로 한 경우에도 이를 수리하여야 한다. ③ 위탁자가 신탁대상인 재산을 취득함으로써 발생한 **조세**(취득세)**채권이라고 하더라도 신탁법상 신탁이 이루어지기 전에 압류를 하지 않은 이상 "신탁 전의 원인으로 발생한 권리"에 해당된다고 볼 수 없으므로**, 부동산의 양수인이 수탁자명의로 소유권이전등기를 마친 후에는 양수인에 대한 조세채권에 의하여 수탁자 명의로 신탁등기가 마쳐진 부동산에 대한 압류등기를 촉탁할 수는 없을 것이다(선례 5-684). ④ 1. 위탁자가 신탁을 원인으로 부동산의 소유권을 수탁자에게 이전하면 신탁재산은 수탁자에게 귀속되므로 수탁자 명의의 신탁부동산에 대하여 수탁자에 대한 압류조서를 첨부하고 수탁자를 등기의무자로 하여 압류등기를 촉탁한 경우에는 수리할 수 있다. 2. 이와 달리 수탁자 명의의 신탁부동산에 대하여 위탁자를 등기의무자로 하여 압류등기를 촉탁한 경우에는 촉탁서상의 등기의무자의 표시가 등기부와 부합하지 아니하여 수리할 수 없다.

3. 또한, 수탁자 명의의 신탁부동산에 대하여 위탁자에 대한 압류조서를 첨부하고 수탁자를 등기의무자로 하여 압류등기를 촉탁한 경우에는 촉탁서에 기재된 사항이 등기원인을 증명하는 서면과 부합하지 아니하여 수리할 수 없다(선례 201001-1).

나. 수탁자를 등기의무자로 한 등기

1) 일반적인 등기신청 – O (단, 신탁목적 反 : ×)

신탁등기가 마쳐진 부동산에 대하여 수탁자를 등기의무자로 하는 등기의 신청이 있을 경우에는, 등기관은 그 등기신청이 **신탁목적에 반하는지 여부를 심사**하여 반하지 않는 경우에만 그 신청을 수리할 수 있으며, 반하는 경우에는 위탁자의 동의가 있다 하더라도 수리할 수 없다(선례 7-279).

2) 처분제한의 등기 등 – O

신탁법 제22조 제1항에 의한 강제집행 등이 허용되는지 여부는 신탁재산에 대한 강제집행 여부를 결정하는 단계에서 집행법원이 심사하여야 할 사항이므로(선례 6-470), 등기관은 수탁자를 등기의무자로 하는 처분제한의 등기, 강제경매등기, 임의경매등기 등의 촉탁은 수리한다.

II. 개시 (법 22)

1. 모습

2. 전자

III. 신청절차

1. 신청인 (법 23)

(1) 일반론(㊟ 단독신청 / ㊍㊖ 대위신청)

① 신탁재산에 속하는 부동산의 **신탁등기**는 **수탁자**가 **단독**으로 신청한다(법 23⑦).

② 수탁자가 타인에게 신탁재산에 대하여 신탁을 설정(**재신탁**)하는 경우에는 해당 신탁재산에 속하는 부동산의 신탁등기는 새로운 신탁의 수탁자가 단독으로 신청한다(법 23⑧).

③ 수익자나 위탁자는 수탁자를 대위하여 신탁등기를 단독으로 신청할 수 있다(법 82②).

④ 다만, 신탁등기와 동시에 일괄하여 신청하는 **소유권이전등기** 등은 공동신청하여야 한다(법 23①).

2. 신청정보 (규칙 43)

(2) 유형별 신청방법

1) 일괄신청의 원칙

① 신탁등기의 신청은 해당 부동산에 관한 권리의 설정등기, 보존등기, 이전등기 또는 변경등기의 신청과 동시에 하되(법 82①), 1건의 신청정보로 **일괄**하여 **신청**하여야 한다(규칙 139①).

② 수익자나 위탁자는 수탁자를 대위하여 신탁등기를 단독으로 신청할 수 있으며(법 82②), 이 경우에는 1건의 신청정보로 일괄하여 신청할 필요가 없다(법 82② 후단).

③ **위탁자가 여러 명**이라 하더라도 수탁자와 신탁재산인 부동산 및 신탁목적이 동일한 경우에는 1건의 신청정보로 일괄하여 신탁등기를 신청할 수 있다.

④ **수탁자가 여러 명**인 경우에는 그 공동수탁자가 합유관계라는 뜻을 신청정보의 내용으로 제공하여야 한다(법 84①).

⑤ **신탁가등기**는 소유권이전청구권보전을 위한 가등기와 동일한 방식으로 신청하되, 신탁원부 작성을 위한 정보도 첨부정보로서 제공하여야 한다.

2) 신탁행위에 의한 신탁

가. 의의

신탁행위에 의한 신탁은 위탁자가 자신이 소유한 부동산을 수탁자에게 신탁을 설정하는 것을 의미하며, 가장 기본적인 신탁유형이다.

나. 신청방법

① 신탁행위에 의하여 소유권을 이전하는 경우에는 신탁등기의 신청은 신탁을 원인으로 하는 소유권이전등기의 신청과 함께 1건의 신청정보로 일괄하여 하여야 한다.

② 등기원인이 신탁임에도 신탁등기만을 신청하거나 소유권이전등기만을 신청하는 경우에는 법 제29조 제5호에 의하여 신청을 각하한다(법 29.5).

다. 신청정보

등기목적은 "**소유권이전 및 신탁**", 등기원인과 그 연월일은 "**○년 ○월 ○일 신탁**"으로 하여 신청정보의 내용으로 제공한다.

3) 재신탁(신탁법 3⑤, 법 23⑧, 규칙 139의2②)

가. 의의

재신탁이란 수탁자가 인수한 신탁재산을 스스로 위탁자가 되어 다른 수탁자에게 신탁함으로써 새로운 신탁을 설정하는 것을 의미한다. 개정 신탁법은 위탁자의 선언에 의한 신탁을 명문으로 인정하였다. 따라서 수탁자는 신탁행위로 달리 정한 바가 없으면 신탁 목적의 달성을 위하여 필요한 경우에는 **수익자의 동의**를 받아 타인에게 신탁재산에 대하여 재신탁을 설정할 수 있다(규칙 139의2②).

나. 신청방법

① 재신탁등기의 신청은 재신탁을 원인으로 하는 소유권이전등기의 신청과 함께 1건의 신청정보로 일괄하여 하여야 한다.

② 등기원인이 신탁임에도 신탁등기만을 신청하거나 소유권이전등기만을 신청하는 경우에는 법 제29조 제5호에 의하여 신청을 각하한다(법 29.5).

다. 신청정보

등기목적은 "**소유권이전 및 신탁**", 등기원인과 그 연월일은 "**○년 ○월 ○일 재신탁**"으로 하여 신청정보의 내용으로 제공한다.

4) 신탁재산처분에 의한 신탁(신탁법 27)

가. 의의

① 신탁재산(금전 등)의 **관리·처분·운용·개발**·멸실·훼손 그 밖의 사유로 **수탁자가 얻은 재산(부동산 등)**은 신탁재산에 속하게 된다(신탁법 27). 예컨대, 위탁자가 수탁자에게 일정 금원을 신탁하면서 그 금원으로 부동산을 매수하도록 하고 수탁자가 신탁재산(금전 등)의 처분에 의하여 신탁계약에 따라 특정 부동산을 매수하여 취득하는 경우에 그 부동산은 신탁재산에 속한다.

② 이러한 경우에도 수탁자가 취득한 부동산에 대하여도 신탁재산임을 공시할 필요성이 있으며, 이 경우에 하는 등기를 신탁재산처분에 의한 신탁등기라 한다.

나. 신청방법

① 신탁재산처분에 의한 **신탁등기의 신청**은 해당 부동산에 관한 **소유권이전등기의 신청**과 함께 1건의 신청정보로 일괄하여 하여야 한다[규칙 139②].

② 다만 **위 제3자와 공동으로 소유권이전등기만을** 먼저 신청하여 수탁자 앞으로 소유권이전등기가 이미 마쳐진 경우에는 수탁자는 그 후 단독으로 신탁등기만을 신청할 수 있다.

③ 수익자나 위탁자도 수탁자를 대위하여 단독으로 신탁등기만을 신청할 수 있다.

다. 신청정보

등기목적은 "**소유권이전 및 신탁재산처분에 의한 신탁**"으로 하고, **소유권이전등기가 이미 마쳐진 후 신탁등기만을 신청하는 경우**에는 등기목적은 "**신탁재산처분에 의한 신탁**"으로 하여 신청정보의 내용으로 제공한다.

5) 신탁재산 회복 또는 반환[「신탁법」 제43조]

가. 의의

수탁자가 그 의무를 위반하여 신탁재산에 손해가 생기거나 신탁재산이 변경된 경우 위탁자 등은 그 수탁자에게 신탁재산의 원상회복을 청구할 수 있고, 수탁자는 그로 인하여 얻은 이득 전부를 신탁재산에 반환하여야 한다[신탁법 43]. 이러한 경우 수탁자 명의로 회복·반환된 부동산에 대하여도 신탁재산임을 공시할 필요성이 있다. 이러한 경우에 하는 등기를 신탁재산의 회복·반환에 의한 신탁등기라 한다.

나. 신청방법

① 신탁재산 회복 또는 반환에 의한 **신탁등기의 신청**은 해당 부동산에 관한 **소유권이전등기의 신청**과 함께 1건의 신청정보로 일괄하여 하여야 한다.

② 다만 **소유권이전등기만을** 먼저 신청하여 수탁자 앞으로 소유권이전등기가 이미 마쳐진 경우에는 수탁자는 그 후 단독으로 신탁등기만을 신청할 수 있다.

③ 수익자나 위탁자도 수탁자를 대위하여 단독으로 신탁등기만을 신청할 수 있다.

다. 신청정보

등기목적은 "**소유권이전 및 신탁재산회복(반환)으로 인한 신탁**"으로 하고, 소유권이전등기가 이미 마쳐진 후 신탁등기만을 신청하는 경우에는 등기목적은 "**신탁재산회복(반환)으로 인한 신탁**"으로 하여 신청정보의 내용으로 제공한다.

6) 위탁자의 선언에 의한 신탁[신탁법 3조①3, 규칙 139의2①]

(자기신탁 / 자기의 재산이 신탁재산으로 된 뜻의 등기 / ㊀ = ㊁)

가. 의의

위탁자의 선언에 의한 신탁이란 신탁의 목적, 신탁재산, 수익자 등을 특정하고 자신을 수탁자로 정하는 신탁을 말한다. 개정 신탁법은 명문으로 인정하였다. 이러한 신탁은 공익신탁법에 따른 공익신탁인 경우를 제외하고는 공정증서를 작성하는 방법으로 하여야 한다[법 139-2①].

나. 신청방법

위탁자의 선언에 의한 신탁의 경우에는 신탁등기와 신탁재산으로 된 뜻의 권리변경등기를 1건의 신청정보로 일괄하여 수탁자가 단독으로 신청한다.

다. 신청정보

등기목적은 "**신탁재산으로 된 뜻의 등기 및 신탁**", 등기원인과 그 연월일은 "**○년 ○월 ○일 신탁**"으로 하여 신청정보의 내용으로 제공한다.

7) 담보권신탁

가. 의의

담보권신탁은 예를 들어 채무자가 수탁자에게 자기소유 재산에 대한 담보권을 신탁재산으로 하여 신탁을 설정하고 채권자를 수익자로 지정하면 수탁자가 채권자에게 수익권증서를 발행해 주는 형태의 신탁을 말한다. 따라서 수탁자는 위탁자가 자기 또는 제3자 소유의 부동산에 채권자가 아닌 수탁자를 (근)저당권자로 하여 설정한 (근)저당권을 신탁재산으로 하고 채권자를 수익자로 지정한 담보권신탁등기를 신청할 수 있다(법 87조의 2①). 담보권신탁을 인정할 경우 채권자는 담보권의 효력을 유지한 채 별도의 이전등기 없이도 수익권을 양도하는 방법으로 사실상 담보권을 양도할 수 있어서 법률관계가 간단해지고 자산유동화의 수단으로서 활용이 용이해지기 때문에 전부개정 신탁법에 도입되었다.

나. 신청방법

담보권신탁등기는 신탁을 원인으로 하는 **(근)저당권설정등기**와 함께 1건의 신청정보로 일괄하여 신청한다.

다. 신청정보

등기목적은 "**(근)저당권설정 및 신탁**", 등기원인과 그 연월일은 "**○년 ○월 ○일 신탁**"으로 하여 신청정보의 내용으로 제공한다.

신탁재산에 속하는 (근)저당권에 의하여 담보되는 피담보채권이 여럿이고 각 피담보채권별로 「부동산등기법」 제75조에 따른 등기사항이 다른 경우에는 법 제75조에 따른 등기사항을 각 채권별로 구분하여 신청정보의 내용으로 제공하여야 한다.

신탁재산에 속하는 (근)저당권에 의하여 담보되는 피담보채권이 이전되는 경우에는 수탁자는 신탁원부기록의 변경등기를 신청하여야 한다. 담보권신탁에서는 담보권자와 채권자가 애초에 분리되어 있으므로 저당권의 부종성의 원칙이 적용되지 않고, 채권이 양도되었다고 해서 저당권이 이전되는 것은 아니다. 따라서 신탁재산에 속하는 (근)저당권에 의하여 담보되는 피담보채권이 이전되는 경우에는 수탁자는 신탁원부기록의 변경등기를 신청하여야 하고(법 87의2②), 부동산등기법상 저당권의 이전등기를 하지 않는다(법 87의2③).

> **신탁법 제31조(수탁자의 권한)**
> 수탁자는 신탁재산에 대한 권리와 의무의 귀속주체로서 신탁재산의 관리, 처분 등을 하고 신탁 목적의 달성을 위하여 필요한 모든 행위를 할 권한이 있다. 다만, 신탁행위로 이를 제한할 수 있다.

신탁법 제33조(충실의무)
수탁자는 수익자의 이익을 위하여 신탁사무를 처리하여야 한다.

신탁법 제36조(수탁자의 이익향수금지)
수탁자는 누구의 명의로도 신탁의 이익을 누리지 못한다.
다만, 수탁자가 공동수익자의 1인인 경우에는 그러하지 아니하다.

신탁법 제59조(유언대용신탁)
① 다음 각 호의 어느 하나에 해당하는 신탁의 경우에는 위탁자가 수익자를 변경할 권리를 갖는다.
다만, 신탁행위로 달리 정한 경우에는 그에 따른다.
1. 수익자가 될 자로 지정된 자가 위탁자의 사망 시에 수익권을 취득하는 신탁
2. 수익자가 위탁자의 사망 이후에 신탁재산에 기한 급부를 받는 신탁

② 제1항 제2호의 수익자는 위탁자가 사망할 때까지 수익자로서의 권리를 행사하지 못한다.
다만, 신탁행위로 달리 정한 경우에는 그에 따른다.

신탁법 제98조(신탁의 종료사유)
신탁은 다음 각 호의 어느 하나에 해당하는 경우 종료한다.
1~5. 생략.
6. 신탁행위로 정한 종료사유가 발생한 경우

신탁법 제101조(신탁종료 후의 신탁재산의 귀속)
① 제98조 제1호, 제4호부터 제6호까지, 제99조 또는 제100조에 따라 신탁이 종료된 경우 신탁재산은 수익자(잔여재산수익자를 정한 경우에는 그 잔여재산수익자를 말한다)에게 귀속한다. 다만, 신탁행위로 신탁재산의 잔여재산이 귀속될 자(이하 "귀속권리자"라 한다)를 정한 경우에는 그 귀속권리자에게 귀속한다.

8) 유언대용신탁 관련문제

가. 위탁자의 사망을 신탁종료사유로, 수탁자를 잔여재산에 대한 귀속권리자로 하는 신탁등기신청 가부 - O

신탁의 종료사유는 신탁행위로 자유롭게 정할 수 있으며(신탁법 98.6), **신탁이 종료된 경우 신탁재산의 잔여재산이 귀속될 자** 또한 신탁행위로 자유롭게 정할 수 있는 것이므로(신탁법 101① 단서), '위탁자의 사망'을 신탁의 종료사유로 하고, 신탁이 종료된 경우 신탁재산의 잔여재산이 귀속될 자를 '수탁자'로 하는 내용의 신탁등기도 신청할 수 있다(선례 제201911-2호).

나. 위탁자와 생전수익자를 동일인으로 하는 유언대용신탁이 가능한지 여부 - O

위탁자가 수익자의 지위를 겸하는 자익신탁은 일반적으로 허용되므로, 유언대용신탁의 경우에도 위탁자가 생전수익자의 지위를 겸하는 것은 가능하다(신탁법 3조① 참조).

다. 수탁자와 사후수익자를 동일인으로 하는 유언대용신탁이 가능한지 여부 – ×

① 「신탁법」은 수탁자가 공동수익자 중 1인인 경우를 제외하고는 수탁자로 하여금 신탁의 이익을 누리는 것을 금지하고 있는바(신탁법 36), 유언대용신탁에서 생전수익자와 사후수익자가 별도로 존재하는 경우라도 위탁자의 사망을 기준으로 생전수익자와 사후수익자가 시간적으로 분리되는 결과 생전수익자와 사후수익자가 동시에 공동수익자로서 권리행사를 할 수는 없다(신탁법 59).

② 따라서 위탁자의 사망 이후에 수탁자만이 단독 사후수익자가 되는 신탁은 「신탁법」 제36조를 위반하게 되는 것이어서 생전수익자를 위탁자와 동일인으로 하고, 사후수익자를 수탁자와 동일인으로 하는 신탁등기는 신청할 수 없다(선례 201808-4).

라. 유언대용신탁의 효력(유효인 부분과 무효인 부분의 경함) – 일부무효

① **신탁법상 신탁**이란 위탁자가 수탁자에게 처분한 신탁재산에 관하여 수탁자로 하여금 수익자의 이익을 위하여 관리, 운용 등을 하게 하는 것을 목적으로 하는 법률관계로서(신탁법 2) **수탁자**는 수익자의 이익을 위하여 신탁사무를 처리할 의무를 부담하게 되는데(신탁법 32, 33), 만약 **수탁자**가 **동시**에 **수익자**가 되면 수탁자는 자신의 이익을 위하여 신탁재산을 관리 또는 운용하는 결과가 되므로 사실상 위탁자가 수탁자에게 재산을 증여한 것과 다름없는 법률관계가 되고 신탁의 효력을 인정할 실익이 없게 된다(대판 2024.4.16, 2022다307294).

② 신탁법 제36조도 "**수탁자**는 누구의 명의로도 신탁의 이익을 누리지 못한다. 다만, 수탁자가 공동수익자의 1인인 경우에는 그러하지 아니하다."라고 규정하고 있는데, 앞서 본 바와 같이 위 규정도 **수탁자**가 신탁재산에 관하여 **유일한 수익자**가 되는 **신탁계약은 허용되지 않는다**는 것을 분명하게 규정한 것으로 해석된다. 나아가 신탁법 제5조 제2항이 "목적이 위법하거나 불능인 신탁은 무효로 한다."라고 규정하고 있는 사정까지 고려하면, 수탁자가 신탁재산에 관하여 유일한 수익자가 되는 신탁계약은 무효라고 보는 것이 타당하다. 따라서 유언대용신탁에서 위탁자가 사망한 후 **유일한 수익자**를 **수탁자**로 정하였다면 **그 부분은 무효**가 된다(대판 2024.4.16, 2022다307294).

③ 한편 신탁법 제5조 제3항은 '**신탁 목적의 일부**가 제1항(선량한 풍속이나 그 밖의 사회질서에 위반하는 사항을 목적으로 하는 신탁) 또는 제2항(목적이 **위법**하거나 **불능**인 신탁)에 해당하는 경우 그 신탁은 제1항 또는 제2항에 해당하지 아니한 **나머지** 목적을 위하여 **유효**하게 성립한다. 다만, 제1항 또는 제2항에 해당하는 목적과 그렇지 아니한 목적을 분리하는 것이 불가능하거나 분리할 수 있더라도 제1항 또는 제2항에 해당하지 아니한 나머지 목적만을 위하여 신탁을 유지하는 것이 위탁자의 의사에 명백히 반하는 경우에는 그 전부를 무효로 한다.'고 규정하고 있다. 따라서 유언대용신탁에서 위탁자가 사망한 후 **유일한 수익자를 수탁자로 정한 부분이 무효**가 된다고 하더라도 **나머지 부분**, 즉 **위탁자가 사망하기 전 수익자를**

위탁자로 하여 수탁자로 하여금 신탁재산을 관리 또는 운용하도록 하는 부분(이하 '생전 자익신탁 부분'이라 한다)은 분리하기 불가능하거나 분리하더라도 생전 자익신탁 부분만으로 신탁을 유지하는 것이 위탁자의 의사에 명백히 반한다는 사정이 없는 이상 유효하다고 보아야 하고, 위탁자 사망 후 유일한 수익자가 수탁자가 된다는 사정만으로 곧바로 유언대용신탁 계약 전체를 무효라고 할 수는 없다(대판 2024.4.16, 2022다307294).

마. 수탁자와 사후수익자를 동일인으로 하는 유언대용신탁이 접수된 경우 등기관의 조치 - 각하(법 제29조 제9호)

생전수익자를 위탁자로 하고(이하 '생전 자익신탁 부분'이라 함) 유일한 사후수익자를 수탁자로 정한(이하 '사후 타익신탁 부분'이라 함) 유언대용신탁(「신탁법」 제59조 제1항)에 따라 신탁등기를 신청한 경우, 사후 타익신탁 부분은 무효로 되는 것이어서(대판 2024.4.16, 2022다307294), '(사후)수익자의 성명 및 주소'를 증명하는 정보를 첨부정보로서 등기소에 제공하지 않은 것으로 볼 수밖에 없을 것이므로, 등기관은 당해 등기신청을 「부동산등기법」 제29조 제9호에 따라 각하하여야 한다(선례 202404-1).

바. 수탁자와 사후수익자를 동일인으로 하는 유언대용신탁이 등기된 후 위탁자가 사망한 경우의 조치

① 사후 타익신탁 부분이 무효가 된다고 하더라도 생전 자익신탁 부분은 분리하기 불가능하거나 분리하더라도 생전 자익신탁 부분만으로 신탁을 유지하는 것이 위탁자의 의사에 명백히 반한다는 사정이 없는 이상 유효하다고 보아야 하고, 유일한 사후수익자가 수탁자가 된다는 사정만으로 곧바로 유언대용신탁 계약 전체를 무효라고 할 수는 없는데(위 판결), 형식적 심사권만 가지는 등기관이 위와 같은 사정의 유무를 판단할 수는 없으므로, 다른 특별한 사정이 없는 한, 생전 자익신탁은 유효한 것으로 판단할 수밖에 없을 것이다. 따라서 생전수익자를 위탁자로 하고 유일한 사후수익자를 수탁자로 정한 유언대용신탁에 따라 신탁등기를 신청하였으나 등기관이 이를 간과하여 등기가 마쳐진 다음 위탁자가 사망한 경우 신탁의 목적을 달성하게 되어 신탁이 종료된 것으로 보아야 한다(선례 202404-1).

② 위 2.의 경우 신탁재산 귀속을 등기원인으로 하는 소유권이전등기의 등기권리자는 다음과 같다(선례 202404-1).

가. 귀속권리자를 정한 경우에는 잔여재산은 그에게 귀속되므로, '귀속권리자'가 등기권리자가 된다. 한편 수탁자를 귀속권리자로 정하는 것도 허용되므로, 신탁계약에서 수탁자를 귀속권리자로 정한 경우에는 수탁자가 등기권리자가 된다.

나. 반면 귀속권리자를 정하지 않은 경우에는 잔여재산은 수익자에게 귀속될 것인데, 유효한 생전 자익신탁 부분의 수익자는 위탁자이므로 신탁재산의 잔여재산은 위탁자에게 귀속될 수밖에 없고 이에 따라 상속재산에 편입되게 될 것이므로, '위탁자의 상속인'이 등기권리자가 된다.

9) **공동위탁자 1인을 수탁자로 하는 신탁등기의 가부 및 방법(선례변경)**

공동위탁자(甲, 乙) 중 **1인(乙)을 단독수탁자, 甲과 乙을 공동수익자**로 하는 신탁설정 시, 등기신청은 **甲지분**에 대하여는 "甲지분전부이전 및 신탁"을 등기목적으로, **乙지분**에 대하여는 "乙지분전부 신탁재산으로 된 뜻의 등기 및 신탁"을 등기목적으로 하는 별개의 등기신청서를 제출하는 방법에 의한다(선례 202206-2).

3. 첨부정보 (규칙 46)

일반적 (규칙 46)

등기원인 관련

(1) 등기원인증명(규칙 46①1)

① **신탁계약서 등**

신탁행위에 의한 신탁등기를 신청하는 경우에는 당해 부동산에 대하여 신탁행위가 있었음을 증명하는 정보(신탁계약서 등)를 등기원인을 증명하는 정보로서 제공하여야 한다(규칙 46①1).

② **신탁원부 작성을 위한 정보**

㉠ 등기관이 신탁등기를 할 때에는 신탁원부를 작성하고, 등기기록에는 신탁원부의 번호를 기록하여야 한다(법 81①, 규칙 140). 따라서 이를 위해 신청인은 신탁원부 작성을 위한 정보로서 제공하여야 한다(규칙 139③).

㉡ 여러 개의 부동산에 관하여 1건의 신청정보로 일괄하여 신탁등기를 신청하는 경우에는 각 부동산별로 신탁원부 작성을 위한 정보를 제공하여야 하지만, 부동산의 표시에 관한 사항은 신탁원부 작성을 위한 정보의 내용으로 제공할 사항이 아니다(선례 201912-4).

(2) 등기원인 - ㉭㉮㉯ 등(규칙 46①2, 규칙 46③)

1) 검인(계약서 · 판결서) - O (∵ 소이등)

① 신탁계약에 의하여 소유권을 이전하는 경우에는 등기원인을 증명하는 정보에 검인을 받아 제공하여야 한다.

② 다만 한국주택금융공사가 「한국주택금융공사법」 제22조 제1항 제9호의2의 주택담보노후연금보증과 관련된 신탁업무를 수행하기 위하여 신탁을 설정하거나 해지하는 경우에는 「부동산등기 특별조치법」 제3조를 적용하지 아니하므로 등기원인을 증명하는 정보에 검인을 받지 않고 제공할 수 있다.

2) ㉦거래계약신고필증 - △ (∵ 신탁재산처분신탁○)

3) 토지거래계약허가 - × (∵ 유상×)

4) 농지취득자격증명 - O (∵ 소이등)

이 규정에서의 취득은 농지를 취득할 수 있는 자가 실제 현황이 농지인 토지를 타인에게서 본인에게 실질적으로 이전되어 새롭게 취득하는 것을 말한다. 따라서 자연인 또는 농업회사법인이 농지에 대하여 신탁법상의 신탁 또는 신탁해지 등을 등기원인으로 하여 소유권이전등기를 신청하는 경우에는 농지취득자격증명을 제공하여야 한다.

├ 의무자 관련

(1) **등기필정보**(법 50②, 규칙 43①7) – × (註 단, 권리등기 일괄 – 등기필정보 제공 ○)

(2) **인감증명**(규칙 60, 규칙 62) – × (註 단, 권리등기 일괄 – 인감증명 제공 ○)

(3) **지방세납세증명서**(지방세징수법 5①4) – △

① 위탁자와 수탁자 간의 신탁계약, 재신탁 등을 원인으로 소유권이전등기 및 신탁등기를 신청하는 경우에는 「지방세징수법」 제5조 제1항 제4호에 따라 지방세 납세증명서를 첨부정보로서 제공하여야 한다.

② 다만, 등기원인을 증명하는 정보로서 확정판결, 그 밖에 이에 준하는 집행권원을 제공하여 단독으로 신청하는 경우에는 지방세 납세증명서를 제공할 필요가 없다.

├ 권리자 관련

(1) **세금영수증**(법 29.10)

① 취득세영수필확인서 – × (∵ 신탁재산처분신탁○)

② 등록면허세영수필확인서 – ○

③ 국민주택채권 – ×

④ 등기신청수수료 – × (註 단, 권리등기 함께 – 등기신청수수료 제공 ○)

⑤ 인지 – ×

(2) **주소증명**(규칙 46①6) – × (註 단, 권리등기 함께 – 주소증명정보 제공 ○)

(3) **번호증명**(규칙 46①6, 법 49) – × (註 단, 권리등기 함께 – 번호증명정보 제공 ○)

├ 부동산 관련

(1) **대장, 그 밖의 정보** – △ (규칙 46①7)

(2) **지적도 · 도면**

└ 신청인자격 관련

(1) **대리권한을 증명하는 정보**(규칙46①5)

등기신청위임장을 제공한다.

(2) **대위원인을 증명하는 정보**(규칙 50)

위탁자 또는 수익자가 신탁의 등기를 대위하여 신청할 때에는 대위원인을 증명하는 정보와 해당 부동산이 신탁재산임을 증명하는 정보를 첨부정보로서 제공하여야 한다.

개별적(규칙 139-2)

(1) **신탁설정에 관한 공정증서**(규칙 139-2①)

위탁자의 선언에 의한 신탁등기를 신청하는 경우에는

<table>
<tr><td></td><td></td><td></td><td>공익신탁법에 따른 공익신탁인 경우를 제외하고는 신탁설정에 관한 공정증서를 첨부정보로서 제공하여야 한다(註 공익신탁 : 공정증서× / 사익신탁 : 공정증서○).
(2) 재신탁의 경우 수익자의 동의가 있음을 증명하는 정보 [규칙 139-2②]
① 신탁법 제3조 제5항에 따른 재신탁등기를 신청하는 경우에는 수익자의 동의가 있음을 증명하는 정보(인감증명 포함)를 첨부정보로서 제공하여야 한다.
② 수인의 조합원으로부터 각각 신탁을 설정받은 주택재건축조합이 신탁재산을 재신탁하는 경우에는 신탁행위로 달리 정한 바가 없다면 각 신탁계약의 수익자 즉, 조합원 전원의 동의서(인감증명 첨부)를 첨부정보로서 제공하여야 하고, 「신탁법」 제71조에 따른 수익자집회의 결의로써 수익자의 동의를 갈음할 수 없다[선례 201403-4].
(3) 유한책임신탁등기사항증명서[규칙 139-2③]
신탁법 제114조 제1항에 따라 유한책임신탁의 목적인 부동산에 대하여 신탁등기를 신청하는 경우에는 유한책임신탁의 등기가 되었음을 증명하는 등기사항증명서를 첨부정보로서 제공하여야 한다.
(4) 공익신탁에 대한 법무부장관의 인가
공익신탁법에 따른 공익신탁에 대하여 신탁등기를 신청하는 경우에는 법무부장관의 인가를 증명하는 정보를 첨부정보로서 제공하여야 한다.
(5) 신탁업의 인가를 받았음을 증명하는 정보
영리법인이 수탁자가 되기 위해서는 자본시장법상의 금융위원회로부터 신탁업의 인가를 받았음을 증명하는 정보를 첨부정보로서 제공하여야 한다.</td></tr>
<tr><td rowspan="4">Ⅳ. 실행절차</td><td>1. 접수·배당</td><td colspan="2"></td></tr>
<tr><td>2. 조사</td><td colspan="2"></td></tr>
<tr><td>3. 문제○ [법 29]</td><td colspan="2">신탁행위에 의하여 소유권을 이전하는 경우와 같이 일괄신청해야 하는 등기의 경우 등기원인이 신탁임에도 신탁등기만을 신청하거나 소유권이전등기만을 신청하는 경우에는 법 제29조 제5호에 의하여 신청을 각하한다.</td></tr>
<tr><td>4. 문제× [법 48]</td><td colspan="2">(1) 일반론
① 법 제48조에서 규정한 일반적인 사항을 등기사항으로 기록한다.
② 등기관이 신탁등기를 할 때에는 다음 각 호의 사항을 기록한 신탁원부 작성하고, 등기기록에는 제48조에서 규정한 사항 외에 그 신탁원부의 번호 및 신탁재산에 속하는 부동산의 거래에 관한 주의사항을 신탁등기에 부기등기로 기록하여야</td></tr>
</table>

한다(법 81①, 규칙139의4). [본조개정 2024.11.29, 시행일: 2025.1.31.]

부기등기에는 "이 부동산에 관하여 임대차 등의 법률행위를 하는 경우에는 등기사항증명서뿐만 아니라 등기기록의 일부인 신탁원부를 통하여 신탁의 목적, 수익자, 신탁재산의 관리 및 처분에 관한 신탁 조항 등을 확인할 필요가 있음"이라고 기록하여야 한다. [본조개정 2024.11.29, 시행일: 2025.1.31.]

개정 법률에서는 신탁재산에 속하는 부동산의 거래에서 신탁원부를 확인하지 아니하여 발생하는 피해를 방지하기 위하여 신탁재산에 속하는 부동산의 거래에 관한 주의사항을 신탁등기에 기록하도록 하였다.

③ 등기관이 신탁등기의 말소등기를 할 때에는 제139조의4에 따라 마쳐진 주의사항의 부기등기를 직권으로 말소하고, 신탁등기를 말소함으로 인하여 말소한다는 뜻을 기록하여야 한다(규칙 144③). [본조개정 2024.11.29, 시행일: 2025.1.31.]

④ 등기관이 권리의 이전 또는 보존이나 설정등기와 함께 신탁등기를 할 때에는 **하나의 순위번호**를 사용하여야 한다(규칙 139⑦).

따라서 신탁으로 인한 권리이전등기를 한 다음 등기목적란부터 권리자 및 기타사항란에 횡선을 그은 후 **등기목적란**에 신탁등기의 등기목적을 기록하고 **권리자 및 기타사항란**에 신탁원부번호를 기록한다.

예컨대, 신탁을 원인으로 한 소유권이전등기와 함께 신탁등기를 할 때에는 주등기로 하여야 하고, 부기등기로 할 것은 아니다.

⑤ 등기관은 등기소에 제공된 전자문서에 번호를 부여하고 이를 신탁원부로서 전산정보처리조직에 등록하여야 한다. 신탁원부에는 1년마다 그 번호를 새로 부여하여야 한다. 등기관이 신탁등기를 할 때 작성한 **신탁원부**는 등기기록의 일부로 본다(법 81③, 규칙 140).

(2) 수탁자인 등기명의인의 표시 방법

1) 신탁행위에 의한 신탁

신탁행위에 의하여 신탁재산에 속하게 되는 부동산에 대하여 수탁자가 소유권이전등기와 함께 신탁등기를 1건의 신청정보로 일괄하여 신청하는 경우에는 소유권이전등기의 등기명의인은 "수탁자 또는 수탁자(합유)"로 표시하여 등기기록에 기록한다. 위탁자의 선언에 의한 신탁의 경우에는 등기명의인을 "수탁자"로 표시한다.

2) 신탁재산처분에 의한 신탁 및 신탁재산 회복 또는 반환

① 신탁법 제27조에 따라 신탁재산에 속하게 되거나 신탁법 제43조에 따라 신탁재산으로 회복 또는 반환되는 부동산에 대하여 수탁자가 소유권이전등기와 함께 신탁등기를 1건의 신청정보로 일괄하여 신청하는 경우에는 소유권이전등기의 등기명의인은 "소유자 또는 공유자"로 표시하여 등기기록에 기록하고, 공유자인 경우에는 그 공유지분도 등기기록에 기록한다.

② 신탁법 제27조에 따라 신탁재산에 속하게 되거나 신탁법 제43조에 따라 신탁재산으로 회복 또는 반환되는 부동산에 대하여 수탁자가 소유권이전등기만을 먼저 신청하여 소유권이전등기의 등기명의인이 "소유자 또는 공유자"로 표시된 후 수탁자가 단독으로 또는 위탁자나 수익자가 수탁자를 대위하여 단독으로 신탁등기를 신청하는 경우에는 이미 마쳐진 소유권이전등기의 등기명의인의 표시는 이를 변경하지 아니하고 그대로 둔다.

③ 위 ②,③의 경우 등기명의인으로 표시된 "소유자 또는 공유자"는 신탁관계에서는 수탁자의 지위를 겸하게 되므로, 그 "소유자 또는 공유자"의 등기신청이 신탁목적에 반하는 것이면 이를 수리하여서는 아니 된다.

3) 위탁자의 선언에 의한 신탁(자기신탁 / ㉾ = ㊍)

위탁자의 선언에 의한 신탁의 경우에는 등기명의인을 "수탁자"로 변경하여 다시 기록한다.

〈신탁등기의 기록례〉

【 갑구 】	(소유권에 관한 사항)			
순위번호	등기목적	접수	등기원인	권리자 및 기타사항
2	소유권이전	2019년 1월 9일 제670호	2019년 1월 8일 매매	소유자 김우리 600104-1056429 서울특별시 서초구 반포대로 60 (반포동) 거래가액 금200,000,000원
3	소유권이전	2018년 3월 5일 제3005호	2018년 3월 4일 신탁	수탁자 대한부동산신탁주식회사 110111-2345671 서울특별시 강남구 테헤란로 15 (삼성동)
	신탁			신탁원부 제2018-25호
3-1	신탁주의사항			이 부동산에 관하여 임대차 등의 법률행위를 하는 경우에는 등기사항증명서뿐만 아니라 등기기록의 일부인 신탁원부를 통하여 신탁의 목적, 수익자, 신탁재산의 관리 및 처분에 관한 신탁 조항 등을 확인할 필요가 있음 2025년 5월 31일 부기

5. 완료 후

- **등기완료 통지** 법 30 (규칙 53) ○
- **등기필정보 통지** 법 50 (규칙 106~110) × (註 단, 권리등기 함께 – 권리등기에 대한 등기필정보 작성·통지 ○)
- **소유변경 통지** 법 62 (규칙 120) ○
- **과세자료 제공** 법 63 (규칙 120) ○

Ⅴ. 처분이의 법 100 등

12 절 구분건물과 신탁등기

1. 신탁등기가 마쳐진 대지 위에 신축된 구분건물에 대하여 소유권보존등기와 함께 신탁등기가 마쳐진 다음 대지권등기가 마쳐진 상태에서의 신탁재산귀속에 따른 등기신청절차(선례변경) (선례 제201804-7호)

① 신탁계약을 원인으로 갑 소유명의의 토지에 대하여 수탁자 을 앞으로 소유권이전등기 및 신탁등기를 먼저 마친 다음, 을이 이 토지 위에 구분건물을 신축하여 그 신축건물에 대하여 을 명의의 소유권보존등기, 갑을 위탁자로 하고 을을 수탁자로 하는 신탁재산처분에 의한 신탁등기, 그리고 위 토지를 대지권의 목적으로 하는 대지권등기를 마친 상태에서

② 이후 분양되지 아니한 나머지 구분건물 전부에 대하여 신탁재산 귀속을 원인으로 갑 앞으로 소유권을 이전하려는 경우에는

③ 구분건물에 대한 소유권이전등기 및 신탁등기의 말소등기를 1건의 신청정보로 일괄하여 신청하고, 이와 동시에 별개의 신청정보로 토지에 대한 신탁등기의 말소등기를 신청하여야 한다.

2. 대지권등기가 마쳐진 구분건물에 대한 소유권이전 및 신탁말소등기와 토지에 대한 신탁말소(또는 일부말소 의미의 신탁변경)등기의 신청 방법 제정 (선례 제201906-13호)

① 신탁계약을 원인으로 갑 소유명의의 토지에 대하여 수탁자 을 앞으로 소유권이전등기 및 신탁등기를 마친 다음, 을이 이 토지 위에 구분건물을 신축하여 그 신축건물에 대하여 을 명의의 소유권보존등기, 갑을 위탁자로 하고 을을 수탁자로 하는 신탁재산처분에 의한 신탁등기, 그리고 위 토지를 대지권의 목적으로 하는 대지권등기를 마친 상태에서

② 구분건물에 대하여 분양계약을 원인으로 수분양자 앞으로 소유권을 이전하는 경우와 신탁재산 귀속을 원인으로 위탁자 갑 앞으로 소유권을 이전하는 경우, 그 등기신청 방법은 다르지 않다.

③ 즉, 두 경우 모두 구분건물에 대한 소유권이전등기 및 신탁말소등기를 1건의 신청정보로 일괄하여 신청하고, 이와 동시에 별개의 신청정보로 토지에 대한 신탁등기의 말소등기(또는 일부말소 의미의 신탁변경등기)를 신청하여야 한다.

3. 대지권등기가 마쳐진 구분건물에 대한 소유권이전등기 및 신탁등기의 말소등기와 토지에 대한 신탁등기의 말소등기(또는 일부말소 의미의 신탁변경등기)를 동시에 신청하는 경우 등기원인을 증명하는 정보를 각각 첨부정보로서 등기소에 제공하여야 하는지 여부 제정 (선례 제202205-2호)

① 신탁계약을 원인으로 甲 소유명의의 토지에 대하여 수탁자 乙 앞으로 소유권이전등기 및 신탁등기(이하 "제1신탁등기"라 함)를 마친 다음, 乙이 위 토지 위에 구분건물을 신축하여 그 신축건물에 대해 乙 명의의 소유권보존등기, 甲을 위탁자로 하고 乙을 수탁자로 하는 신탁재산처분에 의한 신탁등기(이하 "제2신탁등기"라 함), 그리고 위 토지를 대지권의 목적으로 하는 대지권등기를 마친 상태에서

② 구분건물에 대하여 분양계약을 원인으로 수분양자 앞으로의 소유권이전등기를 신청하는 경우

③ 위 수분양자 명의로의 소유권이전등기 및 제2신탁등기의 말소등기(이러한 각 등기는 일괄신청하여 함)와 토지(대지)에 대한 제1신탁등기의 변경등기(일부 말소의 의미)는 동시에 신청(註 별개의 신청정보)하여야 하는데

④ 이 경우 (註 구분건물에 대한)소유권이전등기 및 제2신탁등기의 말소등기 신청의 등기원인을 증명하는 정보로 분양계약서를 제공하여야 하나

⑤ 토지(대지)에 대한 제1신탁등기의 변경등기의 등기원인인 신탁종료 사유는 등기관이 신탁원부와 해당 구분건물 등기기록에 의하여 판단하면 되므로 별도로 그에 대한 정보는 제공할 필요가 없다(선례 제202205-2호).

13 절 신탁 - 수탁자변경의 등기

	법	규칙
조문	법 83 (수탁자의 임무 종료에 의한 등기) 법 84 (수탁자가 여러 명인 경우)	
기출		

1. 서설

① 수탁자는 등기부와 신탁원부 모두에 기록되는 자로써 수탁자의 변경이 있으면 먼저 권리이전등기 등을 하여야 하고, 등기관은 직권으로 신탁원부상의 수탁자를 변경하는 신탁원부기록의 변경등기를 하여야 한다.

② 신탁등기 후 수탁자가 변경된 사유가 수탁자의 경질로 인한 경우와 수인의 수탁자 중 1인의 임무종료인 경우에 따라 단독신청과 공동신청으로 나누어지며, 권리이전등기와 합유명의인변경등기로 나누어진다.

2. 수탁자의 경질로 인한 권리이전등기

(1) 신청인

1) 공동신청

신탁행위로 정한 사유의 발생・수탁자의 사임・자격상실로 인하여 **수탁자의 임무가 종료되어 새로운 수탁자가 취임(선임)된 경우**에는 **종전 수탁자**와 **새로운 수탁자**가 **공동**으로 **권리이전등기**를 신청한다.

2) 단독신청

① 사망・한정후견・성년후견・파산・해산의 사유로 **수탁자의 임무가 종료되어 새로운 수탁자가 선임된** 경우에는 **새로운 수탁자**가 **단독**으로 **권리이전등기**를 신청한다.

② 수탁자인 신탁회사가 합병으로 소멸되면 합병 후 존속 또는 설립되는 신탁회사가 권리의무를 포괄승계하므로 수탁자의 지위도 포괄승계하게 된다. 따라서 그 존속 또는 설립된 신탁회사가 단독으로 권리이전등기를 신청한다.

3) 법원 또는 법무부장관(공인신탁)의 촉탁

수탁자가 법원 또는 법무부장관(공익신탁)에 의하여 해임된 경우에는 등기관은 법원 또는 법무부장관의 촉탁에 의하여 신탁원부기록을 변경한 후 직권으로 등기기록에 해임의 뜻을 기록하여야 하고(이 경우 수탁자를 말소하는 표시를 하지 아니한다), 권리이전등기는 나중에 새로운 수탁자가 선임되면 그 수탁자가 단독으로 신청하여야 한다.

(2) 신청정보(등기원인일자 및 등기원인)

등기원인은 "**수탁자 경질**"로 하며, 등기원인일자는 "**새로운 수탁자가 취임 또는 선임된 일자**"로 하여 신청정보의 내용으로 제공한다.

(3) 첨부정보

① 종전의 수탁자가 등기의무자, 새로운 수탁자가 등기권리자로서 소유권이전등기를 공동으로 신청할 때에는 종전 수탁자의 임무종료 및 새로운 수탁자의 선임을 증명하는 정보, 종전 수탁자의 등기필정보와 인감증명, 새로운 수탁자의 주소증명정보 등을 첨부정보로서 제공하여야 한다.

② 이 경우 수탁자의 임무종료 원인이 신탁행위에서 특별히 정한 사유가 아니라 종전의 수탁자가 위탁자 및 수익자의 승낙을 얻어 사임한 것이라면 수익자 및 위탁자의 승낙이 있음을 증명하는 정보(인감증명 포함)도 첨부정보로서 제공하여야 한다(선례 제7-401조).

③ 「공익신탁법」에 따른 공익신탁의 경우 수탁자가 변경된 경우에는 법무부장관의 인가를 증명하는 정보를 첨부정보로 제공하여야 한다.

④ 선임된 새로운 수탁자가 영리법인인 경우에는 신탁업의 인가를 받았음을 증명하는 정보를 첨부정보로 제공하여야 한다.

⑤ 수탁자 경질로 인한 소유권이전등기를 신청하는 경우에는 지방세납세증명서를 첨부정보로 제공할 필요는 없다.

(4) 등기실행

수탁자의 경질은 신탁원부에 기록된 사항의 변경을 초래하는 것이므로, 등기관이 수탁자의 경질로 인한 권리이전등기를 하였을 때에는 직권으로 신탁원부에 그 내용을 기록하여야 한다.

3. 수인의 수탁자 중 1인의 임무종료로 인한 합유명의인변경등기

(1) 신청인

1) 공동신청

① **수탁자가 여러 명**인 경우 등기관은 신탁재산이 합유인 뜻을 기록하여야 한다(법 84①). 그런데 **합유는** 지분등기를 하지 않으므로 **일부 합유자의 변경**이 있는 경우에는 합유명의인변경등기를 신청하여야 한다.

② **수인의 수탁자 중 1인**이 신탁행위로 정한 사유의 발생·수탁자의 사임·자격상실로 인하여 **수탁자의 임무가 종료된 경우**에는 **나머지 수탁자**와 **임무가 종료된 수탁자**가 **공동**으로 **합유명의인 변경등기**를 신청한다. 수탁자 중 1인인 신탁회사가 합병으로 인하여 소멸되고 신설 또는 존속하는 회사가 신탁회사인 경우에는 나머지 수탁자와 합병 후 신설 또는 존속하는 신탁회사가 공동으로 합유명의인 변경등기를 신청한다.

2) 단독신청

수인의 수탁자 중 1인이 사망·한정후견·성년후견·파산·해산의 사유로 **수탁자의 임무가 종료된 경우**에는 **잔존하는 나머지 수탁자**가 **단독**으로 **합유명의인변경등기**를 신청한다. 나머지 수탁자가 여러 명인 경우 그 전원이 함께 신청하여야 한다(법 84②).

> [비교]
> 수인의 수탁자 중 1인인 신탁회사가 합병으로 소멸되면 합병 후 존속 또는 설립되는 신탁회사가 권리의무를 포괄승계하므로 수탁자의 지위도 포괄승계하게 된다. 잔존하는 수탁자와 합병 후 존속 또는 설립된 신탁회사가 공동으로 합유명의인변경등기를 신청한다.

3) 법원 또는 법무부장관(공인신탁)의 촉탁

여러 명의 수탁자 중 1인이 법원 또는 법무부장관에 의하여 해임된 경우에는 등기관은 법원 또는 법무부장관의 촉탁에 의하여 신탁원부기록을 변경한 후 직권으로 등기기록에 해임의 뜻을 기록하여야 한다. 이 경우 종전 수탁자를 모두 말소하고 해임된 수탁자를 제외한 나머지 수탁자만을 다시 기록하는 합유명의인 변경등기를 하여야 한다.

(2) 신청정보(등기원인일자 및 등기원인)

등기원인은 "임무가 종료된 수탁자의 임무종료원인"로 하며, 등기원인일자는 "수탁자의 임무종료일"로 하여 신청정보의 내용으로 제공한다("○년 ○월 ○일 수탁자 ○○○ 사망" 등).

(3) 첨부정보

① 등기신청인은 임무가 종료된 수탁자의 임무종료를 증명하는 정보를 첨부정보로서 제공하여야 하고, 여러 명의 수탁자 중 1인이 신탁행위로 정한 임무종료사유·사임·자격상실의 사유로 임무가 종료된 경우에는 임무가 종료된 수탁자의 등기필정보와 인감증명도 함께 제공하여야 한다.

② 「공익신탁법」에 따른 공익신탁의 경우 수탁자가 변경된 경우에는 법무부장관의 인가를 증명하는 정보를 첨부정보로 제공하여야 한다.

(4) 등기실행

수탁자의 변경은 신탁원부에 기록된 사항의 변경을 초래하는 것이므로, 등기관이 수인의 수탁자 중 1인의 임무종료로 인한 합유명의인변경등기를 하였을 때에는 직권으로 신탁원부에 그 내용을 기록하여야 한다.

14 절 신탁 - 신탁원부기록의 변경등기

	법	규칙
조문	신탁법 4 (신탁의 공시와 대항) 법 81 (신탁등기의 등기사항) 법 82 (신탁등기의 신청방법) 법 83 (수탁자의 임무 종료에 의한 등기) 법 84 (수탁자가 여러 명인 경우) 법 84-2 (신탁재산에 관한 등기신청의 특례) 법 85 (촉탁에 의한 신탁변경등기) 법 85-2 (직권에 의한 신탁변경등기) 법 86 (신탁변경등기의 신청)	규칙 139-3 (위탁자의 지위이전에 따른 신탁변경등기의 신청) 규칙 140 (신탁원부의 작성) 규칙 141 (수탁자 해임에 따른 등기) 규칙 144 (신탁등기의 말소)
기출	1. [15 법무] 신탁원부 기록의 변경등기절차에 관하여 설명하시오. 15점	

Ⅰ. 서설

1. 서설

① 신탁원부의 기록사항(위탁자, 수탁자, 수익자, 신탁관리인, 신탁의 목적, 신탁의 종료사유 등)이 변경되었을 때에는 원칙적으로 수탁자가 단독으로 신탁원부기록의 변경등기를 신청하여야 한다(법 86). 이 경우에는 신탁원부 내용의 변경을 증명하는 정보를 제공하여야 한다.

② 다만, 예외적으로 법원이나 법무부장관(공익신탁)이 신탁원부기록의 변경등기를 촉탁하는 경우도 있다.

③ 또한, 예외적으로 수탁자의 경질로 인한 권리이전등기 또는 수인의 수탁자 중 1인의 임무종료로 인한 합유명의인변경등기를 마친 후 등기관이 직권으로 신탁원부기록의 변경등기를 하는 경우도 있다.

2. 수탁자의 신청에 의한 경우(법 86)

(1) 원칙

① 수탁자는 제85조(법원 및 법무부장관의 촉탁) 및 제85조의2(등기관의 직권)에 해당하는 경우를 제외하고 신탁원부에 기록된 사항이 변경되었을 때에는 지체 없이 신탁원부기록의 변경등기를 신청하여야 한다(법 86).

② A 부동산에 대하여 신탁을 원인으로 갑 명의의 소유권이전등기 및 신탁등기가 마쳐지고 다시 재신탁을 원인으로 을 명의의 소유권이전등기 및 신탁등기가 마쳐진 상태에서 원신탁의 신탁원부에 기록된 사항이 변경된 경우에 원신탁의 수탁자인 갑은 신탁원부기록의 변경등기를 신청할 수 있다(선례 201901-1).

③ 동일한 등기소의 관할 내에 있는 수 개의 부동산에 관한 등기를 신청하는 경우에는 등기원인과 그 등기목적이 동일한 때에 한하여 동일한 신청서로써 등기를 신청할 수 있는바, 수 개의 부동산에 관하여 신탁등기를 마친 후 동일한 신탁계약의 변경계약에 따라 신탁원부의 기재사항을 변경하는 경우 그 내용이 동일한 때에는 하나의 신청서에 일괄하여 신청할 수 있다(선례 201004-1).

(2) 위탁자의 지위가 이전된 경우

① 「신탁법」 제10조에 따라 위탁자 지위의 이전이 있는 경우에는 수탁자는 신탁원부기록의 변경등기를 신청하여야 한다.

② 이 경우 등기원인은 "위탁자 지위의 이전"으로 하여 신청정보의 내용으로 제공한다.
③ 위탁자 지위의 이전이 신탁행위로 정한 방법에 의한 경우에는 이를 증명하는 정보를 첨부정보로서 제공하여야 하고, 신탁행위로 그 방법이 정하여지지 아니한 경우에는 수탁자와 수익자의 동의가 있음을 증명하는 정보(인감증명 포함)를 첨부정보로서 제공하여야 한다. 이 경우 위탁자가 여러 명일 때에는 다른 위탁자의 동의를 증명하는 정보(인감증명 포함)도 함께 제공하여야 한다.

(3) 수익자가 변경된 경우

① 수익자변경은 신탁계약의 변경계약에 의하여 수익자를 변경하거나, 새로운 수익자를 정하는 경우도 변경한다.
② 수익자는 성질상 양도가 제한되는 경우를 제외하고는 수익권을 자유롭게 양도할 수 있으며, 이와 같이 수익권이 양도된 경우에는 신탁원부기록의 변경등기를 신청하여야 한다.
③ 수익자는 신탁재산의 실질적인 소유자라고 볼 수 있으므로, 수익자의 변경이 있음을 증명하는 정보에는 종전 수익자의 진정한 의사를 담보할 수 있는 방법을 갖추어야 한다. 따라서 등기원인증명정보인 신탁수익권양도계약서에 종전 수익자의 인감을 날인하고 그 인감증명을 제공하여야 한다.

(4) 신탁목적 등 그밖에 신탁변경이 있는 경우

① 신탁은 위탁자, 수탁자 및 수익자의 합의로 변경할 수 있다. 다만, 신탁행위로 달리 정한 경우에는 그에 따른다(신탁법 88①).
② 즉 위탁자, 수탁자 및 수익자의 합의로 신탁의 내용(신탁목적, 신탁재산의 관리방법 등)을 변경한 경우에는 합의가 있었음을 증명하는 정보를 제공하여 수탁자가 신탁원부기록의 변경등기를 신청하여야 한다.

3. 법원 또는 법무부장관(공익신탁)의 촉탁에 의한 경우(법 85)

(1) 법원의 촉탁

① 법원이 수탁자 해임·신탁관리인 선임 또는 해임·신탁 변경의 재판을 한 경우에 법원은 지체 없이 신탁원부기록의 변경등기를 촉탁하여야 하며(법 85①), 등기관은 법원의 촉탁에 따라 신탁원부기록을 변경하여야 한다.
② 법원이 「신탁법」 제20조 제1항에 따라 신탁재산관리인을 선임하거나 그 밖의 필요한 처분을 명한 경우, 신탁재산관리인의 사임결정 또는 해임결정을 한 경우, 신탁재산관리인의 임무가 종료된 경우에도 법원은 지체 없이 신탁원부 기록의 변경등기를 촉탁하여야 하며, 등기관은 법원의 촉탁에 따라 신탁원부기록을 변경하여야 한다.

(2) 법무부장관의 촉탁

「공익신탁법」에 따른 공익신탁에 대하여 법무부장관이 수탁자 해임·신탁관리인 선임 또는 해임·신탁내용을 변경한 경우에 법무부장관은 지체 없이 신탁원부기록의 변경등기를 촉탁하여야 하며, 등기관은 법무부장관의 촉탁에 따라 신탁원부기록을 변경하여야 한다.

(3) 등기기록의 직권기록

수탁자를 해임한 법원 또는 법무부장관의 촉탁에 의하여 신탁원부기록을 변경한 경우에는 등기관은 직권으로 등기기록에 그 뜻을 기록하여야 한다.

(4) 첨부정보

법원 또는 법무부장관의 촉탁에 의한 해임 등의 경우 법원의 재판서 또는 법무부장관의 해임 등을 증명하는 정보를 첨부정보로 제공하여야 한다.

4. 등기관의 직권에 의한 경우(법 85-2)

등기관이 신탁재산에 속하는 부동산에 관한 권리에 대하여 수탁자의 변경으로 인한 이전등기(수탁자의 경질로 인한 권리이전등기), 여러 명의 수탁자 중 1인의 임무 종료로 인한 합유명의인변경등기, 수탁자인 등기명의인의 성명 및 주소(법인인 경우에는 그 명칭 및 사무소 소재지를 말한다)에 관한 변경등기 또는 경정등기에 해당하는 등기를 할 경우 등기관은 직권으로 신탁원부기록의 변경등기를 하여야 한다.

15 절 신탁 - 신탁등기의 말소등기

	법	규칙
조문	신탁법 4 (신탁의 공시와 대항) 법 81 (신탁등기의 등기사항) 법 82 (신탁등기의 신청방법) 법 87 (신탁등기의 말소)	규칙 139 (신탁등기) 규칙 142 (신탁재산의 일부 처분 등에 따른 등기) 규칙 143 (신탁재산이 수탁자의 고유재산으로 된 경우) 규칙 144 (신탁등기의 말소)
기출		

1. 서설

① **수탁자가 신탁재산을 제3자에게 처분한 경우,**
② **신탁이 종료되어 신탁재산이 귀속권리자에게 귀속된 경우,**
③ **수탁자가 신탁재산을 자신의 고유재산으로 한 경우**에는
해당 부동산은 더 이상 신탁재산이 아닌 것으로 되어 신탁에 의한 구속 상태에서 벗어나게 되므로 신탁재산이라는 뜻의 등기인 신탁등기를 말소할 필요가 있다.
④ 등기관이 신탁등기의 말소등기를 할 때에는 제139조의4에 따라 마쳐진 주의사항의 부기등기를 직권으로 말소하고, 신탁등기를 말소함으로 인하여 말소한다는 뜻을 기록하여야 한다(규칙 144③). [본조개정 2024.11.29, 시행일: 2025.1.31.]

2. 등기신청방법

① 신탁등기의 말소등기는 수탁자가 단독으로 신청할 수 있다(법 87③).
② 신탁등기의 말소신청은 신탁된 권리의 이전등기, 변경등기 또는 말소등기의 신청과 동시에 하되(법 87①), 1건의 신청정보로 일괄하여 신청하여야 한다(규칙 144①).
③ 수익자나 위탁자는 수탁자를 대위하여 신탁등기의 말소등기를 단독으로 신청할 수 있으며(법 82④), 이 경우에는 1건의 신청정보로 일괄하여 신청할 필요가 없다(법 82② 후단).
④ 甲이 乙에게 신탁한 부동산에 대하여 丙이 乙을 상대로 취득시효 완성을 원인으로 한 소유권이전등기절차의 이행을 명하는 확정판결을 받은 경우, 丙은 이 확정판결을 첨부하여 단독으로 소유권이전등기와 신탁등기의 말소를 동일한 신청서에 의하여 신청할 수 있다(선례 7-408). 즉 판결주문에 신탁등기를 말소하라는 내용이 없더라도 수탁자를 상대로 판결을 얻은 경우에는 신탁등기의 말소와 함께 판결에서 명한 등기를 신청할 수 있다.
⑤ 수탁자 甲 소유명의의 부동산에 대하여 전 소유명의인 乙이 甲을 상대로 제기한 소송에서, "피고(甲)는 원고(乙)에게 ○○지방법원 등기국 2017.○○.○○. 접수 제○○○○호로 마친 소유권이전등기의 말소등기절차를 이행하라."는 판결이 확정된 경우, 乙이 이 판결에 의하여 단독으로 소유권이전등기의 말소등기를 신청할 때에 이와 함께 1건의 신청정보로 일괄하여 신청하여야 하는 신탁등기의 말소등기는 乙이 甲을 대위하여 신청할 수 있다(선례 201806-2).

3. 신탁재산을 제3자에게 처분한 경우

(1) 서설

신탁계약에 따라 신탁재산을 제3자에게 처분하게 되면 부동산은 더 이상 신탁재산이 아니므로 신탁등기를 말소한다.

(2) 개시

① **신탁재산의 전부를 처분**한 경우에는 그에 따른 **권리이전등기**와 **신탁등기의 말소등기**는 1건의 신청정보로 **일괄**하여 **신청**하여야 한다(법 87조①, 규칙 144①).

② **신탁재산의 일부를 처분**한 경우에는 **권리일부이전등기**와 **신탁등기의 변경등기**를 신청하여야 하며, 이 경우에도 1건의 신청정보로 일괄하여 신청하여야 한다.

③ 재신탁의 수탁자가 신탁재산을 제3자에게 처분한 경우에는 그 처분에 따른 권리이전등기와 함께 재신탁의 신탁등기의 말소등기뿐만 아니라 원신탁의 신탁등기의 말소등기도 1건의 신청정보로 일괄하여 신청하여야 한다.

(3) 신청절차

1) 신청인

권리이전등기와 신탁등기를 일괄하여 신청하는 경우 등기의무자는 수탁자이며, 등기권리자는 신탁재산처분에 따라 소유권을 양도받는 자이다.

2) 신청정보

① **신탁재산의 전부를 처분**한 경우에는
등기원인과 그 연월일은 "○년 ○월 ○일 매매 및 신탁재산의 처분"으로,
등기목적은 "소유권이전 및 신탁등기의 말소"로 기재한다.

② **신탁재산의 일부를 처분**한 경우에는
등기목적은 "소유권일부이전 및 신탁등기의 변경"으로 기재한다.

3) 첨부정보

① **규칙 제46조**에서 규정한 일반적인 사항을 첨부정보의 내용으로 제공한다.

② **등기관**은 등기기록과 신청정보 및 첨부정보만에 의하여 등기신청의 수리 여부를 결정하여야 하는 바, **신탁원부는** 등기기록의 일부로 보게 되므로 **"위탁자와 수탁자가 신탁계약을 중도 해지할 경우에는 우선수익자의 서면동의가 있어야 한다"는 내용이 신탁원부에 기록**되어 있다면 신탁해지를 원인으로 소유권이전등기 및 신탁등기의 말소등기를 신청할 때에는 일반적인 첨부정보 외에 신탁계약의 중도해지에 대한 우선수익자의 동의가 있었음을 증명하는 정보(동의서)와 그의 인감증명을 첨부정보로서 제공하여야 한다(선례 201805-3).

(4) 실행절차

① **등기원인이 신탁재산의 처분**임에도 **신탁등기의 말소등기만을 신청**하거나 **소유권이전등기만을 신청**하는 경우에는 신청을 **각하**한다(법 29.5).

② 신탁재산이 제3자에게 처분되어 권리이전등기와 함께 신탁등기의 말소등기를 한 때에는 **하나의 순위번호**를 사용하고, 종전의 신탁등기를 말소하는 표시를 하여야 한다(규칙 144②).

③ 신탁재산의 일부가 처분되어 권리일부이전등기와 함께 신탁등기의 변경등기를 한 때에도 **하나의 순위번호**를 사용하고, 처분 후의 수탁자의 지분을 기록하여야 한다(규칙 142).

4. 신탁종료로 인해 신탁재산이 귀속된 경우

(1) 서설(신탁재산의 귀속권리자)

① **신탁행위로 정한 종료사유가 발생한 경우** 신탁의 목적을 달성하였거나 달성할 수 없게 된 경우 등에 있어서 **신탁재산은** 수익자(잔여재산수익자를 정한 경우 그 잔여재산수익자를 말한다)에게 귀속한다(신탁법 101①).

② **수익자와 귀속권리자로 지정된 자가 신탁의 잔여재산에 대한 권리를 포기한 경우, 잔여재산은** 위탁자와 그 상속인에게 귀속한다(신탁법 101②).

③ 위와 같은 잔여재산의 **귀속이 정하여지지 아니하는 경우 잔여재산은** 국가에 귀속된다(신탁법 101⑤).

④ 신탁이 종료된 경우 **신탁재산이 귀속될 자에게 이전될 때까지** 그 신탁은 존속하는 것으로 본다(신탁법 101⑤).

⑤ 신탁법상 신탁의 효력은 대내외적으로 소유권이 수탁자에게 완전히 이전되고 위탁자와의 내부관계에 있어서 소유권이 위탁자에게 유보되는 것은 아니다. 따라서 신탁기간의 만료 등 신탁종료의 사유가 발생하더라도 수탁자가 수익자나 위탁자에게 목적 부동산의 소유권을 이전할 의무를 부담하게 됨에 불과할 뿐, 당연히 목적 부동산의 소유권(신탁재산)이 수익자나 위탁자에게 복귀되지는 않는다(대판 1991.8.13, 91다12608).

(2) 개시

수탁자가 신탁재산을 제3자에게 처분하거나 신탁이 종료되어 신탁재산이 위탁자 또는 수익자에게 귀속되는 경우에는 그에 따른 권리이전등기와 신탁등기의 말소등기는 1건의 신청정보로 일괄하여 신청하여야 한다.

(3) 신청절차

1) 신청인

① 권리이전등기와 신탁등기를 일괄하여 신청하는 경우 등기의무자는 수탁자이며, 등기권리자는 신탁재산의 귀속권리자(수익자 등)이다.

② 신탁재산이 위탁자에게 귀속되지만 위탁자의 사망으로 위탁자의 상속인이 귀속권리자가 된 경우에는 상속등기를 거치지 아니하고 수탁자로부터 직접 위탁자의 상속인 앞으로 소유권이전등기를 한다.

2) 신청정보

3) 첨부정보

① 신탁부동산에 대하여 매매 또는 신탁재산 귀속을 원인으로 소유권이전등기 및 신탁등기의 말소등기를 신청할 때에는 말소할 사항으로서 말소의 대상인 신탁등기를 특정하여 신청정보의 내용으로 등기소에 제공하여야 하는바, 다만 이전등기의 대상인 소유권등기와 말소등기의 대상인 신탁등기가 같은 순위번호를 사용하고 있는 경우에는 신청정보의 내용 중 "말소할 사항"에 관하여는 그 제공을 생략할 수 있다(선례 201906-1).

② 토지거래허가구역으로 지정된 토지에 대하여 신탁등기를 등기된 이후 신탁이 종료함에 따라 '신탁재산귀속'을 원인으로 위탁자 이외의 수익자나 제3자 명의로의 소유권이전 및 신탁등기말소를 신청하는 경우 신탁재산의 귀속이 대가에 의한 것인 때에는 토지거래계약허가증을 첨부하여야 한다(선례 201101-1).

(4) 실행절차

① 등기원인이 신탁재산의 처분 또는 신탁재산의 귀속임에도 신탁등기의 말소등기 또는 권리이전등기 중 어느 하나만을 신청하는 경우에는 등기관은 이를 수리하여서는 아니 된다(법 29.5).

② 신탁이 종료함에 따라 신탁재산이 수익자 등에게 귀속되어 권리이전등기와 함께 신탁등기의 말소등기를 한 때에는 하나의 순위번호를 사용하고, 종전의 신탁등기를 말소하는 표시를 하여야 한다(규칙 144②).

③ 신탁재산의 일부가 수익자 등에게 귀속되어 권리일부이전등기와 함께 신탁등기의 변경등기를 한 때에도 하나의 순위번호를 사용하고, 종료 후의 수탁자의 지분을 기록하여야 한다(규칙 142).

5. 수탁자의 고유재산으로 된 뜻의 등기

(1) 서설

① 신탁행위로 허용한 경우,
② 수익자의 승낙을 받은 경우,
③ 법원의 허가를 받은 경우에는 수탁자는 신탁재산을 자신의 고유재산으로 할 수 있다.

(2) 개시

신탁재산이 수탁자의 고유재산으로 된 경우 수탁자의 고유재산으로 된 뜻의 등기(권리변경등기)와 신탁등기의 말소등기신청은 1건의 신청정보로 일괄하여 하여야 한다(법 87①, 규칙 144①).

(3) 신청절차

1) 신청인

이러한 권리변경등기는 수탁자가 단독으로 신청할 수 있다(법 84조의 2).

2) 신청정보

등기목적은 "**수탁자의 고유재산으로 된 뜻의 등기 및 신탁등기의 말소**", 등기원인과 그 연월일은 "○년 ○월 ○일 신탁재산의 고유재산 전환"으로 하여 신청정보의 내용으로 제공한다.

3) 첨부정보

① 「신탁법」 제34조 제2항에 따라 신탁재산이 수탁자의 고유재산으로 되는 경우에는 신탁행위로 이를 허용하였거나 수익자의 승인을 받았음을 증명하는 정보(인감증명 포함) 또는 법원의 허가 및 수익자에게 통지한 사실을 증명하는 정보를 첨부정보로서 제공하여야 한다.
② 다만 신탁재산의 고유재산 전환을 신탁행위로 허용한 경우에는 별도의 첨부정보를 제공할 필요가 없다. 왜냐하면 신탁원부를 확인함으로써 이를 알 수 있기 때문이다.

(4) 실행절차

① 신탁재산이 수탁자의 고유재산이 되었을 때에는 그 뜻의 등기를 주등기로 하여야 한다(규칙 143).
② 수탁자의 고유재산으로 된 뜻의 등기와 함께 신탁등기의 말소등기를 한 때에는 하나의 순위번호를 사용하고, 종전의 신탁등기를 말소하는 표시를 하여야 한다(규칙 144②).

박문각 법무사

김기찬 부동산등기법

2차 | 논술강의

제3판 인쇄 2025. 4. 25. | **제3판 발행** 2025. 4. 30. | **편저자** 김기찬
발행인 박 용 | **발행처** (주)박문각출판 | **등록** 2015년 4월 29일 제2019-000137호
주소 06654 서울시 서초구 효령로 283 서경 B/D 4층 | **팩스** (02)584-2927
전화 교재 문의 (02)6466-7202

저자와의 협의하에 인지생략

정가 38,000원
ISBN 979-11-7262-741-6

MEMO